Film, Fernsehen, Neue Medien

Reihe herausgegeben von
Oksana Bulgakowa, Mainz, Deutschland
Roman Mauer, Mainz, Deutschland

Während früher Film als Medium für die Verbreitung und Konservierung tradierter Künste eingesetzt wurde und dann als Synthese, ja die höchste Stufe der Kunstentwicklung galt, erleben wir heute eine Destabilisierung der Medienhierarchie. Längst hat der Film als selbständige Kunst einen festen Platz in allen kulturellen Institutionen – Kinos, Museen, Archive und Opernhäuser – eingenommen. Er bewog Theater, Ballett oder Performance zu multimedialen Formen und beeinflusste die Entwicklung der bildenden Künste und Ausstellungspraxis. Nun wandert er aus den Kinosälen und besetzt öffentliche und virtuelle Räume: Internetplattformen, U-Bahnzüge, Wartesäle, Ausbildungscamps und therapeutische Einrichtungen. Künstliche Bilderwelten auf den Trainingsmodulatoren und transmediale Fantasien in Onlinespielen zehren von Filmvorlagen. Die praktische und pragmatische Nutzung der Filmbilder geht weit über die früheren Funktionen der Aufzeichnung und Objektivierung hinaus. Der Film besetzt die Imagination mit fertigen Vorgaben – Gesten, Reaktionen, Repliken, Träumen. Das opulente Archiv der Filmbilder, der Erzählstrategien und akustischen Symbole wird von Mode, Werbung und politischen Aktionen weiterverwertet. Der Präsenz und dem alltäglichem Gebrauch der bewegten Bilder steht allerdings ein Mangel an Übung und Fertigkeiten gegenüber, diese zu analysieren und zu deuten.

Die Film- und Medienwissenschaft bietet dafür ein differenziertes Instrumentarium. Die Lehrbuchreihe „Film, Fernsehen, Neue Medien" führt in die Grundkenntnisse ein, demonstriert die praktische Anwendung der Begriffe, verbindet die analytischen Modelle mit theoretischer Reflektion, verfolgt die historische Entwicklung der filmischen Prinzipien und ihre Transformation in Computerspielen, in der akustischen oder der graphischen Kunst von heute. Konzipiert für die Bachelorstudiengänge, richtet sie sich an alle kunst-, medien- und kulturwissenschaftlich Interessierten.

Prof. Dr. Oksana Bulgakowa ist die Leiterin der Filmwissenschaft am Institut für Film-, Theater- und empirische Kulturwissenschaft der Johannes Gutenberg-Universität Mainz. Sie hat mehrere Bücher über das russische und deutsche Kino geschrieben, bei Filmen Regie geführt, Ausstellungen kuratiert und multimediale Projekte entwickelt.

Dr. Roman Mauer ist wissenschaftlicher Mitarbeiter am Institut für Film-, Theater und empirische Kulturwissenschaft der Johannes Gutenberg-Universität Mainz. Seine Doktorarbeit über das Werk von Jim Jarmusch erschien 2006; er hat mehrere Sammelbände zur Filmgeschichte herausgegeben, Hörspiele produziert und Fernsehbeiträge gedreht.

Reihe herausgegeben von
Oksana Bulgakowa, Mainz, Deutschland
Roman Mauer, Mainz, Deutschland

Weitere Bände in der Reihe http://www.springer.com/series/12746

Benjamin Beil · Thomas Hensel
Andreas Rauscher
(Hrsg.)

Game Studies

 Springer VS

Herausgeber
Benjamin Beil
Institut für Medienkultur und Theater
Universität zu Köln
Köln, Nordrhein-Westfalen, Deutschland

Andreas Rauscher
Medienwiss. Seminar, Universität Siegen
Siegen, Nordrhein-Westfalen, Deutschland

Thomas Hensel
Fakultät für Gestaltung, Hochschule Pforzheim
Pforzheim, Baden-Württemberg, Deutschland

Film, Fernsehen, Neue Medien
ISBN 978-3-658-13497-6   ISBN 978-3-658-13498-3   (eBook)
https://doi.org/10.1007/978-3-658-13498-3

Die Deutsche Nationalbibliothek verzeichnet diese Publikation in der Deutschen Nationalbibliografie; detaillierte bibliografische Daten sind im Internet über http://dnb.d-nb.de abrufbar.

Springer VS
© Springer Fachmedien Wiesbaden GmbH 2018

Foto: Ausschnitt „The Stanley Parable", 2013, Galactic Cafe/Galactic Cafe

Gedruckt auf säurefreiem und chlorfrei gebleichtem Papier

Springer VS ist Teil von Springer Nature
Die eingetragene Gesellschaft ist Springer Fachmedien Wiesbaden GmbH
Die Anschrift der Gesellschaft ist: Abraham-Lincoln-Str. 46, 65189 Wiesbaden, Germany

Inhaltsverzeichnis

Einleitung

Videospiele haben sich zu einem festen Bestandteil des medienkulturellen Alltags entwickelt: von urbanen Schnitzeljagden mit dem Handy auf der Suche nach Pokémons bis hin zur Wiederbelebung der Virtual Reality durch Oculus Rift und Sony Playstation VR; von der Aktualisierung des seit 2004 erfolgreichen Online-Rollenspiels *World of Warcraft* durch das Add-on *Legion* bis hin zur transmedialen Erweiterung der populären Action-Adventure-Reihe *Assassin's Creed* (seit 2007) um einen prominent besetzten Kinofilm.

Bereits ein flüchtiger Blick auf das vielseitige Spielgeschehen und die damit assoziierten Phänomene verdeutlicht, dass hier die unterschiedlichsten Diskurse am Werk sind. Einen umfassenden Spielbegriff zu finden, der zugleich den zahlreichen Besonderheiten der Spielformen und Spielkulturen gerecht wird, lässt sich nicht zufriedenstellend realisieren. Am sinnvollsten erscheint noch der Rückbezug auf den Philosophen Ludwig Wittgenstein, der Spiele nicht auf einen allgemeinen Nenner herunter bricht, sondern deren Familienähnlichkeit betont. Doch diese Unbestimmtheit sollte nicht einfach als ein zu behebendes methodisches Problem, sondern vielmehr als Chance begriffen werden. Sie verdeutlicht die vielfältigen Möglichkeiten und Perspektiven der Game Studies, die sich seit der letzten Jahrtausendwende zunehmend ausdifferenzieren.

Die multidisziplinäre Kombination der Methoden und der produktive Dialog zwischen den Fachrichtungen, die in ihrem gemeinsamen Interesse an Spielen vereint sind, prägt eines der lebendigsten und interessantesten Felder im Austausch zwischen akademischem und popkulturellem Alltag. Dabei muss sich noch zeigen, ob sich die daraus ergebende Disziplin als Ludologie primär auf die Erforschung von Spielen im klassischen Sinne sowie deren Geschichte und Theorie konzentrieren wird oder ob sie im Rahmen weiter gefasster Game Studies die ständigen dynamischen Erweiterungen und hybriden Mischformen der Videospiele zwischen äußerer Umgebung, spielerischer Imagination und technischen Interfaces in den Fokus nimmt. Zweifellos lässt sich jedoch bereits in der gegenwärtig anhaltenden Konsolidierungsphase der Game Studies festhalten: Es wird sich nicht um die Single-Player-Partie einer einzelnen bereits etablierten Disziplin handeln. Entgegen einer Befürchtung, die anfänglich während der Kontroverse zwischen Ludologen und Narrativisten aufkam und die erwartete, dass die Game

Studies einseitig an eine traditionelle Forschungsrichtung wie die Narratologie oder die Medientheorie angegliedert würde, kombinieren die Game Studies Ansätze aus unterschiedlichen Bereichen der Kunst-, der Film-, der Literatur-, der Kultur-, der Kommunikations- und der Medienwissenschaft sowie der Soziologie, der Psychologie, der Philosophie und der Pädagogik. Vergleichbar der Filmwissenschaft einige Jahrzehnte zuvor ergeben sich aus diesem interdisziplinären Diskurs, der auf transmediale Formen und intermediale Fragen ausgerichtet ist, eigene Forschungsfelder der Game Studies: von den formalistischen Fragen des Gamedesigns, der Spielmechanik und des Gameplays, über die soziokulturelle Ausprägung und Aneignung von Spielformen, die kognitionspsychologische Wahrnehmung und das genretheoretische performative Repertoire der Spieler bis hin zum narrativen Potenzial neuerer Spielkonzepte sowie den ästhetischen Ausdrucksformen des Interaktionsbildes und dem philosophischen Gehalt der in einer Simulation präsentierten Weltanschauungen.

Statt der linearen Abfolge traditioneller Einführungen verhaftet zu bleiben, bietet dieser Band, seinem Gegenstand entsprechend, mehrere Einstiegspunkte, die als Weggabelungen zu den sich verzweigenden Pfaden der Game Studies dienen. Die erste Sektion dieser Einführung widmet sich den konstituierenden Merkmalen der Spiele als Artefakte, die transmediale Anschlussmöglichkeiten zur Bildwissenschaft, zur Erzähltheorie, zur Architektur, zur Musikwissenschaft und zur Figurentheorie bieten. Die zweite Sektion thematisiert Schnittstellen, die sowohl im unmittelbaren Sinne, wie auch als Anschlussmöglichkeiten zu weiter gefassten medienwissenschaftlichen Fragestellungen zu verstehen sind. Die Stichworte Interface, Plattform, Avatar, Involvement, Spielmechanik, Transmedialität und Spiel skizzieren prägende Diskurse der Game Studies und dienen zugleich als Bindeglieder zwischen unterschiedlichen Systemen, die in weitere Themenfelder hinaus verweisen. Die dritte Sektion betrachtet die Rolle der Spieler und deren Verständigungsprozesse. Dass die Bedeutung eines ästhetischen Objekts sich nicht alleine aus dem (vermeintlich) passiven Konsum, sondern erst aus der aktiven Beteiligung der Betrachter im Dialog mit der Abstraktion der Anschauung ergibt, verdeutlicht keine andere Kunstform gegenwärtig so prägnant wie das Videospiel. Ein Verständnis für die Besonderheiten des spielerischen Systems, die Finessen der Simulation und das Wechselspiel zwischen Wiederholung und Variation erfordert nicht nur die für die meisten Filme entscheidende kognitive (An-)Teilnahme, sondern häufig auch die unmittelbare physische Aktion. Der mit Spielen verbundene kommunikative Akt umfasst die sozialen Gemeinschaften in Multiplayer-Spielen, die kreativen Aneignungsstrategien des Modding und die Gamification unserer alltäglichen Lebenswelt ebenso wie die Frage nach der Bedeutung von Gewalt und die Verdichtung zu kulturellen Prozessen, sei es im Repertoire der Genres, den erweiterten Spielregeln der Kunst oder einer angesichts von über fünf Jahrzehnten Videospiel-Geschichte immer dringlicher erforderlichen eigenen Historiografie des Mediums.

Auch wenn Videospiele inzwischen als Kulturgut gelten und den Sprung ins Museum, vom New Yorker Museum of Modern Art über das Frankfurter Filmmuseum bis hin zum Berliner Computerspielemuseum, geschafft haben, sollen die drei zentralen Segmente der

Einführung nicht als archivierte Wissensspeicher, sondern vielmehr als Zwischenstand fortlaufender Diskurse mit ausbaufähigen Anschlussstellen verstanden werden. Für einen einführenden Kurs zu den Themenfeldern der Game Studies und in die Methoden der Videospiel-Analyse fassen sie grundlegende Aspekte zusammen, die nach eigenen Interessen mithilfe der weiterführenden Literatur erschlossen und der in den Containern genannten Begrifflichkeiten weiter vertieft werden können. Ein besonderer Schwerpunkt dieser Einführung liegt im Unterschied zu anderen Übersichtsbänden in einer Aufwertung der häufig zugunsten struktureller und pädagogischer Fragen vernachlässigten medienästhetischen Komponente.

Unser besonderer Dank gilt all unseren Autoren, die diesen Band durch ihre langjährige Expertise im Bereich Game Studies bereichert und mit ihrem Engagement tatkräftig unterstützt haben. Danken möchten wir des Weiteren den Herausgebern und Initiatoren dieser Reihe, Professor Dr. Oksana Bulgakowa und Dr. Roman Mauer, sowie Barbara Emig-Roller vom Springer Verlag für ihre Geduld.

Köln	Benjamin Beil
Pforzheim	Thomas Hensel
Siegen	Andreas Rauscher
im Februar 2017	

Weiterführende Literatur

Game Studies allgemein

Simon Egenfeldt-Nielsen, Jonas Heide Smith und Susana Pajares Tosca. 2016. *Understanding Video Games.* 3rd Edition. New York: Routledge. Original: 2008. Die Autoren stammen aus dem Umfeld des Kopenhagener Game Research Centers, das als Ursprungsort der ludologischen Positionen maßgeblich die Methodendiskussion der Disziplin geprägt hat. Sie widmen sich der spielerischen Begriffsgeschichte, der Geschichte und Ästhetik der Videospiele sowie der kulturellen Kontexte, der Rolle der Spieler, narrativen Zusammenhängen, Ansätzen der Wirkungsforschung und Konzepten der Serious Games.

Klaus Sachs-Hombach und Jan-Noel Thon, Hrsg. 2015. *Game Studies. Aktuelle Ansätze der Computerspielforschung.* Köln: Herbert von Halem Verlag. – Bestandsaufnahme der aktuellen Methodendiskussion und der Beiträge einzelner Disziplinen zu den Game Studies.

Gundolf S. Freyermuth. 2015. *Games/Game Design/Game Studies. Eine Einführung.* Bielefeld: Transcript Verlag. – Medienhistorische Perspektive auf das Wechselverhältnis von Praktiken des Game Design und Fragestellungen der Game Studies.

Mark J. P. Wolf und Bernard Perron, Hrsg. 2014. *The Routledge Companion to Video Game Studies. Routledge: New York.* – Einzelne Kapitel stellen 60 Begriffe vor, die für die theoretische und methodologische Entwicklung der Game Studies zentral sind.

Mark J. P. Wolf, Hrsg. 2012. *Encyclopedia of Video Games. The Culture, Technology, and Art of Gaming.* 2 Volumes. Santa Barbara: Greenwood. – Enzyklopädie mit über 300 Einträgen von „abstraction" bis „Zeebo".

GamesCoop. 2012. *Theorien des Computerspiels. Zur Einführung.* Hamburg: Junius Verlag. Die Einführung stellt verschiedene Schlüsselbereiche der Computerspieltheorie vor: spezifische Genrekonventionen, den Status von Bild und Interface, Erleben und Involvierung der Spieler sowie besondere Effekte der Störung.

Frans Mayra. 2008. *An Introduction to Game Studies.* London: Sage Publications. – Auf die historische Entwicklung der Videospiele ausgerichtete Einführung.

James Newman. 2004. *Videogames.* New York: Routledge. – Medienwissenschaftlicher Überblick zu einigen zentralen Themenfeldern der Game Studies.

Videospiel-Analyse

Clara Fernández-Vara. 2015. *Introduction to Game Analysis.* New York: Routledge. – Überwiegend strukturalistisch geprägte Einführung, die ein betont einsteigerfreundliches Modell zur Analyse von Videospielen entwickelt. Unterstützt von anschaulichen Beispielen werden die Recherche der Kontexte, ein allgemeiner Überblick zu den besonderen Merkmalen eines Spiels und die Analyse der formalen Bausteine eines Spiels als wesentliche Schritte der Spielanalyse vorgestellt.

Thomas Hensel, Britta Neitzel und Rolf F. Nohr, Hrsg. 2015. *„The cake is a lie!" Polyperspektivische Betrachtungen des Computerspiels am Beispiel von Portal.* Münster: Lit. – In 17 Aufsätzen wird ein exemplarisches Spiel analysiert und so die Tragweite der Game Studies sowie die Komplexität ihres Gegenstandes demonstriert.

Mark J. P. Wolf und Bernard Perron, Hrsg. Seit 2011. *Landmark Video Games.* Ann Arbor: University of Michigan Press. – Buchreihe, die in loser Folge monographisch ein historisch signifikantes Videospiel aus einer Vielzahl von Perspektiven, darunter Design, Genre, Inhalt, untersucht.

Kirsten Zierold. 2011. *Computerspielanalyse. Perspektivenstrukturen, Handlungsspielräume, moralische Implikationen.* Trier: Wissenschaftlicher Verlag Trier. – Im weiter gefassten medienwissenschaftlichen Diskurs verankertes Modell, das Aspekte der Bildlogik, der narrativen Formen und der Performativitätsmodi einbezieht.

Danny Kringiel. 2009. *Computerspielanalyse konkret. Methoden und Instrumente – erprobt an Max Payne 2.* München: kopaed Verlag. – Vielseitiger Überblick über verschiedene Analyse-Methoden am Beispiel des Neo-Noir-Shooters *Max Payne 2.* Die exemplarische Studie bezieht sowohl ludologische als auch narrative Ansätze ein, die um film- und theaterwissenschaftliche sowie architektonische Perspektiven ergänzt werden.

Online-Ressourcen

AG Games – www.ag-games.de – Web-Präsenz der AG Games in der Gesellschaft für Medienwissenschaft.

DiGRA – www.digra.org – Web-Präsenz der 2003 gegründeten Digital Games Research Association.

Game Studies – www.gamestudies.org – Eines der ersten und bis heute eines der einflussreichsten wissenschaftlichen Online-Journals im Bereich der Game Studies. 2001 im Umfeld des Kopenhagener Game Research Centers begründet.

Eludamos – www.eludamos.org – Online-Journal mit thematischen Schwerpunktausgaben.

Loading… – www.journals.sfu.ca/loading/ – Online-Journal der kanadischen Game Studies Association.

Archive – www.archive.org – Internet-Archiv frei verfügbarer Software, Schriften und Filme, darunter eine umfassende Sammlung klassischer Videospiele.

Mobygames – www.mobygames.com – Umfangreiche Datenbank mit bibliografischen Angaben zu zahlreichen Spielen. Das Game Studies-Äquivalent zur Internet Movie Database.

Gamasutra – www.gamasutra.com – Online-Version des Game Developer Magazine mit zahlreichen Analysen und Erfahrungsberichten aus der Praxis des Game Design.

Teil I
Spiele

Raum

Andreas Rauscher

1.1 Vom Magischen Kreis zum Environmental Storytelling

Die Kategorie des Raums bildet aus medienästhetischer und aus dramaturgischer Sicht eine der produktivsten Schnittstellen für die unterschiedlichsten Disziplinen. Über die Perspektive lassen sich Ansätze der traditionellen Kunstgeschichte mit aktuellen Fragen der Bildwissenschaft kombinieren. Architektonische Konzepte zur Landschaftsgestaltung bilden eine kulturgeschichtliche Verbindung zwischen den Gärten des Barocks und den Themenparks der Postmoderne. Der Begriff der Mise-en-scène verbindet Theaterbühne und Film-Set mit der am Rechner generierten Simulation virtueller Kulissen. Stadtpläne dienen der Kartografie urbaner Lebensräume und liefern zugleich eine Stütze für die mentale Landkarte der eigenen Erfahrungen und Anschauungen. Entsprechend vielfältig und zugleich elementar für die Analyse von Videospielen erweisen sich die Ansatzpunkte für die Diskussion des Raums in den Game Studies.

Wie diese rudimentäre Aufzählung verdeutlicht, betont die Auseinandersetzung mit Räumen in Videospielen den multidisziplinären Charakter der Game Studies. Zugleich weisen die medienspezifischen Besonderheiten der Konfiguration und des Performativen in Videospielen bereits darauf hin, dass die räumlichen Kategorien aus anderen Disziplinen nicht einfach ohne Modifikationen übernommen werden können. In einigen Fällen erscheinen sogar neue Begrifflichkeiten angebracht, wie sie von den Ludologen als Ansatz einer weiter gefassten medienübergreifenden Spielewissenschaft eingefordert werden. Zu den Videospiel-spezifischen Besonderheiten zählen Neuerungen wie

A. Rauscher (✉)
Medienwissenschaft/Medienästhetik (Film und Games),
Universität Siegen, Siegen, Deutschland
E-Mail: rauscher@medienwissenschaft.uni-siegen.de

© Springer Fachmedien Wiesbaden GmbH 2018
B. Beil et al. (Hrsg.), *Game Studies,* Film, Fernsehen, Neue Medien,
https://doi.org/10.1007/978-3-658-13498-3_1

die häufig in Korrespondenz mit Formen des postklassischen Kinos diskutierte Level-Architektur und die Eigendynamik simulierter offener Spielwelten, die über eigene Tag- und Nachtzyklen sowie über per Algorithmus generierte Wetterverhältnisse verfügen. An die räumliche Organisation traditioneller Spiele knüpft in Videospielen hingegen die Begrenzung des Spielraums an, die wie Johan Huizinga in seiner einflussreichen Studie *Homo Ludens* bereits 1938 angemerkt hat, einen vom gewöhnlichen Alltag abgetrennten magischen Kreis bildet (vgl. Huizinga 1987). Angesichts von in die gewöhnliche Alltagsrealität hineinreichenden Phänomenen wie *Pokemon Go* (2016) oder den realen ökonomischen Werten, die immateriell in Online-Rollenspielen wie *EVE Online* (2003) produziert werden, lässt sich zwar nicht mehr wie zu Huizingas Zeiten von einem wie in einem Ritual abgegrenzten, undurchlässigen Raum ausgehen, doch diese Brüche und Tendenzen hin zur Entstehung von theaterhaften hybriden Räumen (vgl. Ackermann 2015, S. 63–88) verstärken umso deutlicher die besondere Relevanz der Game Studies im Kontext aktueller gesellschaftlicher und kultureller Entwicklungen. Die Kennzeichnung des spielerischen Raums – von der traditionellen Abgrenzung des analogen oder des digitalen Spielfelds bis hin zur Anzeige der Wegpunkte auf einem Handy, mit dem im realen Raum ein Augmented-Reality-Game (ARG) gespielt wird – bildet eine der Grundbedingungen für Spiele im Allgemeinen. Die Game-Designerin und Spieleforscherin Tracey Fullerton erklärt in ihrer praxisorientierten Einführung *Game Design Workshop* die Bedeutung der räumlichen Begrenzung: „Boundaries are what separate the game from everything that is not the game […] the act of agreeing to play, to accept the rules of the game, to enter what Huizinga calls the ‚magic circle' is a critical part of feeling safe that the game is temporarily, that it will end, or that you can leave or quit if you don't want to play anymore" (Fullerton 2008, S. 78). Die zeitliche Organisation der räumlichen Spiel-Arrangements ermöglicht eine dramaturgische Struktur, die sich im Sinne eines *environmental storytelling* näher an architektonischen Konzepten als an einer traditionellen Narration befindet. Die Beschaffenheit digitaler Medien ermöglicht nicht nur die exakte Reproduzierbarkeit einer räumlichen Spiel-Situation, sondern auch deren Variation und Konfiguration durch die Interpretation der Spielmechanik.

Der Spieleforscher Gordon Calleja unterscheidet im Bereich der räumlichen Involvierung zwischen der übergeordneten Ebene der Exploration, die die Erkundung der Spielwelt im Gesamten umfasst, und der Mikroebene der Navigation: „The micro phase focuses on three forms of spatial engagement: learning the game environment through navigation, mentally mapping the navigated space, and controlling miniature space through tactical interventions" (Calleja 2011, S. 77). Die räumliche Navigation wird um die mentale Verortung der Spielwelt und die an Strategiespiele wie Schach und *Risiko* angelehnte taktische Intervention erweitert. Steffen P. Walz unterscheidet in seiner Taxonomie spielerischer Raumstrukturen zwischen Spieler- und handlungsbezogenen Play Spaces und der räumlichen Konkretisierung als Game Space (vgl. Walz 2010). Ein wesentliches Element markiert in allen genannten Modellen die Erschließung des Spielraums, die erst Erfahrungen und Bedeutungen erzeugt.

Für den Medientheoretiker Lev Manovich bilden in seiner *Language of New Media* (2001) *navigational spaces* eines der wesentlichen Merkmale der digitalen Medien (Manovich 2001, S. 244–285), in denen Erzählungen zu Datenbanken werden, die von den Usern per Interface erkundet werden. Diesen Aspekt betont auch der Spieleforscher Espen Aarseth, wenn er in seinem Standardwerk *Cybertext – Perspectives on Ergodic Literature* (1997) Videospiele von traditionellen Erzählungen abgrenzt, indem er sie in Anlehnung an die griechischen Begriffe ergon (Arbeit) und hodos (Weg) als ergodische Werke bezeichnet. Anstelle der Vorstellung einer klassischen Lektüre rückt die Idee eines zu durchquerenden, mit Hindernissen und Herausforderungen versehenen Raums in den Mittelpunkt des analytischen Interesses.

1998 definiert Aarseth in seinem Aufsatz *Allegories of Space. The Question of Spatiality in Computer Games* (Aarseth 1998, S. 152–171) Räumlichkeit als zentrale Kategorie für die Analyse von Videospielen: „Computer games are essentially concerned with spatial representation and negotiation, and therefore a classification of computer games can be based on how they represent – or, perhaps, *implement* – space" (Aarseth 1998, S. 154).

Aarseth unterscheidet drei grundlegende Bezüge zwischen Spieler und Raum. Spiele lassen sich erstens nach dem Verhältnis zwischen dem Spieler-Charakter und seiner oder ihrer Umwelt betrachten: „This distinction (the relationship between user representation and world representation) may also mark the difference between simulations and less ‚realistic' games" (Aarseth 1998, S. 159). Zahlreiche Jump ‚n' Run-Spiele wie *Super Mario Bros.* (1985) und *Sonic* (1991) rekurrieren nicht nur in der Gestaltung ihrer Hauptfiguren, sondern auch in den exaltierten physikalischen Möglichkeiten der Umgebung auf Traditionen des animierten Cartoons (Abb. 1.1). In um Naturalismus bemühten Simulationen wie dem klassischen *Flight Simulator* (seit 1982) verschwindet der Avatar nahezu vollständig hinter dem mithilfe von Flight-Sticks und anderen Eingabegeräten möglichst glaubwürdig gestalteten Interface. Ein zweites wesentliches Kriterium bildet nach Aarseth der Unterschied zwischen offenen Landschaften und einem in sich geschlossenen Labyrinth mit fest vorgegebenem Verlauf: „Another possible distinction can be made between two different spatial representations: the open landscape, found mostly in the ‚simulation-oriented' games, and the closed labyrinths found in the adventure and action games" (Aarseth 1998, S. 159).

Diese Differenzierung nach der Offenheit des Spielraums verweist bereits auf die konträren Designkonzepte der frei navigierbaren Open World-Games und der wie auf einer Schienenbahn in einem Vergnügungspark linear arrangierten Schlauchlevel-Struktur (Abb. 1.2). Einen dritten Bezug zwischen Spielern und Spiel markiert der Einfluss, den der Spieler oder die Spielerin auf die Welt des Spiels ausüben kann. In einem Strategiespiel wie *Starcraft* (1998) und erst recht in einem Aufbauspiel wie *The Sims* (2000)

Abb. 1.1 Cartoon-Physik im Jump ‚n' Run-Spiel *Sonic* (1991 Sonic/Sega)

Abb. 1.2 Geschlossene Labyrinth-Architektur – Dungeon in *Dragon Age – Origins* (2009, Bio-Ware/Electronics Arts)

können die Spieler das aus der isometrische Sicht dargestellte Szenario in vielfacher Hinsicht verändern (vgl. Aarseth 1998, S. 159). Im stilprägenden bisher sechs Auflagen umfassenden Klassiker *Civilization* (seit 1991) lässt sich je nach Spielweise durch Diplomatie, durch militärische Übermacht, durch kulturellen Einfluss oder durch technischen Fortschritt das Spiel gewinnen (Abb. 1.3).

Abb. 1.3 Strategische Spielansicht in *Civilization V* (2010)

Eine sehr statische Spielwelt findet sich hingegen häufig in seitwärts scrollenden Plattform- und Jump ‚n' Run-Games. Die Adaptionen erfolgreicher Filme in den 1980er und 1990er Jahren enttäuschten allzu häufig, da sich trotz der denkbar unterschiedlichen Settings der Vorlagen das Gameplay in den Umsetzungen zu Filmen wie dem Cop-Thriller *Lethal Weapon* (1992), der Action-Komödie *Beverly Hills Cop* (1984), der Comicverfilmung *Batman Returns* (1992) und dem dystopischen Science-Fiction-Film *Total Recall* (1990) nur marginal unterschied. Im Unterschied zu einem Adventure, das wie in den *Indiana Jones*-Spielen des Studios LucasArts (seit 1989) eine Erkundung der filmischen Storyworld ermöglicht, beschränkte sich das diegetische Universum der Filme in diesen umstrittenen Adaptionen auf austauschbare Hintergründe.

Wie Aarseth (1998) als weiterführende Forschungsperspektive anmerkt, kann das gleiche Spiel je nach Spielform räumlich denkbar unterschiedlich erfahren werden. Die vernetzte Multi-Player-Variante eines Spiels kann ebenso zu entscheidenden Abweichungen vom anfänglichen Einzelspieler-Szenario führen wie sogenannte Mods, in denen das Spiel von den Usern mit einem anderen Erscheinungsbild und unter Umständen auch mit anderen Regeln versehen wird. Insbesondere die *Civilization*-Reihe hat als von Spielern selbst gestaltete Downloads eine Vielzahl an Variationen hervorgebracht, in denen das im ursprünglichen Spiel an historischen Szenarien aus der Menschheitsgeschichte angelehnte Spiel in die Fantasy-Kontinente Westeros aus *Game of Thrones* oder Mittelerde aus *The Lord of the Rings* verwandelt wird. Aarseths Typologien bilden eine hilfreiche Grundlage für Fragestellungen zur spielspezifischen Analyse. Darauf aufbauend finden sich neben der formalen und strukturellen Betrachtung des Spielraums selbst zahlreiche Anschlussstellen an interdisziplinäre Perspektiven, beispielsweise zur Bildwissenschaft, zur Filmwissenschaft und zur Architektur.

1.2   Ästhetik der Spielräume

Die ästhetische Erfahrung, die im Brettspiel eine eher abstrakte Größe bleibt, rückt im Videospiel in den Vordergrund. Auch wenn sich nur schwerlich vorstellen lässt, dass ein Spieler oder eine Spielerin alleine die Schönheit eines Schachbretts oder Go-Spiels bestaunt, in den navigierbaren dreidimensionalen Spielwelten kommt neben dem Lösen der Aufgaben eine optionale Spielweise hinzu, die sich ganz auf die Erfahrung der Atmosphäre beschränkt (vgl. auch Grünberger 2014). Wie als digitale Reisetagebücher verfasste Reportagen in großen Nachrichten-Magazinen und Zeitungen, sowie die imposante Reihe *Other Places* von in Videospielen aufgezeichneten Impressionen des britischen Künstlers Andy Kelly alias Ultrabrilliant verdeutlichen, bieten die ausufernden Welten in Spielen wie *Grand Theft Auto* (seit 1997), *Skyrim* (2011) und *Fallout* (seit 1997) einen Anreiz die Einschienenbahn der vorgesehenen Heldenreise zu verlassen und kontemplativ die Landschaft zu studieren. In einer traditionellen Narration würde für eine derartige Ignoranz gegenüber den dramaturgischen Erfordernissen die Bestrafung unmittelbar erfolgen, in Joseph Campbells Modell der Heldenreise bildet sie zu Beginn sogar die Station der unreifen Weigerung gegenüber dem Ruf des Abenteuers. Rollenspiele und Simulationen ermöglichen es den Aufbruch ins Abenteuer ohne schlechtes Gewissen auf einen anderen Tag zu verschieben und stattdessen auf Erkundungstour zu gehen. Je nach Vorgehensweise lässt sich der gleiche Raum als Bühne, als Abenteuer-Spielplatz, als geheimnisvolle Narration oder als fantastische Form des Alltags wahrnehmen.

Der Medienwissenschaftler Michael Nitsche betont in der Einleitung zu seinem Standardwerk *Video Game Spaces* die unterschiedlichen Qualitäten der Videospiel-Räume: „Video game spaces share qualities with simulations, theme park rides, cyberspace, and hypertext worlds. In fact, they can be seen as simulators or a subsection of digital space" (Nitsche 2008, S. 21).

Entsprechend vielseitig gestalten sich die Anknüpfungspunkte für bildwissenschaftliche Fragestellungen (vgl. Beil et al. 2014). Die Interaktionsbilder des Videospiels lassen sich sowohl als Fortsetzung prägender Bildtraditionen der Kunstgeschichte, wie auch, vergleichbar der filmischen Stilgeschichte, als eigenständige Tradition verstehen, die eine dem Medium und der Kunstform spezifische Historiografie erfordert. Stephan Günzel betont in seinen Studien zum Raumbild des Computerspiels Kontinuitäten und Spezifikationen der europäischen Kunsttradition, insbesondere im First Person-Shooter:

> Die Komplexität des Egoshooters rechtfertigt es, von einem exemplarischen Raumbild zu sprechen: Egoshooter vereinen nicht nur Perspektive und Karte im Sinne des Spielfortschritts, indem sie sich wechselseitig bedingen und Informationen über den Raum des Spiels geben oder auch verdecken, sondern sie ermöglichen diese Raumerfahrung eben mittels des Mediums ‚Bild' (Günzel 2012, S. 7).

In *Ego-Shooter. Das Raumbild des Computerspiels* verortet Günzel die Bildtraditionen des Videospiels im Kontext der kunsthistorischen Stilgeschichte und der damit verbundenen Vorstellungen von Realismus und Subjektivität. Videospiele können unterschiedliche räumliche Wahrnehmungsbilder, sowohl in der Tradition der Kartografie, als auch der Perspektive übernehmen (Abb. 1.4 und 1.5).

Das Interaktionsbild schafft eine entscheidende Erweiterung zum filmischen Bewegungsbild, die nahezu im Sinne des absoluten Films nach André Bazin eine kontinuierliche Erfahrung des im Film nur durch die Kamera ausschnittsweise präsentierten Raums ermöglicht. Spiele wie *Alien: Isolation* (2014) und *Goldeneye: Rogue Agent* (2004) bereiten Bildwelten vergangener Epochen der Filmgeschichte auf, die zur Entstehungszeit des ersten *Alien* (1979) und der James Bond-Filme der 1960er Jahre nicht ihren Weg auf die Leinwand fanden.

Die wesentlichen Unterschiede zwischen den Eigenschaften eines filmischen Bewegtbilds und eines spielerischen Interaktionsbilds erläutert Michael Nitsche an einem prägnanten Beispiel: „If a film audience were to step through the camera and onto the film set they would see a modern film studio […] This space is not the world of the story but that of the production of the film. The illusion created by the fictional world would be broken. In contrast, it is a defining characteristic of video game spaces that they allow this step into the represented space. The result is a hybrid between architectural navigable and cinematically represented space" (Nitsche 2008, S. 85).

Abb. 1.4 1st-Person-Perspektive in *Doom* (1993, id Software/GT Interactive)

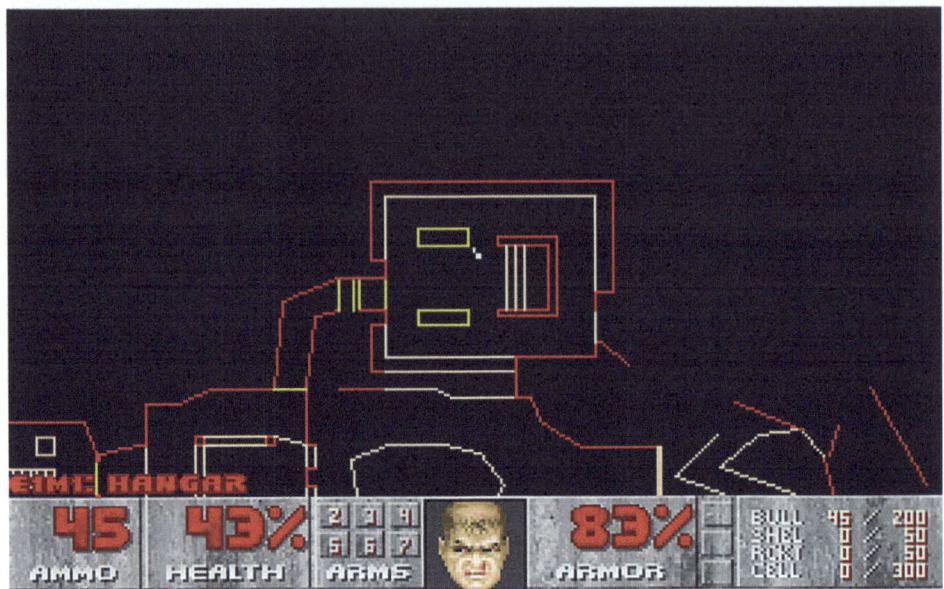

Abb. 1.5 Kartografie des 1st-Person-Shooters – Kartenansicht in *Doom* (1993, id Software/GT Interactive)

Der Ausbau von Filmbildern in Videospielen lässt sich am besten mit der räumlichen Umsetzung eines Filmszenarios in Vergnügungsparks wie Disneyland, den Warner Movie Parks oder den Rides der Universal Studios vergleichen. Die Zentralperspektive auf das Dornröschenschloss in Disneyland schafft im Unterschied zum ursprünglichen Fenster auf die filmische Trickfilmwelt nicht die Illusion, sondern den erfahrbaren Eindruck eines in sich geschlossenen und ohne Illusionsbrüche navigierbaren Kosmos. Dieser findet seine unmittelbare Entsprechung und Fortsetzung in den Spielen der *Kingdom Hearts*-Serie (seit 2002), in denen Mickey Mouse, Donald Duck, Goofy und Co gemeinsam mit den Helden der japanischen *Final Fantasy*-Reihe (seit 1987) ihre Welt vor den fantasielosen Schatten retten müssen.

Die Kombination unterschiedlicher Videospiel-Genres innerhalb der gleichen Topografie resultiert in hybriden Konstellationen, aus denen sich neue Genres ergeben können. Eines der prägnantesten Beispiele bilden etwa Action-Adventures wie *Prince of Persia* (seit 1990) und *Tomb Raider* (seit 1996), die die Puzzle-Aufgaben eines Adventures mit den Geschicklichkeitsproben eines Action-Spiels verbinden. Räumlich separierte Mini-Spiele können wie in *Grand Theft Auto: Vice City* (2002) und *Grand Theft Auto: San Andreas* (2004) aber auch als zusätzliche Gimmicks eingesetzt werden, die den pophistorischen Bezug des Hauptspiels auf die 1980er und 1990er Jahre unterstreichen. Eine andere Option besteht in der Verknüpfung mehrerer Spielräume zu einer ludischen Montage, die im Sinne von Espen Aarseth die Interaktionsmöglichkeiten mit der

Spielwelt erweitern, jedoch nicht innerhalb des gleichen Spielfelds, sondern durch die Kombination unterschiedlicher Spielräume. Das an chinesische Wu Xia-Fantasy-Epen angelehnte *Jade Empire* (2005) integriert in die für das Genre Rollenspiel typischen statistischen Gefechte Elemente eines Action-Spiels. In einem Kapitel konzentriert sich die epische Handlung überwiegend auf die Gefechte in einer Arena, die Räumlichkeiten entsprechen nicht mehr dem Rollenspiel, sondern den Turnier-Arealen eines Beat'em-Up-Games. Lässt man sich hingegen auf eine Schmuggel-Mission mit einem obskuren Flugapparat ein, wechselt das Gameplay zu einem aus der Aufsicht präsentierten zwei-dimensionalen scrollenden Shooter-Arrangement, wie es sich in Automaten-Spielen der frühen 1980er Jahre wie *1942* (1984) findet.

Zur genaueren Analyse dieser anspielungsreichen Videospiel-Räume, die Levelstrukturen als spielbares Zitat aufgreifen, erscheint eine am konkreten Gegenstand und im Kontext einer noch genauer zu erarbeitenden Game-Historiografie verortete Betrachtung der Videospiel-Ästhetik hilfreich.

Der Kunstwissenschaftler Stephan Schwingeler akzentuiert neben den Parallelen zur Kunstgeschichte im Allgemeinen und der neueren Medienkunst im Besonderen auch die nach über vierzig Jahren Videospiel-Geschichte ausgeprägte Eigenständigkeit der Videospiel-Räume und ihrer Stiltraditionen:

> Das Computerspielbild lässt sich nicht nur in kunsthistorische Bildtraditionen einordnen, sondern es lässt sich auch eine eigene Geschichte unterschiedlicher Konzepte und Strategien der Repräsentation von Raum ausmachen, die in einer Perspektivkonstruktion mündet. Das Computerspiel hat eine vorperspektivische Vergangenheit, die durch das Erscheinen des Spiels *Wolfenstein 3D* 1992 in die perspektivische dreidimensionale Gegenwart gewendet wurde. [...] Zum einen hat sich die Raumrepräsentation historisch von einfachen bis hin zu hochkomplexen Darstellungen entwickelt. Andererseits kommen alle im Folgenden angesprochenen Kategorien heute immer noch zur Verwendung (Schwingeler 2014, S. 31).

Schwingeler benennt neben dem Streben in den dreidimensionalen Raum ein wesentliches Merkmal der räumlichen Entwicklung im Videospiel. Entgegen einer Perspektive, die technischen Fortschritt und die Annäherung an eine fotorealistische Umsetzung der Räume als vorgegebenes Ziel betrachtet, bleiben über die reinen nostalgischen Retro-Phänomene hinaus vergangene ästhetische Ansätze als stilistische Option präsent. Vergleichbar der stilbewussten Anspielung auf prägende filmhistorische Vorbilder wie die Musical-Choreografien Busby Berkeleys oder die mit moralischen Ambivalenzen assoziierten Schattenspiele des Film Noir können als Stilzitat in späteren, technisch, aber nicht unbedingt in kreativer Hinsicht ambitionierteren Produktionen wieder auftauchen und weiter ausgebaut werden. Wenn ein Rollenspiel wie *Legend of Grimrock* (2012) auf nahezu sämtliche erzählerischen Ambitionen verzichtet, um sich ganz auf die spielerischen Herausforderungen und die taktischen Überlegungen, wie sie in ähnlichen Titeln zu Beginn der 1990er Jahre im Mittelpunkt des Genres standen, zu konzentrieren, lässt sich diese Reduktion des Spielraums nicht einfach als Retro-Phänomen erklären, sondern bildet auch eine bewusste stilistische Entscheidung, vergleichbar dem Einsatz minimalistischer Stilformen im Film oder der Musik. Spiele wie das Independent-Game *Evoland* (2013) vollziehen in der Gestaltung ihrer Spielräume sogar bewusst die gesamte Entwicklungsgeschichte des Rollenspiel-Genres nach.

1.3   Spielfelder und Levelstrukturen

Die Räume in den Videospielen der 1970er und 1980er Jahre verfügten noch über ein ausgeprägtes assoziatives Potenzial. Für das individuelle Eintauchen in die Spielwelt erschien die Abstraktion der Darstellung durchaus relevant, aber zugleich nahm sie nahezu keinen Einfluss auf den Spielverlauf selbst. Science-Fiction-Enthusiasten konnten im Angriff der *Space Invaders* (1978, vgl. auch Rauscher 2012, S. 39–45) eine Standardsituation des Invasionsfilms entdecken, die waghalsigen Manöver in *Asteroids* (1979) mit dem spektakulären Flug durch ein Asteroiden-Feld in *Star Wars Episode V – The Empire Strikes Back* (1980) in Verbindung bringen und in der *Breakout*-Variation (1976) *Arkanoid* (1986) aufgrund des Auftauchens einer Laser-Kanone und sehr abstrakter außerirdischer Lebensformen über die Mission des gestrandeten Raumschiffs spekulieren. Für die Spielmechanik selbst waren diese Aspekte weitgehend irrelevant, sie bildeten eine ornamentale Ausgestaltung des Spielraums vergleichbar der Bezeichnung der Felder und der Verzierungen auf einem Spielbrett. Schwingeler bemerkt treffend über das Erscheinungsbild früher Videospiele:

> Die Computergrafiker der frühen Computerspiele waren in ihren Möglichkeiten so streng limitiert, dass sie einen Weg finden mussten, alles sofort ersichtlich zu machen, damit der Spieler die Repräsentation seiner Identifikationsfigur und die Repräsentation der Gefahren sofort versteht (Schwingeler 2014, S. 37).

Klassiker der Automaten-Spiele wie *Pac-Man* (1980), *Space Invaders* und *Missile Command* (1980) vermitteln durch ihren komprimierten Bildraum auf einen Blick die Spielaufgabe. Selbst wenn die Abwendung eines nuklearen Angriffs wie in *Missile Command* den Plot eines abendfüllenden Spielfilms umfassen könnte, bleibt das Geschehen noch derart abstrakt, dass sich der gesamte Spielablauf auf eine einzige taktische Ansicht beschränkt. Die beunruhigenden kulturellen Assoziationen ergeben sich aus dem zeithistorischen Hintergrund des damaligen Wettrüstens, die James Cameron ein Jahrzehnt später in seinem Film *Terminator 2 – Judgment Day* (1991) zu nutzen wusste, wenn der gemeinsam mit Arnold Schwarzenegger gegen die nukleare Apokalypse ankämpfende jugendliche Held in einer Spielhalle zu Beginn an eben jenem *Missile Command*-Automaten spielt.

Ein Off des Games wurde zwar angedeutet, aber es beförderte aufgrund des geringen ästhetischen Eigenwerts kaum Spekulationen über das Geschehen jenseits des noch deutlich als Spielfeld gekennzeichneten Raums. Ein Spiel wie *Centipede* (1980), in dem ein

Elfen-Gärtner Pilze gegen einen Tausendfüßler, Spinnen und Zecken verteidigt, deutet zwar ein ausbaufähiges Fantasy-Setting an, aber dieses wurde nicht im Spiel selbst, sondern in einem der Konsolen-Version beigelegten Comic behandelt.

Die Abfolge der vier Levels auf dem Gerüst in *Donkey Kong* (1981) erinnert stärker an eine Aneinanderreihung von Comic-Panels, zu denen die Spieler automatisch die Übergänge ergänzen können als an eine Welt, die erforscht werden könnte. Derartige Implikationen finden sich erst in den späteren Nintendo-Konsolen-Spielen wie *Super Mario Bros.* oder *Donkey Kong Country* (1994), in denen eine ganze, um die einzelnen Figuren herum konstruierte Spielwelt durchquert werden muss. Simon Egenfeldt-Nielsen, Susana Tosca und Jonas Heide Smith unterscheiden zwischen einem passiven, für die Spieler nicht weiter relevanten Off und einem aktiven Off, in dem sich ganz im Sinne des filmischen Fensters zur Welt der Blick neu ausrichten lässt.

> In passive off-screen space nothing really happens [...] This is not the case for games in certain other genres [...] What happens beyond the frame inevitably affects the course of the game. Thus, the off-screen space [...] is dynamic, living, or active (Egenfeldt-Nielsen et al. 2008, S. 118).

Für die Konstruktion einer ganzen Spielwelt, die zusätzlich im Off imaginiert wird, erweisen sich neben der Adaption populärer Vorlagen aus anderen Medien insbesondere die seit den frühen 1970er Jahre populären Rollenspiele als Stil prägend. In einem Spiel, das im Kosmos von *Dungeons and Dragons* oder dessen deutschsprachigem Pendant *Das schwarze Auge* angesiedelt ist, lässt sich davon ausgehen, dass außerhalb der im einzelnen Spiel angesteuerten Handlungsorte das in Regel- und Quellenbüchern geschilderte Universum existiert.

In Videospielen ließ sich die Andeutung einer Welt außerhalb des gezeigten Raums erst mithilfe der Save-Funktion und den umfassenderen Speichermöglichkeiten der Home Computer realisieren. In den Spielhallen wurde ein komplexerer Off-Bereich mithilfe des Scrollings erzielt, das wie in *Defender* (1981) und *Ghosts ,n' Goblins* (1985) eine seitwärts ausgerichtete, fließende Bewegung durch mehrere Räume ermöglichte (Abb. 1.6), und der Vektorgrafik, die der räumlichen Illusion wie in *Tempest* (1981) und *Star Wars* (1982) eine Tiefendimension verlieh. Die angreifenden abstrakten Formen in *Tempest* befinden sich in einem bizarren Wechselspiel zwischen Schwindel erregender Kunst-Installation und Science-Fiction-Szenerie. Dass der besondere Eigenwert eines Videospiels sich nicht nach der narrativen Komplexität richtet, zeigt sich am mit dem First-Person-Shooter vollzogenen Wechsel in den dreidimensionalen Raum. Die von id Software produzierten Spiele *Wolfenstein 3D* (1992) und *Doom* (1993) bedienen sich ausgiebig der Stereotypen exploitativer B-Pictures. Die Innovation liegt in der neuen

Abb. 1.6 Seitwärts-Scroller mit angedeutetem Off – *Ghosts ‚n' Goblins* (1985, Capcom/Capcom)

Raumerfahrung und nicht in den Dämonenhorden und Nazi-Schergen, die dem Höllenschlund, beziehungsweise den Kellergewölben des Obersalzbergs entstiegen sind. Insbesondere am Beispiel der in Deutschland besonders unsachlich und mit zahlreichen Vorurteilen geführten sogenannten „Killerspiel"-Debatte um die frühen, in den meisten Fällen auf den Index beförderten First-Person-Shooter lässt sich die Konfusion der verschiedenen räumlichen Ebenen in Videospielen anschaulich erläutern. Die Simulation eines in den filmischen Genretraditionen vergangener Jahrzehnte verankerten Settings wurde aus Unkenntnis und mangelhafter Reflexion unmittelbar mit einem Trainingssimulator, der die Hemmschwelle gegenüber Gewalttaten herabsetzen soll, gleichgesetzt. Sämtliche über das Interface und die semantische Ebene erzielten Abstraktionen und die durchschaubare Künstlichkeit des cartoonhaften Settings und der klischeehaften narrativen Ebene in *Wolfenstein* und *Doom* wurden geflissentlich ignoriert.

1.4 Spielerische Raum-Passagen

Die Medienwissenschaftlerin und Narratologin Marie-Laure Ryan unterscheidet zwischen dem *Computer Space* als Ebene des Programm-Codes, dem *Textual/Semiotic Space* der Zeichenebene, dem *Narrative Space* der Diegese und dem realen Raum *(Real Space)*, in dem der Spieler oder die Spielerin die Steuerungsbewegungen ausführt oder sich bewaffnet mit einem Handy auf die Jagd nach Pokemons begibt (vgl. Ryan 2013, S. 473). Der Programm-Code umfasst die Engine, auf deren Basis die Animationen des

Spiels erzeugt werden, und die Algorithmen der Spielmechanik. Die textuelle-semiotische Ebene betrifft hingegen die im Spiel zum Einsatz gebrachten Zeichen, „the space taken by material signs out of which semiotic artifacts are made" (Ryan 2013, S. 471). Gerade in den noch relativ schlicht gehaltenen ersten Shooter-Spielen wie *Doom* unterscheiden sich die animierten Gegenspieler, die Dämonen-Fratzen und andere Ungeheuer darstellen, nicht allzu sehr von Figuren in einem Brettspiel. Um den *Narrative Space,* die dritte räumliche Ebene nach Ryan drehten sich in den frühen 2000er Jahren die intensiven Debatten zwischen Ludologen und Narratologen. Ryan merkt über die Raumstrukturen aus narrativer Sicht an: „In a game structured through spatial storytelling, players wander around the story world like knights errant in search of heroic deeds to perform" (Ryan 2013, S. 472). Dass die spielerischen Erlebnisse eine performative oder konfigurative Qualität annehmen können, die weitaus zentraler als die narrative Entwicklung erscheint, zeigt sich an alternativen Ansätzen der Analyse wie Espen Aarseths Quest-Begriff:

> The current focus on storytelling in computer game theory might be replaced by a more productive focus on questing. Clearly, games and game engines can *also* be used to tell stories, but this is probably an extreme end of a spectrum that runs between narration and free play, with rule-based games and quest games somewhere in between (Aarseth 2004, S. 375).

Im Unterschied zu einer klassischen Erzählung, die Anfang, Mitte und Ende, wenn auch gelegentlich nicht unbedingt in dieser Reihenfolge vorgibt, ermöglichen die Quest-Strukturen im Sinne von Henry Jenkins *Game Design as Narrative Architecture* (vgl. Jenkins 2004) Handlungsräume mit erzählerischem Potenzial aufzuladen. Ob dieses tatsächlich genutzt wird, um die in den zu untersuchenden Objekten verborgene Hintergrundgeschichte zu erfahren, ob die Spieler stattdessen in der Tradition einer Performance-Gruppe gemeinsam im Online-Rollenspiel neue Konflikte und Rollenfiguren ausagieren oder ob sie sich vielleicht den spannungsgeladenen ludischen Herausforderungen eines Hindernis-Parcours stellen, bis sie nach mehreren Versuchen die Reaktionen und Taktiken perfektioniert haben, bleibt den Spielern überlassen. Häufig ergänzen sich die potenzielle Nutzung als Bühne, Spielplatz, zu enträtselnder Story-Space oder als alltäglicher Ort der Begegnung gegenseitig.

Die letzte von Ryan genannte Kategorie des *Real Space* setzt sich angesichts hybrider Raumstrukturen gegenwärtig in unterschiedlichen Richtungen fort. Sie dringt nicht nur in Form von *Pokémon Go* oder dem Science-Fiction-Spiel *Ingress* (2012) per Handy in den gewöhnlichen Alltag vor. Durch Kombinationen aus materiellem Spielzeug und diesem per USB-Anschluss beigelegten Videospiel-Funktionen, die in Koppelung mit der plastischen Figur genutzt werden können, vermischen sich in Reihen wie *Skylanders* (seit 2011) und *Lego Dimensions* (seit 2015) nach dem Toys-to-Life-Prinzip haptisch greifbare und digital erweiterbare Spielformen. Umgekehrt ergibt sich in den Online-Spielwelten durch den vernetzten Austausch auch die ganz gewöhnliche Kommunikationssituation eines Gesprächs beim Kaffee oder Bier, wenn die Spieler sich zwar in die

Online-Welt einloggen, diese aber nur als Treffpunkt für ein entspanntes Gespräch und einen virtuellen Feierabend-Spaziergang nutzen.

Angesichts des Realitätsgehalts der Spielräume sollten immer wieder dessen mediale Rahmenbedingungen hinterfragt werden. Rolf Nohr weist in dem Aufsatz *Raumfetischismus. Topografien des Spiels* (2007) darauf hin, dass das Spiel seine Bedeutung erst durch seinen medialen Kontext entfaltet (vgl. Nohr 2007, S. 62). Die Raumanmutungen der Spiele ergeben sich auf der Ebene der sozialen, der mentalen und der diskursiven Räume. Insbesondere die „Naturalisierung von Code" (Nohr 2007, S. 66), die sich auf der Oberfläche des Spiels vollzieht, bietet sowohl für die in Strategiespielen vermittelten Lernprozesse, als auch die Ausdehnung der spielerischen Wirklichkeit in den öffentlichen Raum eine aufschlussreiche Perspektive. Vermeintlich naheliegende naturalisierte Handlungsoptionen dienen häufig der Vermittlung eines festgelegten Herrschaftswissens, das nicht unbedingt durch die Spielmechanik hinterfragt wird.

Die Ebene der mentalen Räume, die eine innere Entsprechung zur navigierten Umgebung schaffen, bietet ausbaufähige Forschungsperspektiven, die von den kognitiven Wahrnehmungsformen bis hin zur Ausprägung eines popkulturellen Gedächtnisses reichen, das sich in den Spielen fortschreibt. Michael Nitsche weist auf evokative Elemente in der Gestaltung spielerischer Räume hin: „Players want to engage not with the screen but with a fictional world these images bring to mind [...] Video game worlds are navigable spaces that offer a wide range of interactions, but they are also spaces told to us using certain forms of presentation" (Nitsche 2008, S. 3).

Der Soziologe Kevin Lynch thematisiert in seiner 1960 veröffentlichten Studie *The Image of the City* am Beispiel von Boston, Jersey und Los Angeles, wie sich anhand markanter Orientierungspunkte wie Wegen, Abgrenzungen, Vierteln, Knotenpunkten und Sehenswürdigkeiten die mentale Landkarte einer Stadt ergibt.

> Als Schlüsselbegriff dient Lynch die Vorstellbarkeit *(Imageability)* einer Stadt: „That quality in a physical object which gives it a high probability of evoking a strong image in any observer. It is that shape, color, or arrangement which facilitates the making of vividly identified, powerfully structured, highly useful mental images of the environment. It might also be called *legibility,* or perhaps *visibility* in a heightened sense, where objects are not only able to be seen, but are presented sharply and intensely to the senses" (Lynch 1960, S. 10).

Räume in Videospielen bieten die besondere Möglichkeit eine Simulation des realen Ortes mit den popkulturell vorcodierten, mentalen Bildern aus Musik, Filmen, Romanen, Comics und TV-Serien zusammen zu bringen. Das Rockstar-Spiel *The Warriors* (2005) erweitert einerseits die in Walter Hills Kultfilm von 1979 gezeigten Schauplätze zum komplexen Abenteuer-Spielplatz, auf dem auch Orte aufgesucht werden können, die im

Film lediglich flüchtig angedeutet werden, andererseits adaptiert es räumlich jenen Pop-Mythos des gefährlichen und aufregenden New York der späten 1970er Jahre, der sich auch in Filmen wie Spike Lees *Summer of Sam* (2001) oder Baz Luhrmans Serie *The Get Down* (2016) über die Entstehung des Hip Hop in der South Bronx findet. Die *Imageability* erweist sich im Fall der Rockstar Games-Produktionen als Archiv- und Erinnerungsarbeit, sowohl auf der auditiven Ebene durch die Auswahl der Songs des Soundtracks, als auch durch die visuellen Anspielungen und die spielhistorischen Referenzen (Abb. 1.7 und 1.8).

> Die Navigation durch die Spielräume wird analog zu den von Kevin Lynch in Bezug auf die realen Städte erarbeiteten Orientierungspunkte durch architektonische Konzepte geleitet. Michael Nitsche nennt **Spuren** und **Schienen** (tracks and rails, vgl. Nitsche 2008, S. 172–176), sowie **Labyrinthe** und **Irrgärten** (Nitsche 2008, S. 176–183), sowie die für Turnier-Situationen essenzielle **Arena** (Nitsche 2008, S. 183–187) als prägende Muster.

Die Dramaturgie eines Videospiels lässt sich durch diese verschiedenen Gestaltungsformen nachhaltig beeinflussen und in thematischer Korrespondenz zur Ästhetik des Spiels bringen. Arenen werden immer wieder gerne für Boss-Kämpfe, die den Übergang in den

Abb. 1.7 Anspielungsreiche Stadtbilder – 1980er Neon-Miami in *Grand Theft Auto: Vice City* (2002, Rockstar/Rockstar)

Abb. 1.8 New York State of Mind – Spaziergang in *Grand Theft Auto IV* (2008, Rockstar/ Rockstar)

nächsten Handlungs- und Spielabschnitt markieren, verwendet. Labyrinthe bilden einen festen Bestandteil klassischer Rollenspiele. Nachdem sie einmal durchquert wurden, können sie häufig in späteren Spiel-Sessions wie ein Rhizom von anderen Punkten aus beliebig angesteuert werden, um darin noch unerledigte Aufgaben zu erfüllen oder weitere Ressourcen zu sammeln. Die aus der griechischen Antike überlieferte Form des Labyrinths von Kreta, in dessen Mitte der Minotaurus lauert, deutet hingegen bereits einen dramaturgischen Aufbau an, der sich sowohl als Quest Narrative wie auch als spielerische Aufgabe auslegen lässt. Wie sich diese Struktur als intertextueller Comic-Mythos wiederfindet und wie sich die vorgestellten theoretischen Ansätze für die Videospiel-Analyse einsetzen lassen, wird im Folgenden am Beispiel der erfolgreichen *Batman*-Adaption *Arkham Asylum* (2009) und dessen Nachfolgern exemplarisch diskutiert.

1.5   Transmediale Topografien – *Arkham Asylum* und die Batman-Spiele

Die Spiele zur populären DC-Comicfigur Batman gerieten ähnlich vielseitig wie die 1939 von Bob Kane und Bill Finger erschaffene Comicfigur selbst. Das britische Label Ocean produzierte 1986 eine betont comichafte Action-Adventure-Adaption, die an den verspielten Pop-Art-Look der grell-bunten und selbstironischen TV-Serie aus den 1960er Jahren erinnert. Die spielerische Fortsetzung dieses cartoonhaften Stils findet sich heute in den *Batman Lego*-Spielen, die begleitet von Kino-Auftritten der Figur in *The Lego Movie* (2014) den dezidierten Gegenansatz zu Christopher Nolans düsterem Comic-Naturalismus in der *Dark Knight*-Trilogie (2005–2012) bilden. Die Räume werden in dem Ocean-Spiel wie auch später in den *Batman Lego*-Spielen (2008) als comichaft überzeichnete Schauplätze, an denen die unterschiedlichsten Gadgets und skurrilen Gegner zu entdecken sind, präsentiert. Das *Batman*-Spiel von 1986 präsentiert die Abfolge der einzelnen Orte wie die Panels in einem Comic, das *Lego*-Spiel akzentuiert hingegen wie alle Spiele des dänischen Klötzchen-Franchise den konstruierten Charakter der Spielräume, die aus Lego-Steinen zusammengesetzt wurden. In diesem Setting erscheint es intuitiv naheliegend, dass der Avatar die Steine auseinanderschlagen kann, um daraus neue Gegenstände und Utensilien zusammen zu bauen. Die Handlungsmöglichkeiten gegenüber der Spielwelt lassen sich nach Espen Aarseths Modell deutlich erfassen und auch das Verhältnis zum gesteuerten Avatar lässt sich aufgrund des popkulturellen Vorwissens schnell zuordnen. Batman verfügt im Unterschied zu seinen Kollegen Superman und Wonder Woman über keine Superkräfte, sondern katapultiert sich mithilfe eines Seils durch die Straßenschluchten der Stadt Gotham und schaltet seine Gegenspieler durch einen Baterang, einen nach seinen eigenen Bedürfnissen modifizierten Bumerang aus. Seine Gegenspieler werden grundsätzlich nicht getötet, im Kampf gegen sie setzt Batman auch niemals Schusswaffen ein. Die überwältigten Gegenspieler liefert er in dem Hochsicherheitsgefängnis Arkham, nach dem Vorbild von Alcatraz auf einer Insel im Gotham River gelegen, ab. Nach Aarseths Modell handelt es sich im Fall des Arkham Asylums um einen prototypischen geschlossenen Schauplatz. Das berüchtigte Gefängnis, in dem Batmans Gegenspieler wie der Joker, der Pinguin, Two-Face und der Riddler einsitzen, kommt in *Lego Batman* sogar als möglicher Startpunkt vor. Die Spieler können, nachdem die ersten Missionen mit dem maskierten Superhelden erfolgreich absolviert sind, von dort aus das Spiel noch einmal aus der Perspektive der Schurken neu beginnen. In der Lego-Variante lassen die mit dem Ort verbundenen Ambivalenzen allerdings vergeblich auf sich warten. Das Szenario erinnert im Vergleich zu Christopher Nolans *Batman Begins* (2005) und dem künstlerisch aufwendig gestalteten, surrealen Comic-Albtraum *Arkham Asylum – A Serious House on Serious Earth* (1989) von Grant Morrison und Dave McKean nicht an eine Manifestation eines außer Kontrolle geratenen Überwachungs- und Strafsystems, das aus den Albträumen von Michel Foucault stammen könnte. In der Lego-Variante ähnelt die Anstalt einem Spielzeug-Set, in dem sich die farbenfrohen Gegenspieler Batmans tummeln (Abb. 1.9 und 1.10).

Die aussagekräftige Verknüpfung zwischen Raumgestaltung und audiovisuellem Erscheinungsbild zeigt sich an den *Batman*-Spielen besonders nachhaltig, da sich zwei grundlegende stilistische Konzepte der Comics und der Verfilmungen in den Spielen wiederfinden. Das Lego-Spiel und die Ocean-Versoftung von 1986 stehen deutlich in der in der ihre Künstlichkeit deutlich ausstellenden 1960er Jahre TV-Serie. Die seit 2009 produzierte, bisher vier Teile umfassende *Arkham*-Reihe, bestehend aus *Arkham Asylum* (2009), *Arkham City* (2011), *Arkham Origins* (2013) und *Arkham Knight* (2015), knüpft hingegen an die zweite große Tradition der Batman-Comics an. Vergleichbar mit Tim Burtons Verfilmungen *Batman* (1989) und *Batman Returns* (1992), die den expressionistischen Vorlieben des Regisseurs gerecht werden, sowie den Graphic Novels *The Dark Knight Returns* (1986) von Frank Miller, *The Killing Joke* (1986) von Alan Moore

Abb. 1.9 Eine lange Reise durch die Nacht – *Arkham Asylum* (2009 Rocksteady Studios/Warner Bros. Interactive)

Abb. 1.10 Trauma-Bewältigung als Spielaufgabe – Batman vs. Scarecrow in *Arkham Asylum* (2009, Rocksteady Studios/Warner Bros. Interactive)

und *Arkham Asylum* (1989) von Grant Morrison und Dave McKean kehren diese Spiele zur düsteren Hardboiled- und Noir-Mentalität der frühen Comics und der in den späten 1980er Jahren wieder entdeckten ambivalenten Figurenzeichnung zurück. Wie in der die unterschiedlichsten Techniken von Malerei bis hin zu Fotografie und Collagen kombinierenden Graphic Novel von Morrison und McKean erweist sich der Einsatz in Arkham als eine lange Reise durch die Nacht und in die eigenen seelischen Abgründe.

Die *Batman*-Videospiele funktionieren wie vergleichbare transmediale Franchise-Produktionen aus den Reihen *Star Wars, Star Trek, Marvel* oder *James Bond* über jene von Jenkins und Nitsche diskutierten *Evocative Spaces*. Sie erinnern an Szenarien, die aus den Comics, den TV-Animationsserien oder den Filmen vertraut erscheinen. Je nach Game-Genre betonen die Spiele-Adaptionen unterschiedliche Aspekte der Figur und ihrer Umgebung. Die 2016 in fünf Episoden veröffentlichte Adventure-Reihe der Firma Telltale Games betont etwa die mit der Arbeit als Detektiv assoziierten Kombinationsaufgaben und verlangt den Spielern als Batmans ziviles Alter Ego auch moralische Entscheidungen ab, beispielsweise ob der sich später in Two-Face verwandelnde Bezirksstaatsanwalt Harvey Dent im Wahlkampf um das Amt des Bürgermeisters von Gotham City unterstützt werden soll.

Wie in einem Comic-Panel werden in *Batman – The Telltale Series* (2016) nur jene Orte betreten, an denen die Handlung weitergebracht werden kann. Durch die Montage einzelner Schauplätze entsteht eine ganze mentale Landkarte der fiktiven Metropole Gotham, inklusive kommentierender medialer Paratexte, die auf Batmans Computer abgerufen werden können (Abb. 1.11a und b).

Die Raumstruktur in *Lego Batman* und *Arkham Asylum* gestaltet sich hingegen vergleichsweise klassisch und konzentriert sich linear auf einen einzelnen Schauplatz pro Kampagne. Die Levels führen sowohl in *Lego Batman*, als auch in *Arkham Asylum* als geradlinige Labyrinthe durch den Themen-Park der Herausforderungen, der an den jeweiligen Gegenspieler angepasst ist. Obwohl *Arkham Asylum* weitaus stärker als *Lego Batman* auf den Eindruck eines in sich geschlossenen organischen Ganzen setzt, taucht das Gestaltungsprinzip des auf den einzelnen Gegner angepassten Level-Abschnitts auch hier auf (Abb. 1.12 und 1.13). Die mit fleischfressenden Pflanzen und selbst gemixten Giften ausgestattete Poison Ivy verwandelt einen Abschnitt Arkhams in ein bizarres Gewächshaus und der mutierte Schurke Killer Croc haust wie im Antihelden-Blockbuster *Suicide Squad* (2016) in einem eigenen Trakt der Kanalisation von Gotham, der an ein unterirdisches Labyrinth erinnert.

Entsprechend einer für Action-Adventures charakteristischen Struktur kämpft sich Batman in beiden Spielen durch eine Abfolge von Hindernis-Parcours und Passagen, die sich erst nach der richtigen Lösung des begleitenden Puzzles öffnen lassen. Die

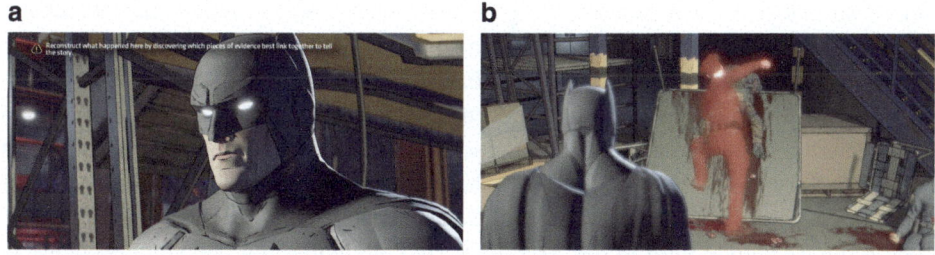

Abb. 1.11 Detektivarbeit am Tatort in *Batman – The Telltale Series* (2016, Telltale Games/Telltale Games)

Abb. 1.12 Arkham Asylum im Cartoon-Modus von *Lego Batman* (2008, Traveller's Tales/Warner Bros. Interactive)

Lego-Variante betont den familienfreundlichen Charakter, da als weiterer Spiel-Modus jederzeit ein weiterer Spieler oder eine Spielerin die Rolle von Batmans Sidekick Robin übernehmen kann. In den *Arkham*-Spielen tritt Batman hingegen als der wortkarge Einzelgänger der düsteren Comic-Variante auf. Im Unterschied zu *Lego Batman* lassen sich die Gadgets seiner Rüstung nicht gleich in ihrem vollen Umfang nutzen, sondern sie müssen erst mit Talentpunkten verbessert und ausgebaut werden.

Die Levels in *Lego Batman* erinnern an einen geräumigen Spielplatz, auf dem wie in einem Diorama alle möglichen kleinen skurrilen Extras versteckt sind, die von den Spielern ausgelöst werden können. Es gibt zwar auch eine Lernkurve im Ablauf der einzelnen Missionen, aber diese passt sich adaptiv den Fähigkeiten der Spieler an, um den Spielfluss des vergnüglichen Cartoon-Erlebnisses nicht zu gefährden. Die Level-Architektur in *Arkham Asylum* zielt hingegen darauf ab, dass sich Batman mithilfe von Wasserspeiern und Mauervorsprüngen ungesehen durch den Raum bewegt und von dort aus seine Gegner mit Seilen und Baterangs oder im abrupten Sturzflug aus dem Gefecht zieht. Die in der Ästhetik an die düsteren Stadt-Fantasien der Tim Burton-Filme erinnernde Raumgestaltung wird in der *Arkham*-Serie unmittelbar mit der Spielmechanik in Einklang gebracht. Die Mauervorsprünge und Steinstatuen tragen einerseits zum schauerromantischen Eindruck des Ambientes bei und dienen zugleich als Vorrichtung für das

Abb. 1.13 Farbenfroher Abenteuer-Spielplatz in *Lego Batman* (2008 Traveller's Tales/Warner Bros. Interactive)

Gameplay eines Stealth-Games, in dem sich der Spieler oder die Spielerin vor der Überzahl der Gegner verstecken muss, um diese mit taktischen Tricks und nicht durch reine rohe Gewalt auszuschalten.

Während *Lego Batman* ganz der Idee des Themen-Parks als Spielplatz verpflichtet ist, erinnert die *Arkham*-Reihe mit ihren unsichtbaren Schienen durch die einzelnen Areale an den vorgegebenen Ablauf einer Attraktion mit einer durchgeplanten räumlich organisierten Dramaturgie. Die Hauptgegner bilden der Joker und seine Partnerin Harley Quinn. Ihre Verfolgung konfrontiert Batman mit anderen Gegenspielern aus der Comicvorlage wie Poison Ivy, Scarecrow, Bane, Two-Face und Killer Croc. Der ambivalente Status der Femme Fatale Catwoman wird im Sequel *Arkham City* dadurch hervorgehoben, dass sie ebenfalls als spielbare Figur mit eigener Agenda und nicht als Gegenspielerin am Geschehen beteiligt ist.

Nach Marie-Laure Ryans Modell der digitalen Räume steht in den *Batman*-Spielen der semiotische Raum im Vordergrund. Der Held versieht jedes Utensil, egal ob Batmobil, Batwing oder den unerschöpflichen Vorrat an Baterangs mit seinem Logo. Seine Gegenspieler reagieren mit ihrem eigenen Zeichen-Inventar, der Riddler markiert seine Rätsel mit giftgrünen Fragezeichen, die Schizophrenie des ehemaligen Staatsanwalts Harvey Dent alias Two-Face zeigt sich in seiner auf einer Seite beschädigten Münze,

Poison Ivy hinterlässt eine Spur aus Venus-Fliegenfallen und der Joker bringt mit sei-nen grellen Utensilien und Scherzartikeln die düstere Gadget-Kollektion des Helden aus dem Konzept. In spielerischer Hinsicht verschaffen die semantisch aufgeladenen Zeichen im *Batman*-Kosmos eine hilfreiche und schnelle Orientierung. Als zusätzliche Option, die zugleich den transmedialen Anschluss an die Comics, TV-Serien und Filme verstärkt, dient die optionale Ebene des Narrative Space. Neben der rudimentären Passage durch die Räume des *Arkham Asylum* bietet das von dem Comic-Autoren Paul Dini verfasste und von Sprechern der *Batman*-Animationsserie wie Mark Hamill als Joker synchro-nisierte Spiel eine Vielzahl an optionalen Hintergrund-Geschichten. Die im Comic von Grant Morrison und Dave McKean als Parallel-Montage zu den Abenteuern Batmans erzählte Geschichte des wahnsinnig gewordenen Gründers der Anstalt lässt sich über diverse Fundstücke rekonstruieren. Die Wandlung der ehemaligen Psychiaterin Harley Quinzel, die dem sinisteren Charme des Jokers verfiel und zu seiner Gefährtin Harley Quinn wurde, kann ebenfalls aus verschiedenen im Lauf des Spiels sicher gestellten Audio-Aufzeichnungen als eine Art zusätzliches Hörspiel nachvollzogen werden. Der narrative Raum ergibt sich folglich in *Arkham Asylum* aus dem Ausspielen des actionori-entierten Plots, ergänzt um die optionale Ebene der je nach Interesse intensiver ermittel-ten Background Story. In den *Lego Batman*-Spielen besteht die Narration hingegen aus einzelnen, an Zeichentrick-Cartoons erinnernden Episoden und benötigt keine umfassen-deren Hintergründe.

Die von Ryan als weitere Analyse-Perspektive genannte Ebene des Computer-Codes bleibt in den meisten Spielen unsichtbar. In *Arkham Asylum* wird sie jedoch für eine raffinierte Metalepse, eine reflexive Durchbrechung der dargestellten Wirklichkeit durch eine kommentierende Ebene, genutzt. In drei als Mini-Spiel eingebauten Zwi-schenspielen tritt Batman gegen den Gegenspieler Scarecrow an. Der als Vogelscheuche verkleidete, ehemalige Psychiater Jonathan Crane versetzt seine Opfer mithilfe eines Nervengases in panische Angstzustände und beschwört deren Traumata aus den Tie-fen des Unterbewusstseins herauf. Im Fall von Bruce Wayne alias Batman besteht diese belastende Erinnerung aus der Ermordung seiner Eltern durch einen Straßenräuber, die er als Kind miterleben musste. In *Arkham Asylum* wird diese Backstory Wound als Erin-nerungsraum selbst zur dreidimensionalen navigierbaren Passage. In Anschluss an die traumatische Erinnerung muss sich Batman auf einem grotesk anmutenden Spielbrett vor dem überdimensionalen Scarecrow, der ihn mit seinem bohrenden roten Blick zu läh-men versucht, in Sicherheit bringen, indem er hinter Mauer-Fragmenten Zuflucht sucht. Sobald der bizarre Parcours durchquert worden ist, kehrt das Spiel zum zentralen Game-play der als Action-Adventure absolvierten Reise durch das Arkham Asylum zurück. Das dritte und letzte Scarecrow-Spiel präsentiert schließlich nicht alleine die subjektive Per-spektive von Bruce Wayne, sondern wechselt zur Verstärkung des verstörenden Effekts auf die Meta-Ebene des Computer Codes. Für einen kurzen Moment wird eine Fehler-meldung auf blauem Untergrund eingeblendet. Das für einen Systemabsturz in Windows übliche Warnsignal erweist sich jedoch nicht als realer Absturz des Spiels, sondern als inszenierter Effekt des Spiels, der in den letzten von Scarecrow initiierten Albtraum überleitet. Wie Benjamin Beil in einem Aufsatz über das Spiel treffend anmerkt: *„Arkham Asylum* essentially transforms the effects of character subjectivity into a metaleptic form" (Beil 2014, S. 166).

Die Ausdehnung in den realen Raum, die vierte und letzte Ebene des von Marie-Laure Ryan erstellten Modells zur Analyse digitaler Räume, findet sich im *Batman*-Franchise nicht nur in der naheliegenden Form des Cosplays, bei dem sich Fans auf Conventions als Batman, Harley Quinn, Catwoman oder Joker verkleiden. Für den Film *The Dark Knight* wurde 2008 ein komplettes Alternate Reality-Spiel erstellt, bei dem die Fans verschiedene Kuchen mit eingebauten Telefonen finden mussten, um eine Botschaft des Jokers zu entschlüsseln, aus der sich weitere Hinweise auf eine Website ergaben (vgl. Rose 2011, S. 9–30). Das umfassende Eintauchen in die virtuelle Welt von Gotham verspricht hingegen das 2016 vorgestellte Modul *Arkham VR,* in dem die Spieler mit einer Virtual Reality-Brille einen Arbeitstag Batmans vom Einstieg in die geheime Bat-Höhle bis hin zum Einsatz in den Straßen Gothams miterleben können. Die Gegenbewegung zum Eintauchen in die simulierte Bat-Höhle markiert hingegen die Abstraktion der Batman-Spielzeugfiguren in der Reihe *Lego Dimensions.* Diese verwandeln sich mithilfe eines USB-Anschlusses von der statischen Miniatur in eine digital animierte Figur auf dem Bildschirm.

Die Vielfalt der unterschiedlichen Spielräume, die exemplarisch in den Spielen des *Batman*-Franchise analysiert wurden, verdeutlicht auf einer allgemeinen Ebene die zentrale Bedeutung des Raums sowohl für die Gestaltungsformen des Videospiels, als auch als transmediale Anschlussstellen zu Variationen des gleichen Universums in Filmen, Comics, Romanen und TV-Serien. Auf der Mikroebene der einzelnen Beispiele zeigt sich, wie die konkrete Analyse des szenischen Aufbaus und der Architektur des Spiels eine Räumlichkeit bestimmt, die Gameplay und Semantik, Bewegungs- und Interaktionsbild, Narration und Topografie, sowie digitale und analoge Formen verbindet.

Literatur

Aarseth, Espen. 1997. *Cybertext. Perspectives on Ergodic Literature.* Baltimore: John Hopkins University Press.
Aarseth, Espen. 1998. Allegories of Spatiality in Computer Games. In *Space Time Play*, hrsg. F. Borries, S. P. Walz und M. Böttger, 152–171. Basel: Birkhäuser Verlag.
Ackermann, Judith. 2015. Digital Games und Hybrid Reality Theatre. In *New Game Plus*, hrsg. B. Beil, G. S. Freyermuth und L. Gotto, 63–88. Bielefeld: transcript.
Beil, Benjamin, Marc Bonner und Thomas Hensel, Hrsg. 2014. *Computer/Spiel/Bilder.* Glückstadt: Verlag Werner Hülsbusch.
Beil, Benjamin. 2014. The Fears of a Superhero. Batman Begins and Batman – Arkham Asylum. In *Superhero Synergies. Comic Book Characters Go Digital*, hrsg. J. N. Gilmore und M. Stork, 155–172. New York: Rowman & Littlefield.
Calleja, Gordon. 2011. *In-Game. From Immersion to Incorporation.* Cambridge/MA: MIT Press.
Egenfeldt-Nielsen, Simon, Susana Pajares Tosca und Jonas Heide Smith. 2008. *Understanding Video Games.* London: Routledge.

Fullerton, Tracey. 2008. *Game Design Workshop*. New York: Morgan Kaufmann Publishers.

Günzel, Stephan. 2012. *Egoshooter. Das Raumbild des Computerspiels*. Frankfurt/M./New York: Campus Verlag.

Grünberger, Nina. 2014. Spiel als besondere Form der Atmosphäre. Zur konzeptionellen Beziehung der Phänomene Spiel und Atmosphäre. 2014. In *Zwischen/Welten. Atmosphären im Computerspiel*, hrsg. Christian Huberts und Sebastian Standke, 25–40. Glückstadt: Verlag Werner Hülsbusch.

Huizinga, Johan. 1987. *Homo Ludens. Vom Ursprung der Kultur im Spiel*. Reinbek bei Hamburg: Rowohlt.

Jenkins, Henry. 2004. Game Design as Narrative Architecture. In *First Person. New Media as Story, Performance, and Game*, hrsg. Noah Wardrip-Fruin und Pat Harrigan. 118–130. Cambridge (Ma.): MIT Press.

Lynch, Kevin. 1960. *The Image of the City*. Cambridge/MA: MIT Press.

Manovich, Lev. 2001. *The Language of New Media*. Cambridge/MA: MIT Press.

Nitsche, Michael. 2008. *Video Game Spaces. Image, Play, and Structure in 3D Worlds*. Cambridge/MA: MIT Press.

Nohr, Rolf N. 2007. Raumfetischismus. In *Computer/Spiel/Räume. Hamburger Hefte zur Medienkultur*, hrsg. K. Bartels und J. Thon, 61–81. Universität Hamburg.

Rauscher, Andreas. 2012. *Spielerische Fiktionen. Transmediale Genrekonzepte in Videospielen*. Marburg: Schüren Verlag.

Rose, Frank. 2011. *The Art of Immersion*. New York: W.W. Norton & Company.

Ryan, Marie-Laure. 2013. Spatiality of Digital Media. In *The John Hopkins Guide to Digital Media*, hrsg. M.-L. Ryan, L. Emerson und B. J. Robertson, 470–474. Baltimore: John Hopkins University Press.

Schwingeler, Stephan. 2014. It's All About Connecting the Dots. Raum und Perspektive im Computerspiel. In *Computer/Spiel/Bilder*, hrsg. B. Beil, M. Bonner und T. Hensel, 25–58. Glückstadt: Verlag Werner Hülsbusch.

Walz, Steffen P. 2010. *Toward A Ludic Architecture. The Space of Play and Games*. Zürich: ETC Press.

Über den Autor

PD Dr. habil. Andreas Rauscher, Akademischer Rat im Bereich Medienästhetik an der Universität Siegen, Vertretungsprofessoren an den Universitäten Kiel und Freiburg, von 2008 bis 2014 wissenschaftlicher Mitarbeiter für Filmwissenschaft/Mediendramaturgie an der Johannes-Gutenberg-Universität Mainz. Freier Journalist und wissenschaftlicher Kurator für das Frankfurter Filmmuseum (Ausstellung *Film & Games* 2015). Forschungsschwerpunkte: Filmwissenschaft und Game Studies, Comicforschung, Cultural Studies, Film und Popkultur, Genretheorie Veröffentlichungen: *Die Tschechoslowakische Neue Welle der 1960er* (Mainz 2018, zusammen mit Jonas Engelmann und Josef Rauscher). *Navigationen – Playin' the City. Artistic and Scientific Approaches to Playful Urban Arts* (Siegen 2016, zusammen mit Judith Ackermann und Daniel Stein). *Film & Games – Ein Wechselspiel* (Berlin 2015, zusammen mit Eva Lenhardt, DIF – Deutsches Filminstitut). *Subversion zur Prime-Time: Die Simpsons und die Mythen der Gesellschaft* (3. Auflage Marburg 2013, zusammen mit Michael Gruteser und Thomas Klein). rauscher@medienwissenschaft.uni-siegen.de. Universität Siegen, Fakultät 1 – Medienwissenschaft, Herrengarten 3, 57075 Siegen.

Zeit

Serjoscha Wiemer

Sure, what the developers and publishers want is the consumer's money, but what they have to compete for in order to get the pounds, euros, dollars or yen is their time (Atkins 2007, S. 245).

Zeit ist ein ästhetischer Grundbegriff, der in den Game Studies auf vielfältige Weise zum Verständnis von Computerspielen herangezogen wird. Dies reicht von der zeitlichen Konstitution elektronischer Bildlichkeit über die Diskussion subjektiven Zeitbewusstseins im Spielerleben bis zur Beschreibung temporaler Erzählstrukturen narrativer Spiele. Die Bedeutung von zeitlichen Aspekten für das Verständnis von Wahrnehmungs- und Handlungssituationen von Videospielen sowie für die Untersuchung bestimmter Erzählweisen oder Spielmechaniken ist nicht zuletzt eng mit Fragen nach der medialen Spezifik von Computerspielen als zeitbasiertem, interaktivem, algorithmischem oder prozeduralem Medienformat verbunden.

2.1 Technische Zeit und menschliche Zeit

Die Medienphilosophin Sybille Krämer hat mit Bezug zur Medien- und Techniktheorie Friedrich Kittlers darauf aufmerksam gemacht, dass Medien auf ganz grundsätzliche Weise den Umgang mit Zeit und Zeitlichkeit betreffen. Es kann als ein Merkmal der operativen Logik technischer Medien gelten, dass sie die Zeit der menschlichen Wahrnehmung systematisch unterlaufen. Dies gilt insbesondere für den Computer, dessen Lese- und Schreibvorgänge sich in zeitlichen Größenordnungen vollziehen, die mit

S. Wiemer (✉)
Paderborn, Deutschland
E-Mail: swiemer@campus.uni-paderborn.de

© Springer Fachmedien Wiesbaden GmbH 2018
B. Beil et al. (Hrsg.), *Game Studies,* Film, Fernsehen, Neue Medien,
https://doi.org/10.1007/978-3-658-13498-3_2

menschlichen Sinnen nicht mehr wahrnehmbar sind. Die damit provozierte Frage nach der „Abkopplung menschlicher Sinnlichkeit von den Medien", betrifft auch Computerspiele und ihre mediengeschichtliche Position. Zudem ermöglichen technische Medien „Zeitachsenmanipulationen". Zeitverläufe werden speicherbar, verfügbar und umkehrbar gemacht. „In der Medientechnik wird die Zeit selbst zu einer manipulierbaren Variablen" (Krämer 2004).

Die Erfahrung von gelebter Zeit als gerichtet und unumkehrbar kann als Elementarerfahrung menschlicher Existenz gelten. Ereignisse lassen sich nicht ungeschehen machen, und der Mensch als ein leibliches Wesen weiß um seine Sterblichkeit, um das Gerichtet-Sein und die Begrenztheit der eigenen Lebenszeit. Medien dagegen ermöglichen, diese Erfahrung von Zeitlichkeit zu transzendieren. Technik, so Krämer, könne als ein ‚Unternehmen' verstanden werden, „genau diese Irreversibilität zu bannen".

Grundsätzlich kann die Zeitlichkeit von Computerspielen als eine spezifische Verschränkung von technisch-medialen Bedingungen mit menschlicher Wahrnehmungs- und Handlungsfähigkeit verstanden werden.

2.2   Bildtheoretische Einordnung

Videospiele zu spielen ist in den meisten Fällen ein Handeln am Bild und im Bild. Spielen heißt dann, eine über Bilder und Interfaces vermittelte Interaktion mit der Programmebene des Rechners auszuführen.

Aus bildtheoretischer Sicht lassen sich Computerspiele der Familie elektronischer Bewegtbilder zurechnen. Dem Soziologen und Medientheoretiker Maurizio Lazzarato zufolge besteht die entscheidende Funktionsweise elektronischer Bewegtbilder darin, zeitliche Abläufe zu verändern. Für Lazzarato (2002) sind Videotechnologien nicht in erster Linie als optische Geräte zu verstehen, wie zum Beispiel ein Fernrohr oder ein Spiegel, sondern sie sind im Kern Zeit-Technologien. Zeit ist für Video ein Rohstoff, der technologisch bearbeitet wird, um Bilder zu erzeugen und das heißt Wahrnehmungen zu produzieren, die sich mit den Wahrnehmungen menschlicher Subjekte verbinden und zu sinnlichen Eindrücken, zu Erfahrungen, zu Empfindungen zu Erinnerungen und Gefühlen führen. Lazzarato bezeichnet Videotechnologien darum auch als „Zeitkristallisationsmaschinen". Mit diesem Begriff soll die Eigenschaft von elektronischen Bildern und Digitaltechnologien herausgehoben werden, Zeit zu modulieren und zeitliche Prozesse in Wahrnehmungsprozesse zu transformieren.

Bei Computerspielen erhalten Spielende Aufforderungen, in die apparativen Abläufe einzugreifen und den Gang des Bildgeschehens zu verändern. Dies ist möglich, weil ‚zwischen' den Bildern eine Lücke, ein Intervall besteht für die Aktionen der Spielenden. Das Intervall als ‚Zwischenzeit' ist damit grundlegende Bedingung für die Interaktivität respektive den dialogischen Charakter des Computerspiels (Wiemer 2014).

Ähnlich wie Lazzarato, allerdings ausgehend vom Intervall, hat der Medienphilosoph Lorenz Engell (2000) elektronische Bilder als grundlegend *temporale* Bilder bestimmt. Diese Art von Bild, so Engell, muss „immer schon vom Punkt, vom Intervall, vom Sprung, vom ununterbrochenen Fluß aus zu denken sein, der ein Bild ständig transformiert" (Engell 2000). Damit die elektronischen Bilder überhaupt als *Bild* wahrnehmbar werden, müssen die einzelnen diskontinuierlichen Bildelemente (Linien, Pixel, etc.) zeitlich so auf die körperlichen und geistigen Wahrnehmungsfähigkeiten der Rezipienten abgestimmt werden, dass diese überhaupt in die Lage versetzt werden, dort ein Bild zu sehen, wo es sich technisch um einen sukzessiven Signalfluss handelt. Eine Abstimmung, die mit exakt definierten zeitlichen Intervallen operiert, weil nur innerhalb bestimmter Grenzen garantiert ist, dass das temporale Bild nicht in seine diskontinuierlichen Bestandteile zerfällt. Für die ästhetische Anmutung von Computerspielen zur Darstellung von flüssigen Bewegungsabläufen oder zur Vermeidung von Motion-Sickness sind die zeitlichen Taktungen und Synchronisierungen von Controller-Bewegungen und Bildveränderungen von entscheidender Bedeutung. VR-Technologien zeichnen sich dabei durch besonders hohe Anforderungen an zeitliche Synchronisierungen und Taktfrequenzen aus.

Auch die *Rezeption* von technischen Bewegtbildern kann als fundamental zeitlicher Prozess verstanden werden. Lars Grabbe und Patrick Rupert-Kruse (2015) beschreiben die Rezeption von Bewegtbildern als einen Prozess der Synchronisierung zwischen dem Zeitbewusstsein der Rezipienten und den temporalen Figurationen aufseiten der Bewegtbilder. Aus dieser Sicht wird Zeit zum ‚medialen Apriori', zur „elementaren Voraussetzung für eine dialektische und dialogische Synchronisation von Bewegtbildern und Rezipienten" (Grabbe und Rupert-Kruse 2015, S. 103).

Während Lazzarato und Engell die technologische Produktion von Zeitverhältnissen betonen, verweist der Ansatz von Grabbe und Rupert-Kruse zusätzlich auf die semiotischen Relationen, indem sie betonen, dass die Bewegtbilder nicht nur wahrgenommen, sondern auch – wesentlich auf der Grundlage zeitlicher Figurationen – entziffert und interpretiert werden müssen.

2.3 Temporale Ästhetik im Computerspiel: Echtzeit und Zeitverknappung

Wahrnehmen, Handeln, Entscheiden, Erinnern und Erzählen sind Teil der Produktion spielerischer Zeiterfahrung. Zeit wird oft als begrenzte Ressource dargestellt. Das Spiel mit oder gegen die Zeit in unterschiedlichen temporalen Figuren ist für viele Videospiele charakteristisch. Spielhandlungen unter Zeitdruck, die schnelles und präzises Timing erfordern, sind vor allem in Actionspielen anzutreffen. Pias (2002) charakterisiert Actionspiele entsprechend als ‚zeitkritisch'. Solchen Zeitstrukturen von Action-Spielen eignet ein bestimmtes Anforderungsprofil, das aufseiten der Spielenden die Einübung sensomotorischer Kontrolle als Handhabung des Interfaces und eine dazugehörige Wahrnehmungsarbeit voraussetzt. Dazu gehört auch, dass Spieler_innen ein spielspezifisches

Gedächtnis ausprägen, als Effekt der Aneignung des Interfaces und der Erfahrung der Spielsteuerung.

Eine Aufgabe muss innerhalb einer bestimmten Zeit erfüllt sein oder eine Spielleistung wird mit Punkten bewertet, die mit einem Zeitfaktor multipliziert werden. In Wettläufen mit Konkurrenten oder gegen die Zeit zählt eine hohe Geschwindigkeit. In Rennspielen und Jump`n Runs gehören solche Zeitregeln zum Genreprofil. Kampfsportspiele verlangen zudem schnelle Reaktionszeiten oder exaktes Timing, Tanz- und Musikspiele setzen rhythmische Vorgaben usw. Zeitliche Spielstrukturen einerseits und die konkrete Wahrnehmungs- und Handlungszeit der Spielenden andererseits stehen in einem komplexen Verhältnis zueinander. Wiederholungsstrukturen sind *zeitliche Muster*, die Bedeutung für die Einübung, die Ausbildung von Gewohnheit, aber auch für das Erkennen von Konventionen und die Stabilität von Spielgenres haben. Das Erleben von Unmittelbarkeit oder Immersion ist oftmals eng an *Gleichzeitigkeit* geknüpft, abhängig von Parametern der Mensch-Maschine-Synchronisierung, durch die Körperbewegungen am Interface als Handeln in der Bildschirmwelt präsentiert werden. Ein wichtiges Merkmal der Aktionsorientierung im Videospiel ist die Betonung der *Gegenwart* der Spielsituation. Die zugehörige Echtzeit- oder Präsenzästhetik von Spielen trägt zur Erfahrung von „Selbstwirksamkeit" (Hartmann et al. 2009) und der Stabilisierung von Realitätseffekten bei.

In der Ästhetik von ‚Echtzeit' ist die Wahrnehmung einer zeitlichen Verzögerung zwischen Handlung und Bildbewegung unerwünscht; Spieleentwickler unternehmen oft große Anstrengungen, um das zu erreichen. Man beachtet diese nicht-wahrnehmbare Zeit kaum, aber sie ist natürlich entscheidend für die Videospielästhetik als Präsenz-Ästhetik. Teil-des-Bildes zu sein, im Bild zu sein oder im Bildraum zu handeln, soll ohne spürbaren Bruch zwischen dem Raum vor dem Bildschirm und dem Bildraum erfolgen. Diese scheinbare Bruchlosigkeit lässt sich räumlich aber gar nicht herstellen, sondern nur zeitlich. Zwar gilt Echtzeit nicht als ästhetische Norm in allen Spielformen, aber speziell in Action-Spielen und Rennspielen ist sie die Grundbedingung für die zeitkritische Arbeit der Spieler.

2.4 Hyperzeit, *event time* und ergodische Zeit

Insbesondere in der Semiotik und der Erzählforschung wurden Zeitstrukturen in Computerspielen schon früh im Hinblick auf medienspezifische Aspekte diskutiert. In den 1990er Jahren wurden Computerspiele gemeinsam mit Hypertextliteratur und interaktiver Medienkunst als *Hypermedien* beschrieben. Hypermedien lassen sich als auf besondere Weise als „dynamische Konstruktionen" (Andersen und Øhrstrøm 1994, S. 57) beschreiben, die ihre Rezipienten mit einer Reihe von Wahlsituationen konfrontieren. Rezipienten von Hypermedien werden zu einem handlungsorientierten Lektüreverhalten aufgefordert. Durch die Wahl zwischen Alternativen können an Entscheidungsknoten verzweigte Erzählverläufe entstehen. Die Zeitstruktur solcher Erzählungen bezeichnen

Andersen und Øhrstrøm (1994) als *Hyperzeit*. Als Merkmale von Hyperzeit können neben der Verzweigungsstruktur auch (narrative) Kompositionsweisen gezählt werden, die den Rezipienten erlauben, aktuelle Knotenpunkte zu verändern oder zu früheren Knoten zurückzukehren (Anderson und Øhrstrøm 1994; Suter 2000). Hyperzeit erfordert spezifische Kompositionsformen, weil sie keine kontinuierlich fortlaufende, sondern vorwärts verzweigte und rückwärts lineare Zeitlogiken aufweist, die sich jeweils im Durchgang durch die Strukturen je unterschiedlich realisieren.

Mit Andersen und Øhrstrøm ist davon auszugehen, dass die Zeitstrukturen interaktiver Medien nicht allein auf Ebene des (Medien-)Textes untersucht werden können, sondern als Relation von Medien-Text und dem Lektüreverhalten der Rezipienten zu verstehen sind (Andersen und Øhrstrøm 1994, S. 64, 51). Ganz konkret müssen Spieler_innen Eingaben an Geräten vornehmen, und zwar in enger Wechselbeziehung zu den technisch vorprogrammierten Handlungsmöglichkeiten, die ein Spiel jeweils zur Verfügung steht. Vermittelnd zwischen Spielhandlungen und Spielverläufen ist das technisch-mediale Arrangement. Darum liegt es nahe, die Zeitstrukturen und temporalen Figurationen von Computerspielen auch als Relationen zwischen menschlich-subjektiver Zeit und maschineller Zeit (technisch-informatorischer Systeme) zu verstehen. Der von Espen Aarseth (1998) geprägte Begriff der *ergodischen Zeit* zielt genau auf diesen konstitutiven Zusammenhang. Ergodik ist ein Kunstwort, aus den beiden griechischen Begriffen Ergos, „Arbeit" und Hodos, „Weg oder Pfad". Es hebt den Umstand hervor, dass die zeitliche Abfolge von Ereignissen, Orten, Handlungen und Geschichten in Computerspielen von der Arbeit der Spielenden abhängt und von dem Weg, den sie durch das Spiel nehmen. Als ergodisch bezeichnet Aarseth Phänomene, die durch Rückkopplungen und Informationsverarbeitungsprozesse erzeugt werden. Jedes Mal, wenn Spielereignisse aufgerufen und Handlungen vollzogen werden, sind andere Verläufe und Abfolgen der Ereignisse möglich. Die Veränderlichkeit der Spielverläufe realisiert sich zum einen auf der Ebene des Computerprogramms, das als zeitlicher Prozess abläuft, und durch Programmverzweigungen, Zufallsprozesse und Variablen unterschiedliche Möglichkeitsräume aktualisiert, zum anderen aber, und das ist wesentlich, betreffen die Spielverläufe auch die Erfahrungen und Wahrnehmungen der Spielenden.

> Here, the experienced sequence of signs does not emerge in a fixed, predetermined order decided by the instigator of the work, but is instead one actualization among many potential routes within what we may call the event space of semio-logical possibility. [...] in its potential for reproducing itself differently every time, the ergodic work is individualized or quasi-individualized on the audience level, in that different audiences at different times may have experienced very few (if any) of the same sign vehicles (Aarseth 1998, S. 33).

Ergodische Zeit beschreibt die funktionale Verschränkung zwischen Spielerhandlungen und Spielverlauf. Es geht in der ergodischen Perspektive also nicht um die Zeit der Rezeption insgesamt, sondern speziell um jene Spielhandlungen, die auf Ereignisse („events") bezogen sind, die als solche vom Programm registriert werden.

Aarseth unterscheidet analytisch drei Ebenen ergodischer Zeit: Die Ereigniszeit, die Aushandlungszeit und die Zeit des Spielfortschritts.

Die *Ereigniszeit* („event time") ist nach Aarseth als Basis der ergodischen Zeit anzusehen. Spielende erlangen durch die Ereigniszeit Wissen und Erfahrungen über das Spiel, seine Regeln und seine Verlaufsbedingungen. Dieses komplexe Spielwissen reicht von der Einübung sensomotorischer Fähigkeiten (die Steuerung von Figuren, die Benutzung der Maus, feinmotorische Koordination, et cetera) bis hin zu Metawissen über Genrekonventionen von Computerspielen. Der Aufbau dieses Wissens ist auf das Gedächtnis der Spielenden bezogen und ragt über die reine Ereigniszeit hinaus. Wissen um Genrekonventionen wird beispielsweise über längere Zeit aufgebaut und ist von der individuellen Spielendenbiografie abhängig.

Während der *Aushandlungszeit* des Spiels werden mögliche Ereigniszeiten und Verläufe ausgetestet und verändert, bis ein zufriedenstellendes Ergebnis erreicht ist oder das Spiel beendet wird. Die Aushandlungszeit baut auf der Ereigniszeit auf, schließt allerdings Wiederholungen, Variationen und Spielabbrüche ein. Dazu gehört auch die mögliche Durchquerung des Spiels von seinem Beginn bis zu einem möglicherweise vorgesehenen erfolgreichen Spielende. Dennoch unterscheidet Aarseth die Ebene der Aushandlungszeit von der Zeit des *Spielfortschritts*. Letzter ist als Ablauf einer fortschreitenden Sequenz vorgestellt, in Bezug auf zu bewältigende Hindernisse, das Lösen von Aufgaben oder das Durchqueren von Leveln und Spielabschnitten. Im Unterschied zur Aushandlungszeit ist die Zeit des Spielfortschritts an das Bestehen gestellter Aufgaben und das Bewältigen von Hindernissen gebunden, und durch das Voranschreiten einer (im Design vorgesehenen) Spielhandlung oder einer die Handlung begleitenden Erzählung bestimmt. Dagegen werden während der Aushandlungszeit unterschiedliche mögliche Ereigniszeiten ausprobiert und variiert. Das schließt auch die mögliche Rückkehr zu vorangegangenen Spielabschnitten ein.

> ‚Fortschritt' hat eine idealisierte und normative Komponente, die häufig mit ‚Zielen' und ‚Erfolgen' verbunden ist, die im Voraus im Spieldesign festgelegt worden sind. Dies ist innerhalb der kulturindustriellen Computerspielproduktion das vorherrschende Schema. Allerdings gibt es davon abweichend einige Spiele, die keine festen Ziele, oder keine (Sieg-)Bedingungen für ein Spielende festlegen. Zahlreiche Beispiele dafür finden sich in Onlinerollenspielen und im sogenannten Open World- und Sandbox-Spieldesign.

2.5   Play it again (Zeitschleifen) …

Viele Spiele bieten die Möglichkeit, Spielstände zu speichern, um schwierige Spielsituationen zu wiederholen und alternative Aushandlungen zu erkunden. Wiederholungen sind häufig auch (erzwungener) Teil der Aushandlungszeit und der Einübungspraxis, eher selten sind sie zur Zeit des Spielfortschritts zu zählen. Wiederholungen, Variationen und Experimentieren lassen sich als zeitlich-performative Aktualisierungen im Programm angelegter Möglichkeiten und als Entfaltung individualisierter Spielerfahrungen verstehen.

> Das ‚Replay' als wiederholendes Spielen nach dem erfolgreichen Durchspielen kann als Sonderform der Zeit des Spielfortschritts verstanden werden. Es ist im Spieldesign verbreitet, um den ‚Gebrauchswert' eines Spiels zu erhöhen und eng mit ökonomischen Strategien der Spielindustrie verbunden (zum ‚replay value' vgl. Hanson 2014, S. 208 f.). Das gilt ähnlich für eine zum Erreichen des Spielziels notwendige Rückkehr zu früheren Spielabschnitten, durch die eine längere Spielzeit bei relativ geringen zusätzlichen Entwicklungskosten erreicht wird.

Der Ansatz ergodischer Zeit unterstreicht, dass Computerspiele für ihre Verzeitlichung bereits auf der grundlegenden Ebene der Ereigniszeit auf die zeitliche Involvierung der Spieler_innen angewiesen sind. Allerdings betont Aarseths Begriff ergodischer Zeit speziell solche zeitlichen Beziehungen zwischen Spielenden und Spielwelt, die durch ‚Ereignisse' („events") und ‚Zeichen' („signs") repräsentiert werden und Veränderungen auf Ebene des Programmablaufs bewirken. Zeitwahrnehmungen und Zeiterfahrungen im Computerspiel jenseits der Ereigniszeit – man denke etwa an Situationen des Wartens, Zögerns oder Nicht-Handelns – finden in diesem Modell kaum einen Platz.

Stillstand, Wiederholungen und unterschiedliche Intensitäten von Veränderungen und Bewegungen beeinflussen, wie das Vergehen von Zeit (subjektiv) wahrgenommen wird. Manche Ereignisse innerhalb der Spielwelt können ihren eigenen zeitlichen Verlauf aufweisen, NPCs etwa, die ihren Standort ändern oder variierenden Tätigkeiten nachgehen, Wechsel von Tageszeiten, Wetter oder ähnliches. Häufig sind solche Veränderungen atmosphärischer Natur und repräsentieren das Verstreichen von Zeit, ohne kritische Bedeutung für den Spielverlauf.

Allerdings sind die Beobachtungen solcher Veränderungen speziell dann für die ludische Struktur relevant, wenn sie einem erkennbaren Muster folgen und dadurch für den Spielenden als Muster oder Wiederholungen erkennbar werden. Das Wissen um die zeitlichen ‚Loops', temporale Muster und ihr Timing sind von Bedeutung, um innerhalb der Spielwelt zu navigieren und die eigenen Bewegungsverläufe und Spielhandlungen darauf einzustellen, etwa um fallenden Objekten auszuweichen, um Aufzüge zu benutzen oder um Geschossen auszuweichen. Im Spieleklassiker *Space Invaders* (1978) kann sich ein Spieler beispielsweise auf die Bewegungsmuster der Aliens einstellen. Die beobachtbaren Wiederholungen im Verhalten der Spielwelt und ihrer Elemente ermöglichen den Spielenden, Planung, Timing und vermitteln einen Sinn für Erwartbarkeit, Vertrautheit und Kontrollierbarkeit des Spiels (Abb. 2.1).

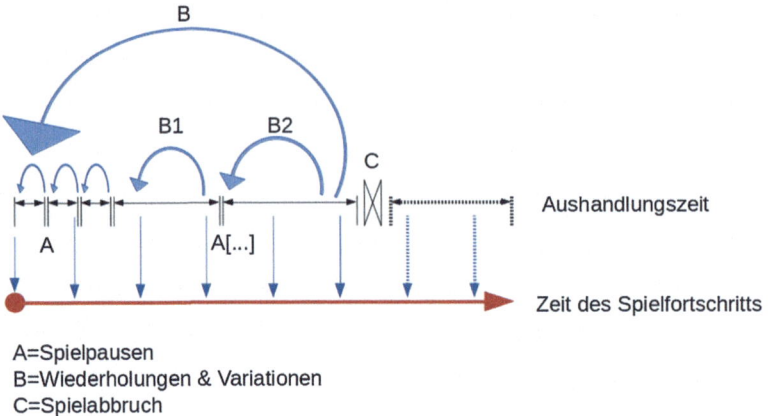

A=Spielpausen
B=Wiederholungen & Variationen
C=Spielabbruch

Abb. 2.1 zeigt das Verhältnis von Spielfortschritt zur Aushandlungszeit mit Bezug zu Aarseth (1998). Die Aushandlungszeit beinhaltet die Möglichkeit von Wiederholungen, Pausen und Spielabbrüchen. (Eigene Abbildung © SW)

Torben Grodal (2003) und andere haben auf die Bedeutung von Wiederholung für Lernprozesse in Computerspielen hingewiesen. Viele Computerspiele seien in ihrem Design, ihrer Spielmechanik und in ihrer Rezeption durch eine „Ästhetik der Wiederholung" charakterisiert. Wiederholungen können als zeitliche Struktur aufseiten der programmierten Spielvorgänge beschrieben werden. Bezogen auf die sensomotorische Involvierung ist Wiederholung zudem als Training des Körpergedächtnisses zu verstehen, um auf die Zeitlichkeit der programmierten Apparatur bezogene feinmotorische Kontrolle, Handlungsschemata und Timing zu erlernen. Damit sind Wiederholungen sowohl als beobachtbare Muster in einzelnen Spielen, als auch bezogen auf Einübungen aufseiten der Spielenden relevant (Grodal 2003, S. 153; Hanson 2014, S. 206). Spiele wie *Dance Dance Revolution* (1998) machen das Einüben von sich wiederholenden zeitlichen Bewegungsmustern zur zentralen Spielherausforderung und bewerten die Performance von Spieler_innen im Hinblick auf die Präzision, mit der die vorgegebenen rhythmischen Muster erfüllt werden.

2.6   Die Arbeit der Wiederholung, Timing als Pflicht

Solche Zeit-Logiken gelten nicht nur für die Spiele selbst, sondern stehen mit weiter gefassten kulturellen und gesellschaftlichen Zeitordnungen in Beziehung, die als Zeitregime oder „Temporalkulturen" (Bruns 2010) die Welt außerhalb der Spiele bestimmen. Computerspiele sind – jenseits einer Geschichte von Entertainment und Zeitvertreibs-Technologien – mit Zeitvermessungs- und Optimierungsmodellen industrialisierter Gesellschaften verbunden. Zeiteffizienz, Reaktionszeit-Vermessung, Zeitmanagement als Ressourcenmanagement und das zeitkritische Agieren in computerbasierten Handlungsumgebungen setzen das Computerspiel in Kontinuität mit den Zeitkonzepten hoch industrialisierter Gesellschaften und ihren auf Effizienz und Zeitkontrolle ausgerichteten Produktionsweise. Karin Bruns beschreibt vor diesem Hintergrund Computerspiele als „Optimierungsformat der Wissens- und Informationsgesellschaft" (Bruns 2010). Zeitmanagement, Zeiteffizienz und Zeitoptimierung sind als Kulturtechniken beschreibbar, die nicht auf Reiz-Reaktionsgeschwindigkeiten in Hochgeschwindigkeitsgenres wie Shootern und Rennspielen verengt werden dürfen, sondern weitergehend mit komplexen Navigationsleistungen durch multidimensionale Informationsdisplays und Wissensmanagement verbunden sind.

Rolf Nohr hat mit Bezug auf die „Rhythmusarbeit" des Computerspiels und dessen zeitliche Ordnung von Maß, Distinktion und Wiederholung die These vertreten, dass sich die „Kopplung von Rhythmus, Arbeit und Disziplin […] in das Computerspiel selbst einschreibt" (Nohr 2006, S. 223). Der Rhythmus im Videospiel sei Vorbereitung oder Widerhall einer Akkommodation an das Arbeitsgerät Computer, charakterisierbar als Einübungspraxis in effektives Arbeiten am Rechner. Allerdings mit dem Effekt, nicht nur eine Gewöhnung an die Handhabung des Computers zu leisten, sondern auch eine Steigerung von Immersionserfahrung zu ermöglichen. Rhythmische Formen, die Wiederholungen im Computerspiel aufweisen können, – und in Spielen wie DanceDanceRevolution sogar zum bestimmenden Spielprinzip werden können – setzt Nohr in Bezug zu rationalisierenden und disziplinierenden Mechanismen, über die das Computerspiel „arbeitswissenschaftlicher Effektivierung" (Nohr 2006, S. 242) nahesteht.

Eine vergleichbare Sicht formuliert der Medienwissenschaftler Martti Lahti (2003), wenn er die Funktionalisierung der körperlichen Wiederholung (zum Beispiel in Kampfsportspielen wie *Virtua Fighter* (1994) oder *Tekken* (1993)) mit der tayloristischen Zergliederung von Bewegungsabläufen in der industriellen Produktion vergleicht. Der Körper-in-Bewegung wird zum ‚gelehrigen Körper', der eine Steuerung lernen muss, um Handlungsfolgen kontrollieren und beherrschen zu können. Lahti charakterisiert dieses Wissen als Teil eines Prothesen-Gedächtnisses:

> […] the player is invited to learn repetitive movements and reactions. That is, like industrial work, fast fighting and shooting games are based on repetition of similar movements and their precise timing; our bodies have to develop a sort of prosthetic memory if we (our avatars) are to survive as we melt into electronic worlds (Lahti 2003, S. 166).

Die Zergliederung der Bewegung und ihre Wiederholungsstruktur werden so in Analogie zur industriellen Arbeit gesetzt.

Während Nohr das „Rhythmusdispositiv" bestimmter Computerspiele als Fortsetzung einer disziplinierenden Akkommodation an das Arbeitsgerät Computer beschreibt und Lahti die Analogie zur Körperlogik von Fabrikarbeit zieht, verortet Claus Pias das ‚Timing' von Computerspielen innerhalb der medialen Logik von kybernetischen Mensch-Maschine-Interaktionen als Element einer Disziplinierung des Spielers, und einer „Ökonomie der Synchronisation" (Pias 2005, S. 331). Am historischen Beispiel des

Whirlwind, einem wegweisenden Projekt der frühen Computerentwicklung der 1940er Jahre, das als eines der ersten Konzepte digitaler „Echtzeit" umsetzte, zeigt er, dass die „Kommunikation zwischen Eingabe-, Rechen- und Ausgebeeinheiten" in diesem System als eine „zeitkritische Frage" konzipiert wird, weil Kommunikation dort „zur Angelegenheit eines gemeinsamen und zugleich lokal differenzierten systemischen Rhythmus wird" (Pias 2005, S. 319). In vielen Spielen wird exaktes *Timing* verlangt, um Spielfortschritte zu erreichen. Das gilt insbesondere für Action- und Geschicklichkeitsspiele. Das Spielen setzt in dieser Hinsicht eine zeitlich koordinierte Bewegung am Controller voraus, die aufseiten der Spielenden nur Übung, Einübung, wiederholte Praxis erworben wird. Timing meint hinsichtlich der Bedienung des Geräts über das Interface also zunächst die Anpassung der Spielenden an die Bedingungen der physischen Schnittstelle (Joystick, Controller, Tanzmatte etc.). In der Spielwelt wird die erreichte Anpassung fortwährend getestet und unter Optimierungsdruck gesetzt. Zahlreiche Aufgaben in Spielen sind in diesem Sinn zeitkritisch, sie verlangen von den Spielenden präzises Timing. Das gilt, wie Pias zeigt, historisch bereits für den *Pong*-Automat (1972). Aufgabe für die Spielenden ist es hier, den Schläger zu bewegen, und zwar so, dass dieser jeweils rechtzeitig genau am richtigen Ort steht, um den ankommenden Ball zu treffen. Ein erfolgreiches Timing wird mit einem akustischen Feedback (dem *Pong*-Ton) bestätigt, ein Verfehlen des Balls mit einem dunkleren Klang signalisiert. In der Spielmechanik von *Pong,* das in den 1970ern als ein Auftakt für die Spielindustrie und den Aufstieg von Atari gelten muss, wird Timing erstaunlicherweise auf eine Art und Weise eingesetzt, die bis heute in den meisten Action- und Geschicklichkeitsspielen beibehalten wird. Spielhandlungen müssen zeitlich präzise sein, erfolgreiches Timing wird zur Bedingung für erfolgreiches Spielen.

Was bedeutet diese durchgehende Relevanz von Timing? Pias deutet es als eine Art „Vorschrift", als eine herrschende Norm der Mensch-Maschine-Interaktion. Es ist die „Pflicht" des Spielers, rechtzeitig zu sein, eine Art Pünktlichkeit zu erfüllen gegenüber den Anforderungen der Apparatur. Ob diese Pünktlichkeit auch tatsächlich erreicht wird, wird in Computerspielen millionenfach getestet, bewertet und belohnt oder sanktioniert. Aufseiten der Spielenden mag Timing als lustvolle Herausforderung an die eigene Geschicklichkeit wahrgenommen werden und so Teil des Spielvergnügens sein. Bedenkt man allerdings die erstaunliche spielübergreifende Norm, als die Timing spielgeschichtlich sich erweist, fällt deren Stabilität und Strenge auf. Timing wird strikt verlangt, dies gilt übergreifend in unterschiedlichen Spielwelten und ihren narrativen Settings. Dies lässt sich dahin gehend interpretieren, dass Timing genau nicht auf spezifische Spielkonzepte verweist, sondern dass vielmehr umgekehrt Spiele immer wieder auf Timing verweisen und es in zahllosen Varianten als „Pflicht" des Spielers aktualisieren. Über Computerspiele hinaus ist es Bestandteil eines historisch spezifischen Paradigmas kybernetischer Logiken von Steuerung und Kontrolle. Das kybernetische Spiel erziehe zur „Pünktlichkeit" und funktioniere als eine Art polizeiliche Überwachung, fasst Pias seine Überlegungen zusammen:

Ein Spielprogramm ist also nicht nur eine Vor-Schrift, eine Art Gesetzestext für die Welt des jeweiligen Spiels, nach der ich pflichtgemäß zu handeln habe, sondern zugleich auch eine Polizei, die meine Handlungen genauestens protokolliert. Es gibt kein falsches Computerspiel im richtigen (Pias 2005, S. 337).

Wichtig im Hinblick auf die Zeit-Logik von Computerspielen ist dabei insbesondere, dass Timing als Norm auftritt, als Vorschrift, die den Spielenden eine spezifische ‚Pflicht zur Pünktlichkeit' auferlegt und dessen Einübung und Ausübung kontrolliert, belohnt und Abweichungen davon bestraft. ‚Avoid missing ball' ist nicht nur die kürzeste mögliche Form der Spielregeln von Pong, sondern zugleich als Imperativ formuliert. Anhand dieser kritischen medienhistorischen Sicht auf Timing wird plausibel, dass Zeitlogiken in Computerspielen nicht beliebig variabel sind, sondern in bestimmten Fällen als Teil eines übergreifenden Zeitregimes fungieren. Timing als Regel, Vorschrift und ‚Pflicht' ist dafür ein herausgehobenes Beispiel.

Lässt sich aus den Analogien zwischen Computerspielen und kybernetischen beziehungsweise arbeitswissenschaftlichen Disziplinierungen eine grundlegende Identifizierung von rhythmischen, repetitiven Formen im Videospiel mit einem Zeitregime der Kontrolle und Unterwerfung ableiten? Gegenüber einer solchen ‚arbeitswissenschaftlichen' Interpretation des Spielens am ‚Gerät' und dem Verweis auf den disziplinierenden Zwang, der in der rhythmischen Struktur wirksam werden kann, hat Atkins (2005) darauf hingewiesen, dass die Lust am Spiel nicht in der bloßen Wiederholung, sondern in der Verbindung von Wiederholung und Variation liege. Diese variierende Wiederholung markiere eine wichtige Differenz zur Gleichförmigkeit etwa tayloristischer Arbeitsorganisation.

Die kultur- und medienwissenschaftliche Einordnung von Computerspielen in Kulturtechniken und Zeitregime, die den Anforderungen der Informationsgesellschaft entsprechen, greift womöglich zu kurz, wenn Computerspiele dabei als bloße Fortsetzungen und Verdoppelungen von Verfahren und Kulturtechniken der Zeitvermessung, Zeitkontrolle und Zeitmanagement vorgestellt werden. Denn insofern als Computerspiele als *Spiele* rezipiert werden, wird damit auch die Frage nach der Differenz oder dem möglichen Abstand der Zeitstrukturen von Computerspielen und Zeitrationalitäten der Arbeitswelt und des Alltags aufgerufen. So ist es charakteristisch für Computerspiele, dass sie zumindest „das Versprechen einer ‚anderen' Zeiterfahrung jenseits der Zeitrationalität des Alltags geben" (Bruns 2010, S. 154). Aus Kultur- und medienwissenschaftlicher Perspektive muss darum auch danach gefragt werden, welche spezifischen Zeitmodulationen Computerspiele aufweisen, und welche Wechselwirkungen und Abhängigkeiten zwischen Computerspielen und anderen gesellschaftlichen Temporalstrukturen und Zeitrationalitäten bestehen.

(Arbeits-)Tugenden wie Pünktlichkeit, Zeitgenauigkeit, Effizienz und Schnelligkeit sind in Computerspielen häufig als ‚Norm' implementiert, als Anforderungsprofil, das Spieler_innen erfüllen müssen, um ‚Fortschritt' in der Spielwelt zu erreichen oder schlicht in ihr zu überleben. Teleologisches Spieldesign ist ein verbreiteter Standard:

Effektives Spielhandeln ist auf das Erreichen von Zielen ausgerichtet. Daneben gibt es jedoch auch Spiele, die Möglichkeiten zu nicht-effizientem Zeitverhalten bieten oder unterschiedliche Modelle ästhetischen Spielens unterstützen (zum Beispiel Praxen des Flanierens in Sandbox-Games oder Open World-Spielen).

2.7   Temporale Navigation und Handlungsmacht

Im Hinblick auf die historische Entwicklung von Computerspielen ist darauf hingewiesen worden, dass Videospiele für Spielhallen einer anderen zeitlichen Ökonomie folgen als Kaufspiele für zu Hause. Bei Münzautomaten bezahlen Spieler für die Spielzeit jedes Mal neu. Kaufspiele für den privaten Gebrauch weisen diese enge Verbindung zwischen Geld und Spielzeit so nicht auf. Erst dadurch werden kontemplative Spiele und ein Spiel ohne Zeitdruck für die Spielindustrie attraktiv. Im Unterschied zu Automatenspielen bieten Kaufspiele häufig unterschiedliche Pause- und Speicherfunktionen und damit mehr Kontrolle über die Dauer der Spielzeit und die Zeit des Spielfortschritts. Die erweiterte Kontrolle über die Spielzeit ermöglicht damit auch ein anderes Spielverhalten, da ohne Konsequenzen für die Zeit des Spielfortschritts das Ausprobieren von Variationen möglich wird, um unterschiedliche Spielverläufe zu erkunden. Beeinflussungen der Zeit durch die Spieler_innen im Spielverlauf selbst sind davon nochmals zu unterscheiden. Formen temporaler Navigation sind Teil komplexer Spielmechaniken und ludischer Konfigurationsmöglichkeiten.

Hanson (2012) macht darauf aufmerksam, dass gerade in jüngerer Zeit temporale Navigation im Spieldesign eine erhöhte Aufmerksamkeit erfahren habe. Zu den prägnanten temporalen Navigationen zählen Zeitverlangsamungen, Zeitbeschleunigungen, Zeitumkehrungen (,Zurückspulen') und das Navigieren durch unterschiedliche Zeiten oder Zeitstrukturen. In *The Legend of Zelda: Ocarina of Time* (1998) erhält die Spielfigur ein Musikinstrument, durch das Spielen bestimmter Melodien Zeitnavigationen und Zeitmanipulationen durchgeführt werden können. Eine Melodie ermöglicht zwischen Tag und Nacht hin und her zu wechseln, eine andere bewirkt ein Umschalten der Spielfigur zwischen Kindes- und Erwachsenenalter, verbunden mit einer dem jeweiligen Alter zugehörigen Spielumgebung. Wie in *Ocarina of Time* können solche Zeitmanipulationen eng mit der Erzähldimension der Spielwelt verbunden sein, in anderen Fällen sind sie rein spielmechanisch motiviert. Ein Beispiel hierfür ist die *Bullet Time* in *Max Payne* (2001). Spieler können die Bullet Time im Spiel selektiv aktivieren, um die Bewegungen von Gegnern zu verlangsamen und dadurch spielerische Vorteile zu erlangen. Temporale Navigationen als grundlegender Teil der Spielmechanik und der Spielerzählung finden sich auch in *Prince of Persia: The Sands of Time* (2003). Durch den Einsatz von ,Zeitsand' können Ereignisse der Spielwelt ungeschehen gemacht werden, wenn die Spielzeit zurückgedreht wird. Spielmechanisch findet dies insbesondere Verwendung, um Fehler zu korrigieren. Vergleichbare Funktionen findet sich auch in anderen Spielen, beispielsweise in *Blinx: The Time Sweeper* (2002) oder im First-Person-Shooter *Time Shift* (2007;

Atkins 2007). Das Spiel *Braid* (2008) verknüpft temporale und räumliche Navigation eng mit dem Lösen raumzeitlicher Puzzle (Hanson 2012).

> Moran (2010) hat darauf hingewiesen, dass die ludische Verfügbarkeit über Zeit, in der etwas schlicht ‚rückgängig‘ gemacht werden kann, einer kulturellen Grundfunktion im Umgang mit digitalen Medien entspricht. In Softwareprodukten, von der Textverarbeitung bis zu Photoshop, gehört ‚undo‘ neben ‚cut‘, ‚copy‘ und ‚paste‘ zu den Grundfunktionen digitaler Bearbeitung. Zurückspulen, Verlangsamen oder Einfrieren von Zeit als Teil unterschiedlicher Spielmechaniken stellt gegenüber Speicherfunktionen wie Autosave eine Steigerung und Verfeinerung der Kontrolle über Zeit dar. Zeit wird damit tendenziell als etwas konzipiert, das vom Spieler als Ressource gehandhabt und manipuliert werden kann.

Die *temporale Handlungsmacht,* die so zum Bestandteil von Spielmechaniken wird, steht teilweise in Spannung zu den oben beschriebenen Anforderungsmerkmalen von Beschleunigung, Zeitdruck und Reaktionsgeschwindigkeit, die viele Spiele kennzeichnen. Während im einen Fall Zeit als Gesetz, Vorgabe oder Einschränkung auftritt, durch die das Spielverhalten eingeschränkt, gelenkt oder reguliert wird, können im anderen Fall Spielende selbst zeitliche Vorgänge manipulieren. Die Zeitlogiken und temporalen Spielmechaniken sind somit auf komplexe Weise mit der Handlungsmacht der Spielenden verbunden.

2.8   *Prince of Persia:* Temporale Fokalisierung, kinästhetische Erinnerung und multiple Raumwahrnehmung

Videospiele stellen komplexe Verhältnisse von Wahrnehmung und Erinnerung her und können diese zugleich spiellogisch und inszenatorisch reflektieren. Eine Fülle zeitlicher Figurationen zwischen Gegenwart und Vergangenheit ist im Spiel *Prince of Persia: Warrior Within* (2004) beobachtbar. *Prince of Persia: Warrior Within* ist ein zeitgenössisches Action-Adventure, entwickelt unter der Leitung von Kevin Guillemette. Im Spiel wechseln sich Sprung- und Kletterpartien in einer 3-D-Umgebung mit zahlreichen Kampfszenen ab, und die einzelnen Ereignisse werden durch vorbereitete Cut-Scenes narrativ-filmisch aufgeladen. Zugleich ist *Prince of Persia: Warrior Within* ein Spiel um und mit den Verzweigungsstellen in der Zeit. Durch den ‚Sand der Zeit‘ hat die Hauptfigur die Fähigkeit, die Zeit im Spiel ‚zurückzuspulen‘ und so die letzten Sekunden ungeschehen zu machen, um alternative Gegenwarten und Zukünfte freizulegen. Sprünge durch ‚Zeitportale‘ erweitern die temporale Navigation, wodurch Spielräume in unterschiedlichen zeitlichen Perioden bespielt und miteinander in Relation gesetzt werden können.

Abb. 2.2 zeigt eine Perspektive auf einen Spielraum in *Prince of Persia: Warrior Within* 2004, Ubisoft/Ubisoft). In jeder Zeitebene verändern sich die Spielräume und es ergeben sich variierende Bewegungsmöglichkeiten

Obwohl sich *Prince of Persia: Warrior Within* im Kern als Action- und Geschicklichkeitsspiel präsentiert, gibt es immer wieder Gelegenheiten, um sich von den Timing und sensomotorische Synchronisierung verlangenden Kampf- und Kletterpartien zu lösen (Abb. 2.2). Eine wichtige Rolle spielt dabei die Ästhetisierung der Kameraführung, die bereits im Vorgängertitel *Prince of Persia: The Sands of Time* (2003) vorzufinden war. Zusätzlich zu den ästhetischen Optionen der Kameraführung findet man eine bemerkenswerte Betonung zeitlicher Relationen, die sich aus einer erweiterten Temporalisierung des Spielraums ergibt. Durch die erwähnten ‚Zeitportale' wechseln die Spielenden zwischen unterschiedlichen Zeitperioden, springen in die ‚Vergangenheit' oder zurück in die ‚Gegenwart'. Ein Schauplatz, der in der Gegenwart nur noch eine Ruine ist, kann in der Vergangenheit ein prächtig ausgestattetes Schloss sein, ein verfallener Garten eine blühende grüne Landschaft. Der Wechsel zwischen Zeitperioden ist notwendig für das Lösen entscheidender Rätsel im Spiel. Zum Beispiel können Mauern, die in der Vergangenheit den Weg versperren, in der Gegenwart eingestürzt sein; verschiedene Zeitperioden erfordern unterschiedliche Ansätze, um zum Ziel zu gelangen oder bestimmte Orte sind überhaupt nur auf bestimmten Zeitebenen zugänglich.

Für die Raum- und Zeiterfahrung im Spielverlauf ist dabei bedeutsam, dass sich die Areale aus immer neuen Perspektiven präsentieren und neue Wege und Ansichten eröffnen. Der Raum als sichtbare und ‚begehbare' Architektur erfährt dadurch eine wechselnde *temporale Fokalisierung*. Durch die Veränderung seiner spielmechanisch relevanten Architektur wird der Raum unter einem dezidiert zeitlichen Gesichtspunkt wahrnehmbar: Die Zeitsprünge lenken die Aufmerksamkeit auf die Veränderungen der Spielareale und damit auf Aspekte von Wiederholung und Variation, auf das Neu-Entdecken von Bekanntem, auf die Beteiligung der Erinnerung und die Arbeit des Wiedererkennens als Bedingung von Wahrnehmungsprozessen. Sie rufen damit einen zentralen Aspekt der Zeitlichkeit von Wahrnehmung auf: Der mehrfache Durchlauf durch diese Räume fokussiert eine ‚Arbeit‘ zeitlicher Synthesen, in der die Wahrnehmung weder rein visuell noch rein motorisch zu fassen ist, sondern sich erst über ein Muster zeitlicher Relationen herstellt, das beides zusammenbringt.

Der/die Spielende blickt beispielsweise von einem Säulendach hinab auf ein Areal, das bereits zuvor – in einer anderen Zeitperiode – mit Timing und Geschicklichkeit, nach Maßgabe der Synchronisierung mit der Apparatur qua Interface entdeckt, erkundet, erklettert, erobert wurde. In der variierenden Wiederholung kann der Raum auf veränderte Weise als eine Szenerie erkannt werden, in welcher sich mehrere Zeitebenen überlagern. Dieses ‚andere‘ Sehen, um das es dabei geht, ist deshalb bemerkenswert, weil es die Architektur des Raumes unter schematischen Aspekten ihrer Veränderung in unterschiedlichen Perioden erfasst.

Die zeitliche Perspektive, die dadurch in *Prince of Persia: Warrior Within* akzentuiert wird, beruht auf einer bewussten Anstrengung des Vergleichs gegenwärtiger und vergangener Wahrnehmungen. Beide werden zu einer Einheit zusammengezogen, sodass ein Sehen möglich wird, eine Bildwahrnehmung, die auf spezifische Weise durch die Erinnerungsspuren der vorangegangenen körperlichen Erkundung dieser Räume gesättigt ist. Bezogen auf diese Grundierung des Sehens mit kinästhetischer Erfahrung handelt es sich gewissermaßen um die Möglichkeit, einen ‚empirisch-transzendentalen‘ Blick auf den Spielraum zu werfen. Zu den Merkmalen eines solchen Blicks gehört es, einen gegenwärtig sichtbaren Raum mit einem vergegenwärtigten Erinnerungsraum zusammenzuführen und dadurch zu einer ‚intellektuellen Anschauung‘ zu gelangen, die Erinnerung und Wahrnehmung auf einen mentalen Denkraum hin überschreitet, der erst aus der Zusammenziehung von Vergangenheit und Gegenwart gewonnen wird.

Die Spielareale werden dann durch die Spielenden auf veränderte Weise unter einer zeitlichen Perspektivierung wahrnehmbar, als gleichzeitig gegenwärtig *und* vergangen. Die im Beispiel von *Prince of Persia: Warrior Within* dafür notwendige Syntheseleistung kann jedoch tatsächlich nur das spielende Subjekt unter Einbezug seiner kinästhetischen Erinnerungen leisten. Es setzt eine Gedächtnisarbeit voraus, die notwendig den Körper der Spielenden einbezieht und eine kinästhetische Wahrnehmung, die so nicht der Apparatur zugesprochen werden kann.

Während sich die Synthesen zeitlicher Verhältnisse dem Ansatz der *Zeitkristallisationsmaschinen* zufolge auf menschliche und apparative Instanzen verteilen, gibt es im Bereich ästhetischer Formen, die eine Reflexion ebensolcher zeitlicher Beziehungen erfordern, um Zeit-Wahrnehmungsgefüge zu transzendieren, offenbar einen Bereich der ‚Freiheit‘, der notwendig auf ein reflektierendes Zeitbewusstsein angewiesen ist. Der

Bereich temporaler Fokalisierung und eine kristalline Erzählweise (Deleuze 1997) lassen sich eben dieser Form des Zeitbewusstseins zurechnen.

In *Prince of Persia: Warrior Within* wird zudem deutlich, dass die zeitlichen Relationen, die zur Diskussion stehen, gerade auch in räumlichen Konstellationen manifest werden. Eine ähnliche Beobachtung hat Robert de Gaetano (1997) in einem Essay zum Zeit-Bild bei Gilles Deleuze formuliert. Nachdem de Gaetano auf die Erschütterung der euklidischen und hodologischen Raumkonzeptionen hingewiesen hat, die sich in der Vervielfachung von Anschlüssen zeigen und in der „Abtrennung der Situation von der Aktion", stellt er fest, dass das „zentrale Problem der Zeit" immer wieder gerade „im Raum" Gestalt annehme (de Gaetano 1997, S. 193). Wenn die Beschreibung des Raums zeitliche Relationen erkennbar werden lässt, dann bedeutet dies umgekehrt nicht, dass sich die zeitlichen aus den räumlichen Beziehungen ableiten ließen. Denn schließlich hat man es fast in Videospielen immer mit auf komplexe Weise verzeitlichten Räumen zu tun. Was in der Beschreibung als ‚Raum' adressiert wird, ist oftmals ein komplexes nicht-determiniertes Gefüge möglicher Handlungen und Veränderungen.

Der Raum im Videospiel gleicht oftmals einem Kaleidoskop ineinander verwobener raumzeitlicher Konstellationen, Schichtungen und Möglichkeiten. Dadurch entstehen Räume in immer neuen Schattierungen und Qualitäten, kinästhetische, optische, akustische, hodologische, vergangene, gegenwärtige und wiedererinnerte Räume. In *Prince of Persia: Warrior Within* spielen hierfür solche Situationen eine besondere Rolle, die sich von der Fixierung auf eine Echtzeit-Gegenwärtigkeit lösen können. Hier lässt sich eine neue Qualität zeitlicher Relationen feststellen.

Jenseits des Aktionsbildes treten im Ansatz die Konturen eines anderen Bildtyps hervor, den man im Anschluss an Deleuze' Taxonomie als Zeit-Bild bezeichnen könnte (Deleuze 1997). Es geht dann nicht mehr ausschließlich um Relationen von Geschwindigkeiten zwischen synthetischen und organischen Körpern, nicht mehr um die Intensivierung der Verschränkung von Bewegungen, Bildtransformationen und Handlungen, sondern um eine unabschließbare situative Offenheit.

2.9   Zeitgeist technisch-medialer Selbstverhältnisse

Videospiele als Bildmedien entwerfen komplexe Figurationen zeitlicher Relationen. Lazzaratos Konzept der Zeitkristallisationsmaschinen betont die prinzipielle Rolle zeitlicher Synthesen und der Modulation zeitlicher Formen für die Funktionsweise von Video- und Digitaltechnologien. Videospiele werden so als Zeit-Wahrnehmungstechnologien perspektiviert. Es gehört zu den Kennzeichen zeitgenössischer Videospiele, dass zeitliche Figurationen von Wahrnehmung und Handlung auf komplexe Weise in die Ästhetik der Spiele eingehen. In den verschiedenen vorgestellten Ansätzen wurden sehr unterschiedliche Zeitlogiken benannt. Eine als linear und chronologisch voranschreitend gedachte Zeit des Spielfortschritts (Aarseths), eine rückwärts linear und vorwärts verzweigte Hyperzeit (Andersen und Øhrstrøm), eine Zeit der Präsenz oder unmittelbaren

Gegenwart, wie sie das Echtzeitparadigma kennzeichnet und schließlich eine Zeitlogik von Wiederholungen und Schleifen, die aufseiten der Spielenden unter anderem mit Gedächtnis, Erinnerung, Einübungspraxis und Erwartbarkeit verbunden ist.

Dabei zeigt die Untersuchung des Spiels *Prince of Persia: Warrior Within*, dass auch angesichts der Gegenwartszentrierung aktionsorientierter Echtzeit-Ästhetik unterschiedlichen Schichtungen von Gegenwart und Vergangenheit und damit Modulationen von Wahrnehmungen und Erinnerungen für die temporale Bildästhetik von Computerspielen relevant sind. Die Verschränkung von Körper und Bild in unterschiedlichen Formen von Verkörperung weist darauf hin, dass Videospiele zugleich als Modulationen von Zeitwahrnehmungen wie als Modellierungen von Subjektivierungsweisen fungieren. In einer weiter gefassten Perspektive wäre darum danach zu fragen, wie das Konzept der Zeitkristallisationsmaschinen dazu beitragen kann, die gesellschaftliche Funktionsweise zeitgenössischer elektronischer Bilder im Hinblick auf ihre temporalen Strukturen und zugehörigen Zeit-Politiken zu denken. Elektronische Bilder als Oberflächen und Schnittstellen technischer Medien sind nicht nur visuell-funktional, sondern sind Teil von Wahrnehmungs- und Handlungsordnungen, von Einübungs- und Reflexionsdispositiven für sich verändernde technisch-mediale Selbstverhältnisse.

Literatur

Aarseth, Espen. 1998. Aporia and Epiphany in Doom and the Speaking Clock: The Temporality of Ergodic Art. In *Cyberspace Textuality. Computer Technology and Literary Theory*, hrsg. M.-L. Ryan, 31–41. Bloomington u.a: Indiana Univ. Press.

Andersen, Peter Bogh, und Peter Øhrstrøm. 1994. Hyperzeit. *Zeitschrift für Semiotik*, 16 (1/2): 51–68.

Atkins, Barry. 2005. La Critica Videoludica Funziona? Ripetizione, iterazione ed estetiche del videogioco. In *Gli Strumenti del Videogiocare: Logiche, Estetiche e (V)ideologie, hrsg.* M. Bittanti, 111–132. Milan: Costa Nolan.

Atkins, Barry. 2007. Killing Time: Time Past, Time Present and Time Future in Prince of Persia: The Sands of Time. In *Videogame, Player, Text*, hrsg. T. Krzywinska und B. Atkins, 237–253. Manchester; New York: Manchester University Press.

Bruns, Karin. 2010. Höchste Zeit für Mr. Hitchcock. Spiel als Wissenstechnik zwischen Zeitmanagement und Game-Engine. In *Das Spiel: Muster und Metapher der Mediengesellschaft*, hrsg. C. Thimm, 151–168. Wiesbaden: VS Verlag für Sozialwissenschaften.

de Gaetano, Roberto. 1997. Kinematographische Welten. In *Der Film bei Deleuze / Le cinéma selon Deleuze*, hrsg. O. Fahle und L. Engell, 166–197. Weimar: Verlag der Bauhaus-Universität.

Deleuze, Gilles. 1997. *Das Zeit-Bild: Kino 2*. Frankfurt/M.: Suhrkamp.

Engell, Lorenz. 2000. Die Liquidation des Intervalls. Zur Entstehung des digitalen Bildes aus Zwischenraum und Zwischenzeit. In *Ausfahrt nach Babylon: Essais und Vorträge zur Kritik der Medienkultur*, 183–206. Medien. Weimar: VDG.

Grabbe, Lars Christian, und Patrick Rupert-Kruse. 2015. Bild und Dauer. Das rezeptive Gedächtnis als Interface. In *Bild und Interface: zur sinnlichen Wahrnehmung digitaler Visualität*, hrsg. L. C. Grabbe, P. Rupert-Kruse und N. M. Schmitz, 87–106. Darmstadt: Büchner-Verlag.

Grodal, Torben. 2003. Stories for Eye, Ear, and Muscles: Video Games, Media, und Embodies Experiences. In *The Video Game Theory Reader*, hrsg. M. J. P. Wolf und B. Perron, 129–156. New York: Routledge.

Hanson, Christopher. 2012. Navigation (Temporal). In *Encyclopedia of Video Games: M-Z*, hrsg. M. J. P. Wolf, 435–436. ABC-CLIO.

Hanson, Christopher. 2014. Repetition. In *The Routledge Companion to Video Game Studies*, hrsg. M. J. P. Wolf und B. Perron, 204–210. New York: Routledge.

Hartmann, Tilo, Peter Vorderer und Christoph Klimmt. 2009. Medienpsychologische Erforschung von Computerspielen – ein Überblick und eine Vertiefung am Beispiel von Ego-Shootern. In *Shooter. Eine multidisziplinäre Einführung*, hrsg. M. Bopp, R. F. Nohr und S. Wiemer, 155–182. Münster: LIT.

Krämer, Sybille. 2004. Friedrich Kittler – Kulturtechniken der Zeitachsenmanipulation. In *Medientheorien. Eine philosophische Einführung*. hrsg. A. Lagaay, D. Lauer. Frankfurt: Campus.

Lahti, Martti. 2003. As We Become Machines: Corporealized Pleasures in Video Games. In *The Video Game Theory Reader*, hrsg. M. J. P. Wolf und B. Perron, 157–170. New York: Routledge.

Lazzarato, Maurizio. 2002. *Videophilosophie. Zeitwahrnehmung im Postfordismus*. Berlin: b_books.

Moran, Chuk. 2010. Playing with Game Time: Auto-Saves and Undoing Despite the ‚Magic Circle‘. http://sixteen.fibreculturejournal.org/playing-with-game-time-auto-saves-and-undoing-despite-the-magic-circle/. Zugegriffen: 14. Oktober 2016.

Nohr, Rolf F. 2006. Rhythmusarbeit. In *Das Spiel mit dem Medium. Partizipation – Immersion – Interaktion. Zur Teilhabe an den Medien von Kunst bis Computerspiel*, hrsg. B. Neitzel und R. F. Nohr, 223–243. Marburg: Schüren.

Pias, Claus. 2002. *Computer-Spiel-Welten*. München: Sequenzia.

Pias, Claus. 2005. Die Pflichten des Spielers. In *HyperKult II. Zur Ortsbestimmung analoger und digitaler Medien*, hrsg. M. Warnke, W. Coy und G. Christoph Tholen, 313–342. Bielefeld: transcript.

Suter, Beat. 2000. *Narrationspfade in Hyperfictions. Erzählung als Weg durch den fiktiven Raum*. http://www.netzliteratur.net/suter/narrationspfade.htm. Zugegriffen: 14. Oktober 2016.

Wiemer, Serjoscha. 2014. *Das geöffnete Intervall – Medientheorie und Ästhetik des Videospiels*. Paderborn/München: Fink.

Weiterführende Literatur

Manovich, Lev. 1995. Die Arbeit der Wahrnehmung: Arbeit oder Spiel im digitalen Zeitalter. In *Schöne neue Welten? Auf dem Weg zu einer neuen Spielkultur*, hrsg. F. Rötzer, 158–170. München: Klaus Boer.

Nitsche, Michael. 2007. Mapping time in video games. *Proceedings of DiGRA2007: Situated Play*, 145–151.

Wolf, Mark J. P., Hrsg. 2012. *Encyclopedia of Video Games: M-Z*. ABC-CLIO.

Wolf, Mark J. P. und Bernard Perron, Hrsg. 2014. *The Routledge Companion to Video Game Studies*. New York: Routledge.

Über den Autor

Dr. Serjoscha Wiemer ist Medienwissenschaftler und Akademischer Rat für Digitale Medien & Mobile Media am Institut für Medienwissenschaften der Universität Paderborn. Er studierte Theater-Film- und Fernsehwissenschaft, Sozialpsychologie und Germanistische Linguistik an der Ruhr-Universität Bochum. Seine Promotion begann er im Graduiertenkolleg *Zeiterfahrung und ästhetische Wahrnehmung* an der Goethe-Universität Frankfurt am Main. Er schrieb *Das geöffnete Intervall – Medientheorie und Ästhetik des Videospiels* (2014). Gemeinsam mit Stefan Böhme & Rolf F. Nohr ist er Herausgeber von *Diskurse des strategischen Spiels. Medialität, Gouvernementalität, Topografie* (2015) *und von Sortieren, Sammeln, Suchen, Spielen. Die Datenbank als mediale Praxis* (2012). In seiner Arbeit verbindet er Ansätze von Medientheorie, Ästhetik und Epistemologie, um historische und gegenwärtige Bedingungen von Wahrnehmung, (Bild-)Handeln und Sinnproduktion zu erforschen. Kontakt: www.serjoscha.net.

Bild

Thomas Hensel

3.1 Das Bild als Ferment des Computerspiels

Die Bildlichkeit des Computerspiels ist erst relativ spät in den Blick der Game Studies geraten. Nachdem das Computerspiel lange schon als technisches Artefakt, als narratives Medium und als spielerische Performanz diskursiviert war, wurde erst 2011 ein *iconic turn* der Game Studies zu proklamieren (Hensel 2011b) und damit die Bildlichkeit oder Ikonizität des Computerspiels zu akzentuieren versucht. Anknüpfend an Studien zu dessen Raumhaltigkeit und Perspektivität (unter anderem Wolf 2001; Rumbke 2005; Stockburger 2006; Nitsche 2008; Schwingeler 2008; Walz 2010; Beil und Schröter 2011; Günzel 2009, 2010, 2012, 2014) sind seither in die Game Studies inspirierenden Disziplinen wie der Medien- und der Kunstwissenschaft Untersuchungen zu Aspekten von Bildlichkeit des Computerspiel erschienen, die sich mit dem Avatar einer zentralen, ikonisch figurierten Schnittstelle zwischen Spiel- und Spielerwelt (Beil 2012; → Beitrag Avatar) oder mit der Architektur einem wesentlichen Konstituens der Spielwelt (Bonner 2014; → Beitrag Welt) widmen. Ursachen für die lange währende Ignoranz gegenüber der Bildlichkeit lassen sich viele ausmachen. Sie liegen zum einen in der Tradition der Medienwissenschaft, in deren Domäne das Computerspiel gewöhnlich zu fallen pflegt, und zum anderen in der Bewertung des Computerspiels als digitales, interaktives Medium begründet: Wie auch in anderen Kultur- und Geisteswissenschaften, in Film- und Fernsehwissenschaft beispielsweise, herrschte in einer literaturwissenschaftlich geprägten Medienwissenschaft bis in die 1990er Jahre hinein die „semiologisch-strukturalistische Maxime"

T. Hensel (✉)
Pforzheim, Deutschland
E-Mail: thomas.hensel@hs-pforzheim.de

(Krämer und Bredekamp 2003, S. 11) vor, nach der Kultur als Text verstanden werden sollte. Noch im Schatten des linguistic turn etabliert, suchten die jungen Game Studies ihren Gegenstand dementsprechend primär unter Gesichtspunkten der Narration zu interpretieren und betrachteten die Bildlichkeit des Computerspiels bestenfalls als Illustration von originär textuellen Sinnbezügen. Eine Medienwissenschaft, die sich daneben in Anlehnung an die Ingenieurwissenschaften etablieren konnte, befragte das Computerspiel alternativ auf seine technisch-apparativen Entstehungs- und Möglichkeitsbedingungen hin und war ebenfalls nicht am Bild als einem ‚weichen' Oberflächenphänomen interessiert (Ähnlich argumentieren in Bezug auf die theoretische Auseinandersetzung mit dem Film Röttger und Jackob 2006, S. 572 f.). Ein dritter Grund für die Blindheit der Game Studies gegenüber dem Computerspielbild mag schließlich darin zu sehen sein, dass das lange Zeit vorherrschende Konzept von Medien als Einzelmedien nicht mehr einhellig zu überzeugen vermag. Angesichts einer allfälligen Hybridisierung von Medien und eines sich weiter und tiefer vernetzenden Mediensystems wird in dieser Perspektive sogenannten Einzelmedien wie dem Computerspiel mitunter deren traditionelle Einheit als Gegenstand der Medienwissenschaft abgesprochen (zum Beispiel Leschke 2010). Demnach würde mit einer Orientierung am Einzelmedium Computerspiel auch die Frage nach einem spezifischen Computerspielbild obsolet werden.

Betrachtet man andererseits die Würdigung des Computerspiels als digitales, interaktives Medium, dann fallen nicht selten Klischees auf: In einer gängigen Deutung wird das Computerspielbild als Epiphänomen gestiegener Rechenleistung verstanden (zum Beispiel Newman 2002) und simplifizierend in die Geschichte eines Fortschritts „von einer ursprünglich abstrakten Darstellung zu einer immer konkreteren Simulation von Realitätseindrücken" (Felzmann 2010, S. 199; zu einer Kritik dieser Position siehe Beil 2009, 2012, S. 23) eingeschrieben. Damit geht eine unter umgekehrtem Vorzeichen stehende Argumentation einher, die die Ikonizität des Computerspiels gegen seine Interaktivität ausspielt und als ein Handicap gering schätzt. So formuliert etwa Daniel Cermak-Sassenrath (2010, S. 315 ff.):

> Die Erfahrung mit Computerspielen weist […] darauf hin, daß eine realitätsnahe (etwa graphische) Darstellung keine Voraussetzung und kein Ersatz für Spiel ist und dafür noch nicht einmal in allen Fällen hilfreich. […] Entscheidend für das Erlebnis des Computerspielers scheint in erster Linie das zu sein, was er tun kann und was passiert; die Darstellung ist […] nicht unwichtig aber [sic!] deutlich zweitrangig […]. Interaktivität ist weder eine Frage der Computergraphik noch einer realistischen Abbildung der Welt. Es geht bei Interaktion um die Vermittlung von Handlungsmöglichkeiten gegenüber dem *user*, und realistische Graphik ist dafür keine Voraussetzung […]. Die Graphik hat die Interaktivität nicht bedingt; umgekehrt war das Streben nach photorealistischer Abbildung lange Zeit ein Hindernis auf dem Weg zu Interaktivität […].

Mit derselben Stoßrichtung, aber apodiktischer formulieren eher ludulogisch orientierte Autoren wie etwa James Newman (2002): „when playing videogames, appearances do not matter" – oder polemischer Markku Eskelinen (2001), der einer Fokussierung auf das Bild wohl ebenso wie jener auf die Narration eine klare Absage erteilen würde:

> [S]tories are just uninteresting ornaments or gift-wrappings to games, and laying any emphasis on studying these kinds of marketing tools is just a waste of time and energy. It's no wonder gaming mechanisms are suffering from slow or even lethargic states of development, as they are constantly and intentionally confused with narrative or dramatic or cinematic mechanisms.

Der dieser Ablehnung des Bildes zugrunde liegende Schematismus tritt deutlich zutage, wenn man ein prominentes historisches Paradigma der Medienwissenschaft betrachtet, die sogenannte Interaktivitäts-Matrix (Abb. 3.1). Hier erscheinen Bilder, etwa Gemälde

		Gibsons „Simstim"					Gibsons „Cyberspace"	?
3-D Film in odorama	Planetarium	Heiligs „Sensorama"						
	3-D Film							
	Film	HDTV						„Goggles, Gloves, & Headphones"
		TV	Teleshop & TED	Pay-TV	Video	interaktives TV	Videokonferenz	„Goggles & Gloves"
	CD					Karaoke		Video-Spiele
Dias	Viewmaster			Voicemail				
Plastiken	Fotografie			Anrufbeantworter		Telephon	Telephon-Konferenz	CB Funk
Gemälde				FAX				
Bücher	Zeitung	Briefe	dpa Ticker	Email	BBS	UNIX „Talk"	elektr. Konferenzen in Echtzeit	MUD
				Telegraphie		Turings Imitationsspiel		

Y-Achse: Lebendigkeit (+/−) — X-Achse: Interaktivität (−/+)

Abb. 3.1 Interaktivitäts-Matrix (siehe Halbach 1994, S. 173)

oder Plastiken, als veritable Antipoden der Video- oder Computerspiele, mithin als etwas, das hinsichtlich seiner „Interaktivität" und „Lebendigkeit" gleichsam auf einer niedrigeren Entwicklungsstufe stehen geblieben ist. Es ist vielfach versucht worden, diesen Gemeinplatz zu widerlegen, indem auf andere Konnotationen des Begriffs hinge-wiesen wurde: nicht auf physische oder physikalische Interaktion, sondern auf die Akti-vität des Kognitionsaktes. So moniert etwa Lev Manovich (1997, S. 125 f.) die mit der Fixierung auf physische Interaktion einhergehende Verkürzung des Konzepts und gibt zu bedenken, dass

> [d]ie gesamte klassische und um so mehr die moderne Kunst [...] bereits ‚interaktiv' [war], da sie einen Zuschauer voraussetzte, der fehlende Informationen (beispielsweise Ellipsen in der literarischen Erzählung, fehlende Teile eines Gegenstands in der modernen Malerei) ergänzte und seine Augen (die Komposition in der Malerei und im Film) oder seinen ganzen Körper (für die Wahrnehmung von Skulptur und Architektur) bewegen mußte. Die interak-tive Computerkunst versteht ‚Interaktion' wörtlich, indem sie diese auf Kosten der psychi-schen Interaktion mit einer rein physikalischen Interaktion zwischen einem Benutzer und einem Kunstwerk (das Drücken eines Knopfes) gleichsetzt (Das Klischee der Interaktivitäts-Matrix widerlegt auch Matussek 2004).

Selbstverständlich ließe sich dieser Argumentation umgekehrt ein mangelndes Ver-ständnis des Interaktivitätskonzepts vorwerfen: Argumentiert die Interaktivitäts-Matrix im Falle von Tafelbildern mit dem Fehlen physikalischer Interaktivität, so betonen Kri-tiker dieser Auffassung wie Manovich einseitig lediglich die psychische Interaktivität. Tatsächlich kann sogar ein Tafelbild interaktiv nicht nur im psychischen, in einem die Wahrnehmung des Betrachters aktivierenden Sinne sein, sondern auch in einem physika-lischen (vgl. Hensel 2011a). Ein Denken des Bildes, wie es in der Interaktivitäts-Matrix ausgestellt ist, greift also zu kurz.

3.2   Das Computerspiel als Handlungsform des Bildes

Eine Beschäftigung mit dem Computerspielbild setzt zunächst voraus, den prinzipiel-len Status des sogenannten digitalen Bildes zu klären (Mit „digitalem" Bild ist im vor-liegenden Kontext das rechnergenerierte, nicht das digitalisierte Bild bezeichnet. Siehe zum Folgenden auch Hensel 2012b). Dessen Codebasiertheit, welche die Differenz von Bild, Schrift und Zahl unterläuft und es auf der Ebene seiner Maschinenlesbarkeit bedeu-tungsindifferent sein lässt, wirft die Frage auf, wie sich codierte Bilder von traditionellen Bildformen unterscheiden – zumal sich, wie oben mit Blick auf die Interaktivitäts-Matrix bereits angedeutet, mehr Gemeinsamkeiten ergeben als gemeinhin angenommen. Nach-dem in der Medienwissenschaft der ontologische Status digitaler Bilder grundlegend problematisiert und ihre Existenz unter den Verdacht eines „unangebrachte[n] Essenti-alismus" (Pias 2003, Absatz 50; Kittler 1993; Hagen 2002) gestellt worden ist, hat sich in jüngster Vergangenheit eine Sichtweise etabliert, die diese gleichsam ikonoklastische Position durch ein Konzept des „doppelten Bildes" (Nake 2005) abfedert:

Es sieht so aus, als würde das digitale Bild eine Doppelexistenz führen, zum einen als Bildschirmerscheinung und zum anderen als Zeichensatz. Das heißt, dass man auf zwei ganz verschiedenen Ebenen Zugriff auf dasselbe Bild hat. Die Erscheinung und die Speicherung des Bildes fallen auseinander. Sie haben eine Doppelnatur […] (Grube 2006, S. 186 f.; siehe auch Nake 2005, S. 47; Nake und Grabowski 2005, S. 144; Manovich 2002, S. 46, 289; Kogge 2004, S. 313; vgl. auch Hinterwaldner 2010, S. 110–116).

Demnach ist das digitale oder Computerbild „immer zugleich binärer Code und Bildschirmerscheinung" (Wenzel 2003, S. 639), setzt sich aus einer manipulierbaren, maschinenlesbaren Unterfläche und einer sichtbaren Oberfläche zusammen. Letztere ist notwendig, insofern die Interaktivität des operativen, digitalen Bildes als ihre Möglichkeitsbedingung eine grafische, als Bild adressierbare Benutzeroberfläche voraussetzt, durch die hindurch eine komplexe technische Struktur allererst steuerbar wird (vgl. Nake 2005, S. 49; Manovich 2002, S. 290; Groh 2007, S. 15). Daraus ergibt sich nicht zuletzt, dass digitale Bilder, wie bereits angedeutet, auch in der Tradition nicht-digitaler Bilder zu verstehen sind, denn sie

präsentieren sich dem Betrachter gegenüber zuallererst als sichtbare Ereignisse und sprechen damit dieselben Wahrnehmungsbedingungen des Betrachters an, die auch für das traditionelle Bild von Bedeutung sind. Im Unterschied zu weiten Teilen der medientheoretischen Debatte müssen deshalb die sichtbaren Artikulationsformen der codierten Bildinformationen, d.h. die sichtbaren Oberflächen der […] digitalen Bilder zur Sprache kommen, die in der direkten Kontinuität zu denjenigen der traditionellen Bilder stehen. Kurz gesagt: Auch die technisch avancierten Verfahren sind durch eine Bildlichkeit […] im traditionellen Sinne geprägt, wenn Bildsignale und Codierungen – in welcher Form auch immer – in eine medial konkretisierte Sichtbarkeit überführt werden (Spies 2007, S. 156).

Gerade die Ikonizität des digitalen Bildes und damit auch des Computerspiels wird unhintergehbar, sobald man ein wesentliches Desiderat der Game Studies ernst nimmt: deren „Hinwendung zum bis dato immer noch stark vernachlässigten Handlungsbegriff" (Neitzel und Nohr 2010, S. 431). Will man das Computerspiel als eine „Handlungsform" (Neitzel und Nohr 2010, S. 431) begreifen, dann drängt sich mehr noch als die räumliche seine zeitliche Dimension in den Vordergrund. So schlagen Dominic Arsenault und Bernard Perron unter Verweis auf Letztere vor, das Bild des magischen Zirkels durch das einer magischen Spirale zu ersetzen: „We should not forget that the temporal dimension of gameplay prevails on its spatial characterization. Therefore, the figure of the circle should make us think about an ongoing process more than an enclosed space. It is much more relevant to conceptualize the cognitive frame of gameplay as a cycle: the magic cycle" (Arsenault und Perron 2009, S. 113).

Der in Rede stehende Prozess des Gameplay wird üblicherweise aus einer spielerzentrierten Perspektive gedacht: Ein Computerspiel sei interaktiv in dem Sinne, dass ein Spieler agiert und das Spiel auf diesen Input reagiert (siehe Arsenault und Perron 2009, S. 119). Ausgehend von Tom Heatons (2006) Differenzierung des Gameplay in „units of interaction" setzen Arsenault und Perron dem Konzept einseitiger Kausalität das Modell einer auf Wechselseitigkeit basierenden Reaktionskette („chain of reactions") entgegen, in der sowohl Spieler wie auch Spiel aufeinander reagieren. Im Unterschied zu jenem traditionellen spielerzentrierten Modell ist dieses spieler- *und* spielzentriert – was Arsenault und Perron veranlasst, „Interaktivität" konsequent durch das Konzept „Inter(re)aktivität" zu ersetzen:

> But we would argue that a video game is rather a chain of reactions. The player does not act so much as he reacts to what the game presents to him, and similarly, the game reacts to his input. If the player stumbles upon a blocked door, he can react by looking around, with the game reacting to the manipulation of the joystick by panning the virtual camera around; if he sees a crowbar on the floor, he can again react by picking it up and smashing the door. The entire game system and the events have been programmed and are fixed, and the designer has tried to predict the gamer's reactions to these events and develop the game (in part through artificial intelligence programming) to react in turn to some of the gamer's reactions. While we are not arguing here for a change of terminology, this temporal divide between the authorial figure and the gamer would place the video game more along the way of *inter(re) activity* than *interactivity*. Consequently, our model could be said to be as much gameplay-centric as gamer-centric (Arsenault und Perron 2009, S. 119 f.; vgl. auch Mertens 2004).

Bemerkenswerterweise billigen die Autoren, indem sie Inter(re)aktivität als eine Art Konversation betrachten, dem Spiel den „first turn to ‚speak' (its primordial speech)" (Arsenault und Perron 2009, S. 120) zu und laden es derart mit Handlungspotenzialen, Wirkungsmacht, Aktivität auf. Davon ausgehend soll im Folgenden eine ebenfalls spieler- und spielzentrierte Perspektive entwickelt werden, in der beide, Spieler und vor allem das Spiel indessen nicht mehr nur als reagierend, sondern mehr noch als agierend verstanden werden können.

Die Bedeutung der Bildlichkeit als eines das Computerspiel konstituierenden Merkmals – verstanden als eine aktive, agierende Handlungsform – lässt sich durch einen Rekurs auf die für die Game Studies fruchtbar gemachte Handlungstheorie des Literatur- und Kommunikationstheoretikers Kenneth Burke aufweisen (vgl. Venus 2007): Laut Burke sind fünf sogenannte „motives" notwendige und hinreichende Möglichkeitsbedingungen einer jeden Handlung: a) Handlungsvollzug (act), b) situative Umstände der Handlung (scene), c) Handlungsträger (agent), d) Handlungsmittel (agency) und e) Handlungsabsicht (purpose). Diese Beweggründe können für jede Handlung völlig unterschiedlich interpretiert werden, müssen aber bei jeder Handlung sämtlich vorliegen:

> Men may violently disagree about the purposes behind a given act, or about the character of the person who did it, or how he did it, or in what kind of situation he acted; or they may even insist upon totally different words to name the act itself. But be that as it may, any complete statement about motives will offer *some kind* of answers to these five questions: what was done (act), when or where it was done (scene), who did it (agent), how he did it (agency), and why (purpose) (Burke 1969, S. XV).

Mag man Bildlichkeit intuitiv lediglich dem Beweggrund „scene" zuordnen, lassen sich tatsächlich doch ausnahmslos alle fünf Systemstellen durch das Bild besetzen, was im Folgenden stellvertretend für zahlreiche Spiele an dem Action-Adventure *Uncharted 3:*

Drake's Deception (2011) demonstriert sei. (Burke (1969, S. XX) selbst führt diese handlungstheoretische Polysemie eines Begriffs am Beispiel von „Krieg" vor:

> War may be treated as an Agency, insofar as it is a means to an end; as a collective Act, subdivisible into many individual acts; as a Purpose, in schemes proclaiming a cult of war. For the man inducted into the army, war is a Scene, a situation that motivates the nature of his training; and in mythologies war is an Agent, or perhaps better a super-agent, in the figure of the war god).

Im elften Kapitel des Spiels muss der Protagonist, der Abenteurer Nathan Drake, diverse Rätsel in einem unterirdischen Tempel lösen. Hier stößt er auf einen Saal, dessen Boden mit dutzenden aufgeständerten metallenen und steinernen Körperteilen gespickt ist: Köpfen, Beinen, Rümpfen et cetera. Inmitten dieser findet Drake eine archaische Leuchtvorrichtung, die wie eine Taschenlampe funktioniert, bestehend aus einer Glaslinse, einer Kerze, einem Hohlspiegel und einer Visiervorrichtung. Ist das Instrument entzündet, fällt das Augenmerk schnell auf ein haushohes Steinrelief, das einen gefallenen Krieger zeigt und das offenkundig nicht vollendet ist. Um das Geheimnis dieses Dispositivs zu entschlüsseln, kann der Spieler ein von Drake mitgeführtes Notizbuch konsultieren, in dem sich ein Bild des vollständigen Reliefs findet („Ancient Saracen Bas Relief"; Abb. 3.2).

Der Tötungsszene gewahr geworden, gilt es, das Relief demgemäß zu vervollkommnen. Was nun passiert, ist ‚wunderbar': Der Spieler lässt seinen Avatar mithilfe des Lichtkegels die verstreuten Skulpturenfragmente so anstrahlen, dass diese sich auf der Reliefwand zu einem Schattenbild des angreifenden Kriegers zusammenfügen. Ist der richtige Standpunkt im Saal gefunden und der die Leuchte tragende Stab in das

Abb. 3.2 Uncharted 3: Drake's Deception (2011, Naughty Dog/Sony)

entsprechende Loch im Boden gesteckt, rucken sämtliche angestrahlten Körperteile kurz, wodurch das Schattenbild zuzustoßen scheint (Abb. 3.3). Hat auf der Reliefwand der speerbewehrte Schattenkrieger seinen in die Knie gegangenen steinernen Gegner erstochen, ergießt sich aus dessen ‚Wunde' – die, nota bene, der *Schatten* eines Speers beigebracht hat – Wasser in den Raum, und das Rätsel ist gelöst (Das Wasser eröffnet wiederum einen Weg und ermöglicht damit den Levelfortschritt).

Bei *Uncharted 3: Drake's Deception* lässt sich a) als *Vollzug* das Manipulieren des *Schattenbildes* betrachten. Die b) *situativen Umstände* dieses Spiels mit einem Bild sind mit einem fast schon museal anmutenden *Skulpturensaal* bezeichnet, der sich als ein auf eine *Projektionsfläche* hin geordneter *Projektionsraum* entpuppt, wie ihn beispielsweise bereits Samuel van Hoogstraten in seiner 1678 veröffentlichten *Einführung in die Hohe Schule der Malkunst* als ein „Schattentheater" imaginiert hat (siehe beispielsweise Bredekamp 2004, S. 72 f.). Als c) *Handlungsträger* ist der *grafische Stellvertreter* des Spielers, der Avatar, adressierbar und als d) *Handlungsmittel* erstens der Kerzen-Scheinwerfer und zweitens das Computerspielbild selbst. Letzteres besteht aus der *Komposition* der skulptierten Körperfragmente im Projektionsraum, die dem sich hin und her bewegenden, visierenden und Licht werfenden Avatar so lange ein Feedback gibt, bis dieser die Fragmente optisch schließlich zum gewünschten Schatten/Bild zu integrieren vermocht hat. e) *Handlungsabsicht* ist es damit, gemäß der *Zeichnung* im Notizbuch das *Reliefbild* zu vollenden und dem Avatar dadurch das Verlassen des Skulpturensaals zu ermöglichen. *Schattenbild, Skulpturensaal/ Projektionsraum* mit *Projektionsfläche, grafischer Stellvertreter, Komposition, Zeichnung* und *Reliefbild*: Im Falle von *Uncharted 3: Drake's Deception* vermögen jene Modalitäten von Bildlichkeit im Rahmen einer handlungstheoretischen Annäherung an das Computerspiel

Abb. 3.3 Uncharted 3: Drake's Deception (2011, Naughty Dog/Sony)

sämtliche Systemstellen der Burke'schen Pentade zu besetzen – der Anspruch des Bildes, nicht nur ästhetische Zutat, sondern ein Ferment des Computerspiels zu sein (vgl. zur Begrifflichkeit in allgemein kulturhistorischer Perspektive Bredekamp 2015, S. 40), hat damit sein Manifest gefunden (Ein anderes Beispiel erläutert Hensel 2011a, S. 55).

Uncharted 3: Drake's Deception erweist sich also als hochgradig selbstreflexiv, insofern es seine Bildlichkeit ins Spiel bringt und in einem Projektionsraum als grundlegend für seine Medialität regelrecht ausstellt (zur Selbstreflexivität des Computerspiels siehe unter anderem Neitzel 2008; Rapp 2008). Dabei ist signifikant, dass diese Bildlichkeit tief in Kunstgeschichte und Kunsttheorie wurzelt. Bereits der eingangs erwähnte kategoriale Status des digitalen Bildes als doppeltes Bild gründet auf Leon Battista Albertis paradigmatischer Definition des Bildes: zum einen nämlich Schnitt durch den Sehkegel respektive die Sehpyramide zu sein, der das Bild als mathematisch konstruierbar denken lässt (Unterfläche), zum anderen als finestra aperta zu fungieren, dessen Rahmen ikonische Differenz und dadurch die Medialität der Bildkonstruktion erst eigentlich feststellt (Oberfläche). Auch die wichtigste Figur des Computerspiels, der Avatar, lässt sich gleichsam „„von der Seite her"" (Mersch 2008b, S. 305) über den Umweg der Kunsttheorie fassen. De facto nämlich spielt das ontologisch verunsichernde Schattenspiel von *Uncharted 3: Drake's Deception* nicht nur auf Platons Höhlengleichnis, sondern auch auf eine der bedeutsamsten antiken Ursprungslegenden des Bildes an: auf die Geschichte des korinthischen Töpfers Butades, dessen Tochter die Schatten ihres scheidenden Geliebten auf einer Wand mit Linien nachgezeichnet haben soll, worauf ihr Vater diesen Umriss mit Ton aufgefüllt und dergestalt ein plastisches Abbild geschaffen habe. Mit diesem Mythos findet der Avatar seine Blaupause: in seiner ontologischen Uneindeutigkeit, der Paradoxie einer „doppelten Adressierung […] als einem in und außerhalb der Diegese Handelnden" (Neitzel 2008, S. 152), in der am Schatten aufzuweisenden Dialektik von „Anwesenheit seiner Projektion" und „Abwesenheit des Körpers" (Stoichita 1999, S. 7) (Auf diese Dialektik weist mit Blick auf *Echochrome* (2008) auch Meinrenken (2018) hin; zur Theorie des Avatars siehe grundlegend Klevjer 2006). Auch lässt sich die bildtheoretische Paradoxie des Mythos, die Gestaltwerdung einer Umrisszeichnung oder das Umschlagen des Flächenbilds in ein Raumbild (siehe Hensel 2009, S. 162 f.), unmittelbar zur Kennzeichnung des per definitionem zwischen (zweidimensionaler) Spielwelt und (dreidimensionaler) Spielerwelt stehenden Avatars heranziehen. Sie ist eine Paradoxie, die *Uncharted 3: Drake's Deception* auf der Projektionsfläche mit dem Bildhybrid aus menschenförmiger Schattenfläche und reliefiertem Steinkörper zitiert. Tatsächlich also, so lässt sich festhalten, verdanken sich strukturelle Konstituenten des analysierten Spielabschnitts von *Uncharted 3: Drake's Deception* einer reflektierten Auseinandersetzung mit den Strukturmerkmalen bildkünstlerischer Werke, mit Bildtheoremen aus Kunstgeschichte und -theorie, und es steht zu vermuten, dass dies auch für andere Computerspiele zutrifft (De facto ist den meisten neu erscheinenden Spielen, seien es Art Games oder Commercial Games, eine solche Reflexion eigen; *Uncharted 3: Drake's Deception* kann insofern in seiner Verdichtung und Zuspitzung als ein exponiertes Exemplar verstanden werden, ist aber vom Prinzip her keine Ausnahme; siehe Hensel 2012a).

3.3   Das Computerspiel als doppelter Bildakt

Versucht man, vor diesem Horizont die Eigenart des Computerspielbildes zu bestimmen, so hilft der Umweg über das Computerbild. Im Unterschied etwa zum Bildschirm- oder zum filmischen Bewegungsbild ist dieses, wie oben bemerkt, ein errechnetes und lässt sich in Echtzeit interaktiv manipulieren. Es ist damit ein Spezifikum der Bildlichkeit im Rechner, dass diese weniger repräsentationalistisch als vielmehr performativ zu verstehen ist: „In hypertexts all kinds of signs become programmable as icons, i. e. as signifiers, which at the pragmatic level produce, with a mouse-click, a connection to what they designate that is no longer merely symbolic, but real" (Sandbothe 2005, S. 162). Das Computerbild ist demgemäß sichtbare Manifestation eines digitalen, operativen Codes, der die Trennung von Ausführung (Aktion) und Darstellung (Repräsentation) unterläuft. Man *vollzieht* etwas im Gebrauch dieser Bilder, die sich damit als Bildakte erweisen – in Analogie zu John L. Austins Theorie der Sprechakte (Austin 1962; siehe auch Hensel 2002; zur Theorie des Bildakts siehe grundlegend Bredekamp 2015, der die Bedeutung von Bildakt über Austin hinausgehend fasst). Austin unterschied zwischen konstativen und performativen Äußerungen, die er „Sprechakte" nannte (Die performativen Äußerungen oder Sätze charakterisiert Austin wie folgt: „[D]as Äußern des Satzes ist, jedenfalls teilweise, das Vollziehen einer Handlung" (Austin 2002, S. 28). Austin modifizierte im Fortgang seiner Überlegungen die Theorie der Sprechakte, wie dies nach ihm auch John Searle und andere taten. In unserem Zusammenhang interessiert indessen nur der im vorstehenden Zitat angesprochene Aspekt. Die Diskussion um den Sprechakt zeichnet beispielsweise Seja (2009) nach. Eine konstative Äußerung ist eine deskriptive Aussage, mit der eine Feststellung getroffen wird; eine performative Äußerung hingegen stellt nichts fest, sondern ist der faktische Vollzug eben jener Objekte und Handlungen, die sie bezeichnet – sie „konstituiert, was sie konstatiert" (Krämer und Stahlhut 2001, S. 37). In der performativen Äußerung wird somit die vertraute Unterscheidung zwischen Darstellungsmittel und Dargestelltem, zwischen Wort – oder Bild – und Sache außer Kraft gesetzt. Wie das Computerbild ist auch das Computerspielbild ein Bildakt (=Performativität erster Ordnung), sozusagen ein momenthaft erspieltes Bild, das nur im Augenblick seines Vollzugs existiert (vgl. Bausch und Jörissen 2005, S. 347, 362).

Wie unterscheidet sich nun das Computerspielbild vom Computerbild? Da das Computerspielbild eine Untermenge der Computerbilder darstellt, ist es ebenfalls ein doppeltes Bild. Darüber hinaus aber ermöglicht das Computerspielbild einen doppelten inter(re)aktiven Bildakt (=Performativität zweiter Ordnung): einen Bildakt, der sich im Sinne Mike Sandbothes im Zusammenspiel von Unter- und Oberfläche ereignet, und einen solchen, der allein auf der Oberfläche stattfindet. Während der erstgenannte, wie bereits erläutert, als Spezifikum des Computerbildes generell (und nur des Computerbildes) angesprochen werden muss, ist der Bildakt auf der Oberfläche auch anderen Bildern eigen (denen wiederum keine Unterfläche im Sinne einer manipulierbaren, maschinenlesbaren eignet), vornehmlich solchen der bildenden Kunst (Bredekamp 2015). In *Uncharted 3: Drake's Deception* besteht dieser Bildakt darin, dass es nicht die Wucht des metallenen Speers eines plastisch geformten Menschenkörpers ist, der einen reliefierten Gegner durchbohrt, sondern der Stoß eines zweidimensionalen Schattenbildes. Das Schattenbild konstituiert mithin das, was es konstatiert: einen Krieger mit Speer. (Ein Skeptiker könnte einwenden, dass es nicht das Schattenbild ist, das – quasi magisch – das Öffnen des Wasserschotts bewirkt, sondern der untergründige Mechanismus, der auch die aufgeständerten Statuenteile rucken lässt und der in Gang gesetzt wird dadurch, dass der Avatar den Stab mit dem Scheinwerfer in ein Loch im Boden pflockt. Diese Interpretation begünstigte indes noch die vorgestellten Überlegungen zur doppelten Bildlichkeit des Computerspiels und bedeutete eine Metaisierung: Der Mechanismus wäre Signum der manipulierbaren, maschinenlesbaren Unterfläche, das Schattenbild der sichtbaren Oberfläche).

Solche Bildakte auf der Oberfläche oder „kulturellen Ebene" (Manovich 2002, S. 46) lassen sich in etlichen anderen Computerspielen und deren Paratexten finden. So entpuppt sich in *Braid* (2008) das als Puzzleteil fungierende zweidimensionale Bild einer Tischplatte als dreidimensionales Parcourselement. In *The Legend of Zelda: Ocarina of Time* (1998) ist es ein Gegner, der aus einem Gemälde herauszureiten vermag, und in *Crush* (2007) eine ‚gemalte' Kugel, die beim Umschalten von der 2-D- in die 3-D-Ansicht aus ihrem Gemälde herausrollt. In einer langen transmedialen Motivtradition stehend, tritt in *Cryostasis. Sleep of Reason* (2008) eine Filmfigur aus einer Kinoleinwand heraus, um leibhaftig zu werden (Hensel 2015); und umgekehrt entgrenzt im Trailer von *Anno 1404* (2009) die virtuelle Kamera ein Tafelbild, durch das sie wie durch ein Alberti'sches Fenster hindurchfliegt, um in die dahinter liegende lebendige Natur einzutauchen. *In Resident Evil 4* (2005) schließlich, um ein letztes der zahlreichen Beispiele zu nennen, wird eine steinerne Statue wie die elfenbeinerne Schöpfung Pygmalions lebendig oder zerspringt eine zweidimensionale, gemalte Weinflasche auf einem Stillleben paradoxerweise in gläserne Scherben, sobald der Spieler auf sie schießt (Hensel 2011a, 2014). Gerade das letztgenannte Beispiel macht deutlich, dass besagte Bildakte sich auch in und durch andere bildkünstlerische Medien realisieren lassen: Eine ‚unmögliche', von einer Leinwand realiter heruntergenommene Weinflasche findet sich ebenfalls im frühen Animationsfilm, in James Stuart Blacktons *The Enchanted Drawing* (1900; Crafton 1993, S. 52 f.; Nead 2007, S. 94 f.). Und in verwandter Manier lässt René Magritte in der Malerei (*Le bon sens,* 1945) ein Tableau zu einem Tablett werden, *auf* oder *in* dem die Bildobjekte, eine Porzellanschale mit Obst, in Realobjekte rückübersetzt scheinen (Konersmann 1991, S. 19). Implizit an Austin anknüpfend nannte Michel Foucault diese künstlerische Strategie eine „List", die darin bestehe, „ein Bild mit dem zu vermengen, was es darstellen soll" (Foucault 1997, S. 47; Prange 2001). Bildakte auf der „kulturellen Ebene" finden sich also auch, aber nicht nur im Computerspiel. Die besondere Eigenschaft des Computerspiels aber macht es aus, dass dieser Typ Bildakt mit jenem erstgenannten, kulturelle und algorithmische Ebene miteinander verschaltenden Bildakt zusammenkommen kann, der Inter(re)aktivität in Echtzeit erlaubt und somit jedes Gameplay erst eigentlich ermöglicht.

Das Computerspielbild *kann* ein doppelter Bildakt sein – und unterscheidet sich darin von allen anderen Bildformen, seien sie errechnet oder nicht –, muss dies aber nicht. So existieren Computerspiele, die auf ihrer Oberfläche frei von Bildakten sind, kann ein solcher Bildakt doch – wenn nicht wie bei *Uncharted 3: Drake's Deception* oder den anderen aufgeführten Beispielen zum Spielprinzip selbst erhoben – eine störende Irritation des Gameplay bedeuten, indem er Repräsentation und Präsentation verschränkt. Tatsächlich treten Bildakte auf der Oberfläche des Computerspiels immer dann auf, wenn dieses selbstreflexiv oder opak wird, sprich seine Bildlichkeit als eine seiner Bedingungen bildlich thematisiert (siehe zum Konzept der Opazität Marin 2004; Alloa 2011a, 2011b; Rautzenberg und Wolfsteiner 2010; Rautzenberg 2012; zu dessen Übertragung auf das Computerspiel Hensel 2011a; Schwingeler 2014). Bildreflexive Computerspiele wie *Uncharted 3: Drake's Deception* stellen damit die ikonische Differenz ihrer (Oberflächen-) Bilder aus und dürfen nicht zuletzt deshalb als „zehnte Kunst" (Alain und Frédéric Le Diberder, zitiert nach Mersch 2008a, S. 19) apostrophiert werden (Gottfried Boehm (1994, S. 29, 35) gewinnt die Denkfigur der „ikonischen Differenz" an starken Bildern, sprich an Kunstbildern: „Ein starkes Bild lebt aus eben dieser doppelten Wahrheit: etwas zu zeigen, auch etwas vorzutäuschen und zugleich die Kriterien und Prämissen dieser Erfahrung zu demonstrieren"; siehe auch Boehm 2011; Richtmeyer 2014). Insofern lässt sich *Uncharted 3: Drake's Deception* exemplarisch als ein Spiel zwischen Darstellung und Selbstbewusstsein der Darstellung verstehen, in dem die Problematisierung der Repräsentation selbst zu einem produktiven Moment der Darstellung erhoben wird. Das Computerspiel zeichnet sich auf diese Weise nicht nur durch seine Narrativität oder Ludizität aus, sondern auch und gerade durch seine Ikonizität, die jene anderen Eigenschaften von Fall zu Fall in sich zu integrieren vermag. Es gilt somit, das Bild nicht nur als eine Funktion des Narrativen oder Ludischen zu verstehen, sondern umgekehrt das Narrative oder Ludische auch als eine Funktion des Bildes. Eine Pointe dieses Ansatzes ist es, dass das Medium Bild die Spielherausforderungen entgegen dem gängigen Klischee nicht nur konturiert und kontextualisiert, sprich *rahmt* (Mersch 2008a, S. 33), sondern vielmehr das Bild selbst die Spielherausforderung *ist*. Und mehr noch: Nicht nur wird das Bild gespielt – das Bild spielt auch.

Literatur

Alloa, Emmanuel. 2011a. *Das durchscheinende Bild. Konturen einer medialen Phänomenologie.* Berlin/Zürich: Diaphanes.
Alloa, Emmanuel. 2011b. Transparenz/Opazität. In *Lexikon Kunstwissenschaft. Ideen, Methoden, Begriffe*, hrsg. U. Pfisterer, 445–449. Stuttgart/Weimer: J. B. Metzler.
Arsenault, Dominic und Bernard Perron. 2009. In the Frame of the Magic Cycle. The Circle(s) of Gameplay. In *The Video Game Theory Reader 2*, hrsg. B. Perron und M. J. P. Wolf, 109–131. New York/Abingdon: Routledge.
Austin, John Langshaw. 1962. *How to Do Things with Words*. Cambridge/MA: Clarendon Press.
Austin, John Langshaw. 2002. *Zur Theorie der Sprechakte*. Stuttgart: Reclam.
Bausch, Constanze und Benjamin Jörissen. 2005. Das Spiel mit dem Bild. Zur Ikonologie von Action-Computerspielen. In *Ikonologie des Performativen*, hrsg. C. Wulf und J. Zirfas, 345–364. München: Fink.

Beil, Benjamin. 2009. Spiel mit der Perspektive. Von gedrehten, gequetschten und unmöglichen Räumen im Computerspiel. In *Das Raumbild. Bilder jenseits ihrer Flächen*, hrsg. G. Winter, J. Schröter und J. Barck, 239–257. München: Fink.

Beil, Benjamin. 2012. *Avatarbilder. Zur Bildlichkeit des zeitgenössischen Computerspiels*. Bielefeld: transcript.

Beil, Benjamin und Jens Schröter. 2011. Die Parallelperspektive im digitalen Bild. *ZfM. Zeitschrift für Medienwissenschaft* 1/4 (2011): 127–137.

Boehm, Gottfried. 1994. Die Wiederkehr der Bilder. In *Was ist ein Bild?*, hrsg. Gottfried Boehm, 11–38. München: Fink.

Boehm, Gottfried. 2011. Ikonische Differenz. *Rheinsprung 11. Zeitschrift für Bildkritik 01*, hrsg. I. Laner und S. Schweinfurth: 170–176.

Bonner, Marc. 2014. ‚Form follows fun‘ vs. ‚Form follows function‘: Architekturgeschichte und -theorie als Paradigmen urbaner Dystopien in Computerspielen. In *New Game Plus*, hrsg. B. Beil, G. S. Freyermuth und L. Gotto, 267–299. Bielefeld: transcript.

Bredekamp, Horst. 2004. *Die Fenster der Monade. Gottfried Wilhelm Leibniz' Theater der Natur und Kunst*. Berlin: Akademie.

Bredekamp, Horst. 2015. *Der Bildakt*. Berlin: Wagenbach.

Burke, Kenneth. 1969. *A Grammar of Motives*. Berkeley: Univ. of California Press.

Cermak-Sassenrath, Daniel. 2010. *Interaktivität als Spiel. Neue Perspektiven auf den Alltag mit dem Computer*. Bielefeld: transcript.

Crafton, Donald. 1993. *Before Mickey. The Animated Film 1898-1928*. Chicago/London: Univ. of Chicago Press.

Eskelinen, Markku. 2001. The Gaming Situation. *Game Studies. The International Journal of Computer Game Research 1/1*, http://www.gamestudies.org/0101/eskelinen. Zugegriffen: 15. Juli 2016.

Felzmann, Sebastian. 2010. Playing Yesterday: Mediennostalgie und Videospiele. In: *Techniknostalgie und Retrotechnologie*, hrsg. A. Böhn und K. Möser, 197–215. Karlsruhe: KIT Scientific Publ.

Foucault, Michel. 1997. *Dies ist keine Pfeife. Mit zwei Briefen und vier Zeichnungen von René Magritte*. München: Hanser.

Groh, Rainer. 2007. *Das Interaktions-Bild. Theorie und Methodik der Interfacegestaltung*. Dresden: TUDpress.

Grube, Gernot. 2006. Digitale Abbildungen – ihr prekärer Zeichenstatus. In *Konstruierte Sichtbarkeiten. Wissenschafts- und Technikbilder seit der Frühen Neuzeit*, hrsg. M. Heßler, 179–196. München: Fink.

Günzel, Stephan. 2009. Simulation und Perspektive. Der bildtheoretische Ansatz in der Computerspielforschung. In *Shooter. Eine multidisziplinäre Einführung*, hrsg. M. Bopp, S. Wiemer und R. F. Nohr, 331–352. Münster: Lit.

Günzel, Stephan. 2010. The Spatial Turn in Computer Game Studies. In *Exploring the Edges of Gaming*, hrsg. K. Mitgutsch, C. Klimmt und H. Rosenstingl, 147–156. Wien: Braumüller.

Günzel, Stephan. 2012. *Egoshooter. Das Raumbild des Computerspiels*. Frankfurt/M./New York: Campus.

Günzel, Stephan. 2014. Computerspielforschung. In *Bild. Ein interdisziplinäres Handbuch*, hrsg. S. Günzel und D. Mersch, 385–390. Stuttgart/Weimar: J. B. Metzler.

Hagen, Wolfgang. 2002. Es gibt kein ‚digitales Bild‘. – Eine medienepistemologische Anmerkung. *Archiv für Mediengeschichte* 2: 103–110.

Halbach, Wulf R. 1994. *Interfaces. Medien- und kommunikationstheoretische Elemente einer Interface-Theorie*. München: Fink.

Heaton, Tom. 2006. A Circular Model of Gameplay. *Gamasutra*. http://www.gamasutra.com/view/feature/2569/a_circular_model_of_gameplay.php. Zugegriffen: 15. Juli 2016.

Hensel, Thomas. 2002. Albrecht Dürer, Erwin Panofsky und der ,performative turn' der Kunstwissenschaft. In *Goodbye, Dear Pigeons. Lab – Jahrbuch 2001/02 für Künste und Apparate*, hrsg. T. Hensel, H. U. Reck, S. Zielinski, 330–338. Köln: Walther König.

Hensel, Thomas. 2009. Aperspektive und Anamorphose. Zu Raumbildern der Vormoderne. In *Das Raumbild. Bilder jenseits ihrer Flächen*, hrsg. G. Winter, J. Schröter und J. Barck. 156–176. München: Fink.

Hensel, Thomas. 2011a. *Nature morte im Fadenkreuz. Zur Bildlichkeit des Computerspiels*. Trier: Fachhochschule Trier.

Hensel, Thomas. 2011b. Das Spielen des Bildes. Für einen Iconic Turn der Game Studies. In *MEDIENwissenschaft. Rezensionen* 3: 282–293.

Hensel, Thomas. 2012a. Das Computerspiel als Bildmedium. In *Theorien des Computerspiels zur Einführung*, hrsg. GamesCoop, 128–146. Hamburg: Junius.

Hensel, Thomas. 2012b. *Uncharted*. Überlegungen zur Bildlichkeit des Computerspiels. In *Bildwerte. Visualität in der digitalen Medienkultur*, hrsg. G. S. Freyermuth und L. Gotto, 209–236, Bielefeld: transcript.

Hensel, Thomas. 2014. Still Life in the Crosshairs or For an Iconic Turn in Game Studies. In *Technology and Desire. The Transgressive Art of Moving Images*, hrsg. R. Gaafar und M. Schulz, 227–245. Bristol/Chicago: Intellect.

Hensel, Thomas. 2015. Wenn der Film sein Bild verlässt. Metaleptische Reflexionen im Computerspiel. In *Film und Games. Ein Wechselspiel*, hrsg. Deutsches Filminstitut, 220–229. Berlin: Bertz + Fischer.

Hinterwaldner, Inge. 2010. *Das systemische Bild. Ikonizität im Rahmen computerbasierter Echtzeitsimulationen*. München: Fink.

Kittler, Friedrich. 1993. Es gibt keine Software. In *Draculas Vermächtnis. Technische Schriften*, F. Kittler, 225–242. Leipzig: Reclam.

Klevjer, Rune. 2006. *What is the Avatar? Fiction and Embodiment in Avatar-Based Singleplayer Computer Games*, http://folk.uib.no/smkrk/docs/RuneKlevjer_What%20is%20the%20Avatar_finalprint.pdf. Zugegriffen: 15. Juli 2016.

Kogge, Werner. 2004. Lev Manovich – Society of the Screen. In *Medientheorien. Eine philosophische Einführung*, hrsg. A. Lagaay und D. Lauer, 297–315. Frankfurt/M./New York: Campus.

Konersmann, Ralf. 1991. *René Magritte. Die verbotene Reproduktion. Über die Sichtbarkeit des Denkens*. Frankfurt/M.: Fischer.

Krämer, Sybille und Horst Bredekamp. 2003. Kultur, Technik, Kulturtechnik: Wider die Diskursivierung von Kultur. In: *Bild, Schrift, Zahl*, hrsg. S. Krämer und H. Bredekamp, 11–22. München: Fink.

Krämer, Sybille und Marco Stahlhut. 2001. Das ,Performative' als Thema der Sprach- und Kulturphilosophie. *Paragrana. Internationale Zeitschrift für Historische Anthropologie* 10/1: 35–64.

Leschke, Rainer. 2010. *Medien und Formen. Eine Morphologie der Medien*. Konstanz: UVK.

Manovich, Lev. 1997. Über totalitäre Interaktivität. Beobachtungen vom Feind des Volkes. *Telepolis. Die Zeitschrift für Netzkultur* 1: 123–127.

Manovich, Lev. 2002. *The Language of New Media*. Cambridge/MA: MIT Press.

Marin, Louis. 2004. *Das Opake der Malerei. Zur Repräsentation im Quattrocento*. Berlin: diaphanes.

Matussek, Peter. 2004. Bewegte und Bewegende Bilder. Animationstechniken im historischen Vergleich. In *Kunst der Bewegung. Kinästhetische Wahrnehmung und Probehandeln in virtuellen Welten*, hrsg. C. Lechtermann, C. Morsch und H. Wenzel, 1–13. Bern: Lang.

Meinrenken, Jens. 2018. Dimensionssprünge auf virtuellem Papier. Zum Verhältnis von Comic und Computerspiel. In *Erzählformen im Computerspiel. Zur Medienmorphologie digitaler* Spiele, hrsg. J. Sorg und J. Venus. Bielefeld: transcript.

Mersch, Dieter. 2008a. Logik und Medialität des Computerspiels. Eine medientheoretische Analyse. In *Game over!? Perspektiven des Computerspiels*, hrsg. J. Distelmeyer. C. Hanke und D. Mersch, 19–41. Bielefeld: transcript.

Mersch, Dieter. 2008b. Tertium datur. Einleitung in eine negative Medientheorie. In *Was ist ein Medium?*, hrsg. S. Münker und A. Roesler, 304–321. Frankfurt/M.: Suhrkamp.

Mertens, Mathias. 2004. Computerspiele sind nicht interaktiv. In *Interaktivität. Ein transdisziplinärer Schlüsselbegriff*, hrsg. C. Bieber und C. Leggewie, 272–288. Frankfurt/M./New York: Campus.

Nake, Frieder. 2005. Das doppelte Bild. *Bildwelten des Wissens. Kunsthistorisches Jahrbuch für Bildkritik* Bd. 3,2: 40–50.

Nake, Frieder und Susanne Grabowski. 2005. Zwei Weisen, das Computerbild zu betrachten. Ansicht des Analogen und des Digitalen. In *HyperKult II. Zur Ortsbestimmung analoger und digitaler Medien*, hrsg. M. Warnke, W. Coy und G. C. Tholen, 123–149. Bielefeld: transcript.

Nead, Lynda. 2007. *The Haunted Gallery. Painting, Photography, Film c. 1900*. New Haven/London: Yale Univ. Press.

Neitzel, Britta und Rolf F. Nohr. 2010. Game Studies. *MEDIENwissenschaft. Rezensionen* 4: 416–435.

Neitzel, Britta. 2008. Selbstreferenz im Computerspiel. In *Mediale Selbstreferenz: Grundlagen und Fallstudien zu Werbung, Computerspiel und Comics*, hrsg. W. Nöth, N. Bishara und B. Neitzel, 119–196. Köln: Halem.

Newman, James. 2002. The Myth of the Ergodic Videogame. Some thoughts on player-character Relationships in Videogames. *Game Studies* 2/1. http://www.gamestudies.org/0102/newman. Zugegriffen: 15. Juli 2016.

Nitsche, Michael. 2008. *Video Game Spaces. Image, Play, and Structure in 3D Worlds*. Cambridge/MA: MIT Press.

Pias, Claus. 2003. Das digitale Bild gibt es nicht – Über das (Nicht-)Wissen der Bilder und die informatische Illusion. *Zeitenblicke* 2/1. http://www.zeitenblicke.de/2003/01/pias/. Zugegriffen: 15. Juli 2016.

Prange, Regine. 2001. *Der Verrat der Bilder. Foucault über Magritte*. Freiburg i. Br.: Rombach.

Rapp, Bernhard. 2008. *Selbstreflexivität im Computerspiel. Theoretische, analytische und funktionale Zugänge zum Phänomen autothematischer Strategien in Games*. Boizenburg: vwh.

Rautzenberg, Markus und Andreas Wolfsteiner, Hrsg. 2010. *Hide and Seek. Das Spiel von Transparenz und Opazität*. München: Fink.

Rautzenberg, Markus. 2012. Opazität. *Rheinsprung 11. Zeitschrift für Bildkritik* 04: 136–146.

Richtmeyer, Ulrich. 2014. Ikonische Differenz. http://www.gib.uni-tuebingen.de/netzwerk/glossar/index.php?title=Ikonische_Differenz. Zugegriffen: 15. Juli 2016.

Röttger, Kati und Alexander Jackob. 2006. Bilder einer unendlichen Fahrt. David Lynchs *Mulholland Drive* in bildwissenschaftlicher Perspektive. In *Bildtheorie und Film*, hrsg. T. Koebner und T. Meder, 572–583. München: Ed. Text und Kritik.

Rumbke, Leif. 2005. *Pixel3. Raumrepräsentation im klassischen Computerspiel*. http://www.rumbke.de/data/text/pixel3%20-%20leif%20rumbke%202005.pdf. Zugegriffen: 15. Juli 2016.

Sandbothe, Mike. 2005. *Pragmatic Media Philosophy. Foundations of a New Discipline in the Internet Age*. http://www.sandbothe.net/pmp.pdf. Zugegriffen: 15. Juli 2016.

Schwingeler, Stephan. 2008. *Die Raummaschine. Raum und Perspektive im Computerspiel*. Boizenburg: vwh.

Schwingeler, Stephan. 2014. *Kunstwerk Computerspiel – Digitale Spiele als künstlerisches Material. Eine bildwissenschaftliche und medientheoretische Analyse*. Bielefeld: transcript.

Seja, Silvia. 2009. *Handlungstheorien des Bildes*. Köln: Halem.

Spies, Christian. 2007. *Die Trägheit des Bildes. Bildlichkeit und Zeit zwischen Malerei und Video*. München: Fink.

Stockburger, Axel. 2006. *The Rendered Arena. Modalities of Space in Video and Computer Games.* http://www.stockburger.at/files/2010/04/Stockburger_Phd.pdf. Zugegriffen: 15. Juli 2016.

Stoichita, Victor I. 1999. *Eine kurze Geschichte des Schattens.* München: Fink.

Venus, Jochen. 2007. Teamspirit. Zur Morphologie der Gruppenfigur. In *Spielformen im Spielfilm. Zur Medienmorphologie des Kinos nach der Postmoderne,* hrsg. R. Leschke und J. Venus, 299–327. Bielefeld: transcript.

Walz, Steffen S. 2010. *Toward a Ludic Architecture. The Space of Play and Games.* Pittsburgh: ETC Press.

Wenzel, Horst. 2003. Initialen. Vom Pergament zum Bildschirm. *Zeitschrift für Germanistik* Neue Folge 3: 629–641.

Wolf, Mark J. P. 2001. Space in the Video Game. In *The Medium of the Video Game,* hrsg. Mark J. P. Wolf, 51–75. Austin: Univ. of Texas Press.

Über den Autor

Prof. Dr. Thomas Hensel ist Professor für Kunst- und Designtheorie an der Fakultät für Gestaltung der Hochschule Pforzheim. Arbeitsschwerpunkte sind Medien- und Wissen(schafts)-geschichte der Kunst- und Bildwissenschaft, Game Studies (insbesondere Bildlichkeit des Computerspiels), Altdeutsche Malerei/Zeichnung. Veröffentlichungen (Auswahl): *„The cake is a lie!" Polyperspektivische Betrachtungen des Computerspiels am Beispiel von ‚Portal‘,* Münster 2015, hrsg. mit Britta Neitzel und Rolf F. Nohr; *Computer│Spiel│Bilder,* Glückstadt 2014, hrsg. mit Benjamin Beil und Marc Bonner; *Theorien des Computerspiels zur Einführung,* Hamburg 2012, hrsg., mit Benjamin Beil, Philipp Bojahr, Britta Neitzel, Timo Schemer-Reinhard, Jochen Venus. thomas.hensel@hs-pforzheim.de Hochschule Pforzheim, Holzgartenstr. 36, 75175 Pforzheim.

Story

4

Andreas Rauscher

4.1 Der Holodeck-Mythos – Spiel und Simulation

In der utopischen Zukunft von *Star Trek – The Next Generation* (1987–1994) sind die Probleme der Gegenwart gelöst. Das Essen kommt aus dem Replikator, der Kapitalismus hat sich durch technischen Fortschritt selbst überwunden und sämtliche intensive Debatten um narrative Strukturen in Videospielen haben sich durch die Einführung des Holodecks von selbst gelöst. In diesem Areal an Bord des Raumschiffs Enterprise-D lassen sich dreidimensionale Umgebungen beliebig simulieren. Je nach Bedarf lässt sich der Raum als interaktive Erzählung gestalten. Er kann auch zur Bühne für Theaterimprovisationen umgebaut werden oder als Spielplatz ohne vorgegebene Handlung dienen. Das Repertoire der abrufbaren Welten reicht von Genre-Settings á la James Bond und Sherlock Holmes, sowie Western-Szenarien und Hardboiled-Detektivgeschichten, über historische Ereignisse bis hin zum Trainings-Parcours für kommende Einsätze und Etikettenkurse für Klingonische Rituale. Die künstlichen Intelligenzen, die virtuelle Gestalt annehmen und vom Computer gesteuert werden, reagieren intuitiv und flexibel auf die Besucher des magischen Schaltkreises an Bord der Enterprise. Mit ihnen lassen sich spontan die unterschiedlichsten Situationen durchspielen, vom künstlerischen Nachhilfeunterricht bei Leonardo Da Vinci über eine Poker-Partie mit Stephen Hawking bis hin zur psychotherapeutischen Sitzung auf der Couch von Sigmund Freud.

Kaum verwunderlich, dass die amerikanische Medienwissenschaftlerin Janet Murray sich für eine 1997 veröffentlichte Studie über die Zukunft des Geschichtenerzählens im

A. Rauscher (✉)
Medienwissenschaft/Medienästhetik, Universität Siegen, Siegen, Deutschland
E-Mail: rauscher@medienwissenschaft.uni-siegen.de

© Springer Fachmedien Wiesbaden GmbH 2018
B. Beil et al. (Hrsg.), *Game Studies,* Film, Fernsehen, Neue Medien,
https://doi.org/10.1007/978-3-658-13498-3_4

Cyberspace von *Star Trek* inspirieren ließ. In ihrem Buch *Hamlet on the Holodeck* entwickelt sie die Idee des Cyberdramas, das die Form des Videospiels nutzt, um auf eine neue Weise Geschichten erfahrbar zu machen.

> Digitale Umgebungen verfügen nach Janet Murrays These über die folgenden vier Eigenschaften, die sie zur idealen Plattform für neue Formen des Geschichtenerzählens machen: Computer verfügen über die Fähigkeit, Regeln **prozedural** auszuführen. Durch die Mitwirkung der Spieler sind sie **partizipatorisch.** Die navigierbaren Spielwelten werden **räumlich** dargestellt, und aufgrund der umfangreichen in einem Programm gespeicherten Informationen eignen sie sich für **enzyklopädische** Datenmengen (Murray 1997, S. 51).

Die Spieler tauchen im Sinne einer Immersion, „a metaphorical term derived from the physical experience of being submerged in water" (Murray 1997, S. 98), in die Welt der simulierten Geschichte ein. Doch im Gegensatz zur passiven Rolle eines Zuhörers gestalten die Spieler die erlebte Geschichte aktiv mit. Sie verfügen über den Eindruck einer sinnerfüllten, unmittelbar von ihnen mitbestimmten Tätigkeit. Dieses Gefühl bezeichnet Murray als „the sense of agency, […] the satisfying power to take meaningful action and see the results of our decisions and choices" (Murray 1997, S. 126). Handlungen im Sinne von Agency gehen über die einfache emotionale Beteiligung an einer spannenden Erzählung hinaus. Murray betont die Eigenständigkeit dieses ästhetischen Vergnügens. Gelegentlich lässt sich der Eindruck von Agency auch in traditionellen Kunstformen finden, aber besonders ausgeprägt sei er in Videospielen (Murray 1997, S. 129). Das in diesen häufiger herbeizitierte erzählerische Modell des Labyrinths befördert nicht nur das Vergnügen an der räumlichen Navigation, es greift, wie Murray am Beispiel des stilprägenden Text-Adventure *Zork* (1979) erläutert, auch auf klassische Mythen wie das Labyrinth von Kreta und den Minotaurus zurück: „*Zork*-like puzzle dungeons and maze-based combat video games derive from a heroic narrative of adventure whose roots are in antiquity […] In the right hands a maze story could be a melodramatic adventure with complex social subtexts" (Murray 1997, S. 130–131).

An dieser im Kern zutreffenden kulturgeschichtlichen Zuordnung zeigt sich jedoch bereits eine gewisse Unschärfe von Murrays Konzept. Das Auftauchen eines Labyrinths in einem Videospiel bedeutet noch nicht automatisch, dass man es mit einer Narration zu tun hat, die sich bis zur Sage vom Labyrinth auf Kreta und dem Minotaurus zurückverfolgen ließe. Es kann sich je nach Game-Genre und Spielmechanik ebenso einfach um eine spielerische Herausforderung ohne erzählerische Ambitionen und intendierten narrativen Gehalt handeln. Schließlich macht es einen deutlichen Unterschied bezüglich des Gameplays und der emotionalen Anteilnahme, ob ich durch das auf einen Blick erfassbare Labyrinth von *Pac-Man* (1980) eile (Abb. 4.1) oder in der Festung der Reue im Finale des unkonventionellen Rollenspiels *Planescape Torment* (1999) nach zahlreichen Spielstunden

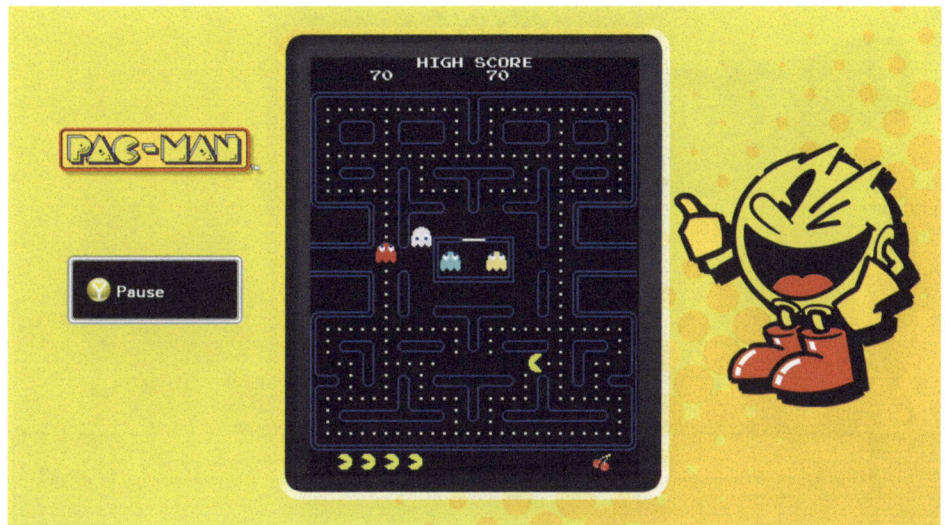

Abb. 4.1 Ur-Form der Labyrinth-Spiele ohne feste Story – *Pac-Man* (1980, Namco/Namco)

am Ende des ebenso metaphorischen wie konkreten Irrwegs mit dem ganzen Ausmaß der moralischen Schuld meines Avatars konfrontiert werde (Abb. 4.2).

In Murrays Argumentation verschwimmen die Grenzen zwischen der Idee eines utopischen Cyberdramas, den Mechaniken eines Spiels und deren Interpretation durch einen impliziten Idealspieler. Zwar räumt sie ein, dass zwischen ludischen und narrativen Strukturen auffällige Unterschiede bestehen, „narrative satisfaction can be directly opposed to game satisfaction" (Murray 1997, S. 140), doch zugleich attestiert sie auf reinem Zufall basierenden Glücksspielen einen hohen symbolischen Wert, da diese ein Gefühl von Hoffnungslosigkeit angesichts der Unberechenbarkeit des Universums zum Ausdruck brächten. Von diesem Standpunkt aus betrachtet, lassen sich Spiele nicht nur wie von Johan Huizinga als Rituale, sondern auch als Texte deuten, in denen eine Erfahrung verarbeitet wird (vgl. Murray 1997, S. 144).

In einem berühmt-berüchtigten Beispiel für den scheinbar deutlich erkennbaren Gehalt eines Spiels interpretiert Murray *Tetris* (1984) als „a perfect enactment of the overtasked lives of Americans in the 1990s – of the constant bombardment of tasks that demand our attention and that we must somehow fit into our overcrowded schedules and clear off our desks in order to make room for the next onslaught" (Murray 1997, S. 144). Nicht nur aufgrund des kulturellen Kontextes des in den 1980er Jahren von dem russischen Gamedesigner Alexey Pajitnov entworfenen Spiels erscheint Murrays Interpretation gewagt. Auch in Hinblick auf die deutlichen Unterschiede zwischen einem in der Regel in zahlreichen Kombinationen konfigurierbaren und wiederholbaren Spiel und dem vom Publikum nicht beeinflussbaren linearen Ablauf einer Erzählung geraten derartige Vergleiche zu vage.

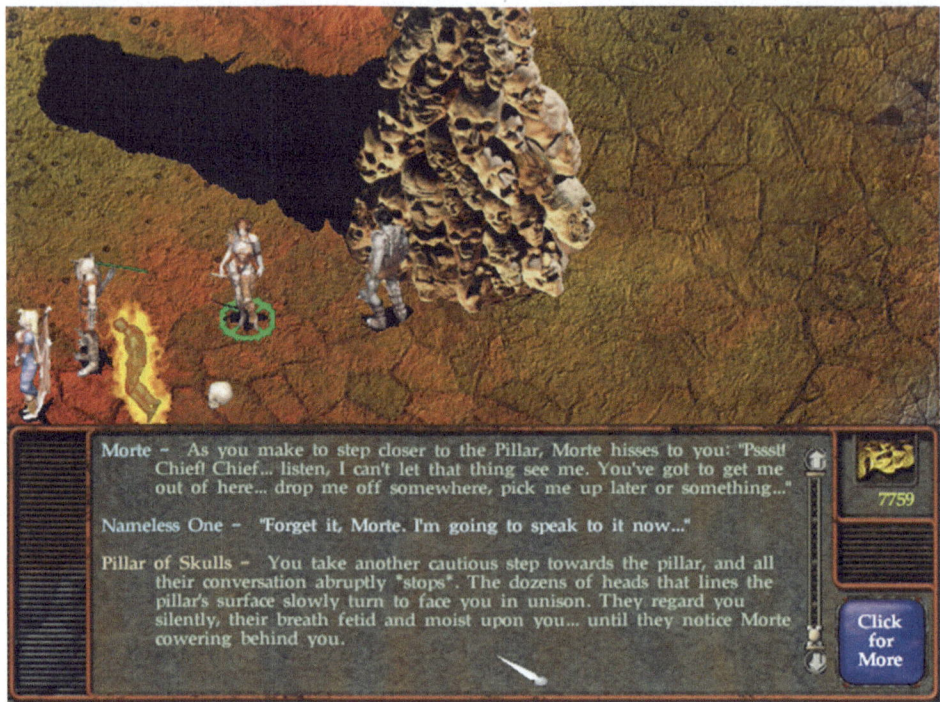

Abb. 4.2 Symbolisches Höllen-Labyrinth als Story-Segment in *Planescape Torment* (1999, Black Isle Studios/Interplay)

Allzu fantastische Erwartungen bezüglich eines von Cyberbarden bespielten Holodecks wurden von den Gamedesignern und Theoretikern Eric Zimmerman und Katie Salen treffend als immersiver Trugschluss, als *immersive fallacy*, kritisiert:

> The holodeck is the dream of the **immersive fallacy,** a room in which matter and energy are manipulated to create a simulated environment of sight, sound, touch, smell and taste that is a representation completely indistinguishable from lived reality (Salen und Zimmerman 2004, S. 451).

In Hinblick auf die Metapher des Holodecks erscheint es außerdem sinnvoll einen genaueren Blick auf dessen Einsatz in den *Star Trek*-Serien selbst zu werfen. Neben dem Transporter für das Beamen verfügt es, wie der Literaturwissenschaftler Thomas Richards anmerkt, über die häufigsten Ausfälle mit dem Resultat, dass sich die nachgespielten Geschichten in eine Falle verwandeln (vgl. Richards 1997, S. 100) oder zur selbstreferenziellen Genrereflexion mit Klingonen im Italo-Western und einem Persönlichkeitsrechte einfordernden simulierten Superschurken (vgl. Rauscher 2003, S. 255–279) geraten.

Das Holodeck funktioniert in *Star Trek* in den meisten Fällen als außer Kontrolle geratener Genre-Simulator, der eine Herausforderung an die Crew stellt und damit eines der wesentlichen Bestandteile eines Spiels abdeckt. Die vorgesehene Story erfüllt gerade nicht den geplanten Ablauf, sondern erfordert performatives Talent und ein Gespür für geschickte Konfigurationen, um die störenden Hindernisse zu überwinden. Die Erzählung verwandelt sich selbst in ein Spiel.

Die Bestrebungen, Videospiele als weiterer Sonderfall einer Erzählung auszulegen und dadurch dem Vokabular anderer Disziplinen unter zu ordnen, bewirkten in den frühen 2000er Jahren eine Abwehrreaktion der sich gerade konstituierenden Game Studies. Die daraus entstandene Kontroverse zwischen Ludologen und Narratologen gilt bis heute als eine Art Gründungsstreit der neuen Disziplin. Das mit ludologischen Ansätzen assoziierte Umfeld des Kopenhagener Game Research Centers betonte den Eigenwert der Spiele jenseits narrativer Nobilitierungsansprüche, die Videospiele erst zu würdigen wüssten, wenn der Cyberbarde vom Format eines Shakespeare oder wenigstens der *Citizen Kane* (1941) der Videospiele gefunden worden wären. Der britische Journalist und Games-Experte Steven Poole konterte letzteren Vergleich mit der Gegenfrage, welches Werk denn das *Tetris* der Filmgeschichte sei (Poole 2015). Eine Möglichkeit der Absurdität vertikaler Messlatten in der medienkomparatistischen Schätzung des kulturellen Kapitals zu entgehen, besteht in der Fokussierung auf die Spiele selbst als Ausgangspunkt. Innerhalb der akademischen Debatte findet sich dieser Ansatz vor allem in den ludologischen Perspektiven der Game Studies, die nicht vollständig auf Geschichten verzichten, diese aber immer im Zusammenspiel mit den formalen Elementen eines Spiels betrachten.

Der Spieleforscher Gonzalo Frasca prägte den Begriff der **Ludologie** als „a discipline that studies games in general, and video games in particular" (Frasca 2003, S. 222). Neben den Arbeiten von Roger Caillois und Johan Huizinga erwies sich insbesondere die 1997 erschienene Studie *Cybertext* als prägend für die Game Studies. Espen Aarseth definiert in dieser das Modell der ergodischen Literatur. Im Unterschied zur größtenteils passiven Rezeption einer klassischen linearen Handlung, in der sich die Partizipation der Leser auf kognitive Konstruktionen beschränkt, erfordert der über ein Interface konfigurierbare Cybertext die aktive Beteiligung der Nutzer. Die vom Programm simulierte Welt wird durch die Aktionen der Spieler beeinflusst:

„During the cybertextual process, the user will have effectuated a semiotic sequence, and this selective movement is a work of physical construction that the various concepts of ‚reading‘ do not account for. This phenomenon I call *ergodic,* using a term appropriated from physics that derives from the Greek words *ergon* and *hodos,* **meaning ‚work‘ and ‚path‘. In ergodic literature, nontrivial effort is required to allow the reader to traverse the text**" (Aarseth 1997, S. 1).

4.2   For the Love of the Game – Ludologische Ansätze

Die direkte Beteiligung des Spielers am Zustandekommen einer Narration im Spiel betonen auch Nick Montfort in seiner Studie zur *Interactive Fiction* (Montfort 2003, S. 3)
und Brian Schrank in dem Buch *Avant-Garde Videogames:* „What is novel to Interactive Fiction is its inclusion of the player as coauthor, who reconfigures the underlying
structure of the narrative, along with the computer as instructed by the game's original
author" (Schrank 2014, S. 138).

Häufig verwenden ludologische Ansätze den Begriff der Simulation als Alternative
zur linearen Narration. Aarseth bezeichnet Videospiele als „the art of simulation" (Aarseth
2004) und Frasca betont die historischen Bezüge der Simulation zu Spielen und
Spielzeugen: „It is usually difficult to accept there is an alternative to representation and
narrative: simulation. Simulation is not a new tool. It has always been present through
such common things as toys and games" (Frasca 2003, S. 223) Im Unterschied zur Analyse einer vorgegebenen Narration interessiert sich dieser Zugang zu Videospielen für die
Algorithmen, die Mechanik, die Verhandlung der Spielregeln und die offenen Prozesse
zwischen Spielern und Programm.

Doch nicht nur die Suche nach Begrifflichkeiten, die über den Werkzeugkasten der
Literatur- und Medienwissenschaften hinausgehen, prägen die ludologische Grundlagenforschung. In der Studie *Half-Real – Video Games between Fictional Worlds and
Real Rules* (2005) erarbeitet Jesper Juul Kategorien zur Analyse klassischer Spiele. Das
von ihm konzipierte Modell umfasst die Regeln des Spiels, einen variablen Ausgang
mit unterschiedlichen Bewertungen, eine Anstrengung der Spieler und ihre emotionale
Einbeziehung, sowie verhandelbare Konsequenzen, die sich aus dem Ergebnis ableiten.
Noch deutlicher als in leserorientierten oder auf den Zuschauer ausgerichteten kognitiven Rezeptionstheorien entsteht die Erfahrung des Videospiels erst durch die Aktivierung
der Spielmechanik und den individuellen Umgang mit dieser.

Die das Spielerlebnis strukturierenden Erzählungen können nach Juul zwei unterschiedliche Formen annehmen: Entweder die Handlung des Spiels folgt einem
vorherbestimmten Ablauf **(Games of Progression)** oder sie lässt sich wie in der
Simulation *The Sims* (seit 2000) derart frei gestalten, dass sich mit jeder neuen
Partie ein anderer Verlauf ergeben kann **(Games of Emergence):** „The history of
video games can be seen as the product of two basic game structures, the emergence structure of *Pong* (Abb. 4.3) and the progression structure of adventure
games" (Juul 2005, S. 71). In einem Game-of-Progression wie der von Juul als
Beispiel genannten Text-Adventure-Adaption von J.R.R. Tolkiens *The Hobbit*
(1982) (Abb. 4.4) vollziehen die Spieler durch das Lösen von Rätseln und das Einsammeln der richtigen Gegenstände den Plot der Vorlage nach.

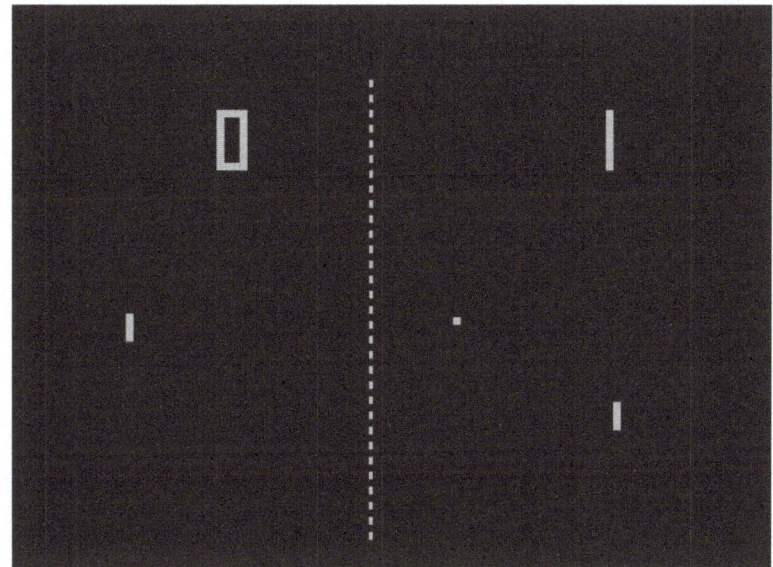

Abb. 4.3 Freies Spiel – Game of Emergence – *PONG* (1972, Atari/Atari)

Abb. 4.4 Narrativ geleitetes Spiel – *The Hobbit* (1982, Beam Software/Melbourne House)

Dass die gleiche Handlung sich jedoch auch als ein Spiel mit emergenten Elementen umsetzen lässt, zeigt sich in der zu Peter Jacksons Verfilmung von 2012 erschienen

Lego-Fassung (2014) des *Hobbit*. Obwohl sich in dieser die gleichen Stationen wie im dreißig Jahre zuvor erschienen Text-Adventure finden, kann der Spieler zwischen zwei unterschiedlichen Spielformen wählen, einem linearen Story-Mode, der einem Game-of-Progression entspricht, und einem nach Bestehen des Levels frei geschalteten Free Play-Mode, in dem sich das gleiche Terrain als Game-of-Emergence erkunden lässt. Die Auswahl zwischen diesen beiden Varianten des gleichen Spiels verdeutlicht, dass sich die Trennung zwischen ludischen und narrativen Elementen in heutigen Videospielen im Vergleich zu einem traditionellen Brettspiel oder einem Text-Adventure nicht mehr klar vornehmen lässt.

Dennoch betonten in der Kontroverse zwischen Ludologen und Narratologen – sie wurde von Noah Wardrip-Fruin und Pat Harrigan 2004 in der Kompilation *First Person: New Media as Story, Performance and Game* anschaulich dokumentiert – einige Theoretiker die Unvereinbarkeit von Spiel und Storytelling.

Markku Eskelinen, einer der radikalsten Kritiker narrativer Ansätze in Videospielen, erläutert in seinem Aufsatz *The Gaming Situation* (2001), „outside academic theory people are usually excellent at making distinctions between narrative, drama and games. If I throw a ball at you I don't expect you to drop it and wait until it starts telling stories" (Eskelinen 2001). Obwohl Eskelinens pointiertes Beispiel sich auf traditionelle Spiele mit allgemein bekannten Regeln und Abläufen anwenden lässt, entwickeln Videospiele durch die Vermischung unterschiedlichster medialer Einflüsse und Spielkonzepte neue Qualitäten, die über die Eigenschaften klassischer Spiele und Erzählungen hinausgehen und neue Spielformen schaffen. Das Rollenspiel, das Jesper Juul in seinem Classic Gaming-Modell lediglich als interessanten Grenzfall erwähnt, zählt sowohl in seiner analogen mit Papier und Bleistift gespielten als auch in seiner digitalen Form zu den populärsten Genres (vgl. Voorhees et al. 2012). Die Grundregeln des Rollenspiels wurden durch analoge Rollenspiel-Systeme wie das 1973 von Gary Gygax konzipierte *Dungeons and Dragons* und in Deutschland insbesondere durch das 1984 veröffentlichte System *Das schwarze Auge* geprägt. In umfangreichen Büchern werden die Schauplätze und kulturellen Besonderheiten einer fantastischen Welt geschildert, die als Setting für vom Spielleiter (Game Master) konzipierte Abenteuer genutzt werden können. Gemeinsam mit einer Gruppe von Spielern, die als Avatare selbst gestaltete Charaktere mit statistischen Talentwerten ins Abenteuer entsenden, entwickelt die Spielgruppe entweder wie in einem Improvisationstheater eigene Szenarien oder spielt eine in einem Kampagnenbuch mit Karten, Rätseln, Fallen und Monstern gelieferte Geschichte nach. Der Spielleiter setzt dieses als Spiel um und agiert dabei als Regisseur und Schiedsrichter in Personalunion. Die Spieler müssen die von ihren Figuren angedachten Aktionen dem Spielleiter mitteilen und dieser entscheidet, meistens mithilfe eines zwanzigseitigen Würfels, ob diese gelingen oder nicht. Er oder sie steuert ebenso die in der Kampagne angetroffenen Nicht-Spieler Charaktere (Non-Player Characters, abgekürzt als NPCs) und würfelt die Attacken der feindlichen Monster aus. In den stilprägenden Videospiel-Vertretern des Genres von *The Bard's Tale* (seit 1985) und *Ultima* (seit 1981) über *Baldur's Gate* (seit 1998) und *Planescape Torment* (1999) bis hin zu *Fallout* (seit 1997) und *The Elder Scrolls* (seit 1994) übernimmt der Computer das szenische Arrangement und die Steuerung der NPCs. Mehrspieler-Varianten, sogenannte Massive-Multiplayer-Online-Role-Playing-Games (MMORPGs) wie das seit 2004 immens populäre *World of Warcraft* oder das auf dem *Star Wars*-Universum basierende *The Old Republic* (2011), übertragen die Kontrolle der meisten Figuren auf ein Ensemble aus Spielern. Sie verlegen das gemeinschaftliche Spielerlebnis der analogen Rollenspiel-Varianten in durchgehend auf einem Server präsente, digitale Spielwelten zwischen sozialem Netzwerk, virtuellem Themenpark und Mannschaftssport. Während die Single-Player-Spiele die Inszenierung einer Narration zum explorativen Nachspielen offerieren, entsteht in den MMORPGs die Geschichte aus den sozialen Interaktionen und der performativen Übernahme einer Rollenfigur.

Rollenspiele verdeutlichen, wie sich ludische und narrative Elemente in einem hybriden Spielkonzept zwischen Adventure und Rollenspiel unmittelbar ergänzen können. Die analytische Auseinandersetzung mit ihnen bringt auch die methodische und interdisziplinäre Vielfalt der Game Studies zum Ausdruck. Die in ihnen anzutreffenden Quest-Strukturen unterteilen sich häufig in eine auf den Mustern der Heldenreise nach Joseph Campbell aufbauende Main-Quest (vgl. Sheldon 2004, S. 13–26; Jacobs 2007, S. 25–39) und modulare in unterschiedlicher Reihenfolge optional spielbare Sub-Quests. Der Schwerpunkt kann je nach Spielkonzept und Spielerverhalten sowohl im ludischen Sinne ganz auf spielerischen Herausforderungen, als auch im narrativen Kontext auf einer detailverliebten Geschichte liegen (vgl. Barton 2008; Voorhees et al. 2012).

Die Erweiterung und Aktualisierung von aus anderen Disziplinen wie der Literaturwissenschaft bekannten Begriffe für den Gebrauch innerhalb der Game Studies lässt sich am Beispiel der Quest verdeutlichen. Ragnhild Tronstad betont die performativen Aspekte dieser offenen, beispielsweise mit mittelalterlichen Legenden um die Suche nach dem Heiligen Gral verbundenen Erzählform:

> **Quests** [...] are basically performative: they belong first and foremost to the order of the act. As soon as they are solved, though, they turn into constatives (zitiert nach Aarseth 2004, S. 369). Aarseth greift den Quest-Begriff als Alternative zur linearen Erzählung auf: „Although we certainly also ‚analyze' (if that is the correct word) quests while doing them, the in media res analysis is restricted by the lack of complete knowledge, so we need to distinguish between strategic and reflective analysis" (Aarseth 2004, S. 369).

Das Arrangement der Quest-Strukturen ermöglicht eine spielerische Dramaturgie, in der die Bausteine einer Narration selbst zum konfigurativen Spielmaterial performativen Handelns werden. Die Navigation durch die einzelnen Quests eines Rollenspiels erschließt sukzessive eine umfassendere Hintergrundgeschichte, die dem eher einfach gestrickten Plot zusätzliche Tiefe durch die Andeutung einer komplexeren Story verleihen kann. In *Baldur's Gate* (Abb. 4.5) offenbaren sich mit jedem weiteren bestandenen Dungeon zusätzliche Details der den Spielern anfangs noch unbekannten Herkunft ihres Charakters. Im Finale von *Dragon Age: Origins* (2009) sehen sich die Spieler mit diffizilen Konsequenzen ihres Handelns konfrontiert und *Planescape Torment* stellt die Frage, was das Wesen eines Menschen verändern kann. Derartige Gedanken können zwar

Abb. 4.5 Aufbruch ins Abenteuer – Quest-Aufgabe in *Baldur's Gate* (1998, Bio Ware/Interplay)

durchaus auch die Spieler eines Ballspiels umtreiben, die Gefahr wäre jedoch groß, dass sie am Ende wie die Teilnehmer von Monty Pythons Philosophen-Fußball gedankenverloren über den Platz irren, ohne den Ball überhaupt zu berühren.

4.3   Spielerisches Storytelling – Narratologische Ansätze

Dass die tatsächliche Kenntnis von Videospielen geringfügig ausgeprägt sei, bildete in der Kontroverse einen der wesentlichen Verdachtsmomente der Ludologen gegenüber den sogenannten Narrativisten. Anstelle einer intensiven Auseinandersetzung mit der Vielfalt der Spielkultur würde man lediglich aus einer Top-Down-Perspektive weitere Anschlussmöglichkeiten für einen allumfassenden Narrationsbegriff suchen. Im Eifer des Gefechts übersahen jedoch beide Fraktionen, dass sie hinsichtlich der verwandten Begrifflichkeiten bei mehreren Gelegenheiten aneinander vorbeiredeten.

Im Unterschied zu akademischen Diskursen zeigten sich die pragmatischen Ansätze praxisbezogener Einführungen durchaus an Erzählungen und deren Präsentationsformen interessiert. Übersichtsbände wie Lee Sheldons *Character Development and Storytelling* (2004) und der von Designer Chris Bateman herausgegebene Sammelband *Game Writing – Narrative Skills for Video Games* (2007) bilden einen festen Bestandteil der entsprechenden Verlagsprogramme. Neben spielspezifischen Fragen wie dem modularen Aufbau einer non-linearen Narration, dem Verhältnis zu den Spielern und der Erzeugung eines dynamischen Dialogsystems werden in beiden Büchern grundlegende erzählerische

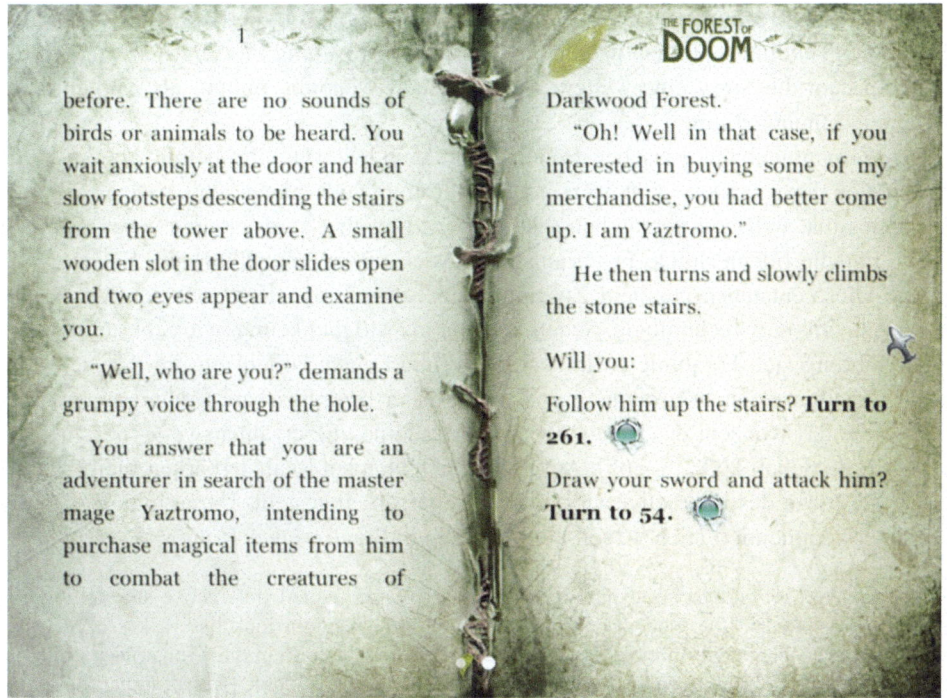

Abb. 4.6 Im Schreckenswald der sich verzweigenden Pfade – Branching Storyline in der E-Book-Adaption (2014, Tin Man Games) des *Fighting Fantasy*-Bandes *Forest of Doom* (Original: 1983)

Modelle von Aristoteles über Joseph Campbell bis hin zur Sprache des Films bemüht. Auch in den Modellen der Gamedesign-Theoretiker Jesse Schell (*The Art of Game Design,* 2008) und Tracy Fullerton (*Game Design Workshop,* 2008) kommt dem Storytelling eine zentrale Bedeutung zu, die sich auf Augenhöhe mit anderen Komponenten wie der Spielmechanik befindet.

Die von Schell und Fuller vertretene designtheoretische Perspektive kann das akademische Problembewusstsein für die Analyse durchaus schärfen. Ein prägnantes Beispiel bietet der Einsatz der sogenannten Branching Storylines: die je nach Entscheidung der Spieler alternative Verläufe der Handlung beinhalten. Dieses Strukturprinzip kommt sowohl in den gedruckten Choose-Your-Own-Adventure-Büchern (Abb. 4.6), als auch in zahlreichen Adventures und Rollenspielen zum Einsatz. Auf einer abstrakten theoretischen Ebene wäre ein virtueller Garten voller sich verzweigender Pfade ein erstrebenswertes Ideal, in der konkreten Anwendung ergeben sich jedoch sehr schnell Schwierigkeiten, wie Tracy Fullerton anmerkt: „One of the key problems with *branching storylines* is their limited scope. Player choices might be severely restricted in such a structure, causing the game to feel simplistic and unchallenging. In addition some paths can create uninteresting outcomes" (Fullerton 2008, S. 101). In der Regel werden daher aufgeteilte Handlungsoptionen nach dem Muster der Branching Storylines an einem Plot Point, an dem die Story eine weitere entscheidende Wendung nimmt, als Knotenpunkt wieder zusammengeführt.

Den Zusammenhang zwischen Spielmechanik und Storytelling betont Jesse Schell: „When you have a story you want to tell through your game, you have to choose mechanics that will both strengthen that story and let that story emerge" (Schell 2008, S. 42). Für ihn bilden Spiele Erfahrungen, die sich in der Vorstellung der Spieler vollziehen. Diese entstehen aus dem Zusammenspiel der Design-Komponenten Mechanik, Story, Ästhetik und Technologie. Schell benennt als Möglichkeiten, wie Storytelling und Spielerfahrung sich kombinieren lassen, das Prinzip einer Perlenkette, in der sich vorgegebene aufgezeichnete Ereignisse und vom Spieler beeinflussbare Ereignisse abwechseln, sowie das Konzept des Spiels als einer Maschine, die erzählenswerte Geschichten erzeugt (vgl. Schell 2008, S. 265). Aufgrund der fehlenden Realisierbarkeit bleibt Schell gegenüber Ideen des Interactive Storytelling skeptisch eingestellt. Deren hypothetischen Charakter kommentiert auch Steven Poole in seinem Band *Trigger Happy:*

> Not only has no convincing example of this new creature called ‚interactive storytelling‘ yet been spotted in the wild, no one is even sure what it might look like. Like Albrecht Dürer and his confident rhinoceros, perhaps they've stuck the horn in the wrong place. Still, ‚interactive storytelling‘ sounds like a fascinating idea. That disyllable ‚active‘ in particular, makes us feel very modern (Poole 2000, S. 106).

Rückblickend war es zu einem gewissen Anteil die Diskrepanz zwischen spekulativen Holodeck-Fantasien und dem Eigenwert der tatsächlich vorhandenen Spielkonzepte, die zur Eskalation der Ludologie-Narratologie-Kontroverse führten. Neuere Ansätze der Narratologie bemühen sich entgegen der ludologischen Befürchtungen um eine medienspezifische Differenzierung der Begrifflichkeiten.

Im Vergleich zu strukturalistischen Modellen versuchen Ansätze zu einer transmedialen Narratologie nicht mehr zum unveränderlichen Kern der Narrativität eines Mediums vorzudringen, wie Marie-Laure Ryans Definition einer Narration verdeutlicht:

> A **narrative** is a sign with a signifier (discourse) and a signified (story, mental image, semantic representation). […] The narrativity of a text is located on the level of the signified. Narrativity should therefore be defined in semantic terms. The definition should be medium free (Ryan 2001).

Wie Jan-Noel Thon in einem Artikel über narratologische Perspektiven der Game Studies hervorhebt: „Es geht ludo-narratologischen Zugriffen auf das Computerspiel heute kaum mehr um die Frage, *ob* Computerspiele narrativ sind, sondern vielmehr darum, besser zu verstehen, *auf welche Weise* sie narrativ sein können" (Thon 2015, S. 111, vgl. auch Thon 2016).

Inwiefern Gamedesigner selbst sich über diese Möglichkeiten reflexiv Gedanken machen, zeigt sich an Spielen wie *The Stanley Parable* (2013), in dem der Protagonist gegen einen allmächtigen und schnell beleidigten Erzähler anspielen muss. Immer wieder kommt es zu Neustarts der Geschichte und unerwarteten Konflikten zwischen unfertiger Story und von dieser abweichendem Plot. *The Stanley Parable* (Abb. 4.7 und 4.8) verdeutlicht, analog zu selbstreflexiven Ansätzen im Kino der Hochmoderne, die die Eigenständigkeit des Films als Kunstform betonten, dass das Videospiel eigene medienspezifische Formen und Modalitäten einer graduell ausgeprägten Narrativität hervorgebracht hat.

In Hinblick auf einen medienübergreifenden Begriff von Narration macht Marie-Laure Ryan drei Probleme aus: die Gefahr, dass besondere Merkmale einzelner Texte als medienspezifisch missverstanden werden, ein weiteres Problem bezeichnet sie als ‚media blindness‘, die unreflektierte Übertragung von Konzepten zwischen den Medien, sowie als anderes Extrem einen radikalen Relativismus, der bei jedem neuen Medium darauf besteht, dass völlig neue begriffliche Werkzeuge zur narrativen Analyse konstruiert werden müssten. Relativistische Ansätze übersehen nach Ryan narrative Universalien wie Propps Funktionen, Bremonds Modalitäten und Greimas semiotisches Viereck (vgl. Ryan 2004, S. 34).

Abb. 4.7 Gefangen im System des Storytellers – *The Stanley Parable* (2013, Galactic Cafe/Galactic Cafe)

Abb. 4.8 Gefangen im System des Storytellers – *The Stanley Parable* (2013, Galactic Cafe/Galactic Cafe)

Dass Videospiele im Sinne der Ludologen eine Transformation traditioneller narrativer Begriffe erfordern, lässt sich beispielsweise an der in der Narratologie vielfach diskutierten Annahme eines Erzählers verdeutlichen. Sowohl im Film, als auch im Videospiel wird mit einigem Recht angezweifelt, ob es jenseits der realen, beziehungsweise der virtuellen Kamera überhaupt eine Erzählinstanz gibt. Auch die Unterscheidung zwischen der Story im Sinne einer alle Ereignisse der Erzählung umfassenden Historie und der konkreten Umsetzung als Plot im Sinne des als Handlung durchgeführten Discourse kann im Spiel durch den Einfluss der Spieler denkbar unterschiedliche Umsetzungen erfahren. Die vom einen Spieler nur als Background Story erfahrene Information, kann von einem anderen Spieler in einem weiteren möglichen Verlauf des Spiels ganz konkret in einer unmittelbaren Begegnung erlebt werden.

Kirsten Zierold prägt in ihrem ludische, bildliche und narrative Ebenen integrierenden Modell zur Videospielanalyse den treffenden Begriff der „Inszenierung von Narrativität" (Zierold 2011, S. 87): „Die narrative Form gewährleistet eine Formgebung oder Formierung durch Inszenierung. Im Kontext digitaler Spiele liegt nur ein narratives Grundarrangement vor. Durch die Form werden Narrative in Szene gesetzt, die erst vom Spieler durchgeführt werden müssen" (Zierold 2011, S. 88). Darin unterscheidet sich die von den Spielern in ästhetischer Eigenverantwortung mitgestaltete Bildlichkeit des Video-spiels maßgeblich von der vom Regisseur vorgegebenen audiovisuellen Narration in einem Film oder einer TV-Serie.

Für eine genauere Bestimmung der möglichen narrativen Formen erweist sich Maire-Laure Ryans Differenzierung der narrativen Modalitäten als aufschlussreich:
„The mental construct constitutive of narrative – let's call it a story, while the material signs are the discourse - can take a variety of shapes, and it can manifest itself in a variety of ways. I call these different ways the **modes of narrativity**" (Ryan 2007, S. 9).
Die Modalitäten umfassen den diegetischen Modus, der von vergangenen Ereig-nissen berichtet (Romane, Oral History), den mimetischen Modus, in dem eine Handlung im Präsens nachgespielt wird (Theater, Film), den partizipatorischen Modus, in dem eine Geschichte in Echtzeit entworfen wird (Rollenspiele, Thea-terstücke mit Publikumsbeteiligung) und den Simulationsmodus, in dem sich eine Geschichte mithilfe einer Engine ebenfalls in Echtzeit durch Eingaben und syste-minterne Algorithmen entfaltet (Videospiele, Simulationen).

Ansätze wie Ryans narrative Modalitäten beziehen im Vergleich zur traditionellen struk-turalistischen Terminologie die veränderten Bedingungen des Videospiels ein. Auf die notwendige Revision klassischer narratologischer Begrifflichkeiten weist auch Kirsten Zierold hin:

> Es deutet sich an, dass Fragen der Methodik jedoch im Grunde zweitrangig sind und dass das Computerspiel als neues Medium zuvorderst Analysekategorien und etablierte Kon-zepte ganz generell in Frage stellt […] Traditionelle erzähltheoretische Ansätze sind (wie zu erwarten) nicht darauf ausgelegt, die Prozesshaftigkeit digitaler Spiele zu beschreiben, sind sie doch an linearen, textbasierten Phänomenen entwickelt worden (Zierold 2011, S. 25).

Ein Konzept, das sich explizit auf die erzählerischen Möglichkeiten der Videospiele bezieht, bildet der im folgenden Abschnitt am Beispiel des Rollenspiels *Star Wars: Knights of the Old Republic* (2004) (Abb. 4.9) vorgestellte Ausbau einer Narration zur Storyworld.

4.4   Storytelling in Transmedia Worlds

Eine gegenwärtige Forschungsperspektive, die Ansätze aus Narratologie und Ludologie mit ausbaufähigen Ergebnissen effektiv zu kombinieren versteht, konzentriert sich auf die transmedialen Zusammenhänge eines Netzwerks aus Szenarien und Geschichten bis hin zur Ausgestaltung umfangreicher Storyworlds. Sowohl der von Marie-Laure Ryan

Abb. 4.9 Eines der prominentesten Beispiele für transmediale Spiel- und Story-Welten – Expansion der *Star Wars* – Saga in *Knights of the Old Republic* (2003, Bio Ware/Lucas Arts)

und Jan-Noel Thon herausgegebene Band *Storyworlds Across Media* (2014) als auch die akribische formalistische Fallstudiensammlung *Building Imaginary Worlds* (2012) von Mark J.P. Wolf und der Band *Weltenbauer* (2010) von Axel Melzener beschäftigen sich mit der Konstruktion transmedialer Welten. Grundlegende Impulse zur Analyse der in den meisten Fällen als Hybrid aus narrativen und ludischen Strukturen angelegten Architektur der transmedialen Welten finden sich in den Arbeiten von Henry Jenkins, der mit dem Transmedia Storytelling eines der Schlüsselkonzepte der Medienkonvergenz definierte (Jenkins 2004). Mit den Bereichen Topos, Ethos und Mythos definieren Lisbeth Klastrup und Susana Tosca in ihrem Modell transmedialer Welten drei wesentliche Kategorien, die sich sowohl in literarischen Weltentwürfen wie J.R.R. Tolkiens Mittelerde, als auch in der von George Lucas und zahlreichen weiteren Autoren konzipierten *Star Wars*-Galaxis finden (vgl. Klastrup und Tosca 2004).

Tracey Fullerton beschreibt in *Game Design Wokshop* die Prozesse und Impulse der fiktionalen Weltentwürfe:

> World building is the deep and intricate design of a fictional world, often beginning with maps and histories, but potentially including complete cultural studies of inhabitants, languages, governments, politics, economies, etc. (Fullerton 2008, S. 102).

Im Unterschied zum linearen Ablauf einer Erzählung bieten innerhalb eines transmedialen Patchworks verortete Videospiele die Möglichkeit abseits der bekannten Pfade und Routen das diegetische Universum zu erkunden. Das Spiel kann einen eigenständigen Eintrittspunkt in ein weit verzweigtes Netzwerk aus Geschichten, Settings, Charakteren und Ereignissen entwerfen. Nach Henry Jenkins funktionieren diese ‚Point-of-Entries‘ als separate Erfahrung, können aber zugleich auch das Verständnis für eine nach der Struktur des Transmedia Storytelling organisierte Storyworld vertiefen.

Auf Jesper Juuls für die frühen ludologischen Positionen charakteristische These, man könne aus dem 1982 erschienenen Automatenspiel *Star Wars* nicht die Handlung des Films *Star Wars IV: A New Hope* (1977) erschließen (vgl. Juul 2001), entgegnet Jenkins:

> we inhabit a world of **transmedia storytelling,** one that depends less on each individual work being self-sufficient than on each work contributing to a larger narrative economy. The *Star Wars* game may not simply retell the story of *Star Wars*, but it doesn't have to in order to enrich or expand our experience of the *Star Wars* saga (Jenkins 2004, S. 121).

Das von Jenkins und Juul diskutierte Beispiel eignet sich als Automatenspiel, in dem der Spieler immer wieder den Todesstern in einem zunehmend schwierigeren Hindernis-Parcours vernichten muss, nicht sonderlich für eine narrative Analyse. Dennoch weist Jenkins auf einen Aspekt hin, der für die späteren *Star Wars*-Spiele von zentraler Bedeutung ist. Das Genre-Crossover, das Elemente des Westerns und des Abenteuerfilms nahtlos in Szenarien der Science-Fiction und Fantasy übergehen lässt, setzt sich unmittelbar in den häufig von seinem hauseigenen Studio LucasArts produzierten Spielen fort. Die in den letzten fünfunddreißig Jahren entstandenen *Star Wars*-Spiele decken nahezu jedes Game-Genre ab (vgl. Rauscher 2012), vom First-Person Shooter (*Dark Forces,* 1995; *Jedi Knight,* 1997) über Strategie- und Aufbauspiele (*Rebellion,* 1998; *Empire at War,* 2006) bis hin zu Flugsimulatoren (*X-Wing,* 1993; *Tie Fighter,* 1994).

Mit dem Rollenspiel *Knights of the Old Republic* (2003) löste sich die Handlung des Spiels schließlich sogar vollständig von den Kinofilmen (Abb. 4.10 und 4.11). Aus dem 4000 Jahre vor den Filmen angesiedelten Spiel gingen eine eigene Comicreihe, verschiedene unter Beteiligung des Gamedesigners Drew Karpyshyn entstandene Romane und das MMORPG *The Old Republic* hervor. Die Spielmechanik kombiniert die für Rollenspiele typischen narrativ ausgerichteten Dialogszenen und taktischen Kampf-Passagen, in denen die Talente des Avatars und der aus einem Ensemble von neun Charakteren für jede Mission neu auswählbaren Begleitern eingesetzt werden können. Die in aktuelleren Spielen des kanadischen Studios Bioware noch verstärkte Tendenz zur hybriden Vermischung von Spielkonzepten, wie beispielsweise die Kombination von Shooter- und Rollenspiel-Elementen in der *Mass Effect*-Reihe (seit 2007), zeichnet sich bereits

Abb. 4.10 Evokative Reisen in einer weit entfernten Galaxis – *Knights of the Old Republic* (2003, Bio Ware/Lucas Arts)

Abb. 4.11 Navigation zwischen Storytelling und Themenpark – *Knights of the Old Republic* (2003, Bio Ware/Lucas Arts)

in *Knights of the Old Republic* ab. Vor dem Sprung in den Hyperraum bei der Reise von einem Planeten zum anderen muss der Spieler angreifende Raumjäger in einem Mini-Actionspiel abwehren. Sowohl das Gameplay, als auch die Perspektive dieses Zwischen-spiels erinnern deutlich an das von Juul und Jenkins diskutierte *Star Wars*-Arcade-Game. Die Positionierung des wie in einer ludischen Montage zu bestehenden Action-Spiels verdeutlicht, inwiefern zur Analyse derart komplexer Spiele eine Kombination aus ver-schiedenen Methoden erforderlich ist. Isoliert betrachtet ließe sich der Kampf gegen die angreifenden gegnerischen Raumjäger auf einer rein ludischen Ebene untersuchen. Die Kategorien von Juuls Spiel-Modell wären alle anzutreffen, allerdings mit dem Unter-schied, dass die Konsequenzen des Spielverlaufs nicht außerhalb des Spiels liegen, son-dern ein weiteres narratives Ereignis, die Ankunft auf dem nächsten Planeten, einleiten.

Das dramaturgische Arrangement von *Knights of the Old Republic* findet sich in diversen Bioware-Rollenspielen wie *Baldur's Gate 2* (2000), *Jade Empire* (2005) und *Dragon Age: Origins* wieder. Auf einen weitgehend linearen ersten Akt – er führt in *Knights of the Old Republic* von der Oberstadt des vertikal aufgebauten Stadtplaneten Taris in dessen archaische, von Biker-Gangs und Werwolf-artigen Monstern bevölkerte Katakomben – folgt ein ausgedehnter zweiter Akt. Nach einem unumkehrbaren Plot Point in Form der Zerstörung von Taris durch die Sith-Truppen können sich die Spieler entscheiden, in welcher Reihenfolge sie die für die Handlung relevanten Planeten berei-sen wollen. In einer für Branching-Storylines charakteristischen Struktur lässt sich durch die gewählten Aktionen entscheiden, ob sich der Avatar auf die helle oder die dunkle Seite der Macht begibt. Die Knotenpunkte der Handlung bleiben trotz der unterschied-lichen Entwicklung der Hauptfigur bestehen. Auf der ludischen Ebene können die Spie-ler je nach taktischen Vorlieben unterschiedliche Kampftechniken wie den Nahkampf mit dem im Lauf des Spiels selbst gebauten Laserschwert oder den Fernkampf mit einer Blaster-Pistole praktizieren. Die Narration wird auf der Ebene des Plots hingegen durch die Auswahl der Begleiter und der Handlungsoptionen während der Dialogpassagen beeinflusst. Die Gefährten erfüllen aufgrund ihrer speziellen Talente eine ludische Funk-tion, tragen aber zugleich wie der zynische Kampfroboter HK-47 oder die idealistische Jedi Bastilla auch zum Stil der ausgespielten Erzählung bei. Die Missionen auf den ver-schiedenen Planeten können angepasst an die Interessen des jeweiligen Spielers einen denkbar unterschiedlichen Verlauf nehmen. Neben den zur Main Quest gehörenden Auf-gaben ergeben sich zusätzlich optionale Side Quests, die einen Einblick in den Alltag der *Star Wars*-Galaxis ermöglichen, der tatsächlich im Sinne von Jenkins' Transmedia Story-telling eine Vertiefung der aus den Filmen bekannten Konflikte bietet. Erst im dritten Akt (einem für die *Star Wars*-Mythologie typischen Showdown in der vage an den Todesstern erinnernden Sternenschmiede) kehrt das Gamedesign wieder zum linearen Aufbau des ersten Aktes zurück.

Eine wesentliche Orientierungshilfe innerhalb der Spielwelt bietet nicht alleine der zielgerichtete Aufbau der Exposition und des Finales. Vielmehr wird die (durch schlauchförmige Levels herbeigeführte) Geradlinigkeit des ersten und dritten Aktes erfolgreich durch die Assoziationen an die Mythologie des *Star Wars*-Universums ver-deckt.

Die situativen Déjà-vu-Momente entsprechen als ‚**Evocative Narrative**' der ersten Kategorie der von Jenkins in *Game Design as Narrative Architecture* vorgeschlagenen Taxonomie (Jenkins 2004, S. 123). Diese wecken bewusst Erinnerungen an das mediale Vorwissen der Spieler und aktivieren die mit diesem verbundenen kognitiven mentalen Landkarten.

Der Aufbau des Tutorials, in dem die Spieler von einem von den Sith-Truppen besetzten Raumschiff entkommen müssen, erinnert an die Flucht der Roboter C3PO und R2D2 zu Beginn von *Star Wars Episode IV – A New Hope* und lässt daher unschwer erkennen, dass der Weg zu einer Rettungskapsel am anderen Ende des Schiffs gefunden werden muss. Die auch in den Filmen bereisten Planeten Tatooine und Kashyyyk, Heimatwelt der Wookies, sorgen neben Referenzen im Art Design zusätzlich dafür, dass sich die mit *Star Wars* vertrauten Spieler trotz der zeitlichen Distanz zu den Filmen im Spiel entsprechend zu Hause fühlen.

Mit den mentalen Landkarten werden gedanklich verschiedene Handlungsmöglichkeiten verbunden. Jenkins zweite Kategorie der ‚**Enacted Narrative**' (vgl. Jenkins 2004, S. 124) verbindet in der Tradition von epischen Reiseabenteuern die Geografie der imaginierten Welt mit Hindernissen, die eine spielerische Herausforderung bieten.

Die Passage zu den verschiedenen Planeten im zweiten Akt des Spiels liefert die einzelnen Teile zu einer auf der Suche nach dem gegnerischen Darth Malak benötigten Sternenkarte. Diese dient jedoch wie einige Jahre später ein ähnliches fehlendes Kartenteil in *Star Wars Episode VII – The Force Awakens* (2015) als reiner MacGuffin zur eigenständigen Erkundung der Spielwelt.

Jenkins dritte Kategorie der ‚**Embedded Narrative**' (vgl. Jenkins 2004, S. 126), die über im Lauf der Handlung enthüllte Informationen die Background Story offenbart, bildet einen prägenden Baustein des Rollenspiel-Genres. Die Mythologie der Storyworld wird über Erzählungen einzelner Charaktere oder Fundstücke wie Bücher und Daten-Aufzeichnungen vermittelt.

Auf dem aus den Filmen vertrauten Wüstenplaneten Tatooine können die Spieler beispielsweise als Alternative zum martialischen Schlagabtausch eine ethnografische Feldforschung durchführen und die Kultur der maskierten Sandleute erkunden.

Die vierte Kategorie der ,**Emergent Narrative**', die nicht vorab programmiert wurde, sondern sich erst aus den Aktionen der Spieler ergibt (vgl. Jenkins 2004, S. 128), findet sich aufgrund des Verzichts auf zufällig generierte Ereignisse zwar nur marginal in *Knights of the Old Republic,* bildet aber im spielübergreifenden Kontext eine wesentliche Grundlage für das MMORPG *The Old Republic.*

In diesem lässt sich mit anderen Spielern als gemeinsamer performativer Event die Spielwelt auch außerhalb der narrativen Wanderwege durch die Storyworld erkunden.

2008 erfolgte eine Adaption des *Knights of the Old Republic*-Settings als analoges Pen-and-Paper-Rollenspiel, das die Konstruktion von Spielszenarien für den individuellen Hausgebrauch ermöglicht. Von 2006 bis 2010 veröffentlichte der Verlag Dark Horse Comics eine eigene *Knights of the Old Republic*-Reihe, die einen neuen Handlungsstrang entwarf, der sich gelegentlich mit dem Weg der aus dem Spiel bekannten Charaktere kreuzte. Diese beiden als emergente transmediale Prozesse erfolgten Ausgestaltungen der spielerischen Fiktion des Bioware-Games verdeutlichen, dass ludologische und narratologische Ansätze nicht wie in den ersten Jahren der Disziplin angenommen konträr zueinander stehen müssen. Vielmehr bieten sie im Sinne einer Branching Structure zwei unterschiedliche Optionen, die an zentralen Knotenpunkten des gemeinsamen Erkenntnisinteresses im Rahmen der Game Studies wieder zusammenlaufen.

Literatur

Aarseth, Espen. 1997. *Cybertext. Perspectives on Ergodic Literature.* Baltimore: John Hopkins University Press.

Aarseth, Espen. 2004. Genre Trouble. Narrativism and the Art of Simulation. In *First Person. New Media as Story, Performance, and Game*, hrsg. N. Wardip-Fruin und P. Harrigan, 45–55. Cambridge/MA: MIT Press.

Barton, Matt. 2008. *Dungeons and Desktops. The History of Computer Role-Playing Games.* Wellesley/MA: A K Peters Ltd.

Eskelinen, Markku. 2001. The Gaming Situation. In *Game Studies* Vol. 1 Issue 1, July 2001. http://www.gamestudies.org/0101/eskelinen/. Zugegriffen: 12. Februar 2017.

Frasca, Gonzalo. 2003. Simulation versus Narrative. Introduction to Ludology. In *The Video Game Theory Reader*, hrsg. M. J.P. Wolf und B. Perron, 221–236. New York/London: Routledge.

Fullerton, Tracy. 2008. *Game Design Workshop. A Playcentric Approach to Creating Innovative Games.* Burlington/MA: Elsevier.

Jacobs, Stephen. 2007. The Basics of Narrative. In *Game Writing. Narrative Skills for Video Games*, hrsg. C. Bateman, 25–42. Boston: Thomson Course Technology.

Jenkins, Henry. 2004. Game Design as Narrative Architecture. In *First Person. New Media as Story, Performance, and Game*, hrsg. N. Wardip-Fruin, P. Harrigan, 118–130. Cambridge/MA: MIT Press.

Juul, Jesper. 2001. Games Telling Stories? In *Game Studies* Vol. 1 Issue 1, July 2001. http://www.gamestudies.org/0101/juul. Zugegriffen: 12. Februar 2017.

Juul, Jesper. 2005. *Half-Real. Video Games between Real Rules and Fictional Worlds.* Cambridge/MA: MIT Press.

Klastrup, Lisbeth und Susana Tosca. 2004. *Transmedial Worlds. Rethinking Cyberworld Design.* http://www.cs.uu.nl/docs/vakken/vw/literature/04.klastruptosca_transworlds.pdf. Zugegriffen: 12. Februar 2017.

Melzener, Axel. 2010. *Weltenbauer. Fantastische Szenarien in Literatur, Games und Film.* Boizenburg: Verlag Werner Hülsbusch.

Montfort, Nick. 2003. *Twisty Little Passages. An Approach to Interactive Fiction.* Cambridge/MA: MIT Press.

Murray, Janet. 1997. *Hamlet on the Holodeck.* New York: Simon & Schuster.

Poole, Steven. 2000. *Trigger Happy. The Inner Life of Video Games.* London: Fourth Estate Publishing.

Poole, Steven. 2015. Der ‚Citizen Kane‘ der Videospiele. In *Film & Games. Ein Wechselspiel,* hrsg. Deutsches Filminstitut, 240–243. Berlin: Bertz+Fischer.

Rauscher, Andreas. 2003. *Das Phänomen Star Trek.* Mainz: Ventil Verlag.

Rauscher, Andreas. 2012. *Spielerische Fiktionen. Transmediale Genrekonzepte in Videospielen.* Marburg: Schüren Verlag.

Richards, Thomas. 1997. *Star Trek in Myth and Legend.* London: Orion Books.

Ryan, Marie-Laure. 2001. Beyond Myth and Metaphor. The Case of Narrative in Digital Media. In *Game Studies* Vol. 1 Issue 1, July 2001. http://www.gamestudies.org/0101/ryan. Zugegriffen: 12. Februar 2017.

Ryan, Marie-Laure. 2004. *Narrative Across Media.* Lincoln/NE: University of Nebraska Press.

Ryan, Marie-Laure. 2007. Beyond Ludus: Narrative, Video Games and the Split Condition of Digital Textuality. In *Video Game, Player, Text,* hrsg. B. Atkins und T. Krzywinska, 8–28. Manchester: Manchester Univ. Press.

Salen, Katie, Zimmerman, Eric. 2004. *Rules of Play. Game Design Fundamentals.* Cambridge/MA: MIT Press.

Schell, Jesse. 2008. *The Art of Game Design.* Boca Raton/FL: Taylor & Francis Group.

Schrank, Brian. 2014. *Avant-garde Video Games. Playing with Technoculture.* Cambridge/MA: MIT Press.

Sheldon, Lee. 2004. *Character Development and Storytelling for Games.* Boston: Thomson Course Technology.

Thon, Jan-Noel. 2015. Game Studies und Narratologie. In *Game Studies. Aktuelle Ansätze der Computerspielforschung,* hrsg. K. Sachs-Hombach und J. Thon, 104–164. Köln: Herbert von Halem Verlag.

Thon, Jan-Noel. 2016. *Transmedia Narratology.* Lincoln: University of Nebraska Press.

Voorhees, Gerald, Josh Call und Katie Whitlock, Hrsg. 2012. *Dungeons, Dragons, and Digital Denizens.* New York: Continuum Publishing.

Wardrip-Fruin, Noah und Pat Harrigan. 2004. *First Person. New Media as Story, Performance and Game.* Cambridge/MA: MIT Press.

Wolf, Mark J.P. 2012. *Building Imaginary Worlds. The Theory and History of Subcreation.* New York/London: Routledge.

Zierold, Kirsten. 2011. *Computerspielanalyse. Perspektivenstrukturen, Handlungsspielräume, moralische Implikationen.* Trier: Wissenschaftlicher Verlag Trier.

Weiterführende Literatur

Neitzel, Britta. 2000. *Gespielte Geschichten. Struktur- und prozessanalytische Untersuchungen der Narrativität von Videospielen.* Dissertation Bauhaus-Universität Weimar.

Neitzel, Britta. 2014. Narrativity of Computer Games. In *Living Handbook of Narratology*, hrsg. P. Hühn, J. Christoph Meister, J. Pier und W. Schmid. http://www.lhn.uni-hamburg.de/article/narrative-computer-games. Zugegriffen: 12. Februar 2017.

Ryan, Marie-Laure und Thon, Jan-Noel, Hrsg. 2014. *Storyworlds across Media. Toward a Media-Conscious Narratology.* Lincoln/NE: University of Nebraska Press.

Seda, Roman. 2008. *Interactive Storytelling im Computerspiel.* Boizenburg: Verlag Werner Hülsbusch.

Walter, Klaus. 2001. *Grenzen spielerischen Erzählens. Spiel und Erzählstrukturen in graphischen Adventure-Games.* Siegen: Verlag UniVerSi.

Über den Autor

PD Dr. habil. Andreas Rauscher Akademischer Rat im Bereich Medienästhetik an der Universität Siegen, Vertretungsprofessoren an den Universitäten Kiel und Freiburg, von 2008 bis 2014 wissenschaftlicher Mitarbeiter für Filmwissenschaft / Mediendramaturgie an der Johannes-Gutenberg-Universität Mainz. Freier Journalist und wissenschaftlicher Kurator für das Frankfurter Filmmuseum (Ausstellung *Film & Games* 2015). Forschungsschwerpunkte: Filmwissenschaft und Game Studies, Comicforschung, Cultural Studies, Film und Popkultur, Genretheorie Veröffentlichungen: *Die Tschechoslowakische Neue Welle der 1960er* (Mainz 2018, zusammen mit Jonas Engelmann und Josef Rauscher). *Navigationen – Playin' the City. Artistic and Scientific Approaches to Playful Urban Arts* (Siegen 2016, zusammen mit Judith Ackermann und Daniel Stein). Film & Games – *Ein Wechselspiel* (Berlin 2015, zusammen mit Eva Lenhardt, DIF - Deutsches Filminstitut). *Subversion zur Prime-Time: Die Simpsons und die Mythen der Gesellschaft* (3. Auflage Marburg 2013, zusammen mit Michael Gruteser und Thomas Klein). rauscher@medienwissenschaft.uni-siegen.de Universität Siegen, Fakultät 1 – Medienwissenschaft, Herrengarten 3, 57075 Siegen.

Musik

5

Melanie Fritsch

Während die Game Studies mittlerweile auf einen fachlich breit aufgestellten Literaturkorpus blicken können, steckt die Forschung zu Computerspielmusik im Vergleich noch in den Kinderschuhen. Neben der Dissertation von Kristine Jørgensen (2009) und dem einflussreichen Artikel „Schizophonic Performance" der Musikethnologin Kiri Miller (2009) gaben vor allem die Publikationen der Musikwissenschaftlerin Karen Collins (2008a, b) den Startschuss zu einer verstärkten Beschäftigung mit Computerspielmusik im Speziellen und -audio im Allgemeinen. Ähnlich wie bei den Game Studies handelt es sich auch bei der Computerspielmusikforschung um ein interdisziplinär geprägtes Feld, das darüber hinaus noch nicht fest umrissen ist.

Ziel dieses Kapitels ist es, neben einer kurzen Einführung in die Geschichte und Kompositionstechniken der Computerspielmusik einen Überblick über das noch junge Feld der Computerspielmusikforschung zu geben. Der Fokus liegt dabei auf Musik in Computerspielen, wenngleich sich die unter dem Label „Ludomusicology" stattfindende Forschung mittlerweile auch für Musikspiele sowie Formen der Weiterverwendung und sonstigen kulturellen Auswirkungen von Computerspielmusik jenseits der Spiele selbst interessiert. In der abschließenden Beispielanalyse wird anhand der im Egoshooter *Left 4 Dead* (2008) angewandten Leitmotivtechnik die Überführung einer filmischen in eine computerspielspezifische Musikverwendung aufgezeigt.

M. Fritsch (✉)
Berlin, Deutschland

© Springer Fachmedien Wiesbaden GmbH 2018
B. Beil et al. (Hrsg.), *Game Studies,* Film, Fernsehen, Neue Medien,
https://doi.org/10.1007/978-3-658-13498-3_5

5.1 Vom Bip zum Bombast – Eine kurze Geschichte der Computerspielmusik

Wann genau der Beginn einer Geschichte der Computerspiel*musik* auszumachen ist, bleibt umstritten. Karen Collins (2008a, S. 12) nennt sowohl *Space Invaders* (1978) als auch das 1979 erschienene Arcadespiel *Asteroids* als Wegbereiter. Vor allem *Space Invaders* war wegweisend, da sich der Soundtrack hier erstmals an Gameplay-Ereignisse anpasste. Das Labyrinth-Rennspiel *Rally-X* aus dem Jahr 1980 war das erste Spiel, das mit einem durchgängig laufenden polyphonen Musikloop unterlegt war. Looping war eine nicht nur aufgrund technischer Restriktionen entwickelte Praxis, sondern, wie Collins (2008a, S. 19) zeigt, im Laufe der 1980er zu einer eigenen Ästhetik geworden. Matthew Belinkie (1999) gesteht jedoch erst dem Nintendo Entertainment System zu, Möglichkeiten für Musik bereitgestellt zu haben. Vor allem der kreative Umgang der japanischen Komponisten mit den technischen Voraussetzungen der frühen Konsolentechnik und Arcademaschinen sorgte dafür, dass sie für eine breite Spielerschaft definierten, „what sound players came to associate with games. (…) Fans seem to agree that Japanese scores are still the best" (Belinkie 1999; vgl. auch Fritsch 2013, S. 18–20; Schartmann 2015 sowie Nick Dwyers Dokumentation *Diggin' in the Carts*). Dieser Eindruck mag allerdings auch der Vormachtstellung japanischer Firmen auf dem US-amerikanischen Konsolen- und Arcademarkt in den 1980ern geschuldet sein.

> Die 8-bit-Konsole, kurz NES genannt, wurde 1985 von der japanischen Spielefirma Nintendo in Nordamerika herausgebracht. In Japan war sie bereits 1983 unter dem Namen Famicom (abgeleitet von Family Computer) auf den Markt gekommen und wurde ab 1986 auch in Europa verkauft. Mit Koji Kondo engagierte Nintendo Mitte der 1980er erstmals eigens einen Mitarbeiter, um Musik für Spielreihen wie *Super Mario Bros.* (seit 1985) oder *The Legend of Zelda* (seit 1986; Abb. 5.1) zu kreieren. Kondo war kein ausgebildeter Komponist, er hatte zwar Cello und Klavierspielen erlernt, war aber ansonsten Autodidakt. Dennoch wurden er und die anderen auf Computerspiele spezialisierten Komponisten in Japan bald gefeiert wie Popstars (Belinkie 1999). Am 20. August 1987 wurde der von Koichi Sugiyama für das NES-Spiel Dragon Quest (1986) geschaffene Soundtrack unter dem Titel Dragon Quest in Concert: Family Classics Concert als weltweit erstes orchestrales Computerspielmusik-Konzert vom Tokyo Strings Ensemble in der Suntory Hall, Tokyo aufgeführt – im Westen war man davon noch weit entfernt.

Im Heimcomputer-Bereich behauptete sich vor allem der Commodore 64. Dieser rief mit seinem SID-Chip jedoch eher eine Revolution der Computermusik im Allgemeinen als

Abb. 5.1 Stilprägendes Nintendo-Spiel - *The Legend of Zelda: Ocarina of Time* (1998, Nintendo/
Nintendo)

im Computerspielmusik-Bereich selbst hervor. Collins (2008c, S. 216–217) erklärt dies
damit, dass zum einen zu wenig Speicherplatz zur Verfügung stand und zum anderen
die Musik für den C64 in der Assemblersprache programmiert werden musste, während
etwa für das NES die einfachere Sprache BASIC benutzt wurde. Komponisten wie Chris
Hülsbeck oder Rob Hubbard kreierten vor allem mithilfe virtuoser Programmiertricks
beeindruckende Soundtracks mit diesen frühen Heimcomputer-Soundchips und fanden
ihre eigene Fangemeinde (vgl. hierzu zum Beispiel Dittbrenner 2005).

Der MOS 6581/8580 SID ist ein 3-stimmiger programmierbarer Soundchip, der
sowohl im C64 als auch im C128 und Commodore MAX verbaut wurde. Die
Abkürzung SID steht für Sound Interface Device. (Zu technischen Daten, Klangerzeugung und Programmierung vgl. Dittbrenner 2005, S. 21 ff.; Collins 2008a,
S. 30 ff.; Collins 2008c, S. 214–215) Dittbrenner (2005, S. 92 ff.) liefert zugleich
eine gute Einführung in die populäre Soundchipmusik. Zur Chiptune-Szene im
speziellen siehe Pasdzierny (2013, S. 171–190) und Paul (2014).

Immer leistungsfähigere Chips wie der im Commodore Amiga eingebaute Paula (vgl.
Dittbrenner 2005, S. 37–38), doch vor allem die Einführung von MIDI ermöglichten in

der folgenden 16-bit-Ära nicht nur einen anderen Sound, sondern zugleich neue technische Herangehensweisen an so genannte interaktive Musik. Ein Beispiel hierfür ist die
iMUSE (Interactive Music Streaming Engine), welche Michael Land und Peter McCon-
nell für die von LucasArts produzierten Point-and-Click-Adventures wie zum Beispiel
die *Monkey Island*-Reihe (seit 1990) entwickelten Sie kam erstmals in Monkey Island 2:
LeChuck's Revenge (1991) zum Einsatz.

MIDI (Musical Instrument Digital Interface Protokoll) ist ein bereits 1982 entwi-
ckelter Industriestandard für musikalische Steuerinformationen, der die Kommunikation zwischen elektronischen Instrumenten wie Synthesizern, Computern und
Controllern ermöglicht, die über MIDI-Schnittstellen (MIDI In und MIDI-Out)
verfügen und somit über ein MIDI-Kabel miteinander verbunden werden können.
Es werden jedoch keine Audiosignale, sondern Steuersignale übermittelt, wie zum
Beispiel die Tonhöhe, die Intensität und andere musikalische Parameter. Die genauen
Spezifikationen und weitere Informationen können unter http://www.midi.org/
abgerufen werden. Für den Computerspielbereich bot MIDI zwar viele Vorteile,
brachte jedoch nach wie vor gewisse Einschränkungen mit sich:
  „The advantages on the one hand were great: composers were no longer forced
to handle difficult programming languages. On the other hand, General MIDI was
limited to 128 instruments, and hardware playback devices sounded quite different,
which was no problem on consoles, but on PC's the results differed significantly
depending on the built-in soundcard" (Fritsch 2013, S. 21–22; vgl. auch Collins
2008a, S. 49–50).

Während sich die in der 8-bit-Zeit entstandenen Konventionen (längere Loops für
große Spielareale; schnelle, kurze Loops für Bosskämpfe usf., vgl. Collins 2008c) und
Songstrukturen auf anderen 16-bit-Plattformen trotz MIDI kaum änderten, hatte die
Verwendung von Samples bei der Sega Genesis/Sega Mega Drive Auswirkungen auf
ästhetischer Ebene. Grund dafür war der darin eingebaute Yamaha YM2612, der FM-
Synthese ermöglichte. Denn „[s]ince the chip could somewhat accurately mimic the
common progressive rock instruments, it is perhaps not surprising that a progressive rock
sound was used" (Collins 2008a, S. 43). Statt eingängiger Loops schufen die Komponisten für die Genesisspiele mehrere kurze melodische Riffs, welche thematisch und instrumental aufeinander abgestimmt waren und zusammen den Eindruck eines durchgängigen
Soundtracks ergaben (vgl. Collins 2008a, S. 44).

FM-Synthese ist die Abkürzung für Frequenzmodulationssynthese. Dabei handelt es sich um ein Klangsyntheseverfahren. Bei der additiven Synthese wird ein
gewünschter Klang mithilfe zusätzlicher harmonischer Teiltöne erzeugt. Bei der
subtraktiven Synthese wird ein Klang erzeugt und anschließend durch verändernde

Module „bearbeitet", indem zum Beispiel bestimmte Obertöne herausgefiltert werden. Bei der FM-Synthese hingegen wird eine Frequenz erzeugt und diese dann von einer zweiten Frequenz moduliert. Dadurch können zum einen Klänge entstehen, die durch die anderen Verfahren nicht erzeugt werden können, zum anderen ist sie weniger aufwändig als etwa die additive Synthese, da weniger Oszillatoren zur Klangerzeugung benötigt werden (vgl. zum Beispiel Collins 2008a, S. 10–11 box 2.1 und 38).

Mit der Einführung der CD-ROM und schließlich der DVD sowie immer leistungsfähigerer Hardware wurden die kompositorischen Möglichkeiten zwischen 1990 und 2000 um ein Vielfaches erweitert. Nun konnte neben allen Live-Instrumenten auch Gesang zum Einsatz kommen. Darüber hinaus konnten sich die Komponisten erstmals sicher sein, dass ihre Musik auf beinahe jeglicher Hardware ohne große Abweichungen wiedergegeben werden konnte. Aufgrund zu geringen Speicherplatzes wurde dennoch auf Hybridproduktionen aus Samples und Live-Instrumenten zurückgegriffen, bei denen zum Beispiel nur bestimmte Soloinstrumente live eingespielt wurden. Dies ist bis heute, nun jedoch vor allem aus Kostengründen, eine gängige Praxis. Seit Beginn der 1990er brachte außerdem das Online-Gaming bei einer (theoretisch) unbegrenzten Spielzeit weitere kompositorische und technische Herausforderungen. Zwar war Online-Gaming schon vorher möglich, doch in den 1990ern verbreitete es sich mit dem Vormarsch des Internets auch auf dem Massenmarkt. Mit dem großen Erfolg von Nintendos 1989 auf den Markt gebrachten tragbaren Game Boy nahm zudem die Bedeutung von Handhelds stetig zu. Ende der 1990er wurden erste Casual Games auf Handys portiert und nach 2007, dem Jahr, in dem das erste iPhone herauskam, sollte sich das Mobile Gaming mit der Verbreitung von Smartphones und Tablet PCs endgültig zu einem weiteren, äußerst lukrativen Markt entwickeln, der eigene Anforderungen an Sound und Musik stellte (vgl. Collins 2014).

Derweil experimentierten die Entwickler von Musikspielen wie *PaRappa the Rapper* (1996), *Vib-Ribbon* (2000) oder *Rez* (2001) seit den 1990ern eifrig mit der neuen Heimkonsolen- und PC-Technik. Arcadehits wie *Beatmania* (seit 1997), ein DJ-Simulationsspiel, oder das Tanzspiel *DanceDanceRevolution* (seit 1998) machten das Musikspielgenre Ende der 1990er auch außerhalb Japans nachhaltig populär. In den Jahren 2000 bis 2010 zogen solche Musikspiele eine neue Spielerschaft an. Karaoke-Spielreihen wie *SingStar* (seit 2004), vor allem aber die Rockperformance-Simulation *Guitar Hero* (seit 2005) wurden nicht mehr nur zu Hause und in Arcades, sondern in Kneipen, Bars und speziell eingerichteten Gaming Lounges gespielt.

Eine weitere Form der Musikeinbindung in Computerspiele findet sich beispielhaft in der Reihe *Grand Theft Auto* (seit 1997): Befindet der Spieler sich in einem Fahrzeug, kann er entweder zwischen verschiedenen Radiostationen wählen oder seine eigene Musik hören (vgl. zum Beispiel Miller 2012, S. 23–82). Auf diese Weise personalisierte

Abb. 5.2 Crossmarketing zum Video-Clip: *Michael Jackson's Moonwalker* (1990, Emerald Software/U.S. Gold)

Soundtracks finden sich in diversen Spielgenres, insbesondere Sport- und Rennspiele bieten dieses Feature an. Dabei kann die Musik von einem in die Konsole eingelegten Datenträger abgespielt oder aus dem Internet vermittels eines Musikdienstes gestreamed werden. Große Verlage wie EA Games versuchten, aus derartigen Synergie- sowie weiteren Crossmarketing-Effekten zusätzliches Kapital zu schlagen, indem sie mit EA Trax, Next Level Music und EA Recordings in den Musikmarkt einstiegen (vgl. Tessler 2008). Im Oktober 2012 startete auch Microsoft mit seinem Streaming-Dienst Xbox Music einen Versuch, einen Platz in diesem Marktsegment zu erobern. Die Idee, Musik beziehungsweise Musiker mithilfe von Spielen und vice versa weiter zu vermarkten, war jedoch nicht neu. Bereits 1990 hatte Sega mit *Michael Jackson's Moonwalker* (Abb. 5.2 und 5.3) versucht Crossmarketingstrategien zu etablieren (vgl. Collins 2008a, d, S. 111–122; Fritsch 2016b). Einen tatsächlichen Effekt auf die Verkaufszahlen bestimmter Künstler hatte vor allem *Guitar Hero* (vgl. Strötgen 2013, S. 191–214; Collins 2008d; Tessler 2008; zur Musiklizenzierungspraxis für Musikspielreihen vgl. Aslinger 2009; Abb. 5.4).

Darüber hinaus fand Computerspielmusik schon früh auch außerhalb der Spiele Verbreitung, sei es in Filmen, TV-Serien oder Werbespots, bei Performances wie dem *Game Over Project* des Schweizer Künstlers Guillaume Reymond, speziellen Online-Radiostationen oder bei Live-Konzerten mit ganzen Orchestern. Am 13. Februar 2011 gewann mit Christopher Tins *Baba Yetu* zum ersten Mal eine Komposition für ein Computerspiel einen Grammy Award. Der Song diente ursprünglich in *Sid Meier's Civilization*

Abb. 5.3 Crossmarketing zum Video-Clip: *Michael Jackson's Moonwalker* (1990, Emerald Software/U.S. Gold)

Abb. 5.4 Rock-Star-Posen und Zitate in *Guitar Hero III: Legends of Rock* (2007, Neversoft/Activision)

IV (2005) als Menümusik. Bekannte Filmkomponisten wie Danny Elfman (*Fable*, 2004) oder Hans Zimmer (*Call of Duty: Modern Warfare 2*, 2009) unternehmen gelegentliche Ausflüge in die Computerspielmusik und immer mehr spezialisierte Computerspielmusikkomponisten wie Austin Wintory (*Journey*, 2012) oder Gary Schyman (*Bioshock*, 2007) finden neben den Altmeistern wie Kondo, Nobuo Uematsu (*Final Fantasy*, seit 1987) oder Chris Hülsbeck (*Turrican*, 1990) ihre eigenen Fangemeinden.

5.2   Theorie: Forschungsperspektiven auf und Literatur zu Computerspielmusik

Zwei Grundthemen, die in den Game Studies bereits viel debattiert wurden und werden, tauchen sowohl im praktischen als auch im theoretischen Diskurs um Computerspielmusik auf: Immersion und Interaktivität.

Der metaphorische Begriff der Immersion beschreibt nach Janet Murray (1997, S. 98–99) das Gefühl, in eine virtuelle Umgebung einzutauchen, die die gesamte Aufmerksamkeit beansprucht. Ähnlich der Filmmusik wird Computerspielmusik eine wichtige Rolle zugesprochen, um diesen Effekt zu erreichen. Zu ihren Aufgaben gehört es, zum Beispiel Bildinhalte zu illustrieren, den Spieler emotional in das Geschehen zu involvieren oder Figuren zu charakterisieren. Ein erster Ansatz, um Computerspielmusik zu erforschen, war und ist dementsprechend der Vergleich zur Filmmusik beziehungsweise eine Übertragung der Methoden der Filmmusikforschung (vgl. zum Beispiel Bessell 2002; Süß 2006; Whalen 2007; Bridgett 2010). Dies ist zum einen aufgrund der ähnlichen Funktion naheliegend und zweitens kann auf die im Rahmen der Filmmusikforschung entwickelte Terminologie zurückgegriffen werden. Schnell zeigt sich jedoch ein Problem wie Karen Collins (2008a, S. 3) zusammenfasst:

> Although the goal of many game developers is to create an immersive experience, the body cannot be removed from the experience of video game play [...] Unlike the consumption of many other forms of media, in which the audience is a more passive ‚receiver‘ of a sound signal, game players play an active role in the triggering of sound events in the game.

Damit ist das zweite große Themengebiet angesprochen, die Frage nach der Interaktivität. Diese wird aus zwei Perspektiven diskutiert. Zum einen geht es, wie von Collins beschrieben, um die Wahrnehmung des Spielers und sein Verhältnis zur Musik. Denn anders als der Filmzuschauer kann er auf Musik oder Soundeffekte reagieren und Einfluss auf das Spielgeschehen ausüben. Zum anderen muss sich Computerspielmusik über Komposition und Implementierung an das Spielgeschehen und die Handlungen des Spielers anpassen. Filmmusikalische Analysemethoden stoßen hier an eine Grenze, weil bei jeder Spielsitzung eine andere Kombination von Bild, Ton und Gameplay entsteht. Einen feststehenden Handlungsablauf gibt es nicht. Darüber hinaus existiert eine Reihe von Computerspielen, in denen Musik nicht nur in Form von Hintergrundmusik eingebunden ist, sondern sich zum Beispiel musikalische Puzzle oder Minispiele finden. In Musikspielen wie *Guitar Hero* (vgl. zum Beispiel Miller 2009) oder *Patapon* (2007) dient sie

Abb. 5.5 Von Heavy Metal inspiriertes Gameplay in *Brütal Legend* (2009, Double Fine Productions/Electronic Arts)

hingegen als zentrales Gameplayelement. In Spielen wie dem Heavy-Metal-Spiel *Brütal Legend* (2009; Abb. 5.5) oder dem der Musik Chopins und der Epoche der Romantik gewidmetem Japano-RPG *Eternal Sonata* (2007) wiederum ist sie zentrales Thema des Spiels, das heißt die jeweilige Musik erklingt nicht nur, sondern die dazugehörige Kultur beeinflusst das gesamte Design (Gameplay, Ästhetik) des Spieles (vgl. Fritsch 2014). Im Rahmen der Computerspielmusik-Forschung gilt es also, nicht nur zu untersuchen, inwieweit Computerspielmusik und der Einfluss des Spielers auf das erklingende Ergebnis während des Spielvorgangs eine mögliche Immersion tatsächlich unterstützen können. Es müssen gleichermaßen Forschungsansätze für die verschiedenen Formen der Musikeinbindung in Computerspielen entwickelt werden, die diese unter der Prämisse der Interaktivität untersuchen. All diese Aspekte sowie eine Debatte um die Begriffe selbst spiegeln sich in der bis dato vorliegenden Literatur.

Eine solide Einführung zum Thema bietet die Monografie *Game Sound* (Collins 2008a). Nach einem ausführlichen Überblick zur technischen und ästhetischen Entwicklung reißt sie verschiedene Themengebiete an wie Produktionsprozesse, terminologische Fragen oder das Verhältnis von Computerspiel-, Film- und Popmusik und diskutiert computerspielmusikspezifische Fragestellungen zu den Themen Interaktivität und Immersion.

In dem im gleichen Jahr von Collins (2008b) herausgebrachten Sammelband *From Pac-Man to Pop Music* erweitert sie den Fokus. Es finden sich neben Beiträgen zur Computerspielmusik auch Artikel zum Thema Handyklingeltöne oder Chiptunemusik. Auch das umfangreichere *Oxford Handbook of Interactive Audio* (Collins et al. 2014) enthält nicht nur Artikel zu Computerspielmusik, sondern auch zu Soundeffekten und

Sprachausgabe, Soundtoys, sowie Audiosoftware und der Nutzung von interaktiven Audioanwendungen in Klang- und Performancekunst. Darüber hinaus beleuchten Beiträge aus kognitionswissenschaftlicher und psychologischer Perspektive die Frage, inwieweit Musik und Sound Emotionen hervorrufen oder beeinflussen können. Beide Bücher liefern einen guten Überblick über das Feld der Interactive Audio-Forschung, in deren Rahmen Computerspielmusik- beziehungsweise Game Audio-Forschung (das heißt mit Fokus aus Musik, Soundeffekte und Sprachausgabe) als Teilbereich stattfindet. Zugleich spiegeln sie das fachübergreifende Interesse und den Umstand, dass das Feld von einem ausgiebigen Austausch zwischen Theorie und Praxis geprägt ist.

Die Sammelbände *Game Sound Technology and Player Interaction* (Grimshaw 2010) und *Music and Game: Perspectives on a Popular Alliance* (Moormann 2013) beschränken die Perspektive auf die Gegenstände Computerspielmusik, -soundeffekte und Sprachausgabe. In Grimshaws Band finden sich Beiträge aus soziologischer, medien- oder kommunikationswissenschaftlicher Perspektive, die sich mit terminologischen Fragen, der Wahrnehmung von Sound und Musik durch den Spieler beschäftigen oder Analysemodelle vorschlagen. Des Weiteren enthält das Buch Beiträge von Informatikern und Praktikern, die sich mit Designfragen, das heißt dem Einsatz von Musik und Soundeffekten, Raumklang oder den Möglichkeiten von Procedural audio (vgl. folgenden Abschnitt) beschäftigen. *Music and Game* ist thematisch ähnlich aufgestellt, erweitert die Perspektive jedoch auf im Rahmen der Computerspielkultur entstandenen Musikpraktiken wie Chiptunes oder Businessfragen.

Musikalische beziehungsweise musikwissenschaftliche Analysen finden sich erst in dem von K.J. Donnelly et al. (2014) herausgegebenem Band *Music in Video Games: Studying Play*. Bis dahin wurde diese Lücke von Einzelbeiträgen in Sammelbänden und Journalen zu übergeordneten Themen wie Musik und Medien oder Game Studies, sowie Konferenzbeiträgen, einigen Abschlussarbeiten und die 2011 erschienene Ausgabe des Onlinejournals *Act. Zeitschrift für Musik und Performance* gefüllt. Der Band *Ludomusicology: Approaches to Video Game Music* (Kamp et al. 2016) bietet dezidiert einen Überblick zu den aktuellen Diskursen des musikwissenschaftlich geprägten Feldes der Ludomusicology, während der im selben Jahr erschienene Band *Music Video Games: Performance, Politics, and Play* (Austin 2016) auf Musikspiele fokussiert.

Eine verstärkte Veröffentlichung von Monografien mit spezifischer Fragestellung und ausführlichen Fallstudien setzte nach 2010 ein. Hier sind zum Beispiel Kiri Millers aus musikethnologischer Perspektive verfasstes *Playing Along: Digital Games, YouTube, and Virtual Performance* (2012), Karen Collins' *Playing with Sound: A Theory of Interacting with Sound and Music in Video Games* (2013) oder William Chengs (2014) erschienenes Buch *Soundplay. Video Games and the Musical Imagination* erwähnenswert. Während Miller und Cheng einen ethnografischen Ansatz verfolgen, versucht Collins über den Begriff der Interaktivität eine übergreifende Theorie von Sound und Musik zu entwickeln. Allen drei Publikationen ist gemein, dass sie sich nicht nur mit Computerspielmusik selbst beschäftigen, sondern auch mit musikalischen Praktiken der

Computerspielkultur. Eine ausführliche Einführung in die Computerspielmusik-Analyse
selbst bietet Tim Summers in *Understanding Video Game Music* (2016).

Neben dieser wissenschaftlich geprägten Literatur existiert eine Reihe von Handbüchern von und für Praktiker, die im wissenschaftlichen Diskurs gleichermaßen Beachtung finden. Die behandelten Themenfelder reichen hierbei von Komposition und
Implementierung bis hin zu Businessfragen, wie etwa der Vertragsgestaltung für Komponisten und Sounddesigner. (vgl. zum Beispiel Brandon 2005; Marks 2009; Stevens und
Raybould 2011; Phillips 2014)

Anhand dieses Literaturkorpus' und den auf Konferenzen wie *audio mostly, Music
and the Moving Image* oder der seit 2012 jährlich stattfindenden und auf Computerspielmusik-Forschung fokussierten *Ludomusicology*-Konferenz gelieferten Beiträgen lassen
sich aktuell drei Tendenzen in der Computerspielmusik-Forschung feststellen.

Erstens werden Analysemodelle entwickelt, die auf die Erforschung von Computerspielmusik und ihre Wirkung im multimodalen System Computerspiel zugeschnitten
sind. Dabei werden neben klassischen musikwissenschaftlichen Methoden wie der Par-
tituranalyse auch interdisziplinäre Ansätze erprobt, wie sie sich etwa aus der Verbindung
von Musikwissenschaft, Game Studies und Performance Studies ergeben (vgl. zum Beispiel Miller 2009; Roesner 2011; Miller 2012; Fritsch 2012, 2014, 2016b; van Elferen
2016). Musik wird in diesem Rahmen als ein Phänomen analysiert, dessen Wirkung
sich erst in der Aus- beziehungsweise Aufführung (das heißt während des Spielens) entfaltet. Viele dieser Ansätze fokussieren nicht nur das jeweilige Spiel und seine Musik,
sondern beziehen auch soziokulturelle Kontexte in ihre Analyse mit ein. Aus erziehungs-
wissenschaftlicher Perspektive wird die Frage behandelt, inwieweit Computerspiele
im schulischen Musik- und Instrumentalunterricht oder anderen musikpädagogischen
Zusammenhängen zum Einsatz kommen können. Therapeutische Ansätze werden unter
dem Label der „Games for Health"-Forschung entwickelt, wie zum Beispiel der Einsatz
von rhythmusbasierten Computerspielen zu Rehabilitationszwecken nach einem Schlag-
anfall (vgl. Ossola 2015).

Ein zweiter Teilbereich erweitert die Perspektive auf die partizipatorische Musikkul-
tur, welche rund um die Computerspiele entstanden ist (vgl. zum Beispiel Collins 2013;
Fritsch 2016a; zur Definition partizipatorischer Praktiken im Allgemeinen siehe Jenkins
2013, S. 5–6). Gegenstände des Interesses sind neben den Computerspielen selbst
zum Beispiel Live-Aufführungen von Computerspielmusik oder ihre Verwendung in
anderen Medienformen wie Filmen, Werbung oder Theater. Auch fankulturelle Formen
rücken verstärkt in den Blick. Dazu gehören das Nachspielen von Computerspielmusik
auf Instrumenten sowie allen erdenklichen Materialien (zum Beispiel Teslaspulen, Glas-
flaschen) und das anschließende Einstellen der gefilmten Performances auf Plattformen
wie YouTube. Weitere Formen sind von Fans kreierte Musikvideos oder selbst geschriebene und aufgeführte Musik wie zum Beispiel Gamefilk und Tribute Songs. Filk ist an
den Begriff Folk angelehnt und meint von den Fans geschriebene bzw. unter Verwendung
bekannter Melodien zum Beispiel aus der Popmusik kreierte Songs, die sich in ihren
Liedtexten mit den Inhalten, Narrativen und Charakteren des Primärmediums – in diesem Fall Computerspiele – auseinandersetzen, diese parodieren oder die Fankultur selbst

thematisieren (vgl. Collins 2013; Fritsch 2016a; zu Filk allgemein siehe auch Jenkins et al. 2009). Andere Praktiken wie die Musikerzeugung mittels Computerspielhard- und -software, wie zum Beispiel Chiptunes, und Remixing sind ebenfalls Gegenstand des Interesses (vgl. zum Beispiel Dittbrenner 2005; Paszdierny 2013; Paul 2014).

Eine dritte Strömung geht über den Gegenstand Computerspielmusik hinaus. Hier steht ebenfalls der Gedanke im Vordergrund, dass es sich sowohl bei Musik als auch bei Computerspielen um Formen handelt, die auf einem Set von Regeln basieren, jedoch erst dann ihre ästhetische Wirkung entfalten können, wenn sie gespielt werden. Die Stoßrich- tung ist jedoch nicht die Entwicklung konkreter Analyseansätze für Computerspiele und ihre Musik, sondern vielmehr ein Perspektivwechsel hin zu einer spielbasierten Sicht- weise in der Musikforschung (vgl. zum Beispiel Moseley 2013, S. 283). Neben der Computerspielmusik wären zum Beispiel improvisierte oder live generierte Musik mög- liche weitere Gegenstände, die unter dem gemeinsamen Vorzeichen des „play" unter- sucht werden können.

Wie sich die Computerspielmusikforschung in Zukunft inhaltlich und fachlich auf- stellt, ob sich ein eigener Forschungszweig daraus entwickelt oder sie weiterhin als ein Teilbereich anderer Disziplinen fortgeführt wird, bleibt zum gegenwärtigen Zeitpunkt abzuwarten. Das aktuelle über Fachgrenzen hinweg bestehende Interesse am Gegenstand eröffnet jedoch Möglichkeiten interdisziplinärer Zusammenarbeit, aus der sich neue Ansätze für die Computerspielmusik- sowie die Musikforschung insgesamt ergeben können.

5.3   Praxis: Kompositionstechniken

Wie der historische Überblick zeigt, ist die Entwicklung der Computerspielmusik und ihrer Ästhetik eng mit technischen Voraussetzungen verknüpft. Komponisten und Sound- designer hatten daher lange Zeit mit diversen Problemen zu kämpfen: Erstens wurde die Musik in den frühen Jahren (1970–1980er) noch programmiert. Komponisten mussten also entweder selbst Programmierkenntnisse besitzen oder eng mit Programmierern zusammenarbeiten, was nicht immer zum gewünschten Resultat führte. Zweitens konnte das erklingende Ergebnis bei Heimcomputern je nach eingebauter Soundkarte stark variieren, sodass Komponisten sich nie sicher sein konnten, was der Spieler tatsächlich hören würde. Bei Konsolen entfiel dieses Problem zwar, doch mussten wiederum deren Möglichkeiten wie etwa die Anzahl der zur Verfügung stehenden Soundkanäle berück- sichtigt werden. Drittens erlaubte es die vorhandene Technik erst in den 1990ern Instru- mente und Gesang zu verwenden. Viertens wurden die vorhandene Rechenleistung und Speicherkapazität von Entwicklern und Publishern lieber für beeindruckende Grafik oder interessante Soundeffekte als für ausgeklügelte Musikkompositionen genutzt. Und fünf- tens ist Musik nur eine Komponente innerhalb des multimodalen Systems Computerspiel und muss dessen Rahmenbedingungen gemäß komponiert werden. Denn trotz all dieser Beschränkungen hat sie eine ganze Reihe an Ansprüchen zu erfüllen, soll sie doch

1. als sinnvolles musikalisches Ganzes funktionieren und insgesamt überzeugend und zufriedenstellend klingen,
2. an dramaturgisch wichtigen Punkten unterstützend wirken,
3. dem Spieler akustisches Feedback auf seine Handlungen und die Spielereignisse geben,
4. nicht repetitiv sein und bei jedem Spieldurchgang ein neues Klangerlebnis bieten,
5. nicht zu viel Speicherplatz benötigen,
6. technisch und musikalisch sinnvolle und flüssige Übergänge bieten,
7. das Setting beziehungsweise die Grundstimmung des Spiels berücksichtigen,
8. mit vertretbarem Kostenaufwand produzierbar sein.

Inger Ekman (2014, S. 200) hat diese Anforderungen zusammenfassend in zwei handliche Grundkategorien eingeteilt:

> The narrative fit reflects how helpful sound is to storytelling and helps bring out the emotions inherent in the story. […] The functional fit of game sound is not about story comprehension, but about how sound supports playing. […] Game sound is part of the feedback system that provides information on player action, constantly signaling which actions help the player to progress towards the goals of the game.

Aus diesen Gründen haben sich in den mittlerweile 60 Jahren Computerspielgeschichte neben aus der Filmmusik übernommenen Verfahren wie dem Underscoring, der Mood-Technik, dem Mickey Mousing und der Leitmotivtechnik computerspielspezifische Kompositionstechniken entwickelt, um sogenannte interaktive beziehungsweise dynamische Musik zu kreieren (vgl. hierzu Collins 2008a, S. 147 ff.). Der folgende Abschnitt stützt sich auf die Beschreibungen von van Geelen (2008) und Paul (2013; zu Filmmusiktechniken vgl. Keutzer et al. 2014, S. 122 ff.).

Beim *Branching* wird ein Musikstück in verschiedene Layer aufgesplittet, zum Beispiel verschiedene Percussionlayer. Wenn sich im Spielverlauf etwas ereignet können einzelne Layer stumm geschaltet oder durch eine andere Version ausgetauscht werden. Wann dieses Umschalten geschieht wird mithilfe sogenannter cues oder custom marker festgelegt. Ebenso muss die Art des Übergangs definiert werden. Branching erfordert einen guten Überblick des Komponisten über die einzelnen musikalischen Segmente, damit diese in jeder Kombination zusammenpassen. Zudem wird viel Speicherplatz gebraucht, um alle nötigen Layer und ggf. auch Variationen und Zwischensequenzen zur Verfügung zu haben. Ein Beispiel für Branching in Verbindung mit Layering ist der Soundtrack des Spieles *God of War* (2005; vgl. Paul 2013, S. 65).

Eine ähnliche Technik ist das *Layering*. Dabei wird jedoch nur ein Layer dazu- oder stumm geschaltet, zum Beispiel ein einzelnes Instrument. Zwar kann auf diese Weise eine schnelle Variation kreiert werden, es ist aber nicht sichergestellt, dass der Spieler eine solche weniger auffällige Veränderung des Musikmixes wahrnimmt. Bei diesem Verfahren muss der Komponist darauf achten, dass alle Layer zu jedem beliebigen Zeitpunkt mit der übrigen Musik zusammen gut klingen. Des Weiteren ist Layering speicherplatzintensiv und kann, wenn zum Beispiel bei einem bestimmten Ereignis immer derselbe Layer dazugeschaltet wird, repetitiv wirken. Layering findet sich zum Beispiel in *Super Mario World* (1990): Sitzt Mario auf seinem Reittier Yoshi, erklingt ein zusätzlicher Percussionstrack.

Eine weitere Methode ist die *Transition Matrix:* Der Komponist schreibt verschiedene kurze Musikstücke und eine Reihe überleitender Zwischensequenzen (transitions). Es muss möglich sein, mithilfe dieser Zwischensequenzen musikalisch sinnvoll von jedem beliebigen Musikstück zu jedem beliebigen anderen Musikstück zu springen. Übergänge können sich an verschiedenen Punkten (sofort, am Ende einer Phrase, bei einem gesetzten custom marker) sowie auf verschiedene Art und Weise (crossfade, fade in und fade out usw.) vollziehen. Dies ist speicherplatzintensiv, zudem sind ein großer kompositorischer Aufwand, eine intensive Planung und durchdachte, gut platzierte Übergänge erforderlich. Ein Beispiel hierfür ist Monkey Island 2: LeChuck's Revenge (1991), in dem mithilfe der iMuse der Einsatz von kurzen Zwischensequenzen möglich wurde.

Beim *Parallel Composing* schreibt der Komponist ein längeres Musikstück sowie weitere Tracks mit den gleichen musikalischen Grundparametern (Schlüssel, Tempo etc.), jedoch in einer anderen Stimmung. Ziel ist, diese Tracks an bestimmten Punkten beliebig miteinander vertauschen zu können. Während des Spielens erklingt ein Track und die anderen laufen stumm mit, bis ein Spielereignis ein Umschalten auf einen anderen Track auslöst. Da keine Zwischensequenzen oder einzelne Instrumentenlayer notwendig sind, um zu variieren oder Übergänge flüssig zu gestalten, braucht diese Methode weniger Speicherplatz. Allerdings muss während des Kompositionsprozesses jede Veränderung in einem Track in allen Paralleltracks mitvollzogen werden. Zudem ist diese Methode sehr kostenintensiv, da verhältnismäßig viel Musik geschrieben, aufgenommen und ins Spiel implementiert werden muss. Zur Orientierung: Bei einer Auftragskomposition kostet eine Minute komponierter Musik laut Strötgen (2013, S. 194 ff.) im Durchschnitt 1000 bis 1500 US$, dazu kommen die Produktionskosten sowie Kosten für eine zufriedenstellende Implementierung ins Spiel.

Eine weitere Möglichkeit ist das auf MIDI basierende *Procedural audio,* „non-linear, often synthetic sound, created in real time according to a set of programmatic rules and live input" (Farnell 2007). Zum Beispiel kann *algorithmische Musik* mithilfe von Markovketten erzeugt werden:

> A Markov chain is, loosely speaking, a series of antecedents contributing to the probability of a consequent event. In a first order Markov chain, an event is understood as ‚chosen‘ on the basis of probabilities suggested by the immediately preceding event. […] In a second order Markov chain the probability of each event depends on the two preceding events (Kramer 1986, S. 127).

Eine andere Möglichkeit ist *generative Musik,* wie sie zum Beispiel im Spiel *Spore* zum Einsatz kam. Viele Komponisten und Sounddesigner sehen in prozeduralen Formen einen vielversprechenden Ansatz, wenngleich Procedural audio auch diverse Probleme mit sich bringt wie etwa das Fehlen ausgereifter Softwaretools. Auf ästhetischer Ebene wird vor allem der „Rückschritt" zu MIDI kritisch gesehen (vgl. zum Beispiel Paul 2008; Collins 2009; Farnell 2014).

Neben diesen gängigen Vorgehensweisen entwickeln Komponisten und Sounddesigner beständig weitere kompositorische Konzepte und Ideen sowie ausgefeilte Audioengines und Implementierungstechniken. Berichte, Diskussionen, Interviews oder von Komponisten und Sounddesignern selbst verfasste Artikel finden sich auf Branchenplattformen wie z. B. *Gamasutra* oder in Branchennetzwerken wie der *G.A.N.G.* (Game Audio Network Guild).

5.4   Beispielanalyse: „Wie Filmmusik, aber…" – Musik in *Left 4 Dead*

Der Egoshooter *Left 4 Dead* wurde von Valve Corporation und Turtle Rock Studios entwickelt und am 18. November 2008 auf der Vertriebsplattform Steam erstveröffentlicht. Das Spiel greift das typische Szenario und die Ästhetik von Zombie-Filmen wie *28 Days Later* (2001) oder *Dawn of the Dead* (1978) auf: Auf der Erde hat sich ein tollwutähnliches Virus verbreitet, das Menschen in Zombies verwandelt. Der Spieler kann einen von vier Überlebenden der Zombieapokalypse steuern, den Vietnamveteran Bill, den Biker Francis, die Studentin Zoey oder den IT-Analyst Louis. Ziel ist es, aus den von Zombies überfluteten Arealen zu entkommen und einen bestimmten Saferoom oder Evakuierungspunkt zu erreichen. Auf ihrem Weg werden die Überlebenden beständig von Infizierten angegriffen, derer sie sich gemeinsam erwehren müssen. Neben einfachen, einzelnen Zombies und Zombiehorden, gibt es drei mit besonderen Attacken ausgestattete Zombieklassen (Boomer, Hunter und Smoker) sowie die Bossmonster, das heißt besonders starke Gegner (Witch und Tank).

Das Spiel bietet vier Modi an, Single-Player, Kampagne, Survival und Versus. Der Single-Player ist ein Offlinemodus, bei dem der Spieler einen der vier spielbaren Charaktere steuert und der Computer die anderen drei übernimmt. Das Spiel enthält vier Kampagnen mit mehreren Karten. Zwei weitere Kampagnen wurden nachträglich hinzugefügt. Single- und Kampagnenmodus unterscheiden sich lediglich darin, dass in letzterem bis zu vier Spieler im Co-Op, das heißt gemeinsam, spielen können. Der Survival-Modus wurde im April 2009 ebenfalls nachträglich hinzugefügt. Ziel ist es, die in Wellen angreifenden Zombiehorden möglichst lange lebend zu überstehen. Im Versus-Modus können bis zu acht Spieler an einer Online-Spielsitzung teilnehmen. Diese werden in zwei Teams aufgeteilt: Während die einen die vier Überlebenden steuern, spielt das andere Team die speziellen Zombieklassen. Nach einer Runde wird gewechselt, nach zwei Runden ist eine Spielsitzung vorbei. Die Spielergruppen können untereinander per Voice-Chat kommunizieren.

Die Musikverwendung in *Left 4 Dead* verfolgt einen stark filmisch geprägten Ansatz. Die Hintergrundmusik erklingt nicht durchgehend, sondern besteht aus vereinzelten, oft atonalen, kurz an- und wieder abschwellenden Tonfolgen (zum Beispiel Piano), die die

Stille unterbrechen und eine beständige Atmosphäre der Unsicherheit erzeugen. Vorbild für diese Form der Hintergrundmusikgestaltung sind Konventionen, wie sie sich im Horrorfilm- beziehungsweise im Rahmen des Survival-Horror-Computerspielgenres entwickelt haben. Smoker, Boomer, Hunter, Witch, Horde und Tank sind neben bestimmten Geräuschen jeweils zwei musikalische Kennmotive, eine Form der Leitmotivtechnik, zugeordnet, die erklingen, wenn sie sich in der Nähe befinden (Anwesenheitsmotiv) oder attackieren (Angriffsmotiv). Diese Kennmotive „are mostly orchestral and include clashing piano chords, five-note double-bass melodies, high pitched violin scratching, and overwhelming orchestral blasts" (Roberts 2014, S. 145). Wie der Designer Bill van Buren im Entwicklerkommentar beschreibt, leitet sich die gesamte Musik in *Left 4 Dead* vom Hauptmenüthema ab, sodass sich ein musikalisch einheitlicher Eindruck ergibt:

> This theme […] is an incremental melodic modulation collecting up all the notes used along the way. This scale is not absolute, and some notes outside the scale are used occasionally to achieve even greater dissonance; but by using this singular and very chromatic scale, almost any piece written in it will generally dovetail pretty decently with any other.

Ähnlich wie in Steven Spielbergs Film *Jaws* (1975; vgl. die Beispielanalyse in Keutzer et al. 2014, S. 141–144) werden die Kennmotive mithilfe des dem Spiel vorangestellten knapp fünfminütigen Introfilms gleich zu Beginn semantisch aufgeladen: Die vier Überlebenden treffen in einer von Zombies verseuchten Stadt zunächst auf die Witch, den Smoker, die Horde, den Hunter und schließlich den Tank. Mit knapper Not gelingt es ihnen, all diese Gegner zu bekämpfen und sich auf ein Hausdach zu retten. Auf diese Weise werden dem Spieler diese Zombieklassen, ihre spezifischen Geräusche und Kennmotive sowie die Grundaufgabe des Spiels („Überlebe als Team, erreiche den rettenden Helikopter") vorgeführt. Der Film endet auf dem Hausdach, und das Gameplay beginnt.

Es lässt sich als Zwischenstand festhalten: Die Hintergrundmusik unterstreicht die unheimliche, gespannte Atmosphäre, die Geräusche und Anwesenheitsmotive erhöhen die Spannung, die Angriffsmotive illustrieren den plötzlichen Schrecken der Attacke. Damit wird jene Grundanforderung an Computerspielmusik und –sound erfüllt, die Ekman mit „narrative fit" beschrieben hat.

Kelly Thornton verweist im Entwicklerkommentar bezüglich der Musik jedoch auf einen Umstand, der dem Egoshooter-Genre eigen ist: In Multiplayer-Spielen wie *Call of Duty* (seit 2003) oder der *Battlefield*-Serie (seit 2002) schalten Spieler zugunsten einer besseren Kommunikation mit den Teammitgliedern per Voice-chat die Musik üblicherweise aus beziehungsweise kommt sie sowieso nur in Cutscenes oder Menüs, das heißt zwischen den einzelnen Spielabschnitten, zum Einsatz. Auch in Singleplayer-Egoshootern wird Hintergrundmusik oft ausgeschaltet oder durch eigene Musik ersetzt. Die Entwickler von *Left 4 Dead* wollten dies, so Thornton, jedoch zugunsten der Spielerfahrung vermeiden: „We wanted the music in *Left 4 Dead* to heighten the key emotional elements that should be inherent in a horror game – keeping in mind that everything in a game should contribute to gameplay." Damit ist die zweite Grundanforderung an Computerspielmusik angesprochen, die Ekman als „functional fit" bezeichnet: Zum einen werden dem Spieler durch den Einsatz der Kennmotive gameplayrelevante Informationen übermittelt wie „Achtung, die Zombieklasse X befindet sich in der Nähe" (Anwesenheitsmotive) und „Zombieklasse X hat mich oder einen Mitspieler angegriffen" (Angriffsmotive). Zum anderen hilft diese Form der akustischen Hervorhebung den Spielern bei der Strukturierung der Spielereignisse: „In playtests, people were often confused by certain events and elements in the game. The addition of musical cues helped distinguish these events and diminish player confusion" (Buttram im Entwicklerkommentar). Die Implementierung fügt dem eine weitere Qualität hinzu, wie Komponist Mike Morasky im Entwicklerkommentar ausführt:

> We base the music on what the player is actually experiencing and not what on what we want them to experience. […] We implemented a simple system to examine what's going on in the player's immediate environment, then added the appropriate reactive, scalar rule-sets to control the music and its volume level. Most of the more prominent musical cues are thus ‚reactive' results from rule sets processing this input – making the musical experience specific to each player. This system also controls the dynamic mix system [.]

Dies bedeutet zum Beispiel, dass einige Spieler das Anwesenheitsmotiv eines bestimmten Gegners früher hören als der Rest der Gruppe und diese per Voice-chat vor dem lauernden Gegner oder bevorstehenden Angriff warnen können. Die Musik wird so von einem schlimmstenfalls störenden zu einem die Spielleistung unterstützenden Element: „Players who leave the music on are treated to a variety of subtle audio cues that not only deepen the horror experience, but make them better players" (Thornton im Entwicklerkommentar). Auf diese Weise greifen in *Left 4 Dead* narrative und functional fit der Musik ineinander, um ein sowohl auf ästhetischer als auch auf spielerischer Ebene befriedigendes Gameplayerlebnis zu liefern.

Wie die Beispielanalyse zeigt, würde trotz des stark filmisch geprägten Ansatzes in *Left 4 Dead* eine klassisch filmmusikwissenschaftliche Perspektive zu kurz greifen, da die gameplayrelevante Funktion der Musik unberücksichtigt bliebe. Bei Musikspielen wie dem vorgenannten *Guitar Hero* fällt dieser Aspekt noch viel stärker ins Gewicht, sodass spätestens in solchen Fällen spezifische analytische Herangehensweisen gefunden werden müssen.

Literatur

Aslinger, Ben. 2009. Genre in Genre: The Role of Music in Music Games. http://www.digra.org/dl/db/09287.08382.pdf. Zugegriffen: 19. März 2015.

Austin, Michael, Hrsg. 2016. *Music Video Games: Maestros, Musicians, and Multiplayers*. New York/London: Bloomsbury Academic Press.

Belinkie, Matthew. 1999. *Video Game Music: Not Just Kid Stuff*. VGMusic.com, http://www.vgmusic.com/vgpaper.shtml. Zugegriffen: 28. Juni 2015.

Bessell, David. 2002. *What's That Funny Noise? An Examination of the Role of Music in Cool Borders 2, Alien Trilogy and Medievil 2*. In *Screenplay. Cinema/Videogames/Interfaces*, hrsg. G. King und T. Krzywinska, 136–144. London: Wallflower Press.

Brandon, Alexander. 2005. *Audio for Games: Planning, Process and Production*, Berkeley/CA: NRG.

Bridgett, Rob. 2010. *From the Shadows of Film Sound. Cinematic Production & Creative Process in Video Game Audio. Collected publications 2000–2010*. Im Selbstverlag.

Cheng, William. 2014. *Soundplay. Video Games and the Musical Imagination*. New York: Oxford Univ. Press.

Collins, Karen. 2008a. *Game Sound: An Introduction to the History, Theory, and Practice of Video Game Music and Sound Design*. Cambridge/MA: MIT Press.

Collins, Karen. 2008b. *From Pac-Man to Pop Music: Interactive Audio in Games and New Media*. Aldershot: Ashgate.

Collins, Karen. 2008c. In the Loop: Creativity and Constraint in 8-bit Video Game Audio. *Twentieth Century Music* 4/2: 209–227. doi:10.1017/S1478572208000510.

Collins, Karen. 2008d. Grand Theft Audio? Video Games and Licensed IP. *Music and the Moving Image* 1/1: 15–20.

Collins, Karen. 2009. An Introduction to Procedural Music in Video Games. *Contemporary Music Review*, vol. 28 issue 1: 5–15.

Collins, Karen. 2013. *Playing with Sound: A Theory of Interacting with Sound and Music in Video Games*. Cambridge/MA: MIT Press.

Collins, Karen, Bill Kapralos und Holly Tessler, Hrsg. 2014. *The Oxford Handbook of Interactive Audio*. New York: Oxford Univ. Press.

Collins, Karen. 2014. A History of Handheld and Mobile Video Game Sound. In *The Oxford Handbook of Mobile Music Studies, Vol. 2*, hrsg. S. Gopinath und J. Stanyek, 383–401. New York: Oxford Univ. Press.

Dittbrenner, Nils. 2005. *Soundchip-Musik. Computer- und Videospielmusik von 1977–1994*. Magisterarbeit Universität Lüneburg.

Donnelly, K. J., Williams Gibbons und Neil Lerner, Hrsg. 2014. *Music in Video Games: Studying Play*. New York: Routledge.

Ekman, Inger. 2014. A Cognitive Approach to the Emotional Function of Game Sound. In *The Oxford Handbook of Interactive Audio*, hrsg. K. Collins, B. Kapralos und H. Tessler, 196–212. New York/Oxford: Oxford Univ. Press.

van Elferen, Isabella. 2016. The ALI Model: Towards a Theory of Game Musical Immersion. In *Ludomusicology: Approaches to Video Game Music*, hrsg. M. Kamp, T. Summers und M. Sweeney, 32–52. Sheffield: Equinox.

Farnell, Andy. 2007. An Introduction to Procedural Audio and its Application in Computer Games. http://obiwannabe.co.uk/html/papers/proc-audio/proc-audio.html. Zugegriffen: 29. Juni 2015.

Farnell, Andy. 2014. Procedural Audio. Theory and Practice. In *The Oxford Handbook of Interactive Audio*, hrsg. K. Collins, B. Kapralos und H. Tessler, 167–177. New York: Oxford Univ. Press.

Fritsch, Melanie. 2012. Live Performance Games? Musikalische Bewegung sehen, hören und spielen. In *Bewegungen zwischen Hören und Sehen: Denkbewegungen über Bewegungskünste*, hrsg. S. Schroedter, 609–623. Königshausen & Neumann: Würzburg.

Fritsch, Melanie. 2013. History of Video Game Music. In *Music and Game: Perspectives on a Popular Alliance*, hrsg. P. Moormann, 11–41. Wiesbaden: Springer VS.

Fritsch, Melanie. 2014. Worlds of Music: Strategies for creating music-based experiences in videogames. In *The Oxford Handbook of Interactive Audio*, hrsg. K. Collins, B. Kapralos und H. Tessler, 167–177. New York: Oxford Univ. Press.

Fritsch, Melanie. 2016a. It's a-me Mario! – Playing with Video Game Music. In *Ludomusicology – Approaches to Video Game Music*, hrsg. M. Kamp, T. Summers und M. Sweeney, 92–115. Sheffield: Equinox.

Fritsch, Melanie. 2016b. Beat it! Playing the „King of Pop" in Video Games. In *Music Video Games: Maestros, Musicians, and Multiplayers*, hrsg. M. Austin, 153–176. New York/London: Bloomsbury Academic Press.

van Geelen, Tim. 2008. Realizing Groundbreaking Adaptive Music. In *From Pac-Man to Pop Music. Interactive Audio in Games and New Media*, hrsg. K. Collins, 93–102. Aldershot: Ashgate.

Grimshaw, Mark, Hrsg. 2010. *Game Sound Technology and Player Interaction: Concepts and Developments*. Hershey: IGI Global.

Jenkins, Henry. 2013. *Textual Poachers: Television Fans and Participatory Culture*. Updated Twentieth Anniversary Edition. New York: Routledge.

Jenkins, Henry et al. 2009. *Confronting the Challenges on Participatory Culture: Media Education for the 21st Century*. Cambridge/MA: The MIT Press.

Jørgensen, Kristine. 2009. *A Comprehensive Study of Sound in Computer Games: How Audio Affects Player Action*. Lewiston: Mellen Press.

Kamp, Michiel, Tim Summers und Mark Sweeney, Hrsg. 2016. *Ludomusicology – Approaches to Video Game Music*, Sheffield: Equinox.

Keutzer, Oliver et al. 2014. *Filmanalyse*. Wiesbaden: Springer VS.

Kramer, Jonathan D. 1986. Temporal Linearity and Nonlinearity in Music. In *Time, Science, and Society in China and the West. The Study of Time V*, hrsg. J.T. Fraser et al. 126–137. Amherst: Univ. of Massachussetts Press.

Marks, Aaron. 2009. *The Complete Guide to Game Audio for Composers, Musicians, Sound Designers, and Game Developers*. Amsterdam: Focal Press.

Miller, Kiri. 2009. Schizophonic Performance. Guitar Hero, Rock Band, and Virtual Virtuosity. *Journal of the Society for American Music* Vol. 3, Nr. 4, 395–429. doi:10.1017/S1752196309990666

Miller, Kiri. 2012. *Playing Along: Digital Games, YouTube, and Virtual Performance*. Oxford: Oxford Univ.Press.

Moormann, Peter, Hrsg. 2013. *Music and Game: Perspectives on a Popular Alliance*. Wiesbaden: Springer VS.

Moseley, Roger. 2013. Playing Games with Music (and Vice Versa): Ludomusicological Perspectives on Guitar Hero and Rock Band. In *Taking It to the Bridge: Music as Performance*, hrsg. N. Cook und R. Pettengill, 279–318. Ann Arbor: Univ. of Michigan Press.

Murray, Janet H. 1997. *Hamlet on the Holodeck: The Future of Narrative in Cyberspace*. New York: The Free Press.

Ossola, Alexandra. 2015. Guitar Hero-style Videogame Helps Stroke Victims Recover. http://www.popsci.com/musicglove-helps-stroke-victims-regain-use-their-hands. Zugegriffen: 25. Juni 2015.

Pasdzierny, Matthias. 2013. Geeks on Stage? Investigations in the World of (Live) Chipmusic. In *Music and Game: Perspectives on a Popular Alliance*, hrsg. P. Moormann, 171–190. Würzburg: Springer VS.

Paul, Leonard J. 2008. An Introduction to Granular Synthesis in Video Games. In *Pac-Man to Pop Music. Interactive Audio in Games and New Media*, hrsg. K. Collins, 135–149. Aldershot: Ashgate.

Paul, Leonard J. 2013. Droppin' Science: Video Game Audio Breakdown. In *Music and Game: Perspectives on a Popular Alliance*, hrsg. P. Moormann, 63–80. Würzburg: Springer VS.

Paul, Leonard J. 2014. For the Love of Chiptune. In *The Oxford Handbook of Interactive Audio*, hrsg. K. Collins, B. Kapralos und H. Tessler, 507–530. New York: Oxford Univ. Press.

Phillips, Winifred. 2014. *A Composer's Guide to Game Music*. Cambridge/MA: The MIT Press.

Roberts, Rebecca. 2014. Fear of the Unknown: Music and Sound Design in Psychological Horror Games. In *Music in Video Games: Studying Play*, hrsg. K. J. Donnelly, W. Gibbons und N. Lerner, 138–150. New York: Routledge.

Roesner, David. 2011. The Guitar Hero's Performance. In *Contemporary Theatre Review* 21/3: 276–285.

Schartmann, Andrew. 2015. *Koji Kondo's Super Mario Bros. Soundtrack*. New York/London: Bloomsbury Academic Press.

Strötgen, Stefan. 2013. P(l)aying Music and Games. In *Music and Game: Perspectives on a Popular Alliance,* hrsg. P. Moormann, 191–214. Würzburg: Springer VS.

Stevens, Richard und Dave Raybould. 2011. *The Game Audio Tutorial: A Practical Guide for Interactive Games*. London: Focal Press.

Summers, Tim. 2011. Playing the Tune: Video Game Music, Gamers, and Genre. In Musik spielen - Computerspiele und Musik. *ACT – Zeitschrift für Musik und Performance* Heft 2, hrsg. M. Fritsch. http://www.act.uni-bayreuth.de/de/archiv/2011-02/02_Summers_Playing_the_Tune/. Zugegriffen: 25. Juni 2015.

Summers, Tim. 2016. *Understanding Video Game Music*. Cambridge/MA: Cambridge Univ. Press.

Süß, Gunter. 2006. *Sound Subjects. Zur Rolle des Tons in Film und Computerspiel*. Trier: WVT.

Tessler, Holly. 2008. The New MTV? Electronic Arts and ‚Playing‘ Music. In *From Pac-Man to Pop Music. Interactive Audio in Games and New Media*, hrsg. K. Collins, 13–25. Aldershot: Ashgate.

Whalen, Zach. 2007. Case Study: Film Music vs. Video-Game Music: The Case of Silent Hill. In *Jamie Sexton* (hrsg.), Music, Sound and Multimedia: From the Live to the Virtual, S. 68–81. Edinburgh: Edinburgh University Press.

Weiterführende Literatur

Collins, Karen. 2005. From Bits to Hits: Video Games Music Changes its Tune. *Film International*, 12: 4–19.

Douglas, Aaron. 2002. Sound of Music: The Form, Function, and History in Video Games. http://www.stanford.edu/group/htgg/cgi-bin/drupal/?q=node/493. Zugegriffen: 25. Juni 2015.

Den Entwicklerkommentar zu *Left 4 Dead* können sich Spieler im Spielmodus „Developer Commentary" während des Spielens der Kampagne *No Mercy* anhören, eine Transkription der Kommentare findet sich online unter: http://left4dead.wikia.com/wiki/Developer_Commentary_%28Left_4_Dead%29. Zugegriffen: 28. Juni 2015.

Eine ausführliche Biographie zum Thema findet sich unter: https://www.sssmg.org/wp/bibliography/. Zugegriffen: 12. September 2017.

van Elferen, Isabella. 2014. Ludomusicology and The New Drastic. http://www.academia.edu/10373287/Ludomusicology_and_The_New_Drastic. Zugegriffen: 25. Juni 2015.

Fritsch, Melanie, Hrsg. 2011. Musik spielen – Computerspiele und Musik. *ACT – Zeitschrift für Musik und Performance* Heft 2. http://www.act.uni-bayreuth.de/de/archiv/2011-02/index.html. Zugeriffen: 25. Juni 2015.

Nick Dwyers Dokumentation *Diggin' in the Carts* (2014) findet sich unter: http://daily.redbullmusicacademy.com/2014/10/diggin-in-the-carts-series. Zugegriffen: 20. September 2016.

Über den Autor

Melanie Fritsch M.A. hat Theaterwissenschaft, Neuere Deutsche Literatur und Musikwissenschaft in Berlin und Rom studiert. Anschließend war sie als Wissenschaftliche Mitarbeiterin am Forschungsinstitut für Musiktheater der Universität Bayreuth in Forschung und Lehre tätig und schreibt ihre Dissertation mit dem Titel *Performing Bytes. Musikperformances der Computerspielkultur.*

Sie ist Mitglied der *Ludomusicology Study Group* (www.ludomusicology.org), Mitbegründerin und Vorstandsmitglied der *Society for the Study of Sound and Music in Games* (www.sssmg.org) und im Organisationsteam des *researching games BarCamp* aktiv (researchinggames.net). Ihre weiteren Forschungsschwerpunkte neben der Ludomusicology sind u. a. Virtuelle Welten, Tanzgeschichte und Liveness. Mehr Info: http://uni-bayreuth.academia.edu/MelanieFritsch.

Figur

6

Felix Schröter

Die Geschichte des Videospiels ließe sich auch als eine Geschichte der populären Figuren schreiben, die sie hervorgebracht hat. So haben Titel wie *Super Mario Bros.* (1985), *The Legend of Zelda* (1986), *Tomb Raider* (1996) oder, weniger historisch, *Uncharted: Drake's Fortune* (2007), *Heavy Rain* (2010) und *The Last of Us* (2013) nicht zuletzt wegen ihrer Figuren kanonischen Status erlangt – Figuren, die gleichzeitig als millionenschwere Marken in transmedialen Verwertungszusammenhängen dienen. Zwar kommen viele Spiele völlig ohne Figuren aus – man denke nur an Mobile Games wie *Candy Crush* (2012) oder Fahrzeug- und Gefechtssimulationen wie *Gran Turismo* (2013) und *World of Tanks* (2010) –, und einige von ihnen sind weit davon entfernt, klassische Definitionen der Figur als ein „wiedererkennbares fiktives Wesen mit einem Innenleben" (Eder 2008, S. 64) zu erfüllen, wie etwa die austauschbaren Avatare in Multiplayer-Shootern wie *Call of Duty: Ghosts* (2013) oder die nicht minder austauschbaren Einheiten in Strategiespielen wie *Starcraft II* (2010). Doch nach wie vor ist die überwiegende Mehrzahl zeitgenössischer (narrativer) Videospiele ganz wesentlich um Figuren herum organisiert.

Dies hat verschiedene Gründe: Zum einen bietet der häufig menschliche (oder zumindest: anthropomorphe) *player character* als Schnittstelle der Interaktion des Spielers mit der Spielwelt den Vorteil, dass er die abstrakte Regellogik des Spiels auf äußerst effiziente Weise fiktionalisiert: Spielmechaniken werden zu konkreten Handlungen (‚laufen', ‚schießen', ‚springen'), ludische Eigenschaften zu körperlichen oder charakterlichen Merkmalen (‚Gesundheit', ‚Ausdauer', ‚Charisma') und Spielziele zu persönlichen Zielen fiktiver Wesen (‚die Welt retten', ‚Rache üben', ‚überleben'). Unsere Kenntnis über

F. Schröter (✉)
Hamburg, Deutschland
E-Mail: felixschroeter@freenet.de

die körperlichen, psychischen und sozialen Eigenschaften realer Personen wird so zum intuitiven Erklärmodell für die weitgehend abstrakten und unzugänglichen Regelzusammenhänge des Spiels (vgl. Schrape 2012, S. 81). Zum anderen ermöglicht die Fiktionalisierung von Spiellogiken als Figuren zusätzliche Formen emotionaler Anteilnahme am Spielgeschehen: Während eine Partie *Candy Crush* durchaus spielbezogene Emotionen wie Triumph oder Enttäuschung über Sieg oder Niederlage auszulösen vermag, erlauben Videospielfiguren ungleich komplexere Formen emotionaler Nähe und Distanz, die von empathischem Mitfühlen und identifikatorischer Perspektivenübernahme bis hin zu moralischen oder ästhetischen Urteilen reichen kann (vgl. die Beiträge in Perron und Schröter 2016).

Klassische Figurendefinitionen und Videospielfiguren

Obwohl in der literatur- und medienwissenschaftlichen Figurenforschung Uneinigkeit über die Definition von Figuren besteht, lassen sich doch wiederkehrende Kriterien identifizieren. Hierzu zählen etwa

- ihre *Fiktivität* (Figuren sind Elemente fiktiver Welten und basieren auf fiktionalen Textäußerungen),
- ihre *Wiedererkennbarkeit* (Figuren heben sich dadurch von bloßen ‚Statisten‘ ab, dass sie identifizierbare Alleinstellungsmerkmale haben, etwa einen Namen oder eine herausgehobene dramaturgische Funktion), und
- ihre *Fähigkeit zu mentaler Intentionalität* (also die Fähigkeit, sich mit dem Bewusstsein auf Objekte zu beziehen, zum Beispiel etwas zu glauben, zu fühlen oder zu wollen).

Alle drei Aspekte werden durch die spezifische Medialität des Videospiels verkompliziert: Figuren sind hier nicht nur fiktive Wesen, sondern ebenfalls Elemente der Spielmechanik und Repräsentationen von Spielerinnen und Spielern; sie treten häufig als anonyme Gruppenfiguren oder Figurentypen in großer Zahl auf (etwa Einheiten in Echtzeitstrategiespielen oder Gegner in First-Person-Shootern); und man mag ihnen nur bedingt Intentionalität zuschreiben, etwa wenn sie im Fall des *player character* vom Spieler oder im Fall des *non-player character* von einer teilweise sehr vorhersagbaren Künstlichen Intelligenz gesteuert werden. Trotz dieser Einschränkungen werden jedoch die meisten Figuren in irgendeiner Form fiktionalisiert und mit einem Hintergrund ausgestattet, der ihnen Intentionalität in Form von Wünschen oder Gefühlen zuschreibt. Auch lassen sich selbst in generischen First-Person-Shootern zumindest wiedererkennbare *Figurentypen* ausmachen, selbst wenn die einzelne Figur kaum herausgehobene Eigenschaften aufweist. Videospielfiguren bewegen sich damit auf einem Kontinuum der ‚Figurenhaftigkeit‘, das von geringer bis zu hoher Wiedererkennbarkeit sowie von schwacher bis zu starker (wahrgenommener) Fähigkeit zur Intentionalität reicht. **Zum Weiterlesen:** Jens Eder (2008), *Die Figur im Film;* Felix Schröter und Jan-Noël Thon (2014): „Game Characters. Theory and Analysis".

Die Wahl des Begriffes ‚Figur' betont damit tendenziell die narrative Dimension von Videospielfiguren. Dennoch ist es keineswegs selbstverständlich, Lara Croft in *Tomb Raider* oder Nathan Drake in *Uncharted* unter den Vorzeichen klassischer Figurentheorie zu beschreiben. So konkurriert das Konzept der Figur als „Erzählfigur" (Sorg 2010, S. 343) mit mindestens zwei weiteren: der Analyse von Figuren als *Spielfiguren,* also als „ludische Funktionsstellen des performativen Handlungsgeschehens" (Sorg 2010, S. 343), und ihre Untersuchung als Avatare, also als *Repräsentationen von Spielerinnen und Spielern* im virtuellen Raum des Spiels (→ Beitrag Avatar). Im Folgenden soll jedoch vor allem der erste Aspekt im Zentrum stehen und damit die Frage, mithilfe welcher *Figurentheorien* sich Videospielfiguren beschreiben lassen, welche Kriterien die *Figurenanalyse* im Videospiel leiten können, wie sich *Figurenrezeption* untersuchen lässt und wie Praktiken des Game Design sich in konkreten *Figurenkonzeptionen* niederschlagen.

6.1 Figurentheorien

Figuren sind seit Jahrhunderten Gegenstand wissenschaftlicher Betrachtung, zunächst in Form präskriptiver Poetiken dramatischer oder literarischer Figuren, später zunehmend auch als deskriptive Figurentheorien. Heute existiert eine Vielzahl unterschiedlicher theoretischer Zugänge zu Figuren, die sich grob in vier Gruppen einordnen lassen (vgl. Eder et al. 2010, S. 5): *Hermeneutische Theorien* untersuchen Figuren vor allem als mediale Repräsentationen menschlicher Wesen und betonen die Notwendigkeit, den historischen und kulturellen Kontext der Figuren und ihrer Urheber zu berücksichtigen. *Psychoanalytische Theorien* erklären die Psyche sowohl der Figuren als auch ihrer Erschaffer und Rezipienten durch Bezug auf unbewusste Begehrens- und Abwehrstrukturen, die sich in den Figurendarstellungen manifestieren. *Strukturalistische und semiotische Ansätze* dagegen betonen die Unterschiede zwischen Figuren und realen Menschen, indem sie sich auf ihre textuelle Konstruktion und dramaturgische Funktion konzentrieren. *Kognitive Theorien* schließlich beschäftigen sich mit der Modellierung kognitiver und emotionaler Prozesse der Figurenrezeption und der Art, wie unterschiedliche Medien diese durch spezifische Darstellungsstrategien adressieren.

Alle vier Perspektiven lassen sich auch in der Forschung zu Videospielfiguren wiederfinden: Während hermeneutische und psychoanalytische Theorien etwas an Popularität eingebüßt haben (zu den Ausnahmen zählen etwa Rehak 2003; Rusch 2009;

Petry und Petry 2012), erfreuen sich insbesondere strukturalistisch-semiotische Ansätze in den interdisziplinären Game Studies besonderer Beliebtheit. Dies mag zum einen an ihrer engen Verwandtschaft mit ‚narratologischen' Ansätzen liegen, die vor allem in den Entstehungsjahren der Game Studies eine wichtige Rolle spielten (vgl. Murray 1997; Neitzel 2000; → Beitrag Story). Zum anderen erwiesen sich die formalen Modelle des ‚Strukturalismus' als besonders anschlussfähig für ‚ludologische' Herangehensweisen, die sich auf die funktionale Regellogik von Figuren beziehen (vgl. Newman 2002; Perlin 2004; → Beitrag Spielmechanik). Auch kognitive Figurentheorien werden zunehmend für die Beschreibung von Figurenrezeption und die Analyse ihrer videospielspezifischen Darstellung nutzbar gemacht (vgl. Wilhelmsson 2001; Frome 2006; Schröter und Thon 2014).

Jenseits dieser eher geisteswissenschaftlich orientierten Ansätze werden Videospiel-figuren ebenfalls aus kommunikationswissenschaftlicher Perspektive untersucht, etwa in Hinblick auf Prozesse parasozialer Interaktion (Hartmann et al. 2001; Chung et al. 2007; Jin und Park 2009) oder Identifikation (Hefner et al. 2007; Klimmt et al. 2009) sowie die Repräsentation von Gender oder virtueller Gewalt (Glaubke et al. 2001; Jansz und Martis 2003; Smith et al. 2003; Lachlan et al. 2005). Ansätze im Bereich der Human-Compu-ter-Interaction dagegen untersuchen Aspekte der Avatar-Spieler-Bindung in Hinblick auf Präsenzerleben (McMahan 2003), Embodiment (Klevjer 2006; Gregersen 2008; Collins 2013) oder Avatar-vermittelte Kommunikation (Bente et al. 2008; Nowak 2015). Für den folgenden Überblick über die Bereiche der Figurenanalyse, -rezeption und -konzeption wird jedoch vor allem auf die zuvor genannten geisteswissenschaftlichen Ansätze der Figurenforschung zurückgegriffen.

6.2   Figurenanalyse

Die Kategorien einer medienwissenschaftlich orientierten Figurenanalyse sind in erster Linie an der jeweiligen Fragestellung und dem mit ihr verbundenen Erkenntnisinteresse ausgerichtet. Die Untersuchung religiöser Motive in der Figurenkonzeption von *Bioshock Infinite* (2013) etwa erfordert andere Instrumente als die Analyse der Adaption transmedialer Figuren in *LEGO The Lord of the Rings* oder der Inszenierung ‚monst-röser' Figurenkörper im Survival Horror-Spiel *Dead Space 3* (2013). Die erste Frage betrifft Aspekte der *Figur selbst* sowie die mit ihr verknüpften kulturellen Deutungen und legt eine hermeneutische Herangehensweise nahe; die zweite Frage fokussiert medienspezifische Aspekte der Figuren*darstellung* und ließe sich beispielsweise unter den strukturalistisch-semiotischen Vorzeichen transmedialer Narratologie beantworten; die dritte Frage legt ein Interesse an Aspekten der Figuren*rezeption* nahe und könnte beispielsweise mithilfe psychoanalytischer oder kognitiver Figurentheorien bearbeitet werden. Die im Folgenden vorgeschlagenen Analysekategorien sind daher nicht als ein starres Schema zu verstehen, sondern als eine flexible Heuristik, die in der Abfolge und

Gewichtung der Analysebereiche der entsprechenden Fragestellung und theoretischen Perspektive angepasst werden muss.

Ein scheinbar triviales, aber sehr wesentliches Merkmal von Videospielfiguren besteht zunächst darin, dass sie in zwei Formen auftreten: als vom Spieler gesteuerte *player characters* einerseits und vom Algorithmus des Spiels gesteuerte *non-player characters* (NPCs) andererseits. Während sich diese Unterscheidung an der narrativen ‚Oberfläche‘ des Spiels vor allem im Grad der Komplexität der Figuren und ihrer relativen Bedeutung und Funktion für dessen Handlung bemerkbar macht, erweist sie sich für das Spielerleben und die spielbezogenen Aspekte der Figur als umso grundlegender, wie der folgende Durchgang durch die wichtigsten Analysebereiche von Videospielfiguren zeigen wird.

Unabhängig von der Frage, wer die Figur steuert, lassen sich Videospielfiguren nicht nur als fiktive Wesen analysieren, sondern ebenfalls als Elemente der Spielmechanik (Spielfiguren) und – im Multiplayerspiel – als soziale Repräsentationen von Spielerinnen und Spielern. Als *fiktive Wesen* weisen sie körperliche, psychische und soziale Eigenschaften auf, die entweder stabil (Körpergröße, mentale Fähigkeiten, sozialer Status) oder flüchtig (Bewegungen, mentale Erlebnisse, Interaktionen mit anderen Figuren) sein können (vgl. Eder 2008, S. 176 f.). Analysiert man Figuren als *Spielfiguren* rücken ihre ludischen Eigenschaften in den Blick: So lassen sich die Interaktionsmöglichkeiten des Spielers mit den Figuren beschreiben, deren spielmechanische Fähigkeiten (zum Beispiel Bewegung, Angriff oder Objektmanipulation) und ludische Eigenschaften (zum Beispiel ‚Gesundheit‘ oder ‚Geschwindigkeit‘) sowie die Spielziele, die um die Figur herum organisiert sind (vgl. Schröter und Thon 2014, S. 49). Schließlich kann sich die Analyse auf die Eigenschaften der Figur als *Repräsentation von Spielerinnen und Spielern* im sozialen Raum des Spiels konzentrieren und damit auf die verschiedenen Formen sozialer Interaktion und Kommunikation, die durch die Figur ermöglicht und strukturiert werden. Zu den in diesem Sinne ‚sozialen‘ Eigenschaften der Figur zählen solche, die – etwa durch geskriptete ‚Emotes‘ und Gesten – die Kommunikation und soziale Interaktion der Spielerinnen und Spieler vorstrukturieren oder über das Spiel hinaus auf deren sozialen Kontext verweisen, beispielsweise durch die Markierung von Spielerfolgen an Hand bestimmter Namenszusätze in *World of Warcraft* (2004) oder Kopfbedeckungen in *Team Fortress 2* (2007).

Während es hilfreich sein kann, die drei skizzierten Dimensionen analytisch voneinander zu trennen, muss dennoch betont werden, dass sie eng miteinander verbunden sind: Ein einziges Merkmal kann gleichzeitig auffälliger Bestandteil der Figur als fiktives Wesen sein, wichtige ludische Funktionen haben und Bedeutung für den sozialen Kontext des Spiels. Insbesondere in der Gestaltung von NPCs verdichten sich Figureneigenschaften ‚quer‘ zu den drei Bereichen zu medien- oder genrespezifischen Figurenkonzeptionen: Körperliche Eigenschaften erlauben Rückschlüsse auf stabile Charakterzüge (vgl. Isbister 2006, S. 24–40), die klaren Ziele und konfliktorientierten Handlungen der Figuren korrespondieren mit den häufig konfliktbetonten Spielzielen (vgl. Eder und Thon 2012, S. 159) und sozial ‚repräsentative‘ Gegenstände oder Attribute gehen typischerweise entweder mit einem sehr hohem Spielwert oder einem reinen Schauwert einher (vgl. Moore 2011). Darüber hinaus gilt für viele spielergesteuerte Figuren – insbesondere in Rollenspielen wie *The Elder Scrolls V: Skyrim* (2011) oder Simulationen wie *The Sims 4* (2014) –, dass sowohl ihre Eigenschaften als fiktive Wesen als auch ihre spielmechanischen Fähigkeiten in hohem Maße konfigurierbar sind und auch ihre narrative Entwicklung durch die non-lineare Erzählstruktur dieser Spiele verschiedene Wege gehen kann. Das Ziel der Figurenanalyse kann es in solchen Fällen sein, die Dimensionen und ihre Freiheitsgrade zu beschreiben, entlang derer Figuren vom Spieler gestaltet werden können, sowie jene Figureneigenschaften zu identifizieren, die intersubjektiv stabil sind (vgl. dazu Fizek 2012; Schröter und Thon 2014).

Neben der Analyse der Figuren selbst, ist die Analyse der Mittel und Verfahren der *Figurendarstellung* für viele Fragestellungen zentral. Hierzu zählen beispielsweise ihre produktionstechnischen Verfahren (etwa Rendering und Animation), mediale Kontexte (etwa Genrebezüge und intermediale Verweise) sowie die audiovisuellen Darstellungsregeln (etwa Grafik und Interface) des Spiels. Zwar können hier – vor allem im Falle von Cutscenes – filmische Parameter wie Mise-en-scène, ‚Kamera' und Montage ebenfalls Gegenstand der Analyse werden, doch im eigentlichen Spielgeschehen verlieren diese Kategorien an Bedeutung. Stattdessen rücken Aspekte wie die Positionierung von Figuren im Raum, die Perspektive auf sie und ihre Rahmung durch Interfaces (➜ Beitrag Interface) in den Vordergrund (vgl. Neitzel 2007; Thon 2009). Insbesondere auch das Sound Design ist ein wichtiges Darstellungsmittel und kann zur Charakterisierung von Figuren eingesetzt werden, Feindkontakt signalisieren oder leitmotivische Funktion haben (vgl. Jørgensen 2009; Collins 2013).

Abgesehen von konkreten Darstellungsmitteln lassen sich allgemeiner die Strukturen figurenbezogener Informationsvermittlung untersuchen und damit insbesondere die Frage, wie figurenbezogene Informationen im Spielverlauf verteilt sind (vgl. für den Film Eder 2008, S. 358 ff.). Dies betrifft vor allem die Platzierung von Cutscenes und geskripteten Ereignissen, doch auch Tagebücher oder Level-verbindende Zwischentexte werden hierfür eingesetzt (vgl. Newman 2002). Tutorials sind ein weiteres Mittel der Strukturierung figurenbezogener Informationsvermittlung – hier stehen jedoch nicht nur narrative, sondern häufig auch spielmechanische Aspekte im Vordergrund. Spielmechanische Fähigkeiten und ludische Eigenschaften von Figuren werden darüber hinaus durch Interface-Elemente wie Lebenspunkte-Anzeigen, ein Inventar, Minimaps oder Questlogs vermittelt, die Aufschluss über die Verfassung und Ausrüstung der Spielfigur, ihren Standort und die aktuellen Spielziele geben. Andere Formen der Informationsvermittlung umfassen in die Spielwelt integrierte Informationsträger (Notizzettel, Handbücher), Hinweise durch NPCs, die Hervorhebung von Objekten mit spielmechanischen Funktionen (etwa durch Audio- oder Lichteffekte) oder explizite Rückmeldungen des Spiels wie „Das funktioniert nicht" oder „Vielleicht hilft ein Brecheisen hier weiter". Je nach Fragestellung erschöpft sich die Figurenanalyse jedoch nicht in der reinen Beschreibung der skizzierten Eigenschaftsbereiche von *player characters* und *non-player characters* (Abb. 6.1), sondern fragt ebenfalls danach, wie Figureneigenschaften von Spielerinnen und Spielern wahrgenommen werden.

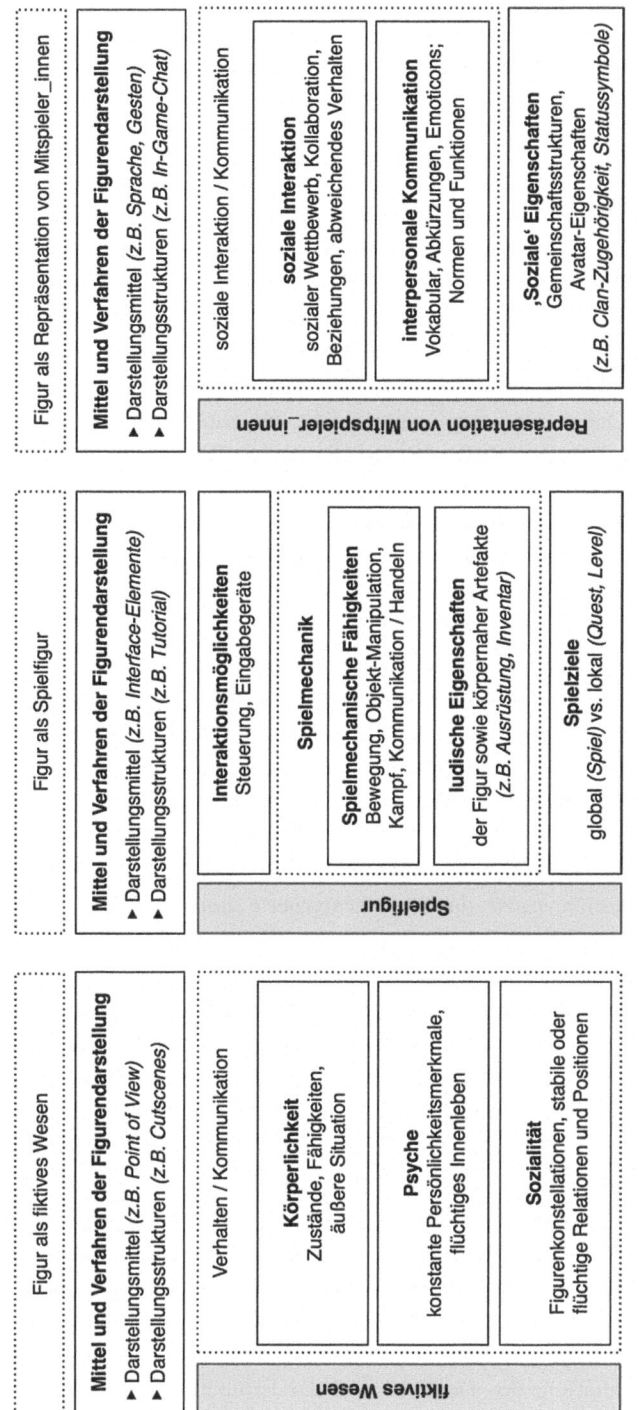

Abb. 6.1 Ebenen der Figurenanalyse. Grafik des Verfassers zu seinem Modell der Figurenanalyse

6.3   Figurenrezeption

Figuren tragen wesentlich zur Spielerfahrung bei und können eine Vielzahl unterschiedlicher Rezeptionsprozesse auslösen: von parasozialer Interaktion über Identifikation und
körperliches Präsenzerleben bis hin zu komplexen Emotionen wie Triumph, Mitleid oder
Scham. Welche Reaktionen bei Spielerinnen und Spielern in welchem Ausmaß ausgelöst werden, hängt dabei vor allem davon ab, auf welche Weise diese in das Spiel ‚involviert' sind (→ Beitrag Involvierung). Während die Aufmerksamkeitsverschiebung des
Spielers auf verschiedene Aspekte eines Videospiels mit konkurrierenden Konzepten
und Begriffen (wie Involvierung, Engagement oder Immersion) beschrieben wurde, stellt
die Annahme eines *narrativen,* eines *ludischen* und eines *sozialen Rezeptionsmodus'*
so etwas wie einen Minimalkonsens der Forschung dar (vgl. Fahlenbrach und Schröter
2015, S. 171 ff.). Dabei wird, grob vereinfacht, angenommen, dass Spielerinnen und
Spieler ihre Aufmerksamkeit entweder auf die fiktive Welt des Spiels, das spielerische
Handeln selbst oder dessen sozialen Kontext richten (vgl. etwa Salen und Zimmerman
2004, S. 454; Thon 2008; Calleja 2011). So lässt sich erklären, warum Figuren einerseits
als Repräsentationen fiktiver Wesen wahrgenommen werden, von denen der Spieler leb-
hafte Vorstellungen entwickelt und so in emotionale Nähe- und Distanzverhältnisse tritt,
und andererseits als ludische Konstrukte, die durch Regeln und Variablen definiert und
ein reines Werkzeug in den Händen des Spielers sind – sei es zur Interaktion mit dem
Spielsystem oder zur Kommunikation mit Mitspielern. Die drei Modi sind dabei nicht
unabhängig voneinander, sondern gehen ineinander über und beeinflussen sich gegenseitig. Dies soll im Folgenden kurz skizziert werden, indem relevante Prozesse der Figurenrezeption in verschiedenen Bereichen der Wahrnehmung (Perzeption, Kognition und
Emotion) unterschieden werden.

Perzeption ist der Bereich vorkonzeptueller und weitgehend vorbewusster Wahrnehmung, der gekennzeichnet ist durch sinnesbasierte und neuronale Reizverarbeitung,
sowie durch gestalthafte Prozesse der Bedeutungsbildung (vgl. Fahlenbrach 2010, S. 49).
So werden Figuren vorbewusst an Hand von Basiskategorien der sozialen Personenwahr-
nehmung erfasst und affektiv bewertet. Hierbei spielen Gestaltqualitäten wie Größe,
Farbe und Form eine Rolle, aber auch Aspekte der Körperhaltung, der Mimik oder des
Bewegungsverhaltens (vgl. Isbister 2006, S. 24–40). Dies wird besonders in schnellen Multiplayerspielen ausgenutzt, um spielbezogene Informationen zu vermitteln: So
dienen die unterschiedlichen Bewegungsprofile der Einheiten in *Starcraft II: Wings of
Liberty* (2010) auch ihrer schnellen Identifizierung auf unübersichtlichen Schlachtfel-
dern (vgl. Solarski 2012, S. 175), und die Figurenmodelle der Klassen in *Team Fortress
2* wurden bewusst aus ihren sehr markant gestalteten Silhouetten heraus entwickelt, um
eine intuitive Zuordnung zu bestimmten Figurenklassen im Spielgeschehen zu ermöglichen (vgl. Moore 2011).

Kognitive Prozesse der Figurenrezeption umfassen die Bereiche des Bewusstseins,
der Wissensrepräsentation, des Denkens und der Erinnerung. Spielerinnen und Spieler

bauen während des Spiels Wissen über Figuren auf und stellen sie in Bezug zu narrativen Ereignissen, Figurenkonstellationen und Konflikten (narrativer Rezeptionsmodus), Regeln und Spielzielen (ludischer Rezeptionsmodus) und zum sozialen Kontext des Spiels (sozialer Rezeptionsmodus). Gerade in Bezug auf Figuren als fiktive Wesen greifen sie dabei sowohl auf realweltliches Wissen zurück als auch auf das Wissen um transmedial etablierte Genre-Stereotype (vgl. Rauscher 2012) oder mediale Logiken des Videospiels – wie etwa das Wiedererscheinen des verstorbenen *player character* an einem Checkpoint oder das ‚Respawnen‘ besiegter Gegner in vielen Rollenspielen (vgl. Schröter und Thon 2013, S. 131). Eine wichtige Voraussetzung für emotionale Anteilnahme am Schicksal der Figuren ist außerdem, dass Spielerinnen und Spieler Vorstellungen von möglichen Ausgängen aktueller Spielhandlungen entwickeln. Anders als in nicht-interaktiven Medien sind diese jedoch nicht nur von der mehr oder weniger linear gestalteten ‚Designer-Geschichte‘ abhängig (vgl. Thon 2007, S. 41), sondern auch in starkem Maße von den Entscheidungen des Spielers. Daher ist in Spielen mit verzweigten Handlungssträngen wie *Skyrim* oder *Heavy Rain* eine wesentliche Funktion narrativer Hypothesenbildung nicht allein die Antizipation möglicher Handlungsverläufe, sondern ebenfalls ihre Bewertung auf Basis persönlicher Präferenzen und ein aktives Einwirken auf den Fortgang der Ereignisse (vgl. Fahlenbrach und Schröter 2015, S. 179). Dies bleibt nicht ohne Folgen für die möglichen Formen emotionaler Anteilnahme an Videospielfiguren.

Emotion umfasst den Bereich affektiver Erfahrung, der durch kognitive und perzeptive Prozesse gleichermaßen strukturiert wird (vgl. Fahlenbrach 2010, S. 49), und stellt wohl das voraussetzungsreichste Feld figurenbezogener Forschung dar. Es umfasst Fragen wie: Wie und warum identifizieren wir uns mit Videospielfiguren? Welchen Einfluss haben sie auf spielbezogene Emotionen wie Freude oder Enttäuschung? Oder: Welche Wirkungen haben ‚problematische‘ Figurendarstellungen (etwa von virtueller Gewalt)? Ohne im Detail auf die verschiedenen interdisziplinären Ansätze zur Beantwortung dieser Fragen einzugehen (vgl. Abschn. 3.1), sei hier vor allem darauf verwiesen, dass sich auch emotionale Reaktionen auf Videospielfiguren grob in drei Formen unterscheiden lassen: narrative, ludische und soziale Emotionen.

Ähnlich wie Literatur, Comics oder Filme können auch Computerspiele durch ihre Dramaturgie *narrative Emotionen* bei Spielern evozieren, die im engeren Sinne auf die Spielwelt bezogen sind. Die emotionale Anteilnahme an den Zielen, Wünschen und Gefühlen von Figuren bewegt sich dabei auf einem Spektrum zwischen distanzierter Bewertung (etwa der Ärger über das rücksichtslose Verhalten des Antagonisten) und einfühlender Perspektivenübernahmen (etwa der empathische Nachvollzug des Gefühlslebens des Protagonisten). Einen wesentlichen Unterschied zwischen der Rezeption von *player characters* und *non-player characters* markiert dabei die Art und Weise, wie diese Perspektivenübernahme ermöglicht wird: So beruht der ‚Kurzschluss‘ von Figuren- und Spielerzielen im Falle des *player character* statt auf imaginativer Nähe meist auf der Übernahme von regelbasierten Spielzielen (vgl. Järvinen 2008, S. 270). Entsprechend basieren auftretende Formen von Identifikation hier seltener auf empathischem Mitfühlen als auf der Übernahme einer aktiven Handlungsrolle sowie einer audiovisuellen oder ideologischen Figurenperspektive (vgl. Klimmt et al. 2009; Schröter und Thon 2013, S. 134). Gleichzeitig steht die Möglichkeit, das Schicksal der Figuren aktiv mitzubestimmen, tendenziell der Entstehung ‚passiver‘ Emotionen wie Trauer entgegen (vgl. Frome 2006, S. 268 ff.).

Demgegenüber entstehen *ludische Emotionen* durch das eigene Handeln der Spieler im Spiel und die Auseinandersetzung mit dessen Regelsystem (vgl. dazu Perron 2005; Frome 2006; Fahlenbrach und Schröter 2015). Sie sind verbunden mit dem Erlernen, Anwenden und Beherrschen von Spielregeln sowie mit genrespezifischen Herausforderungen und den darauf bezogenen eigenen Fähigkeiten. Typische ludische Emotionen umfassen Neugier (etwa beim Erkunden von Spielräumen), Sorge (etwa um das Wohl zu schützender NPCs), Angst (etwa vor den Gegnern in einem Survival-Horror-Spiel) oder Frustration (etwa beim wiederholten Scheitern an einer Spielherausforderung). Wie die Beispiele zeigen, beruhen ludische Emotionen aber nicht *nur* auf der Einschätzung der eigenen Fähigkeiten, sondern auch auf der Bewertung von Figureneigenschaften: So kann die Sorge, vor einem mächtigen Endgegner zu versagen, sowohl eine Folge der Bewertung des eigenen Unvermögens sein als auch eine Einschätzung der schlechten Ausrüstung des *player character* (vgl. Perron 2016).

Schließlich lassen sich als *soziale Emotionen* solche Reaktionen beschreiben, die sich auf die Einschätzung von Figuren als Repräsentationen der Spielerinnen und Spieler im sozialen Raum eines Multiplayerspiels beziehen. Im Rahmen sozialer Vergleichsprozesse werden die Performance von Mitspielern, ihre Ausrüstung oder ihr Status innerhalb der Spieler-Community Gegenstand emotionaler Bewertung. Beispiele sind der Triumph über einen hartnäckigen Gegner im ‚Death Match‘-Modus eines First-Person Shooters oder der Ärger über die unterlassene Hilfeleistung eines Verbündeten (vgl. Fahlenbrach und Schröter 2015, S. 186).

Zusammengefasst: Die Annahme verschiedener Rezeptionsmodi im Videospiel lässt differenzierte Aussagen über die Rezeption von Videospielfiguren in den Bereichen Perzeption, Kognition und Emotion zu. Sie stellt damit eine nützliche Heuristik dar, nicht nur um an Aspekte der Figurenanalyse anzuschließen, sondern auch um Bezüge zum Design von Spielfiguren herzustellen, das sich in den arbeitsteilig organisierten Produktionszusammenhängen zeitgenössischer Videospiele an ganz ähnlichen Kategorien orientiert.

6.4   Figuren und Game Design

Die Produktion von Videospielen ist ein komplexer, arbeitsteiliger Prozess, der sich in vielen Belangen mit der Produktion von Blockbuster-Filmen messen lassen kann (vgl. Wimmer 2013, S. 123–148). Entsprechend mehrstufig gestaltet sich der Designprozess einer Videospielfigur, die typischerweise als konzeptueller Entwurf entsteht, auf Grundlage einer ersten Skizze technisch modelliert, mit Texturen und Animationen versehen und schließlich in die jeweils benutzte Game Engine exportiert wird (vgl. Franson und Thomas 2007, S. 2).

Game Engines und Videospielfiguren
Game Engines sind lizenzierbare Softwarepakete, die die Infrastruktur des Spiels bereitstellen und der Echtzeitberechnung von digitalen 3-D-Umgebungen dienen (vgl. Gregory 2009, S. 3). Sie teilen sich in verschiedene Module auf, von denen einige direkt für die Figurendarstellungen im Spiel verantwortlich sind. Hierzu zählt beispielsweise die Physik-Engine, die Bewegungen von Figuren im simulierten Spielgeschehen auf Basis physikalischer Gesetzmäßigkeiten berechnet und die Simulation von Kleidung und Haaren oder die realistische Animation getöteter Gegner (‚Ragdoll-Effekt‘) durchführt (vgl. Gregory 2009, S. 595). Damit überschneiden sich die Aufgaben der Physik-Engine teilweise mit denen des Moduls für Figurenanimation *(character animation system)*. Weitere Subsysteme der Game Engine umfassen beispielsweise genrespezifische Kontrollen, Kamerabewegungen, die künstliche Intelligenz (KI) der Spielfiguren sowie Menüs und Interface-Elemente (vgl. Gregory 2009, S. 491).

Anders als bei spielergesteuerten *player characters* spielt bei der technischen Umsetzung von NPCs deren Künstliche Intelligenz (KI) eine wichtige Rolle, da diese ihr Verhalten außerhalb von filmischen Cutscenes wesentlich bestimmt. Ohne zu sehr in die technischen Details zu gehen, ist die KI einer Figur durch zwei zentrale Arten von Algorithmen bestimmt: Bewegungen *(movement)* und Entscheidungen *(decision making)*. So sind die meisten Gegner im Action-Adventure *The Last of Us* beispielsweise mit einem Sichtfeld ausgestattet, das es ihnen erlaubt, mit dem Verhalten ‚Angriff‘ zu reagieren, sobald der *player character* in ihr Sichtfeld eintritt. Dieses wird wiederum durch eine komplizierte Abfolge von Wegfindungsalgorithmen sowie Deckungs- und Angriffsverhaltensregeln ausgeführt (Millington und Funge 2009, S. 9). Sind mehrere Figuren involviert, die als Team agieren sollen, werden Bewegungs- und Entscheidungsalgorithmen durch Algorithmen ergänzt, die strategisch koordiniertes Verhalten mehrerer Agenten ermöglichen. Zur weiteren Infrastruktur der KI gehören schließlich auch Routinen, die die KI-Prozesse insgesamt koordinieren *(execution management)* und eine Schnittstelle, die festlegt, welche Informationen aus dem Spiel die Figur aufnimmt und verarbeitet *(perception;* vgl. Funge 2009, S. 11).

Jenseits dieser technischen Aspekte der Entwicklung und Steuerung von Videospielfiguren lassen sich schließlich auch allgemeinere Tendenzen in der Gestaltung von Figuren ausmachen, die in Form typischer Figurenkonzeptionen auch in Game Design-Ratgeber Eingang finden (vgl. etwa Sheldon 2004; Isbister 2006; Rogers 2010). Diese unterscheiden sich nach Genre: Viele Adventure-Games und Rollenspiele versuchen, stereotype Darstellungen zu vermeiden und Figuren mit komplexen Eigenschaftssystemen zu entwerfen; Sportspiele legen Wert auf die realistische Darstellung von Körperbewegung; Onlinerollenspiele bieten den Spielern dagegen tendenziell typisierte Figuren, da der Reiz gerade in der Übernahme solcher Rollen besteht (vgl. Sheldon 2004, S. 59). Des Weiteren weisen spieler- und computergesteuerte Figuren häufig große Unterschiede im Grad ihrer Typisierung auf. Die Fähigkeiten des *player character* sind in der Regel deutlich komplexer oder können im Spielverlauf ausgebaut werden. *Non-player characters* besitzen dagegen weniger komplexe Fähigkeiten und sind stark typisiert (zum Beispiel in Nahkämpfer, Fernkämpfer, Heiler und so weiter). In Multiplayerspielen ist ein zusätzlicher Grund hierfür das Ziel einer Ausgeglichenheit der Vor- und Nachteile von Figuren (‚Balancing‘), als deren Grundmodell das Stein-Schere-Papier-Prinzip gelten kann (vgl. Juul 2005, S. 107). Beziehungen zwischen mehr als drei Figurentypen sind zwar in der Regel deutlich komplexer, doch das korrekte ‚Balancing‘ gilt nach wie vor – insbesondere in Strategie- und Onlinerollenspielen – als wichtigstes Ziel des Game Design. Durch die Typisierung ihrer ludischen Eigenschaften füllen NPCs häufig auch standardisierte Rollen aus, die vom Antagonisten über einfache Handlanger oder Händler bis zu befreundeten Führern, Mentoren oder Sidekicks reichen können (vgl. Isbister 2006, S. 229 ff.). Sie alle stehen in spezifischer Weise in Beziehung zu den Spielzielen und treten in der Regel nicht außerhalb ihrer vorbestimmten Rolle in Erscheinung.

Welche Rolle spielen also abschließend die erwähnten technischen und konzeptuellen Aspekte der Gestaltung von Videospielfiguren für die Figurenanalyse und -rezeption? Einerseits sind Figurenkonzeptionen so etwas wie ‚geronnene‘ Strategien der Spieleradressierung: Sie verweisen auf überindividuelle Mechanismen der Figurenrezeption und stellen häufig besonders wirkmächtige (weil konventionalisierte) Konfigurationen der Figurengestaltung dar. Ihre technische Grundlage gibt darüber hinaus wichtige Hinweise für die Analyse, indem hier insbesondere die Eigenschaften von Figuren als Spielfiguren objektivierbar (weil algorithmisch beschreibbar) werden. Zwar sollte sich Figurenanalyse freilich nicht in der Rekonstruktion von Designprozessen erschöpfen, doch kann ein Bewusstsein für Designaspekte sowohl die Figurenanalyse vertiefen als auch wichtige Hinweise auf intendierte Rezeptionsprozesse liefern. Wie dies in der Analysepraxis aussehen kann, zeigt das folgende Kapitel.

6.5   Beispielanalyse: *Alien: Isolation*

Alien: Isolation (2014) ist ein Action-Adventure des britischen Entwicklerstudios The Creative Assembly, das durch seine intensive Atmosphäre und fokussierte Spielmechanik Anleihen am Survival Horror-Genre nimmt. Es bietet sich zur Illustration der oben skizzierten Verfahren der Figurenanalyse vor allem deshalb an, weil alle Aspekte seiner Figurenkonzeption – von der narrativen Rahmung der Protagonistin über die Gestaltung der Schauplätze bis hin zur KI des titelgebenden Aliens – derselben Designrichtlinie folgen: die einschüchternde Präsenz eines übermächtigen Gegners zu inszenieren. Die folgende Analyse soll daher unter der Leitfrage stehen, mit welchen Mittel und Verfahren der Figurendarstellung und -konzeption das Spiel seine Wirkungsabsicht verfolgt und wie es dabei an Strukturen und Prozesse der Figurenrezeption anknüpft.

Explizit mit dem Ziel angetreten, eine zeitgemäße Videospieladaption von Ridley Scotts Science-Fiction-Klassiker *Alien* (1979) zu schaffen, betrieben die Entwickler einigen Aufwand, um nicht nur die Figurenkonstellation des Originals, sondern auch dessen Look und Atmosphäre nachzuahmen (vgl. McVittie 2014). Die Handlung spielt 15 Jahre nach Scotts Film und folgt Ellen Ripleys Tochter Amanda, die auf der außer Dienst gestellten Raumstation *Sevastopol Station* nach dem verschollenen Flugschreiber der *Nostromo* sucht – jenes Schiffes, auf dem ihre Mutter den ersten Kontakt mit dem außerirdischen Xenomorph hatte. Wenig überraschend wird Amanda auf der Station nicht nur von ihrem Team getrennt, sondern muss außerdem erfahren, dass dort Chaos und Anarchie herrschen, seit die verbliebene Notbesatzung von einem mysteriösen Monster heimgesucht wird, das in den Luftschächten und Korridoren der Station sein Unwesen treibt. Anders als in früheren Videospieladaptionen des Stoffes wie *Aliens vs. Predators* (2010) oder *Aliens: Colonial Marines* (2013) stellt die Jagd auf das Alien jedoch nicht das Spielziel dar. Im Gegenteil: Der Spieler erledigt verhältnismäßig unspektakuläre Aufgaben (Gegenstände finden, Räume erkunden, Androiden und Plünderer überwinden), während er selbst von dem übermächtigen und faktisch unbesiegbaren Xenomorph gejagt wird. Es ist diese asymmetrische Figurenkonstellation, mit der sich das Spiel von anderen Genre-Vertretern abhebt und die die Grundlage für die ungewöhnliche Spielerfahrung von *Alien: Isolation* darstellt.

Trotz der im Verlauf des Spiels immer komplexer werdenden Handlung und der zahlreichen Begegnungen mit mehr oder weniger denkwürdigen NPCs, steht im Zentrum das ungleiche Katz-und-Maus-Spiel zwischen dem *player character* Amanda und dem computergesteuerten Alien. Das Ausmaß dieser Ungleichheit offenbart ein Vergleich beider Figuren hinsichtlich ihrer fiktiven und ludischen Eigenschaften. Amanda ist eine 26 Jahre alte Ingenieurin und wird als entschlossene und widerstandsfähige junge Frau charakterisiert, die gleichzeitig – gemäß der etablierten Konvention des Mainstream-Kinos – mit einer zentralen Schwäche ausgestattet ist: dem Trauma des Verlustes ihrer Mutter (vgl. McVittie 2014, S. 10). Dem Spieler, dessen Wahrnehmung der Spielwelt durch einen subjektiven Point of View an die Figur Amanda gebunden ist, dürfte es damit nicht schwerfallen, zumindest ein gewisses Maß an emotionaler Nähe zur Protagonistin aufzubauen. Dies wird auch dadurch ermöglicht, dass immer wieder filmische Cutscenes zur Darstellung der Figur und ihrer Gefühlswelt beitragen (Abb. 6.2).

Das Alien ist dagegen der überlegene Killer, den der erste *Alien*-Film etabliert hat: ein tödlicher, mehrere Meter aufragender außerirdischer Organismus, der zwar eine humanoide Form hat, aber durch seinen lang gestreckten Kopf, einen beweglichen Schwanz und seinen schwarz glänzenden Panzer bekannte Körperschemata auf verstörende Weise

Abb. 6.2 Amanda Ripley in *Alien: Isolation* (2014, Creative Assembly/Sega)

unterläuft (Abb. 6.2). Bereits als fiktives Wesen vereint es eine hohe Intelligenz mit über-
legenen Instinkten und empfindlichen Sinnesorganen, die es ihm erlauben, seine Opfer
durch Geräusche, Bewegung oder Wärme zu lokalisieren. Noch frappierender erscheint
die Ungleichheit des Konfliktes allerdings, weitet man die Analyse auf spielmechanische Aspekte der Figuren aus: Amanda beginnt das Spiel unbewaffnet und mit genretypischen spielmechanischen Fähigkeiten (etwa Gehen, Sprinten oder Ducken), die sie im
Spielverlauf lediglich durch das Auffinden weiterer Waffen (wie Revolver, Shotgun oder
Flammenwerfer) oder die Konstruktion defensiver Ausrüstungsgegenstände (wie Leucht-
fackeln, ‚Geräuschmacher' oder EMP-Minen) erweitern kann. Bezeichnenderweise kann
jedoch keine dieser Waffen dem Xenomorph etwas anhaben – sie dienen lediglich der
Abwehr von Androiden und anderen Überlebenden oder der kurzzeitigen Ablenkung des
Aliens (Abb. 6.3).

Dessen spielmechanische Umsetzung wiederum folgt der Leitlinie, genau den unverwundbaren, unberechenbaren Jäger zu schaffen, den es als fiktives Wesen darstellt. Um
das zu erreichen, verzichteten die Entwickler darauf, das Alien auf geskripteten (und
damit vorhersagbaren) Bahnen durch die Spielräume zu lenken. Stattdessen statteten sie
es mit einer komplexen KI aus, die dynamisch auf das Verhalten des Spielers reagiert: So
verfügt das Alien über mehrere ‚Sinne', die es ihm ermöglichen, auf Geräusche, Bewegung und Licht zu reagieren und so den Standort des Spielers oder anderer NPCs ausfindig zu machen. Hierauf reagiert es mit Entscheidungs- und Bewegungsroutinen, die in
den meisten Fällen für den Spieler tödlich enden: Es zertrümmert Schranktüren, blickt
unter Tische und verfolgt davonrennende Figuren. Hat sich der *player character* lange
genug versteckt, zieht sich der Xenomorph zurück und bewegt sich auf gleichermaßen
dynamisch berechneten Wegen durch Korridore und Luftschächte.

Abb. 6.3 Der Xenomorph in *Alien: Isolation* (2014, Creative Assembly/Sega)

Das weitgehend unvorhersehbare Verhalten des Aliens und seine kompromisslose Überlegenheit sorgen nicht nur dafür, dass der Spieler schnell lernt, sich auf defensive Taktiken wie Schleichen, Verstecken und Ablenkungsmanöver zu besinnen, sondern schaffen eine Atmosphäre permanenter Bedrohung. Dazu trägt ebenfalls das Sound Design des Spiels bei: Häufig – und im besten Fall – hört man das Alien durch Luftschächte kriechen oder durch Räume stampfen, bevor man es sieht. Dazu hat der Spieler die Möglichkeit, den aus den *Alien*-Filmen bekannten Motion Tracker zu aktivieren, dessen Radaranzeige die Entfernung und die Position von NPCs in einem 90-Grad-Winkel vor Amanda verfolgt und bei Annäherung das charakteristische schneller werdende Piepen ausstößt.

Sowohl die beschriebenen audiovisuellen Inszenierungsstrategien als auch die spielmechanische Konzeption der beiden Hauptfiguren von *Alien: Isolation* führen damit potenziell zu einer starken Involvierung des Spielers – auf narrativer wie auf ludischer Ebene. So werden etwa Prozesse der Perspektivenübernahme und Identifikation mit der Protagonistin nicht nur dadurch ermöglicht, dass das globale Spielziel an Amandas Überleben gebunden ist, sondern auch durch die Art, wie der Spieler Zugang zu ihrem Innenleben, ihren Gedanken, Gefühlen und Wünschen erhält. Dies geschieht einerseits ,indirekt' durch die Art, wie sie im Rahmen filmischer Cutscenes repräsentiert wird (als starke, aber traumatisierte junge Frau auf der Suche nach ihrer Mutter), und andererseits durch ,direktere' Formen der Perspektivenübernahme: Hierzu zählen nicht nur der visuelle – und auditive – Point of View, den der Spieler mit Amanda teilt, sondern auch weitere Formen der Subjektivierung wie das, was mit Benjamin Beil als „gestörte Filter" (Beil 2010, S. 43) beschrieben werden kann, etwa wenn sich nach schweren Treffern ein Unschärfe-Effekt auf das Bild legt oder Geräusche verzerrt und gedämpft werden (Abb. 6.4). Eine besonders prägnante Engführung der Wahrnehmung von Spieler und Figur ergibt sich ebenfalls, wenn Amanda unter Tischen oder in einem Spind vor dem Alien Zuflucht sucht: Durch die auf Kopfhöhe befindlichen Schlitze eines Spinds, zum Beispiel, können Figur und Spieler beobachten, wie der Xenomorph, angelockt von der zufallenden Spindtür oder dem piependen Motion Tracker, den Raum inspiziert. Gleichzeitig werden die Umgebungsgeräusche stark reduziert, sodass der Spieler die Körpergeräusche des Aliens sowie das Atmen und den Herzschlag von Amanda – und zu diesem Zeitpunkt vermutlich auch den eigenen – umso deutlicher hört. Sollte das Alien schließlich auch den Spind ausfindig gemacht haben, kann der Spieler als letzte Möglichkeit per Tastendruck Amanda die Luft anhalten lassen, und hoffen, dass der Angreifer weiterzieht, bevor sich aufgrund des Sauerstoffentzugs der Bildrand pulsierend rot färbt, Amanda ‚Sterne sieht‘ – und hörbar ihren möglicherweise letzten Atemzug tut.

Es liegt nahe anzunehmen, dass durch die emotionale, aber auch körperlich-affektive Nähe, die der Spieler in Szenen wie diesen zur Protagonistin aufbaut, narrative Emotionen wie Angst und Sorge um das Schicksal Amandas entstehen können. Gleichzeitig dürften diese jedoch nicht unwesentlich von selbstbezogenen ludischen Emotionen begleitet oder überlagert werden. Denn in der Tat bedeutet der Tod Amandas den Verlust des erreichten Spielstandes, der aufgrund des ungewöhnlichen Save Systems von *Alien: Isolation* eine durchaus schmerzhafte Fallhöhe aufweisen kann: Denn in Abkehr von verbreiteten Checkpoint-basierten Systemen verfügt das Spiel über ein ‚klassisches‘ Speicherpunkte-System, bei dem der Spieler seinen Fortschritt nur an bestimmten Punkten in der Spielwelt abspeichern kann. Dies führt dazu, dass die ständige Bedrohung, die

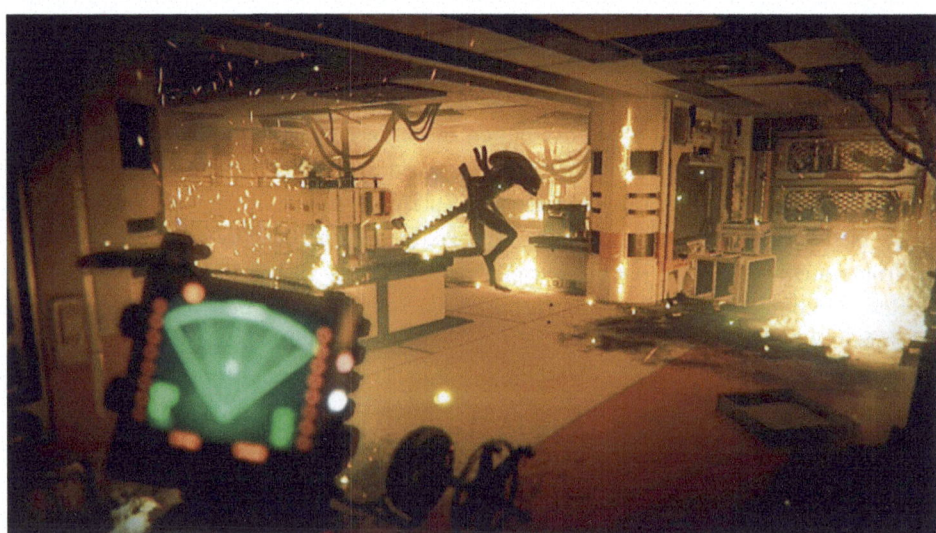

Abb. 6.4 ‚Gestörte Filter‘ in *Alien: Isolation* (2014, Creative Assembly/Sega)

vom Alien ausgeht, für den Spieler auch die Gefahr des Verlustes einer nicht unwesentlichen Menge investierter Spielzeit birgt – und dass umgekehrt das sichere Erreichen eines Speicherpunktes Auslöser für intensive ludische Emotionen der Freude oder Erleichterung sein kann.

So lässt sich abschließend festhalten, dass die Untersuchung (mancher) zeitgenössischer Videospiele von einem figurentheoretisch geschärften Blick und einer an systematischen Kategorien orientierten Figurenanalyse profitieren kann – nicht nur, um Formen emotionaler Nähe und Distanz zu Videospielfiguren zu erklären, sondern auch deren Funktion für das Spielerleben als Ganzes. Wie am Beispiel von *Alien: Isolation* gezeigt wurde, kann dies ebenfalls einen Blick auf die zugrunde liegenden Game Design-Prinzipien einschließen, der gerade die Analyse der ludischen Dimensionen der Videospielfigur sinnvoll ergänzen kann. Die vorgestellten Heuristiken können dabei als grobe Orientierung dienen, um differenziertere, an konkreten Fragestellungen orientierte Figurenanalysen zu ermöglichen.

Literatur

Beil, Benjamin. 2010. *First Person Perspectives. Point of View und figurenzentrierte Erzählformen im Film und im Computerspiel.* Münster: Lit Verlag.

Bente, Gary, Nicole Krämer und Felix Eschenburg. 2008. Is There Anybody Out There? Analyzing the Effects of Embodiment and Nonverbal Behavior in Avatar-Mediated Communication. In *Mediated Interpersonal Communication,* hrsg. E. Konijn, S. Utz, M. Tanis und S. Barnes, 131–157. New York/NY: Routledge.

Calleja, Gordon. 2011. *In-Game. From Immersion to Incorporation.* Cambridge/MA: MIT Press.

Chung, Donghun, Brahm Daniel deBuys und Chang S. Nam. 2007. Influence of Avatar Creation on Attitude, Empathy, Presence, and Para-Social Interaction. In *Human-Computer Interaction. Interaction Design and Usability. Proceedings of the 12th International Conference*, Bd. 2, hsrg. J. A. Jacko, 711–720. Berlin: Springer.

Collins, Karen. 2013. *Playing with Sound. A Theory of Interacting with Sound and Music in Video Games.* Cambridge/MA: MIT Press.

Eder, Jens. 2008. *Die Figur im Spiel. Grundlagen der Figurenanalyse.* Marburg: Schüren.

Eder, Jens, Fotis Jannidis und Ralf Schneider. 2010. Characters in Fictional Worlds. An Introduction. In *Characters in Fictional Worlds,* hrsg. J. Eder, F. Jannidis und R. Schneider, 3–64. Berlin: De Gruyter.

Eder, Jens, und Jan-Noël Thon. 2012. Digitale Figuren in Kinofilm und Computerspiel. In *Film im Zeitalter neuer Medien II: Digitalität und Kino,* hrsg. H. Segeberg, 139–181. München: Fink.

Fahlenbrach, Kathrin. 2010. *Audiovisuelle Metaphern. Zur Körper- und Affektästhetik in Film und Fernsehen.* Marburg: Schüren.

Fahlenbrach, Kathrin, und Felix Schröter. 2015. Game Studies und Rezeptionsästhetik. In *Game Studies: Aktuelle Ansätze der Computerspielforschung,* hrsg. K. Sachs-Hombach und J.-N. Thon, 165–208. Köln: von Halem.

Fizek, Sonia. 2012. *Pivoting the Player. A Methodological Toolkit for Player Character Research in Offline Role-Playing Games.* Dissertation, Bangor University, UK.

Franson, David, und Eric Thomas. 2007. *Game Character Design Complete. Using 3ds Max 8 and Adobe Photoshop CS2.* Boston/MA: Thomson Course Technology PTR.

Frome, Jonathan. 2006. *Why Films Make Us Cry But Video Games Don't. Emotions in Traditional and Interactive Media.* Dissertation, University of Wisconsin-Madison, Wisconsin.

Glaubke, Christina, Patti Miller, McCrae Parker und Eileen Espejo. 2001. *Fair Play? Violence, Gender and Race in Videogames.* Oakland, CA: Children Now.

Gregersen, Andreas. 2008. *Core Cognition and Embodied Agency in Gaming: Towards a Framework for Analysing Structure and Function of Computer Games.* Dissertation, Universität Kopenhagen.

Gregory, Jason. 2009. *Game Engine Architecture.* Boca Raton, FL: Taylor & Francis.

Hartmann, Tilo, Christoph Klimmt und Peter Vorderer. 2001. Avatare: Parasoziale Beziehungen zu virtuellen Akteuren. *Medien und Kommunikationswissenschaft* 49 (3): 350–368.

Hefner, Dorothé, Christoph Klimmt und Peter Vorderer. 2007. Identification with the Player Character as Determinant of Video Game Enjoyment. In *International Conference on Entertainment Computing 2007,* hrsg. L. Ma, R. Nakatsu und M. Rauterberg, 39–48. Berlin: Springer.

Isbister, Katherine. 2006. *Better Game Characters by Design. A Psychological Approach.* San Francisco, CA: Morgan Kaufmann Publishers.

Jansz, Jereon, und Raynel Martis. 2003. The Representation of Gender and Ethnicity in Digital Interactive Games. In *Level Up Conference Proceedings,* Utrecht: Universität Utrecht. http://www.digra.org/wp-content/uploads/digital-library/05163.27438.pdf. Zugegriffen: 15. Juli 2015.

Järvinen, Aki. 2008. *Games without Frontiers. Theories and Methods for Game Studies and Design.* Dissertation, Universität Tampere. http://ocw.metu.edu.tr/pluginfile.php/4468/mod_resource/content/0/ceit706/week3_new/AkiJarvinen_Dissertation.pdf. Zugegriffen: 15. Juli 2015.

Jin, Seung-A Annie, und Namkee Park. 2009. Parasocial Interaction with My Avatar. Effects of Interdependent Self-Construal and the Mediating Role of Self-Presence in an Avatar-Based Console Game, Wii. *CyberPsychology & Behaviour* 12 (6): 723–727.

Juul, Jesper. 2005. *Half-Real. Video Games between Real Rules and Fictional Worlds.* Cambridge, MA und London, UK: MIT Press.

Klevjer, Rune. 2006. *What is the Avatar? Fiction and Embodiment in Avatar-Based Singleplayer Computer Games.* Dissertation Universität Bergen. http://folk.uib.no/smkrk/docs/RuneKlevjer_What%20is%20the%20Avatar_finalprint.pdf. Zugegriffen: 15. Juli 2015.

Klimmt, Christoph, Dorothée Hefner und Peter Vorderer. 2009. The Video Game Experience as ‚True' Identification. A Theory of Enjoyable Alterations of Players' Self-Perception. *Communication Theory* 19 (4): 351–373.

Lachlan, Kenneth, Stacy Smith und Ron Tamborini. 2005. Models for Aggressive Behavior: The Attributes of Violent Characters in Popular Video Games. *Communication Studies,* 56 (4): 313–329.

McMahan, Alison. 2003. Immersion, Engagement, and Presence. A Method for Analysing 3-D Video Games. In *The Video Game Theory Reader,* hrsg. M. J. P. Wolf und B. Perron, 67–86. New York, NY: Routledge.

McVittie, Andy. 2014. *The Art of Alien: Isolation.* London, UK: Titan Books.

Millington, Ian, und John Funge. 2009. *Artificial Intelligence for Games.* Second Edition. Burlington, MA: Morgan Kaufmann Publishers.

Moore, Christopher. 2011. Hats of Affect. A Study of Affect, Achievements and Hats in *Team Fortress 2. Game Studies* 11 (1). http://www.gamestudies.org/1101/articles/moore. Zugegriffen: 15. Juli 2015.

Murray, Janet H. 1997. *Hamlet on the Holodeck. The Future of Narrative in Cyberspace.* Cambridge, MA: MIT Press.

Neitzel, Britta. 2000. *Gespielte Geschichten. Struktur- und prozessanalytische Untersuchungen der Narrativität von Videospielen*. Dissertation, Bauhaus-Universität Weimar. http://e-pub.uni-weimar.de/opus4/files/69/Neitzel.pdf. Zugegriffen: 15. Juli 2015.

Neitzel, Britta. 2007. Point of View und Point of Action. Eine Perspektive auf die Perspektive in Computerspielen. In *Computer/Spiel/Räume. Materialien zur Einführung in die Computer Game Studies,* hrsg. K. Bartels und J.-N. Thon, 8–28. Hamburg: IMK.

Newman, James. 2002. The Myth of the Ergodic Videogame: Some Thoughts on Player-Character Relationship in Videogames. *Game Studies: The International Journal of Computer Game Research,* 2 (1). http://www.gamestudies.org/0102/newman. Zugegriffen: 15. Juli 2015.

Nowak, Kristine L. 2015. Examining Perception and Identification in Avatar-Mediated Interaction. In *The Handbook of the Psychology of Communication Technology,* hrsg. S. S. Sundar, 89–114. Chichester, UK: Wiley.

Perlin Ken. 2004. Can there be a Form between a Game and a Story? In *First Person: New Media as Story, Performance and Game,* hrsg. N. Wardrip-Fruin and P. Harrigan, 12–18. New York, NY und London, UK: MIT Press.

Perron, Bernard. 2005. A Cognitive Psychological Approach to Gameplay Emotions. In *Changing Views: Worlds in Play. Proceedings of DiGRA 2005 Conference.* http://www.digra.org/dl/db/06276.58345.pdf. Zugegriffen: 15. Juli 2015.

Perron, Bernard. 2016. Emotions in Video Games: Are You Concerned? In *Games, Cognition, and Emotion. Essays in Cognitive Video Game Studies,* hrsg. B. Perron und F. Schröter. Jefferson, NC: McFarland.

Perron, Bernard, und Felix Schröter. 2016. *Games, Cognition, and Emotion. Essays in Cognitive Video Game Studies.* Jefferson, NC: McFarland.

Petry, Arlete dos Santos, und Luis Carlos Petry. 2012. Possibilities of Encounter Between Psychoanalysis and Videogames: Thinking with Freud and Lacan. In *SBC - Proceedings of SBGames 2012.* http://sbgames.org/sbgames2012/proceedings/papers/cultura/C_F2.pdf. Zugegriffen: 15. Juli 2015.

Rauscher, Andreas. 2012. *Spielerische Fiktionen. Genrekonzepte in Videospielen.* Marburg: Schüren.

Rehak, Bob. 2003. Playing at Being: Psychoanalysis and the Avatar. In *The Video Game Theory Reader,* hrsg. M. J. P. Wolf und B. Perron, 103–127. New York, NY: Routledge.

Rogers, Scott. 2010. *Level Up! The Guide to Great Video Game Design.* Chichester, UK: Wiley.

Rusch, Doris. 2009. Staring Into The Abyss – A Close Reading of Silent Hill 2. In *Well Played 1.0: Video Games, Value and Meaning,* hrsg. D. Davidson, 235–354. Pittsburgh, PA: ETC Press.

Salen, Katie, und Eric Zimmerman. 2004. *Rules of Play. Game Design Fundamentals.* Cambridge, MA: MIT Press.

Schrape, Niklas. 2012. *Die Rhetorik von Computerspielen. Wie politische Spiele überzeugen.* Frankfurt am Main: Campus Verlag.

Schröter, Felix und Jan-Noël Thon. 2013. Simulierte Spielfiguren und/oder/als mediale Menschenbilder. Zur Medialität von Figurendarstellungen am Beispiel der Computerspielfigur. In *Medialität und Menschenbild,* hrsg. J. Eder, J. Imorde und M. Reinerth, 119–143. Berlin und Boston, MA: De Gruyter.

Schröter, Felix und Jan-Noël Thon. 2014. Game Characters. Theory and Analysis. *DIEGESIS. Interdisziplinäres E-Journal für Erzählforschung* 3 (1): 40–77.

Sheldon, Lee (2004): *Character Development and Storytelling for Games.* Boston, MA: Thomson Course Technology PTR.

Smith, Stacy, Kenneth Lachlan und Ron Tamborini. 2003. Popular Video Game: Quantifying the Presentation of Violence and Its Contexts. *Journal of Broadcasting & Electronic Media*, 47 (1): 58–76.

Solarski, Chris. 2012. *Drawing Basics and Video Game Art. Classic to Cutting-Edge Art Techniques for Winning Video Game Design*. New York, NY: Watson-Guptill.

Sorg, Jürgen. 2010. Figurenkonzepte im Computerspiel. In *Formen der Figur. Figurenkonzepte in Künsten und Medien*, hrsg. R. Leschke und H. Heidbrink, 341–371. Konstanz: UVK.

Thon, Jan-Noël. 2007. Unendliche Weiten? Schauplätze, fiktionale Welten und soziale Räume heutiger Computerspiele. In *Computer/Spiel/Räume. Materialien zur Einführung in die Computer Game Studies*, hrsg. K. Bartels und J.-N. Thon, 29–60. Hamburg: IMK.

Thon, Jan-Noël. 2008. Immersion Revisited. On the Value of a Contested Concept. In *Extending Experiences. Structure, Analysis and Design of Computer Game Player Experience*, hrsg. O. Leino, H. Wirman und A. Fernandez, 29–43. Rovaniemi: Lapland University Press.

Thon, Jan-Noël. 2009. Perspective in Contemporary Computer Games. In *Point of View, Perspective, and Focalization. Modeling Mediation in Narrative*, hrsg. P. Hühn, W. Schmid und J. Schönert, 279–299. Berlin: De Gruyter.

Wilhelmsson, Ulf. 2001. *Enacting the Point of Being. Computer Games, Interaction and Film Theory*. Dissertation, Universität Kopenhagen.

Wimmer, Jeffrey. 2013. *Massenphänomen Computerspiele*. Konstanz und München: UVK.

Über den Autor

Felix Schröter, M.A. ist Promotionsstudent am Institut für Medien und Kommunikation der Universität Hamburg. Als Mitglied der Graduate School Media and Communication des Research Center for Media and Communication (RCMC) beschäftigt er sich im Rahmen seines Promotionsprojektes mit der Theorie und Ästhetik von Computerspielfiguren. Zu seinen weiteren Forschungsgebieten zählen die Ästhetik und Narrativität digitaler Spiele, kognitive Medientheorien, transmediale Figurentheorie und historische Rezeptionsforschung. Er ist Autor verschiedener Aufsätze zur Theorie des Computerspiels und transmedialen Figuren sowie (gemeinsam mit Bernard Perron) Herausgeber des Sammelbandes *Video Games and the Mind. Essays in Cognition, Affect, and Emotion*, erschienen 2016 bei McFarland. felix.schroeter@uni-hamburg.de.

Welt

7

Marc Bonner

7.1 Horizont – Ein-Blick in digitale Spielwelten

Die Art und Struktur der heute meist dreidimensional ausgestalteten Welten hängt stark von den Spielmechaniken ab: Welche Handlungsoptionen erhält der Spieler? Welche Bewegungsmuster werden ihm ermöglicht? Die meisten Genres oder Spielmechaniken haben als Agens die Erkundung, Aneignung und Eroberung von Raum gemein. Bereits 2001 postuliert Espen Aarseth, dass Computerspiele sich über die Art ihrer räumlichen Darstellungen kategorisieren lassen (2001, S. 317). Die Strukturierung und Rhythmisierung der Spielwelt ist also gleichsam der Spiegel für die Handlungs- und Bewegungsmuster der Spieler und somit der Spielmechanik(en). Dies schreibt auch Christopher Totten, der zu Bauwerken in Spielwelten festhält: „… instead of describing what the building is for, they describe what actions a person inside the building takes" (2009, S. 8). Um eine digitale Spielwelt mit all ihren Regionen, Level, NPCs (Non-Player-Character) und Quests spiel- und navigierbar zu machen, müssen Zeichensysteme und Erfahrungen der physisch realen Alltagswelt adaptiert werden. Ein erfolgreiches Gameplay bedeutet also nicht nur Gefechte gegen NPCs zu gewinnen, sondern auch die Spielwelten und ihre Levelstrukturen navigieren und erfahren sowie die darin platzierten Rätsel lösen zu können.

Henry Jenkins und Kurt Squire verstehen Computerspiele als „spatial art", die in Architektur, Landschaftsmalerei, Skulptur sowie Garten- und Freizeitparkgestaltung verwurzelt sind (2002, S. 65; Jenkins 2004). Spielwelten sind durchkonstruierte Umgebungen. Alle darin befindlichen Objekte sind aus bestimmten Gründen dort platziert: Rhythmisierung des Gameplays, Generierung von Stimmung und Atmosphäre sowie Ermunterung zu

M. Bonner (✉)
Köln, Deutschland
E-Mail: mbonner@uni-koeln.de

© Springer Fachmedien Wiesbaden GmbH 2018
B. Beil et al. (Hrsg.), *Game Studies,* Film, Fernsehen, Neue Medien,
https://doi.org/10.1007/978-3-658-13498-3_7

Wettkampf oder Kooperation. Für die Gestaltung einer Spielwelt ist folglich die Kombination von Architekturen, Landschaftsgärten und dem kohärenten Konzept von Themenparks zentral. Alle diese Erlebnisräume sind Artefakte, die auf zivilisationshistorische
Bedürfnisse rekurrieren. Überlebens- und Entdeckerdrang werden, so Jay Appleton (1975,
S. 177) heute nur noch als Unterhaltungsmoment ästhetisch praktiziert und sind unabding-
bare Involvierungsstrategien der digitalen Spielwelten (vgl. Bonner 2017).

7.2 Architektur, Landschaft, Themenpark – Aspekte digitaler Spielwelten

Der finnische Philosoph und Architekt Juhani Pallasmaa bezeichnet die gebaute Wirklichkeit als raumzeitliches Ordnungssystem unserer realen Alltagswelt (2012, S. 19, 44).
Dies gilt allerdings ebenso für digitale Spielwelten beziehungsweise deren Regionen und
Level. Auf die Landschaftsarchitektur ausgeweitet, versetzt Architektur die Spieler also
in Relation zu Raum und Zeit, bietet die Basis für die Erfahrung und Perzeption der Welt
und die daraus erfolgende Navigation. Pallasmaa schreibt der Architektur im Gegensatz zu anderen Künsten auch emergente Handlungsoptionen zu (2012, S. 67). Wie an
anderer Stelle bereits dargelegt wurde, interagieren Spieler in einer digitalen Spielwelt
ebenfalls mit einem durch die Designer und Programmierer vorgegebenen Set von Hand-
lungs- und Bewegungsmöglichkeiten (Bonner 2015a). Sei es als Bewegungsmuster in
Form vorgegebener, hüfthoher Deckungsmöglichkeiten innerhalb einer Raumabfolge wie
in *Gears of War 3* (2011; Abb. 7.1) oder das Absolvieren von Geschicklichkeitspassagen,

Abb. 7.1 Eine Spielwelt rhythmisiert aus Deckungen – *Gears of War 3* (2011, Epic Games/
Microsoft)

die beispielsweise in *Brothers: A Tale of Two Sons* (2013) nur in gleichzeitiger Steuerung zweier Avatare das nächste Areal der Welt erreichen lassen (Abb. 7.2). In seiner Beschreibung der gebauten Wirklichkeit erfasst Pallasmaa zugleich das Wesen der Architekturen in digitalen Spielwelten: „Architecture initiates, directs and organises behaviour and movement" (2012, S. 68). Um die hierbei nötigen Zeichensysteme der Strukturen, Architekturen und Landschaften der Spielwelten verstehen und nutzen zu können, ist Umberto Ecos Theorie des Ikonischen Codes ein hilfreiches Modell. Er wendet die Semiotik auf die gebaute Wirklichkeit und ihre artifizielle Umwelt an und konzipiert dafür die primäre (funktionale respektive ludische) und die sekundäre (symbolische respektive narrative) Funktion einer Architektur oder eines Artefakts im allgemeinen Sinne (2006, S. 193 f.). Eco nennt als Beispiel den Steinzeitmenschen, der das erste Mal in einer Höhle Zuflucht sucht und deren Funktionen erkennt: Schutz vor Wind und Wetter sowie Schutz vor Feinden. Der Steinzeitmensch merkt sich nun die räumlichen Gegebenheiten, den Code, der Höhle und kann nun in der Ferne mögliche weitere Zufluchtsorte in Form der Höhle erkennen: „The *architectural code* would generate an *iconic code,* and the ‚cave principle' would become an object of communicative intercourse" (Eco 2006, S. 183). Die Höhle denotiert eine Zufluchts- und Schutzfunktion (Primärfunktion), wird über die Zeit aber auch mit Werten wie Wohnen, Heim oder Familie als Sekundärfunktionen konnotiert (Eco 2006, S. 186). Christopher Totten thematisiert genau dieses Phänomen als ein etabliertes Muster im Gameplay Design unterschiedlicher Spielmechaniken, das in der Humangeografie und in der Architekturgeschichte als *prospect-refuge theory* bekannt ist.

Abb. 7.2 Synchrones Klettern in *Brothers: A Tale of Two Sons* (2013, Starbreeze/Starbreeze)

Prospect-Refuge Theory

Der britische Geograf Jay Appleton publizierte 1975 das Buch *The Experience of Landscape*. Darin beschreibt er die ästhetische Erfahrung von Landschaft, welche die Menschen auf Basis ihrer ureigenen biologischen Bedürfnisse rezepieren. Appleton bezeichnet die Landschaft in ihrer Struktur als Zeichen-Stimuli, die dann beispielsweise den Überlebens-Trieb erfüllt oder nicht (1975, S. 69). Damit einhergehend ist der Zustand des Sehens beziehungsweise Überblickens und selbst nicht gesehen werdens ein zentrales Moment der *prospect-refuge theory*. Appleton beschreibt sein Konzept auch als „hide-and-seek-aesthetics", die in der Natur des Menschen verankert ist (1975, S. 101).

Game Designer fokussieren sich auf die strukturellen Relationen zwischen *refuge space, prospect space* und *secondary refuge space* (2014, S. 212). Der *refuge space* wäre ein (versteckter) Rückzugsort innerhalb der Levelstruktur und ist in Ecos Kontext die Höhle. Der *prospect space* ist ein Level oder eine größere Region innerhalb der Spielwelt, in der die Feinde der Spieler durch ihre Überzahl und/oder ihre erhöhten Standpunkte einen räumlichen und somit strategischen Vorteil haben. Im Kontext von Ecos Beispiel wäre dies etwa ein Tal, in dessen Hängen sich die Höhle befindet. Der *secondary refuge space* ist ein weiterer Zufluchtsort oder ein Versteck innerhalb der Spielwelt, dass die Spieler von weitem aus der Sicherheit ihres derzeitigen *refuge space* erblicken und als nächsten Wegpunkt in der Spielwelt erreichen sollen. Bei Eco ist dies der Moment, in dem der Ikonische Code greift, da der Spieler durch gewisse Zeichen die zweite Höhle als einen möglichen Zufluchtsort, als nächstes Ziel, decodieren kann. Diese Rhythmisierung der Welt erzeugt folglich besonders bei Open-World-Computerspielen ein spannendes und atmosphärisches Gameplay. Totten bringt hier hingegen das Beispiel *Metal Gear Solid* (1998), dessen Stealth-Shooter-Welt ein Schaustück der alternierenden *prospect-* und *refuge*-Räume ist. Die Spieler müssen Pfade durch die Spielwelt suchen, indem sie von Versteck zu Versteck schleichen und offene Konfrontationen möglichst vermeiden (2014, S. 217). Pallasmaa ist hier ebenso mit Eco in Bezug zu bringen, wenn er schreibt: „Architecture has always fictionalised reality and culture through turning human settings into images and metaphors of idealised order and life, into fictionalised architectural narratives" (Pallasmaa 2011, S. 19). Die digitale Spielwelt mag oft der realen Alltagswelt nachempfunden oder von ihr inspiriert sein, jedoch ist sie immer für das Gameplay optimiert. Derart können auch Spielwelten entstehen die sich über Jahrzehnte hinweg zu eigenen Serien oder Reihen tradieren und fortan als Vorbild für andere Computerspiele oder Marken gelten. Hier kann im Sinne von Daniel Yacavone von einem bestimmten *world-feeling* gesprochen werden (2010, S. 117), wie es etwa, mit gewissen Erweiterungen und Experimenten, die Welten aller Super-Mario-Spiele seit *Super Mario Bros.* (1985) ausmacht.

World-feeling

Yacavone thematisiert das *world-feeling* im Kontext von Filmwelten, die auch Verwandtschaften innerhalb eines Œuvres, zwischen verschiedenen Regisseuren oder gar über Medienformate hinweg entstehen lassen (2010, S. 117). Eine derartige intermediale Welt entsteht etwa, wenn die Raumschiffkulissen aus *Alien* (1979) zu bespielbaren Levelstrukturen eines baugleichen Raumschiffs im Science-Fiction Survival-Horror-Computerspiel *Alien: Isolation* (2014) werden. Zudem findet sich das *world-feeling* aus *Alien* zum Beispiel auch in Spielwelten wie *Dead Space* (2008) wieder.

So weitläufig heutige 3-D-Welten sein mögen, ihre Architekturen und Landschaften sind immer in einer sie begrenzenden *Skybox* eingefasst, „auf deren Innenseiten Texturen angebracht werden, um die Illusion von Himmel und Horizont zu erzeugen" (Rautzenberg 2015, S. 250). Derartige Suggestionen einer weit größeren Welt waren in frühen 3-D-Spielen aufgrund technischer Limitierungen niedrig aufgelöste, zweidimensionale Flächen und somit direkt als begrenzende Wände und Decken entlarvt. In neueren Spielen sind sie im Hinblick auf Texturqualität und Plastizität mit den tatsächlich begehbaren Levelstrukturen ebenbürtig und verfügen gar über Tag-Nacht-Zyklen sowie Wolkenanimationen.

Skybox

In Form einer Sphäre oder eines Kubus steht die die Spielwelt rahmende *Skybox* in einer langen Tradition illusorischer Abbildungen. Beginnend mit der *Trompe-l'Œil*-Malerei in Antike oder Barock, die z. B. auf einer Decke das perspektivisch korrekte Innere einer Kuppel zeigt und den Besuchern so ein weit repräsentatives, ideales Bauwerk suggeriert, über Dioramen kleiner Modellwelten bis hin zu den analogen Matte-Paintings in Filmen. Letztere repräsentieren, platziert zwischen Kamera und real erbautem Filmset, perspektivisch korrekt eine weit größere und imposantere filmische Welt. Sie alle suggerieren den Betrachtern weiten Raum und größere Architekturen als physisch tatsächlich vorhanden sind.

7.3 Drei Kategorien der Spielwelt

Innerhalb dieser *Skybox* kann eine Spielwelt nun als kohärente Struktur aus Landschaften und Architekturen im Sinne der Open-World-Spiele oder als fragmentarische Level beziehungsweise Areale im traditionellen Sinne erlebt werden. Bei letzterer Verfasstheit der Spielwelt existieren entweder für jedes Level separate *Skyboxen* oder sie werden nacheinander in dieselbe geladen. Folglich existieren also drei Arten von Architekturen und Landschaften in digitalen Spielwelten: Die ludisch navigierbaren (aktive Levelstrukturen), die lediglich einsehbaren (passive Levelstrukturen) und die implizierten *(Skybox)* (Abb. 7.3 und 7.4). Somit sind die Höhenunterschiede im Polygonterrain zentral für die Blickführung der Spieler. Beginnend mit *Quake* (1996) ist die Vertikalität besonders in aus der First- oder Third-Person Perspektive wahrgenommenen Spielwelten wie *Mirror's Edge* (2008) oder *Titanfall* (2014) von zunehmender, spielmechanischer Bedeutung, um die Spieler und ihre bereits internalisierten Steuerungsfertigkeiten und Alltagsgewohnheiten mit neuen räumlichen Herausforderungen konfrontieren zu können. Wie Landschaftsgarten oder Themenpark, sind stetig wechselnde Aus- und Einblicke sowie Alternierende Höhenunterschiede zur ständigen Reorientierung unabdingbar (Totten 2014, S. 248–315).

Polygon
Der Begriff „Polygon" stammt aus der Geometrie und bezeichnet ein vieleckiges Objekt wie das Dreieck oder das Oktagon. Im Kontext dreidimensionaler Computerspiele werden Polygone zur plastischen Modellierung aller in einer Spielwelt vorkommenden Objekte, von Avataren und Schatztruhen über Bäume und Architekturen zu Levelstrukturen und Landschaften, genutzt. Ihre Oberflächen bestehen aus Polygonnetzen, die je nach Grafikengine und Rechenleistung umso kleingliedriger sind. Je mehr Polygone ein Gitternetz aufweist, desto organischer und fotorealistischer ist das Objekt dargestellt. *Quake* bot die ersten dreidimensionalen Gegner, die aus ca. 200 Dreiecken bestehen. In aktuelleren Spielen wie *Uncharted: Drake's Fortune* (2007) zählen die Polygonnetze normaler Gegner zwischen 10.000 und 15.000 Dreiecke. Der Avatar und narrativ relevante NPCs werden aus ungleich größeren Polygonzahlen gebildet.

Die Welten der Computerspiele werden auf der zweidimensionalen Ebene des Bildschirms rein audiovisuell erfahren, die Spieler handeln jedoch raumlogisch in diesen Bildern: Stephan Günzel spricht hierbei vom „Sehenhandeln" (Günzel 2012, S. 78) und der

Abb. 7.3 Drei Kategorien der Spielwelt am Beispiel *Uncharted 4: A Thief's End* (2016)

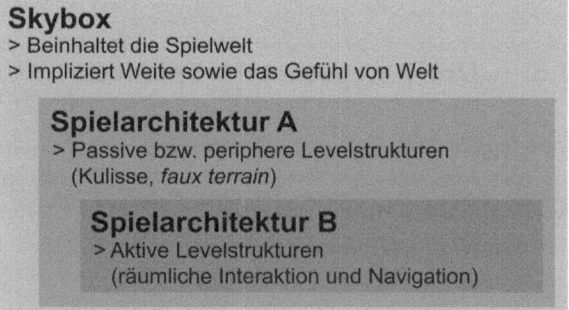

Abb. 7.4 Drei Kategorien der Spielwelt am Beispiel *Uncharted 4: A Thief's End* (2016)

artificial navigation (Günzel 2008, S. 172) und Michael Nitsche beschreibt die Interaktion mit der Spielwelt als nonlineare Erkundung (2008, S. 79): „The necessary eye of the virtual camera makes these spaces cinematic and the interaction makes them accessible much like architectural structures" (Nitsche 2008, S. 85). Erst in der Performanz aus mediatisierter Repräsentation der Spielwelt (Bildschirm mitsamt Audioausgabe), Spieler, Eingabeperipherie und Programmcode wird das Gameplay sowie die sie bedingende Atmosphäre erzeugt. Diese affektive Mensch-Maschine-Interaktion auf auditiver und visueller Ebene wird mit modernen, differenzierten Force-Feedback-Systemen in Gamepads und Joysticks um eine taktile, haptische Ebene erweitert. Die Einfühlung in den *leiblichen Raum* der Spielwelt durch Bewegung und Navigation gelingt so noch einnehmender. Der Philosoph Gernot Böhme definiert im Kontext der Thematik von Architektur und Atmosphäre den *leiblichen Raum* wie folgt: „Der leibliche Raum ist weder der Ort, den ein Mensch durch seinen Körper einnimmt, noch das Volumen, das diesen Körper ausmacht. Der leibliche Raum ist für den Menschen die Sphäre seiner sinnlichen Präsenz (Böhme 2006, S. 88)."

Nach Böhmes Theorie kann die zweidimensional perzipierte, digitale Spielwelt folglich als *leiblicher Raum* verstanden werden. Nicht zuletzt auch weil er nach ihm aus einer durch unterschiedlich artikulierte Orte bestimmte Weite besteht:

Orientierungen, Bewegungsanmutungen, Markierungen sind solche Artikulationsformen. Sie schaffen im Raum Konzentrationen, Richtungen, Konstellationen. Da diese Artikulationen keinen gegenständlichen Raum voraussetzen, sondern sich quasi in die Leere einschreiben, bleiben sie angewiesen auf das erfahrende Subjekt, genauer gesagt den Menschen in seiner leiblichen Anwesenheit (Böhme 2006, S. 113).

Wie bereits an anderer Stelle detailliert ausgeführt (vgl. Bonner 2014), beschreibt Böhme
hier indirekt die visuelle Informationsaufnahme Ikonischer Codes der Landschaften in
Open-World-Spielen. „Orientierungen" sind mit Bauwerken, Bergen, Tälern oder Seen
gleichzusetzen während „Bewegungsanmutungen" als Wege, Straßen, Treppen, Hänge
oder Höhleneingänge verstanden werden können. Die dabei erzeugte Atmosphäre ist
nach Böhme „die gemeinsame Wirklichkeit des Wahrnehmenden und des Wahrgenommenen" (2007, S. 298).

Atmosphäre

Böhme versteht die „Atmosphäre" als eine Art Aktualisierung oder Erweiterung
von Walter Benjamins Begriff der „Aura" (2007, S. 291 f.). Die ästhetische Arbeit
der Produzenten, in diesem Fall die Game Designer, ist nach ihm die Herstellung
von Atmosphären, während die Betrachter das Artefakt respektive das Computerspiel wahrnehmen und erfahren. Dabei gehört zur Wahrnehmung die affektive
Betroffenheit durch das Wahrgenommene, die Wirklichkeit der Bilder, die Leib-
lichkeit (2007, S. 290, 309). Böhme führt hierzu aus: „Ein Tal wird zum Beispiel nicht heiter genannt, weil es in irgendeiner Weise einem heiteren Menschen
ähnelte, sondern weil die Atmosphäre, die es ausstrahlt, heiter ist und diese einen
Menschen in eine heitere Stimmung versetzen kann" (2007, S. 298). Das Tal ist
also nicht nur Zeichen eines heiteren Orts, sondern erzeugt diese Heiterkeit selbst.
Ebenso, ging es in der Architektur von Wehrbauten wie Burgen nicht nur um Verteidigung und Schutz, „sondern um die Erzeugung einer Atmosphäre von Hoheit
und Überlegenheit" (2007, S. 305).

Im Kontext von Atmosphäre generierenden Umgebungen verweist Böhme auf Christian Cay Lorenz Hirschfeld (1780, S. 301), der im 18. Jahrhundert die Bestandstücke
europäischer Landschaftsgärten aufzählt und deren Wirkung auf Besucher erläutert.
Dabei erklärt er, wie die künstlich geschaffenen Welten in ihrer Begehung von einer
melancholischen zu einer heiteren Szenerie führen und so dramaturgische Wechsel von
Atmosphären erzeugen können. Dabei ist im Besonderen Hirschfelds Vorstellung der
Landschaftsgärten als modulare Systeme von Interesse, die den Besucher in ihrer Rhyth-
mik von Atmosphären oder Stimmungen Bewegungsmuster und Handlungsoptionen in
zum Teil multikursalen Wegesystemen vorgeben. Deren Ziel ist es auch, den Besuchern
zahlreiche Prospekte, also geführte Ausblicke *(prospect spaces)* zu bieten (1780, S. 130).
Thomas Hensel hat Alois Riegls Begriff der „Stimmung" auf Spielwelten angewandt
(2015). Auch Riegl setzt dabei „Ruhe und Fernsicht" voraus, die eine Balance zum chaotischen Leben der Ballungszentren, das er mit „Nähe und Bewegung" komplementär
definiert, schaffen sollen und somit die „Stimmung" zum Ergebnis haben (1899, S. 48).
Riegls „Stimmung" ist demnach als eine positiv konnotierte, dem Verweilen und schwei-
fendem Blick nachhängende Kategorie der „Atmosphäre" Böhmes und scheint ein

Rekurs auf Hirschfelds gestimmte Gartenszenen zu sein. Derartige Momente finden sich zahlreich als *prospect-dominant landscape* (Appleton 1975, S. 146) in Spielen wie *The Last of Us, Uncharted 4: A Thief's End* (2016; Abb. 7.5), *Brothers: A Tale of Two Sons* oder Horizon Zero Dawn (Guerrilla Games 2017).

Der Landschaftsgarten ist als modulares Set von Atmosphäre- und Bewegungsmustern ein analoger Vorläufer digitaler Spielwelten. Beide Welten sind konzipierte, durchgestaltete Realitäten, die im raumlogischen und raumzeitlichen Durchwandern eine idealisierte Natürlichkeit inszenieren (Gehmann und Reiche 2014, S. 2 ff.). So gibt Hirschfeld beispielsweise verschiedene Elemente an, durch deren Zusammenspiel eine sanftmelancholische Atmosphäre zustande kommt: Der verschattete Abschnitt eines Landschaftsgartens sollte in diesem Fall Abgeschlossenheit und Stille erzeugen sowie träge fließendes Wasser enthalten (1779, S. 211).

Wie die Landschaftsgärten verstehen sich auch digitale Spielwelten als eine Organisation von Orten (Liboriussen 2008, S. 151 ff.), welche die Spieler dazu anhält, Informationen über ihre Umgebungen zu sammeln, Wege zu oder um Gegner(n) auszuloten, atmosphärische Passagen als Ruhezonen zu genießen oder Objekte einzusammeln. Chaim Gingold hält fest: „The intricate spaces and living systems of a garden surprise, delight, and invite participation. Gardens, like games, are compact, self-sustained worlds we can immerse ourselves in" (Gingold 2003, S. 7). Diese modulare, mit unterschiedlichen Atmosphären versehene Verfasstheit der Landschaftsgärten und Spielwelten zeigen ihre Gemeinsamkeiten in ihrer künstlichen Organisation und illusorisch kaschierenden Grenzen in räumlicher Ausdehnung sowie in der Tatsache, das Besuchern wie Spielern nonlineare Navigation durch multiple Bewegungsmuster und emergente Handlungsoptionen

Abb. 7.5 Prospect-dominant landscape in *Uncharted 4: A Thief's End* (2016)

ermöglicht werden. Soweit interferieren hier die raumzeitlichen Qualitäten also auch mit Architekturen und ihren dramaturgischen respektive narrativen Raumabfolgen.

Das Moment von *ludus* und *paidia* kulminiert zusammen mit Architektur und künstlich konzipierter Landschaft im Komplex der Konzepte von Themenparks. Bereits 2009 sprach der Game Designer Scott Rogers in einem Vortrag über die Art, wie *Disneyland* seine Gestaltung von digitalen Spielwelten beeinflusst (2009).

Themenpark

1955 eröffnete Walt Disney in Anaheim seinen ersten Themenpark. Celia Pearce beschreibt das in sich geschlossene Areal treffend als Synthese aus Architektur und Narration, das ein Rekurs auf gotische Kathedralen oder die Tempel der Azteken mit all ihren Reliefbildern ist (2007, S. 200). *Disneyland* erfüllt nach Pearce das Bedürfnis einer Fußgänger-Erfahrung im dreidimensionalen Raum, da die US-amerikanischen Städte ihre Infrastruktur asymmetrisch auf Automobile ausrichteten (2007, S. 201). Die Aneignung urbanen Raums, wie es in London, Paris oder Rom möglich oder gar auch nötig ist, lässt sich so mit narrativen Mitteln im Sinne der dramaturgischen Rhythmisierung atmosphärisch gestimmter Orte verknüpfen. Wie *Disneyland* sind Computerspiele also räumlich zu erfahrene Medien, die jedoch mit ihren gesteigerten Interaktionsmöglichkeiten eine dauerhafte Gemeinschaft und Identität erzielen. Daher sieht Pearce die größten Parallelen auch zwischen Themenparks und den für ein Massenpublikum entworfenen Fantasy-Welten der MMORPGs (2007, S. 202). Zudem ist in *Disneyland* jeder ein Gast während in *World of Warcraft* jeder Gast ein Einwohner, ein Teil der Welt wird. So hält Pearce fest, das digitale Spielwelten, im Besonderen jene der MMORPGs, die neue Generation der Themenparks sind, da sie nicht nur „human-scale pedestrian fantasy", sondern auch „ongoing participation and contribution" bieten und somit eine Grundidee Disneys erfüllen: Das Verlangen Teil einer Welt zu sein, einer Gemeinschaft, der man angehört und, im Falle der Spielwelten, in der man mitwirken kann (2007, S. 204).

Rogers fand in *Disneyland* dezidierte Inspirationen zur effektiven Rhythmisierung digitaler Spielwelten und hebt dabei die Top-down-Methode hervor, nach der zunächst die Welt und ihr Konzept, dann die Regionen, ihre einzelnen Level und schließlich die darin stattfindenden Ereignisse entworfen werden (Rogers 2009). In *Disneyland* ist für Rogers zudem die Narration durch die Formensprache der Themenwelten und ihrer Architekturen zentral. Dies sieht er ähnlich stringent im *world-feeling* von *Super Mario World* verwirklicht, das ohne Dialog-Sequenzen auskommt. Vielmehr vermittelt die Spielwelt die Geschichte durch ihre Formensprachen und die daraus im Verbund mit den Spielern resultierenden Atmosphären. Im Sinne von Ecos Ikonischem Code übernehmen die Levelstrukturen auf Basis ihrer Primär- und Sekundärfunktionen sowie die daraus zu decodierenden Handlungsmuster und Bewegungsoptionen die Kommunikation der

Geschichte. Ein Schaustück dieses Prinzips ist *Journey* (2012), dessen Spielwelt vieles nur andeutet und mit seiner abstrahierten Ruinenlandschaft und dem vermummten, stummen Avatar den Spielern möglichst viel Interpretationsspielraum lässt (Abb. 7.6).

In *Journey* sind ebenfalls *prospect spaces* in der Spielwelt platziert, die im Ausblick auf Wüstenlandschaften und die megalomanen Überbleibsel einer untergegangenen Zivilisation eine melancholische Atmosphäre evozieren. Dabei wird auch immer wieder die harmonische Ruhe und Fernsicht im Sinne Riegls ermöglicht. Gerade der Berg und seine Lichtquelle, die während des mehrstündigen Gameplays fast immer zu sehen sind, gehören zu einem der „tricks", die Disney nach Rogers anwandte, um die Besucher durch den Themenpark zu führen. Rogers nennt diesen „trick" *landmark* oder *weenie,* und meint damit alle großen Strukturen und ikonische Architekturen, die meist in der Vertikalen zum Himmel ragen und so die Blicke der Spieler beziehungsweise der Themenparkbesucher auf sich ziehen. So fungiert in *Disneyland* das *Sleeping Beauty Castle* mit seinen hohen filigranen Türmen als *weenie* und ist somit der Referenzpunkt in der umgebenden Landschaft, der den Besuchern hilft durch den Themenpark zu navigieren (2009). Zudem weckt das Schloss den Entdeckerdrang in den Besuchern, die sich dem *landmark* nähern, um ihn sich räumlich anzueignen und die dortigen emergenten Handlungsoptionen abzurufen. Auch der Berg in *Journey* ist ständiger Bezugspunkt der Spieler, die sich diesem *weenie* durch die einzelnen Level stetig nähern und ihre Bewegungsmuster immer wieder an ihm ausrichten. Totten weist dieses zentrale navigatorische Moment der Computerspiele wie der Akropolis in Athen an griechischen Tempelanlagen nach, die bereits wohl durchdachte Annäherungen an Bauwerke und Räume sowie deren dramaturgische Enthüllung durch Ein- und Ausblicke aufweisen (2014, S. 110). In der Annäherung an die *landmarks* in

Abb. 7.6 Der Berg als *landmark* in *Journey* (2012, thatgamecompany/Sony)

Disneyland werden die Besucher laut Rogers mit „epic vistas" belohnt (2009). Dieses Konzept der Ausblicke und organisierten Sichtachsen ist auch aus Residenzstädten wie Paris bekannt. Rogers merkt an, das sich in Annäherung an das Schloss weitere Sichtachsen für die Besucher eröffnen, die sodann die *landmarks* der einzelnen Themenwelten sichtbar werden lassen (2009). Dieses daraus entstehende Netzwerk an Bezugspunkten leitet die Besucher auf visueller wie auch räumlicher Ebene und gibt ihnen emergierende Navigationsoptionen, in dem sie die scheinbare Freiheit haben zu entscheiden, welche Region und ihre Ereignisse sie nun als erstes entdecken wollen. Derartige *landmark*-Organisationen sind im Besonderen in Open-World-Spielen zentrale Stilmittel, um eine vielschichtige, komplexe und organische Welt zu inszenieren. In *Far Cry 3* (2012) können die Spieler sich zum Beispiel an Funktürmen oder Rauchschwaden orientieren. Letztere sind die Ikonischen Codes für feindliche Forts und markieren deren Ort. Beide *landmarks* sind in gewissen Abständen über die gesamte Spielwelt, eine tropische Insel, strategisch verteilt und bieten Kletterherausforderungen beziehungsweise Gefechts-Gameplay abseits der an die Geschichte gebundenen Hauptmissionen.

Ein weiterer von Rogers angeführter „trick" Disneys sind die *paths*. Wie in *Disneyland* sind Wege und Pfade in digitalen Spielwelten oft in offensichtliche (befestigte Straßen), nicht explizit ausdefinierte (Lichtungen oder Aussparungen in den Levelstrukturen) und geheime unterteilt (2009). Können die Besucher *Disneylands* mit der Einschienenbahn um den ganzen Themenpark fahren und so schneller an vordefinierte Orte der einzelnen Regionen kommen, so haben auch die Spieler weitläufiger Spielwelten oft Hilfsmittel wie Fahrzeuge oder *fast travel*.

Fast travel

Diese Art der „Fortbewegung" ist meist in Open-World-Spiele integriert und erlaubt es den Spielern, mit Unterbrechung durch einen Ladebildschirm, zwischen zwei vordefinierten Orten zu reisen, ohne die dazu nötige Wegstrecke und den Zeitaufwand zu bewältigen. In *Far Cry 3* können die Spieler sich so zum Beispiel über die Weltkarte von einem bereits eroberten Fort zu einem beliebigen anderen befreiten Fort „teleportieren". *Fast travel* steht in der Regel also nur für Orte oder Regionen der Welt zur Verfügung, welche die Spieler sich zunächst räumlich angeeignet oder durch Kampfhandlungen erobert haben. So kann die Schnellreise-Funktion auch als eine Art der Belohnung verstanden werden, die es erlaubt, redundante Erfahrungen in einer Spielwelt, wie zum Beispiel immer wieder an der gleichen Stelle auftauchende Gegnergruppen oder langwierige Reisen durch unwegsames Gelände, im späteren Spielverlauf zu tilgen. Zudem zeigt die Option des *fast travel* die digitale wie auch virtuelle Verfasstheit der Spielwelten auf, die nur in Relation zum Avatar der Spieler existieren und aus einem Programmcode heraus audiovisuell erstellt werden (vergleiche das Prinzip des *frustum culling*).

7.4 *Assassin's Creed Unity* – Die Welt zu Füßen

Digitale Spielwelten setzen sich in ihrer räumlichen Organisation also aus Theorien und Praktiken zusammen, welche das Gros der Spieler mit der Erfahrung und Begehung von Architekturen, Landschaftsgärten und Themenparks aus ihrer physischen Alltagswelt kennen. Sowohl in zwei- als auch in dreidimensionalen Computerspielen erweisen sich etablierte Formensprachen von Bauwerken und Landschaftsarchitekturen als effektive Muster zur modularen Organisation der Welt, die gleichzeitig die Handlungsoptionen und Bewegungsmuster der Avatare widerspiegelt.

Cognitive map

Kevin Lynch spricht von einem Umgebungsbild, das Muster-Relationen, (emotionale) Bedeutung und Identität filtert. Wissen über urbane Raumgefüge wird nach ihm durch wiederholtes Reflektieren und Erfahren ständig aktualisiert, bis alle Hinweise und Informationen verarbeitet sind, die für die Interaktion mit der Welt gebraucht werden (1960, S. 8, 12). Die Erstellung der *cognitive map* weist folglich evidente Übereinstimmungen mit Ecos Modell des Ikonischen Codes auf. Lynch teilt die durch das Umgebungsbild phenomenologisch stetig aktualisierte *cognitive map* in fünf Elemente ein (1960, S. 47 f.). Die *paths* sind Kanäle, auf denen der Betrachter (oder Spieler) entlanggeht. An ihnen werden die anderen Elemente arrangiert und ausgerichtet. Unter den *edges* versteht Lynch lineare Elemente, die vom Betrachter nicht als *paths* genutzt werden können. *Edges* sorgen für Brüche oder Grenzen in der raumzeitlichen Navigation und können grundlegende (die Spielwelt) organisierende oder begrenzende Elemente wie Küsten, Felswände oder Schluchten sein. *Districts* sind Sektionen oder Stadtteile, die einen bestimmten Charakter oder eine übergeordnete Formensprache haben. Beispiele hierfür sind *Chocolate Island* in *Super Mario World* oder *Adventure Land* in *Disneyland*. Mit *nodes* definiert Lynch alle strategischen Punkte einer Stadt: Kreuzungen, Parks oder Plätze. Sie sind von der räumlichen Organisation der *paths* und *districts* abhängig und markieren oft navigatorische Knotenpunkte. Die *landmarks* schließlich meinen die von Rogers auch als *weenies* bezeichneten Bezugspunkte und werden meist nur von weitem und von außen wahrgenommen. Auch Lynch versteht darunter Bauwerke, Denkmäler und Berge, die als Richtungsreferenzen fungieren. Er merkt aber an, dass auch kleinere jedoch markante Objekte zu *landmarks* werden können, je mehr man mit einer Umgebung vertraut ist. Die *cognitive map* kann mit ihren weit gefassten Elementen auch auf Landschaften angewandt werden und ist somit in Spielwelten sowohl als Analyse- wie auch als Designmethode hilfreich.

Die Prinzipien der *cognitive map,* des Ikonischen Codes oder der *prospect-refuge theory* helfen aus Perspektive der Spieler speziell in Open-World-Spielen, die nonlinear navigierbaren

Räume im Kontext ludischer Zwänge unterschiedlicher Missionen und Ziele oder des paidi-schen *free-roaming* als eine Art Kippfigur zu verstehen. Aus Perspektive der Game Designer können sie dazu beitragen, eine authentische, atmosphärische und kohärente Welt zu gestal-ten: „Personally, I consider the environment and the city to be a character, more important than any other character in fiction" (Zeller 2012, S. 170). Diese Maxime des hauptsächlich zur Gestaltung von Städten wie City 17 in *Half-Life 2* (2004) beauftragten Game Designers Viktor Antonov teilt auch Dominic Guay, Senior Producer bei *WatchDogs 2* (2016), einem San Francisco und die Bay Area simulierendem Open-World-Spiel: „Heutzutage fängt man bei einem Open-World-Spiel mit der Welt an[,] dann lässt man sich inspirieren und über-legt sich die Charaktere und die Story" (Böhm 2016). Die Erkundung der Welt ist für Guay das zentrale Gameplay-Element, wodurch auch das Computerspiel über den Handlungsort beworben wird und nicht über die Handlung selbst. Diese Fokussierung trifft auch auf die Spielwelten der *Assassin's-Creed*-Reihe (seit 2007) zu, deren besondere Atmosphäre und Verfasstheit im Folgenden am Beispiel von *Assassin's Creed Unity* (2014) detaillierter dar-gelegt werden soll. Die Welten der Reihe zeichnen sich im Besonderen durch ihre Inszenie-rung von Stadtlandschaften vergangener Epochen aus. Das Open-World Action-Adventure erzählt vom Mittelalter (unter anderem Damaskus und Jerusalem) über die Renaissance (unter anderem San Gimignano, Florenz, Venedig und Rom) bis zur Zeit des amerikanischen Unabhängigkeitskriegs (New York und Boston) und der Französischen Revolution (Paris) den Konflikt zwischen Assassinen und Tempelrittern und verknüpft diese Metadiegesen mit einem in der heutigen Zeit stattfindenden Konflikt als Diegese.

Diegese/Metadiegese

Die Gesamtheit der Darstellung und Erzählung einer fiktiven Welt wird mit dem Begriff der Diegese bezeichnet (Genette 1998). Generell meint sie über Medi-enformate hinweg alle Welten, die in fiktionalen Werken wie Theaterstücken, Büchern und Computerspielen und deren medialen Eigentümlichkeiten entspre-chend repräsentiert werden. Im Kontext des Mediums Film beispielsweise zählt zur Diegese all das, was im Bild audiovisuell (Dialoge, Sound, filmischer Raum) vermittelt wird. Verallgemeinert ist die Diegese der Kosmos aller raumzeitli-chen Beziehungen und Ereignisse, die der fiktiven Welt angehören. Im Falle der *Assassin's-Creed*-Reihe ist das Gros der aktiven Levelstrukturen, also der eigent-lichen Spielwelt in Form der historischen Städte, zunächst eine spielmechanische wie auch narrative Binnenerzählung (Metadiegese) in der Erzählung (Diegese). Die Metadiegese meint hier das affektive Gameplay, das die Spieler in Person von Desmond Miles durch die genetisch in seiner DNA gespeicherten Erinnerungen seiner (entfernten) Vorfahren nacherlebt. Diese Metadiegese ist in der Rahmen-handlung der im 20. Jahrhundert stattfindenden Konflikte zwischen den Assassi-nen und den mittlerweile in der Software-Firma Abstergo Industries agierenden Tempelrittern eingebettet. Auch hier können die Spieler mit der Welt interagieren.

Der Gameplay- und *cutscene*-Anteil ist jedoch deutlich geringer. Den Übergang von der Diegese zur Metadiegese vollführen die Spieler, indem sie sich mit dem Animus-Computer verkabeln, der dann die DNA-Daten als digitale Welt simuliert. Dieses Prinzip der Umschaltung von Diegese zu Metadiegese mittels einer Mensch-Maschine-Interaktion erinnert an Cyberpunk-Filme wie *The Matrix* (1999) oder auch *eXistenZ* (1999).

Die verschiedenen historisch-urbanen Raumgefüge festigten und erweiterten zugleich mit jedem neuen Teil das *world-feeling* von *Assassin's Creed*. Die Spieler können sich zu Spielbeginn zunächst nur in kleineren Arealen der Städte bewegen, die als eine Art Tutorial den Neulingen der Reihe die Steuerung beziehungsweise Veteranen die Neuerung in den Bewegungsmustern des Avatars und somit auch die Interaktion mit der Spielwelt näherbringen soll. In *Assassin's Creed Unity* erlangen die Spieler in einem kleinen Abschnitt des Schlosses von Versailles Grundkenntnisse der Handlungsoptionen, um danach im kleinen Städtchen mit demselben Namen erste ludische und paidische Erfahrungen mit einer urbanen Spielwelt zu sammeln. Danach werden die Spieler mittels *cutscenes* nach Paris überführt, wo sie sich frei durch die detaillierte und dicht bevölkerte Großstadt bewegen können. Das Schloss, Versailles und Paris sind fragmentierte Regionen der Spielwelt, die in der gleichen *Skybox,* einem animierten Himmel mit komplexen Wetter und Lichtverhältnissen geladen werden. Im späteren Verlauf gelangen die Spieler zudem in das Paris des 19. Jahrhunderts sowie in das von der Wehrmacht besetzte Paris. Beide Regionen sind eng begrenzte Levelstrukturen, die jeweils in wenigen Häuserblocks beziehungsweise um und auf dem *Eiffelturm* und in kleineren *Skyboxen* stattfinden. Um die frei begehbare Levelstruktur der Stadt Paris befindet sich ein Gürtel passiver Levelstrukturen in Form von Bäumen und vereinzelten Gebäuden, die, falls man von einem der unzähligen erhöhten Standpunkte aus über die *edges* der Stadtmauer hinwegblicken kann, den Übergang von ausmodellierter Stadt und die sie einfassende *Skybox* kaschieren und eine größere Spielwelt suggerieren.

Neben dem Kampf mit zeitgenössischen Waffen und der Interaktion mit historisch nachgewiesenen aber nur bedingt korrekt nachgezeichneten NPCs, ist vor allem das Erkunden der Städte das zentrale Gameplay-Element. Damit die Spieler neue Aufträge erhalten, müssen sie *landmarks* wie Minarette, Kuppelbauten sowie Kirch- und Wehrtürme erklimmen. Gerade durch das raumzeitliche Aneignen von Architekturen können unterschiedliche Handlungsoptionen und Bewegungsmuster in die Vertikalität verlagert werden. Die Spieler werden nach erfolgreicher Meisterung der Kletterpassagen mit den die Atmosphäre steigernden *rewarding vistas* in die Spielwelt und über die detaillierten Städte belohnt (Totten 2014, S. 246–248). Fernsicht und Ruhe im Sinne Riegls lassen die Spieler innehalten. Gleichzeitig können diese isolierten Orte hoch über dem dreckigen chaotischen Paris mit seinen teils großen Ansammlungen revoltierender NPCs auch als *refuge spaces* dienen.

Die für *Assassin's Creed* typischen Kombinationen aus *rewarding vistas* und *refuge spaces* mündet im Blick auf den *prospect space* der Städte (Abb. 7.7). Dabei können nicht nur *secondary refuge spaces* in Form von Heuhaufen, Schuppen oder weiteren Türmen decodiert werden. Der *prospect space* des weitläufigen Paris lässt sich zudem in einen positiven und einen negativen unterteilen und erlaubt so die Umgehung von Gefahren dank der multikursalen *paths* und *nodes*. Positive *prospect spaces* sind die aneinandergereihten Dachrücken der an den Straßenzügen und Gassen ausgerichteten Häuser. Durch die Möglichkeit der Erklimmung von Architekturen und Fassaden werden die *edges* für die Spieler zu alternativen *paths* abseits der von Wachen und Bürgern übersäten Straßen. Paris kann also konventionell als Passant oder in Parkour-Bewegungsmustern erfahren werden.

Parkour

Le Parkour ist ein urbaner Extremsport. Das Ziel dieser Fortbewegungsart ist es mit eigener Körperkraft eine möglichst kurze oder effektive Route von A nach B zu bewältigen. Dabei sollen die Parkourläufer die räumlichen Vorgaben der Architekturen und Infrastrukturen im Sinne eines Hindernislaufs ignorieren und sich den Raum in möglichst flüssigen Bewegungschoreografien aneignen.

Das in *Assassin's Creed Unity* simulierte Paris ist die bisher akribischste, digitale Repräsentation einer vormodernen Stadt in digitalen Spielwelten. An den Fassaden der

Abb. 7.7 Blick auf Paris: *Assassin's Creed Unity* (2014, Ubisoft/Ubisoft)

unterschiedlichsten Bauwerke – darunter Fachwerkhäuser, mittelalterliche Wehrbauten, gotische Sakralarchitekturen oder klassizistische Palais – empor kletternd, können die Spieler aus nächster Nähe und auf Basis der detaillierten 3-D-Modelle mit ihren hochauflösenden Texturen nicht nur die statischen und tektonischen Prinzipien der Baustrukturen (Friese, Gesimse, Pilaster, Profilierungen), sondern auch die Eigenheiten der verschiedenen Baumaterialien wie Backstein, Kalkstein, Marmor, Granit, Holz oder Lehm plastisch erfahren (Abb. 7.8 und 7.9). Die Materialien der digitalen Spielarchitekturen stellen als virtuelle Repräsentation die Erscheinung ihrer selbst dar und müssen im Sinne von Böhmes leiblichem Raum vornehmlich atmosphärisch spürbar sein (Böhme 2006, S. 158 f.; vgl. Bonner 2014). Die Texturen der aufwendigen Polygonobjekte sind Abbildungen des physisch- realen Materials, die je nach Auflösung und Filtereffekten entsprechend authentisch und plastisch wirken und folglich atmosphärische Ausstrahlung erzeugen. Diese wahrnehmende Beziehung verknüpfen die Spieler dann mit der medialen Beziehung, sprich mit der Erinnerung an die physische Erfahrung in der Alltagswelt (2006, S. 161). Derartige Analogien erfolgen dank Textur-Effekten wie dem *Bump Mapping* umso effektiver: So können die Spieler an Sichtmauerwerk unterschiedlich weit auskragende Steine und deren grobe Oberflächen oder den im Licht der in der *Skybox* verorteten Sonne reflektierenden Marmor mit seinen ädrigen Maserungen und kleinen Poren erkennen. Mit der etablierten Methode des *Frustum Culling* sind die Polygon-Bauwerke aus Gründen der Rechenleistung aber nur in der näheren Umgebung des Avatars derartig plastisch-komplex, hochauflösend und mit mehreren *Mapping*-Filtern versehen dargestellt.

Abb. 7.8 In den Straßen von Paris: *Assassin's Creed Unity* (2014, Ubisoft/Ubisoft)

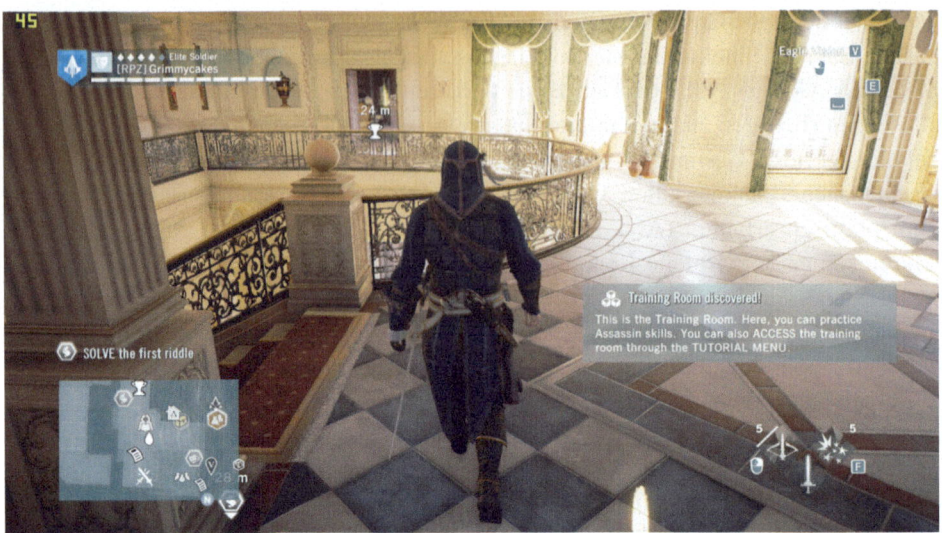

Abb. 7.9 Taktile Materialästhetik in *Assassin's Creed Unity* (2014, Ubisoft/Ubisoft)

Bump Mapping

Mit dem illusorischen Effekt des *Bump Mapping* sehen Objekte realistischer aus, ohne dass ihre Polygonnetze hierfür komplexer werden müssen. Er stellt detailliert Oberflächenunebenheiten durch Schattierungen dar. Die zusätzlichen, visuell kommunizierten Materialeigenschaften werden in einer Textur-Ebene über das Objekt gelegt. Dieser illusorische Effekt simuliert auch stumpfe und polierte Oberflächen durch die unterschiedlichen Arten von Reflexionen und ist vom Beleuchtungssystem der Spielwelt abhängig. Wie auch in *Assassin's Creed Unity* tritt *Bump Mapping* oft im Verbund mit *Normal Mapping* und *Displacement Mapping* auf, die den taktilen Effekt der digital repräsentierten Materialeigenschaften noch verstärken.

Frustum Culling

Alle Bauwerke, Landschaften und Objekte einer Spielwelt – auch ohne dass sie von den Spielern aus direkter Nähe oder mit direktem Blickkontakt visuell oder raumzeitlich erfahren werden – direkt mit hochauflösenden Texturen und komplexen Polygonnetzen darstellen respektive berechnen zu können, ist trotz erhöhter Fernsicht und zunehmender vertikaler Strukturen selten möglich. Besonders die weitläufigen Welten der Open-World-Spiele, die meist direkt zu Spielbeginn als eine riesige, kohärente Levelstruktur innerhalb der *Skybox* nonlinear navigiert werden können, benötigen trotz hoher Speicher- und Rechenleistungen sowie effektiver Grafikengines und *Mapping*-Effekte das Prinzip des *Frustum Culling* (dt.: Kegelstumpf-Auslese).

Hierbei werden nur jene Objekte einer Levelstruktur, die sich in einem begrenzten Bereich innerhalb des pyramidalen Blickfelds *(frustum)* der virtuellen Kamera der First- und Third-Person-Spiele befinden, mit den zur Nahansicht und Interaktion erstellten, komplexeren Polygonnetzen und höheren Texturen dargestellt. Je weiter also Objekte wie zum Beispiel NPCs, Bäume oder *landmarks* vom Point of View der Spieler entfernt sind, desto minimalistischer sind die Polygonnetze und die auf ihnen platzierten Texturen. Im Falle von *Assassin's Creed Unity* ist der *Frustum-Culling*-Bereich bereits deutlich größer als in älteren Open-World-Spielen. Zudem können heute ganze Abschnitte oder *districts* vorgeladen werden, sodass der Detailgrad der Spielwelt-Objekte in der Annäherung durch die Spieler stetig respektive fließend angepasst werden kann. In älteren Computerspielen wie *Grand Theft Auto III* (2001) erschienen die Objekte noch als *pop-ups* unvermittelt und plötzlich im Blickfeld der Spieler. Außerhalb des *Frustum-Culling*-Bereiches existierte die Welt entweder (noch) nicht oder die Sichtweite wurde wie in *Turok: Dinosaur Hunter* (1996) durch einen künstlichen Nebel kaschiert.

Die Simulation und Repräsentation historischer Städte findet in *Assassin's Creed Unity* mit Paris ihren vorläufigen Höhepunkt der Reihe. Erstmals fokussieren die Game Designer die Spielwelt auf eine Stadt, die auf Basis von Feldbegehungen, Fotos, Videos und beratender Historiker folgerichtig umso detaillierter ausgestaltet wurde. Wie die anderen urbanen Handlungsorte zuvor (Rom, Florenz, Jerusalem etc.) ist Paris eine Weltstadt, die im Computerspiel als *evocative space* auf den durch zahlreiche Filme, Urlaubsfotos und Werbungen internalisierten Erwartungshorizont der Spieler aufbaut, um eine eindringliche urbane Atmosphäre zu inszenieren. Dieser Postkarten-Effekt liegt auch darin begründet, dass die Skyline der Stadt noch heute, mit Ausnahme des *Eiffelturms* und der Hochhäuser in der Peripherie, hauptsächlich von Bauten aus der Zeit vor der französischen Revolution dominiert wird. Besagter Rekurs auf populärkulturelle, kollektive Wissensbestände forciert aber auch, dass Details an den historischen *landmarks* zu sehen sind, die erst in späteren Jahrhunderten hinzugefügt wurden, heute von der Masse aber so erfahren werden. Im Kontext der vergangene Epochen simulierenden Computerspiele ist die diachrone Darstellung von Objekten ein etabliertes Phänomen.

Die einzelnen Stadtteile *(districts)* zeichnen sich durch sehr unterschiedliche Formensprachen im Kontext von Architektur, NPC-Kleidungen, Straßenzügen *(paths* und *nodes)* und Wahrzeichen *(landmarks)* aus. So ist die ikonische Île de Cité mitsamt *Notre-Dame de Paris, Place Dauphine, Sainte-Chapelle* und *Palais de la Cité* Zentrum der Spielwelt (Abb. 7.10). Ärmere Viertel mit Fachwerkhäusern und unbefestigten Wegen existieren ebenso wie Viertel mit reichen Bürgern, breiten Straßen und repräsentativen Bauwerken. Das Aufkommen von Bürgern, Straßenbarrikaden und gegnerischen Patrouillen ändert sich dabei über die Spielzeit, wodurch zusätzlich der Eindruck einer organischen und dynamischen Stadt entsteht. Auch wenn die bekannten Pariser *landmarks* innerhalb des in der aktiven Levelstruktur inszenierten, urbanen Raumgefüges in nahezu

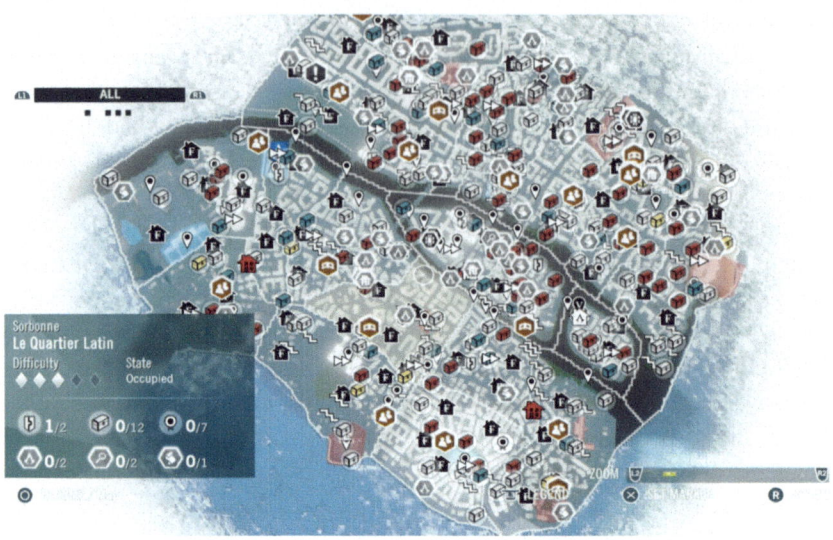

Abb. 7.10 Interaktive Stadtkarte in *Assassin's Creed Unity* (2014, Ubisoft/Ubisoft)

korrekter Relation zueinander platziert sind, so wurden ihre Zwischenräume zugunsten eines besseren Gameplays abgeändert, verkürzt, vereinfacht oder angepasst. Gerade die nonlineare Navigation welche die Spieler in einer Kippfigur aus Passant und Parkourläufer praktizieren sowie die emergenten Handlungsoptionen für Missionen und Sammelobjekte sind dabei ausschlaggebend. Level Design Director Nicolas Guerin führt dazu aus:

> Paris is incredibly dense, with cramped streets and tightly-packed buildings, which conflicted somewhat with *Assassin's Creed*'s free-roaming movement. So in order to make Paris more of a playground, the team used a process called „radial scale" to change its layout. It's a simple concept: in the center of the city it's essentially a one-to-one recreation, but the further you move from Paris' core, the more spread out things get (Webster 2014).

In früheren urbanen Spielwelten der *Assassin's-Creed*-Reihe wird das Gros der Architekturen ihrer Funktionen in der gebauten Wirklichkeit beraubt. Sie verweisen als leere Polygonhüllen auf die spielmechanischen Bewegungsmuster des Avatars. Lediglich für die Narration und das Gameplay sind beispielsweise einige wenige Gaststätten und Geschäfte in *Assassin's Creed III* (2012) betretbar. Ursprünglich warten nur die *landmarks,* in denen auch Missionen stattfinden, mit einer detaillierten Innenarchitektur auf. Selbst die sporadisch in die Bostoner und New Yorker Straßenzüge eingefügten, offenen Fenster, die eine Durchquerung anstelle einer Umgehung (Passant) oder Erklimmung (Parkourläufer) der Gebäude erlauben, sind geskriptete Sequenzen. Sie erlauben keine Erforschung der immer gleich gestalteten Wohnungen und sind mehr eine zusätzliche Alternative für die (schnellere) Navigation durch die Levelstruktur, denn eine Steigerung von architektonischer oder urbaner Kohärenz. In *Assassin's Creed Unity* sind aufgrund der gesteigerten Rechenleistung und neuen Grafikengine deutlich mehr Wohngebäude im Inneren ausgestaltet. Die Häuser sind nun zwar erkundbar, aber in ihren Grundrissen und Formensprachen sehr limitiert. Dies spiegelt sich auch in der Fassaden-Gestaltung der Stadthäuser wider, die im Paris der Französischen Revolution mit dem 1793 initiierten *Plan des Artistes* tatsächlich eine gewisse Vereinheitlichung zum Wohle des Stadtbildes unterzogen wurden. Die limitierten Grafiksets der Fassaden fallen hingegen besonders in den älteren Teilen der Reihe auf. Das mag bei Architekturen in der gebauten Wirklichkeit negativ konnotiert sein (vgl. Baudrillard 1999), ist im Hinblick auf die alternierende Muster ausbildenden Levelstrukturen und die daraus resultierenden emergenten Handlungsoptionen und Bewegungsmuster aber im positiven Sinne zu verstehen (vgl. Bonner 2015a, 2015b). Denn nur durch die modulare Organisation der Welt kann ein mannigfaltiges und effektives Gameplay erzielt werden, wie es an anderer Stelle mittels philosophischer Konzepte der Raumaneignung (unter anderem de Certeau 1980) detailliert dargelgt wurde (vgl. Bonner 2015c).

Assassin's Creed Unity ist das Schaustück digitaler Spielwelten, die mehr durch ihre atmosphärischen *evocative spaces* sowie durch die lebendige Stadtsimulation und die raumzeitlich ausgefeilten, nonlinearen Bewegungsmuster das Interesse der Spieler wecken, denn durch die recht verquere Geschichte. Adam Webster drückt die Begierde nach vertikalen Herausforderungen und den Entdeckerdrang für das komplexe urbane Raumgefüge passend aus: „I only spent around 45 min with the game but I wanted much more – not to complete a mission or see what happens next in the story, but just to walk around and enjoy the beauty of Paris" (Webster 2014). Der Erfolg dieses spielmechanisch idealisierten *world-feelings* basiert auf den Erkenntnissen, welche die raumzeitlichen Erfahrungswelten Architektur, Landschaftsgarten und Themenpark teils über Jahrhunderte hinweg für die Alltagswelt entwickelt und tradiert haben und ihrerseits auf zivilisationshistorische Einschreibungen im Sinne der *prospect-refuge theory* rekurieren. Fest steht: Die Spielwelt muss in ihrer Gestaltung und Rhythmisierung auf multiple Wahrnehmungsmodi der Spieler eingehen – zwischen *ludus* und *paidia*, zwischen Stimmung und Chaos. Als raumzeitlich-manifestierte Spiegelung der Handlungenoptionen des Avatars sollen neben ludischen auch narrative Informationen kommuniziert werden.

Literatur

Aarseth, Espen. 2001. Allegorien des Raums: Räumlichkeit in Computerspielen. *Zeitschrift fn. 2001. ik*, Bd. 23, Heft 3/4: 301–318.

Appleton, Jay. 1975. *The Experience of Landscape*. London: John Wiley & Sons Ltd.

Baudrillard, Jean. 1999. *Architektur: Wahrheit oder Radikalität?* Graz/Wien: Literaturverlag Droschl.

Bonner, Marc. 2017. Erkundung als virtuell-fiktionale Immersionsstrategie – Das *prospect pacing* der Open-World-Computerspiele als Spiegel nicht linearer Spieler-Einbindung. In *Jahrbuch Immersiver Medien 2016. Interfaces – Netze – Virtuelle Welten*, hrsg. Institut für Immersive Medien Kiel, S. 38–57. Marburg: Schüren.

Bonner, Marc. 2015a. „Form follows fun" vs. „Form follows function": Architekturgeschichte und -theorie als Paradigmen urbaner Dystopien in Computerspielen. In *New Game Plus,* hrsg. B. Beil, G. S. Freymuth und L. Gotto, 267–299. Bielefeld: transcript.

Bonner, Marc. 2015b. APERchitecTURE – Interferierende Architektur- und Raumkonzepte als Agens der Aperture Sciences Inc. In ‚*The cake is a lie.'* *Polyperspektivische Betrachtungen des Computerspiels am Beispiel von Portal,* hrsg. T. Hensel, B. Neitzel und R. Nohr, 57–87. Münster: Lit Verlag.

Bonner, Marc. 2015c. Ambiguous Play Pattern: A Philosophical Approach to the Prospect-Refuge Theory in Urban Open World Games by Merging Deleuze/Guattari and de Certeau. https://www.academia.edu/24458160/Ambiguous_Play_Pattern_A_Philosophical_Approach_to_the_Prospect-Refuge_Theory_in_Urban_Open_World_Games_by_Merging_Deleuze_Guattari_and_de_Certeau. Zugegriffen: 10. September 2017.

Bonner, Marc. 2014. Digitale Spielarchitektur und ihr leiblicher Raum – Über das affektive Erfahren des Spielers und den Transfer von Atmosphären gebauter Wirklichkeiten. In *Zwischen|Welten. Atmosphären im Computerspiel,* hrsg. C. Huberts und S. Standke, 210–223. Glückstadt: Verlag Werner Hülsbusch.

Böhm, Markus. 2016. Herumwandern in Videospielen. Ich will doch einfach nur chillen! http://www.spiegel.de/netzwelt/games/gamescom-2016-was-macht-tolle-spielewelten-aus-a-1106973.html. Zugegriffen: 22. September 2016.

Böhme, Gernot. 2007. Atmosphäre als Grundbegriff einer neuen Ästhetik. In *Einfühlung und phänomenologische Reduktion. Grundlagentexte zu Architetektur, Design und Kunst,* hrsg. T. Friedrich und J. H. Gleiter, 287–310. Münster: Lit Verlag.

Böhme, Gernot. 2006. *Architektur und Atmosphäre.* München: Wilhelm Fink.

de Certeau, Michel. 1980. *Kunst des Handelns.* Berlin: Merve Verlag.

Eco, Umberto. 2006. Function and Sign: The Semiotic of Architecture. In *Rethinking Architecture, A Reader in Cultural Theory,* hrsg. N. Leach, 182–202. London: Routledge.

Gehmann, Ulrich und Martin Reiche. 2014. Introduction. In *Real Virtuality, About the Destruction and Multiplication of World,* hrsg. U. Gehmann und M. Reiche, 1–20. Bielefeld: transcript.

Genette, Gérard. 1998. *Die Erzählung.* München: Wilhelm Fink.

Gingold, Chaim. 2003. Miniature Gardens and Magic Crayons: Games, Spaces, and Worlds. Georgia Institute of Technology. http://levitylab.com/cog/writing/Games-Spaces-Worlds.pdf. Zugegriffen: 16. März 2015.

Günzel, Stephan. 2012. *Egoshooter. Das Raumbild des Computerspiels.* Frankfurt/M: Campus.

Günzel, Stephan. 2008. The Space-Image, Interactivity and Spatiality of Computer Games. http://pub.ub.uni-potsdam.de/volltexte/2008/2456/. Zugegriffen: 22. März 2015.

Hensel, Thomas. 2015. Zwischen *ludus* und *paidia.* The Last Of Us als Reflexion des Computerspiels. In *New Game Plus. Perspektiven der Game Studies. Genres – Künste – Diskurse,* hrsg. B. Beil, G. S. Freymuth und L. Gotto, 145–183. Bielefeld: transcript.

Hirschfeld, Christian Cay Lorenz. 1779. Theorie der Gartenkunst, Bd. 1. Leipzig: Weidmann.

Hirschfeld, Christian Cay Lorenz. 1780. *Theorie der Gartenkunst,* Bd 2. Leipzig: Weidmann.

Jenkins, Henry. 2004. Game Design as Narrative Architecture. In *First Person: New Media as Story, Performance, Game,* hrsg. N. Frup-Waldrop und P. Harrigan, 118–130. Cambridge: MIT Press.

Jenkins, Henry; Squire, Kurt. 2002. The Art of Contested Spaces. *Game-On,* 40: 64–75.

Liboriussen, Bjarke. 2008. The Landscape Aesthetics of Computer Games. In *Conference Proceedings of the Philosophy of Computer Games 2008,* hrsg. S. Günzel, M. Liebe und D. Mersch, 144–155. Potsdam: Univ. Press.

Lynch, Kevin. 1960. *The Image of the City.* Cambridge/MA: MIT Press.

Nitsche, Michael. 2008. *Video Game Spaces. Image, Play, and Structure in 3D Worlds.* Cambridge/MA: MIT Press.

Pallasmaa, Juhani. 2012. *The Eye of The Skin. Architecture and the Senses.* Chichester: John Wiley & Sons Ltd.

Pallasmaa, Juhani. 2011. *The Embodied Image. Imagination and Imagery in Architecture.* Chichester: John Wiley & Sons Ltd.

Pearce, Celia. 2007. Narrative Environments, From Disneyland to World of Warcraft. In *Space Time Play. Computer Games, Architecture and Urbanism: The Next Level,* hrsg. F. von Borries, S. P. Walz und M. Böttger, 200–204. Basel: Birkhäuser.

Rautzenberg, Markus. 2015. Caves, Caverns and Dungeons. Für eine speläologische Ästhetik des Computerspiels. In *New Game Plus,* hrsg. B. Beil, G. S. Freyermuth und L. Gotto, 245–266. Bielefeld: transcript.

Riegl, Alois. 1899. Die Stimmung als Inhalt der modernen Kunst. *Die Graphischen Künste,* XXII: 47–56.

Rogers, Scott. 2009. Everything I Learned About Leveldesign I Learned from Disneyland. http://gdcvault.com/play/1305/Everything-I-Learned-About-Level. Zugegriffen: 16. März 2015.

Totten, Christopher W. 2014. *An Architectural Approach to Level Design.* Boca Raton/London/New York: CRC Press.

Totten, Christopher W. 2009. *Game Design and Architecture, Thesis zur Erlangung des Masters of Architecture.* http://www.gamecareerguide.com/features/705/masters_thesis_game_design_and_.php?page=2. Zugegriffen: 26. März 2012.

Webster, Andrew. 2014. Building a Better Paris in Assassin's Creed Unity. Historical Accuracy Meets Game Design. http://www.theverge.com/2014/10/31/7132587/assassins-creed-unity-paris. Zugegriffen: 26. März 2015.

Yacavone, Daniel. 2010. Film Worlds. Zur Neukonzeption von filmischer Repräsentation, Temporalität und Reflexivität. *Rabbit Eye – Zeitschrift für Filmforschung* Nr. 001: 109–120. http://www.rabbiteye.de/2010/1/yacavone_film_worlds.pdf. Zugegriffen: 23. Januar 2015.

Zeller, Oliver. 2012. Doing Entire Worlds. Viktor Antonov Reveals his Motivations as a Designer of Fictional Worlds. *MARK Magazine* 40: 168–175.

Über den Autor

Dr. Marc Bonner, Studium der Kunstgeschichte, Neuere Geschichte und Informationswissenschaft an der Universität des Saarlandes. Dissertation: *Architektur ferner Welten – Santiago Calatravas skulpturales Architekturverständnis und die Bildhaftigkeit seiner Bauwerke in Wechselwirkung zu Werbung, Film, Musik, Computerspiel und Mode* (Deutscher Kunstverlag 2014).

Seit Oktober 2017 Leiter des DFG-Projekts „Offene-Welt-Strukturen: Architektur, Stadt und Landschaft im Computerspiel". Von 2013 bis 2017 Lecturer am Institut für Medienkultur und Theater an der Universität zu Köln. Von 2009 bis 2013 Lehrbeauftragter des Kunsthistorischen Instituts sowie des Bachelor Optionalbereichs (Schwerpunkt Europa) an der Universität des Saarlandes.

Forschungsschwerpunkte: Architektur des 19., 20. und 21. Jahrhunderts; Darstellung und Nutzung von Architektur, Stadt und Landschaft in Computerspiel und Film; spielimmanenter Raum; Science-Fiction-Film; transdisziplinäre Forschung im Spannungsfeld Architektur, Film und Computerspiel. – mbonner@uni-koeln.de Institut für Medienkultur und Theater, Meister-Ekkehart-Str. 11, 50937 Köln.

Teil II
Schnittstellen

Interface

8

Timo Schemer-Reinhard

8.1 Theorieüberblick: Mensch-Maschine-Interaktion

Das Interface ist die Übertragungs- beziehungsweise Schnittstelle zwischen Mensch und Maschine. Es nimmt Eingaben, *Input*, des Benutzers an und leitet es in geeigneter Form an die Maschine weiter, und es liefert Ausgaben, *Output (Feedback)*, der Maschine in für den Menschen geeigneter Form zurück. Interfaces bestehen deswegen üblicherweise aus Ein- und Ausgabeeinheiten (zum Beispiel Tastatur und Bildschirm), die zwar potenziell voneinander unabhängig sind, die aber funktional aufeinander abgestimmt als Einheit begriffen werden können. Ein Interface ist also ein funktionales Gefüge, das sich potenziell aus mehreren technischen Einheiten konstituiert und der Steuerung von Technik dient. Es steht damit im Zentrum der interdisziplinären Felder der Mensch-Maschine-Interaktion (MMI) oder – im speziellen Falle der „universellen Maschine" Computer – der Human-Computer-Interaction (HCI).

> Das **Interface** verweist als technische Einrichtung, die buchstäblich zwischen dem Menschen und der Maschine steht, auf den Unterschied zwischen moderner Technik – Maschinen – und einfachen Werkzeugen: Herkömmliche Werkzeuge können nur auf je eine einzige Weise „richtig" benutzt, bedient, gehandhabt werden. Maschinen hingegen basieren auf Automatisierung und arbeiten damit tendenziell autonom, was Einrichtungen nicht nur zur Steuerung sondern auch zu ihrer Kontrolle erforderlich macht.

T. Schemer-Reinhard (✉)
Siegen, Deutschland
E-Mail: timo.schemer-reinhard@uni-siegen.de

© Springer Fachmedien Wiesbaden GmbH 2018
B. Beil et al. (Hrsg.), *Game Studies,* Film, Fernsehen, Neue Medien,
https://doi.org/10.1007/978-3-658-13498-3_8

Diese Steuerungseinrichtungen – Interfaces – sind aber nicht genuiner Teil der jeweiligen Maschine, sondern bleiben dieser (hinsichtlich ihrer spezifischen Funktion) äußerlich. Sie sind dadurch prinzipiell austauschbar: Eine Maschine kann durch unterschiedliche Interfaces gesteuert werden und ein Interface(typ) kann für sehr unterschiedliche Maschinen verwendet werden. Daraus resultiert eine technikkulturelle Eigendynamik von Interfaces und den mit ihnen verbundenen Interaktionsformen.

Auf den ersten Blick funktioniert ein Interface umso besser, je weniger seine Nutzung überhaupt ins Bewusstsein rückt, das heißt: je eingängiger es ist. Obgleich das damit verbundene gleichsame Verschwinden des Interfaces oft geradezu zum Telos der HCI erklärt wird (Bolter und Grusin 1999, S. 23; Weiser 1991), gilt es aber zu bedenken, dass ein vollständig aus dem Bewusstsein verschwundenes Interface im wahrsten Sinne des Wortes „nicht zu gebrauchen" wäre, denn Bedienung setzt ein Bewusstsein vom zu Bedienenden voraus. Interfaces müssen also einerseits, um überhaupt benutzt werden zu können, als Werkzeuge wahrnehmbar sein, sie sollen aber andererseits im Zuge ihrer Nutzung das Bewusstsein des Nutzers möglichst wenig in Anspruch nehmen, gleichsam „verschwinden". Zudem fungieren Interfaces in Erfüllung ihrer Ausgabe-Funktion auch als Medien, und Medien ist eine ähnliche Dialektik inhärent: Sie verschwinden einerseits im Zuge ihrer Rezeption hinter den durch sie vermittelten Inhalten, sie müssen aber andererseits, um benutzendem Zugriff überhaupt verfügbar sein zu können, als Medien (also als spezielle Form von Werkzeug) Gegenstand von Wahrnehmung sein. Die Doppelnatur des Interfaces als Werkzeug zur Steuerung und als Medium für Feedback (Schemer-Reinhard 2012, S. 42) führt zu einer komplizierten Oszillation zwischen Transparenz und Opazität (Bolter und Grusin 1999). Die meistens Diskurse über Interfaces betonen dominant die Bedeutung von Transparenz und unterschätzen die Funktion von Opazität.

Technikphilosophisch lässt sich je nach Perspektive das Interface entweder (pessimistisch) als Ausdruck oder Symptom der *Trennung* zwischen oder (optimistisch) als Mittel der *Verbindung* von Mensch und Technik deuten. Die pessimistische Perspektive kann als Fortschreibung einer verbreiteten Figur gesehen werden, nach der Technik mit Entfremdung assoziiert ist (Husserl 1962, insbesondere S. 42 ff.; Heidegger 1962; Freud 1930, S. 47 ff.; Marx 1983, S. 590 ff.). Auf dieser Figur aufbauend wird die vermittelnde, verbindende Leistung von Interfaces dann nicht etwa angezweifelt, sondern ihr diesbezügliches Funktionieren wird als Mittel einer ideologischen Verbergung der postulierten „eigentlichen" Entfremdung kritisiert; kurz: Die Transparenz des Interfaces macht die Technik insgesamt unsichtbar und damit auch unkritisierbar (prototypisch: Blumenberg 1963/1981, S. 35 ff.; dazu: Schemer-Reinhard 2017). Die optimistische Perspektive dagegen schreibt entweder Ansätze fort, in denen Technik als Erweiterung des menschlichen Körpers beziehungsweise Handelns (Kapp 1877; McLuhan 1968) oder Mensch und Technik als Konstituenten eines kybernetischen (ggf. als symbiotisch idealisierten) Regelkreises (Licklider 1960) modelliert werden. Kybernetische Ansätze tendieren modellbedingt dazu, Kommunikation an die Stelle von Interaktion zu setzen und folglich das Interface auf Übertragungs- oder Übersetzungsfunktionen zu reduzieren. Mindestens implizit ist in diesen Ansätzen der Dialog als ideale Kommunikationsform zwischen gleichberechtigten „Partnern" als (normativer) Orientierung wirksam. Ansätze, die Technik als Körpererweiterung modellieren, ordnen hingegen Technik tendenziell dem Menschen hierarchisch unter. Auch hier wird Transparenz als Leistung des Interfaces betont und Opazität eher als störend verworfen: Die perfekte Prothese geht im Körper auf.

In anwendungsorientierten Zusammenhängen wie der Informatik oder den Ingenieurswissenschaften dominiert das kybernetische Modell, im Kontext von Interface-Design(-Theorien) ist daneben auch die Prothesenvariante wirksam. Hier wird zudem die oben genannte Potenz des Interfaces, Entfremdung zu verbergen, positiv umgedeutet, indem Entfremdung auf komplexitätsbedingte Nicht-Zugänglichkeit von Technik, also auf ein Usabilityproblem, reduziert wird. Im Gewand des Interfaces soll dann komplexe, uns damit „fremd" gegenübertretende Technik als einfaches, zuhandenes und vertrautes Werkzeug zugänglich werden (zum Beispiel Bonsiepe 1996).

Das heute die HCI dominierende Interaktionsparadigma der „Direkten Manipulation" (Shneiderman 1983) wurde zusammen mit der Computermaus bereits in den 1960er Jahren entwickelt, hat sich aber erst ab den 1980er Jahren massenwirksam durchgesetzt (zur ausführlichen Geschichte der HCI siehe: Hellige 2008; Pflüger 2004). Eine historische Ausnahme bilden interessanterweise ausgerechnet Computerspiele, die auf Arcade-Automaten liefen (Abb. 8.1).

Diese Spiele verwendeten bereits in den 1970er Jahren massenwirksam erfolgreich das eingängige Steuerparadigma: „The commands are physical actions, such as button

Abb. 8.1 Control-Panel des Arcade-Spiels *Centipede* (1980, Atari/Atari), bestehend aus Feuer-Button sowie Trackball

presses, joystick motions, or knob rotations, whose results appear immediately on the screen" (Shneiderman 1983, S. 61). Shneidermans Formulierung aus den frühen 1980er Jahren erweist sich rückblickend als hellsichtig, denn in „physical actions" sind zum Beispiel auch schon durch Sensoren erfasste Gesten im freien Raum inbegriffen, ebenso sind *tangible user interfaces* wie Touchscreens hier subsumierbar. Entscheidend ist bei Direkter Manipulation zunächst weniger, was der Nutzer tun muss, sondern vielmehr, dass er für die wie auch immer geartete Handlung eine unmittelbare Reaktion erhält. Dieser Kurzschluss von In- und Output erzeugt den Eindruck, den (Bildschirm-)Effekt „direkt" verursacht zu haben. Per se eingängig („intuitiv") ist eine Steuerung dadurch allerdings noch nicht. Die Eingängigkeit wird maßgeblich moderiert durch Isomorphie-verhältnisse zwischen Nutzerhandlung und dadurch ausgelöster maschineller Aktion (Therrien 2014, S. 305). Solche strukturellen Ähnlichkeiten zwischen Handlung und Effekt in Bezug auf Anordnung, Richtung, Stärke (etc.) werden in englischsprachigen designtheoretischen und ingenieurswissenschaftlichen (vor allem pragmatisch ausge-richteten) Kontexten vornehmlich unter dem Begriff *mapping* verhandelt (Norman 1990, S. 23); in Ansätzen, die auch auf philosophische Grundlagen (vor allem Phänomenolo-gie) referieren, wird entsprechend mit *isomorphism* gearbeitet (Gregersen und Grodal 2009).

Der Eindruck von Unmittelbarkeit verführt leicht dazu, ihn mit Natürlichkeit zu ver-wechseln. In diesem Zusammenhang wird gerne ein Paradigma des *natural user inter-face* (NUI) als nächste Stufe der Interfaceentwicklung proklamiert (Preim und Dachselt 2015; eine diskursanalytische Kritik dieser Begrifflichkeit liefert Rieger 2015). Aller-dings ist erstens der Mensch ein kulturelles Wesen und zweitens Technik schon an sich ein Kulturprodukt. MMI findet folglich zwangsläufig in kulturellem Rahmen statt und ist kulturell überformt, sie ist nie „natürlich", sondern Kulturtechnik (vgl. Mosel 2013, S. 237; Wiemer 2012, S. 79; Norman 2010). Die Rede von natürlichen Interfaces ist nicht zu verwechseln mit der Rede von „Naturalisierung" von Interfaces: Letztere impli-ziert eine Reflexion über das Verhältnis von Mensch, Natur und Kultur und bringt diese (ideologiekritisch) auf den Begriff (Neitzel und Nohr 2006, S. 17).

Die Eingängigkeit von Direkter Manipulation täuscht zudem leicht darüber hinweg, dass diese Interfaces aus mindestens zwei semantischen Ebenen bestehen. Die unterste, rein sensomotorische, Ebene gestattet die quasi-direkte Manipulation zum Beispiel eines Mauszeigers via Maus. Konkrete Bedeutung erhalten diese Handlungen aber erst auf einer übergeordneten zeichen- beziehungsweise metaphernbasierten Ebene durch But-tons, Icons etc. (vgl. die Differenz zw. *meaning* und *form* im Modell von Hutchins et al. 1985, [Abb. 8.2]; zu Interface-Metaphern ausführlich: Carroll et al. 1988). Auf dieser Ebene erhalten Handlungen, die auf der unteren Ebene noch identisch sind (zum Beispiel Klicks), jeweils kontextspezifische Bedeutungen wie „Menü aufklappen", „Absenden", „Programm beenden", „Papierkorb öffnen" – oder auch (im Computerspiel) „Hüpfen", „Schießen", „Richtung wechseln" (etc.).

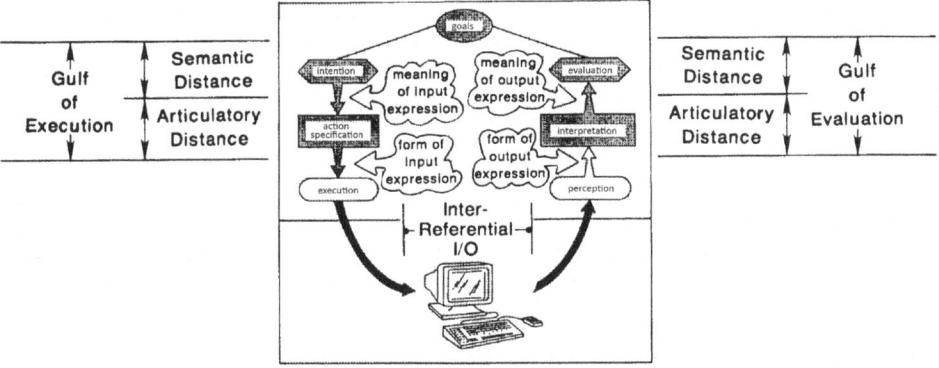

Abb. 8.2 HCI-Modell von Hutchins et al. (1985, S. 331)

8.2 Game Studies: Computerspielinterfaces

8.2.1 Computerspiel als Sonderfall von Techniksteuerung

Wie oben bereits angemerkt basiert auch die Steuerung von Computerspielen im Wesentlichen auf dem Paradigma der Direkten Manipulation. Deswegen lassen sich auch bei der Steuerung von Computerspielen die beiden oben genannten Ebenen (quasi-direkt und zeichen- beziehungsweise metaphernbasiert) finden. Zunächst unabhängig davon lassen sich Computerspiele auch anhand einer anderen etablierten Unterscheidung in Ebenen differenzieren, nämlich in eine intra- und eine extradiegetische Ebene. Die intradiegetische Ebene ist die Ebene, auf der das Spiel als Spiel vollzogen wird, hier wird eine fiktionale ontologisch distinkte (Spiel-)Welt erzeugt. Die extradiegetische Ebene rahmt die intradiegetische Ebene und macht das Geschehen der intradiegetischen Ebene als Artefakt und Regelwerk verfügbar, indem abstrakte Parameter (Punktestände, Energielevel etc.) angezeigt und Konfigurationsmöglichkeiten (zum Beispiel Änderungen von Schwierigkeitsgraden) angeboten werden. Allerdings strapazieren Computerspiele die „klassische" Differenz von Intra- und Extradiegese (vgl. Galloway 2006, S. 7 f.; Nohr 2014, S. 39). Die Intradiegese ist im virtuellen Handlungsraum des Spiels verortet, die Handlungen dort werden aber teilweise durch den Spieler „von außen" gelenkt – der Akt des Computerspielens (und damit auch das Interface als sein Ermöglichungsmedium) weist insofern schon an sich metaleptische Züge auf (Neitzel 2007). Auf der anderen Seite kann gerade der Tatsache, dass man im Computerspiel (vermittelt durch das Interface) in einer virtuellen Welt „handeln" kann, besonderes Involvierungspotenzial zugeschrieben werden. Computerspielinterfaces irritieren so einerseits die Geschlossenheit der Intradiegese, was als Schwächung des Involvierungs- oder Immersionspotenzials

aufgefasst werden kann; sie ermöglichen andererseits aber erst einen Handlungsmo-
dus, der geradezu als höchster Grad von Involvierung beziehungsweise Immersion und
als das Spezifikum des Computerspiels an sich angesehen werden kann (Venus 2012).
Dieser innere Widerspruch, Diegese einerseits zu stören, aber andererseits in besonderer Weise erst zu ermöglichen, ist die zentrale Herausforderung von Computerspielinterfaces, und er korrespondiert mit der ebenso zentralen Herausforderung des
Massenmediums Computerspiel, auf vermitteltem („virtuellem") Handeln zu beruhen
und die Vermitteltheit dieses Handelns zugleich energisch zu leugnen. Sämtliche exis-
tierenden etablierten Varianten von Computerspielinterfaces lassen sich als Versuch einer
Integration dieses Konflikts begreifen.

Bei genauerer Betrachtung lässt sich dieser Konflikt in zwei verschiedene Problem-
felder unterteilen. Erstens auf Basis der Differenz zwischen Spielwelt und Realwelt und
zweitens auf Basis der Differenz zwischen Intra- und Extradiegese innerhalb des Spiels.

8.2.2   Interface als Mittler zwischen Realwelt und Spielwelt

Es sei in diesem Zusammenhang erinnert an die im vorigen Unterkapitel hergelei-
tete Unterscheidung von zwei qualitativ different gearteten Ebenen von Interfaces, die
auf dem Paradigma der Direkten Manipulation beruhen. Demgemäß besteht ein direkt-
manipulatives Interface aus einer quasi-direkten und einer hierauf aufsetzenden zeichen-
beziehungsweise metaphernbasierten Ebene.

Bei jeder „nicht-spielerischen" Computeranwendung arbeiten diese beiden Ebenen
konsistent und in jeder Hinsicht bruchlos zusammen: So führt jede Bewegung mit der
Maus zu korrespondierenden Bewegungen eines Mauszeigers (quasi-direkte Ebene),
und in der Folge wird der Mauszeiger als Werkzeug begriffen, mit dem durch „Bedienung" irgendwelcher weitere Werkzeuge wie Buttons, Scrollbalken etc. die „eigentlich"
intendierten Aktionen ausgelöst werden (zeichen- beziehungsweise metaphernbasierte
Ebene). Alles, was auf solch einem Bildschirm zur Darstellung kommt, ist trotz aller
Virtualität doch eindeutig den Sinnzusammenhängen der realen Welt des Benutzers
zugeordnet. Anders beim Computerspiel: Dieses entwirft mit oft hohem Aufwand eine
fiktionale Alternativwelt, innerhalb derer und in Bezug auf die gehandelt werden kann.
Handlungen (vor allem Tastendrücken) des Spielers führen also auf der quasi-direkten
Ebene des Interfaces zu unmittelbaren Effekten, die als virtuelle Handlungen wahrgenommen werden (Laufen, Springen, Ducken, Schießen…), das heißt sie beziehen sich
auf der zeichen- beziehungsweise metaphernbasierten Ebene auf symbolische Entitä-
ten, die Elemente einer Fiktion sind (Raumschiff, Auto, Fadenkreuz, Gangster, Soldat,
Archäologin, Klempner…).

Das bedeutet, dass das (in der Regel bildschirmbasierte) Zeichensystem, das diese
Spielwelt konstituiert, zugleich Erzählmedium als auch Interface ist. Das Interface konstituiert sich vor dem Hintergrund dieser Vielfalt an Elementen aus der Summe derjenigen
technischen Gegebenheiten, welche dem Spieler ein Handeln im Spiel ermöglichen. Jede

Spielhandlung ist deswegen eine gedoppelte, sie findet gleichzeitig (als Steuerungshandlung) in der Realwelt des Spielers und (als Handlung des Avatars oder ähnlichen) in der fiktionalen Welt des Spiels statt. Aus einer rein technischen Perspektive kann das zwar unspektakulär als Ursache-Wirkungs-Zusammenhang dargestellt werden: Ein Druck auf eine bestimmte Taste verursacht eine bestimmte Zustandsänderung auf dem Bildschirm. Solch eine Modellierung verfehlt aber in doppelter Hinsicht das Wesen dieses Geschehens. Zum einen führt die Gleichzeitigkeit von Ursache und Wirkung gemäß dem Prinzip der Direkten Manipulation dazu, dass beide in der Erfahrung des Nutzers in eins fallen. Zum anderen aber sind beim Computerspiel, anders als in anderen gebrauchsmedialen Zusammenhängen, diese beiden Handlungen, obwohl sie erfahrungstechnisch in eins fallen, in zwei ontologisch distinkten Welten verortet. Das klingt paradox, aber genau darin besteht das grundlegende Funktionsprinzip des Computerspiels (Venus 2012): Dadurch, dass das direkt-manipulative Interface die Grenzen zwischen Ursache und Wirkung verschleift und zwei eigentlich getrennte Sachverhalte (Nutzerhandlung und resultierendes Bildschirmgeschehen) erfahrungstechnisch zu einer einzigen „Handlung" vereint, werden beim Computerspiel auch die Grenzen zwischen dem Ort der Nutzerhandlung (reale Welt des Spielers) und dem Ort des symbolischen Bildschirmgeschehens (fiktionale Welt des Spiels) eingeebnet (vgl. Murphy 2013, S. 21). Entgegen einer (von Medienpädagogik und Computerspielmarketing unter jeweils umgekehrten Vorzeichen) verbreiteten Annahme folgt aus diesem Zusammenhang aber nicht, dass Computerspiele geeignet seien, so etwas wie totale Immersion zu verwirklichen. Hierfür müsste die Realwelt des Spielers vollständig ausgeblendet sein, was den Spieler, der ja samt Controller unzweifelhaft noch immer in dieser Realwelt verbleibt, schlicht handlungsunfähig machen würde (vgl. Neitzel 2012, S. 79). Damit ein Computerspiel spielbar bleibt, muss sein Interface immer einen Rest an Opazität bewahren. Zudem ist nicht zu unterschätzen, dass bei Computerspielen die Steuerung als Spielherausforderung eine wesentliche Rolle spielen kann. Auch dies setzt Opazität voraus, denn ein vollkommen transparentes Interface wäre keine Herausforderung. Nicht zuletzt ist auch dies ein Spezifikum des (Computer-)Spiels: In keinem anderen Gebrauchszusammenhang erwächst aus einer Steigerung der Steuerungsschwierigkeit ein potenzieller Gewinn.

8.2.3   Interface als Mittler zwischen Intra- und Extradiegese

Neben dem grundlegenden Problem, dass das Spielinterface also zwangsläufig dem Streben nach Geschlossenheit der fiktionalen Spielwelt entgegensteht, weil es als Mittler zu den in der Realwelt verorteten Steuerungshandlungen des Spielers fungiert, stellt sich auch innerhalb des Spiels selbst eine ähnlich gelagerte Herausforderung: In der Regel halten Computerspiele eine der intradiegetischen übergeordnete extradiegetische Ebene vor, auf der die Modalitäten der fiktionalen Spielwelt konfiguriert, Punktestände verwaltet oder Einstellungen vorgenommen werden können.

Obwohl die Steuerung des Spielgeschehens innerhalb der intradiegetischen Ebene zwar, wie oben hergeleitet, auf ein gewisses Maß an Opazität nicht verzichten kann, ist es dennoch so, dass hier ein grundsätzliches Streben nach Transparenz die vorherrschende Maxime bleibt, um die Geschlossenheit der Intradiegese möglichst wenig zu irritieren und die fiktionale Spielwelt möglichst ungebrochen zu vermitteln (Nohr 2014, S. 55 f.). In Bezug auf die extradiegetischen Teile eines Computerspiels hingegen kann es sachdienlich sein, Interaktionsformen zu wählen, die umgekehrt die fiktionale Spielwelt samt ihrer Elemente explizit als manipulierbares Objekt und Regelgefüge ausweisen (abstrakte Auswahlmenüs, Regler, Diagramme etc.; Schemer-Reinhard 2012, S. 50 f.). Allerdings lassen sich intra- und extradiegetische Ebene im Computerspiel de facto nicht so sauber trennen, wie hier vereinfacht dargestellt; es handelt sich dabei weniger um faktische denn um analytische Kategorien (Schemer-Reinhard 2012, S. 51 f.; Nohr 2014, S. 39). Allein schon Sachverhalte wie zum Beispiel diverse Punktestände sind sehr oft zumindest in strengem Sinne nicht Teil der Diegese, müssen aber gegebenenfalls trotzdem auch während des Spielverlaufs angezeigt werden. Damit hat man es dann aber mit Elementen des Spiels zu tun, die während des Handelns innerhalb der fiktionalen Spielwelt verfügbar sind, die aber zugleich potenziell eine Außenperspektive auf diese Spielwelt erzeugen. Was hier wie ein Malus klingen mag, kann aber auch positiv gewendet werden. Wenn nämlich all die verschiedenen Elemente des Spiels, die unterschiedlichen diegetischen Ebenen zuzuordnen sind, über ein einheitliches Interface zugänglich sind, dann wird damit der Kohärenzeindruck des Spiels als Ganzem gestärkt (Nohr 2014, S. 39; Crick 2011, S. 264; Wood 2007, S. 116). Aus diesem Grunde werden zum Beispiel häufig auch Sachverhalte, die eigentlich nicht Teil der Intradiegese sind, dennoch beispielsweise in Head Mounted Displays (HUDs) eingeblendet oder auf ähnliche Weise optisch in die Spielwelt integriert, um sogenannte „diegetische Schnittstellen" zu schaffen (Mosel 2013, S. 231; Beil 2012, S. 105 ff.).

Auch hieraus kann geschlussfolgert werden, dass so etwas wie totale Immersion im Computerspiel kaum zu erreichen ist, jedenfalls nicht in einem strengem Sinne als einem vollständigen „Eintauchen" in die fiktionale Welt des Spiels. Stattdessen vermittelt das Interface des Computerspiels in toto, dass es sich bei dem gesamten Spiel um ein Artefakt handelt, dessen Modalitäten, Regeln und Eigenschaften permanent zur Disposition stehen. Dadurch wird Involvierung keineswegs verhindert, es verändert lediglich den Modus derselben. Ein gegenteiliger Standpunkt ist teilweise im Diskurs zu *embodiment* anzutreffen (siehe dazu weiter unten).

8.2.4 Interface vs. Controller

Wie im ersten Unterkapitel dargelegt, bestehen Interfaces aus Ein- und Ausgabeeinheiten. Von seltenen Ausnahmen abgesehen stellt bei Computerspielen der Bildschirm den dominanten Ausgabekanal dar (Schwingeler 2014, S. 13), üblicherweise supplementiert von einem Audiokanal. Im gegenwärtigen Diskurs sowohl der Game Studies als auch der praktisch orientierten Ratgeberliteratur für Computerspielentwickler zum Thema Interfacedesign fällt nicht selten ein Ungleichgewicht in der Benutzung des Begriffes Interface auf. Häufig wird mit Interface prominent der vor allem bildschirmbasierte Ausgabekanal angesprochen (prototypisch zum Beispiel Mauger 2013, S. 32: „[…] the primordial role of the game interface is, just like any other interface, to enable information to be provided, accessed, and applied"). Insbesondere bei der Ratgeberliteratur für Spieledesigner erscheint das sogar auf den ersten Blick geradezu pragmatisch: Das Bildschirmgeschehen ist für die übergroße Mehrzahl von Entwicklern der einzige Bereich des Gesamtkomplexes „Interface", auf den sie Einfluss haben, denn in aller Regel entwickeln Spieleentwickler Spiele für Computer und Konsolen, deren Hardware – und damit auch deren Controller – sie als gegeben voraussetzen müssen (vgl. Kirkpatrick 2011, S. 96). Im Bereich der wissenschaftlichen Game Studies verdankt sich die häufige Engführung des Interfaces auf den Ausgabekanal (prototypisch zum Beispiel bei Galloway 2010; vgl. auch Kirkpatrick 2011, S. 96 ff.) vermutlich den historischen Wurzeln des noch jungen akademischen Zweiges in den philologischen beziehungsweise film-, bild- und medienwissenschaftlichen Disziplinen, deren Gegenstand vor allem in darstellenden Funktionen von Medien besteht. Problematisch an dieser Verkürzung ist nicht nur, dass eine (Eingabe-)Seite zugunsten einer anderen (Ausgabe-)Seite vernachlässigt wird, sondern vielmehr, dass durch diese Verkürzung aus dem Blick gerät, dass die Steuerung von Computerspielen als Kulturtechnik überhaupt nur als gegenseitige Verschränkung beider Seiten verstanden werden kann.

8.3   Formen von Spielinterfaces

8.3.1   Technische Varianten von Spielinterfaces

Auf der Seite der Eingabeeinheiten findet sich zunächst eine große Bandbreite an Variationen. Die ersten massenwirksamen Computerspiele waren im öffentlichen Raum aufgestellte Arcade-Automaten, die jeweils entsprechend „ihres" Spiels über passende *devices* wie (Dreh-)Knöpfe, Hebel, Lenkräder, häufig auch Pedale, Waffenimitationen und ähnliches verfügten (Gregersen 2011, S. 100); Murray (1997, S. 146) berichtet autobiografisch von gesteigertem Immersionserleben durch eine *laser gun,* die im Arcade-Spiel *Mad Dog McCree* einen Revolver imitierte.

Für den Heimbereich gab es seit den 1970er Jahren einen Markt mit unterschiedlichen Spielkonsolen, die in der Regel über jeweils eigene, oft sogar fest eingebaute Steuerungseinheiten mit Knöpfen, Hebeln, Paddles oder Joysticks verfügten. Eine (bis heute anzutreffende) Ausnahme von dieser festen Koppelung von Heimkonsole und dazugehörigem *device* bilden Spiele, bei denen spezialisierte Eingabeeinheiten, die oft nur mit diesem einen Spiel funktionieren, mitgeliefert werden. Meistens handelt es sich bei solchen speziellen *devices* um Eingabeeinheiten, die – wie früher bei Arcade-Automaten – für das jeweilige Spiel zu simulierende reale Geräte oder Interfaces nachbilden (Steuereinheiten von Eisenbahnen, Rennautos, Flugzeugen; Musikinstrumente; Waffen…).

Mit der Einführung und massenhaften Verbreitung von Heimcomputern beziehungsweise PCs ab den 1980 Jahren kamen im Heimbereich auch PC-Spiele auf. Diese Computer verfügten zunächst über keine spezifisch für Spiele geeignete Eingabegeräte, die

Standardausstattung bestand in der Regel nur aus einer Tastatur; für diese etablierten sich im Laufe der Zeit Quasi-Standards wie zum Beispiel die Tastenbelegung „WASD" für hoch, links, runter und rechts. Allerdings kamen auch für PCs sehr schnell unterschiedlichste Eingabegeräte auch von Drittanbietern auf den Markt, deren Zweckbestimmung ausschließlich das Spielen am Computer war. Nicht zuletzt durch die Marktbeherrschung einiger weniger Anbieter von Spielekonsolen hat sich mittlerweile ein Grundtypus des Controllers durchgesetzt, der eine spiel- und plattformübergreifend relativ identische Steuerungslogik zum Quasi-Standard erhoben hat. Eine umfassende Übersicht über die Vielfalt von Computerspielcontrollern (einschließlich geradezu rührender am Markt gescheiterter Konstruktionen) liefern Forster und Freundorfer (2003), einen Überblick über die geschichtliche Entwicklung bieten O'Grady (2012) und Witzmann (2007).

8.3.2 Interaktionsformen als kulturelle Formen

Trotz der Variationsvielfalt an unterschiedlichen Controllern kann festgestellt werden, dass es – zumindest was den Computerspielmarkt in der Breite angeht – bezüglich der grundlegenden Steuerparadigmen seit den Anfangszeiten in den Arcadehallen bis in die 2000er Jahre hinein nur zu verhältnismäßig geringfügigen Innovationen gekommen ist. Die Gestalt der Controller hat selbstverständlich erhebliche Wandlungen durchgemacht, und sie wurden handlicher, leichter, kabellos (etc.) – aber letztlich dominieren bis heute mit den Händen zu bedienende Controller mit Richtungstasten oder -hebeln, Wippschaltern und Knöpfen die Spielsteuerung. Einzig die Einführung von Force-Feedback kann als Neuerung bezeichnet werden, die dem Ein-Ausgabegefüge eine wirkliche Erweiterung beschert, weil hiermit das Spielerleben buchstäblich spürbar sinnlich angereichert wird. Darüber hinaus einflussreiche und offenbar auch längerfristig stabile neue Steuerparadigmen kamen erst in jüngerer Zeit in zwei Bereichen auf: zum einen ab Mitte der 2000er Jahre mit Spielkonsolen, deren Eingabedevices über Kameras oder diverse 3-D-Sensoren den Körper des Spielers im Realraum erfassen und in Steuerbefehle umsetzen (Eyetoy, Wii, Kinect etc.), zum anderen mit Spielen, die auf Smartphones laufen und insbesondere deren Sensoren zur Orts-, Lage- und Beschleunigungserfassung benutzen.

Interfaces wie Oculus Rift machen sich die Erfassung der (Kopf-)Bewegungen von Nutzern/Spielern für die Steuerung der Blickrichtung in virtuellen Rund-Um-Welten zunutze, um einen höheren Grad an visueller Involvierung zu erreichen. Diesen neuen Paradigmen ist gemein, dass bei ihnen der Körper des Spielers und dessen Ort und Lage im realen Raum als Steuerungsmoment dienen. Die Analyse solcher Steuerungen führte in den Game Studies zu einer verstärkten Aufmerksamkeit für das Konzept des *embodiments,* welches unter Rekurs auf phänomenologische Ansätze (Merleau-Ponty, Husserl) und hiervon inspirierte Filmwissenschaft (Sobchack 2004) das Spielerleben als leibliche Erfahrung modelliert (Farrow und Iacovides 2014; Crick 2011; Gregersen und Grodal 2009).

Die Tatsache, dass Computerspiele sehr häufig auf unterschiedlichen Konsolen und damit auch auf den zugehörigen unterschiedlichen Controllern spielbar sind, zeigt profund, dass Interfaces austauschbar sind: dasselbe Spiel ist häufig mit Tastatur, Controller, Joystick, Wii (etc.) spielbar, und auch ein Wechsel zwischen diesen Steuereinheiten kommt nicht jedes Mal einem Erlernen eines neuen Spiels gleich. Computerspielen ist als Kulturtechnik zu begreifen, in der sich bestimmte Formen etabliert haben, die auf allen diesen unterschiedlichen Eingabegeräten verhältnismäßig einfach umgesetzt werden können. Diese Formen sind also unabhängig von den konkreten Eingabegeräten, und einzelne Controller stellen eher Medien zur Konkretion dieser Formen dar. Die Perspektive auf diese Steuerparadigmen als kulturelle Formen eröffnet die Möglichkeit, ihre Interdependenzen mit anderen kulturellen Beständen (zum Beispiel Kunst und Medien), Praktiken (zum Beispiel Technikaneignung) und Diskursformationen (zum Beispiel Killerspiel- oder auch Medienkompetenzdebatte) zu analysieren (vgl. Kirkpatrick 2011, S. 87 ff.).

8.4   Fallbeispiele: *Dead Space, Portal, The Unfinished Swan*

8.4.1 Dead Space

Im Third-Person-Shooter *Dead Space* (2008) muss der Spieler in einer atmosphärisch düsteren Weltraum-Bergbau-Basis gegen Alien-Monster kämpfen. Die Steuerung entspricht dem genretypischen Standard. Allerdings zeigt *Dead Space* innovative Lösungen bei der Umsetzung von diegetischen Schnittstellen. Es wurde vollständig auf extradiegetische Einblendungen verzichtet und dennoch ist es gelungen, die in der jeweils gegebenen Situation notwendigen Informationen zu liefern. Hierfür wurden innerdiegetische Interfaces, genauer: Anzeigesysteme entwickelt, die über den Gesundheitszustand des Avatars, den Munitionsstand (etc.) informieren. So wird zum Beispiel die Anzahl der verbleibenden Schüsse über ein teiltransparentes holografisches Display von der Waffe selbst während des Schießens (und nur dann) im Raum eingeblendet, sodass die Anzeige auch beim Schwenken der Waffe mitschwenkt (Abb. 8.3).

Die Raumwirkung des Spiels wird durch diese Elemente sogar verstärkt (Beil 2012, S. 108), der Kohärenzeindruck der fiktionalen Welt wird dadurch stabilisiert. Noch innovativer ist die Methode, mit der der Gesundheitszustand beziehungsweise die Lebensenergie des Avatars angezeigt wird. Der Avatar trägt einen futuristisch-martialischen Anzug, in dessen Rücken eine Art Leucht-Skala eingearbeitet ist, die über den Status informiert. Interessanterweise wirkt das im Spiel vollkommen schlüssig, was bei genauerer Betrachtung eigentlich fast verblüffend ist, denn intradiegetisch betrachtet ist diese Anzeige mindestens überflüssig. Betrachtet man den Avatar als Figur einer Fiktion, dann benötigt sie keine externe Anzeige hinsichtlich ihres internen Zustandes – sie spürt ihn schließlich selbst. Ein Lebensbalken, so elegant auch immer er in eine Welt integriert sein mag, ist nur nötig, wenn Außenstehende nach dieser Information trachten. Der einzige Außenstehende, der als Adressat dieser Information infrage kommt, ist aber der extradiegetische

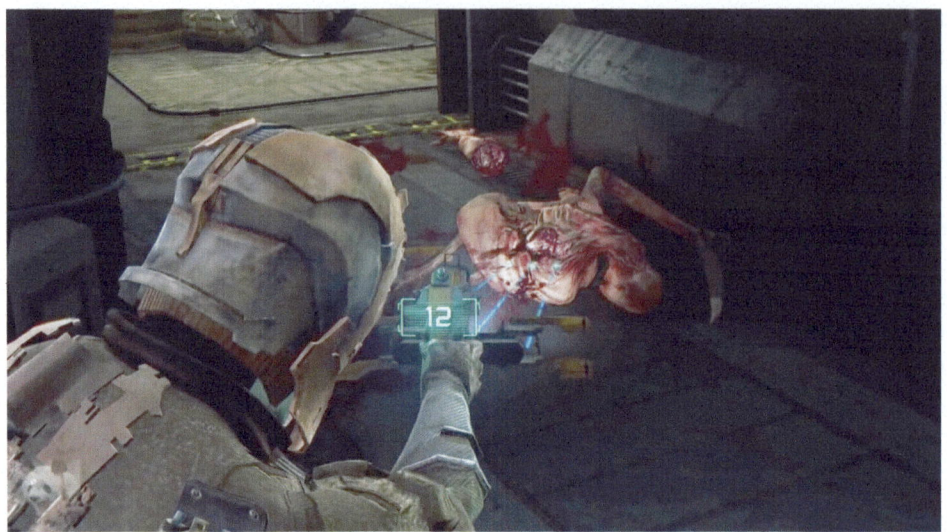

Abb. 8.3 *Dead Space* (2008, EA Readwood Shores/Electronic Arts) – Innerdiegetisch eingeblendete Anzahl der verbleibenden Schüsse

Spieler. Das heißt, dass dieses Interfaceelement durch sein intradiegetisch eigentlich unlogisches Vorhandensein auf den extradiegetischen Spieler verweist. Eingedenk der Tatsache, dass diese Interfacekonstruktionen dem Zweck dienen, die Intradiegese gegen interfacebedingte Irritationen zu schützen, könnte man schließen, dass es sich hier um eine Fehlkonstruktion handelt. Dem steht entgegen, dass die unmittelbare Spielerfahrung eine andere ist. *Dead Space* ist wiederholt gelobt worden für sein innovatives diegetisches Interface, sowohl in der Fachpresse und durch Spieler als auch in wissenschaftlichen Kontexten (zum Beispiel Beil 2012, S. 108 ff.). Es lässt sich daran ablesen, dass der durch die Fiktion des Spiels gestifteten Intradiegese im Spielvollzug offenbar eine geringere Geltung innewohnt als den Erfordernissen an das Spiel als Regelkreis von In- und Output. Die Rückenskala wirkt deswegen keineswegs unsinnig, weil sie im Spielvollzug zutiefst sinnvoll ist.

Es ist anzumerken, dass solche diegetischen Schnittstellen einerseits zunehmend Verbreitung finden; Benjamin Beil (2012, S. 110 ff.) zeigt sogar, dass sich in diesem Zusammenhang bereits regelrechte Darstellungskonventionen herausgebildet haben. Andererseits sind dennoch auch die Grenzen solcher Methoden eng gesetzt. Der „Trick" besteht darin, Anzeigen in Form von technischen Interfaces innerdiegetisch einzubinden. Das kann aber nur in bestimmten innerdiegetischen Zusammenhängen überzeugend gelingen. *Dead Space* ist damit Ausweis zugleich der Möglichkeiten, wie aber auch der Grenzen solcher Techniken, aber es zeigt bei alldem vor allem profund, dass die Grenzen dieser Möglichkeiten gar nicht unbedingt ein Problem für die Grenzen des Kohärenzeindrucks des Spiels als Ganzem sein müssen.

8.4.2 Portal

Das Spielziel von *Portal* (2007) besteht im Kern darin, mithilfe eines Portalgeräts, mit dem Übergänge zwischen verschiedenen Punkten im Raum hergestellt werden können, Hindernisse zu überwinden und den Ausweg aus einem labyrinthischen Laborkomplex zu finden.

Auf den ersten Blick zielt *Portal* auf ein möglichst transparentes Interface ab. Es wird gespielt mit dem Standard-Controller der jeweiligen Konsole, die Tastenbelegung entspricht dabei der typischen Ego-Shooter-Konfiguration und ist so einfach und damit so niedrigschwellig wie möglich gehalten. Die Bildschirmdarstellung wurde stark auf die Intradiegese konzentriert: Man sieht die fiktionale Welt und die in typischer Ego-Shooter-Optik ins Bild hineinragende *portal gun*. Darüber hinaus findet sich in der Mitte des Bildschirms ein Symbol, das als Zielkreuz dient, und es werden gegebenenfalls zwei Markierungen in den Raum eingeblendet, die anzeigen, wo sich die beiden erzeugten Portale befinden, sobald diese verdeckt außer Sicht sind. Dieses Zielsymbol und die Portalmarkierungen sind die einzigen im Spielfluss sichtbaren Elemente, die tendenziell als extradiegetisch eingestuft werden müssten. Damit hat man es also mit einem klassischen Interface-Screendesign zu tun, das seinen Schwerpunkt auf die möglichst ungebrochene Darstellung der fiktionalen Spielwelt legt. Die wenigen extradiegetischen Elemente erscheinen gerechtfertigt durch den erheblichen Gewinn an Orientierung, den sie ermöglichen, und sie gehen in dieser Funktion auch so sehr auf, dass ihr Vorhandensein keineswegs zu Irritationen führt. Die Steuerung von *Portal* entspricht insofern ähnlich wie bei *Dead Space* dem genretypischen Standard. Sie basiert auf dem Paradigma der Direkten Manipulation. Die Unmittelbarkeit der Reaktion sowie – zudem bereits etablierte – Tastenbelegungen von – ebenfalls bereits etablierten – Controllern führen dazu, dass die Steuerung selbst bei wenig erfahrenen Spielern tendenziell schnell aus dem Bewusstsein gerät und kaum noch wahrgenommen wird.

Dennoch verdient *Portal* eine genauere Betrachtung beim Thema Computerspielsteuerung, denn dieses Spiel thematisiert auf raffinierte Weise seine eigenen Steuerungsbedingungen, indem es den oben genannten zwei Ebenen der Direkten Manipulation (quasi-direkt und zeichen- beziehungsweise metaphernbasiert) innerdiegetisch eine dritte hinzufügt. Die fiktionale Spielwelt von *Portal* enthält nämlich eine Vielzahl an Interfaceelementen, die innerdiegetisch bedient werden müssen, um den jeweiligen Räumen, in denen man gefangen ist, zu entfliehen. Besonders prägnant sind dabei übergroße Schalter, die mit dem Gewicht von herumliegenden Würfeln (so genannten *„weighted companion cubes"*), die man auf diesen Schaltern platzieren muss, gedrückt gehalten werden müssen, damit sich Ausgangstüren öffnen (Abb. 8.4).

Der Spielfortschritt besteht also weitgehend darin, immer komplexere Interfaceanordnungen erfolgreich bedienen zu müssen. Das allerdings trifft auf die meisten Computerspiele zu – nur dass das in der Regel nicht ausgestellt, sondern vielmehr mit viel Aufwand „überspielt" wird. *Portal* reflektiert damit erstens den beim Computerspiel normalerweise weitgehend verdeckten Zwang, zum Spielen Interfaces (letzten Endes

Abb. 8.4 *Portal 2* (2011, Valve/Valve) – Links der Weighted Companion Cube, der durch sein Gewicht den großen Bodenschalter darunter herunterdrückt; rechts hinten die dadurch geöffnete Ausgangstür

Schalter) bedienen zu müssen, und es wirft zweitens die ernsthafte theoretische Frage nach den Grenzen zwischen Diegese und Interface auf. Der oben formulierte Vorschlag, demgemäß das Interface die Summe derjenigen technischen Gegebenheiten sei, welche dem Spieler ein Handeln im Spiel ermöglichen, bleibt zwar bei *Portal* einerseits brauchbar; der *weighted companion cube* und die innerdiegetischen Schalter sind damit erfasst, also „sind" sie schlüssig Teil des Interfaces – aber andererseits wird damit bei *Portal* besonders deutlich, dass Diegese und Interface untrennbar miteinander verschränkt sind. Diegese und Interface werden von *Portal* als bestenfalls heuristische Kategorien demaskiert. Die Verschränkung dieser beiden Kategorien ist eine Grundbedingung für das Funktionieren von Computerspielen. Sie ist deswegen auch in allen Computerspielen in unterschiedlichen Ausprägungen nachzuweisen, aber *Portal* ist insofern eine Ausnahmeerscheinung, als es diese – seine – Existenzbedingung explizit ausstellt und ironisch kommentiert.

8.4.3 The Unfinished Swan

Auf ganz andere Weise thematisiert auch die erste Phase des Spiels *The Unfinished Swan* (2012) raffiniert die Zusammenhänge von Interface und Diegese im Computerspiel: Genau wie bei *Portal* kommt eine an sich vollkommen unverdächtig wirkende, einfache und auf das Nötigste reduzierte Steuerung mit typischer Tastenbelegung zum Einsatz, mit der der Spieler durch die Spielwelt navigieren, umherblicken und (Farbkleckse) „schießen" kann.

Allerdings steht jedem Navigieren oder Umherschauen am Anfang des Spiels ein bemerkenswerter Umstand entgegen: Die Spielwelt von *The Unfinished Swan* ist vollkommen weiß. Angesichts eines zu Spielbeginn kontrastlos weißen Bildschirms sind Bewegungen in dieser Welt zwar möglich, aber eben nicht steuerbar, weil jedwedes Feedback darüber fehlt, ob, wie oder wohin man sich bewegt. Erst die Benutzung der bei Shootern als Feuertaste üblichen R1-Taste löst einen sichtbaren Effekt aus: Es wird eine Portion schwarzer Farbe „verschossen", der in parabelförmiger Flugbahn davonfliegt und beim Aufschlag einen Farbklecks verursacht. Erst durch wiederholtes Verschießen solcher Farbkleckse wird die an sich unterschiedslos weiße Welt nach und nach eingefärbt und dadurch sichtbar (Abb. 8.5).

Erst dadurch wird Navigation in dieser Welt möglich, weil erst dadurch sichtbare Referenzpunkte für Bewegungsorientierung zur Verfügung stehen. Bis zum ersten Farbklecks ist der Controller mangels Rückkopplung schlicht nutzlos. Das Verschießen der Farbkleckse ist deswegen in dieser Anfangsphase von *The Unfinished Swan* doppelt bedeutsam: Es erschließt nicht nur sukzessive die Spielwelt, sondern es erzeugt überhaupt erst den für die Steuerung unabdingbaren Ausgabekanal des Spiels. Die komplett weiße Anfangssequenz von *The Unfinished Swan* macht auf unerwartete Weise eindrucksvoll erfahrbar, dass Computerspielen ganz fundamental Mensch-Maschine-Interaktion *ist,* indem es die Interaktion im ersten Moment an mangelndem Feedback scheitern und dann diesen Malus durch den Spieler Klecks für Klecks beheben lässt.

Abb. 8.5 *The Unfinished Swan* (2012, Giant Sparrow/Sony) – Ein Teil der Spielwelt – hier eine Skulptur in Form eines Schweins – ist mittels Farbklecksen sichtbar gemacht worden

Literatur

Beil, Benjamin. 2012. *First Person Perspectives. Point of View und figurenzentrierte Erzählformen im Film und im Computerspiel*. Münster/Hamburg/Berlin/London: Lit Verlag.

Blumenberg, Hans. 1963/1981. Lebenswelt und Technisierung unter Aspekten der Phänomenologie. In *Wirklichkeiten, in denen wir leben: Aufsätze und eine Rede, Stuttgart 1981*, hrsg. ders., 7–54. Stuttgart: Reclam.

Bolter, Jay David & Grusin, Richard. 1999. *Remediation. Understanding New Media*. London: MIT Press.

Bonsiepe, Gui. 1996. *Interface: Design neu begreifen. Kommunikation & neue Medien*. Mannheim: Bollmann.

Carroll, John M., Robert L. Mack und Wendy A. Kellogg. 1988. Interface Metaphors and User Interface Design. In *Handbook of Human-Computer Interaction*, hrsg. M. Helander, 67–85. Amsterdam: Elsevier Science.

Crick, Timothy 2011. *The Game Body: Toward a Phenomenology of Contemporary Video Gaming*. Games and Culture 6: 259–269.

Farrow, Robert und Ioanna Iacovides. 2014. Gaming and the Limits of Digital Embodiment. *Philosophy & Technology* 27 (2): 221–233.

Forster, Winnie und Stephan Freundorfer. 2003. *Gameplan 2: Joysticks*. Utting: Gameplan Verlag.

Freud, Sigmund. 1930. *Das Unbehagen in der Kultur*. Wien: Internationaler Psychoanalytischer Verlag.

Galloway, Alexander R. 2006. *Gaming. Essays on Algorithmic Culture*. Minneapolis: Univ. of Minnesota Press.

Galloway, Alexander R. 2010. *Außer Betrieb: Das müßige Interface*. International Flusser Lectures: Berlin.

Gregersen, Andreas. 2011. Genre, Technology, and Embodied Interaction: The Evolution of Digital Game Genres and Motion Gaming. *MedieKulture* 51: 94–109.

Gregersen, A. & Grodal, T. 2009. Embodiment and Interface. In *The Video Game Theory Reader*, hrsg. B. Perron and M.J.P Wolf, 65–84. New York: Routledge.

Heidegger, Martin. 1962. Die Frage nach der Technik. In *Die Technik und die Kehre*, Pfullingen.

Hellige, Hans Dieter. 2008. Krisen- und Innovationsphasen in der MCI. In *Mensch-Computer-Interface. Zur Geschichte und Zukunft der Computerbedienung*, hrsg. H. D. Hellige, 11–92. Bielefeld: transcript.

Husserl, Edmund. 1962. *Die Krisis der europäischen Wissenschaften und die transzendentale Phänomenologie: Eine Einleitung in die phänomenologische Philosophie*. Den Haag: Nijhoff.

Hutchins, Edwin L. et al. 1985. Direct Manipulation Interfaces. In: *Human Computer Interaction* 1: 311–338.

Kapp, Ernst. 1877. *Grundlinien einer Philosophie der Technik: Zur Entstehungsgeschichte der Cultur aus neuen Gesichtspunkten*. Braunschweig: George Westermann.

Kirkpatrick, Graeme. 2011. *Aesthetic Theory and the Video Game*. Manchester/New York: Manchester Univ. Press.

Licklider, Joseph C.R. 1960. Man-Computer Symbiosis. In: *IRE Transactions on Human Factors in Electronics* HFE-1 (3): 4–11.

Marx, Karl. 1983. *Grundrisse der Kritik der politischen Ökonomie*. Berlin: Dietz.

Mauger, Vincent. 2013. Interface. In: *The Routledge Companion to Video Game Studies*, hrsg. M. J. P. Wolf und B. Perron, 32–40. New York/London: Routledge.

McLuhan, Marshall. 1968. *Die magischen Kanäle. Understanding Media*. Düsseldorf/Wien: Econ.

Mosel, Michael. 2013. Die Transparenz des Interfaces. Auf dem Weg zum durchsichtigen Körper. In *Build 'em up – shoot 'em down: Körperlichkeit in digitalen Spielen*, hrsg. R. Inderst und P. Just, 226–253. Boizenburg: Verlag Werner Hülsbusch.

Murray, Janet. 1997. *Hamlet on the Holodeck. The Future of Narrative in Cyberspace.* New York: The Free Press.

Murphy, Sheila C. 2013. Controllers. In *The Routledge Companion to Video Game Studies*, hrsg. M. J. P. Wolf und B. Perron, 19–24. New York/London: Routledge.

Neitzel, Britta und Rolf F. Nohr. 2006. Das Spiel mit dem Medium. Partizipation – Immersion – Interaktion. In *Das Spiel mit dem Medium – Immersion, Interaktivität, Interface*, hrsg. B. Neitzel und R. F. Nohr. Marburg: Schüren.

Neitzel, Britta. 2007. Metacommunication in (Computer)Games and Play. In *Self-Reference in the Media*, hrsg. W. Nöth und N. Bishara, 237–252. Berlin/New York: De Gruyter.

Neitzel, Britta. 2012. Involvierungsstrategien des Computerspiels. In *Theorien des Computerspiels zur Einführung*, hrsg. GamesCoop, 75–103. Hamburg: Junius.

Nohr, Rolf F. 2014. „Du bist jetzt ein heldenhafter Stratege." Die Anrufung des strategischen Subjekts. In *Diskurse des strategischen Spiels. Medialität, Gouvernementalität, Topografie*, hrsg. S. Böhme, R. F. Nohr und S. Wiemer, 19–68. Münster: Lit.

Norman, Donald A. 1990. *The Design of Everyday Things.* New York: Doubleday/Currency.

Norman, Donald A. 2010. Natural User Interfaces Are Not Natural. *Interactions* 17 (3): 6–10.

O'Grady, David. 2012. Gestural Interfaces. In *Encyclopedia of Video Games: The Culture, Technology, and Art of Gaming*, hrsg. M.J.P. Wolf, 257–262. Santa Barbara: Greenwood.

Pflüger, Jörg. 2004. Konversation, Manipulation, Delegation: Zur Ideengeschichte der Interaktivität. In *Geschichten der Informatik. Visionen, Paradigmen, Leitmotive*, hrsg. H. D. Hellige, 367–408. Berlin/Heidelberg: Springer.

Preim, Bernhard und Raimund Dachselt. 2015. *Interaktive Systeme. Bd2: User Interface Engineering, 3D-Interaktion, Natural User Interfaces.* Berlin/Heidelberg: Springer.

Rieger, Stefan. 2015. Das Gewand der Dinge. In *Das Wissen der Oberfläche*, hrsg. C. Lechtermann und S. Rieger, 267–282. Zürich/Berlin: diaphanes.

Schemer-Reinhard, Timo. 2012. Steuerung als Analysegegenstand. In *Theorien des Computerspiels zur Einführung*, hrsg. GamesCoop, 38–74. Hamburg: Junius.

Schemer-Reinhard, Timo. 2017. Der Schalter als Form. Blumenbergs kleine Interfacetheorie avant la lettre. In *The Shape That Matters. Form als medientheoretischer Grundbegriff*, hrsg. R. Leschke und J. Venus. Bielefeld: transcript.

Shneiderman, Ben. 1983. Direct Manipulation: A Step Beyond Programming Languages. In: *Computer* vol. 16, no. 8: 57–69. doi:10.1109/MC.1983.1654471.

Schwingeler, Stephan. 2014. *Kunstwerk Computerspiel – Digitale Spiele als künstlerisches Material. Eine bildwissenschaftliche und medientheoretische Analyse.* Bielefeld: transcript.

Sobchack, Vivienne. 2004. *Carnal Thoughts: Embodiment and Moving ImageCulture.* Berkeley: Univ. of California Press.

Therrien, Carl. 2014. Interface. In *The Johns Hopkins Guide to Digital Media*, hrsg. M.-L. Ryan, L. Emerson und B. J. Robertson, 305–308. Baltimore: Johns Hopkins Univ. Press.

Venus, Jochen. 2012. Erlebtes Handeln in Computerspielen. In *Theorien des Computerspiels zur Einführung*, hrsg. GamesCoop, 104–127. Hamburg: Junius.

Weiser, Mark. 1991. The Computer for the 21st Century. *Scientific American* vol. 265, no 3: 94–104.

Wiemer, Serjoscha. 2012. Interface Analysis: Notes on the Scopic Regime of Strategic Action in Real-time Strategy Games. In *Computer Games and New Media Cultures: A Handbook of Digital Games Studies*, hrsg. J. Fromme und A. Unger, 75–91. Heidelberg/New York: Springer.

Witzmann, Hannes. 2007. *Game Controller. Vom Paddle zur gestenbasierten Steuerung.* Boizenburg: vwh.

Wood, Aylish. 2007. *Digital Encounters.* London: Routledge.

Über den Autor

Dr. des. Timo Schemer-Reinhard arbeitete von 2006 bis 2008 für das medienwissenschaftliche Seminar der Uni Siegen als medienwissenschaftlicher Koordinator des Studiengangs Medieninformatik. Seit 2008 ist er Lecturer (Multimedia) im medienwissenschaftlichen Seminar in Siegen. 2017 Promotion zum Thema Interfacetheorie. Forschungsschwerpunkte in den Bereichen Interfacetheorie und Game Studies. timo.schemer-reinhard@uni-siegen.de Universität Siegen, Fakultät I – Medienwissenschaft, Herrengarten 3, 57075 Siegen.

Plattform

9

Willem Strank

9.1 Plattformen, Hardware, Software

Bei kaum einem anderen Medium ist die Medialität selbst derart relevant für die Analyse des Gegenstands wie beim Computer- oder Videospiel. Bereits dieses – bisweilen komplementär (wie in der plattform-basierten Abgrenzung bei Pias 2002, besonders ab 105), bisweilen synonym (wie bei Klimmt 2004) gebrauchte – Begriffspaar (Computer-/Videospiel) verdeutlicht, wie stark der Fokus in der Analyse von *screen games* darauf liegt, das originäre System zu berücksichtigen und zu thematisieren. Selbst die Community der Spieler lässt sich, wie zahlreiche Selbst- und Rezeptionszeugnisse, Fachzeitschriften und Internetforen belegen, in zwei Gruppen – Konsolen- beziehungsweise Computerspieler – einteilen. Für Erstere vergleiche man dazu zum Beispiel die special-interest-Blogs The CRPG Addict (crpgaddict.blogspot.com) und The RPG Consoler (allconsolerpgs. blogspot.com), die sich strikt dem einen oder anderen Lager zuordnen, obwohl sie aus der Kommentarspalte hervorgehend einen Großteil der Leserschaft zu teilen scheinen. Bei den Fachzeitschriften erfolgt die Ausdifferenzierung maßgeblich in den 1990er Jahren, auch wenn es in den 1980er Jahren schon Vorläufer wie spezifische C64er-Magazine gab. Im deutschsprachigen Raum beschäftigten sich die Power Play-Beilage der Happy Computer-Zeitschrift (1987/1988–1990) sowie die reguläre Power Play (1990–2000) noch mit Konsolen- und Computerspielen gleichermaßen, bevor Anfang der 1990er Jahre Magazine wie PC Joker (1991–2004) oder Amiga Joker (1989–1996), PC Player (1992–2001), PC Games (seit 1992) oder Amiga Games (1992–1996) und andererseits MAN!AC (1993–2008) und TOTAL! (1993–2000) gegründet wurden. Später wurde

W. Strank (✉)
Kiel, Deutschland
E-Mail: wstrank@ndl-medien.uni-kiel.de

© Springer Fachmedien Wiesbaden GmbH 2018   173
B. Beil et al. (Hrsg.), *Game Studies,* Film, Fernsehen, Neue Medien,
https://doi.org/10.1007/978-3-658-13498-3_9

diese Ausdifferenzierung teils vom selben Verlag vorgenommen, etwa durch die Neu-
gründung der GamePro (seit 2002) als Konsolen-Alternative zur GameStar (seit 1997)
beim Verlag IDG. Heutzutage fassen viele Online-Portale (das leider abgemeldete All
Game Guide, aber auch MobyGames und GamersGlobal) die Plattformen wieder unter
einem Konzept zusammen, nutzen zur Abgrenzung jedoch nach wie vor eine Binnen-
differenzierung. Diese Tradition hat sich in Online-Foren erhalten, zum Beispiel im
Gamespot-Forum, das die PC/Mac/Linux-Community den Foren von Nintendo-, Xbox-
oder Playstation-Fans gegenüberstellt.

Diese Gruppen sind häufig mit Stereotypen und Vorstellungen belegt, die sich auch
aus der langjährigen Verteilung spezifischer *highbrow-* beziehungsweise *lowbrow*-Genres
auf die jeweiligen Plattformen ableiten mögen: Steht das Strategiespiel typischerweise
dem PC näher, finden die meisten high-end-Actionrennspiele eher den Weg auf die
Konsolen; Jump ‚n' Run-Spiele werden tendenziell für Konsolen produziert, während
Adventure-Spiele typischerweise dem PC zugedacht sind – allen Bemühungen um eine
möglichst weitreichende Multiplattform-Vermarktung zum Trotz. Auch heute legen sich
Konsolenhersteller bisweilen auf Exklusiv-Reihen fest – so galt die Xbox aufgrund der
Halo-Serie anfangs als effektivster Konsolen-Adapteur des PC-originären Ego-Shooter-
Genres und vermarktet sich auch heute noch durch die ebenfalls (zumindest unter den
Konsolen) exklusive *Forza*-Serie als ‚Hochburg' des fotorealistischen Rennspiels.

Dabei ist die Unterscheidung zwischen Computer-Plattform und Konsole beileibe
nicht irrelevant, berührt sie doch in ihrer klassischen Ausformung eine Opposition
zwischen einerseits dem Multifunktionsgerät mit Spieloption (Home-Computer, wie sie
besonders in den 1980er Jahren noch vermarktet wurden) und andererseits der reinen
Spieleplattform, wie sie im Wohnzimmer an den Fernseher gekoppelt wird (man beachte
die Namensgebung etlicher Konsolen als „entertainment system" in den 1980er und frühen 1990er Jahren), woraus spielesoziologisch gesehen interessante Rückschlüsse darauf gezogen werden können, welcher Spielertyp sich welche Option zu eigen macht und
welche Option die größere gesellschaftliche Akzeptanz als ‚nützliches Gerät' erfährt. Es
handelt es sich um eine der hartnäckigsten Oppositionen, mit der sich jeder Videospiel-
historiker und -analytiker intensiv auseinandersetzen muss, auch wenn der stationäre
Computer im 21. Jahrhundert als heimisches Arbeitsgerät mehr und mehr vom Laptop
verdrängt wird und die Konsole – maßgeblich durch Sony – um die Jahrtausendwende
ebenfalls ihr Gesicht für immer in Richtung einer multimedial ausgerichteten Unterhal-
tungsstation verändert, die zwar vor allem, aber nicht nur Spiele kann.

Die ursprüngliche Aufteilung von Spiele-Plattformen war jedoch eine Dreiteilung,
zu der noch der Urahn aller kommerziellen *screen games,* nämlich der Spielautomat,
gezählt werden muss. Da dieser aber zumindest in Europa im Verlauf der 1990er Jahre
allmählich de facto ausstirbt und nur in einigen asiatischen Ländern nach wie vor einen
geringen Marktanteil behaupten kann, wird das Arcade-Spiel im Abschnitt zur Plattform-
geschichte weiter diskutiert werden. Mit dem Abschwung des Spielautomaten etabliert
sich Ende der 1980er Jahre ein weiterer Plattformtyp, der traditionell den Konsolen
zugerechnet wird: das Handheld. Mit dem Durchbruch des Nintendo Game Boy ab 1989

wird das portable Spielgerät zu einem standardisierten Industrieprodukt und in der retrospektiven Betrachtung ist es gar plausibler, das portable Spielgerät als dritte Option neben PC und Konsole zu sehen, da die Ubiquität portabler Spielmöglichkeiten auf Smartphone, Tablet, traditionellem Handheld, letztlich auch Netbook und Notebook im 21. Jahrhundert zu einer vollkommen erneuerten Spielkultur und -praxis geführt hat.

Die synchron gängigen Unterscheidungen von Konsole versus Computer und stationär versus Handheld werden überdies ergänzt um eine Marktaufteilung, die so alt ist wie die kommerzielle Videospielgeschichte selbst. Seitdem Atari und Magnavox die Hardware-Entwicklung aufgenommen haben, ist – noch vor der Unterscheidung der Spiele-Designfirmen auf Software-Ebene, die heute häufig im Vordergrund steht – die Differenz der Hardware-Produzenten ein wesentliches Kriterium für die Charakterisierung der Plattform. Steht heutzutage im Konsolensektor die Firma Nintendo durch ihr klar definiertes Profil den mittlerweile weitgehend austauschbaren Konzernen Sony und Microsoft gegenüber, ist dies das Resultat einer historischen Entwicklung, die häufig durch das nachträgliche Etablieren verschiedener Stadien der sogenannten „console wars" (vgl. Donovan 2010; Kent 2001) nacherzählt wird.

Die „console wars" oder „Konsolenkriege" bezeichnen eine Phase der Videospielgeschichte in den späten 1980er und frühen 1990er Jahren, in der die etablierte Vormachtstellung, die Nintendo kraft seines weltweit erfolgreichen Nintendo Entertainment System innehatte, durch Sega herausgefordert wurde (Abb. 9.1, 9.2 und 9.3). Nintendo hatte nach dem großen Videospielecrash von 1983 als erster Hersteller wieder auf Heimkonsolen gesetzt und nach einigen Verzögerungen den US-amerikanischen sowie den europäischen Markt problemlos erobert, da Atari – der hegemoniale Vorgänger – nur noch wenig Gegenwehr zu leisten in der Lage war. Sega war der erste wesentliche Konkurrent von Nintendo und vermarktete sich konträr zum ‚familienfreundlichen' Unternehmen aus Kyoto als ‚erwachsener', ‚blutiger' und somit verwegener, was sich sowohl in den immer aggressiver geführten Marketing-Kampagnen als auch in den im Fokus stehenden Exklusivtiteln niederschlug. Die „Konsolenkriege" waren der Beginn eines jahrelangen ‚Wettrüstens', in das Mitte der 1990er Jahre Sony als lachender Dritter einstieg. In etlichen Videospielgeschichtsschreibungen wird diese Konkurrenzsituation gern für eine effektive und vereinfachende Narration genutzt, die den Aspekt des metaphorischen Krieges zwischen Sega und Nintendo ein wenig überbetont.

Plattformen sind somit schon immer – durch die spezifischen Controller, die Hardware-Eigenschaften, gegebenenfalls das Display, die physikalischen Paratexte und die physikalischen Begrenzungen sowie einen exklusiven Entwicklerstudio-Stab und übergreifende Zeichenkonventionen – insbesondere durch die Firma determiniert, die sie herstellt.

Abb. 9.1 *Zelda II – The Adventure of Link* – NES-Version (1987, Nintendo/ Nintendo) – Konsolentypische Gridlock-Ästhetik

Abb. 9.2 *Dragon Warrior* (1986, Chunsoft/Nintendo) – NES-Version (Nintendo)

Das relevanteste der genannten Distinktionsmerkmale von Games-fähigen Plattformen ist letztlich die technische Ausstattung, da diese maßgeblich definiert, um was für ein System es sich handelt, was für Spiele auf dieser Grundlage überhaupt entstehen können und in welcher Konkurrenzumgebung sich die Plattform positioniert. Für die historische Entwicklung von rudimentären Vorläufern über 8-, 16-, 32-, 64- und 128-bit-Konsolen zu denjenigen, bei denen nicht mehr die bit-Zahl, sondern andere Spezifika als zentral

Abb. 9.3 *Phantasy Star –*
Sega Master System (1987,
Sega/Sega)

angesehen werden, findet häufig ein Modell der ‚Generationen' Anwendung, das mit der
Magnavox Odyssey (1972) beginnt und die derzeit aktuellste Konsolenkonkurrenz um
den Marktführer Playstation 4 (2013) als achte Generation klassifiziert. Dieses Modell
ist als grobe Einordnung durchaus nützlich; für ein genaueres Verständnis der Hardware
ist es allerdings wichtig, sich mit den Leistungsmerkmalen wie Chipsätzen, Datenträ-
gern, Display (etc.) zu befassen, da bisweilen so verschiedene Geräte wie Game Boy und
Mega Drive derselben Generation angehören oder sich Zeitgenossen wie Nintendo 64
und Sega Saturn (beide 5. Generation) sich in ihren Leistungsfähigkeiten stark unterscheiden. Neben dem technischen Innenleben der Plattformen sind die Controller für das
Verständnis der praktischen Umsetzung des Regelwerks und die haptische Dimension des
Gameplays relevant. Beispielsweise unterscheidet sich das Spielerlebnis von *Sim City*
(PC, 1989) mit der originalen Maussteuerung deutlich von der Umsetzung für den Con-
troller des SNES (1991), was auch im Rahmen der ludologischen Analyse weitreichende
Konsequenzen haben kann, da im Einzelfall spezifische Momente des Spiels durch die
variierte Steuerung verhindert (oder ermöglicht) werden. Auch die Unterscheidung von
Standard- und Alternativcontroller kann relevant sein – so kann man bei der Verwendung
von kinect für Xbox 360 oder Xbox One aus Gameplay-Sicht geradezu von einer anderen
Konsole sprechen, da das Input-Gerät die Spielsituation radikal verändert und auch für
die Programmierer die Entwicklung signifikant anderer Spiele notwendig macht.

Eine weitere Besonderheit sind hier Controller, die spezifischen Genres (Lenkrad;
Rennspiel) oder einzelnen Spielen (*Angel*; *SEGA Bass Fishing*, Dreamcast, 1999) zugeordnet werden – da diese eher die Ausnahme sind, werden sie jedoch weiter unten in
einem eigenen Abschnitt verhandelt. Neben der technischen Ausstattung und der Analyse

des Controllers können physikalische Paratexte eine Rolle spielen – dies gilt besonders für frühe Konsolen wie die Magnavox Odyssey oder Spiele aus dem Arcade-Bereich. Im Fall der Odyssey entstanden die unterschiedlichen Spiele unter anderem durch das Aufkleben verschiedener Folien auf den Fernsehbildschirm, die nunmehr geräteextern die eigentliche Diegese des Spiels – ein Baseballfeld, einen Roulette-Tisch oder einen Schießstand beispielsweise – abbildeten. Viele Spielautomaten nutzten die physische Präsenz der verhältnismäßig großen Gerätekörper für ihre Zwecke, indem sie die spiel-internen Pixelfiguren um eine spielexterne Zeichendarstellung ergänzten, die aufgrund technischer Limitierungen unmöglich darstellbare Gesichtszüge, Kleidungsstücke oder ähn-liches im Paratext hinzufügten. Diese Tradition setzte sich in den Artworks von Konsolen- und PC-Spielepackungen lange fort und ist bis heute nicht unüblich, auch wenn die meisten zeitgenössischen Titelbilder sich den Fähigkeiten der Spiele-Engine zumindest einigermaßen anpassen. Weitere ausdeutende Paratexte, die jedoch weniger mit den Dar-stellungskonventionen der Plattformen, sondern vielmehr mit denjenigen der Entwickler-studios zu tun haben, sind beigelegte Comics und sonstige Artworks, die die Detaildefizite der Spielegrafik ebenfalls ausdeutend ergänzen. Zuletzt kann man auf der ästhetischen Ebene der Spiele durch Plattformzugehörigkeit bedingte Zeichen- und Darstellungskon-ventionen feststellen, die insbesondere im Vergleich von Portierungen miteinander her-vortreten – darunter fallen sowohl der Farbeinsatz (man vergleiche ZX-Spectrum-Spiele mit C64-Titeln), das Sound Design (war der Apple II ohne Erweiterungen nahezu stumm, galt der zu dreistimmigen Polyphonien fähige MOS-Chip SID 6581 als Aushängeschild des C64 und C128) als auch die Strukturierung der Welt (die Tendenz zu bitmap-bedingten Grid-Strukturen in frühen NES-Spielen mit Draufsicht; die Tendenz zu 3-D-Polygonen in frühen Playstation- und N64-Titeln (Abb. 9.1, 9.2, 9.3, 9.4 und 9.5)). Neben Grafik und Sound sind die Speicherkapazitäten ein wichtiges Kriterium, wodurch sich mitunter die Blütezeiten von Genres (2-D-RPGs auf dem SNES, interaktive Filme auf dem IBM-kompatiblen PC mit CD-ROM-Laufwerk) durch die jeweiligen Gegebenheiten der Plattformen erklären lassen.

Die enge Verbindung zwischen der Hardware einer Plattform und der dafür program-mierten Software schlägt sich in der Verwendung eines erweiterten Plattform-Begriffs nieder, der über die reine Hardware-Umgebung hinausgeht und a) die mit der Hardware gängigerweise gekoppelte Software (BIOS, Bootloader, Betriebssystem) sowie b) auf der gekoppelten Software aufsetzende Binnen-Plattformen (Photoshop, Web-Browser etc.) mit in die Definition einbezieht. Da auch Software-Umgebungen, den Hardware-Platt-formen ähnlich, Rahmenbedingungen für *screen games* festlegen können, ist die Einbe-ziehung von Binnen-Plattformen in der Analyse unabdingbar. In der Diskurspraxis haben sich Unterscheidungen wie DOS- und Windows-Games (seit dem Release von Microsoft Windows 95) sowie Bezeichnungen wie Browser-Games oder Facebook-Games längst durchgesetzt. Auch der Bereich der ‚virtual machines' (wie zum Beispiel die sehr wandel-bare Virtual Box oder die in die Wii U ‚eingebaute' Wii) stellt ein potentes Argument für eine Einbeziehung von Software-Kategorien in die Plattform-Diskussion und -Analyse dar. Im Randbereich dieses Spektrums befinden sich Entwicklerkomponenten einerseits – wie Engines, Editoren und ähnliches – sowie Meta-Spiele, die selbst wiederum (eingeschränkt)

Abb. 9.4 N64-Ästhetik – *Pilotwings* 64 (1996, Nintendo/Nintendo)

Abb. 9.5 Charakteristische Playstation 1-Grafik in *wipEout* (1995, Psygnosis/Psygnosis)

als Plattformen fungieren, andererseits: vom *Pinball Construction Set* (1982, Apple II) bis hin zu *LittleBigPlanet* (2008, PS3), *Minecraft* (2009/2010, Browser, Windows, Linux, Mac) und *Super Mario Maker* (2015, Wii U). Dabei gehören *Pinball Construction Set* und *Super Mario Maker* eher in die Tradition der *level editing tools,* indem sie dem Spieler ermöglichen, selbst als Designer neuer Parcours tätig zu werden und damit in die Grundbedingungen des Standard-Spiels modifizierend einzugreifen. *Super Mario Maker* ist dabei erwartungsgemäß komplexer, da es gleichsam eine Online-Community bedient, die aus den einfachen Design-Tools nicht nur für das Spielprinzip typische Levels, sondern etliche nur zur Betrachtung und nicht zum Spielen gedachte audiovisuelle Kompositionen hervorgebracht hat. Die Eingriffe in das ursprüngliche Spielprinzip sind dabei signifikant, während dennoch Grenzen gesetzt sind, die durch die Software-Binnen-Plattform der Editing-Umgebung definiert sind. *LittleBigPlanet* und *Minecraft* gehen einen entscheidenden Schritt weiter, indem sie das Erfinden des Spielprinzips weitestgehend dem Spieler überlassen und sich lediglich als Baukasten oder „sandbox" begreifen, der die offen angelegte Software gleich einer Plattform nutzen kann, um eigene Prinzipien auszuprobieren, zu entwickeln und mit anderen zu vernetzen. Das Meta-Spiel unterscheidet sich von der Hardware-Plattform durch die stärkere Limitierung, ist aber der Software-Plattform außerordentlich ähnlich, sodass die Grenzen bisweilen verschwimmen und nicht mehr klar zu ziehen sind.

9.2   Platform Studies – Subdisziplin oder Ergänzung der Game Studies?

„Platform studies investigates the relationships between the hardware and software design of computing systems (platforms) and the creative works produced on this systems", schreiben Ian Bogost und Nick Montfort in ihren „Frequently Questioned Answers" zu Platform Studies (Bogost und Montfort 2009). Das Paper ist im Rahmen der passenderweise in der Wiege der Mainframe-Spiele, dem MIT, entstandenen Buchreihe Platform Studies zu sehen, die den ersten Schwerpunkt der Disziplin derzeit fest in Boston verankert. Bogost und Montfort beantworten in besagtem Paper sechs „misconceptions" zu Platform Studies, die sie als Reihenherausgeber besagter Bände gern ausräumen würden. Dabei gehen sie zunächst auf die Geschichte der Subdisziplin ein und skizzieren das Erscheinen des ersten Bandes der Reihe zum Atari 2600 im Jahre 2009 als ihre faktische Geburtsstunde, der seit 2007 einige Vorträge vorausgegangen sind. Ohne das kurze Paper langwierig zusammenfassen zu wollen, sollen im Folgenden zwei Kernaspekte herausgegriffen werden, die für den vorliegenden Kontext relevant sind: die Frage, was aus Sicht der Subdisziplin eine Plattform ausmacht (misconception #4: „Everything these days is a platform.") und wie die Autoren das Verhältnis von technischen Spezifikationen und der sie verwendenden Kultur sehen (misconception #5: „Platform studies is about technical details, not culture.").

Bogost und Montfort grenzen ihr Konzept der Plattform dergestalt ein, dass sie den ‚rechnerischen' („computational") Aspekt des Systems in den Vordergrund stellen – Plattformen nach ihrem Modell sind „computational or computing systems that allow developers to work creatively on them". Der Plattform-Typologie und -Analyse von Netscape-Gründer Marc Andreessen aus dem Jahre 2007 folgend, führen sie zudem den Aspekt der Programmierbarkeit an, der die *computing platform* von anderen Plattformtypen signifikant abgrenzt. Die Typologie von Bogost und Montfort unterscheidet sich jedoch von Andreessens Ansatz, der sich spezifisch Online-Software-Plattformen gewidmet hat und keine games-spezifische Perspektive einnimmt. Einerseits zählen sie übliche Ausprägungen der *computing platform* auf: Mainframes, Minicomputer, Mikrocomputer mit spezifischen Betriebssystemen, eine Programmiersprache, eine Videospielkonsole oder ein Handheld. Andererseits nennen sie videospielspezifische Differenzierungsmöglichkeiten: Plattformen, die nur auf Ebene des Registers im Maschinencode programmiert werden können (Atari VCS); Plattformen, die ein kleines Betriebssystem für Assembly-Programmierer haben (Intellivision); Plattformen, die komplexe Programmiersprachen in ihre ROM implementiert haben (Apple II, C64 und viele andere Heimcomputer). Die Spezifik der jeweiligen Plattform ist in ihrem Entwurf besonders zentral, sodass sie auch die binäre Frage „Ist es eine Plattform?" für sich verwerfen beziehungsweise für sekundär erachten und stattdessen postulieren, die interessanten und/oder einflussreichen Programmier-Ergebnisse beziehungsweise die einzigartigen und/oder innovativen Eigenschaften einer Plattform in den Vordergrund des wissenschaftlichen Interesses zu stellen. Dass dies auch eine wissenschaftsideologische Note hat, ist wohl kaum zu verhehlen – dieses Credo kann man sicherlich auch als Aufforderung verstehen, die Meta-Ebene der definitorischen Reflexion allmählich zu verlassen, um der konkreten Beschäftigung mit der Plattform (im Sinne der genannten Buchreihe) mehr Raum zu geben.

Das Verhältnis zwischen den technischen Details und der kulturellen Funktion einer Plattform ist ein weiterer signifikanter Punkt in Bogosts und Montforts Paper. Eine weitreichende Interferenz zwischen beiden argumentativen Ebenen scheint von den Autoren in diesem Punkt ausdrücklich erwünscht, wenn sie einerseits den Einfluss des Plattformdesigns auf die darauf abgestimmten Produkte (wie Games) als analytisches Ziel ausgeben und andererseits die sozialen, ökonomischen und kulturellen Faktoren, die zum spezifischen Design einer Plattform geführt haben, diesem komplementär an die Seite stellen. Diese Differenz scheint in der Nachfolge systemtheoretischer Überlegungen eines Zusammenspiels systemspezifischer (beispielsweise semiotischer, hier: technischer, code-semiotischer) und sozialer Faktoren (zum Beispiel die Diskurskultur, hier: sozioökonomische und kulturelle Einflussfaktoren), etwa bei Niklas Luhmann, zu stehen und macht die von Bogost und Montfort geforderten Platform Studies nicht nur für informatik- und computertechniknahe, sondern auch für geistes- und kulturwissenschaftliche Disziplinen anschlussfähig.

Im deutschsprachigen Raum ist besonders der Artikel „Game Circuits. Platform Studies und Medienarchäologie als Methoden zur Erforschung von Computerspielen" von Stefan Höltgen (2013) hervorzuheben, der, wie im Titel bereits angedeutet, eine wenn

nicht oppositionelle, so doch anders gewichtete Perspektive auf Möglichkeiten der Platt-
form-Analyse einnimmt. So wendet sich Höltgen explizit von „soziologischen, ästhe-
tisch-hermeneutischen oder kulturwissenschaftlichen Perspektiven" ab, um sich einem
großen Forschungsdesiderat zu widmen, nämlich von der Warte einer „medienarchäo-
logisch operierende[n] Medienwissenschaft […] das technische Apriori des Mediums
Computer und Computerspiele (wieder) ins Bewusstsein zu rufen" (2013, S. 83, FN1).
Höltgen begrenzt dazu die Plattform selbst auf die Hardware der Spiele und bezeichnet
hingegen die Software als Code – er folgt darin Kittler, der Software als Realisation von
Hardware-Effekten sieht (2013, S. 84, 93). Seine Methode schlägt interdisziplinäre Brü-
cken zu Informatik, Mathematik, Elektronik, Physik und Technikgeschichte und widmet
sich der Freilegung von Epistemen, die dem Computerspiel (und somit seinen Hard-
ware- und Software-Bedingungen) unterliegen (2013, S. 84). Nach einer Definition der
ausgewählten methodischen Schulen – Medienarchäologie in der Nachfolge McLuhans,
Kittlers und Parikkas sowie Platform Studies im Anschluss an, aber durchaus abgegrenzt
von Bogost und Montfort – exemplifiziert Höltgen dies am Beispiel des Atari-VCS-
Titels *Blue Max* (1983), genauer an einem möglichen „Laufzeit- und Logikfehler" (2013,
S. 96), der darin vom Spieler provozierbar ist und sowohl ein Code-Problem als auch,
damit einhergehend, die ASCII-Grundlage der Bitmap-Grafik offenlegt. Höltgen richtet
sich damit dagegen, die Plattform als unterste Schicht des Computers aus den üblichen
Analysen auszublenden und plädiert stattdessen dafür, sie als konstitutiv einzubeziehen.
Trotz Höltgens expliziter Abgrenzung von Praktiken der Game Studies sind sowohl seine
Analyse als auch seine technikgeschichtlich-medienarchäologische Aufarbeitung der frühen Prozessorengeschichte hochgradig anschlussfähig für ästhetisch-hermeneutische und
kulturwissenschaftliche Perspektiven auf das Zusammenspiel von Plattform und Computerspiel, wie es auch Höltgen selbst in seinem Schlusswort letztlich vorsieht: Die The-
matisierung und Offenlegung epistemischer Brüche im Zeitalter des Mikroprozessors
ergänze Game und Platform Studies gleichermaßen „für eine Medien- und Kulturtheorie
größerer Reichweite" (2013, S. 99).

9.3   Historische Entwicklung der Plattformen – von Arcade und Mainframe zu heutigen Modellen

Ignoriert man die vereinzelten Vorläufer und Pioniergeräte und setzt den Beginn der Videospielgeschichte um 1970 an, kann man zunächst zwei konträre Tendenzen in Bezug auf
die Plattformen feststellen: einerseits Spiele wie *The Oregon Trail* (1971; vgl. Maher 2011)
oder die ersten RPGs wie *pedit5* (1975; vgl. Bolingbroke 2013) oder *Moria* (1975), die auf
dem PLATO-Mainframe programmiert wurden und somit die Rechenleistung von institutio-
nellen Luxusgeräten nutzten, um sie zu zweckentfremden. Andererseits Spielautomaten,
die den Beginn der kommerziellen Videospielgeschichte einleiten und sich durch die Identität von Hardware-Plattform und Software-Plattform auszeichnen – selbst ihre oft kolpor-
tierte Ähnlichkeit beziehungsweise Kontinuität zu Pinball-Automaten (vgl. Donovan 2010)

basiert auch auf einer Ähnlichkeit auf der Ebene der Plattform. Der Automat ist das Spiel, seine Kontrollmechanismen, sein Design und seine Hardware sind festgelegt, bis Mitte der 1980er Jahre Spielautomaten mit austauschbaren Modulen nach und nach die Norm werden (vgl. Wolf 2008, S. 95 f.).

Spielkonsolen im Wohnzimmer nehmen ihren Anfang mit einer Vielzahl von *Pong*-Klonen, ehe Atari das VCS 2600 veröffentlicht, die erste Konsole mit flächendeckender Verbreitung in den führenden Industrienationen. Diese führt – nach dem bereits beschriebenen, physischen Odyssey-Modell – insbesondere die Cartridges ein, die bis zum Aufkommen optischer Medien wie Laserdisc und CD-ROM der Industriestandard bleibt und in Handhelds nach wie vor Verwendung findet. Die ersten (mehr oder weniger) bezahlbaren Heimcomputer wurden 1977 auf der Consumer Electronics Show oder bei anderen Events im Verlauf desselben Jahres vorgeführt (vgl. Wolf 2012, S. 85) und nur wenig später auch für Spiele verwendet: der Apple II, der TRS-80 und der Commodore PET 2001. Bei Heimcomputern besteht von Anfang an eine größere Auswahl und Ausdifferenzierung der Modelle durch unterschiedliche Chipsätze – während es bei Konsolen auch heute noch möglich ist, ‚die' neue Sony-Konsole zu kaufen (und damals „ein Atari" oder etwas später „ein Nintendo" zu erstehen) (Abb. 9.4 und 9.5), sagt „ein Commodore" damals noch nicht viel darüber aus, ob man einen PET, einen C16 oder einen VC20 sein Eigen nennt – eine Ausnahme von dieser Regel war Apple; die Firma von Steve Jobs entwickelte in der Regel nur ein Gerät zurzeit und stärkte dadurch die Wahrnehmung der Marke von Anfang an. Dies ändert sich insbesondere in Deutschland mit dem Erfolg des Commodore 64, der für eine Zeitlang auch im Heimcomputer-Bereich die Marke mit der spezifischen Plattform synonym macht. Neben der bereits thematisierten Unterscheidung von Computer- und Konsolenspielen kann es auch von analytischer Relevanz sein, sich den Käuferschichten der jeweiligen Plattformen zuzuwenden – so war der Apple II ein sehr teures und wandelbares Gerät, während Commodore sich stärker auf Massenproduktionen konzentrierte – Jack Tramiels immer wieder zitiertes Diktum „We need to build computers for the masses, not the classes" (vgl. zum Beispiel Lischka 2002, S. 52; Ackerman 2016, S. 92; auch zitiert in Kent 2001; manchmal steht „computer" bei den Zitaten im Plural, manchmal im Singular) bringt es nach wie vor schlagend auf den Punkt. Auch auf dem Konsolenmarkt gibt es ab den 1990er Jahren eine vergleichbare Ausdifferenzierung – high-end-Produkte wie das Neo Geo (1990) oder das 3DO (1993) stehen Massenkonsolen wie dem Super Nintendo Entertainment System (1991) oder dem Sega Mega Drive (1989) preislich diametral gegenüber. Eine weitere Distinktion tritt spätestens hervor, als Nintendo mit DS (2004) und Wii (2006) zwei Plattformen entwickelt, die sich speziell an den Markt der sogenannten *casual gamer* richten. Die daraus resultierende Diskussion um eine Spaltung des Marktes in *casual* und *core gamer* zieht sich bis heute durch *screen game*-Diskurse und wird maßgeblich an den bevorzugten Plattformen (wie PC versus Smartphone) festgemacht. Dass diese Unterscheidung allerdings zu großen Teilen gefühlsmäßig ist, zeigt auch die Tatsache, dass der bis dato erfolgreichste Titel der Videospiel-Geschichte – *The Sims* (2000) – ein waschechtes *casual game* (ursprünglich) für den PC ist. Plattformen haben somit einerseits immer mit ihrem

historischen Kontext zu tun und sind ohne eine grundlegende Verortung in der Videospielgeschichte nur schwer zu erfassen; andererseits haben Plattformen jeweils verschiedene Zielgruppen, was sich gleichsam in der jeweiligen Spieleauswahl niederschlägt.

9.4   Plattformen und Corporate Identity

Es wurde bereits angedeutet, dass sich viele Plattformen über ihre Firmenzugehörigkeit
definieren und einige Entwickler eine exklusive Bindung zu den produzierenden Fir-
men eingehen. Dies ist ein relativ altes Phänomen und hat nicht immer nur ökonomische
Gründe gehabt: Die Grafikadventure-Pioniere der Firma ICOM Simulations beispielsweise nutzten das seinerzeit revolutionäre Betriebssystem des Macintosh, um ihre Titel
Déjà Vu: A Nightmare Comes True (1985), *Uninvited* (1986), *Shadowgate* (1987) sowie
Déjà Vu II: Lost in Las Vegas (1988) der Fenster-Oberfläche des Mac OS anzupassen
(Abb. 9.6 und 9.7). Dazu entwarfen sie die optisch assimilierte MacVenture-Engine und
nahmen die Darstellung in Schwarzweiß in Kauf, was die Portierungen ebenfalls grafisch
stark beeinflusste. Spätere prominente Beispiele sind der Exklusivvertrag von Bungie
und Microsoft über die *Halo*-Serie (ab 2001) sowie die Nintendo-Exklusivtitel, die seit
jeher verhindern, dass die erfolgreichsten Maskottchen des japanischen Spieleentwick-
lers auf fremden Systemen erscheinen – von kuriosen Ausnahmen, wie den Zelda-Spie-
len für das Philips CD-i, abgesehen.

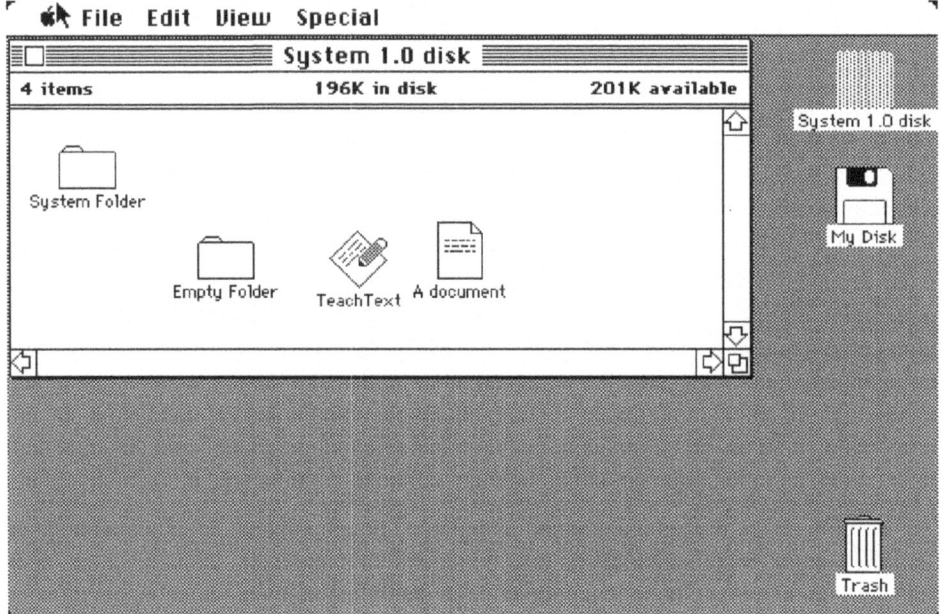

Abb. 9.6 MAC-OS- Betriebssystem – Oberfläche. Apple Corporation

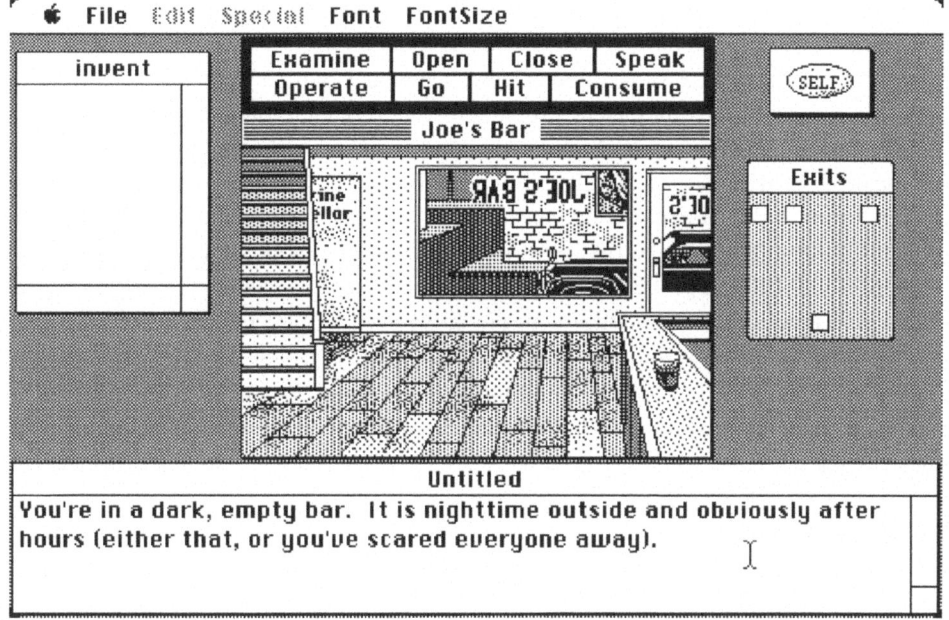

Abb. 9.7 Game-Interface in dem Adventure *Déjà vu* (1985, ICOM Simulations/Mindscape)

Der Zusammenhang zwischen der Plattform, ihrer Zielgruppe und den damit assoziierten Spielen war schon immer groß. Wenngleich heutzutage nur noch wenige Entwickler ihre Spiele für einzelne Plattformen produzieren, bestehen Phänomene wie Markenbindung, spezifische Spielerdemografien sowie Genrepräferenzen weiter fort. So haben rundenbasierte Strategiespiele auf Plattformen mit Touchscreen eine kleine Renaissance erfahren, während First-Person-Shooter auf diesen nahezu undenkbar sind. Und während einige Spiele nahezu synonym mit ihrer Plattform sind (*FarmVille* [2009] auf Facebook), verbreiten sich andere fortwährend über andere Systeme (*Minecraft;* der Tower-Defense-Boom). Einige Differenzen sind dabei historisch gewachsen – so hat sich Nintendo beispielsweise erst im Zuge der ersten Videospiel-Prozess-Welle in den USA (1992–1993, vgl. Kent 2001, Kap. 25) zur ‚familienfreundlichen‘ Selbstzensur entschlossen und somit Sega (beziehungsweise wenig später Sony) endgültig die Marketing-Position der ‚erwachsenen‘ Alternative überlassen.

9.5   Länderspezifische Plattformpräferenzen

Ein weiterer wichtiger Punkt ist dabei, dass Plattformen oft länderspezifisch erfolgreich oder erfolglos waren und sich dementsprechend regionale Games-Kulturen teils sehr unterschiedlich entwickelt haben. Das berühmteste Beispiel mag die quasi komplementäre

Verteilung von Commodore 64 und Sinclair ZX Spectrum in den 1980er Jahren in Deutschland respektive dem Vereinigten Königreich sein, aber auch zeitgenössische Zahlen belegen, dass derartige Konventionen bisweilen ungewöhnlich stabil sind: Ein Beispiel dafür sind die traditionell und auch aktuell geringen Verkaufszahlen von Microsoft-Konsolen in Japan (vgl. ZhugeEX 2016). Manchmal ergeben sich hierbei Verknüpfungen von Länder-, Plattform- und Spielepräferenzen beziehungsweise -kompetenzen – wie beispielsweise in der hohen Dichte relevanter Shoot-'em-ups für die NEC PC Engine (beziehungsweise TurboGrafx-16), eine japanische Konsole mit dominant japanischer Zielgruppe und deutlich größerem Erfolg im Heimatland als anderswo. Es ist auch maßgeblich eine Opposition der Plattformen, die ab Mitte der 1980er Jahre das RPG-Genre unwiderruflich in zwei Traditionen gespalten hat: das Konsolen-RPG (JRPG) und das Computer-RPG (CRPG; vgl. Barton 2008). Dass es sich hierbei auch um eine Opposition der länderspezifischen Genrepräferenzen handelt, wird bereits durch die gängigen Abkürzungen erkennbar: Das JRPG hat sich dominant in Japan etabliert und wird vornehmlich dort entwickelt, während das CRPG größtenteils aus amerikanischen und europäischen Produktionen besteht.

9.6   Portierungen

Für eine ganzheitliche geisteswissenschaftliche – also ludologische, narratologische und ästhetische – Analyse des Videospiels unter dem Aspekt der Plattform-Spezifika bietet sich insbesondere ein Vergleich der Portierungen an. Bei diesen Übertragungen eines Spielcodes auf andere Plattformen mit den ihnen eigenen Spezifika findet eine Umsetzung desselben Zeicheninventars unter verschiedenen Gameplay-, Grafik-, Sound- und Speicherplatz-Prämissen statt, was ein Spiel durchaus bis zur Unkenntlichkeit verändern kann. Der traditionelle Fall der Portierung war derjenige von der Spielhalle zum Heimgerät; so ist es kein Zufall, dass die ersten Heimkonsolen versuchten, vom großen Erfolg von *Pong* zu profitieren. Viele der frühen Arcade-Erfolge – von *Space Invaders* (1978) über *Asteroids* (1979) und *Defender* (1981) bis hin zu *Q*bert* (1982) – wurden für etliche Konsolen und Heimcomputer umgesetzt und dabei in der Regel visuell und auditiv stark reduziert, spielerisch deutlich verändert und häufig auch eklatant gekürzt. Ein Portierungsvergleich kann dabei erhellende Rückschlüsse auf die Eigenschaften der jeweiligen Plattform ermöglichen, was besonders für die Hochphase der Gerätekonkurrenz in den 1980er Jahren gilt. *Ballblazer*, das Debütspiel von Lucasfilm Games aus dem Jahre 1985, erschien für den Amstrad CPC (1986), den Apple II (1985), das Atari 5200 (1986), das Atari 7800 (1987), die Atari 8-bit-Computer (1985), den Commodore 64 (1985), den MSX (1987), das NES (1988) und den ZX Spectrum (1985). Eine raubkopierte Version erschien bereits 1983 unter dem Namen *Ballblaster* und sorgte fast für das schnelle Scheitern der jungen Spielefirma. Bei einem Close-Reading von *Ballblazer* stellte sich also erst einmal die Frage, von welchem der neun Spiele überhaupt gesprochen wird. Auch wenn die Unterschiede in diesem Fallbeispiel eher geringfügig ausfallen und aufgrund der stark begrenzten Spielwelt vor allem im Bereich des Handlings (inklusive der Geschwindigkeit) liegen, zeigt es dennoch, warum die Berücksichtigung der Plattform für die Analyse eminent wichtig sein kann (Abb. 9.8, 9.9 und 9.10).

Abb. 9.8 *Ballblazer* (1984, Lucasfilm Games/Atari) – Apple II-Version

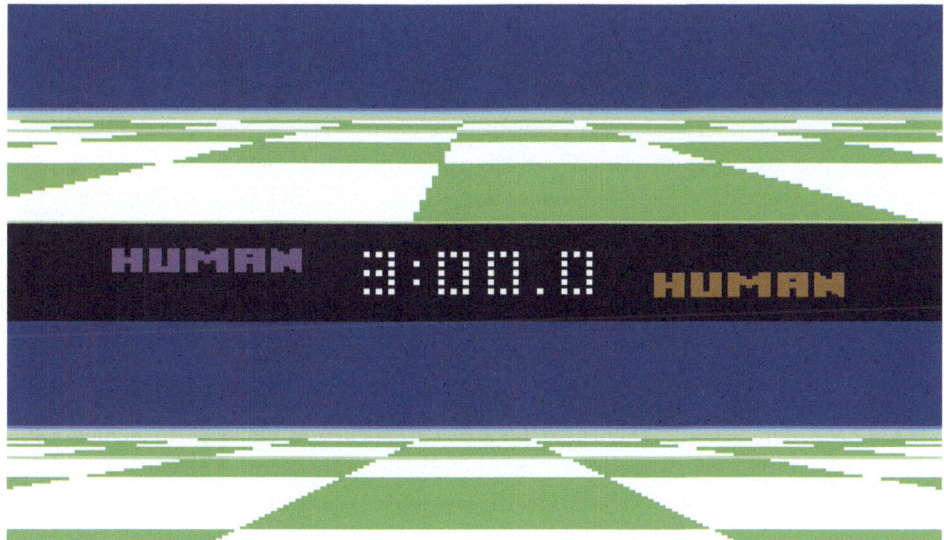

Abb. 9.9 *Ballblazer* (1984, Lucasfilm Games/Atari) – C64-Version

Abb. 9.10 *Ballblazer* (1984, Lucasfilm Games/Atari) – NES-Version

Portierung bezeichnet die Adaption eines Spielprinzips mit der dazugehörigen Narration und Spielwelt auf einer Plattform, für die das Spiel nicht ursprünglich entworfen wurde. Denkbar sind auch parallele Entwürfe desselben Spiels für verschiedene Plattformen, die gelegentlich von unterschiedlichen Entwickler-teams vorgenommen werden und entsprechend große Unterschiede aufweisen. Der Einfachheit halber können sowohl originalgetreue Nachahmungen als auch starke Variationen eines Spiels auf anderen Plattformen – teils sogar unter ande-rem Titel vermarktet – als Portierungen bezeichnet werden. Sie verändern neben ästhetischen und spielerischen Parametern häufig auch Paratexte des Spiels (wie das Intro, die High-Score-Optionen und so weiter). Bei Arcade-Portierungen wird häufig aus Speichergründen in die Narration eingegriffen und aufgrund des unterschiedlichen ökonomischen Kontextes der Schwierigkeitsgrad verringert (Abb. 9.11 und 9.12).

Ist das Arcade-Spiel in der Regel darauf ausgerichtet, nach einem milden Einstieg mög-lichst schnell den Schwierigkeitsgrad hochzuschrauben, um einen permanenten Geld-fluss in den Automaten zu erwirken, sind bereits bezahlte Home-Versionen der Spiele häufig einfacher (oder regulierbar), um die mögliche Frustration zu verringern. Natür-lich gibt es auch hier berüchtigte Ausnahmen (wie die C64-Portierung von *Green Beret*, 1986). Ein prominentes Beispiel für eine Kürzung ist die C64-Portierung des für seinen

Abb. 9.11 *Bomb Jack* – C64-Version (1984, Tehkan/Tehkan)

Abb. 9.12 *Bomb Jack* – ZX Spectrum-Version (1984, Tehkan/Tehkan)

hohen Schwierigkeitsgrad berüchtigten Arcade-Spiels *Ghosts ‚n' Goblins* (1985). Musste das Arcade-Spiel noch zwei Mal komplett durchgespielt werden, damit das tatsächliche Ende des Spiels freigeschaltet wurde, ist die C64-Version dieses Features beraubt und zudem um die Hälfte gekürzt. Die Übersichtskarte und das Intro sind ebenfalls ausgespart und die Grafik ist der geringeren Auflösung des C64 angepasst, wenngleich sie stilistisch dem Original treu bleibt. Eine Besonderheit ist, dass, anders als in manchen anderen Portierungen, die Musik vollkommen verändert wurde. Der SID-Chip war einer der Gründe für die hohe Popularität des C64 bei Entwicklern und Musikern, und diese Stärke wurde durch die neu komponierte Musik von Mark Cooksey (mit einer Anleihe bei Chopins Prelude op. 28 Nr. 20) nochmals betont. Eine Umsetzung der Originalmusik wäre letztlich unproblematisch gewesen; aber wie bei vielen C64-Titeln verändert insbesondere diese Variation das ästhetische Erlebnis in der Portierung signifikant.

Bisweilen ergeben sich aus der Portierungsfrage gar neue intertextuelle Verknüpfungen, so zum Beispiel im Fall von *Adventure Island* (1988, NES), das ursprünglich als Arcade-Portierung von *Wonder Boy* (1986) geplant war, oder bei gleich mehreren Spielen des deutschen Studios Rainbow Arts, deren rechtliche Probleme mit dem *R-Type*-Klon (1987) *Katakis* (1988, C64) und der *Super Mario Bros.*-Nachdichtung (1985) *The Great Giana Sisters* (1987, C64) heutzutage zu den bekanntesten deutschen Computerspiel-Anekdoten der Jahrzehntwende gehören: Während *The Great Giana Sisters* schlichtweg vom Markt genommen werden musste, ergab sich für *Katakis* der ungewöhnliche Deal, dass Rainbow Arts zur ‚Strafe' die Portierung von *R-Type* auf den C64 übernehmen sollte. Auch Sequels sind – insbesondere auf dem Weg von der stationären Konsole zum gemeinhin weniger leistungsstarken Handheld – bisweilen Portierungen sehr ähnlich. Dieses Phänomen lässt sich zum Beispiel in etlichen Umsetzungen von etablierten NES-Marken für den Nintendo Game Boy beobachten; zu nennen wären hier die Reihen *Mega Man* (1987, NES; 1991, Game Boy), häufig generell Lizenzspiele *(Jurassic Park*, 1993, NES, Game Boy und SNES; oder *Star Wars*, 1991, NES; 1992, Game Boy) oder auch *Metroid II: Return of Samus* (1991, Game Boy) oder *Gargoyle's Quest II* (1992, NES), die zwar an sich Fortsetzungen sind, aber vielen Portierungen der 1980er Jahre darin ähnlich, dass das Spielprinzip in einer der veränderten Technik angepassten Spielwelt umgesetzt wird (vgl. *R-Type*-Portierungen).

9.7   Immersive Controller

Wie oben erwähnt beziehen viele Spielautomaten die Diegese des Spiels paratextuell in ihr Design ein, indem die Außendarstellung des Automaten mit Zeichnungen von den Spielfiguren oder zentralen Elementen der Handlung oder Spielwelt verziert ist. Eine andere Methode, das Spiel mit seiner räumlichen Umgebung zu verbinden, ist das Design spezifischer, immersiver Controller, die zeichenhaft auf die Spielwelt verweisen beziehungsweise aus ihr zu kommen scheinen (Abb. 9.13). Dazu gehören einfache Modelle wie die pistolenförmigen Controller von Rail-Gun-Shootern oder das

Abb. 9.13 Arcade-Automat des Spiels *Outrun* (1986, Sega)

Plastikpferd, auf dem der Spieler die Pferderennen von *Final Furlong* (1997) steuert, aber auch – am anderen Ende der Skala – geradezu barocke Erfindungen wie die Kreuzung aus Flugsimulator und Flugzeugmodell, die den Arcade-Automaten von *Yu Suzukis G-LOC: Air Battle (R-360)* (1990) umgibt. Viele dieser immersiven Controller – nicht nur aus Kosten-, sondern auch aus Platzgründen natürlich nicht alle – wurden für den Heimkonsolenmarkt übernommen: Die Rail-Guns fanden ihre Reinkarnation in der NES Light Gun, die Tanzmatten von *DanceDanceRevolution* (1998, Arcade; 2001, PlayStation) und vergleichbaren Tanzspielen wurden als kleinere Plastik-Teppiche mit elektronischen Sensoren ins Wohnzimmer überführt. Die übergroßen Taiko-Drums aus japanischen Arcade-Hallen (*Taiko no tatsujin,* 2001, Abb. 9.14*)* fanden ihren Widerhall in den kleinen Plastik-Trommeln der Heimumsetzungen wie *Taiko Drum Master* (2004, PS2) oder Spielen wie *Donkey Konga* (2003, GameCube), und die Plastikgitarre von Guitar Hero ist schon längst in die Popkultur eingegangen. Eine noch größere Immersion und geradezu Verschränkung von Plattform und außerfiktionalem Gegenstand findet sich in dem Musikspiel *Rocksmith* (2011, PS3/Xbox 360), das dem Spieler erlaubt, seine eigene E-Gitarre (oder seinen E-Bass) anzuschließen. Segas letzte Konsole, die Dreamcast, verschrieb sich in besonderem Maße der automatengetreuen Umsetzung von Spielen und entwickelte sogar etliche eigenständige Spiele mit immersiven Controllern: *SEGA Bass Fishing* (1997) mit der dazugehörigen Plastikangel, *Samba de Amigo* (1999) mit zwei Plastik-Maracas und *Seaman* (1999), das (fast) nur über Sprachsteuerung

Abb. 9.14 Arcade-
Spielautomat *Taiko no tatsujin*
(2001, Bandai Namco)

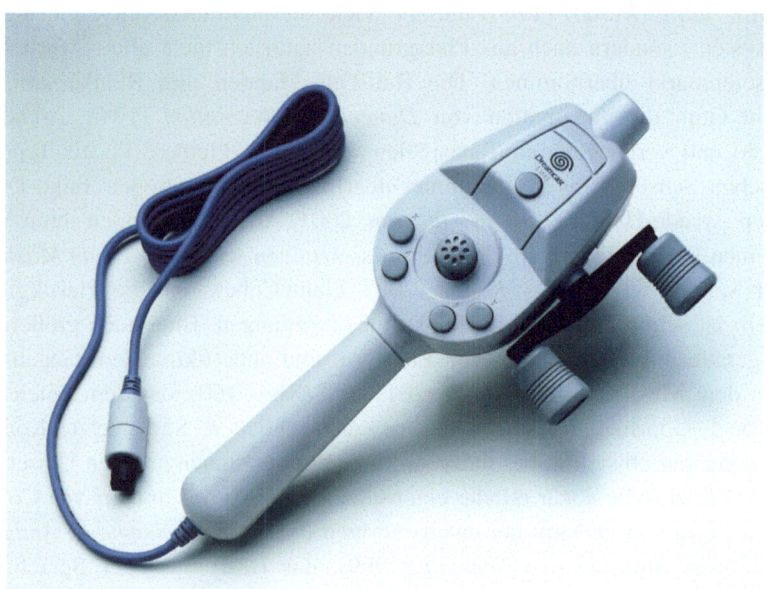

Abb. 9.15 Dreamcast Fishing Controller (Sega)

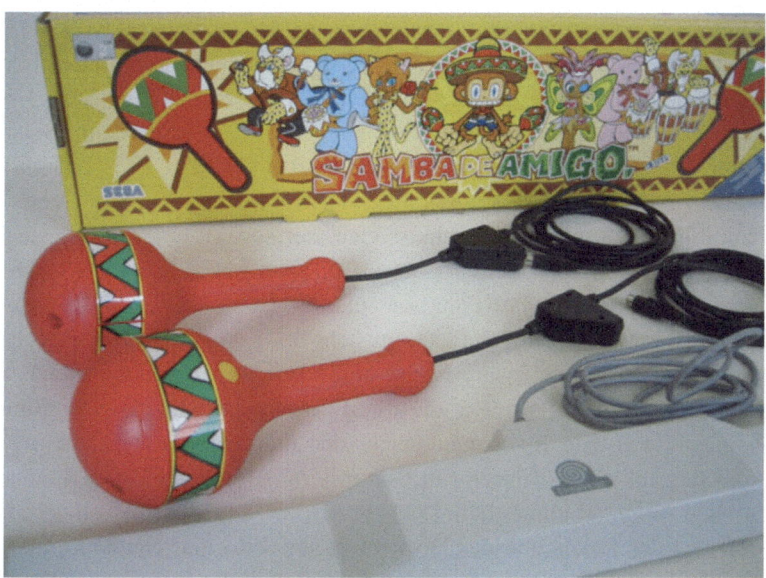

Abb. 9.16 Dreamcast Maracas (Sega)

funktionierte (vgl. Abb. 9.15 und 9.16). Der Controller kann *pars pro toto* für Plattform und Spiel stehen und somit gewissermaßen eine eigene Gameplay-Plattform darstellen, was insbesondere in der Diskussion um immersive Displays der Virtual-Reality-Konstrukte von den frühen 1990ern bis heute (Oculus Rift) eine signifikante Rolle spielen kann.

9.8 Emulatoren und virtuelle Plattformen

Emulationen werden in der Regel als Möglichkeit begriffen, auf einen Spielebestand zuzugreifen, der in anderer Form nicht mehr zugänglich wäre – Online-Archive sammeln, häufig in rechtlichen Grauzonen, möglichst vollständig nach Plattformen geordnet, große Spielekataloge und ergänzen diese gar um Fan-Neuschöpfungen oder -Fortsetzungen. Wenngleich Emulatoren ursprünglich Mittel zur Erhaltung der Rückwärtskompatibilität von Programmen, Datensätzen und somit Plattformen waren (vgl. Loebel 2015, S. 232), können sie aus der Perspektive der Game Studies als virtuelle Plattformen gelten, die ältere Systemkonfigurationen zur zeitgenössischen Benutzung bewahren.

Jens-Martin Loebel formuliert die Aufgabe eines Emulators wie folgt: „Es müssen Wege gefunden werden, sämtliche Softwarekomponenten – Objekt, Abspielprogramm, Zusatzprogramme, Treiber und Betriebssystem – über Generationen von Rechner- und

Softwaresystemen hinweg dauerhaft benutzbar zu machen" (2015, S. 232). Dabei
müssen Emulatoren grundsätzlich auf einem System verankert sein, das sehr viel leis-
tungsstärker ist als das emulierte System (2015, S. 233). Sie schaffen eine Umgebung,
die entweder in Ansätzen beziehungsweise nur in Ausschnitten (zum Beispiel über
snapshot-artige Nutzung von Save States, vgl. Loebel 2015, S. 233) oder im Ganzen
die ursprüngliche Plattformumgebung simuliert. Ein Beispiel für einen Kompromiss ist
der multifunktionale Commodore-Emulator Vice, der sowohl einen selbst ausgeführten
Disketten- beziehungsweise Kassetten-Boot in der simulierten ROM/OS-Umgebung als
auch eine vereinfachende Autostart-Funktion zulässt.

Ein nicht unwesentlicher blinder Fleck entsteht bei Emulationen im Regelfall durch
den Umstand, dass auf der Software-Ebene eine virtuelle Umgebung kreiert wird, die
eine Binnen-Plattform simuliert. Da die Hardware-Gegebenheiten von Binnen- und
Rahmen-Plattform sich jedoch sogar unterscheiden müssen, ist die Emulation der hap-
tischen Umgebung inklusive Bildschirm, Controllern, Abbildungs- und Raumverhältnis
ohne sehr großen Aufwand unmöglich. Loebel (2015, S. 232) spricht von der „Erhaltung
des Look-and-feel des Spiels und des Dispositivs aus Soft- und Hardware inklusive der
Ein- und Ausgabegeräte, der Rezeptionsumgebung sowie der historischen Aufführungs-
praxis", wie sie für die Ausstellung „Film & Games" im Jahre 2015 versucht wurde.
Im Hausgebrauch ist ein vergleichbarer Aufwand in der Regel unmöglich und einigen
Sammlern vorbehalten. Insbesondere die ludologische Analyse leidet unter diesem
Umstand; der Mehrwert von Emulationen übersteigt jedoch bei weitem dieses Problem,
das bei einer gründlichen Auseinandersetzung mit älteren Spieleplattformen und ihren
Software-Produkten stets reflektiert und thematisiert werden sollte.

Aus einem anderen Blickwinkel ermöglicht die Praxis der Emulation jedoch neue
Rezeptionssituationen, die eventuell aus finanziellen, geografischen oder zeitlichen
Gründen anders nie zustande gekommen wären. Dazu gehört die verdienstvolle Online-
Emulation des PLATO-Mainframes (http://www.cyber1.org), die eine – wenn auch
lückenhafte – individuelle Rekonstruktion der Frühgeschichte des Videospiels möglich
macht, und damit die Rekonstruktion eines historischen Abschnitts, der in den 1970er
Jahren nur wenigen privilegierten MIT-Usern vorbehalten war. Auch Ländergrenzen werden durch die Möglichkeit der Emulation überschritten, wenn frühere Import-Titel oder
niemals nach Europa gelangte Spiele – wie zum Beispiel der umfangreiche Katalog des
NEC-88 – heutzutage relativ problemlos verfügbar sind, wenn auch die Sprachbarriere
in vielen Fällen bestehen bleibt. Insbesondere im Segment der JRPGs sind allerdings die
zahlreichen aufwendigen Fan-Übersetzungen erwähnenswert, die niemals in den USA
oder Europa erschienene Sequels über den Online-Weg nachträglich zugänglich und für
den nicht des Japanischen mächtigen Spieler lesbar machen. Andererseits gehören dazu
auch ökonomische Öffnungen restriktiver Marktsegmente; die spätere Emulation besonders teurer oder seltener Konsolen ermöglicht die Sichtung eines Materials, das sich
wahrscheinlich dem synchronen Zugriff vieler Spieler entzogen hat.

9.9   Retro-Gaming als Konsolen-Emulation

Das Aufkommen legaler Alternativen zur Grauzone der emulierbaren Spiele-ROMs in der siebten Konsolengeneration kann auch als Reaktion der großen Konsolenfirmen Nintendo, Sony und Microsoft auf das neue oder auch beständige Spieler-Interesse an Retro-Titeln, Vollständigkeit von Spieleserien und ähnlichem verstanden werden. Eine vergleichbare Tendenz findet sich in der Etablierung von Mp3-Download- und -Streaming-Services als Reaktion auf Napster sowie in dem verbreiteten Streaming-Angebot von Filmen als Reaktion auf kino.to und ähnliche Seiten. Die Konzepte heißen „Virtual Console" (seit der Nintendo Wii, 2006) und „Xbox Live Arcade" (seit der Xbox 360, 2005); bei Sony waren die älteren Titel (häufig in einer grafisch hochgerechneten Version) ab der PlayStation 3 (2006) Teil des PSN-Angebotes. Die konsequenteste Sony-Umsetzung dieses Prinzips fand allerdings erst auf der PS Vita (seit 2011/2012) statt; der Handheld spielt Titel aller PS-Konsolen-Generationen ab und kann sogar die aktuellen PS4-Titel in technisch reduzierten Varianten streamen. Im Prinzip handelt es sich bei all diesen Plattformen um die Kommerzialisierung von Emulatoren und die Neu-Verwertung des eigenen Œuvres zu reduzierten Preisen; bisweilen werden auch hier zuvor bestehende regionale Grenzen überschritten (zum Beispiel durch den Release des SNES-Spiels *Mother* [1989, Famicom] unter dem Titel *EarthBound Beginnings* für die Wii U Virtual Console im Juni 2015) und zuvor seltene Spiele flächendeckend angeboten. Alle Systeme haben gemeinsam, dass sie mit digitalen Files arbeiten, also keine Datenträger mehr nutzen und die Spielesammlung rein virtuell darstellen – hierfür mögen Steam (etabliert 2003) und GOG.com (etabliert 2008) als Vorbilder gedient haben (Abb. 9.17).

Abb. 9.17 Virtuelle Spielesammlung in *SEGA Mega Drive Classics* (2016, Sega)

Interessanterweise wird dieser Trend der Neuvermarktung und Aneignung früherer Plattformen durch kommerzialisierte Emulation von etlichen kompatiblen Spiele-Trends begleitet: a) die Tendenz zu Remakes und Reboots im Sektor der AAA-Spiele (*Tomb Raider*, 1996; *Doom*, 1993; *Wolfenstein*, 1992; *Fallout*, 1997); b) die Tendenz zu fanfinanzierten späten Fortsetzungen auf Kickstarter (*Wasteland 2*, 2014; *Torment: Tides of Numenera*, 2017 etc.); c) die Tendenz zu plattformfremden, retrografischen Indie-Spielen im Zuge des 8-bit-Ästhetik-Revivals (*Super Meat Boy*, 2010; *Thimbleweed Park*, 2017); d) die Tendenz zu Spielen, die aus Bausteinen (wenn man so will: *Save States*) alter Spiele bestehen und diese in neue Kontexte – ebenfalls plattformfremd – integrieren (*NES Remix*, 2013). Somit findet sich im Retro-Spiele-Sektor eine signifikante Verknüpfung von Plattform-Nostalgie und dem intertextuellen Spiel mit überholten technischen Limitierungen, die zur affirmativen Ästhetik umgedeutet die Folie für eine neue, retro-affine Patchwork-Spiele-Subkultur darstellen, die implizit auch eine Kritik an der permanenten Technik- beziehungsweise Materialentwicklung im Sinne des ‚uncanny valley'-Gedanken beinhaltet.

> „Uncanny Valley" ist ein Begriff, der auf die britische Schriftstellerin Jasia Reichardt zurückgeht und den Zustand des Unheimlichen oder Unwohlseins (the uncanny) zu beschreiben sucht, den Roboter oder vergleichbare, vor allem technische Nachbildungen von Menschen durch ihre zu große Menschenähnlichkeit auslösen. Reichardts Begriff basiert auf einem ähnlichen Phänomen, das der japanische Professor für Robotertechnologie Masahiro Mori bereits 1970 beschrieben hat und das sie 1978 mit „uncanny valley" zu übersetzen versucht hat (vgl. Tinwell 2015). In Computer- und Videospielen beschreibt der Begriff einen prospektiv-utopischen Zustand, in dem die Figuren des Spiels nicht mehr oder kaum noch von Menschen zu unterscheiden sind; in diesem Zusammenhang wird er gemeinhin als Metonymie für besonders ausgeprägten Fotorealismus verwendet und bisweilen als technisches Entwicklerideal (‚crossing the uncanny valley') ausgerufen.

In diesen Kontext gehören auch Retro-Plattformen wie das von einem privaten Modder gestartete „Project Unity", in das 15 Retro-Konsolen verbaut wurden sowie das von Nintendo im November 2016 veröffentlichte Nintendo Classic Mini, das in eine durchschnittliche Handfläche passt und 30 vorinstallierte NES-Titel beinhaltet.

9.10   Plattformen in den 2010er Jahren – Im Zeitalter der Plattform-Ubiquität

Aus zeitgenössischer Perspektive ist es geradezu verlockend, der vierten Fehlannahme aus dem Paper von Bogost und Montfort (2009) nachzugeben und dem Gedanken zu verfallen, heutzutage sei alles eine Plattform – von Betriebssystemen über

Programmiersprachen bis hin zu Webseiten, ausbaufähigen Applikationen und eben Videospielen. Das spätestens im Zuge der Popularisierung des iPhones (ab 2007) salonfähig gewordene Baukasten- oder App-Prinzip, nach dem mittlerweile ein Großteil der Benutzeroberflächen strukturiert sind (von Betriebssystemen der Smartphone-Konkurrenz bis hin zu Shopping-Seiten und Applikationen selbst), hat die Ermächtigung des Prosumers in allen digitalen Medien radikal vorangetrieben und konsequenterweise auch die Spielebranche erfasst. Dabei ist zu beobachten, dass die Reflexion von Plattformen und ihren Begrenzungen heutzutage viel mit ihrer Historizität zu tun hat – so waren selbstreflexive Kommentare in Bezug auf technische Gegebenheiten in Infocom- und Lucasfilm/LucasArts-Adventures noch hochgradig synchron angelegt, man denke an den berühmten „Do not attempt to adjust your set!"-Kommentar zu Beginn der Traumsequenz in *Monkey Island 2: LeChuck's Revenge* (1991) oder die spielbare Vollversion von *Maniac Mansion* (1987) auf einem Computer im Nachfolger *Day of the Tentacle* (1993).

Heutzutage sind digitale Zeitreisen hingegen die Norm; sie sind in etlichen Spieletiteln zumindest als Episode zu finden (man schaue sich zum Beispiel die in die Diegese integrierten 2-D-Welten in *El Shaddai: Ascension of the Metatron* (2011, PS3/Xbox 360) an) und verweisen immer auch auf die Materialität der dem Spiel zugrunde liegenden Plattform. Die von Höltgen (2013) praktizierte Offenlegung von Code-Fehlern im Sinne einer Medienarchäologie wird heute vielfach simuliert und augenzwinkernd als technischer Striptease inszeniert – sei es in stark stilisierter Form wie in *Minecraft* oder in programmatischer Simplizität wie in *Slaves to Armok: God of Blood Chapter II: Dwarf Fortress* (2002), dessen Bezugsgröße natürlich Rogue (1980) ist, das sich ebenfalls bereits auf die ‚nackte' ASCII-Grafik verließ. Es wurde bereits erwähnt, dass auch Entwicklertools partiell wie Plattformen funktionieren – bereits 1982 wurde mit dem *Pinball Construction Set* der ‚Vorgängerplattform' Pinball gehuldigt; eine vergleichbare Geste findet sich im 2015 erschienenen Baukasten-Spiel *Super Mario Maker,* das die charakteristische Grafik der 8-bit- und 16-bit-Vorläufer *Super Mario Bros.* (1985, NES), *Super Mario Bros. 3* (1988, NES) und *Super Mario World* (1990, SNES) keineswegs hochrechnet oder versteckt, sondern als Hinweise auf frühere Zustände der Diegese und somit als Hinweise auf frühere Plattformen integriert, und das in derjenigen Spieleserie, die mehr als jede andere den diegetischen Begriff von ‚Plattformen' geprägt hat. Der zentrale Unterschied zwischen Pinball Construction Tools und *Super Mario Maker* besteht in dem Bezug auf die spezifische Videospiel-Geschichte – wenn *Hacker* (1985) oder *Frankie Goes to Hollywood* (1985) rechnerische Plattformen auf der Handlungsebene bereits Mitte der 1980er Jahre zum Thema machen, handelt es sich dabei immer um einen synchronen Akt der Selbstreflexion (Abb. 9.18, 9.19 und 9.20) – *Super Mario Maker* stellt eine Software-Plattform im Sinne digitaler Medien vor, die den Spieler zum Prosumer im Sinne des gestaltbaren Web 2.0 macht, der eigene Levels designt, diese von fremden Spielern online spielen, kommentieren und bewerten lässt und selbst wiederum am selben Diskursprozess als Spieler teilnimmt. Und über den vagen Bezug von *Minecraft* auf die 8-bit-Ära hinaus thematisiert *Super Mario Maker* spezifisch eine Spielereihe, die sich über mehrere Spieleplattformen erstreckt, auf die der Spieler im simulierten Kokon einer Emulation ganz ohne Modding- oder Programmierkenntnisse

Abb. 9.18 Plattform als Teil der Diegese in *Impossible Mission* (C64-Version, 1984, Epix/Epyx)

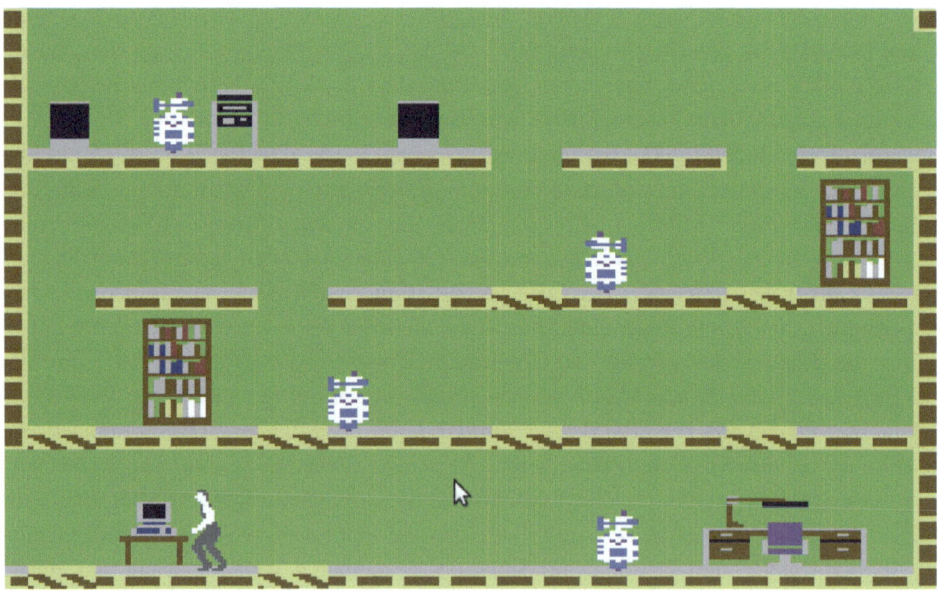

Abb. 9.19 Plattform als Teil der Diegese in *Impossible Mission* (C64-Version, 1984, Epix/Epyx)

zugreifen und die er nunmehr nach eigenen Maßgaben umgestalten kann. Plattformen sind heutzutage nicht mehr nur Hardware- und Softwaregrundlagen, sondern durch ihre häufige (implizite oder explizite) diegetische Spiegelung gleichsam kulturelle Konstrukte, die

Abb. 9.20 Floppy-Disk innerhalb des Spiels *Frankie Goes to Hollywood* (1985, Ocean/Ocean)

sowohl als Rahmen der Spieleanalyse im Sinne der platform studies (für den Zugriff auf Produktionsbedingungen, das Zusammenspiel von Code und sichtbarer Oberfläche, die technischen Rahmendaten etc.) als auch als Binnenkategorie, Topos, Motiv oder kulturell gewachsenes Zeichen mit eigenen De- und Konnotationen (für den Zugriff auf die Bedeutung der Plattform innerhalb der Spiele-Diegese) analysiert werden können. Das Bindeglied zwischen den beiden Ebenen stellt die Betrachtung als selbstreflexiven Verweis dar, der das zeichenhafte Vorkommen der Plattform in der Spiel-Diegese mit dem Hinweis auf ihre eigene Medialität verknüpft. Damit ist sicher nicht jedes beliebige digitale Objekt eine rechnerische Plattform, aber die mediale Verbreitung des Computers mit Benutzeroberfläche in Gegenstände wie Uhren, Brillen und Telefone legitimiert durchaus die Neigung, die Kategorie der Plattform in keiner Game Studies-relevanten Analyse zu vernachlässigen.

Literatur

Ackerman, Dan. 2016. *The Tetris Effect: The Game That Hypnotized the World*. New York: PublicAffairs.

Barton, Mark. 2008. *Dungeons & Desktops. The History of Computer Role-Playing Games*. Wellesley/Natick: A K Peters.

Bogost, Ian und Nick Montfort. 2009. Platform Studies: Frequently Questioned Answers. https://escholarship.org/uc/item/01r0k9br. Zugegriffen: 24. Juli 2016.

Bolingbroke. Chester. 2013. Game 123: Orthanc. http://crpgaddict.blogspot.de/2013/11/game-123-orthanc-1977.html. Zugegriffen: 24. Juli 2016.

Donovan, Tristan. 2010. *Replay: The History of Video Games*. Lewis: Yellow Ant.

Höltgen, Stefan. 2013. Game Circuits. Platform Studies und Medienarchäologie als Methoden zur Erforschung von Computerspielen. In *Playing with Virtuality. Theories and Methods of Computer Game Studies*, hrsg. B. Bigl und S. Stoppe, 83–100. Frankfurt/M.: Peter Lang.

Kent, Stephen L. 2001. *The Ultimate History of Video Games. From Pong to Pokémon and Beyond.* New York: Three Rivers Press.

Klimmt, Christoph. 2004. Ego-Shooter, *Prügelspiel*, Sportsimulation? Zur Typologisierung von *Computer-* und *Videospielen*. In *Medien & Kommunikationswissenschaft* 1/2004: 480–497.

Lischka, Konrad. 2002. *Spielplatz Computer: Kultur, Geschichte und Ästhetik des Computerspiels.* Hannover/Rostock: Heise.

Loebel, Jens-Martin. 2015. Interaktion mit Games mittels Emulation im musealen Kontext. In *Film und Games. Ein Wechselspiel*, hrsg. Deutsches Filminstitut, 231–233. Berlin: Bertz + Fischer.

Maher, Jimmy. 2011. On the Trail of the Oregon Trail. In The Digital Antiquarian. A History of Computer Entertainment. http://www.filfre.net/2011/03/on-the-trail-of-the-oregon-trail-part-1/. Zugegriffen: 14. Juli 2016.

Pias, Claus. 2002. *Computer-Spiel-Welten.* München: Sequenzia.

Tinwell, Angela. 2015. *The Uncanny Valley in Games and Animation.* Boca Raton: Taylor & Francis.

Wolf, Mark J.P. 2001. *The Medium of the Video Game.* Austin: University of Texas Press.

Wolf, Mark J.P. 2008. *The Video Game Explosion.* Westport: Greenwood Press.

Wolf, Mark J.P. 2012. The Video Game Industry Crash of 1977. In *Before the Crash: Early Video Game History*, hrsg. M.J.P. Wolf, 81–89. Detroit: Wayne State Univ. Press.

ZhugeEX. 2016. Japan Console Market Sales Report 2016. https://zhugeex.com/2016/04/japan-console-market-sales-report-march-2016/. Zugegriffen: 21. Juli 2016.

Über den Autor

Dr. Willem Strank ist wissenschaftlicher Mitarbeiter am Institut für Neuere Deutsche Literatur und Medien der CAU Kiel. Er wurde 2014 über *Twist Endings* promoviert und arbeitet derzeit an einem Buch über *Kapital und Kontrolle im Film der 1980er Jahre*. Neben weiteren Forschungsinteressen wie Filmmusik und US-Autorenkino interessieren ihn auch Game Studies, hierbei vor allem Fragen zu Ästhetik und Textualität des Videospiels. wstrank@ndl-medien.uni-kiel.de Institut für Neuere Deutsche Literatur und Medien, Leibnitzstr. 8, 24118 Kiel.

Avatar

Benjamin Beil und Andreas Rauscher

Der Avatar ist ein Werkzeug zur Manipulation der Spielwelt, aber auch eine in diese Spielwelt integrierte Figur. Er markiert als Fusion aus Interface-Element und fiktionaler Instanz ein besonders prägnantes Charakteristikum des Computerspiels und bildet das entscheidende Element des interaktiven Bildes zum Einbezug des Betrachters beziehungsweise Spielers. Der Avatar ist der „Kulminationspunkt, an dem Repräsentation, Interaktivität und Immersion" (Neitzel und Nohr 2010, S. 428) zusammenlaufen. Er bietet einen buchstäblichen Ankerpunkt für die Kopplung von Darstellungsform und Spielmechanik, denn nicht eine viel beschworene entfesselte digitale Kamera beherrscht den Großteil der virtuellen Welten des Computerspiels, sondern eine komplexe Montage sorgfältig inszenierter und durch die Spieler konfigurierter Einzelansichten. Der Avatar markiert dabei das oftmals zentrale Differenzierungskriterium verschiedener Handlungsperspektiven, sei es aufgrund restriktiver Bewegungsmöglichkeiten, sei es als Zentrum der Interface-Komposition oder als Bezugspunkt der Verfolgerkamera einer Third-Person-View beziehungsweise als Blickpunkt selbst in der First-Person-Perspektive. Im Unterschied zur Filmgeschichte, in der Experimente wie der durchgehend aus der subjektiven Sicht des ermittelnden Detektivs erzählte *Lady in the Lake* (1947) als Kuriosität gelten, kommt der First-Person-Perspektive im Videospiel eine Genre-konstituierende Funktion zu. Diese Ästhetik wirkte sich umgekehrt auf die Bildsprache des Films aus, indem Filme wie die spanische Horrorfilm-Reihe *REC* (seit 2006) oder der

B. Beil (✉)
Köln, Deutschland
E-Mail: benjamin.beil@uni-koeln.de

A. Rauscher
Medienwissenschaft/Medienästhetik, Universität Siegen, Siegen, Deutschland
E-Mail: rauscher@medienwissenschaft.uni-siegen.de

© Springer Fachmedien Wiesbaden GmbH 2018
B. Beil et al. (Hrsg.), *Game Studies,* Film, Fernsehen, Neue Medien,
https://doi.org/10.1007/978-3-658-13498-3_10

Katastrophen-Thriller *Cloverfield* (2008) die von einer Person innerhalb der Handlung bediente Kamera als Erzählinstanz nutzen. Eine durchgehend, per Go-Pro-Kamera aufgenommene subjektive Sicht wie in dem russischen Actionfilm *Hardcore Henry* (2015) erscheint hingegen nach wie vor gewöhnungsbedürftig.

Während das Lemma „Figuren" sich – wie der Titel nahelegt – mit dem Avatar als Figur (oder besser: Identifikationsfigur) auseinandersetzt und dabei insbesondere auf kognitionswissenschaftliche Ansätze referiert, liegt der Schwerpunkt dieses Lemmas auf einer bildwissenschaftlichen Analyse der Avatarfigur. Es geht um den Avatar als grafischen Stellvertreter des Spielers und damit um die Frage nach der Bild-Betrachter-Beziehung beziehungsweise – in einer erweiterten Form – nach der Bild-Spieler-Beziehung. Im Mittelpunkt des Interesses steht somit ein Computerspielbild, das „als Medium visueller Kommunikation […] immer auf Betrachter und auf einen Kontext bezogen ist" (Brassat und Kohle 2003, S. 107).

Ein solcher Analysefokus versteht das Computerspielbild vor allem als „handlungsevozierendes Bild" (Hinterwaldner 2010, S. 454) – und wenn es um die Frage geht, wie Computerspielbilder „zu bestimmten Handlungen verleiten" (Hinterwaldner 2010, S. 396), wird die zentrale Bedeutung des Avatars deutlich. Denn als grafische Instanz, über die der Spieler mit der Bildwelt des Spiels verbunden ist, funktioniert der Avatar gewissermaßen als Vermittler zwischen Darstellung und Spielmechanik. Einerseits durch seine *instrumental Agency* (Klevjer 2006), als zentrales Interface-Element und Werkzeug zur Manipulation der Spielwelt im Rahmen der vorgegebenen Handlungsmöglichkeiten der Spielfiguren und andererseits im Rahmen seiner *fictional Agency* (Klevjer 2006) als „Person geworden[e] Betrachteranweisung" (Kemp 1988, S. 250).

10.1 Avatar(e) & Avatar-Theorie(n)

Die Bezeichnung Avatar wird in der Regel für verschiedene Formen grafischer Stellvertreter des Spielers innerhalb der Spielwelt verwendet. Der Begriff stammt ursprünglich aus dem Sanskrit und bezeichnet die Inkarnation einer Gottheit auf Erden. Genauer:

> eine Inkarnation des Gottes Vishnu, der zwar ständig in seinem göttlichen Reich bleibt, aber zeitlich begrenzt zugleich auch auf Erden als endliches Wesen erscheinen kann, um dem Bösen zu wehren und Unheil abzuwenden (Wesseley 1997, S. 177–178).

Populär wurden Avatare als Repräsentationen des Spielers im Zusammenhang mit Neil Stephensons Cyberpunk-Roman *Snow Crash*, wobei Stephensons Behauptung, den Begriff in dieser Form der Verwendung erfunden zu haben (Stephenson 1994, S. 533), diskussionswürdig erscheint, da bereits die Spieler-Figur in *Ultima IV* (1985) und im Online-Rollenspiel *Habitat* (1986) als Avatar bezeichnet wurde (Morningstar und Farmer 1991; Bartels 2007, S. 89; Waggoner 2009, S. 185).

Die Beiträge zu Avatar-Theorien zielen in erster Linie auf den allgemeinen Bereich der Avatar-Spieler-Bindung (Adamowsky 2000; Neitzel 2004; Wiemer 2004; Klevjer

2006) oder auch weiterführend auf paratextuelle Identitätsdiskurse (Jörissen 2008; Waggoner 2009; Felsmann 2011) und operieren oft nur am Rande mit bildwissenschaftlichen Fragestellungen. Auffällig ist dabei vor allem, dass Avatarfiguren, oder genauer: Körperdarstellungen von Avataren (Flanagan 1999; Poole 2000, Kap. 7; Deuber-Mankowsky 2001; Newman 2004, Kap. 8; Dovey und Kennedy 2006, Kap. 6), meist eher an Konzeptzeichnungen oder Rendermodellen diskutiert werden, die aus der Spielansicht herausgelöst sind. Insbesondere Nic Kelmans Arbeit *Video Game Art* (2005) ist hier zu nennen. Kelman bietet eine der bislang umfassendsten Studien zu Avatarfiguren, jedoch bleibt in der Zusammenschau verschiedener Figurentypen die Visualisierung des Avatars in der eigentlichen Spiel-Perspektive fast vollständig unberücksichtigt.

Vor diesem Hintergrund gilt es eine erste Begriffsfokussierung vorzunehmen: Wenn im Folgenden von Avataren die Rede ist, ist stets die steuerbare Avatarfigur innerhalb der Spielansicht gemeint – denn erst hier wird der Avatar zum zentralen Element der Bild-Spieler-Schnittstelle. Die Minimal-Definition des Avatars als grafischer Stellvertreter des Spielers (– im Spiel – so könnte man hinzufügen) legt eine solche Einschränkung zwar bereits nahe, doch steht sie der gebräuchlichen Verwendungsweise des Begriffs zum Teil entgegen. Denn so wird auch die Darstellung der Spielerfigur in nicht-interaktiven Cut-Scenes meist als Avatar bezeichnet; gleiches gilt für Abbildungen auf Spielcovern, in Handbüchern oder in anderen paratextuellen Materialien (Jörissen 2008, S. 281–292). Im Fall der Figurendarstellung der Cut-Scene, des Covers etc. sollte deshalb eher (im Hinblick auf narrative Aspekte) von einem Protagonisten beziehungsweise einer Protagonistin gesprochen werden, fehlt diesen Darstellungen doch das interaktive Moment und die stetige Spannung zwischen Spielsystem- und Spielwelt-Ansicht. Einen gewissen Einfluss können die Spieler auf das Erscheinungsbild an der Schnittstelle zwischen Avatar und Protagonist ausüben, wenn sie, wie in diversen Rollenspielen möglich, dessen Aussehen gestalten können und das gewählte Profil vom Programm in die Cutscenes eingefügt wird.

Doch auch im Rahmen einer Beschränkung auf Spieldarstellungen, erweist sich die Definition des Avatars als grafischer Stellvertreter des Spielers noch als recht vage, insbesondere im Hinblick auf die bildlichen Eigenschaften des Avatars. Als vermeintlich eindeutiges Kriterium ergibt sich natürlich, dass der Avatar ein manipulierbares, ein steuerbares Element des interaktiven Bildes ist. Die medialen Spezifika einer solchen bildlichen Interaktion gilt es im Folgenden noch ausführlicher zu diskutieren, doch ganz davon abgesehen, dass es für einen bildwissenschaftlichen Ansatz äußerst unbefriedigend erscheint, die Avatarfigur nur anhand ihrer Steuerbarkeit zu bestimmen, zeigt sich, dass diese Definition zwar grundlegend aber keineswegs hinreichend ist – denn damit ließen sich beispielsweise sowohl ein Cursor als auch ein *Tetris*-Block (1984, Tetrimino) als Avatare kategorisieren. Entscheidend ist deshalb zunächst einmal die Frage, inwieweit es (neben einer Steuerbarkeit) ‚typische‘ bildliche Indikatoren für eine Avatarfigur gibt, oder vielmehr: ob bestimmte Bildelemente keine Avatare sein können.

Zentral ist in diesem Zusammenhang vor allem die Frage nach dem Erscheinungsbild des Avatars. Zwar dürfte es sich bei einem Großteil der Avatare um menschliche Figuren handeln – oder zumindest um humanoide Wesen, deren Körperlichkeit manchmal „ins

Großartige, Martialische, Fantastische oder sogar Monströse überboten" (Brincken 2009, S. 70) ist. Ebenso sind jedoch beispielsweise auch diverse ‚realistische' wie fantastische Tierarten (etwa ein Wolf [*Ōkami,* 2006], eine Spinne und ein Skorpion [*Deadly Creatures,* 2009] oder eine Eule [*Legend of the Guardians,* 2010] oder Roboter [*Machinarium,* 2009; *Transformers: War for Cybertron,* 2010]) vertreten. Skurriler geht es im *Super Mario Bros.*-Universium (seit 1985) zu, wenn ein Pilz als Avatar gewählt werden kann. Im Jump ‚n' Run *Gish* (2004) ist die Spielfigur gar ein Teerklumpen (Abb. 10.1a, b) und in *Super Meat Boy* (2010) ein rohes Steak.

Allerdings bieten auch diese recht bizarren Avatarfiguren dem Spieler in der Regel die Möglichkeit zur Anthropomorphisierung. Oder mit Jörg von Brincken formuliert: „Bei der imaginativen Assoziation mit den Avataren der Cyberuniversen geben figürliche Körperrepräsentationen den zentralen identifikatorischen Rahmen vor" (Brincken 2009, S. 69; vgl. auch Schatter 2011). So verfügt der genannte Pilz über Extremitäten, ein Gesicht sowie Kleidung und hört auf den Namen Toad; der Teerklumpen besitzt immerhin ein Augenpaar. Ein wesentlicher Anteil an der Anthropomorphisierung kommt wie auch im Animationsfilm der Fähigkeit des Spielers oder der Spielerin zu, sonst leblose Gegenstände in Bewegung zu versetzen, vergleichbar der einprägsamen Animation einer einfachen Schreibtischlampe im Logo des Studios Pixar, die durch ihre expressiven Bewegungen einen individuellen Charakter entfaltet. Dass selbst die abstraktesten Avatare durch Animation vermenschlicht werden können, demonstriert beispielsweise das 1998 erschienene Remake des Klassikers *Breakout* (1976), in dem der mit Augen versehene abstrakte Schläger als animierte Figur im Finale sogar selbst das Original-Arcade Game gegen einen heimtückischen Widersacher spielt.

Es mag einzuwenden sein, dass in einigen Fällen eine Anthropomorphisierung unwahrscheinlich ist, etwa bei Rennspielen (oder Flugsimulationen etc.), bei denen der Avatar nur in Form eines Autos (etc.) visualisiert wird – hierauf verweist zum Beispiel auch James Newman und leitet daraus seine Vehikel-Metapher für Avatare ab (Newman 2002).

a   b

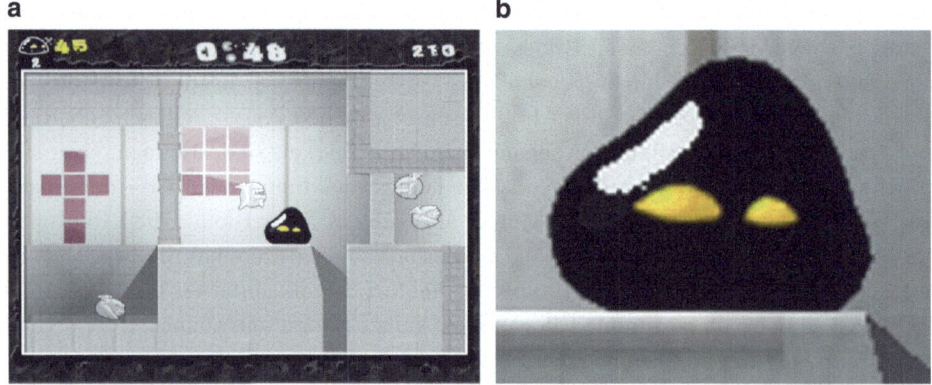

Abb. 10.1 *Gish* (2004)

Einer solchen Argumentation ist aber zu entgegnen, dass sich der Spieler kaum als Fahrzeug, sondern stets als Fahrer-des-Fahrzeugs sehen wird, auch wenn ein Spiel explizit auf die Darstellung von Fahrerfiguren verzichtet. Der Rückgriff auf ikonografisch durch Filme oder Comics vorgeprägte Standardsituationen verstärkt wie in *Defender* (1981) oder *Spy Hunter* (1983) die Assoziation mit einem durch den Avatar gesteuerten Fahrzeug, der sich in diesem auf eine riskante Mission begibt. Selbst wenn ein Spieler oder eine Spielerin nicht *Star Wars IV – A New Hope* (USA 1977) gesehen hat, lässt sich aus der Perspektive des Spiels leicht ableiten, dass im Arcade-Spiel zu *Star Wars* (1982) das Raumschiff von einem Piloten geflogen wird. Durch die Montage unterschiedlicher Spielprinzipien in Open-World-Games wie *Grand Theft Auto* (seit 1997), in dem der sonst in einer 3rd-Person-Ansicht gesteuerte Protagonist ein Auto in Besitz nehmen und dadurch in eine typische Rennspiel-Perspektive wechseln kann, hat sich die Konnotation des abgebildeten Fahrzeugs mit einem Fahrer oder einer Fahrerin als spielerische Konvention verfestigt.

Doch bedeutet dies, dass es im Fall des Cursors beziehungsweise des Tetriminos genügt, diese mit figürlichen Merkmalen (etwa dem beschriebenen Augenpaar) auszustatten, um sie als Avatare klassifizieren zu können? Denn beide Elemente sind darüber hinaus grafische Repräsentation des Spielers, beide werden (im Fall des Tetriminos zumindest kurzzeitig) vom Spieler gesteuert. An dieser Stelle muss für Definition des Avatars ein weiterer Aspekt hinzugezogen werden: eine narrative Überformung der Spieldarstellung, das heißt die Realisierung einer diegetisch (geschlossenen) Spielwelt.

So lassen sich Avatar und Cursor recht eindeutig voneinander abgrenzen: Die Avatarfigur ist stets Teil der diegetischen Spielwelt. Sie ist ein intradiegetischer *Point of Action* (Neitzel 2007). Der Cursor hingegen besitzt in der Regel einen paradoxen diegetischen Status. Er kann Gegenstände in der Spielwelt manipulieren, wird aber nicht von den Figuren der Spielwelt wahrgenommen, sondern befindet sich ‚oberhalb' der Spielwelt auf einer extradiegetischen Ebene.

Point of View und *Point of Action*
Eine bekannte Systematik zur Beschreibung bildlicher Interaktionen im Computerspiel bildet die von Britta Neitzel entwickelte Kategorie des Point of Action (2007). Neitzel unterscheidet einen Point of View, die Beobachterperspektive (objektiv, semi-subjektiv, subjektiv), und einen Point of Action, die „Position, von der aus die Handlungen in der Spielwelt ausgeführt werden" (Neitzel 2007, S. 24). Der Point of Action kann dabei nach Ausgangspunkt, Zielpunkt und Modus der Ausführung differenziert werden. Die Kategorien erlauben jeweils zwei Binnenunterscheidungen – intradiegetisch versus extradiegetisch, zentriert versus. dezentriert, direkt versus indirekt (Neitzel 2007, S. 24).

- Ein intradiegetischer Point of Action ist Teil der diegetischen Spielwelt, die extradiegetische Variante ist außerhalb (oder vielleicht treffender: oberhalb) dieser Welt angesiedelt.
- Der zentrierte Point of Action beschreibt Handlungen, die nur auf einen Punkt in der Spielwelt wirken, der dezentrierte Point of Action kann mehrere Punkte gleichzeitig betreffen, beispielsweise wenn in einem Strategiespiel mehrere Einheiten bewegt werden oder zwischen verschiedenen Menüs gewechselt wird.
- Der direkte Point of Action schließlich beschreibt die Möglichkeit einer direkten Avatar-Steuerung, die indirekte Variante gestattet beispielsweise. nur das Setzen von Wegpunkten (Neitzel 2007, S. 24–26).

Die ‚stärkste' Verbindung zwischen Spieler und Avatar wäre somit ein intradiegetischer/zentrier-ter/direkter Point of Action, das heißt die Interaktion findet ausschließlich in der Bildtiefe über einen direkt steuerbaren Avatar statt.

Die Frage, warum ein (anthropomorphisierter) Tetrimino kein Avatar ist, lässt sich nicht anhand solch trennscharfer Kategorien beantworten. Vielmehr verweist sie auf verschiedene Faktoren, die nur graduell beschrieben werden können: Erstens scheint die Avatarfigur ein bestimmtes Mindestmaß an narrativer Überformung der Spielwelt vorauszusetzen, das von abstrakten Puzzlespielen wie *Tetris* nicht (oder nicht hinreichend) realisiert wird. Zweitens erscheint die Dauer beziehungsweise Beständigkeit der Spieler-Avatar-Kopplung von Bedeutung. Zwar findet auch in einigen Avatar-basierten Spielen ein ‚Switchen' zwischen verschiedenen Figuren statt, allerdings werden diese Wechsel in der Regel narrativ plausibilisiert und fallen länger sowie unregelmäßiger aus (etwa in *Jericho*, (2007), *Ghost Recon* (2001) oder *Geist* (2005); Beil 2010, S. 80–84), das heißt sie haben einen grundlegend anderen Charakter als die nur durch das Game over zu beendende Kaskade der Blockwechsel in *Tetris*. Drittens lässt sich schließlich ergänzen, dass beispielsweise in *Tetris* die Spieler-Spielwelt-Bindung weniger über den einzelnen Spielstein erfolgt, sondern – abstrakter – gewissermaßen über die Menge aller Spielsteine. So berichtet Newman:

> As one of my PhD field research participants boldly but insightfully proclaimed, ‚when I play *Tetris*, I am a tetramino'. In exploring these issues more thoroughly, they suggested that they didn't consider themselves to be a single *Tetris* block so much as every *Tetris* block whether falling, fallen or yet to fall (2002, o. S.).

Eine solche Spieler-Spielwelt-Bindung entspricht somit weniger als ‚klassische' Form einer Avatarial Prosthesis (Klevjer 2006), sondern lässt sich besser mit anderen Modellen beschreiben, zum Beispiel mit Ted Friedmans (1995) Konzept des „cyborgian consciousness":

It's very hard to describe what it feels like when you're ‚lost' inside a computer game, precisely because at that moment your sense of self has been fundamentally transformed. Flowing through a continuous series of decisions made almost automatically, hardly aware of the passage of time, you form a symbiotic circuit with the computer, a version of the cyborgian consciousness described by Donna Haraway in her influential Manifesto for Cyborgs. The computer comes to feel like an organic extension of your consciousness, and you may feel like an extension of the computer itself (Friedman 1995).

10.2   Instrumental & Fictional Agency

Prägend für die Diskussion des Avatars in den Game Studies sind vor allem zwei Positionen: diejenigen, die den Werkzeug- oder Extension-Charakter des Avatars betonen (zum Beispiel Newman 2002, 2004), und diejenigen Ansätze, die den (Spiel-)Werkzeug- und (Erzähl-)Figur-Status des Avatars zu verbinden versuchen (insb. Klevjer 2006).

Newman unterscheidet zwischen einem „On-Line-"- und einem „Off-Line-Avatar" und unterteilt das Spielerlebnis in „controlling/ergodic" und „non-controlling/non-ergodic" (Newman 2002). Ein On-Line-Avatar ist eine Figur, die vom Spieler aktiv gesteuert wird („controlling"). Fällt diese Möglichkeit zur Steuerung weg („non-controlling"), zum Beispiel während einer nicht-intreaktiven Zwischensequenz, wird der On-Line-Avatar zum Off-Line-Avatar. Der Off-Line-Avatar kann, ähnlich einer Figur im Film, als „character" gesehen werden. Der On-Line-Avatar hingegen verliert während der Interaktionsphasen die Eigenschaften einer Figur und wird zu einem Werkzeug. Newman folgert pointiert: „There is no ‚Mario' or ‚Sonic' to the player – there is only ‚me' in the gameworld" (Newman 2004, S. 134). Das Äußere des On-Line-Avatars spielt bei Newman somit praktisch keine Rolle, da es nur auf eine Funktionalität des Avatars verweist, die die Interaktionen mit der Spielwelt ermöglicht – sei es als Positions- und Statusanzeige oder als ‚Universalwerkzeug'.

Eine anders zugespitzte Werkzeug-Metapher verwenden kybernetisch geprägte Ansätze. Hier wird der Avatar als Werkzeug zur ‚Erweiterung' des Spielers, zu einer *Extension* (im Sinne McLuhans (1964)). Somit wird – ähnlich wie bei Friedman (1995) – der kybernetische Charakter, das Rückkopplungsverhältnis zwischen Spieler und Avatar, betont:

> Spielerin und Avatar funktionieren zusammen. Es wird *eine* Handlung ausgeführt. Das bedeutet, dass dieser Ansatz auf dem Aspekt der körperlichen Annäherung beruht und weniger auf dem Aspekt der Repräsentation. Der Avatar bezeichnet den Spieler nicht, es besteht vielmehr ein Rückkopplungsverhältnis zwischen beiden (Neitzel 2004, S. 198–199).

Rune Klevjer hingegen sieht den Avatar als „*reflexive* extension" (2006, S. 95). Der Avatar ist *gleichzeitig* Schnittstelle/Erweiterung *und* ein Element der diegetischen Spielwelt – somit ergibt sich ein grundlegender Unterschied zum reinen Werkzeug-Status: Bei einem

Werkzeug steht die Möglichkeit zur Manipulation der ‚Umwelt' im Vordergrund steht; zum Beispiel eignet sich ein Brotmesser aufgrund seines Materials und seiner Form – wie der Name nahelegt – sehr gut zum Schneiden von Brot. Im Gegensatz dazu stellt sich beim Avatar nicht nur die Frage, wie er/sie auf die Spielwelt einwirken kann, sondern auch wie die Spielwelt auf ihn/sie einwirkt; zum Beispiel kann der Avatar in der Regel von gegnerischen Spielfiguren verletzt werden (während die Frage, wie das Brot auf das Brotmesser einwirkt, normalerweise eher abseitig sein dürfte).

Diese Unterscheidung wirkt sich auch auf das Verhältnis zwischen Spieler und Werkzeug bzw. Avatar aus. Während ein Werkzeug zur direkten Manipulation der Umwelt dient (Extension), verbindet der Avatar den Spieler nicht direkt mit der virtuellen Welt, sondern generiert einen separaten neuen – in der Regel verletzlichen – Körper innerhalb der Spielwelt (reflexive Extension): „[T]he whole point of engaging with an avatarial extension is that it is subjected to and resides in its environment on behalf of the player. […] The principle of the avatar offers a playful and exploratory mode of being-in-the-world" (Klevjer 2006, S. 96). Das Rückkopplungsverhältnis stellt sich somit komplexer dar als bei ‚klassischen' Werkzeugen. Der Avatar wird nicht einfach zur Extension des Spielers; vielmehr stellt der Avatar einerseits die zentrale Kopplungsmöglichkeit zwischen Spieler und Spielwelt dar, andererseits akzentuiert er aber auch die Grenzen der virtuellen Welt. Klevjer spricht hier von einer „built-in ambiguity in avatar-based play" (Klevjer 2006, S. 208). Somit ist das Ziel einer „avatarial prosthesis" (Klevjer 2006, S. 161) nie die ‚Verschmelzung' von Avatar und Spieler. Der Spieler wird nicht zum Avatar, sondern übernimmt lediglich Handlungsoptionen innerhalb der Spielwelt (vgl. hierzu auch Neitzel 2004, S. 196–208): „The avatar […] gives the player a meaningful embodied presence and agency within the screen-projected environment of the game." (Klevjer 2006, S. 130) Aus der *instrumental Agency* des Werkzeuggebrauchs wird die *fictional Agency* der Avatarsteuerung innerhalb einer Spielwelt (Klevjer 2006, S. 130).

In einigen Fällen betonen Avatarfiguren ihre *fictional Agency,* oder vielmehr ihren ‚eigenständigen' fiktionalen Status, sogar noch durch eine Art von Spielpausen-Aktivität, die sich mit Alexander Galloway als *Ambience Act* (vgl. 2006, S. 10) beschreiben lässt. So verfügt etwa der Avatar in *Kirby's Epic Yarn* (2011)über eine Reihe von ‚Pausen-Animationen'; manchmal beginnt er Seil zu springen, ein anderes Mal schläft er ein. In einigen Fällen können solche *Ambience Acts* gar metaleptischen Charakter besitzen. So beginnt die Avatarfigur in *Sacred 2: Fallen Angel* (2008), wenn längere Zeit keine Steuerungsbefehle erfolgen, nach dem Spieler zu rufen und in *Sonic* (1991) tappt der auf den Spieler wartende Igel ungeduldig mit dem Fuß.

10.3   Fallbeispiel: *Bioshock* (Would you kindly read this.)

Die Komplexität der Spieler-Avatar-Verbindung wird besonders deutlich, wenn man Spiele betrachtet, bei denen diese Verbindung in irgendeiner Form gestört wird, das heißt Fälle, in denen der Avatar als Werkzeug nicht mehr ‚reibungslos' funktioniert oder aber als Figur ein ‚Eigenleben' entwickelt. Diese Störungen unterbrechen die performativen Möglichkeiten, die dem Spieler oder die Spielerin eine eigene Auslegung des Avatars als Rolle erlauben, und lenken die Figur, vergleichbar einem Plot Twist in einer Konstruktion des unzuverlässigen Erzählens, zurück auf den von den Gamedesignern vorgesehenen Pfad durch die Wendungen der Spielwelt. In *Arkham Asylum* (2009) signalisiert ein scheinbarer Systemabsturz, dass sich der Avatar in der Gewalt des manipulativen Schurken Scarecrow befindet. Erst nachdem der Spieler oder die Spielerin einen an Jump ‚n' Run-Spiele angelehnten Hindernis-Parcours absolviert hat, kehrt das Spiel zur gewöhnlichen Third-Person-Perspektive und den vertrauten Steuerungsoptionen zurück. Der erste Teil der *Bioshock*-Reihe (seit 2007) geht noch einen Schritt weiter, indem sich die Störung der Kontrolle über die Spielfigur als wesentlicher Wendepunkt der Handlung erweist.

Für solche Störungen hat Rune Klevjer – in Anlehnung an das Konzept des *unreliable narrators* (Booth 1983 [1961], S. 158–159), des unzuverlässigen Erzählers – den Begriff *unreliable prosthesis* vorgeschlagen: „[T]he unreliable prosthesis makes the avatarial relationship itself less coherent, less well-defined and more slippery" (Klevjer 2006, S. 213). Entscheidend für die Wirkung einer Unreliable Prosthesis ist dabei nicht nur die Integration dieser ‚Funktionsstörungen' in ein Gameplay-System, sondern auch die narrative Einbindung solcher Momente einer gestörten „avatarial relationship".

Eine überaus interessante Inszenierung einer Unreliable Prosthesis findet sich im Action-Adventure *Bioshock*. Der an Amnesie leidende Protagonist des Spiels, Jack, stürzt im Jahr 1960 mit einem Flugzeug über dem Atlantik ab. Als einziger Überlebender kann er sich an einen nahe der Absturzstelle aus dem Meer ragenden Leuchtturm retten. Doch es handelt sich nicht um einen gewöhnlichen Leuchtturm, sondern um den Zugang zu einer Unterwasserstadt namens Rapture. Als der Protagonist in Rapture eintrifft, findet er ein völlig verwüstetes, gescheitertes Utopia vor, in dem ein blutiger Kampf zwischen den Einwohnern tobt. Die letzten Bewohner der Stadt sind durch eine Substanz namens ADAM genetisch mutiert und haben ihren Verstand verloren. Jack wird über Funk von einem Mann namens Atlas kontaktiert. Dessen Familie wird von Andrew Ryan, dem Gründungsvater von Rapture, gefangen gehalten, und er bittet Jack um Hilfe. Im Laufe der Handlung stellt sich jedoch heraus, dass Atlas in Wirklichkeit der Gangster Frank Fontaine ist. Dieser ist der wahre Verursacher des Blutbads in Rapture und hat Jack die ganze Zeit über manipuliert.

Diese Manipulation hat Fontaine nun jedoch nicht allein durch seine Lügengeschichten vollbracht, denn Jack ist einer Gehirnwäsche unterzogen worden und muss jede Anweisung, die mit den Worten „Would you kindly…" beginnt, befolgen. Diese Code-Worte werden von Fontaine allerdings nur selten eingesetzt und nie als eine Befehlsform genutzt. Jack – aber auch der Spieler – hat also bis zur Auflösung des Rätsels um seine Vergangenheit die ganze Zeit über die Illusion eines freien Willens. Die Auflösung des Story-Twists um die Konditionierung Jacks soll im Folgenden genauer betrachtet werden.

In Hephaestus, dem Industriegebiet von Rapture, trifft Jack auf Andrew Ryan, der sich in seinem Büro verschanzt hat (Abb. 10.2). Der Stadtgründer klärt Jack darüber

Abb. 10.2 *Bioshock* (2007, Irrational Games/2 K Games)

a   b

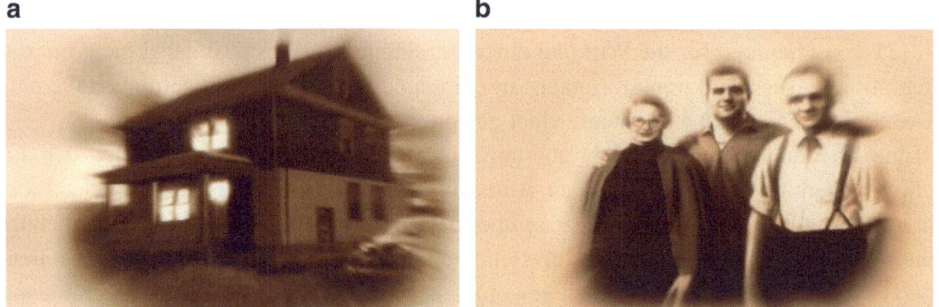

Abb. 10.3 *Bioshock* (2007, Irrational Games/2 K Games)

auf, dass dieser ein genetisches Experiment ist und in den Laboren von Rapture gezeugt wurde.

Ryan: *The assassin has overcome my final defense, and now he has come to murder me. In the end, what separates a man from a slave? Money? Power? No… A man chooses; a slave obeys.*

Es folgt ein kurzes Aufblitzen einer Reihe von Flashbacks in Form von Bildern in Sepiatönen, die an alte Fotografien erinnern (Abb. 10.3a, b und 10.4a, b).

Ryan: *You think you have memories – a farm, a family, an airplane, a crash, and then this place. Was there really a family? Did that airplane crash, or was it hijacked, forced down, forced down by something less than a man, something bred to sleepwalk through life until they are activated by a simple phrase, spoken by their kindly master. Was a man sent to kill, or a slave? A man chooses, a slave obeys.*

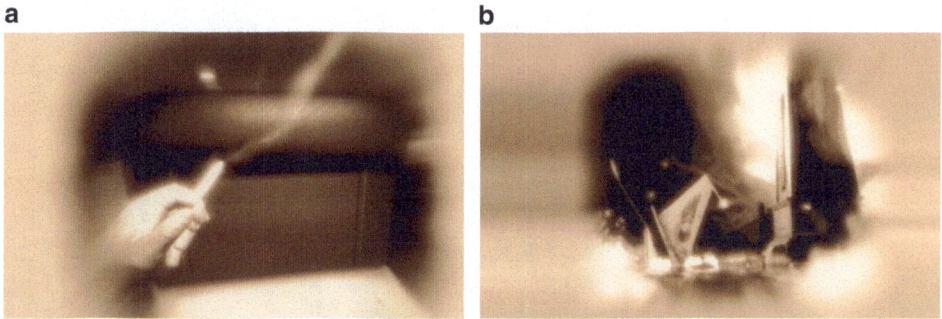

Abb. 10.4 *Bioshock* (2007, Irrational Games/2 K Games)

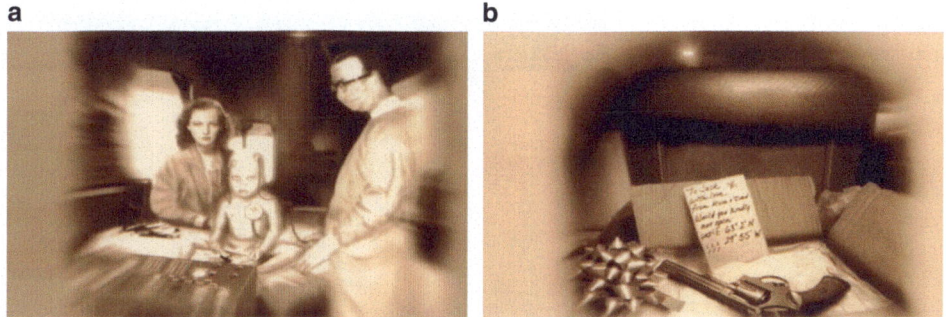

Abb. 10.5 *Bioshock* (2007, Irrational Games/2 K Games)

Es folgt ein Flashback-Bild, das die tatsächliche Kindheit von Jack in den Laboren von Rapture zeigt (Abb. 10.5a), daraufhin eine fehlende Ansicht der Flugzeugsequenz (Abb. 10.5b), die enthüllt, dass Jack selbst das Flugzeug zum Absturz gebracht hat – zumindest lassen die Waffe und die „Would you kindly…"-Karte mit entsprechenden Anweisungen darauf schließen. Abb. 10.5b war im Gegensatz zu Abb. 10.4a zuvor nicht im Spiel sichtbar. Zwischen Abb. 10.4a und dem Absturz gab es nur eine Schwarzblende.

Ryan: Come in.

Ryans Bürotür öffnet sich. Jack tritt dem Stadtgründer gegenüber (Abb. 10.6).

Ryan: Stop, would you kindly.

Kurz bevor sich Jack in Waffenreichweite befindet, wechselt das Spiel in eine nicht-interaktive Sequenz. Der Spieler kann Jack nicht mehr steuern, die Ansicht wird von zwei schwarzen Balken gerahmt.

Ryan: „Would you kindly". Powerful phrase. Familiar phrase?

Abb. 10.6 *Bioshock* (2007,
Irrational Games/2 K Games)

Abb. 10.7 *Bioshock* (2007,
Irrational Games/2 K Games)

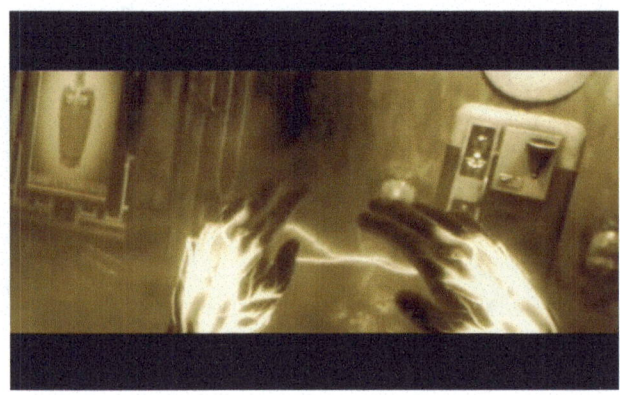

Es folgt eine Kaskade von Erinnerungsbildern (allesamt Ansichten aus dem Spiel), die
mit Fragmenten von Atlas' (beziehungsweise Fontaines') Funksprüchen unterlegt sind
(Abb. 10.7). So stellt sich heraus, dass sämtliche von Atlas über Funk durchgegebenen
Missionsziele mit den Worten „Would you kindly…" eingeleitet wurden.

Die Inspiration des Spiels durch sogenannte *Mindgame Movies* (Elsaesser 2009)
wird an dieser Stelle besonders deutlich. *Bioshock* funktioniert nach dem gleichen dramaturgischen Prinzip, nach dem Mindgame Movies mit einer festen Lösung konstruiert sind. Die Szene erinnert an die Final-Plot-Twist Sequenzen von *The Usual Suspect*s
(1995) oder *The Sixth Sense* (1999), in denen das bisher Gezeigte eine überraschende
Wendung erfährt. Diese nachhaltige Verschiebung einer zuverlässig geglaubten Erzähl-
perspektive bietet eine Auflösung der vorangegangenen Täuschung. Sie lässt sich strukturell mit den strengen Reglements eines auf ein bestimmtes Ziel hin ausgerichteten
Games vergleichen. Die zu diesem Modell konträre offene und immer wieder zu neuen
Interpretationen einladende Variante eines Mindgame Movies, die wie David Lynchs
Lost Highway (1997) oder Christopher Nolans *Memento* (2000) das letzte entscheidende

Puzzleteil einbehält, ähnelt hingegen einem improvisierten Spiel im Sinne des Begriffs Play. Plot Twists wie die Enthüllung in *Bioshock* gehören nicht zur freien Improvisation eines Mindgames mit offenem Ausgang, sondern betrachten das Mindgame als Spiel mit fester Auflösung. Vergleichbar mit einer originellen Auflösung in einer Kriminalgeschichte wird die verzerrte Wahrnehmung gerade gerückt und der Puppenspieler hinter der unzuverlässigen Prothese enthüllt.

Aufgrund dieser Spielregel übersieht der von dem Gamedesigner und Theoretiker Clint Hocking gegenüber *Bioshock* erhobene Vorwurf der ludonarrativen Dissonanz (Hocking 2007), die eine Diskrepanz zwischen Handlungsmöglichkeiten und implizitem Thema ausmacht, dass der Kontrollverlust zu den herbeizitierten Genrekonventionen gehört. *Bioshock* versucht nicht eine Simulation auf der Story-Ebene kritisierten radikal selbstbezogenen Philosophie des Objektivismus, sondern thematisiert diesen innerhalb eines vorinszenierten Game-of-Progression, in dem der Ablauf von Anfang an feststeht. In einem auf die Entfaltung der Story hin angelegten Adventure würde der geschilderte Plot Twist weniger überraschen als in einem First-Person-Shooter, in dem die Spieler in den meisten Fällen von einem hohen Maß an Kontrolle über den Avatar ausgehen.

Der Flashback verdichtet die über das Spiel verteilten Lösungsfragmente. Jedes Fragment für sich mag kaum dazu geeignet sein, das Rätsel aufzulösen, erst die Zusammenschau der Hinweise ergibt einen Sinn und offenbart zugleich, dass die Lösung stets (latent) im Spiel präsent war.

Am Ende zeigt die Flashback-Reihe eine Wand mit Fotos, auf der die Schlüsselworte des Spiels zu lesen sind. Die Wand gehört zu einem Raum, den Jack kurz zuvor durchquert hat. Die Fotos zeigen alle Beteiligten des Komplotts (Ryan, Fontaine und andere) sowie die mit einem Fragezeichen versehene Silhouette eines unbekannten Beteiligten – es handelt sich um Jack, wie sich einige Momente später herausstellen wird (Abb. 10.8a, b).

Nach dieser Flashback-Auflösung folgt eine bemerkenswerte Szene. Ryan tritt aus dem Büro und erteilt Jack Befehle.

Ryan: *Sit, would you kindly? Stand... would you kindly? Run! Stop! Turn...*

Jack befolgt alle Befehle wie ein dressierter Hund. Schließlich reicht Ryan Jack einen Golfschläger.

Ryan: *A man chooses, a slave obeys! Kill!*

Ryans Plan, die Konditionierung zu brechen, indem er Jack zunächst die Manipulation vor Augen führt und dann in einer Extremsituation an seinen freien Willen appelliert, scheitert – Jack schlägt mit dem Golfschläger auf Ryans Gesicht ein.

Ryan: *A Man Chooses...*

Es folgt ein weiterer Schlag...

Ryan: *... a Slave Obeys!*

a   b

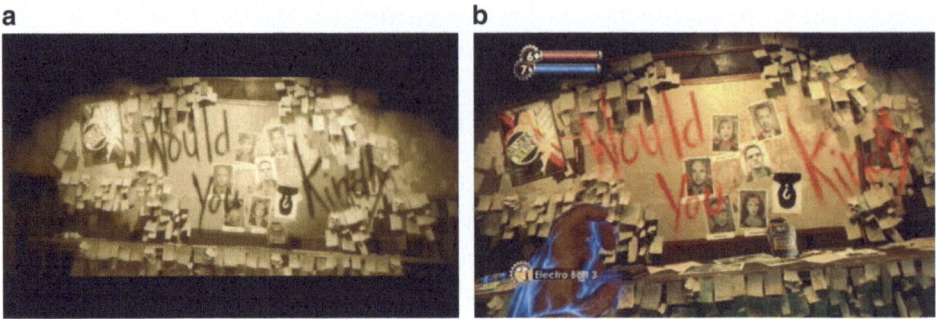

Abb. 10.8 *Bioshock* (2007, Irrational Games/2 K Games)

a   b

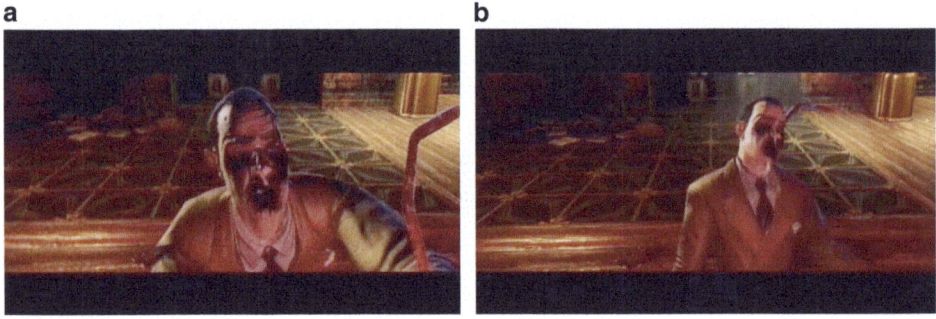

Abb. 10.9 *Bioshock* (2007, Irrational Games/2 K Games)

… und schließlich ein tödlicher letzter Schlag (Abb. 10.9a, b). Unmittelbar nach dieser Szene gibt sich Atlas als Fontaine zu erkennen. Jack gelingt die Flucht in das Labor der Wissenschaftlerin Bridgette Tenenbaum (die letzte bei Verstand gebliebene Bewohnerin Raptures), die durch genetische Manipulationen Fontaines Konditionierung (teilweise) beseitigen kann.

Bioshock revolutioniert die typischen Elemente des Mindgame Movies zwar letztlich nicht, jedoch ist hier der Kontrollverlust (ab Abb. 10.6) ein Schlüsselelement, das über die filmischen Möglichkeiten hinausgeht, indem nicht nur die Handlungsabsichten der Figur, sondern auch die Intentionen der Spieler überraschend durchkreuzt werden. *Bioshock* ist dabei konsequent aus der First-Person-Perspektive inszeniert. Zu keinem Zeitpunkt verlässt das Spiel die Sicht des Avatars. Alle wichtigen Handlungsereignisse spielen sich entweder direkt vor Jacks Augen ab (als geskriptete Ereignisse) oder werden über Funksprüche vermittelt. Der Spieler verliert dabei nur sehr selten (und dann stets nur sehr kurz) die Kontrolle über den Avatar.

Aufgrund dieser Ausgangssituation gewinnt der plötzliche Verlust der Steuerungsmöglichkeit in der hier vorgestellten Szene enorm an Wirkung – und ist zugleich vollständig narrativ integriert. Im Unterschied zu einem Third-Person-Spiel, in dem der Spieler oder die Spielerin immer auch den Avatar bis zu einem gewissen Grad als Zuschauer betrachtet, verspricht ein traditioneller First-Person-Shooter weitgehend die Kontrolle über Wahrnehmung und Werkzeug.

Zwar könnte hier eingewendet werden, dass dieser Kontrollverlust im Grunde inkonsequent sei, da Jack bereits zuvor keine Wahl hatte, Atlas'/Fontaines Befehle nicht zu befolgen. Doch da Atlas/Fontaine seine Befehle zuvor stets in Form einer (höflichen) Bitte äußert – und genau dazu eignen sich die Code-Wörter natürlich ausgezeichnet –, entsteht bei Jack zumindest die Illusion eines freien Willens. Die Konditionierung Jacks – aber eben genauso die Konditionierung des Spielers – wird somit nicht bewusst wahrgenommen.

Bioshock doppelt somit gewissermaßen ein zentrales Motiv der Handlung innerhalb der Spielmechaniken. Eine erzählerische Unzuverlässigkeit wird zur spielerischen Unzuverlässigkeit, und zwar nicht nur im Hinblick auf den Kontrollverlust (als Unreliable Prosthesis), sondern auch im Falle der Spielziele, denn diese wurden zuvor stets von Atlas/Fontaine benannt.

> Throughout most of the game, it seems that players are central agents in a world designed by the developers to be interacted with in a specific way, shaping in this way a two-way relationship in which developers have the responsibility for the game world and the freedom of the players within it, while the player is responsible for the actions taken within the game. But when the moment of killing Ryan arrives, the balance in that network shifts: suddenly the player is not an agent, but passive in the hands of the computer, which acts with the values of the narrative. By introducing a new element in this distributed responsibility network and showing that there was no choice or freedom, we are forced to reflect upon the meaning of the game and our actions; that is our weight in the network of responsibilities of the game experience. We are not empowered beings, but mere agents in a larger system in which the extent of our agency will be questioned (Sicart 2009, S. 157).

Durch die Brechung und Infragestellung seines Regelwerks kann *Bioshock* gewissermaßen als eine spielerische Variante des zeitgenössischen Mindgame Movies gesehen werden – denn was im Film auf die Sprengung der narrativen Geschlossenheit beschränkt bleibt, kann im Spiel auf die Spielregeln ausgeweitet werden, indem die Hingabe an das Regelwerk, die der „heilige Ernst des Spiels" (Huizinga 2009) normalerweise verlangt, durch spielerische und erzählerische Brüche hinterfragt wird.

Literatur

Adamowsky, Natascha. 2000. *Spielfiguren in virtuellen Welten*. Frankfurt/M.: Campus.
Bartels, Klaus. 2007. Vom Elephant Land bis Second Life. Eine Archäologie des Computerspiels als Raumprothese. In *Computer/Spiel/Räume. Materialien zur Einführung in die Computer Game Studies*, hrsg. K. Bartels und J. Thon, 61–81. Hamburg: Hamburger Hefte zur Medienkultur.
Beil, Benjamin. 2010. *First Person Perspectives. Point of View und figurenzentrierte Erzählformen im Film und im Computerspiel*. Münster: Lit.

Booth, Wayne C. 1983. *The Rhetoric of Fiction*. Chicago: Univ. of Chicago Press.

Brassat, Wolfgang und Hubertus Kohle. 2003. Der rezeptionsästhetische Ansatz – Wolfgang Kemp. In *Methoden-Reader Kunstgeschichte*, hrsg. W. Brassat und H. Kohle, 107–109. Köln: Deubner.

Brincken, Jörg von. 2009. Blickpunkte, Spielpunkte, Standpunkt. Körpersubjekt, Visualität und Transgression in virtuellen Spiel-Welten. In *Gegenwelten. Zwischen Differenz und Reflexion*, hrsg. J. Schläder, Jürgen und F. Weber, 60–83. Leipzig: Henschel.

Deuber-Mankowsky, Astrid. 2001. *Lara Croft – Modell, Medium, Cyberheldin*. Frankfurt/M.: Suhrkamp.

Dovey, Jon und Helen Kennedy. 2006. *Game Cultures. Computer Games as New Media*. Maidenhead: Open Univ. Press.

Elsaesser, Thomas. 2009. *Hollywood heute. Geschichte, Gender und Nation im postklassischen Kino*. Berlin: Bertz + Fischer.

Felsmann, Klaus-Dieter, Hrsg. 2011. *Mein Avatar und ich. Die Interaktion von Realität und Virtualität in der Mediengesellschaft*. München: kopaed.

Flanagan, Mary. 1999. Mobile Identities, Digital Stars, and Post-Cinematic Selves. In *Wide Angle* 21, 1: 77–93.

Friedman, Ted. 1995. Making Sense of Software. Computer Games and Interactive Textuality http://www.duke.edu/~tlove/simcity.htm. Zugegriffen: 17 Dezember 2016.

Galloway, Alexander R. 2006. *Gaming. Essays on Algorithmic Culture*. Minneapolis: Univ. of Minnesota Press.

Hinterwaldner, Inge. 2010. *Das systemische Bild. Ikonizität im Rahmen computerbasierter Echtzeitsimulationen*. München: Fink.

Hocking, Clint. 2007. Ludonarrative Dissonance in Bioshock. http://clicknothing.typepad.com/click_nothing/2007/10/ludonarrative-d.html. Zugegriffen: 17. Dezember 2016.

Huizinga, Johan. 2009. *Homo Ludens. Vom Ursprung der Kultur im Spiel*. Reinbek: Rowohlt.

Jörissen, Benjamin. 2008. The Body is the Message. Avatare als visuelle Artikulation, soziale Aktanten und hybride Akteure. *Pragrana* 17/1: 277–295.

Kelman, Nic. 2005. *Video Game Art*. New York: Assouline.

Kemp, Wolfgang. 1988. Kunstwerk und Betrachter. Der rezeptionsästhetische Ansatz. In *Kunstgeschichte. Eine Einführung*, hrsg. H.Belting, 240–257. Berlin: Reimer.

Klevjer, Rune. 2006. What is the Avatar? Fiction and Embodiment in Avatar-Based Single-player Computer Games. http://www.uib.no/People/smkrk/docs/RuneKlevjer_What%20is%20the%20Avatar_finalprint.pdf. Zugegriffen: 17. Dezember 2016.

McLuhan, Marshall. 1964. *Understanding Media. The Extension of Man*. New York: McGraw-Hill.

Morningstar, Chip und F. Randall Farmer. 1991. The Lessons of Lucasfilm's Habitat. In *Cyberspace. First Steps*, hrsg. M. Benedikt, 273–302. Cambridge/MA: MIT Press.

Neitzel, Britta. 2004. Wer bin ich? Thesen zur Avatar-Spieler Bindung. In *,See? I'm Real …' Multidisziplinäre Zugänge zum Computerspiel am Beispiel von Silent Hill*, hrsg. M. Bopp, B. Neitzel und R. F. Nohr, 193–212. Münster: Lit.

Neitzel, Britta. 2007. Point of View und Point of Action. Eine Perspektive auf die Perspektive in Computerspielen. In *Computer/Spiel/Räume. Materialien zur Einführung in die Computer Game Studies*, hrsg. K. Bartels und J. Thon, 8–28.

Neitzel, Britta und Rolf F. Nohr. 2010. Game Studies. In *MEDIENwissenschaft. Rezensionen. Reviews* 4/2010: 416–435.

Newman, James. 2002. The Myth of the Ergodic Videogame. Some Thoughts on Player-Character Relationships in Videogames. http://www.gamestudies.org/0102/newman. Zugegriffen: 21. Dezember 2016.

Newman, James. 2004. *Videogames*. London: Routledge.

Poole, Steven. 2000. *Trigger Happy. The Inner Life of Videogames*. London: Fourth Estate.

Schatter, Günther. 2011. Affektive Agenten, Avatare, Apparate. Emotionale Empathie als Voraussetzung für überzeugende Charaktere künstlicher Subjekte. In *Mein Avatar und ich. Die Interaktion von Realität und Virtualität in der Mediengesellschaft*, hrsg. K. Felsmann, 13–24. München: kopaed.

Sicart, Miguel. 2009. *The Ethics of Computer Games*. Cambridge/MA: MIT Press.

Stephenson, Neal. 1994. *Snow Crash*. München: Goldmann.

Waggoner, Zach. 2009. *My Avatar, My Self. Identity in Video Role-playing Games*. Jefferson/NC: McFarland.

Wesseley, Christian (1997): *Von Star Wars, Ultima und Doom*. Frankfurt/M.: Lang.

Wiemer, Serjoscha (2004): Horror, Ekel und Affekt. Silent Hill als somatisches Erlebnis. In ,*See? I'm Real …' Multidisziplinäre Zugänge zum Computerspiel am Beispiel von Silent Hill*, hrsg. M. Bopp, B. Neitzel und R. F. Nohr, 177–192. Münster: Lit.

Über die Autoren

Jun.-Prof. Dr. Benjamin Beil ist Junior-Professor für Medienwissenschaft mit dem Schwerpunkt Digitalkulturen am Institut für Medienkultur und Theater an der Universität zu Köln. Arbeitsschwerpunkte sind Game Studies, Fernsehserien, Partizipative Medienkulturen, Inter- und Transmedialität. Veröffentlichungen (Auswahl): *New Game Plus. Perspektiven der Game Studies*. hrsg. mit Gundolf S. Freyermuth und Lisa Gotto (Bielefeld 2014), *Avatarbilder. Zur Bildlichkeit des zeitgenössischen Computerspiels* (Bielefeld 2012). *First Person Perspectives – Point of View und figurenzentrierte Erzählformen im Film und im Computerspiel* (Münster 2010). benjamin.beil@uni-koeln.de Institut für Medienkultur und Theater, Meister-Ekkehart-Str. 11, 50937 Köln.

PD Dr. habil. Andreas Rauscher, Akademischer Rat im Bereich Medienästhetik an der Universität Siegen, Vertretungsprofessoren an den Universitäten Kiel und Freiburg, von 2008 bis 2014 wissenschaftlicher Mitarbeiter für Filmwissenschaft/Mediendramaturgie an der Johannes-Gutenberg-Universität Mainz. Freier Journalist und wissenschaftlicher Kurator für das Frankfurter Filmmuseum (Ausstellung *Film & Games* 2015). Forschungsschwerpunkte: Filmwissenschaft und Game Studies, Comicforschung, Cultural Studies, Film und Popkultur, Genretheorie Veröffentlichungen: *Die Tschechoslowakische Neue Welle der 1960er* (Mainz 2018, zusammen mit Jonas Engelmann und Josef Rauscher). *Navigationen – Playin' the City. Artistic and Scientific Approaches to Playful Urban Arts* (Siegen 2016, zusammen mit Judith Ackermann und Daniel Stein). *Film & Games – Ein Wechselspiel* (Berlin 2015, zusammen mit Eva Lenhardt, DIF – Deutsches Filminstitut). *Subversion zur Prime-Time: Die Simpsons und die Mythen der Gesellschaft* (3. Auflage Marburg 2013, zusammen mit Michael Gruteser und Thomas Klein). rauscher@medienwissenschaft.uni-siegen.de Universität Siegen, Fakultät 1 – Medienwissenschaft, Herrengarten 3, 57075 Siegen.

Involvement

Britta Neitzel

11.1 Allgemeine Einführung

Involvement kann mit Beteiligung, Mitwirkung, Engagement oder auch Einbindung, Verwicklung oder Verstrickung übersetzt werden. In Bezug auf das Computerspiel referiert der Begriff auf die Beteiligung oder Mitwirkung der Spielenden am Spiel aber auch auf ihre Einbindung oder Verwicklung durch das Spiel. Die Verbindung zwischen Spielenden und Spiel erhält also eine aktive und eine passive Komponente. Die Spielenden engagieren sich und wirken mit, werden aber auch vom jeweiligen Spiel einbezogen und in es verstrickt. Diese Reziprozität ist unabdingbar für ein Spiel, das sich erst im Vollzug des Spielens durch den ständigen Austausch und die wechselseitige Bezugnahme zwischen Spielenden und Spielzeug entfaltet. *„Spielen ist also nicht nur, daß einer mit etwas spielt, sondern auch, daß etwas mit dem Spieler spielt"* (Buytendijk 1933, S. 117). Es lässt sich also sagen, dass dieser Prozess der Rückkopplung den Kern des Spielens darstellt und insofern insbesondere von den Game Studies besondere Beachtung erfahren sollte.

Der Begriff *Involvement* steht semantisch, diskursiv und auch wissenschaftshistorisch in Zusammenhang mit den Begriffen *Immersion* – die wiederum mit *Präsenz* und *Flow* in Zusammenhang steht – und *Interaktivität*. Da diese Begriffe aus unterschiedlichen wissenschaftlichen Disziplinen stammen, werden zum Teil unterschiedliche Begriffe für das gleiche Konzept verwendet oder die hinter diesen Begriffen stehenden Konzepte überlappen sich. Calleja (2011) und Pietschmann (2009) diskutieren diese Verwendungsweisen ausführlich. Hier sollen die Bedeutungen dieser Begriffe nur kurz skizziert werden, um danach auf das Involvement im Zusammenhang mit dem Computerspiel einzugehen.

B. Neitzel (✉)
Köln, Deutschland
E-Mail: mail@britta-neitzel.de

© Springer Fachmedien Wiesbaden GmbH 2018
B. Beil et al. (Hrsg.), *Game Studies,* Film, Fernsehen, Neue Medien,
https://doi.org/10.1007/978-3-658-13498-3_11

11.1.1 Immersion

Die in den Game Studies wohl einflussreichste Beschreibung von Immersion stammt von Janet H. Murray (1999, S. 98 f.) und sei aufgrund dieses Einflusses und trotz ihrer Kritikwürdigkeit (vgl. Neitzel 2008, 2011) hier noch einmal genannt:

> Immersion is a metaphorical term derived from the physical experience of being submerged in water. We seek the same feeling from a psychologically immersive experience that we do from a plunge in the ocean or swimming pool: the sensation of being surrounded by a completely other reality, as different as water is from air, that takes over all of our attention, our whole perceptual apparatus. We enjoy the movement out of our familiar world, the feeling of alertness that comes from being in this new place, and the delight that comes from learning to move within it (Murray 1999, S. 98 f.).

In diesem Zitat, und das macht wohl seine Einflusskraft aus, werden Stichworte aufgerufen, die in Konzeptionen von Immersion immer wieder vorkommen. Nach Murray handelt es sich bei Immersion vor allem um eine psychische Erfahrung und weniger um ein Attribut von Medien, doch auch als Erfahrung umfasst sie unterschiedliche Ebenen, die sowohl passive als auch aktive Elemente haben.

Auf der psychisch-perzeptiven-(motorischen) Ebene sind dies:

a) die psychische Absorption: Gefühl, volle Aufmerksamkeit, Vergnügen Freude,
b) die sinnliche Überwältigung: Übernahme des Wahrnehmungsapparates,
c) die Bewegung in eine neue Umgebung hinein,
d) das Lernen, sich in der neuen Umgebung zurechtzufinden.

Während Absorption und Überwältigung die Konnotation von Distanzlosigkeit oder Passivität inhärent ist, kann die Bewegung in die neue Umgebung hinein aktiv oder passiv sein und das Lernen mit Aktivität assoziiert werden.

Die Absorption – Calleja (2011, S. 23) nennt in seiner Diskussion von Immersion auch die Verwendungsweise „immersion as absorption" – wird in einigen Publikationen auch als *Flow* bezeichnet. Der von Csikszentmihalyi (1975) geprägte Begriff Flow beschreibt einen Zustand, in den eine Person gerät, wenn sie eine Aktivität ausführt, bei der die Anforderungen genau mit ihren Fähigkeiten zusammenpassen, sodass eine „Verschmelzung von Handlung und Bewusstsein" (Csikszentmihalyi 1975, S. 61) stattfindet. Jemand, der sich im Zustand des Flow befindet, geht ganz in seiner Tätigkeit auf (genauer dazu Mosel 2012).

Betrachtet man die wenigen Hinweise, die in Murrays Beschreibung auf Medien gegeben werden, also auf das, was diese Erfahrung ermöglicht, so sind dies das Umschlossensein von einer anderen Realität und – in seiner passiven Variante – das Bewegtwerden aus der vertrauten Welt hinaus.

In weniger metaphorischen Beschreibungen von Immersion, lassen sich diese beiden Kennzeichen wiederfinden. Grau (2000) geht dem Phänomen des Umschlossenseins von einer anderen Realität nach. Er betrachtet Immersion in einer historischen Perspektive und untersucht insbesondere künstlerisch-visuelle Strategien vom Panorama bis zur Virtuellen Realität, wobei eine Tendenz zu einer teleologischen Mediengeschichtsschreibung zu beobachten ist. So wird die Geschichte der Medien als Versuch der Herstellung von immer perfekteren Illusionen und Immersionsstrategien betrachtet. Grau selbst konstatiert (2005, S. 80), dass sich in der europäischen Kunst- und Mediengeschichte seit dem ausgehenden Mittelalter mit Brüchen und Umwegen immer wieder ein Wettstreit zwischen neuen Illusionsmedien und Distanzierungskräften zeige. In einer Vielzahl von unterschiedlichen Medien manifestiere sich die Suche nach einer illusionären, letztlich unmerklichen Verbindung zum Bild (Grau 2005, S. 98). Konrad Schmidt (2005, S. 194) geht so weit zu sagen, dass „[d]er Wunsch nach parallelen Realitäten […] sich als Grundmotiv durch die menschliche Kulturgeschichte [zieht]". Auch Jay David Bolter und Richard Grusin (2000) sehen in der Mediengeschichte den Versuch der Medien, sich – mit medialen Mitteln – unsichtbar zu machen und eine scheinbare Unmittelbarkeit herzustellen. In einer Logik, der entsprechend die perfekteste Illusion diejenige ist, die man nicht bemerkt, wäre dies der erstrebenswerte Endpunkt medialer Immersionsstrategien. Während ein solcher Endpunkt heute nur im Zusammenhang mit Computertechnologien gedacht wird, wurde er auch schon früher zum Beispiel im Zusammenhang mit dem Film beschrieben (vgl. Bazin 2005; Schweinitz 2006).

Das Motiv des Transports oder der Reise existiert ebenfalls schon länger als die Computertechnologie, nämlich in Bezug auf literarische Werke, wie Ryan (2001, S. 93 f.) unter Rückgriff auf Gerrig (1993) expliziert, der diese Metapher als Bestandteil einer „‚folk theory' of immersion" bezeichnet. Ziel dieser Reise sei die Welt des Buches, in der man sich als Leserin aufhält und agiert, um dann wieder in die vertraute Welt zu rückzukehren.

Über das Gefühl der Anwesenheit in der anderen Welt kann die Brücke zum Begriff der *Präsenz* geschlagen werden. Die unterschiedlichen Verwendungsweisen dieses Begriffes wurden beeindruckend von Lombard und Ditton (1997) untersucht. Zusammenfassend lässt sich sagen, dass sie aus den Konzeptionen von Präsenz drei unterschiedliche Richtungen in der Beziehung zu virtuellen Räumen ausmachen, nämlich „You are there.", „It is here." und „We are together (shared space)". Die Beschreibungen referieren also darauf, dass ein Benutzer das Gefühl entwickelt, in den virtuellen Raum transportiert worden zu sein, beziehungsweise dass der Raum quasi zum Benutzer transportiert wurde oder dass man einen gemeinsamen dritten Raum teilt.

11.1.2 Interaktivität

Interaktivität, wie sie heute diskutiert wird, wird generell verstanden als eine Eigenschaft von Medien, die eine Beteiligung von Benutzern zulässt. Das Konzept der Interaktivität geht mit der Konnotation von Aktivität einher. Ryan (2001, S. 16 f.) unterscheidet zwischen Interaktivität im wörtlichen und im übertragenen Sinn, wobei sich die Interaktivität im übertragenen Sinn auf die Interpretation von Texten durch die Rezipienten bezieht (wie Aarseth (1997, S. 64) betont, ist diese Arbeit immer am Werk) und bis in die Rezeptionstheorie von Wolfang Iser (1994) oder Umberto Eco (1990) zurückverfolgt werden kann. Interaktivität im wörtlichen Sinn hingegen bezieht sich auf die Möglichkeiten des Umgangs mit digitalen Medien, diese seien „the textual mechanisms that enable the reader to affect the ‚text' of the texts as visible display of signs, and to control the dynamics of its unfolding" (Ryan 2001, S. 17). Darüber, wann und wo der ‚Text' des Textes beginnt, auf welchen Ebenen die Leser, Rezipienten oder Benutzer eingreifen können, gehen die Meinungen und Konzeptionen nicht erst im Rahmen der Computerspielforschung auseinander (vgl. zum Beispiel Ryan 2001; Aarseth 1997).

Dies mag in der Geschichte des Konzepts begründet liegen. In der Informatik wurde die Batch- oder Stapelverarbeitung, bei der Befehle auf Lochkarten in einen Rechner eingegeben und abgearbeitet wurden, ohne dass die Benutzer eingriffen, von der interaktiven oder Dialogverarbeitung, bei der in den Prozess eingegriffen werden kann, abgelöst. Dass interaktive Verarbeitung auch *Dialog*verarbeitung genannt wird, verweist auf die soziologischen Quellen des Konzepts. Jedoch wird in der Soziologie nicht von Interaktivität, sondern von Interaktion gesprochen und diese keineswegs mit dem Dialog gleichgesetzt, wie Luhmanns (1993, S. 81) Beschreibung von Interaktion zeigt: „Als Interaktion soll dasjenige Sozialsystem bezeichnet sein, das sich zwangsläufig bildet, wenn immer Personen einander begegnen, das heißt wahrnehmen, daß sie einander wahrnehmen, und dadurch genötigt sind, ihr Handeln in Rücksicht aufeinander zu wählen" (vgl. auch Goffman 1963). Kommunikation hingegen braucht nach Luhmann mehr als gegenseitiges Wahrnehmen.

Auch wenn diese soziologischen Konzepte Interaktion von Kommunikation trennen, so wurde doch in den 1990er Jahren, als vor allem über interaktives Fernsehen diskutiert wurde, das ‚gleichberechtigte' Gespräch oder der Dialog implizit als erstrebenswerter Fluchtpunkt der Interaktion mit Medien angenommen (vgl. zum Überblick Goertz 1995; zur Kritik Kolb, Leschke und Schemer-Reinhard 2008). Parallel dazu wurde versucht, Interaktivität anhand von Freiheitsgraden der Handlungsmöglichkeiten und/ oder der temporalen Dichte von Eingriffsmöglichkeiten zu bestimmen und sie auf diese Weise operationalisierbar zu machen, um Grade der Interaktivität von Medien definieren zu können. Jedoch tragen weder die Messung von *activities per second* noch die Utopie des Gesprächspartners Computer zur tatsächlichen Beschreibung des hochkomplexen Umgangs mit dem Computer bei. Das Zusammenwirken von unter anderem Benutzern, Technik, Wissen, Diskursen, Text, Narration, Handlungen, Reaktionen in spezifischen symbolischen und materiellen Zusammenhängen kann weder in einer auf technische Parameter fokussierten Interaktivitätsmatrix festgeschrieben noch als zwischenmenschlicher Dialog modelliert werden.

11.2 Involvement in Games

Wie oben dargestellt, wird der Terminus Immersion – in all seinen konzeptuellen Ausprägungen – vor allem zur Beschreibung eines psychischen Zustands oder einer Erfahrung gebraucht. Verbunden ist mit Immersion in ihrer klassischen Variante eine Passivierung durch eine 360° Umgebung, wie es Grau (2000) beschreibt. Interaktivität referiert auf eine Eigenschaft von Medien, auf Aktionen von BenutzerInnen zu reagieren. Der Begriff Involvement hat den Vorteil, dass er sowohl die aktiven als auch die eher passiven Komponenten beinhaltet und zudem nicht den psychischen Zustand einer Person bezeichnet, sondern ein Verhältnis.

Im Folgenden soll dieses Verhältnis genauer beschrieben werden, indem spezifische Techniken des Involvements in den Fokus genommen werden, über die ein Spiel die Spielenden beteiligt beziehungsweise dieser sich am Spiel beteiligt. Sie sind als Angebote und Einladungen der Spiele zu verstehen, ein Spiel zu spielen, es weiter zu spielen oder immer wieder zu spielen, und sie sollen aufzeigen, in welcher Weise die Spiele eben nicht an einer Abtrennung zwischen Digitalität und Materialität, sondern an einer Verbindung arbeiten. Um die Angebote zu identifizieren, werden verschiedene Konzeptualisierungen der Begriffe Immersion und Interaktivität, Flow und Präsenz aufgegriffen, um in einem zweiten Schritt – näher am Material – auf verschiedene Strategien des Involvements in Computerspielen einzugehen.

Auch die Game Studies thematisieren das Thema des Involvements in den letzten Jahren verstärkt. Eine einheitliche Begriffsverwendung ist aber auch hier (noch) nicht zu finden (vgl. Thon 2008). So schlagen zum Beispiel Ermi und Mäyrä (2005), die von Immersion sprechen, ein dreigliedriges Schema, das „SCI-model" (Style, Challenge, Imagination) vor, das zwischen sensorischer, auf Herausforderungen basierender und imaginativer Immersion unterscheidet. Calleja (2011), der den Begriff Involvement benutzt, entwickelt ein Modell, das sechs Dimensionen – (räumlich, taktil, affektiv, narrativ, performativ, geteilt) und zwei Phasen (mikro und makro) – umfasst (für eine genauere Erklärung des Modells vgl. unten). Diese Modelle, sowie das von Ryan (2001) vorgeschlagene Schema, sollen den Ausgangs- und Anschlusspunkt für das hier vorgestellte Modell von Involvement darstellen.

Ryan (2001) identifiziert die Bereiche von räumlicher, temporaler und emotionaler Immersion. Ermi und Mäyrä (2005) nehmen Spielende in den Blick, die sie nach dem Gefühl der Immersion befragt haben. Sie unterscheiden zwischen sensorischer, auf spielerischen Herausforderungen basierender und imaginativer Immersion. Diese ordnen sie verschiedenen Bereichen auf der Ebene des Spiels zu:

- Sensorik (Audiovisualität): Grafik, Ton, Musik, Neuheit.
- Imagination (Fantasie): Welt, Thema, Charaktere, Entdeckung, Weite, Durchgängigkeit, Humor.
- Herausforderungen: Wettkampf, Gewinnen, Kontrollieren, Kreieren, Fortschreiten, (Rätsel-)Lösen.

Calleja (2011) entwickelt ein Modell, das die Erfahrungen von Spielenden in sechs verschiedene Rahmen (räumlich, taktisch, affektiv, narrativ, performativ, geteilt) einordnet und das zwei zeitliche Phasen – mikro und makro – umfasst. Es kann an dieser Stelle keine detaillierte Analyse dieser Modelle geleistet werden, und dies ist für unsere Zwecke auch nicht nötig, da Ermi und Mäyrä sowie Calleja auf die Erfahrungen von Spielenden abzielen und Ryan vor allem über textuelle Medien spricht. Sie können jedoch einen Ausgangspunkt für die hier vorgestellten Modi des Involvements bilden, die sich auf mediale Techniken beziehen.

Die Modelle beziehungsweise Kategorisierungen können zum Teil ineinander überführt werden, da sie die gleichen oder einander ergänzende Dimensionen attribuieren. So stellen sensorische und affektive Immersion bei Ermi und Mäyrä sowie bei Calleja einen zusammengehörigen Komplex dar, da beide auf visuelle und auditive Attraktionen abzielen. Emotion, Imagination, Narration bilden ebenfalls einen Bereich, in dem enge Beziehungen bestehen. Die ‚Herausforderungen‘ Ermis und Mäyräs werden bei Calleja mit den Attributen ‚taktisch‘ und ‚performativ‘ erfasst. Die folgende Tabelle stellt die Dimensionen kurz dar und ergänzt sie um meinen Vorschlag:

Ryan	Ermi & Mäyrä	Calleja	Modi des Involvements
Raum		Raum	Räumlich
Zeit			Temporal
	Sensorik	Affektiv	Sensomotorisch Audiovisuell
	Herausforderungen	taktisch, performativ	Aktional
Emotion	Imagination	Narrativ	Emotional
	Imagination	Narrativ	Narrativ
		Geteilt	Sozial
			Ökonomisch

Mit einigen Ergänzungen zu den vorliegenden Modellen werden damit neun Techniken des Involvements, die in Computerspielen zusammenwirken, skizziert. Diese können, um sie besser handhabbar zu machen, wiederum in unterschiedliche Bereiche – wenn auch keineswegs trennscharf – eingeteilt werden:

Das aktionale und sensomotorische Involvement betreffen die *Behandlung* des digitalen Bildes. Das audiovisuelle Involvement geht mit dem sensomotorischen einher, da audiovisuell dargestellte Objekte behandelt werden. Über die Audiovisualität wird aber vor allem eine *Verortung* der Spielenden vorgenommen. In diesen Bereich fällt auch das räumliche Involvement. Temporales, narratives, emotionales und soziales Involvement betreffen das *Bewohnen* des Spiels. Bewohnen heißt auch im Spiel bleiben, hierzu versucht aber auch das *Belohnen* durch das ökonomische Involvement beizutragen.

11.3 Erläuterung und Fallbeispiele

11.3.1 Behandeln: Aktionales Involvement und sensomotorisches Involvement

Spiele sind Handlungsanweisungen. Von „Avoid missing Ball for Highscore!", der Spielanleitung zu *Pong* (1972) bis zu über zweihundertseitigen Handbüchern für Strategiespiele geben Spiele vor, was auf welche Weise im Spiel zu tun ist. So versuchen grundlegende Techniken des Involvements den Spieler über das Handeln an das Spiel zu binden. Der gesamte von Ermi und Mäyrä genannte Bereich der Herausforderungen – Wettkampf, Gewinnen, Kontrollieren, Kreieren, Fortschreiten und (Rätsel-)Lösen – baut auf einem Involvement über Handlungen auf.

Doch was ist das für ein Handeln? Adelmann und Winkler (2014) vertreten die These, dass Computerspiele mit kurzen Handlungsketten operieren, die ein souveränes Handlungssubjekt konstituieren, das außerhalb von Spielen zwar als Idealbild fungiert, aber in der sozialen Praxis kaum einen Platz findet. Die Spannung zwischen gesellschaftlich geforderter Selbstbestimmung und tatsächlicher Fremdbestimmung, gepaart mit langen Handlungsketten – „der Weg zum Sex führt über ein Deo, eine Diskothek, eine Schamfrist von mehreren Wochen, unzählige Telefonate und möglicherweise ein Blumengeschäft" (Adelmann und Winkler, S. 78), – werde im Computerspiel aufgelöst. Dort seien die Handlungsketten auf lustvolle Weise verkürzt. „Ursache – Wirkung. Zack – und weg" (Adelmann und Winkler, S. 79). Im Spiel sei der Spieler Souverän.

Nun findet sich ,Zack – und weg' in dieser reinen Form jedoch in kaum einem Computerspiel und würde wohl auch den archaischsten Spieler relativ bald langweilen. Auch First-Person-Shooter, die von Adelmann und Winkler besonders hervorgehoben werden, setzen auf das symbolische Aus-dem-Weg-Räumen der Gegner weitere Regelsysteme auf. Dennoch: In jedem Spiel ist dieses Regelsystem für die Spieler durchschaubar oder kann es im Laufe des wiederholten Spielens werden. Selbst an der Funktionalität der relativ komplexen ineinandergreifenden Kreisläufe von (Aufbau-)Strategiespielen kann von Spielern so lange gearbeitet werden, bis sie schließlich durchschaut werden. Die Handlungsketten im Computerspiel sind so weit beschränkt, dass letztlich klare,

Sicherheit verheißende Regeln erkannt werden können. Im Gegensatz zur sozialen Interaktion, die unsicher ist, bietet die Interaktivität Sicherheit an. Als Souverän kann sich das
spielende Subjekt nicht nur insofern fühlen, als es eine einfache Handlung übersieht und
ausführt, sondern auch weil es das System durchschauen kann. Gerade die Möglichkeit,
sich im Laufe des Spielens Regel-, Verhaltens- und Interaktionssysteme zu erschließen,
unterscheidet Computerspiele von vielen anderen Spielen, in denen ein Regelsystem von
vornherein gegeben ist und das Set von möglichen Handlungen vorgibt. Das Erschließen
der Spielprinzipien kann sogar Ziel des Spiels sein (vgl. Friedman 1995).

Auch auf der Mikroebene gibt es Handlungsaufforderungen, die nicht unbedingt mit
klassischen, nämlich direkten und offensichtlichen, Handlungsaufforderungen gleichgesetzt werden können. So wie sich in der Alltagswelt Gegenstände finden, die zu
bestimmten Handlungen auffordern (sie besitzen bestimmte *affordances;* vgl. Gibson
1977), bildet die Spielwelt solche Gegenstände ab: Türen können geöffnet, Schalter
umgelegt, Bälle geworfen, Schluchten übersprungen werden. Wie genau diese Objekte
jedoch funktionieren oder zu bedienen sind, muss oftmals zunächst vom Spieler erst
einmal entdeckt werden. Spielumgebungen können als Einladungen zum Herumspielen
betrachtet werden.

Das Herumspielen mit Objekten der audiovisuellen Ebene eines Spiels geschieht
jedoch nicht unvermittelt. Es wurden und werden vielmehr unterschiedliche materielle
Interfaces entwickelt, die die Schnittstelle zum Rechner bilden. Joystick, Maus, Tastatur,
Gamecontroller, Tanzmatten, Datenhandschuhe, -brillen und -anzüge aber auch das Aus-
lesen von Augenbewegungen gehören dazu.

Sensomotorische Techniken des Involvements betreffen die Rückkopplung von
Mensch und technischem System, das heißt die Taktilität und den Zugang zu den Sinnen. Zur Behandlung digitaler Objekte sind sie notwendiger Bestandteil von Computerspielen. Sensomotorische Rückkopplung bei der Hand-Auge-Koordination, wie sie
in jeder Computeranwendung, die mit einer Maus arbeitet, vorkommt, ist besonders in
Geschicklichkeitsspielen wie Jump 'n' Runs und Shootern ausgeprägt. Der Cursor, eine
auf dem Monitor abgebildete Waffe, ein anderes Werkzeug oder ein Avatar bilden auf je
spezifische Art und Weise Extensionen des Spielers oder der Spielerin, mit denen er oder
sie spielerische Gesten ausführt (vgl. dazu Neitzel 2004; zur Theorie der Geste: Flusser 1994; Leroi-Gourhan 1988; Gebauer und Wulff 1998). Bekanntlich gewöhnen sich
Benutzer sehr schnell an materielle Extensionen ihrer Sinne, da der Fokus der Aufmerksamkeit auf deren Inhalt liegt und nicht auf dem Hilfsmittel oder dem Medium seiner
Wahrnehmung (vgl. auch Schmidt 2005).

Fritz (1997) geht davon aus, dass das senomotorische Involvement die Grundlage für
andere Formen des Involvements bildet. Nur wenn ein Spieler ein Spiel auch bedienen
könne, sei es schließlich möglich, dieses Spiel auch zu spielen. Jedoch, so hat Wiemer
(2006) herausgestellt, ist die Sensomotorik nur schwer von der Semantik zu trennen, da
für die Ausführung einer Bewegung auch ihre Bedeutung wichtig sei.

11.3.2 Verorten: Audiovisuelles und räumliches Involvement

Das sensomotorische Involvement ist, wie gesagt, in hohem Maße von der audiovisuellen Darstellung abhängig. Mit dem jeweiligen Eingabegerät wird ein auf dem Monitor abgebildetes audiovisuelles Objekt behandelt.

Eine Technik, Distanz und Nähe zum Spiel zu regeln, ist dabei die Perspektive, unter der das Spielfeld, die Werkzeuge und der Avatar auf dem Monitor dargestellt werden. So sind Techniken, die häufig genannt werden, um einen erhöhten Grad von Immersion zu beschreiben, etwa dreidimensionales Design und die First-Person-Perspektive (vgl. zum Beispiel McMahan 2003; Heim 1998; Lahti 2003). Das Gefühl, an einem anderen Ort zu sein, werde durch diese Techniken verstärkt, was aber nicht bedeute, dass ein Spieler sich nicht in einem 2-D-Spiel ‚verlieren‘ könne.

Über die Perspektive, die gewählt wird, findet ein Spiel mit Nähe und Distanz statt. 3-D-Grafik lässt durch den Einsatz der Zentralperspektive eine Tiefenwirkung entstehen, die seit der Renaissance in der Malerei und später in technischen visuellen Medien wie der Fotografie und dem Film benutzt wurde, um den Eindruck einer dreidimensionalen Welt auf einer zweidimensionalen Ebene zu vermitteln. Diese Perspektive wurde so gängig, dass wir sie normalerweise als die ‚natürliche‘ Art, Objekte wahrzunehmen, betrachten. Die Zentralperspektive, so kann man sagen, ist also eines der gängigsten Schemata im grafischen Design. Sie ist eine Technik, die den Betrachter im Bild als Betrachter verankert. Im Computerspiel wird jedoch nicht nur der Blickpunkt eines Spielers im Bild verankert, sondern auch ein Aktionspunkt (Point of Action), wobei beide Punkte je nach Spiel unterschiedlich miteinander interagieren (vgl. Neitzel 2007). Die Verortung eines Spielers läuft also nicht nur über einen Blickpunkt ab, sondern auch über einen Aktionspunkt, sei es ein Avatar oder ein andersgeartetes abgebildetes Werkzeug.

Über die Perspektive wird eine Verschränkung von physischer und digitaler Welt vorgenommen. Vermittelt über den Avatar oder einen Cursor und ein Hardware-Interface mit der Virtualität des Spiels verbunden, kann ein Spieler die Spielwelt als Ausweitung seines Handlungsraums begreifen, sodass diese Verschränkung stattfindet; sensomotorisches und visuelles Involvement verbinden sich zu einem räumlichen Involvement. In je unterschiedlichen Ausprägungsformen wird der Leib des Spielers in die virtuelle Realität oder die Spiele einbezogen, was nach Sybille Krämer (2003, S. 52) nur gelingen kann, sofern sein leiblicher Körper auf einen Datenkörper abgebildet wird, welcher dabei als eine arbiträre, symbolische (Re-)Konstruktion von Blickwinkel und Bewegung des physischen Körpers agiert. Die Ausprägungsformen dieser Datenkörper reichen von der Darstellung eines Icons auf dem Monitor, das als Extension eines Benutzers zur Manipulation der digitalen Abbildungen benutzt wird, über Computerspielcharaktere bis zu VR-Experimenten, die den Eindruck erwecken sollen, dass sich der ganze Körper innerhalb der Virtuellen Realität befindet.

Das räumliche Involvement betrifft jedoch nicht nur die Verschränkung von Digitalität und Materialität, sondern auch die Raumorganisation der virtuellen Welt. Um hier zu präzisieren, kann eine Differenzierung aufgegriffen werden, die Marie-Laure Ryan (2001, S. 121 ff.) in ihrer Untersuchung der räumlichen Immersion in der Literatur vornimmt. Ryan unterscheidet den „gelebten Raum" vom „rationalen Raum der Karte". Der gelebte Raum sei gekennzeichnet durch eine dichte Beschreibung, die das Gefühl vermittele, dass dieser Raum bewohnbar sei, der Körper sich in diesem Raum befinde. Der Raum der Karte hingegen sei rational und ortlos, durch relationale Beschreibungen charakterisiert. Damit spricht sie einen fundamentalen Darstellungsmodus von Computerspielen seit den 1990er Jahren an. Denn Computerspiele sind gekennzeichnet durch die Kombination dieser beiden Arten von Räumlichkeit. Unabhängig vom Genre (eine Ausnahme bilden Spiele, deren Handlungen in einem eng begrenzen Raum stattfinden wie zum Beispiel Beat'em Ups) werden zur räumlichen Organisation von Computerspielen sowohl ‚gelebte Räume' als auch Karten benutzt. Zwischen den Genres lassen sich jedoch Unterschiede feststellen. So bewegt sich der Spieler in dreidimensionalen Spielen mit seinem Avatar vorrangig durch eine Spielwelt mit verschiedenen Orten, an denen je spezifische Handlungen ausgeführt werden, und kann sich den Spielraum so aus einer Innenperspektive durch die Handlungen erschließen, hat aber immer eine Orientierungsmöglichkeit in der Karte. In Strategiespielen hingegen behandelt der Spieler vorrangig eine Welt, auf die eine Außensicht vorliegt. Diese schon kartenähnliche Ansicht wird ergänzt durch eine weitere Karte, die ein schnelles Hin- und Herspringen an die verschiedenen Stellen der Welt ermöglicht. Dichte Beschreibungen, die einen Raum lebendig erscheinen lassen, finden sich hier nicht. Sowohl das kartenähnlich dargestellte Territorium als auch die Minikarte dienen dem Ressourcenmanagement. Diese räumlichen Strategien des Involvements eröffnen einen je anderen Umgang mit dem virtuellen Raum, er kann als Erlebnisraum fungieren oder als ein zu kontrollierender Verfügungsraum.

11.3.3 Bewohnen und Bleiben: narratives, temporales, emotionales und soziales Involvement

Die Möglichkeiten, einen Raum zu einem Erlebnisraum zu machen, werden in vielen Spielen durch eine Geschichte, die dem Raum Bedeutungen verleiht, geschaffen. Diese Geschichten können über viele Spiele hinweg entwickelte Chroniken von fiktiven Königreichen oder kleine Geschehnisse, einzelne NPCs betreffend, sein. Vermittelt werden sie häufig über Quests, Monologe von oder Dialoge mit NPCs, Cutscenes, verschiedene im Spiel aufzufindende Schriften und vieles mehr. Die Handlungen des Spielers werden eingebunden in diese Geschichte(n) und damit mit Bedeutung aufgeladen, der Raum ist belebt und kann gelebt werden.

An diese Bedeutungen geknüpft ist auch häufig das emotionale Involvement. Ermi und Mäyrä sowie Calleja ordnen die Imagination beziehungsweise die narrative Immersion auch der Emotion zu (vgl. die Tabelle oben). Ryan (2001) beschreibt emotionale

Immersion als ein empathisches Mitfühlen mit dem Protagonisten eines Romans oder Films. Damit verwandt sind verschiedene Arten der Identifikation, wie sie zum Beispiel Richard Dyer (1998, S. 18 f.) im Hinblick auf den Film als „emotional affinity", „self-identification", „imitation", und „projection" beschreibt (vgl. auch Schmid 2006). Empathie oder Identifikation, ein Mitleiden oder Mitfühlen mit einer Figur, wird jedoch vor allem möglich durch die *Unmöglichkeit* des Eingreifens in das Geschehen im Film oder in anderen nicht-interaktiven Medien. Zuschauer identifizieren sich mit jemand anderem oder fühlen mit diesem Anderen mit. Der Protagonist eines Computerspiels dient aber zumeist auch als Avatar des Spielers. Als Extension des Spielers ist er kein von diesem losgelöster anderer, sondern ein Werkzeug zur Behandlung der Spielwelt (vgl. oben). Um aber ein Werkzeug adäquat einsetzen zu können, bedarf es keiner emotionalen Beziehung, sondern vielmehr der Kenntnis seiner Funktionalität. Die Beziehung zwischen Spieler und Avatar wird also von anderen Emotionen begleitet sein als die emotionale Beziehung zu filmischen oder literarischen Figuren (vgl. auch Neitzel 2004). Spiele bieten die Möglichkeit von Empathie über NPCs, die vom Spieler eben nicht gesteuert werden können. Ihr Leiden kann als eine Aufforderung zum Mitfühlen verstanden werden. Auch in Teilen des Spiels, in denen der Werkzeugcharakter des Avatars zurücktritt, kann Empathie entstehen.

Belebtheit einer virtuellen Welt kann auch durch soziales Involvement entstehen. Offensichtlich ist dies in Multiplayer-Spielen, in denen die Charaktere von anderen Spielenden gesteuert werden, sodass gemeinsames Rollenspiel entstehen kann. Aber auch Singleplayer-Spiele simulieren Sozialität, indem NPCs dem Spieler mit einer bestimmten Haltung begegnen. Oftmals sind sie Feind oder Verbündeter, in der *Elder-Scrolls* Reihe (seit 1994) zum Beispiel aber auch Passanten, die den Spieler-Charakter ansprechen. Bopp (2004, S. 84 ff.) schlägt vor, hierfür den Begriff „parasoziale Interaktion" aus der Fernsehtheorie zu übernehmen.

Soziales und emotionales Involvement haben jedoch auch eine extradiegetische Ebene, die dann weniger dem Bewohnen als vielmehr dem Bleiben zugeordnet werden kann. Ein Beispiel für diese emotionale extradiegetische Ebene wäre der Ärger (er stellt gleichzeitig eine Distanzierung dar, sorgt also gegebenenfalls nicht für das Bleiben sondern für das Gehen), der entstehen kann, wenn ein Spieler eine Aufgabe auch nach noch so vielen Versuchen nicht lösen kann (und der Avatar gegebenenfalls immer wieder stirbt), oder der Ärger darüber, dass ein Spielstand verloren ging. Kurz, Ärger darüber, dass eine Belohnung nicht erzielt werden kann oder verloren gegangen ist, dass Handlungen oder die Arbeit am Spiel keine Früchte tragen. Es kann – etwa in Online-Spielen – jedoch auch der Ärger über Mitspieler sein, die sich inkorrekt verhalten. Dem Ärger entgegengesetzt ist die Anhänglichkeit (vgl. Hennion 2011); die Anhänglichkeit an ein Spiel, das man gern und oft gespielt hat, aber auch die Anhänglichkeit an einen Spielcharakter, mit dem man viel Zeit verbracht hat und in den man viel Arbeit gesteckt, oder die Anhänglichkeit an Mitspieler, mit denen man, im Sinne von Johan Huizinga (2009), eine verschworene Gemeinschaft bildet.

Als letzte Strategie des Involvements in diesem Bereich ist das temporale Involvement zu nennen, die ebenfalls sowohl intra- als auch extradiegetische Komponenten hat.

Zu den intradiegetischen temporalen Involvementstrategien gehören Zielvorgaben – oder Zielangebote. Sie können dazu beitragen, dass die Spielenden weiterspielen und dem Ziel entgegenstreben. Single-Player-Spiele geben den Spielenden oftmals direkte Zielvorgaben, die das ganze Spiel umfassen, wie auch verschiedene Zwischenziele über Missionen oder Quests. Die Zielvorgaben organisieren den Ablauf des Spiels, seine Chronologie (Abb. 11.1).

Neben diesen chronologischen und zielgerichteten temporalen Strategien finden sich jedoch in Spielangeboten auch nicht-gerichtete oder zirkuläre Zeitformen. Der Erfolg der *Elder-Scolls* Reihe ist wahrscheinlich auch darauf zurückzuführen, dass sie den Spielenden Handlungsangebote macht, die unterschiedlichen Temporalitäten unterliegen. Einerseits können die Spielenden den Quests folgen – also auf ein Ende abzielen –, andererseits auch herumwandern und schauen, was sich so tut und was man noch so tun könnte in der virtuellen Welt. Man kann auch einfach die Aussicht genießen. Es ist quasi ein Urlaubsangebot, das es ermöglicht, ohne Zeitdruck zu handeln.

Eine Grundfigur des Spiels ist die Wiederholung, die einem zirkulären Zeitmodell unterliegt. Es können sowohl einzelne Spielzüge wie auch ganze Spiele (leicht variiert) wiederholt werden. Zwar operieren einzelne Aufgaben und Quests in Computerspielen vielfach mit klaren Zielvorgaben, stellen aber als Ganzes Wiederholungen des fast immer Gleichen dar. Wie die Überschaubarkeit der Aufgaben (vgl. oben) können solche Wiederholungen Sicherheit vermitteln – es wird nichts wirklich Überraschendes passieren.

Abb. 11.1 Handlungsangebote mit unterschiedlichen Temporalitäten – *Skyrim* (2011) aus der *Elder Scrolls*-Reihe

Da Online-Spiele auf Persistenz (oder sogar Permanenz) angelegt sind, operieren sie mit wiederkehrenden Ereignissen. So finden sich in *World of Warcraft* (seit 2004) neben einer Bezugnahme auf jährlich wiederkehrende Ereignisse wie die Sommersonnenwende, Weihnachten oder das chinesische Mondfest auch tägliche Quests, die auf regelmäßige Wiederkehr der Spielenden zum Spiel abzielen. Diese einer zirkulären Zeit unterliegenden Quests können nur einmal am Tag, aber jeden Tag von neuem erledigt werden, um bestimmte Belohnungen – seien es Kochpreise, Embleme oder Ruf – zu sammeln. Wie das Zähneputzen in den Tagesablauf integriert ist, kann auch die tägliche Kochquest routinisiert in den Alltag und den Spielalltag eingefügt werden.

Diese zyklische Zeitstruktur findet sich besonders ausgeprägt in Simulations- und Strategiespielen, die mit einem ineinander verschränkten Ressourcenaufbau und -management arbeiten. Die Kreisläufe des Aufbaus und der Verarbeitung bedingen sich und greifen so ineinander, dass zwar einzelne Zyklen abgeschlossen werden können, diese jedoch immer wieder neue darauf aufbauende Zyklen nach sich ziehen. Im Gegensatz zu den mit einer Zielvorgabe operierenden Spielen, die zumindest die Fiktion eines Endes aufrechterhalten, sind diese Spiele von ihrer zeitlichen Struktur her auf Unendlichkeit angelegt.

11.3.4 Bleiben: Ökonomisches Involvement – das Belohnungssystem

Für die Erfüllung vieler Spielaufgaben hält ein Spiel explizit Belohnungen bereit – seien dies Punkte, (Spiel-)Geld, Gegenstände oder neue Spielinhalte. Strategien des ökonomischen Involvements zielen nicht auf gegebenenfalls persönlich wertvolle Erfahrungen der Spielenden zum Beispiel im Rollenspiel ab, die diese als Belohnung empfinden können, sondern beschreiben die zählbare Ökonomie des Spiels, deren Belohnungsebenen ineinandergreifen.

So findet sich in *World of Warcraft* ein zweigliedriges Belohnungssystem: eine ineinandergreifende Ökonomie von Erfahrungspunkten, Rufpunkten, Gold, Rüstungswerten und Levelaufstieg (nachdem das Höchstlevel erreicht ist, bemisst sich die Stufe eines Spielcharakters am Wert seiner Rüstung) und einer additiven Struktur von Erfolgen (Erkundung der Spielumgebung, Absolvieren von Dungeons, gesammelte Haus- und Reittiere, usw.). Da *World of Warcraft* über Abonnements von Spielzeit finanziert wird, können Spielende über das Erfolgssystem dazu angeregt werden, mehr Zeit mit dem Spiel zu verbringen. Solche additiven Strukturen haben den Vorteil, dass sie beliebig ausgebaut werden können, womit das Ziel – die Vollständigkeit – immer weiter in die Zukunft verschoben wird.

Erfolge oder Achievements finden sich jedoch auch in Single-Player Spielen. Sie können über Plattformen wie Steam mit anderen geteilt werden und rufen so wieder ein soziales Involvement auf (zur Funktion von Achievements vgl. Gläser und Schemer Reinhardt 2015).

Dieses Modell der Techniken des Involvements kann genutzt werden, um Computerspiele zu analysieren, um spezifische Eigenheiten des Verhältnisses von Spielenden und jeweiligem Spiel zu identifizieren und mit ihnen weiter zu arbeiten. Die genannten Techniken des Involvements finden sich jedoch zum Teil auch außerhalb von Computerspielen. So wurde der Begriff der Parasozialen Interaktion für das Fernsehen geprägt und spätestens seit Karl Klammer sind wir auch mit digitalen Assistenten vertraut. Insbesondere aber Belohnungssysteme werden im Zuge von Gamification Prozessen derzeit exzessiv verwendet (vgl. Raczkowski 2014).

Literatur

Aarseth, Espen J. 1997. *Cybertext. Perspectives on Ergodic Literature*. Baltimore and London.

Adelmann, Rolf und Hartmut Winkler. 2014. Kurze Ketten. Handeln und Subjektkonstitution im Computerspiel. In *Diskurse des strategischen Spiels. Medialität, Gouvernementalität, Topografie*, hrsg. S. Böhme et al, 69–82, Münster: Lit.

Bazin, André. 2005. Der Mythos vom totalen Film. In *Was ist Film?*, A. Bazin, 43–49. Berlin: Alexander.

Bolter, Jay David und Richard Grusin. 2000. *Remediation. Understanding New Media*. Cambridge/MA.

Bopp, M. 2004. Didaktische Methoden in Silent Hill 2. Das Computerspiel als arrangierte Lernumgebung. In ‚*See? I'm Real ...' Multidisziplinäre Zugänge zum Computerspiel am Beispiel von Silent Hill*, hrsg. M. Bopp, B. Neitzel und R. F. Nohr, 74–95. Münster: Lit.

Buytendijk, F.J.J. 1933. *Wesen und Sinn des Spiels. Das Spielen des Menschen und der Tiere als Erscheinungsform der Lebenstriebe*. Berlin: Der neue Geist Verlag.

Calleja, Gordon. 2011. *In-Game. From Immersion to Incorporation*. Cambridge/MA: MIT Press.

Csikszentmihalyi, Mihály. 1975. *Beyond Boredom and Anxiety*. San Francisco: Jossey-Bass.

Dyer, Richard. 1998. *Stars*. London: BFI.

Eco, Umberto. 1990. *Lector in Fabula. Die Mitarbeit der Interpretation in erzählenden Texten*. München: DTV.

Ermi, Laura/Frans Mäyrä. 2005. Fundamental Components of the Gameplay Experience: Analysing Immersion. http://www.digra.org/digital-library/publications/fundamental-components-of-the-gameplay-experience-analysing-immersion/. Zugegriffen: 10. Februar 2016.

Flusser, Vilém. 1994. *Gesten. Versuch einer Phänomenologie*. Frankfurt/M.

Friedman, Ted. 1995. Making Sense of Software: Computer Games and Interactive Textuality. In *Cybersociety. Computer-mediated Communication and Community*, hrsg. S. G. Jones, 73–89. Thousand Oaks, London/New Delhi: Sage.

Fritz, Jürgen. 1997. Macht, Herrschaft und Kontrolle im Computerspiel. In: *Handbuch Medien: Computerspiele*, hrsg. J. Fritz und J. Fehr, 183–196. Bonn.

Gebauer, Gunter und Christoph Wulff. 1998. *Spiel – Ritual – Geste. Mimetisches Handeln in der Sozialen Welt*. Reinbek: Rowohlt.

Gerrig, Richard J. 1993. *Experiencing Narrative Worlds: On the Psychological Activities of Reading*. New Haven: Yale Univ. Press.

Gibson, James J. 1977. The Theory of Affordances. In *Perceiving, Acting, and Knowing. Toward an Ecological Psychology*, hrsg. R. Shaw und J. Bransford, 67–82. Hillsdale/NJ: John Wiley & Sons New Jersey.

Gläser, Tobias und Timo Schemer-Reinhard. 2015. You Made Your Point: Achievements als Medien medialer Selbstreflexivität. In *The Cake is a Lie. Polyperspektivische Betrachtungen des Computerspiels am Beispiel von Portal.* Hrsg. T. Hensel, B. Neitzel, R. Nohr. Berlin: LIT Verlag.

Goertz, Lutz. 1995. Wie interaktiv sind Medien? Auf dem Weg zu einer Definition von Interaktivität. *Rundfunk und Fernsehen* 43(4): 463–476.

Goffman, Erving. 1963. *Behavior in Public Places. Notes on the Social Organisation of Gatherings*, New York.

Grau, Oliver. 2000. *Virtuelle Kunst in Geschichte und Gegenwart.* Visuelle Strategien. Berlin: Reimer.

Grau, Oliver. 2005. Immersion und Emotion. Zwei bildwissenschaftliche Schlüsselbegriffe. In *Mediale Emotionen. Zur Lenkung von Gefühlen durch Bild und Sound*, hrsg. O. Grau und A. Keil, 70–106. Frankfurt/M.: Fischer.

Heim, Michael. 1998. *Virtual Realism.* Oxford: Oxford Univ. Press.

Hennion, Antoine. 2011. Offene Objekte, Offene Subjekte? Körper und Dinge im Geflecht von Anhänglichkeit, Zuneigung und Verbundenheit. In *Zeitschrift für Medien- und Kulturforschung*, Jg. 2, Heft 1, S. 93–109.

Iser, Wolfgang. 1994. *Der Akt des Lesens.* München: UTB.

Huizinga, Johan. 2009. *Homo Ludens. Vom Ursprung der Kultur im Spiel.* Reinbek: Rowohlt.

Krämer, Sybille und Horst Bredekamp. 2003. Kultur, Technik, Kulturtechnik: Wider die Diskursivierung von Kultur. In *Bild, Schrift, Zahl*, hrsg. dieselben. München: Fink Verlag.

Lahti, Martti. 2003. As We Become Machines: Corporealized Pleasures in Video Games. In *The Video Game Theory Reader*, hrsg. M.J.P. Wolf und B. Perron, 157–170. New York: Routledge.

Leroi-Gourhan, André. 1988. *Hand und Wort. Die Evolution von Technik, Sprache und Kunst.* Frankfurt/M.: Suhrkamp.

Leschke, Rainer, und Timo Schemer-Reinhard. 2008. Interaktivität. Ein Begriff im Netz der Wissenschaften. In *Navigationen. Zeitschrift für Medien- und Kulturwissenschaften. Interaktionen.* Hrsg. K. Schubert et al. S. 81–101.

Lombard, Matthew und Theresa Ditton. 1997. At the Heart of It All: The Concept of Presence. *Journal of Computer Mediated Communication* 3,2. http://jcmc.indiana.edu/vol3/issue2/lombard.html. Zugegriffen: 22. Oktorber 2016.

Luhmann, Niklas. 1993. *Soziologische Aufklärung 3.* Opladen: VS-Verlag.

McMahan, Alison. 2003. Immersion, Engagement, and Presence: A Method for Analyzing 3-D Video Games. In *The Video Game Theory Reader*, hrsg. M.J.P. Wolf und B. Perron, 67–86. New York: Routledge.

Mosel, Michael. 2012. Immersion, Involvierung und Verfremdung, Ostranenie als Motivationsfaktor von Computerspielen. In *Flow aus Spielen. Optimale Erfahrungen durch Computerspielen*, hrsg. A.-K. Langner und M. Mertens, 37–50. Salzhemmendorf: Blumenkamp.

Murray, Janet H. 1999. *Hamlet on the Holodeck. The Future of Narrative in Cyberspace.* Cambridge/MA: MIT Press.

Neitzel, Britta. 2004. Wer bin ich? Zur Avatar-Spieler Bindung. In *‚See? I'm Real …' Multidisziplinäre Zugänge zum Computerspiel am Beispiel von Silent Hill*, hrsg. M. Bopp, B. Neitzel und R. F. Nohr, 193–212. Münster: Lit.

Neitzel, Britta. 2007. Point of View and Point of Action. Eine Perspektive auf die Perspektive in Computerspielen. In *Computer/Spiel/Räume. Materialien zur Einführung in die Computer Game Studies*, hrsg. K. Bartels und J. N. Thon, 8–28. Hamburg: Hamburger Hefte zur Medienkultur.

Neitzel, Britta. 2012. Involvierungsstrategien des Computerspiels. In *Theorien des Computerspiels zur Einführung*, hrsg. GamesCoop, 75–103. Hamburg: Junius.

Pietschmann, Daniel. 2009. *Das Erleben virtueller Welten. Involvierung, Immmersion und Engagement in Computerspielen*. Boizenburg: vwh.

Raczkowski, F. 2014. Making Points the Point: Towards a History of Ideas of Gamification. In *Rethinking Gamification*, hrsg. M. Fuchs et al., 141–160. Lüneburg: Meson Press.

Ryan, Marie-Laure. 2001. *Narrative as Virtual Reality. Immersion and Interactivity in Literature and Electronic Media*. Baltimore/MD: Johns Hopkins.

Schmid, Georg. 2006. *Freud/Film oder das Kino als Kur*. Wien: Sonderzahl.

Schmidt, K. 2005. Brain-Computer-Interfaces. Endpunkt der Illusionsgeschichte? In *Mediale Emotionen. Zur Lenkung von Gefühlen durch Bild und Sound*, hrsg. O. Grau, Oliver und A. Keil, 194–214. Frankfurt/Main: Fischer.

Thon, Jan-Noel. 2008. Immersion Revisited. On the Value of a Contested Concept. In: *Extending Experience*, hrsg. A. Fernandez et al., 29–43, Rovaniemi: Lapland Univ. Press.

Wiemer, Serjoscha. 2006. Körpergrenzen. Zum Verhältnis von Spieler und Bild in Videospielen. In *Das Spiel mit dem Medium. Partizipation – Immersion – Interaktion*, hrsg. B. Neitzel und R. F. Nohr, 244–260. Marburg: Schüren.

Weiterführende Literatur

Neitzel, Britta. 2000. Gespielte Geschichten. Struktur- und prozessanalytische Untersuchungen der Narrativität von Videospielen. http://www.db-thueringen.de/servlets/DerivateServlet/Derivate-2063/Dissertation.html. Zugegriffen: 07. Februar 2016.

Über die Autorin

Dr. Britta Neitzel ist Medienwissenschaftlerin mit den Arbeitsschwerpunkten Game Studies, mediale Räume und Orte, Intermedialität des Performativen. Sie ist, gemeinsam mit Rolf F. Nohr, Gründerin der AG Games der Gesellschaft für Medienwissenschaft. Letzte Veröffentlichungen (Auswahl): „The Cake Is a Lie!" Polyperspektivischer Betrachtungen des Computerspiels am Beispiel von, PORTAL, Münster 2015, hrsg. gem. mit Rolf F. Nohr & Thomas Hensel; „Performing Games – Intermediality and Videogames", in: Gabriele Rippl (Hg.) Handbook of Intermediality. Literature – Image – Sound – Music, Berlin, New York 2015; Theorien des Computerspiels. Zur Einführung, Hamburg 2012 (gemeinsam mit Benjamin Beil, Phillip Bojahr, Thomas Hensel, Timo Schemer-Reinhard und Jochen Venus); Mediale Selbstreferenz: Grundlagen und Fallstudien zu Werbung, Computerspiel und Comics, Köln 2008 (gemeinsam mit Nina Bishara und Winfried Nöth). – mail@britta-neitzel.de.

Spielmechanik

12

Philipp Bojahr und Michelle Herte

12.1 Spielmechanik in analogen und digitalen Spielformen

Das Konzept der Spielmechanik (engl. ‚game mechanics') ist ein fundamentaler Bestandteil von Computerspielen und damit naturgemäß Gegenstand aller Formen der Kommunikation über diese Spiele, von Forenbeiträgen in der Games-Community über Fachzeitschriften bis zu wissenschaftlichen Auseinandersetzungen. Gerade im letzten Bereich ist eine kaum überschaubare Anzahl von Definitionsansätzen zur Spielmechanik entstanden, die den Begriff jeweils disziplinspezifisch auslegen.

> Die Bandbreite reicht von der formalen Analyse von Computerspielen (Järvinen 2008; Sicart 2008, 2016) über das praktisch orientierte Game Design (Hunicke et al. 2004; Salen und Zimmerman 2004; Rouse 2005; Schell 2010; Adams und Dormans 2012) bis hin zu Begriffsaneignungen aus dem Feld der Gamification (Zichermann und Cunningham 2011; Zichermann und Linder 2013). Allein die Vielzahl der Ansätze illustriert dabei die uneinheitliche Auslegung, die selbst innerhalb der einzelnen Ausrichtungen der Game Studies vorherrscht, wodurch sich der Begriff der Spielmechanik gegen eine allgemeingültige Definition sperrt.

P. Bojahr (✉) · M. Herte
Köln, Deutschland
E-Mail: p.bojahr@uni-koeln.de

M. Herte
E-Mail: m.herte@uni-koeln.de

© Springer Fachmedien Wiesbaden GmbH 2018
B. Beil et al. (Hrsg.), *Game Studies,* Film, Fernsehen, Neue Medien,
https://doi.org/10.1007/978-3-658-13498-3_12

Auch die Rückführung auf eine gemeinsame terminologische Basis gestaltet sich als schwierig, wenngleich gerade der Wortbestandteil ‚Mechanik' auf einen Ursprung im prädigitalen Diskurs zu deuten scheint. So ist mit Blick auf die Entwicklungsgeschichte des Spiels jedoch zu konstatieren, dass der Begriff der Spielmechanik nicht zwingend mit dem Einzug der klassischen Mechanik in das analoge Spiel aufgekommen ist. Obgleich die Mechanisierung des Spiels und dessen Folgen – vom Hebelwerk des ‚Schachtürken' (Heckmann 1982) bis zu den elektromechanischen Spielautomaten – stets zur Diskussion stand, erscheint das Kompositum ‚Spielmechanik' als Neologismus des digitalen Diskurses, in dem eine Rückbesinnung auf die materielle Technik analoger Automaten(-spiele) allenfalls punktuell in Sprachbildern erfolgt. So sinniert etwa Daniel Cook (2006): „At the heart of every game are these mysterious whirring clicking mechanisms that deliver to the player pleasure and thrills." Der Blick auf die ‚klassische' Mechanik analoger Spieler liefert abseits solcher romantisierenden Metaphern aber dennoch Ansatzpunkte für eine strukturelle Umfassung der Spielmechanik, wie im Folgenden am Beispiel des Flippers gezeigt werden soll.

Der Flipperautomat ist, wie die meisten (elektro-)mechanischen Automaten, auf die Erfüllung einer eindeutig umgrenzten Funktion ausgelegt – in seinem Fall das Flipperspiel. In der seit den 1940er Jahren vorherrschenden Version dieses Spiels versucht der Spieler grundlegend die herunterrollende Kugel so lange wie möglich auf dem Spielfeld und damit ‚im Spiel' zu halten, indem er sie durch Aktivieren der sogenannten Flipperarme zurückstößt (Huhtamo 2016, S. 25 f.). Dieses elektromechanische Einwirken des Spielers auf das Spielgeschehen, oder auch den *Spielzustand,* mit dem Ziel der Aufrechterhaltung des Spiels, lässt sich als die zentrale Spielmechanik des Flipperspiels bezeichnen.

Im Kern stimmt diese Begriffsverwendung mit einer Reihe von Ansätzen aus dem Feld der digitalen Spiele überein. So definiert Aki Järvinen (2008, S. 255) analog: „Game mechanics is a functional game feature that describes one possible or preferred or encouraged means with which the player can interact with game elements as she is trying to influence the game state at hand towards attainment of a goal." Die Einflussnahme auf den „game state" (vgl. insb. Juul 2005, S. 55–67) erfolgt dabei stets in Form einer spezifischen Handlung, weshalb Järvinen (2008, S. 263) vorschlägt, Spielmechaniken als Verben zu verstehen, beispielsweise das ‚Zielen' und ‚Schießen' in einem Shooter oder das programmatische ‚Auswählen' und ‚Anklicken' in einem Point ‚n' Click-Adventure. Zudem gilt: „In games with a single game mechanic, it literally is what the game is about" (Järvinen 2008, S. 263), was sich beim Flipperspiel zumindest im deutschen Sprachgebrauch darin zeigt, dass hier die zentrale Spielmechanik des Flipperns *pars pro toto* für das ganze Spiel steht.

Beachtenswert ist bei der Bezeichnung ‚Flipper' auch der Zusammenfall von Spielmechanik und Automat, also der physisch manifesten Technik, in einem Wort. Dadurch wird der Umstand unterstrichen, dass die Spielmechanik – selbst wenn sie als Begriff rein abstrakt gedacht ist – in einem Automaten in Form einer konkreten materiellen Mechanik als Teil des Spielsystems gedoppelt ist. So manifestiert sich die Spielmechanik ‚Flippern' durch den Flipperarm als Komponente des Automaten. Im Computerspiel dagegen löst sich diese strukturelle Kopplung über die Stufe der Arcade-Games hin zum Computer als „moldable medium" (Licklider und Taylor 1968, S. 22), der das ganze Spiel virtualisiert ablaufen lässt. Die Spielmechanik wird somit gänzlich von der Pflicht einer materiellen Entsprechung auf Hardwareebene entbunden, wenngleich das Interface als physische Schnittstelle – etwa der Knopf, der den Flipperarm auslöst – erhalten bleiben muss.

Darüber hinaus entrückt eine Reihe von Ansätzen die Spielmechanik auch aus der Softwarekomponente des Spiels, wenn darin die gesamte technische Infrastruktur inklusive des Programmcodes als abgesetzter Rahmen verstanden wird, der oft als „game system" (insb. Järvinen 2008; Sicart 2008) oder bei Mike Treanor und Michael Mateas (2013, S. 5) auch als „mechanism of a game" Benennung findet. Demgegenüber steht die Spielmechanik dann als reines Konzept, als spezifische Deutung von Teilen jenes *Spielsystems*. So präzisieren Treanor und Mateas (2013, S. 5): „When someone says they like the jump mechanic in a game, they are already interpreting a part of the game's mechanism as representing a jump."

Der gedachte Übergang von Automaten- zu Computerspielen lenkt zudem den Blick auf einen weiteren prekären Punkt. Während die Funktion eines Spielautomaten bei seiner Konstruktion in ihn eingeschrieben wird und sich in der Folge direkt aus seinem materiellen Aufbau herleitet, löst sich auch diese Kopplung mit dem Übergang ins Digitale – gleich dem Zustand im vor-mechanischen Spiel. Das analoge Flipperspiel ist somit ein Sonderfall, da es sich allein durch seine (Spiel-)Mechanik unmittelbar selbst reguliert. Im Fall von nichtmechanischen oder digitalen Spielformen gestaltet sich dies ungleich komplexer, da die Spielregeln dort nicht im gleichen Ausmaß in der Hardware verankert sein müssen.

So geben Spielfiguren oder -karten nicht an sich einen Ablauf vor und können nach Roger Caillois (1960, S. 15–20) im kindlichen Spiel, der *paidia,* auch in anarchischer Regellosigkeit bespielt werden. Der Computer erlaubt dagegen durch seine Rechenarchitektur zunächst grundlegend nur Formen des regelgeleiteten *ludus;* so läuft jedes Spielprogramm auch ohne Einwirken des Spielers als „pure process" (Galloway 2006a, S. 8) stets nach ,algorithmischen Regeln' ab (Galloway 2006a, S. 5; Juul 2005). Darauf aufbauend zeigen sich digitale Spiele jedoch – gemäß der Charakterisierung des Computers als universal programmierbare Maschine – gegenüber ihrer Verwendung innerhalb des durch den Code gesteckten Rahmens disponibel und eignen sich somit ebenfalls zum paidiatischen Spiel.

Mit der oben angeführten Abgrenzung der Spielmechanik gegenüber dem materiellen Spielsystem geht letztlich auch eine Ausdifferenzierung gegenüber den *Regeln* einher, die bereits Elliott M. Avedon (1971, S. 422) mit seiner strukturellen Unterscheidung zwischen den „rules governing action" und den „procedures for action" konstatiert. Alle drei

Konzepte (Spielsystem, Spielmechanik und Regeln) rücken dabei hinsichtlich ihrer Definition und Verknüpfung in ein Spannungsfeld. So steht einerseits zur Diskussion, inwieweit die Spielregeln vom Programmcode als Teil des Spielsystems zu unterscheiden sind (etwa Manovich 2001; Salen und Zimmerman 2004; Nitsche 2008; Sample 2016), andererseits bildet auch die genaue Bestimmung der Relation zum Regelwerk einen neuralgischen Punkt vieler Definitionsansätze zur Spielmechanik. Eine Reihe von Autoren (Fullerton et al. 2008; Järvinen 2008; Sicart 2008, 2016) fasst dabei die Regeln in Anklang an Johan Huizinga (2009) als spielkonstituierenden Rahmen auf, der sowohl die Spielmechaniken als auch die daraus resultierenden Interaktionen gleichsam ermöglicht wie auch limitiert. Robin Hunicke et al. (2004) sehen in den Regeln ebenso die Grundlage des Spiels, ordnen diese Sichtweise jedoch vornehmlich der Nutzerperspektive zu. Der Begriff ‚mechanics‘ beschreibt für sie dagegen die komplementäre Entsprechung der Regeln aus der Perspektive der Spieldesigner, in der Art, dass sich die Spielregeln aus den angewandten Spielmechaniken ergeben. Eine ähnlich gelagerte Anschauung vertritt auch Cook (2006), indem er die Spielmechanik als Oberbegriff für die Interaktionsschleifen versteht, in denen das Spielsystem die Eingaben der Spieler anhand der Regeln evaluiert und entsprechend reagiert. Umgekehrt sehen Sus Lundgren und Staffan Björk (2003) in einer Spielmechanik einen eng umrissenen Teil des Regelsystems, der genau ein Interaktionsmuster (mit Rückgriff auf Järvinen: also genau ein ‚Verb‘) abdeckt.

Alle Ansätze verbindet jedoch der Verweis auf den Zusammenhang zwischen Spielmechanik und den Topos der (Inter-)aktion. So präzisiert Miguel Sicart (2008) diesbezüglich im Vergleich zu den Regeln: „Game mechanics are concerned with the actual interaction with the game state, while rules provide the possibility space where that interaction is possible […]. In this sense, rules are modeled after agency, while mechanics are modeled for agency.“ Der Umstand, dass sich das Medium Computerspiel nun gerade durch das Handlungsmoment definiert – „video games are actions“ (Galloway 2006a, S. 2) –, verdeutlicht an dieser Stelle die wichtige Schnittstellenfunktion der Spielmechanik. Aus der Benutzerperspektive erlaubt sie dem Spieler über das Interface Eingaben, die vom Spielsystem in Abstimmung mit den Spielregeln prozessiert werden und dann den Spielzustand verändern, der wiederum dem Spieler über das Interface erfahrbar gemacht wird und ihn zu einer neuen Eingabe veranlasst. Dieser iterative Prozess bildet als „game loop“ (Sicart 2016, S. 300) die Basis für das Gameplay, in dem der Spieler mit jedem Durchgang auf einen gegebenen oder eigenen Zielzustand hinarbeitet und dabei den strategischen Einsatz (Avedon 1971) der Spielmechaniken erlernt.

In nuce findet sich diese Dynamik auch in der Definition von Sicart (2008): „Game mechanics are methods invoked by agents, designed for interaction with the game state.“ Den Begriff der Methode entleiht er der objektorientierten Programmierung und definiert ihn als spezifisches Bindeglied zwischen dem auslösenden Akteur und dem durch die Regeln geleiteten Spielzustand. Von besonderer Bedeutung ist an dieser Stelle der von Sicart (2008) ausdrücklich metaphorisch verstandene Bezug auf das Programmierparadigma der Objektorientierung, dem gemäß schon auf der Ebene des Codes die Herausbildung möglichst unabhängiger und dabei vielfältig kombinier- und instanziierbarer

Einheiten, den sogenannten Objekten, angestrebt wird (Wiegert 1995; Weisfeld 2013). Das Sinnbild der flexiblen objektorientierten Programmierung löst damit im digitalen Kontext das Sinnbild der rigiden Mechanik ab.

Vor dieser Folie denkt Sicart (2008, 2016) die Bedeutung der Spielmechanik konsequent weiter, indem er sie nicht mehr nur allein menschlichen „agents" oder Akteuren zugänglich sieht. Mit Blick auf den Komplexitätszuwachs des Spielsystems folgert er, dass auch die darin bedingt autonom operierenden Objekte als Akteure – auf formalabstrakter Ebene mit dem Spieler gleichberechtigt – Spielmechaniken benutzen können, um Einfluss auf den Spielzustand zu nehmen. Eine bedeutende Gruppe dieser nichtmenschlichen Akteure bilden etwa die Figuren in einer Spielwelt, die nicht vom Spieler, sondern einem eigenen Algorithmus, oft als künstliche Intelligenz (KI) bezeichnet, gesteuert werden: die sogenannten Non-Player Characters (NPCs). Greift beispielsweise der Spieler mit seinem Avatar einen NPC an, etwa durch die Spielmechanik ‚Schießen', so reagiert dieser autonom auf die Veränderung des Spielzustandes und greift, falls er ebenso das Feuer eröffnet, auf die gleiche Spielmechanik zurück. In komplex simulierten Spielwelten kann so emergentes Gameplay als reiner „machine act" (Galloway 2006a, S. 9–12) entstehen, wenn etwa NPCs rivalisierender Gruppierungen zufällig aufeinandertreffen und auch ohne Beteiligung des Spielers einen Schusswechsel initiieren. Sicarts Definition der Spielmechanik erfüllt damit den Anspruch einer strukturellen Gleichberechtigung von Mensch und Maschine im Sinne der Kybernetik (Wiener 1961; Pias 2010, S. 12) oder von menschlichen und nicht-menschlichen Akteuren im Sinne der Akteur-Netzwerk-Theorie (Latour 2007), selbst wenn beiden Gruppen nicht die gleichen Spielmechaniken zur Verfügung stehen. So kommen solche Asymmetrien auch schon in rein menschlichen Spielgemeinschaften, vom Fußball (Feldspieler/Torwart) bis zu Multiplayer-Spielen mit verschiedenen Avatar-Klassen (etwa Nahkämpfer, Fernkämpfer, Heiler usw.) vor (Elias et al. 2012, S. 62 f.).

Das Computerspiel als hochgradig selbstreflexives Medium (Ryan 2004; Rapp 2008) unterstreicht in einigen Fällen diesen asymmetrischen Zugang mitunter und konterkariert damit den intuitiven Anthropozentrismus, dass alle Spielmechaniken für den Spieler gemacht seien. Ein Beispiel dafür findet sich im Rundenstrategiespiel *XCOM 2* (2016), in dem der Spieler Fähigkeiten beziehungsweise Spielmechaniken seiner Figuren im Interface über illustrierte und durch einen Text erläuterte Buttons aktivieren kann (Abb. 12.1). Erreicht er unter besonderen Umständen die Kontrolle über eine mit anderen Spielmechaniken ausgestattete Spielfigur des KI-Gegners, so kann er auch diese in der Regel über Buttons auswählen. Die Besonderheit ist nun, dass manche dieser Spielmechaniken aufgrund bestimmter Bedingungen jedoch nur durch die KI anwendbar sind, sie aber dennoch bebildert und erläutert dem Spieler als Button präsentiert werden. Etwa zeigt Abb. 12.2 die Palette der Spielmechaniken eines „Elite Officers", einer Figur der KI-gesteuerten „ADVENT"-Fraktion, die in diesem Fall durch den menschlichen Spieler übernommen wurde. Neben 1: „Shoot" oder 3: „Reload" wird dort unter 4 auch „Mark Target" aufgeführt. Im Gegensatz zu den anderen verfügbaren Mechaniken ist „Mark Target" jedoch gesperrt (visualisiert durch die abgedunkelte Schaltfläche); und das nicht

Abb. 12.1 Screenshot aus *XCOM 2* (2016, Firaxis Games/2 K Games)

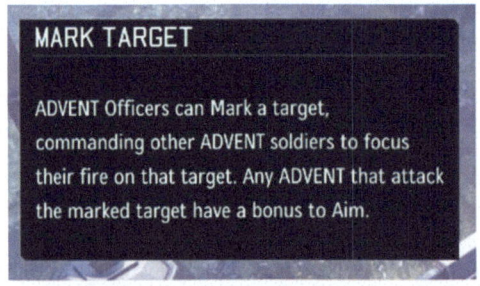

Abb. 12.2 Screenshot-Details aus *XCOM 2* (2016, Firaxis Games/2 K Games)

nur in dieser Situation, sondern permanent, da der Einsatz – wie der Text erklärt – ausschließlich für die gegnerische KI als Spieler der „ADVENT"-Fraktion sinnhaft ist.

Mit diesem aufsässigen Element geht das Spiel – von den Designern intendiert – ein Stück über die typische Offenlegung der Kontrollmechanismen im Interface (Galloway 2006b) hinaus, indem es dem Spieler eben im Fokuspunkt seiner Handlungsfähigkeit eine ‚vorhandene' aber ihm nicht ‚zuhandene' Spielmechanik präsentiert (vgl. Rautzenberg 2012).

Allerdings bleiben Spieler nicht zwangsläufig auf das Repertoire an Spielmechaniken beschränkt, das ihnen die Entwickler zur Hand geben, da sie ihr Spielen auch auf die Regeln selbst ausweiten können. Ganz allgemein beschreibt schon Huizinga (2009, S. 19 f.) mit der Figur des Spielverderbers diese Dynamik, wenn er in ihm zwar den Zerstörer des ursprünglichen Spiels sieht, ihm dabei aber die Tendenz zur Ausbildung neuer Spiele nach eigenen Regeln – und damit auch mit eigenen Spielmechaniken – zuschreibt. Der Widerstreit zwischen dem Entwurf eigener Spielmechaniken durch die Aneignung, Ausnutzung oder Transgression von Regeln sowie den entgegen gerichteten Maßnahmen – ‚anti-game mechanics' im Vokabular der Gamification-‚Evangelisten' (Zichermann und Cunningham 2011; Duggan und Shoup 2013) –, durchzieht entwicklungsgeschichtlich alle Formen des Spiels. Beispielsweise wurde bei Flipperautomaten in den 1930er Jahren die „tilt-function" (Huhtamo 2016, S. 25), die das Spiel bei zu starker Bewegung des Automaten beendet, als ‚Anti-Spielmechanik' eingeführt, um der in Spielerkreisen entworfenen Spielmechanik entgegenzuwirken, den Lauf der Kugel und damit den Spielzustand durch Rütteln am Gerät zugunsten des Spielers zu beeinflussen. Ähnliche Dynamiken finden sich auch im Bereich digitaler Spiele, wobei hier die Kultur des „Countergaming" (Galloway 2006c), von Umdeutungen (Knorr 2009) über das Ausnutzen von Programmfehlern (Consalvo 2007) bis hin zur Veränderung des Programmcodes selbst (Beil 2009), in Wechselwirkung mit intendierten Partizipationsstrategien (→ Beitrag Partizipation) eine ungleich größere Dimension erreicht hat.

12.2   Prozeduralismus im Computerspiel

Nach Betrachtung der Einflussnahme des Spielers auf den Spielzustand mittels Spielmechaniken, stellt sich in der angerissenen kybernetischen Perspektive die Frage, inwieweit dieser Prozess auch umgekehrt ablaufen kann; inwiefern also Spiele über Spielmechaniken Einfluss auf den ‚Spielerzustand' nehmen können. Der Gedanke, dass (Spiele-)Automaten zur „Enkulturation" von Technik beitragen, ist keineswegs erst mit dem digitalen Spiel aufgekommen (Sutton-Smith 1986; insb. Neitzel 2010, S. 107–112). So mahnt etwa Friedrich Kittler (2015, S. 59) bereits in den 1960er Jahren: „worauf der Flipper einübt, ist […] die Konfrontation des Einzelnen mit den Apparaturen des technischen Schreckens". Vorbehaltlich des Kulturpessimismus ist dieser Prozess mit Blick auf Spielmechaniken im Computerspiel zumindest in zwei Richtungen beachtenswert: Zum einen befördern sie die kognitiv-motorische „Akkommodation" (Pias 2010, S. 116 f.) des Spielers an das Hardware-Interface, so willkürlich die Zuordnung von Eingabesequenz und diegetisch ausgeführter Handlung auch sein mag (Sicart 2008). Zum anderen bildet das

Zusammenwirken von Spielmechaniken die Grundlage für die Entstehung von *Prozedu-ralität* (Colby 2013, S. 215).

Unter diesem Begriff versteht Janet Murray (1997) allgemein die Ausführung von Regeln als eine der essenziellen Eigenschaften digitaler Artefakte. Zehn Jahre später erkennt Ian Bogost (2007) darin den Kern einer spezifischen persuasiven Praxis, der pro-zeduralen Rhetorik, von der vor allem Computerspiele Gebrauch machen können. Die Besonderheit der prozeduralen Rhetorik liege darin, dass sie im Gegensatz zu anderen Medien nicht mit statischen Repräsentationen, sondern mit dynamischen Prozessen argu-mentiere: „Procedural representation explains processes *with other processes*" (Bogost 2007, S. 9). Bogosts Theorie und insbesondere deren Anwendung auf *serious games* mit ethischem oder politischem Anspruch verhelfen dem notorisch geringgeschätzten Com-puterspiel im öffentlichen Diskurs zu erhöhter Akzeptanz als Medium mit einer bemer-kenswerten, eigenen Ausdrucksform, das auch zu gesellschaftlichen Themen Stellung beziehen und entsprechende Relevanz erhalten kann. Nicht zuletzt, weil er ihre Spiele als Artefakte mit Bedeutung auszeichnet, identifizieren sich viele Game Designer aus-drücklich mit dem Prozeduralismus (Treanor et al. 2011), der damit als autornahe Theo-rie erscheint.

Von einer spielerzentrierten Sichtweise her positioniert sich Sicart (2011) dagegen explizit „against proceduralism", da dieser jeweils nur *eine* bestimmte Spiel- und Inter-pretationsweise zulasse, die der Absicht des Designers entspreche. Sicarts Kritik an der vermeintlichen Unterminierung des Spielers bei der Bedeutungskonstitution geht jedoch von einem extremen oder „naiven" Prozeduralismus aus, der in der Praxis weder aus akademischer Sicht, noch aus der eines Designers haltbar ist (Treanor und Mateas 2014, S. 3). So vertritt zwar etwa Bogost (2007) durchaus den Anspruch, mit der prozedura-len Rhetorik auch Hilfestellung für Designer zu geben, seine Theorie verhält sich aber zunächst neutral zu Spieler *und* Designer.

Im Fokus des Prozeduralismus liegen nicht etwa die prozeduralen Autoren, sondern die Prozesse selbst. Es handelt sich also um einen formalistischen Ansatz (Sicart 2011), der „the inner workings of the game as a machine" (Treanor und Mateas 2014, S. 2) untersucht. Die einzelnen Prozesse, die in einem digitalen Artefakt zur Ausführung kommen, begreift Bogost (2006) als *unit operations* – ein Begriff, den er zunächst all-gemein und medienunabhängig für alle Arten von bedeutungstragenden Einheiten ent-wickelt. Im Kontext der prozeduralen Rhetorik bezieht er ihn allerdings speziell auf einzelne, komprimierte Prozesse „in interleaved or nested procedural systems" (Bogost 2007, S. 8). In Computerspielen können etwa einzelne Spielmechaniken als *unit ope-rations* verstanden werden. Als ein per Definition „sich über eine gewisse Zeit erstre-ckender Vorgang, bei dem etwas [allmählich] entsteht, sich herausbildet" (Duden 2014, s. v „Prozess") sind auch solch komprimierte Prozesse wesentlich von temporaler Aus-dehnung und Veränderung gekennzeichnet. Ganz allgemein bestimmen Prozesse „the way things work: the methods, techniques, and logics that drive the operation of the systems" (Bogost 2007, S. 3). Prozedurale Medien, wie das Computerspiel, können nun diese Funktionsweisen nicht nur beschreiben (zum Beispiel verbal oder visuell), sondern sie wiederum als Prozesse implementieren (Bogost 2007, S. 9). Da diese grundlegend von etwaigen realweltlichen Pendants zu differenzieren sind, schreibt ihnen Bogost die Qualität einer Repräsentation zu. Die prozedurale Repräsentation zum Beispiel eines Schusswechsels ist demnach fundamental vom ihrem realen Vorbild zu unterscheiden. Es sei hier jedoch betont, dass selbstverständlich längst nicht jeder simulierte Prozess in einem digitalen Artefakt eine direkte realweltliche Referenz aufweisen muss, ebenso wenig wie dies bei anderen (zum Beispiel literarischen) Repräsentationen der Fall ist. Besonders *serious games* oder, wie Bogost sie bevorzugt nennt, „persuasive games" (Bogost 2007, S. 54–59) nutzen derartige Referenzen allerdings für ihre rhetorische Wirkung.

Das persuasive Potenzial eines Spiels ist umso geringer, je arbiträrer das Verhältnis zwischen *unit operations* und Thema ausfällt (Bogost 2007, S. 49 f.). Denn selbst in abstrakter Form stellen Spielmechaniken gewisse „rhetorical affordances" (Treanor et al. 2011, S. 4) zur Verfügung, die bestimmte Repräsentationsformen, das heißt auch bestimmte thematische Gestaltungen, zulassen beziehungsweise nahelegen. Järvinen (2008, S. 290) erklärt diese *affordances* mit dem aus der Semiotik stammenden Konzept des „experiential meaning potential", das beschreibt, wie aus dem bloßen Umgang mit Zeichen beziehungsweise in diesem Fall *unit operations* bereits eine Bedeutung abgeleitet wird. So liegt es zum Beispiel nahe, von einem Handel zu sprechen, wenn Einheit A Element X an Einheit B abgibt und von ihr Element Y erhält. Solche Zusammenhänge sind Grund genug, nicht-prozedurale Elemente wie Thema und Ästhetik auch bei einer prozeduralistischen Interpretationsweise zu berücksichtigen, wie dies Treanor et al. (2011) für ihre Methode der „meaning derivation" bereits vorschlagen. Beim Prozeduralismus geht es also nicht um eine reduktionistische Betrachtung der in Computerspielen implementierten Prozesse, sondern um deren Fokussierung innerhalb eines holistischen Verständnisses digitaler Artefakte.

Ein solches Verständnis verlangt übrigens nicht nach der Kenntnis des tatsächlichen Programmcodes (Bogost 2007, S. 62; Treanor et al. 2011, S. 3). Ein sogenanntes *black-box*-Verfahren, bei dem die Funktionsweise von Prozessen anhand ihrer beobachtbaren Effekte extrapoliert wird, genügt in der Regel, um prozedurale Artefakte verstehen zu können (Bogost 2007, S. 62). Falls die Programmierung direkt nachvollzogen wird, liegt eine Interpretation im *white-box*-Verfahren vor (Bogost 2007, S. 62). Dabei ist jedoch zu beachten, dass Quellcodes in der Regel zahlreiche Informationen enthalten, die für die Mechanik beziehungsweise für den eigentlichen Spielprozess irrelevant sind (Treanor und Mateas 2014, S. 5). „Procedural literacy", die Fähigkeit zur fundierten Interpretation prozeduraler Artefakte, erfordert also lediglich ein grundsätzliches Verständnis ihrer technologischen Bedingungen (Bogost 2007, S. 63 f.).

Procedural literacy ist allerdings nur dann ein sinnvolles Konzept, wenn prozedurale Rhetorik nicht nur als Designstrategie, sondern auch, vom anderen Ende der Kommunikationssituation her gedacht, als Interpretationshilfe verstanden wird, mittels derer Computerspielen unabhängig von jeglicher Designerabsicht Bedeutung zugeschrieben werden kann. Obwohl Bogost einen solchen Anspruch zunächst vertritt (Bogost 2007, S. 3), beschränkt er seine Theorie zugunsten seines Forschungsinteresses an *serious games* auf prozedurale Artefakte mit dezidiert persuasiver Designabsicht (Bogost 2007, S. 64). Konsequenter erscheint es, wie Järvinen (2008, S. 284) davon auszugehen, dass jedes Computerspiel Rhetorik einsetzt, da bereits das verwendete Regelsystem eine minimale Rhetorik impliziert. Selbst dort, wo gezielt persuasive Strategien angewendet werden, besteht zudem nie volle Kontrolle darüber, dass ein Spiel (ausschließlich) im beabsichtigten Sinne verstanden wird, denn „a game's meaning arises from the dialectical interplay between the game as mechanism and the meaning ascribed to it by the player" (Treanor und Mateas 2014, S. 4 f.). Welche Bedeutung der Spieler dem prozeduralen Artefakt zuschreibt, ist einerseits von dessen kulturellem Kontext (Treanor et al. 2011, S. 4) und andererseits vom individuellen, kreativen Umgang mit dem Spielsystem abhängig, dessen Regeln wiederum das Spielverhalten strukturieren und unterschiedlich stark lenken können (Sicart 2011, S. 9).

Während manche Designer sicherlich auf eine ‚didaktische Rhetorik' (Treanor und Mateas 2014, S. 4) mit maximal begrenzter Spielerfreiheit zurückgreifen, die eine bestimmte Interpretation ihres Spiels forciert, vergrämen sie damit nicht nur spielerfokussierte Forscher wie Sicart (2011, S. 9–12), sondern häufig auch die Spieler selbst. Da sie mit der Kreativität des Spielers eines der größten Potenziale des Mediums missachten, entfalten solche Spiele wenig Spielanreiz und versperren sich damit selbst jede Möglichkeit einer Sinnstiftung. Denn ungeachtet des Umstandes, ob eine außerspielerische persuasive Absicht verfolgt wird oder nicht, muss ein Spiel immer erst gespielt werden, um überhaupt eine Wirkung erzielen zu können (Treanor und Mateas 2014, S. 4). Spieler zum (Weiter-)Spielen zu motivieren, ist demnach eine der wichtigsten Funktionen der Computerspielrhetorik (Järvinen 2008, S. 275 f.) und die Spielmechanik ist eines ihrer wichtigsten Mittel. Als eines der „most procedural of computational artifacts" (Bogost 2007, S. 44) verfügt das Computerspiel dabei über eine große Bandbreite prozeduraler Elemente, die zu verschiedenen Aspekten der Spielmechanik beitragen.

12.3   Das selbstreferenzielle Potenzial von Spielmechanik am Beispiel von *The Stanley Parable*

Über das Beispiel der aufsässigen Spielmechanik in *XCOM 2* hinaus existiert eine ganze Reihe von künstlerisch avancierten Computerspielen, die sich in besonderer Weiser ganz der „rhetorical manipulation of game mechanics" widmen (Sicart 2016, S. 297), wie etwa *The Graveyard* (2009) und *Dear Esther* (2012). Als ein Spiel, das allgemein auf das Unterlaufen von Spielererwartungen und die selbstreflexive Parodie zahlreicher Computerspielkonventionen zielt, ist zudem *The Stanley Parable* (2013) zu nennen.

Darin übernimmt der Spieler aus der Egoperspektive die Kontrolle über den titelgebenden Avatar Stanley, dessen Arbeitskollegen auf unerklärliche Weise verschwunden sind. Dem begleitenden Erzähler zufolge ist es Ziel des Spiels, die Ursache dieses Verschwindens aufzuklären. Die narrative Rahmung erweist sich jedoch schnell als nebensächlich, da es in *The Stanley Parable* vielmehr darum geht, in einen metaleptischen

Dialog mit dem Erzähler zu treten, der auf die Missachtung seiner expliziten Anweisungen auf unterschiedlichste Weise reagiert. Seitens des Spielers ist dieser Dialog beinahe ausschließlich auf die Wahl einer bestimmten Route durch das Bürogebäude begrenzt, da die Spielmechanik nicht mehr als die Bewegung des Avatars und das gelegentliche Betätigen von Türgriffen oder Schaltflächen zulässt. Die räumlichen Entscheidungsmöglichkeiten führen zu äußerst unterschiedlichen Spielverläufen, nach deren Ende stets ein Neustart in Stanleys Büro stattfindet.

Eine dieser Routen endet in einer „mind control facility", die der Erzähler als düstere Wahrheit hinter dem tristen Lebensalltag von Stanley und seinen Kollegen präsentiert. Entscheidet sich der Spieler gegen den Rat des Erzählers dazu, die Maschine einzuschalten, aktiviert dieser die Selbstzerstörungsfunktion der Einrichtung. Die folgende Sequenz weist zahlreiche konventionelle Elemente finaler Herausforderungen in Computerspielen auf: So übt das Spiel mit einem in großen Ziffern erscheinenden Countdown von wenigen Minuten Zeitdruck aus (Abb. 12.3), und der nun offensichtlich böswillige Erzähler erscheint als eine Art Endgegnerfigur, die den Spieler zynisch herausfordert: „It's your time to shine!" Im arenaförmigen Vorraum der finalen Entscheidung findet sich eine ganze Reihe aktiver Bildschirme und Schaltflächen. Die Knöpfe sind unterschiedlich gefärbt oder beschriftet und lassen sich mittels der Aktionstaste vom Spieler betätigen. In vielen Fällen lösen sie Reaktionen nebenstehender Bildschirme, etwa farbliche Änderungen oder Fehlermeldungen aus (Abb. 12.4). Für mit dem Medium vertraute Spieler sind dies eindeutige Hinweise darauf, dass es innerhalb der gesetzten Zeit ein Rätsel zu lösen

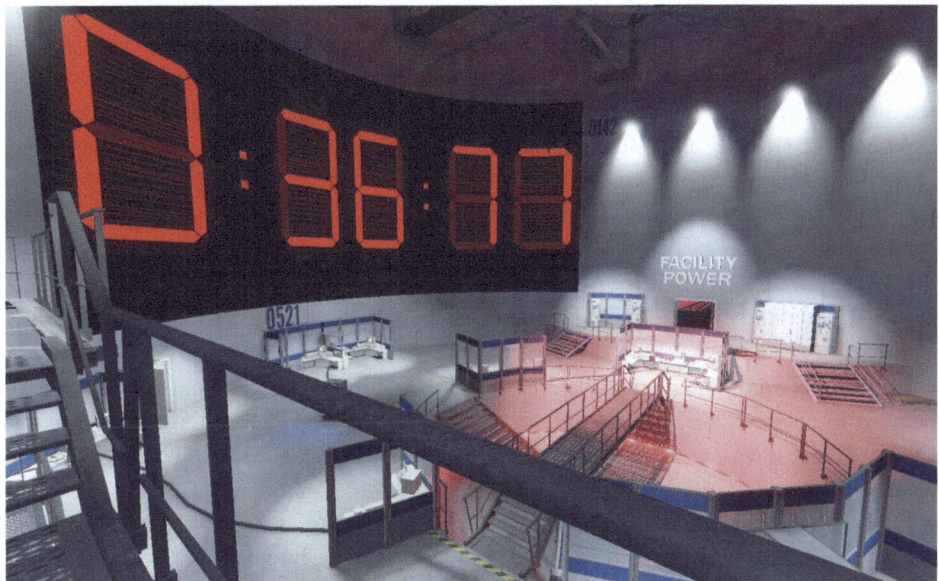

Abb. 12.3 Screenshot aus *The Stanley Parable* (2013, Galactic Cafe/Galactic Cafe)

Abb. 12.4 Screenshot aus *The Stanley Parable* (2013, Galactic Cafe/Galactic Cafe)

gilt, mit dem die bevorstehende Explosion verhindert werden kann. Nach Bogost (2007, S. 12–14) entstehen solche Erwartungshaltungen gegenüber Computerspielen durch bestimmte Anordnungen standardisierter *unit operations,* also einer konventionalisierten Kombination von Spielmechaniken, die oft gar zur Bildung prozeduraler Genres führt. Die thematischen und ästhetischen Elemente (neben dem Erzählerkommentar zählen dazu die pulsierende, rote Beleuchtung und treibende, elektronische Musik) der Sequenz in *The Stanley Parable* unterstützen diese von den beobachtbaren Prozessen (der Countdown und die interaktiven Schaltflächen) erzeugte Erwartungshaltung, die weniger auf ein bestimmtes Genre als auf generelle Schlusskonventionen des Computerspiels zurückzuführen sind.

Auffällig ist die Countdown-Sequenz insbesondere aufgrund ihrer sowohl quantitativ als auch qualitativ vermeintlich stark erhöhten Interaktivität im Vergleich zum übrigen Spielverlauf (vgl. Bogost 2007, S. 42). Es müssen zwar schon vor Beginn der Szene einige Knöpfe betätigt werden, eine Auswahl ist dabei jedoch in der Regel nicht vorhanden, von einem zu lösenden Rätsel ganz zu schweigen. Tatsächlich ist die gesteigerte Interaktivität in der Countdown-Sequenz aber bloß vorgetäuscht: die Schaltflächen haben bis auf die oberflächliche Veränderung der Bildschirme keine Funktion und es gibt keine Möglichkeit, die bevorstehende Explosion aufzuhalten. Das *black-box*-Verfahren, demgemäß Spieler ohne Kenntnis des Programmcodes vor allem aus den beobachtbaren Reaktionen der Bildschirme und ihren bisherigen Computerspielerfahrungen die zugrunde liegenden Prozesse extrapolieren, führt sie zwangsläufig in die Irre. Technologisch versierte Nutzer können im *white-box*-Verfahren selbst verifizieren, dass derartige Prozesse im Programmcode überhaupt nicht vorhanden sind.

Solche Kenntnisse sind jedoch nicht zwingend notwendig, um die Selbstreflexivität der Countdown-Sequenz zu entlarven. Selbst Spieler, die in ihrem individuellen Spielverlauf noch nicht die Dominanz selbstreferenzieller Strategien in *The Stanley Parable* erkannt haben, werden gegen Ende der Sequenz vom Erzähler auf ihren Irrtum hingewiesen: „[H]ere's a spoiler for you: that timer isn't a catalyst to keep the action moving along. It's just seconds ticking away to your death. You're only still playing instead of watching a cutscene because I want to watch you for every moment that you're powerless […]. This is not a challenge." In einer für das gesamte Spiel typischen Manier expliziert dieser Kommentar die Selbstreferenzialität der Sequenz, deren funktionslose Spielmechanik auf die prozeduralen Konventionen des Mediums und darauf, wie sehr diese als selbstverständlich vorausgesetzt werden, verweist. Das kognitiv automatisierte *black-box*-Verfahren wird dem Spieler in all seinen Unzulänglichkeiten bewusst gemacht. *The Stanley Parable* entlarvt damit das Vertrauen des Spielers in das prozedurale Artefakt und die effektive Bedeutung der eigenen Aktionen. Während Spiele aller Art definitorisch von einem unbestimmten Ausgang – und damit auch von spielerischer Einflussnahme – gekennzeichnet sind (vgl. Caillois 1960), ist eine solche Interaktivität keine Notwendigkeit prozeduraler Artefakte (Bogost 2007, S. 40), obwohl deren direkte Erfahrbarkeit (Treanor und Mateas 2014, S. 3) eine starke Einbindung des Spielers im Vergleich zu anderen Medien nahelegt. Indem Computerspiele ihre Regeln verbergen, sind sie dazu in der Lage, eine Abhängigkeit ihres Ausgangs vom Spielerverhalten vorzutäuschen. *The Stanley Parable* integriert mit der Countdown-Sequenz eine solche Täuschung geschickt punktuell in ein Spiel, das mit seinen zahlreichen Enden insgesamt durchaus starke spielerische Einflussnahme auf seinen Ausgang zulässt.

Literatur

Adams, Ernest, und Joris Dormans. 2012. *Game Mechanics. Advanced Game Design*. Berkeley: New Riders.

Avedon, Elliott Morton. 1971. The Structural Elements of Games. In *The Study of Games*, hrsg. E. M. Avedon und B. Sutton-Smith, 419–426. New York: Ishi Press.

Beil, Benjamin. 2009. Vom Castle Smurfenstein zu LittleBigPlanet. Modding, Leveleditoren, und Prosumenten-Kulturen. In *Prosumenten-Kulturen*, hrsg. S. Abresch, B. Beil und A. Griesbach, 191–214. Siegen: Universi.

Bogost, Ian. 2006. *Unit Operations. An Approach to Videogame Criticism*. Cambridge: MIT Press.

Bogost, Ian. 2007. *Persuasive Games. The Expressive Power of Videogames*. Cambridge: MIT Press.

Caillois, Roger. 1960. *Die Spiele und die Menschen. Maske und Rausch*. Stuttgart: Schwab.

Colby, Richard. 2013. Procedurality and the Problem of Defining Game Mechanics. In *Terms of Play. Essays on Words that Matter in Videogame Theory*, hrsg. Z. Waggoner, 212–232. Jefferson: McFarland.

Consalvo, Mia. 2007. *Cheating. Gaining Advantage in Videogames*. Cambridge: MIT Press.

Cook, Daniel. 2006. What are game mechanics? http://www.lostgarden.com/2006/10/what-are-game-mechanics.html. Zugegriffen: 25. Juli 2016.

Duden. 2014. Deutsches Universalwörterbuch. 26., völlig neu bearb. u. erw. Aufl. Mannheim: Dudenverlag.

Duggan, Kris, und Kate Shoup. 2013. *Business Gamification for Dummies*. Hoboken: Wiley.

Elias, George Skaff, Karl Robert Gutschera, und Richard Garfield. 2012. *Characteristics of Games*. Cambridge/MA: MIT Press.

Fullerton, Tracy, Christopher Swain und Steven S. Hoffman. 2008. *Game Design Workshop. A Playcentric Approach to Creating Innovative Games*. Amsterdam: Morgan Kaufmann/Elsevier.

Galloway, Alexander R. 2006a. Gamic Action, Four Moments. In *Gaming*, A.R. Galloway, 1–38. Minneapolis: Univ. of Minnesota Press.

Galloway, Alexander R. 2006b. Allegories of Control. In *Gaming*, A.R. Galloway, 85–106. Minneapolis: Univ. of Minnesota Press.

Galloway, Alexander R. 2006c. Countergaming. In *Gaming*, A.R. Galloway, 107–126. Minneapolis: Univ. of Minnesota Press.

Heckmann, Herbert. 1982. *Die andere Schöpfung. Geschichte der frühen Automaten in Wirklichkeit und Dichtung*. Frankfurt/M.: Umschau.

Huhtamo, Erkki. 2016. Amusement Arcade. In *Debugging Game History. A Critical Lexicon*, hrsg. Henry Lowood, Raiford Guins, 21–28. Cambridge/MA: MIT Press.

Huizinga, Johan. 2009. *Homo Ludens. Vom Ursprung der Kultur im Spiel*. Reinbek bei Hamburg: Rowohlt.

Hunicke, Robin, Mark, LeBlanc, und Robert Zubek. 2004. MDA: A Formal Approach to Game Design and Game Research. https://www.cs.northwestern.edu/~hunicke/MDA.pdf. Zugegriffen: 25. Juli 2016.

Järvinen, Aki. 2008. *Games without Frontiers. Theories and methods for Game Studies and Design*. Tampere: Tampere Univ. Press.

Juul, Jesper. 2005. *Half-real*. Cambridge/MA: MIT Press.

Kittler, Friedrich. 2015. *Baggersee. Frühe Schriften aus dem Nachlass*. Paderborn: Fink.

Knorr, Alexander. 2009. Trickjumping: Die kulturelle Aneignung des Spielraums. Vom virtuosen Spielen zum Modifizieren und zurück. In *Shooter. Eine multidisziplinäre Einführung*, hrsg. M. Bopp, R. F. Nohr und S. Wiemer, 217–246. Münster: Lit.

Latour, Bruno. 2007. *Eine neue Soziologie für eine neue Gesellschaft*. Frankfurt/M.: Suhrkamp.

Licklider, J. C. R., und Robert W. Taylor. 1968. The Computer as a Communication Device. In *Science and Technology* 76: 21–31.

Lundgren, Sus und Björk Staffan. 2003. Game Mechanics. Describing Computer-Augmented Games in Terms of Interaction. In *Terms of Interaction. Proceedings of TIDSE*: 45–56.

Manovich, Lev. 2001. *The Language of New Media*. Cambridge/MA: MIT Press.

Murray, Janet Horowitz. 1997. *Hamlet on the Holodeck. The Future of Narrative in Cyberspace*. New York: The Free Press.

Neitzel, Britta. 2010. Spielerische Aspekte digitaler Medien. Rollen, Regeln, Interaktionen. In *Das Spiel. Muster und Metapher der Mediengesellschaft*, hrsg. C. Thimm, 107–125. Wiesbaden: VS Verlag.

Nitsche, Michael. 2008. *Video Game Spaces. Image, Play, and Structure in 3D Game Worlds*. Cambridge/MA: MIT Press.

Pias, Claus. 2010. *Computer-Spiel-Welten*. Zürich: Diaphanes.

Rapp, Bernhard. 2008. *Selbstreflexivität im Computerspiel. Theoretische, analytische und funktionale Zugänge zum Phänomen autothematischer Strategien in Games*. Boizenburg: vwh.

Rautzenberg, Markus. 2012. Unzuhanden. Wie Computerspiele aufsässig werden. In *I Am Error*, hrsg. Benjamin Beil et al., 11–21. Siegen: Universi.

Rouse, Richard. 2005. *Game Design. Theory & Practice*. Plano: Wordware.

Ryan, Marie-Laure. 2004. Metaleptic Machines. In: *Semiotica* (150): 439–469.

Salen, Katie, und Eric Zimmerman. 2004. *Rules of Play*. Cambridge/MA: MIT Press.

Sample, Mark. 2016. Code. In *Debugging Game History*, hrsg. H. Lowood und R. Guins, 53–62. Cambridge/MA: The MIT Press.

Schell, Jesse. 2010. *The Art of Game Design. A Book of Lenses*. Amsterdam: Elsevier/Morgan Kaufmann.

Sicart, Miguel. 2008. Defining Game Mechanics. In *Game Studies* 8 (2). http://gamestudies. org/0802/articles/sicart. Zugegriffen: 25. Juni 2016

Sicart, Miguel. 2011. Against Procedurality. In *Game Studies 11* (3). http://gamestudies.org/1103/ articles/sicart_ap. Zugegriffen: 25. Juni 2016

Sicart, Miguel. 2016. Mechanics. In *Debugging Game History*, hrsg. H. Lowood und R. Guins, 297–304. Cambridge/MA: MIT Press.

Sutton-Smith, Brian. 1986. *Toys as Culture*. New York: Gardner Press.

Treanor, Mike und Mateas Michael. 2013. An Account of Proceduralist Meaning. http://www. digra.org/wp-content/uploads/digital-library/paper_465.pdf. Zugegriffen: 25. Juli 2016.

Treanor, Mike und Michael Mateas. 2014. An Account of Proceduralist Meaning. In http://www. digra.org/wp-content/uploads/digital-library/paper_465.pdf. Zugegriffen: 25. Juni 2016.

Treanor, Mike, Bobby Schweizer, Ian Bogost und Michael Mateas. 2011. Proceduralist Readings: How to Find Meaning in Games with Graphical Logics. http://mtreanor.com/research/ProceduralistReadings.pdf. Zugegriffen: 25. Juni 2016.

Weisfeld, Matt A. 2013. *The Object-Oriented Thought Process*. Upper Saddle River: Addison-Wesley.

Wiegert, Oliver. 1995. *Änderbarkeit durch Objektorientierung*. Wiesbaden: Vieweg + Teubner.

Wiener, Norbert. 1961. *Cybernetics or Control and Communication in the Animal and the Machine*. Cambridge/MA: MIT Press.

Zichermann, Gabe, und Christopher Cunningham. 2011. *Gamification by Design. Implementing Dame Mechanics in Web and Mobile Apps*. Sebastopol: O'Reilly.

Zichermann, Gabe, und Joselin Linder. 2013. *The Gamification Revolution. How Leaders Leverage Game Mechanics to Crush the Competition*. New York: McGraw Hill Education.

Über die Autoren

Philipp Bojahr M.A. ist wissenschaftlicher Mitarbeiter am Institut für Medienkultur und Theater der Universität zu Köln. Sein besonderes Interesse in den Game Studies gilt der Montagetheorie sowie den diversen Störprozessen im und um das Computerspiel. Er ist Mitglied der AG Games und Gründungsmitglied der Forschungsinitiative GamesCoop. – p.bojahr@uni-koeln.de Institut für Medienkultur und Theater, Meister-Ekkehart-Str. 11, 50937 Köln.

Michelle Herte M.A. studierte bis 2014 Komparatistik an der Rheinischen Friedrich-Wilhelms-Universität Bonn und promoviert im Rahmen des Integrated Track der a.r.t.e.s. Graduate School of the Humanities Cologne an der Universität zu Köln zu den Formen und Funktionen des Endes im Computerspiel. Ihre Arbeitsschwerpunkte sind Game Studies sowie Inter- und Transmedialität, darunter insbesondere transmediale Narratologie. m.herte@uni-koeln.de.

Transmedialität

Hanns Christian Schmidt

13.1 Transmedialität: Allgemeiner Überblick

Das Kompendium „Transmedialität" ist eine Substantivierung des Adjektivs „transmedial", das sich aus den Begriffen „Medium" (lat. u. A. [Ver-]Mittler) und der Vorsilbe „trans-" (lat. jenseits, hinüber) zusammensetzt. Vereinfacht kann „transmedial" daher mit „medienübergreifend" übersetzt werden. Forscher, die sich mit transmedialen Phänomenen beschäftigen, setzen sich also mit Phänomenen auseinander, die die technischen oder materiellen Grenzen eines darstellenden Einzelmediums verlassen und sich in verschiedenen anderen medialen Formen manifestieren. Dabei handelt es sich häufig nicht nur um narrative Darstellungen und/oder Darstellungen bestimmter Figuren (etwa Jesus Christus, Sherlock Holmes oder Batman) sondern auch um wiederkehrende narrative Motive, formalästhetische Stil- und Ausdrucksmittel oder Strukturelemente, die in unterschiedlichen Medien mit unterschiedlichen Wirkungen auszumachen sind (etwa Metalepsen, Erzählerfiguren oder serielle Strukturen; vgl. Wolf 2001; Thon 2014; Schröter 1998). Dieser sehr breiten Basisdefinition entsprechend überrascht es nicht, dass medienübergreifende Phänomene bereits seit geraumer Zeit eine Herausforderung für Forscher unterschiedlicher Felder und Disziplinen darstellen. Folgt man der Argumentation der Narratologin Marie-Laure Ryan, dann ließe sich eine mögliche erzähltheoretische Zeitlinie zur Skizzierung medienübergreifender Phänomene bereits in der griechischen Antike bei Platon und Aristoteles finden (wie ‚ahmt' eine bestimmte Darstellungsform eine bestimmte Handlung nach? (2004, S. 13, 22, 2014)); laut Lisbeth Klastrup und Susana Tosca könnte man eine solche historische Bestimmung etwa durch Lessings

H. C. Schmidt (✉)
Köln, Deutschland
E-Mail: schmidt.c@uni-koeln.de

Betrachtungen der Laokoon-Gruppe auch in die deutsche Ästhetik der Aufklärung überführen: Mit welchen Mitteln ‚erzählt' eine Skulptur, mit welchen ein literarischer Text?
Eine andere Zeitlinie wäre freilich der Medienwissenschaft selbst verpflichtet und sähe
etwa in den Arbeiten von Walter Ong und Jay Bolter und David Grusin relevante Untersuchungen, die das Bewusstsein für den formenden Einfluss eines medialen ‚Contai-
ners' auf seinen Inhalt schärfen (vgl. Ryan 2004, S. 16–31). Die Frage, die bei all diesen
Ansätzen stets im Vordergrund steht – Was ändert sich am vermittelten Inhalt, wenn sich
das vermittelnde Medium ändert? – stellt eines der zentralsten Anliegen der Medienwissenschaft überhaupt dar, die in diesen kursorischen Stoßrichtungen vor allem zu einer
komparatistischen Form/Inhalt-Kategorie wird.

Versucht man Transmedialität als eigenständiges theoretisches Konzept zu fassen,
dann führt eine weitere Spur in das Gebiet der etwa von Christy Dena so bezeichneten
„intercompositional relation theories" (2009, S. 110): Laut Dena handelt es sich dabei
um solche Theorien, die Zusammenhänge zwischen jedweder Art von medialen Arte-
fakten herstellen, die durch ihre analytische Zusammenführung mit neuen Bedeutungen
aufwarten. Konkret geht es Dena damit um die Abgrenzung von Transmedialität von
ähnlich gelagerten Konzepten wie der Intertextualität und Transtextualität (die sich vor
allem auf implizite und explizite inhaltliche Verbindungen vorwiegend literarischer Texte
beziehen; Kristeva 1972; Genette 1993) oder der Transfiktionalität (das vor allem die
Migration formaler und inhaltlicher Eigenschaften zwischen fiktiven Welten untersucht
vgl. Doležel 1999; Saint Gelais 2005). Das Konzept der Intermedialität stellt schließlich
einen Sonderfall dar, der vor allem in der europäischen und deutschen Forschung durch
den uneinheitlichen Gebrauch und der Vielzahl an aufgestellten Systematiken nur schwer
einzuordnen ist (siehe exemplarisch Wolf 2001 versus Schröter 1998 versus Rajewsky
2005). Charakteristisch an diesen Systematiken ist, dass sie in der Regel auch transmediale Phänomene wie Adaptionspraktiken unter ganz verschiedenen Labeln unter sich
subsumieren oder sie mit leicht abgewandelten Intermedialitätsbegriffen gleichsetzen
(vgl. Leschke 2003, S. 306–316). Um sich terminologische Klarheit zu verschaffen und
zu vermeiden, bereits bestehende Transmedialitätsansätze einfach zu überschreiben, ist
es hilfreich, auf eine besonders produktive Verwendung des Intermedialitätskonzepts
hinzuweisen: die Untersuchung der Kombination und der Verschmelzung verschiedener ‚fremdmedialer' ästhetischer Stile und semiotischer Codes in einem Einzelmedium.
Diese Möglichkeit wird etwa von Andreas Böhn als „intermediales Formzitat" (2003,
S. 7) bezeichnet und beschreibt beispielsweise Phänomene des sogenannten ‚filmischen
Schreibens' im Roman (siehe auch Paech: „Man kann auch sagen, daß es keine Intermedialität zwischen Literatur und Film gibt, sondern nur zwischen Medien literarischen
und filmischen Erzählens"; 1997, S. 335). Für eine derartige Untersuchung lässt sich der
Begriff Transmedialität zunächst einmal nicht veranschlagen; und durch eine solche terminologische Unterscheidung kann markiert werden, wo der Fokus der Analyse ange-
setzt wird.

Versteht man Intermedialität in erster Linie als Konzept zur Beschreibung von Imi-
tationsversuchen, emergierenden Medienkombinationen und medialen Neuformationen

(Rajewsky 2005, S. 51–52), dann untersucht man mit ihr Medienreferenzialität innerhalb von Mediengrenzen. Transmedialität würde hingegen Phänomene von Medienreferenzialität *außerhalb* von Mediengrenzen und ihre medialen Neumanifestation untersuchen.

Beide Konzepte sind damit eng verwandt – und im konkreten Einzelfall geht es bei beiden Konzepten häufig um formale und ästhetische Medienspezifika konkreter Fallbeispiele –, sie können aber für die Analyse voneinander als getrennt betrachtet werden. Für eine Verwendung des Transmedialitätsbegriffs zur Beschreibung von Phänomenen, die ihr technisches oder materielles Darstellungsmedium überschreiten, spricht außerdem, dass er in diesem Sinne vor allem auch von der englischsprachigen Medienwissenschaft verwendet wird und sich mittlerweile durch zahlreiche Publikationen international weitgehend durchgesetzt hat.

13.2 Transmedialität und Games

Der Begriff Transmedialität lässt sich in den Medien- und Kommunkationswissenschaften bereits seit den frühen 1990er Jahren im Zusammenhang mit Computer- und Videospielen finden. So beschreibt die amerikanische Filmwissenschaftlerin Marsha Kinder in ihrer ambitionierten, interdisziplinär angelegten Monografie *Playing with Power in Movies, Television, and Video Games,* wie kommerzielle „transmedia supersystems" (Kinder 1991, S. 122) – also wirtschaftlich schwergewichtige Franchises, die verschiedene Kanäle zur Verbreitung ihrer Inhalte nutzen – vorgehen, um insbesondere junge Rezipienten mit transmedialen Angebotskombinationen zu erreichen und sie früh an eine narrative Marke zu binden. Einerseits expandiert Kinders erweiterter Intertextualitätsbegriff einer „transmedia intertextuality" (Kinder 1991, S. 39) damit den zu analysierenden Korpus: Wurden etwa bei Genettes transtextuellen Untersuchungen klassische literarische Werke wie die *Odyssee, Don Quichote* oder *Robinson Crusoe* und ihre vielfältigen hypertextuellen Transformationen untersucht, wird mit Kinders *Playing with Power* das akademische Feld schließlich auch auf nichtliterarische Medientexte – den Produkten aus Franchises wie *Karate Kid, Slimer and the Real Ghostbusters* oder die *Teenage Mutant Ninja Turtles* – erweitert und kritisch analysiert. Dabei leistet Kinder mit ihrer Untersuchung sicherlich Pionierarbeit, indem sie den komplexen Verflechtungen zwischen Videospielen, Filmen und Cartoons der 1990er Jahre und vor allem den positiven (kognitiven) und negativen (konsumeristischen) Wirkungen von Games auf die Zielgruppe auf den Grund geht. Die „commodification lens" (Dena 2009, S. 28), die Kinder dabei schlussendlich einnimmt – also die Kategorisierung von Videospielen als Werbung für Warengüter,die gerade in Anbetracht der noch relativ frühen Entwicklungsstufe des Gegenstands durchaus angebracht war – ist aufgrund der enormen Vielfältigkeit und Ausdifferenzierung des Game-Bereichs heutzutage jedoch nicht mehr zeitgemäß. Dies betont einige Jahre später auch der amerikanische Medienwissenschaftler Henry Jenkins, der das von Lizenzgeschäft mit transmedialen Ablegern wie Videospielen aus der optimistischeren Warte der Cultural Studies beschreibt. 2003 zeigt er in einem Artikel

des texanischen Magazins *Technology Review* wie „transmedia storytelling" – ‚richtig'
umgesetzt – mit einem narrativen Mehrwert aufwarten könne: Das medienübergreifende
Erzählen einer Geschichte sei eben nicht nur ein reines „printing a ‚Star Trek'-Logo
on so many widgets", sondern könne auch ein „enhancement of the creative process"
bedeuten und somit einen „more complex, more sophisticated, more rewarding mode of
narrative" (2003) etablieren. Für Computerspiele exemplifiziert Jenkins dies schließlich
2006 anhand eines Fallbeispiels, das den theoretischen Grundstein für sein „transmedia
storytelling"-Konzept legt: das Spiel *Enter the Matrix* (2003), das inhaltlich eng mit der
Handlung des Spielfilms *The Matrix Reloaded* (2003) verzahnt ist. Das Spiel versuche
laut Jenkins nicht im Sinne einer reinen Adaption den Film mit seinen eigenen Mitteln
nachzuerzählen, sondern stelle viel eher eine Expansion des in den Filmen errichteten
narrativen Grundgerüsts dar, bei der seine Erzählwelt qualitativ erweitert werde (getreu
des Prinzips „each new text making a distinctive and valuable contrubtion the whole";
Jenkins 2006, S. 98).

In *Enter the Matrix* übernehmen Spieler die Rolle von Figuren, die nur am Rande im
Film vorgestellt wurden, sie stellen mit ihnen bestimmte narrative Weichen, die für die
Schicksale der Figuren aus den Filmen relevant sind, füllen inhaltliche Leerstellen auf
und bieten Antworten auf bislang unbeantwortete Fragen (vgl. Jenkins 2006, S. 128–129).
Vor allem bei lizenzierten Computerspielen, die sowohl bei Kritikern als auch bei der
infrage kommenden Zielgruppe traditionsgemäß einen äußerst zweifelhaften Ruf genießt
(vgl. etwa Bittanti 2001, S. 219), stellt ein solches Erzählkonzept eine reizvolle Aussicht dar. Jenkins' Ausführungen über das ambitionierte transmediale Projekt *The Matrix* münden jedoch in der Einsicht, dass es sich beim großen narrativen Gesamtbild eher
um ein „flawed experiment" (Jenkins 2006, S. 99) statt eines kommerziellen und künstlerischen Erfolgs handle. Und in der Tat gestaltet sich ein groß angelegtes „transmedia
storytelling"-Projekt gleich aus mehreren rezeptions- und produktionsästhetischen Gründen als äußerst schwer realisier- und konsumierbar.

Aus einer produktionsästhetischen Perspektive kranken derartige Game-Adaptionen
(oder in Jenkins Sinne eben Expansionen) Trevor Elkington zufolge häufig am Prinzip
der „too many cooks" (2009, S. 213): Entwicklungs- und Produktionsabläufe zwischen
Film und Spiel lassen sich nur sehr schwer logistisch miteinander vereinbaren, da die
durchschnittliche Entwicklungszeit eines Games sehr viel mehr Zeit und damit einen
erheblich größeren zeitlichen Vorlauf zu einer von einem Studio abgesegneten Filmpro-
duktion benötigt; Drehbuch-Fassungen, auf denen die Geschichte von Film und Spiel
meistens basieren, können sich häufig in letzter Minute ändern und im Spiel häufig nur
schwer nachträglich angepasst werden; und schließlich stellt die große Anzahl der mitbe-
stimmenden Instanzen (bei Elkington das Lager der sprichwörtlichen zu vielen Köche,
das sich etwa aus Lizenzgeber, Sublizenzgeber und in Einzelfällen sogar aus Regisseuren und Schauspielern zusammensetzen) bei einem solchen Projekt ein erhebliches
Problem dar, um eine (kompromisslose) künstlerische Vision in ein Spiel zu übertragen
(vgl. Elkington 2009, S. 223–229). Das Ergebnis seien häufig „self-defeating project[s]"

(Elkington 2009, S. 218), die durch unterschiedliche Produktionsteams mit unterschiedlichen Zielgruppen inhaltliche Widersprüche erzeugten: „the different goals of the various license-sharers stand in direct conflict, even contradiction, to each other, so that not only do they sacrifice consistency and continuity, they effectively achieve negative synergy, as each product antagonizes the contrasting audience" (Elkington 2009, S. 218 f.).

Aber auch Medienprodukte, die von ihrem Produktionsablauf ideal abgestimmt in einem intertextuellen und transmedialen Netzwerk platziert werden, sind aus diversen rezeptionsästhetischen Gründen nicht immer leicht vom Publikum in einen kohärenten narrativen Zusammenhang zu bringen. Dies stellt etwa der Filmwissenschaftler David Bordwell heraus, der bei „transmedia storytelling"-Projekten etwa auf das Fehlen einer orientierungsstiftenden medialen Rahmungsfunktion und auf die komplexen Veröffentlichungs- und Rezeptionszeiträumen hinweist (Bordwell 2009, ergänzend zusammengefasst bei Schmidt 2014): Durch eine fehlende genaue Markierung sei es mitunter schwierig, zu bestimmen, in welcher Reihenfolge die einzelnen Angebote zu konsumieren seien und welche narrativen Fragmente sich im Einzelfall auf andere beziehen sollen. Derartige Schwierigkeiten finden sich freilich nicht nur im Film-, sondern auch im Fernsehbereich, wo in den letzten Jahren vermehrt von Produktionsstudios und Fernsehsendern mit Computerspielen experimentiert wird (Evans 2011, S. 85–90, Mittell 2014, S. 260–262). Nicht nur spielt hier erneut Zeitlichkeit eine entscheidende Rolle, wenn etwa bestimmte narrative Informationen, die durch Spiele übermittelt werden sollen, nur für die Ausstrahlungsdauer einer konkreten, einzelnen TV-Episode oder einer bestimmten Staffel relevant sind. Auch werden die Erwartungen, die Fans einer TV-Serie an ein Computerspiel stellen, in den von Evans aufgeführten Beispielen eher selten erfüllt. Im konkreten Falle der Minispiele der britischen Agentenserie *Spooks* (seit 2002) urteilt Elizabeth Evans nach ihren empirischen Befragungen, dass die (ludische) Simplizität der Spiele in Vergleich zu der (narrativen) Komplexität der TV-Serie zu ausgeprägt sei, um für Fans ein befriedigendes Spielerlebnis zu bieten.

Evans' Ausführungen weisen schließlich von Elkingtons produktionsästhetischen und Bordwells rezeptionsästhetischen Ansatz auf einen dritten Ansatz hin, der bei der Analyse von transmedialen Computerspielen eine zentrale Rolle spielt: ein Ansatz, der die eigenen medienspezifischen – vor allem ludischen – Qualitäten des Computerspiels betont. Computerspiele sind, wie diverse Publikationen in den Game Studies immer wieder hervorheben (Juul 2001; Frasca 1999) keine reinen Narrationsmaschinen, die auf Knopfdruck Geschichten erzählen, sondern (auch) regelbasierte Systeme, die durch Berechnungen dazu in der Lage sind, bestimmte Prozesse zu simulieren und ihren NutzerInnen durch Spielmechaniken einen interaktiven Handlungsraum zu ermöglichen.

Narrative Elemente, aber auch Bildlichkeit und Ton, sind in Games im Zusammenhang mit transmedialen Franchises fraglos entscheidend daran beteiligt, mentale Modelle von Erzählwelten in den Köpfen der Spieler entstehen zu lassen, sie durch neue Informationen und Impressionen anzureichern und zusätzliche Sinnpotenziale entstehen zu lassen (vgl. Eder 2012); doch liegt gerade in der ludischen Qualität ein entscheidender Faktor des tatsächlichen Spielerlebens. Nach diesem Verständnis dient das Computerspiel nicht so sehr als Vermittler von narrativen Informationen, sondern auch als Vermittler von bestimmten Erfahrungen – und zwar solchen Erfahrungen, die nicht von Medien geleistet werden können, die eine eher passive Rezeptionshaltung erfordern.

Handelt es sich bei narrativen Darstellungen, wie sie etwa in Romantexten oder Spielfilmhandlungen vorkommen, streng genommen um Ereignisketten, die bereits vor der Rezeption entschieden und medial manifestiert worden sind – und dem Rezipienten in einer „doppelten Zeitperspektive des Erzählens" dennoch „offen und gegenwärtig" vorkommen (vgl. Martínez und Scheffel 2012, S. 113) –, da hängt die Entfaltung eines Großteils der im Computerspiel möglichen Ereignisse maßgeblich davon ab, wie der Spieler mit den Mitteln umgeht, die ihm das Medium zur Verfügung stellt. Wie Evans' Ergebnisse bereits andeuten, resultiert diese grundlegende mediale Differenz zwischen einer narrativen Darstellung in einem Roman, einem Film oder einer Serie gegenüber der narrativen Darstellung in einem Spiel durch die Erwartungen aus den jeweiligen, vorher rezipierten Kerntexten nicht selten in einem Bruch, der dazu führt, dass Fans des einen Medienangebots häufig ablehnend auf das andere Medienangebot reagieren (vgl. Klastrup und Tosca 2004, 5). Diese Beobachtung fordert schließlich eine signifikante Frage heraus: Wenn Computerspiele regelbasierte und simulative Systeme sind, die häufig keine ‚harmonische' bruchlose narrative Konvergenz mit anderen Medien zulassen (vgl. Beil und Schmidt 2015, S. 3), welche Form von spielerischer Simulation könnte durch welches mechanische Regelwerk gewinnbringend in eine transmediale Welt implementiert werden?

Shadow of Mordor, Alien: Isolation und The Walking Dead
Diese Frage lässt sich am besten beantworten, in dem man zur Veranschaulichung einige zeitgenössische Fallbeispiele heranzieht; und tatsächlich lassen sich gleich mehrere Computerspiele der letzten Jahre hervorragend dazu ins Feld führen, um zu belegen, wie spielmechanische Elemente einen eigenständigen Beitrag zu einer transmedialen Welt beitragen können, die durch die Darstellung prädeterminierter narrativer Ereignisse vorgeprägt wurden. In den folgenden Abschnitten wird dies anhand eines kurzen Blicks auf drei Computerspiele demonstriert.

Das im *Herr der Ringe*-Franchise entstandene Spiel *Shadow of Mordor* (2014) stellt nicht nur eine Abkehr vom Grundmuster seiner Hack ‚n' Slay-Videospielvorläufer (vgl. Brookey 2010, S. 30–48) dar, sondern ergänzt ein Open World-Szenario (Abb. 13.1) mit der Simulation eines hierarchischen Armee-Systems. Die Spieler übernehmen hier die Rolle des Waldläufers Talion, dessen Körper und Geist durch eine schicksalhafte Fügung mit dem elbischen Schmied Celebrimbor verschmelzen. Narrativ entwickelt sich

Abb. 13.1 Open World-Szenario mit simulierter Ork-Armee – *Shadow of Mordor* (2014, Monolith/Warner Bros. Interactive)

hier eine Rachegeschichte, die den Ereignissen aus den Romanen und den Filmadaptionen zeitlich vorgelagert ist und vor allem die düsteren und blutigeren Momente des Quellmaterials deutlich hervorhebt. In der offenen Welt des Spiels begegnen den SpielerInnen zahllose, durchs Land streifende Orks, die zur Armee des Schergens Sauron gehören; sie marschieren, patrouillieren, unterhalten sich am Lagerfeuer über jüngst stattgefundene Ereignisse, beaufsichtigen Sklaven und tragen in kleineren Splitterfraktionen Kämpfe über ihre Rangfolge aus. Durch diese scheinbar von den SpielerInnen unabhängigen Aktivitäten erzeugt das Spiel die Illusion eines eigenständigen Lebens der Geschöpfe, die in Mordor auftauchen. Dieser Eindruck ist aber nicht nur ein ästhetisches Gimmick, sondern wird schließlich durch die Spielmechaniken vertieft und spielerisch nutzbar gemacht: Der Armeeverbund wird von einem System zusammengehalten, das von der Engine des Spiels zufällig ausgewählte Orks durch bestimmte im Laufe des Spiels stattfindende Ereignisse wie die Durchführung öffentlicher Exekutionen, Duelle oder Jagden stufenweise widerstandsfähiger und körperlich stärker werden lässt. Trifft man auf solche Orks und verliert einen Kampf gegen sie, erinnern sie sich fortan an den SpielerInnen und fordern ihn – durch den Sieg über den SpielerInnen noch hartnäckiger geworden – bei einem erneuten Aufeinandertreffen mit einem verspottenden Spruch wieder zum Schlagabtausch heraus (Abb. 13.2). Besonders in der Anfangsphase des Spiels, in der Talions Fähigkeiten noch nicht hoch entwickelt und Kämpfe gegen stärkere Orks eine teils nur schwer zu nehmende Hürde sind, macht sich dieses System emotional bezahlt: Ein willkürlicher Gegner aus der Masse kann damit zu einem persönlichen Erzfeind der SpielerInnen avancieren, dessen Niederstreckung schließlich ein umso befriedigendes Gefühl der Bewältigung

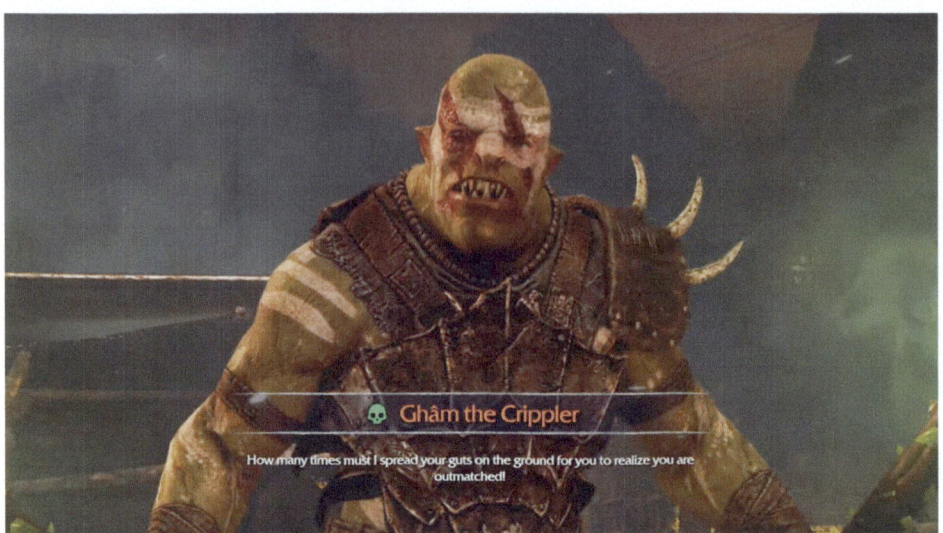

Abb. 13.2 Dynamische Reaktionen der Gegenspieler durch das Nemesis-System in *Shadow of Mordor* (2014, Monolith/Warner Bros. Interactive)

vermitteln kann. Dieses von den Produzenten sogenannte *Nemesis*-System stellt spielerisch eine maßgebliche Motivation bei der größeren Aufgabe dar, Saurons Armee durch das Ausschalten (und die Missionierung) bestimmter Orks an Schlüsselpositionen zu unterlaufen, sich in seinem Vorgehen an die Stärken und Schwächen der jeweiligen Orks anzupassen und sich schließlich bis zum letzten Gegner strategisch hervorzuarbeiten.

Während man in *Shadow of Mordor* selbstständig eine scheinbar lebendige Erzählwelt erforscht und durch die Kämpfe mit immer hochrangigeren Orks stetig an Stärke und neuen Fähigkeiten gewinnt, schlägt ein bestimmtes Computerspiel in einem anderen transmedialen Netzwerk einen umgekehrten Pfad ein: In *Alien: Isolation* (2014) übernehmen die SpielerInnen die Figur von Amanda Ripley, der (nur in einer einzigen Szene erwähnten) Tochter der Protagonistin Ellen Ripley aus den vier ersten Filmen des *Alien*-Franchise. Bemerkenswert dabei ist, dass sich das Spiel nicht nur durch sein liebevoll ausgestaltetes Setdesign und die zahlreichen, detailgenauen Hommagen an den Retrofuturismus des ersten *Alien*-Film von 1979 annähert (Abb. 13.3a, b), sondern auch die klaustrophobische Grundstimmung des Films durch Gameplay-Elemente überzeugend einfängt: Statt des vermeintlichen Bedienens einer *male power fantasy* durch einen am Ende quasi übermächtigen Avatar *(Shadow of Mordor)* versetzt uns das Spiel in die Lage einer Protagonistin, die sich zwar durch ihre Intelligenz und ihr handwerkliches Geschick auf einer nahezu verlassenen Raumstation zurechtzufinden weiß, sich jedoch schnell einem übermächtigen (und tatsächlich unverwundbaren) Gegner gegenübersieht: der titelgebenden außerirdischen Kreatur. Das Alien agiert dabei über den Großteil des Spielverlaufs als einzige, jedoch außerordentlich ernst zu nehmende Bedrohung,

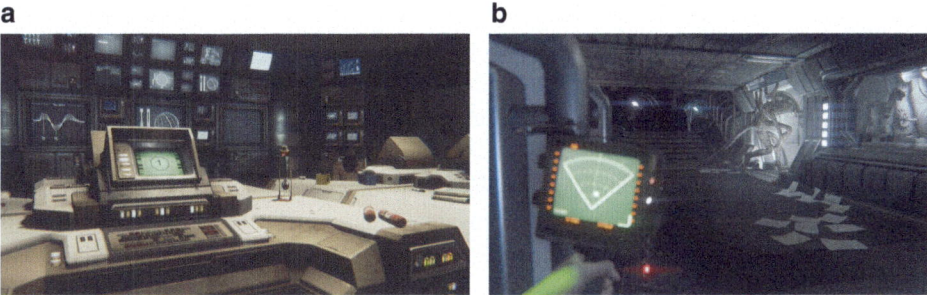

Abb. 13.3 Annäherung an die Regeln der transmedialen Erzählwelt in *Alien: Isolation* (2014, Creative Assembly/Sega)

da nahezu jede Begegnung mit ihm unweigerlich zum Tod der SpielerInnen führt. Die spielmechanische Besonderheit an diesen Begegnungen liegt schließlich darin, dass sie nicht (ausschließlich) vom Spiel an prädeterminierten, dramaturgisch abgestimmten Knotenpunkten des Spielverlaufs stattfinden. Über weite Teile wird das Verhalten des Aliens von der Engine des Spiels zufällig berechnet – was dazu führt, dass die Kreatur immer wieder neue Bahnen abläuft, überraschend aus Luftschächten emporkriecht und sich (nur durch seinen tropfenden Geifer bemerkbar machend) an der Decke eines Raums versteckt hält, um den SpielerInnen aufzulauern. Dies macht eine Antizipation der gegnerischen Figur schwierig bis unmöglich; und so ist es notwendig, sich stets vorsichtig zu bewegen, Geräusche zu vermeiden und einen tragbaren Bewegungssensor im Auge zu behalten, der ein nervöses, immer schneller werdendes Piepsgeräusch von sich gibt, sobald sich etwas nähert (Abb. 13.3a, b). Lange Strecken des Spielverlaufs verbringt man auf diese Weise in Schränken oder unter Tischen versteckt, um dem Alien zu entgehen; man unterbricht eine vorgesehene Route und nimmt unbequeme, aber vermeintlich sichere Umwege in Kauf, um sein Ziel zu erreichen. Durch diese konstante Bedrohung stellt sich schnell ein Gefühl der immerwährenden Gefahr ein, was nicht nur eine permanente Belastungsprobe für die Nerven darstellt, sondern aufgrund der erzwungenen Langsamkeit, stetigen Unterbrechungen und der ständig erforderlichen Aufmerksamkeit auch eine überaus anstrengende Erfahrung für die SpielerInnen darstellt.

Und dennoch: An beiden hier in aller Kürze beleuchteten Beispielen bleibt der Umstand bemerkenswert, dass sie sich zwar einen durch einen „unique ‚empirical' approach" (Baumgartner 2015, S. 38) den impliziten Regeln und Gesetze der größeren transmedialen Erzählwelt auf unterschiedlichem Wege – einmal durch *empowerment*- und ein andermal durch *depowerment*-Strategien des Gameplays – effizient annähern, aber auch neben der Betonung ihrer Mechanik die narrativen Elemente vernachlässigen. Dass trotz aller spielerischer Innovation nie ganz die oben erwähnte bruchlose Konvergenz zwischen Spiel und Erzählung erreicht wird, wird besonders daran deutlich, wie *Alien: Isolation* mit seiner Story umgeht: Vom narrativen Standpunkt aus ist das Spiel vorrangig an einer durch die Dialoge explizit artikulierten emotionalen „closure" der

Protagonistin interessiert, deren Motivation darin besteht, den rätselhaften Verbleib ihrer Mutter auf den Grund zu gehen. Diese emotionale ‚Schließung' wird aber vom Spiel nie wirklich befriedigend eingelöst, was vor allem daran liegt, dass die Gameplay-Passagen der narrativen Entfaltung der Ereignisse schlicht und ergreifend im Wege stehen. Dies lässt sich an einem Beispiel verdeutlichen: Gegen Ende des Spiels wird eine Cut-Scene dargestellt, in welcher die Protagonistin eine Audiodatei freischaltet, die direkt mit der Enthüllung um den Verbleib ihrer Mutter zusammenhängt. Die Wiedergabe der Datei ist dabei fraglos dramatisch inszeniert, mag sich jedoch nicht in den folgenden Spielverlauf einfügen. Chris Franklin notiert dazu:

> The game drops Amandas' ‚missing-mom'-plot for about ten hours as soon as you get to Sevastopol Station and then resolves it in what turns out to be a glorified audio log from Sigourney Weaver as Ellen Ripley. And since the game tries to keep the first-person-perspective unbroken except for the beginning and end for some reason, we don't even get so see Amanda react. Instead of a quiet character moment with her – to at least try to sell her side of this rather limp attempt of wrapping things up – it's right back to goofy video game action in which a nuclear reactor which looks as ridiculous as the one from *Spider-Man 2* (2004) is about to explode. This is, by the way, part of why people complain about pacing of the game (Franklin 2014).

Das Designproblem um eine ausgewogene Balance zwischen narrativen und spielerischen Elementen ist zweifellos heikel und droht schnell zugunsten der einen oder anderen Seite zu kippen. Das aber auch die Konzentration auf genau diese andere Seite durchaus eine erfolgreiche Strategie für die erfolgreiche Involvierung der SpielerInnen darstellen kann, lässt sich anhand eines kurzen Blicks auf ein drittes und letztes Fallbeispiel darlegen.

Der Spieleentwickler Telltale-Games konzentriert sich neben der Fortsetzung von legendären Spieleklassikern wie *Monkey Island* (seit 1990) und *Sam & Max* (seit 1993) vornehmlich darauf, Lizenzen großer Hollywood-Franchises wie *Jurassic Park* (seit 1993), *Zurück in die Zukunft* (seit 1985) und in letzter Zeit verstärkt Comic-, Roman- und Fernsehserien wie beispielsweise *The Walking Dead* (seit 2003), *Game of Thrones* (seit 1996), *Batman* (seit 1939) oder *Fables* (seit 2002) dafür zu nutzen, um episodische Point‚n'Click-Adventures zu produzieren. All diese Spiele greifen dabei auf eine ganz ähnliche Struktur zurück, die Telltale-Games mit jeder Iteration an die größere Hintergrundgeschichte, die Genrekonventionen und die narrativen Besonderheiten der jeweiligen Erzählwelt anpasst. Vor dem eigentlichen Spielstart erscheint stets eine Textblende mit der Nachricht: „This game series adapts to the choices you make. The story is tailored by how you play." Tatsächlich stehen hierbei – statt eines selbstständigen Erforschens der Spielwelt – in erster Linie Dialoge und figurenbezogene Entscheidungen im Vordergrund, während die Interaktion mit der räumlichen Umgebung stark reduziert ist und beinahe automatisch erfolgt. Im Stile eines sich stetig weiter verästelnden Baumdiagramms steuern die SpielerInnen damit das Verhalten seines Avatars in der Interaktion mit den anderen Spielfiguren. Neben Konversationen, die von den SpielerInnen verlangen, durch ihre jeweiligen Avatare zu bereits geschehenen Ereignissen Stellung zu beziehen, geht es dabei mitunter auch recht handgreiflich zu. So wird den SpielerInnen beispielsweise in Schlägereien oder Verhörsituationen dazu in die Lage versetzt, brutalere oder gemäßigtere Aktionen durchzuführen (*The Wolf Among Us,* 2013), oder wird in Anbetracht des Überlebenskampfs in postapokalyptischen Szenarien mit moralischen Dilemmata konfrontiert, die durch andere Spielfiguren kritisch gespiegelt werden (*The Walking Dead,* seit 2012). Dadurch gewinnen diese Spiele „rudimentär performative Züge" (Rauscher 2014, S. 189) des Ausagierens einer bestimmten Rolle, für die sich die SpielerInnen schließlich selbst entscheidet.

Laut Espen Aarseth sind solche Entscheidungsmöglichkeiten ein weiteres Merkmal dessen, was digitale Spiele grundsätzlich von anderen Medienformen mit narrativen Inhalten unterscheidet. Sie seien nun aber mitnichten alle gleich zu bewerten: Im Zusammenhang mit der Handlung von *The Wolf Among Us* oder *The Walking Dead* kann kein Zweifel darüber bestehen, dass weite Teile der größeren Hintergrundgeschichte grundlegend prädeterminiert sind. Sie führen auf festgelegte narrative Knotenpunkte zu und schließen mit festgelegten, sich nur in Nuancen unterscheidenden Enden. Aber auch wenn derartige Entscheidungen ein zentrales Element in einem solchen Spiel ausmachen, seien sie laut Aarseth nun jedoch im Grunde eben keine ‚richtigen' Entscheidungen:

> If the choices presented to the player are so limited that they clearly seem to lead the action in one unavoidable direction, they become quasi-choices, and the game becomes a quasi-game. Or to use a less loaded phrase: the story disguises itself as a game, using the game technology to tell itself. An example of this are the ‚game books', often called Choose Your Own Adventures, detective fiction text games in which simple tree structures are navigated by the user/reader/player. In these games, like the early computer adventure games, a dominant plot is ‚discovered' by the reader, but in reality it has been there all along. These games are not about choice but about rediscovering the one acceptable path (Aarseth 2004, S. 366).

Dass mit dem Beibehalten des narrativen Grundgerüsts das von den Spielen verkündete Versprechen eines tatsächlichen Einflusses auf den Verlauf der Handlung nicht recht eingelöst wird, mag in dieser Art von Spiel tatsächlich richtig sein. Dennoch fallen die Vorwürfe in Bezug auf das narrative Erleben der Ereignisse, die etwa Bigby Wolf aus *The Wolf Among Us* oder Lee Everett aus *The Walking Dead* durch die Entscheidungen der SpielerInnen durchlebt, nicht sonderlich schwer ins Gewicht. Dies betrifft vor allem die Ebene, auf der die sogenannten „quasi-choices" verortet werden. Entpuppt sich das Spiel in Hinblick auf die Narration tatsächlich eher als „quasi-game", so trifft dies keineswegs auf die Ebene der Figuren zu, auf der sich die Entscheidungen wirksam entfalten. Anders ausgedrückt: Bei diesen Spielen geht es gar nicht so sehr darum, den SpielerInnen eine Geschichte erleben zu lassen, die sich ganz nach seinem Geschmack und seinen individuellen Wünschen zusammensetzt, sondern viel eher darum, innerhalb einer gesellschaftlichen oder moralischen Schlüsselposition zu agieren, sich einer Situation angemessen zu verhalten und den narrativen Verlauf graduell befriedigender und persönlicher zu formen. Die besondere Qualität dieser Entscheidungen zeigt sich vor allem daran, dass die Figuren, denen man begegnet – wie die Orks in *Shadow of Mordor* – mit einem virtuellen Gedächtnis ausgestattet sind und keine Gelegenheit auslassen, um den SpielerInnen an fragwürdige Handlungen zu erinnern. Dies wird vor allem bei der ersten Staffel von *The Walking Dead* effektiv ausgenutzt, in welcher der Spieler als eine Art Vaterfigur des 8-jährigen Mädchens Clementine agiert, das nach dem Ausbruch der Zombie-Apokalypse ihre Eltern verloren hat. Clementine befindet sich fortan in der Obhut der SpielerInnen; und es obliegt seiner Verantwortung, sie unbeschadet vor den Herausforderungen der lebensfeindlichen Umgebung in Schutz zu nehmen (Abb. 13.4a, b). Durch die Entscheidungen der SpielerInnen wird Clementine zur kindlichen Projektionsfläche von Lees Gewissen und der moralische Gradmesser für das Verhalten der SpielerInnen. Dies nimmt besonders drastische Züge an, als Lee in der vorletzten Episode des Spiels von einem Zombie gebissen wird – ein prädeterminiertes, nicht zu änderndes Ereignis – und schließlich in den letzten Szenen des Spiels Abschied von Clementine nehmen muss. Hier werden die Entscheidungen der SpielerInnen noch einmal melodramatisch rekapituliert – und die zahlreichen Reaktionen von Spielern in hochgradig emotionalen und tränenreichen Let's Play-Mitschnitten auf YouTube belegen dabei, dass *The Walking Dead* sein Publikum nicht nur als ungewöhnliche Coming-of-Age-Story mit einem Zombie-Twist und einem unglücklichen Ende zu überzeugen weiß, sondern dass die selbst getroffenen Entscheidungen eine nicht zu unterschätzende Wirkung auf das Spielerlebnis haben. Auf diese Weise kommt das Adventure einem Thema sehr nah, dass in der adaptierten Comicreihe in ganz verschiedenen Variationen immer wieder im Vordergrund steht – die Verantwortung gegenüber Menschen im Kampf ums Überleben – sondern übertrifft es mit den Mitteln des Spiels sogar noch an emotionaler Involvierung.

Obwohl in allen drei vorgestellten Computerspielen fraglos sowohl intertextuelle als auch intermediale Bezugnahmen am Werk sind – etwa in Form von inhaltlichen Verweisen auf andere Iterationen vorangegangener Werke und die Anlehnung an bestimmte Genrekonventionen –, so zeigen die drei Beispiele, dass der Begriff Transmedialität in Zusammenhang mit Computerspielen eine fruchtbare Kategorie darstellen kann, um sich

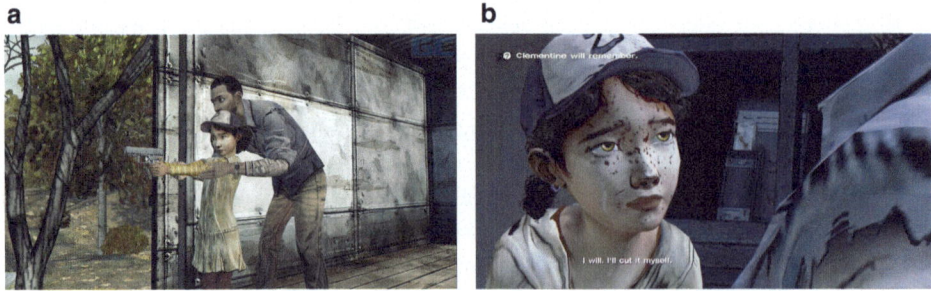

Abb. 13.4 Inszenierung von Entscheidungsfreiheit – *The Walking Dead* (2012, Telltale Games/ Telltale Games)

über bestimmte (ästhetische) Medienspezifika im Klaren zu werden. Obwohl sich alle Spiele als Prequels zu ihren Kerntexten mühelos in Jenkins' Konzept des transmedialen Erzählens einfügen, sind in ihnen Qualitäten am Werk, die sie von ihrem rein narrativen Gehalt abheben. Hier werden nicht nur Geschichten im engeren Sinne einer ‚story' in einem anderen Medium (weiter-)erzählt – die Spiele funktionieren über ihre narrativen Elemente hinaus, in dem sie sich auf die Stärken des Mediums konzentrieren. Den SpielerInnen wird dabei die Möglichkeit gegeben, eine bereits bekannte Erzählwelt nicht nur durch ein anderes Medienfenster neu zu betrachten, sondern sie zu betreten, sie zu erforschen, in ihr zu handeln und Entscheidungen zu treffen. Medienübergreifende Inhalte sind damit nicht nur ein weiteres Mittel innerhalb der Wertschöpfungskette der Vermarktungslogik großer Hollywoodfranchises, sondern können durch die ihnen zur Verfügungen stehenden Möglichkeiten einen einzigartigen Beitrag zum Auf- und Ausbau einer größeren transmedialen Erzählwelt leisten.

Literatur

Aarseth, Espen. 2004. Quest Games as Post-Narrative Discourse. In *Narrativity across Media. The Languages of Storytelling*, hrsg. M.-L. Ryan, 361–376. Lincoln/London: Univ. of Nebraska Press.

Baumgartner, Robert. 2015. In the Grim Darkness of the Far Future there is only War: Warhammer 40,000, Transmedial Ludology, and the Issues of Change and Stasis in Transmedial Storyworlds. In *IMAGE 22:7*. http://www.gib.uni-tuebingen.de/image?function=fnArticle&showArticle=363. Zugegriffen: 02. März 2016.

Bordwell, David. 2009. Now Leaving from Platform. http://www.davidbordwell.net/blog/2009/08/19/now-leaving-from-platform-1/. Zugegriffen: 02. März 2016.

Bittanti, Matteo. 2001. *The Technoludic Film. Images of Video Games in Movies (1973–2001)*. San Jose: San Jose State University.

Beil, Benjamin und Hanns Christian Schmidt. 2015. The World of The Walking Dead – Transmediality and Transmedial Intermediality. *Acta Universitatis Sapientiae, Film and Media Studies* (10:1): 73–88.

Böhn, Andreas. 2003. Einleitung: Formzitat und Intermedialität. In *Formzitat und Intermedialität*, hrsg. A. Böhn, 7–12. St. Ingbert: Röhrig.

Brookey, Robert Alan. 2010. *Hollywood Gamers. Digital Convergence in the Film and Video Game Industries*. Bloomington: Indiana Univ. Press.

Dena, Christie. 2009. Transmedia Practice. Theorising the Practice of Expressing a Fictional World Across Distinct Media and Environments. http://www.christydena.com/phd/. Zugegriffen: 02. März 2016.

Dolezel, Lubomir. 1999. *Heterocosmica. Fiktion und mögliche Welten*. München: Dresden Univ. Press.

Eder, Jens. 2012. Transmediale Imagination. In *Auslassen, Andeuten, Auffüllen. Der Film und die Imagination des Zuschauers*, hrsg. J. Hanich, und H. J. Wulff, 207–236. München: Wilhelm Fink.

Elkington, Trevor. 2009. Too Many Cooks. Media Convergence and Self-Defeating Adaptations. In *The Video Game Theory Reader*, hrsg. B. Perron und M.J.P. Wolf, 213–235. New York: Routledge.

Evans, Elizabeth. 2011. *Transmedia Television. Audiences, New Media and Daily Life*. New York: Routledge.

Frasca, Gonzalo. 1999. Ludology Meets Narratology: Similitude and Differences Between (Video) Games and Narrative. http://www.ludology.org/articles/ludology.htm. Zugegriffen: 02. März 2016.

Franklin, Chris. 2014. Alien Isolation. http://www.errantsignal.com/blog/?p=711. Zugegriffen: 02. März 2016.

Gérard Genette. 1993. *Palimpseste. Die Literatur auf zweiter Stufe*. Frankfurt/M.: Suhrkamp.

Jenkins, Henry. 2003. Transmedia Storytelling. https://www.technologyreview.com/s/401760/transmedia-storytelling/. Zugegriffen: 02. März 2016.

Jenkins, Henry. 2006. Convergence Culture. Where Old and New Media Collide. New York: New York Univ. Press.

Juul, Jesper. 2001. Games Telling Stories? – A Brief Note on Games and Narratives. *Game Studies* (1:1). http://www.gamestudies.org/0101/juul-gts/. Zugegriffen: 02. März 2016.

Kinder, Marsha. 1991. *Playing with Power in Movies, Television, and Video Games: From Muppet Babies to Teenage Mutant Ninja Turtles*. Berkeley: University of California Press.

Klastrup, Lisbeth und Susana Tosca. 2004. *Transmedial Worlds. Rethinking Cyberworld Design*. http://www.cs.uu.nl/docs/vakken/vw/literature/04.klastruptosca_transworlds.pdf.

Kristeva, Julia. 1972. Bachtin, das Wort, der Dialog und der Roman. In *Literaturwissenschaft und Linguistik. Ergebnisse und Perspektiven*, hrsg. J. Ihwe, 345–375. Frankfurt/M.: Cornelsen Vlg Scriptor.

Leschke, Rainer. 2003. *Einführung in die Medientheorie*. München: Fink.

Martínez, Matías un dMichael Scheffel. 2012. *Einführung in die Erzähltheorie*. München: Beck.

Mittell, Jason. 2014. Strategies of Storytelling on Transmedia Television. In: *Storyworlds Across Media. Toward a Media-conscious Narratology*, hrsg. M.-L. Ryan und J. Thon, 253–277. Lincoln: Univ. of Nebraska Press.

Paech, Joachim. 1997. Paradoxien der Auflösung und Intermedialität. In *HyperKult. Geschichte, Theorie und Kontext digitaler Medien*, hrsg. W. Coy, G. C. Tholen und M. Warnke, 331–368. Frankfurt/M.: Stroemfeld.

Rajewsky, Irina O. 2005. Intermediality, Intertextuality, and Remediation: A Literary Perspective on Intermediality. In: *Intermédialités* 6: 43–64.

Rauscher, Andreas. 2014. Filmische Spielräume. Genre-Settings in Videospielen. In Computer | Spiel | Bilder, hrsg. B. Beil, M. Bonner und T. Hensel, 179–198. Glückstadt: vwh.

Ryan, Marie Laure. 2004. *Narrative Across Media. The Languages of Storytelling*. Lincoln: Univ. of Nebraska Press.

Ryan, Marie-Laure; Thon, Jan-Noël, Hrsg. 2014. *Storyworlds Across Media. Toward a Media-conscious Narratology*. Lincoln: Univ. of Nebraska Press.

Saint-Gelais, Richard. 2005. Transfictionality. In *Routledge Encyclopedia of Narrative Theory*, hrsg. D. Herman, M. Jahn und M.-L. Ryan, 612–613. Oxfordshire: Routledge.

Schröter, Jens. 1998. Intermedialität. Facetten und Probleme eines aktuellen medienwissenschaftlichen Begriffs. *Montage AV* (7:2): 129–154.

Schmidt, Hanns Christian. 2014. Origami Unicorn Revisited. Transmediales Erzählen und transmediales Worldbuilding im The Walking Dead-Franchise. *IMAGE* (20:8): 5–22.

Thon, Jan. 2014. Toward a Transmedial Narratology. On Narrators in Contemporary Graphic Novels, Feature Films, and Computer Games. In *Beyond Classical Narration. Transmedial and Unnatural Challenges*, hrsg. J. Alber und P. K. Hansen, 25–56. Berlin: De Gruyter.

Wolf, Werner, Hrsg. 2001. *Metareference Across Media: Theories and Case Studies*. Amsterdam: Rodopi.

Fan Reactions – The Walking Dead: No Time Left – Lee & Clementine (End of Season 1 Scene). https://www.youtube.com/watch?v=-KNv042BPgo. Zugegriffen: 02. März 2016.

Weiterführende Literatur

Bolter, Jay David und Richard Grusin. 1999. *Remediation: Understanding New Media*. Cambridge/MA MIT Press.
Ong, Walter J. 1982. *Orality and Literacy. The Technologizing of the Word*. London: Methuen.

Über den Autor

Hanns Christian Schmidt, M.A. ist Stipendiat der a.r.t.e.s. Graduate School for the Humanities Cologne und promoviert über die Produktion und Rezeption transmedialer Erzählwelten in seriellen Narrativen. Er forscht zu den Themen Transmedialität und Intermedialität, Game Studies, sowie Film- und Fernsehwissenschaften. schmidt.c@uni-koeln.de a.r.t.e.s. Graduate School for the Humanities Cologne, Aachener Str. 217, 50931 Köln.

Spiel

14

Markus Rautzenberg

Aus der Perspektive der Game Studies sah es lange Zeit so aus, als hätte die Beschäftigung mit Computerspielen in diesem eine Novität zum Forschungsgegenstand, die von sich aus auf Medienkulturen einwirkt und als Innovationsmotor entscheidenden Einfluss auf das digitale Zeitalter ausübt. Die Anziehungskraft von Konzepten wie „Gamification" oder „Nudging", eine subtile Form psychologischer beziehungsweise politischer Verhaltenssteuerung, ist nicht zuletzt deswegen so groß, weil es sich hier um Modelle und Methoden zu handeln scheint, die aus dem ureigenen Bereich des Computerspiels und der hiermit verbundenen Designpraktiken über den engen Bereich der Computerspielindustrie hinaus in Wirtschaft, Politik und Gesellschaft hineinwirken. Es scheint vielleicht etwas voreilig schon von einer „ludischen" Gesellschaft zu sprechen, jedoch sind einige Symptome eines „ludic turn" nicht von der Hand zu weisen. Gleichermaßen legitim ist es aber, die Perspektive umzudrehen und den Blick auf die transdisziplinäre Relevanz der Kombination der beiden Medien „Spiel" und „Computer" zu legen. Diese geht weit über den Bereich des Computerspiels hinaus und offenbart letzteres als ein Epiphänomen (unter anderen) des nomadischen Mediums Spiel, das als solches durch seine Relation zum Medium Computer in seiner Eigenheit besonders scharf hervortritt.

Viele der analytisch interessantesten Aspekte des Computerspiels sind daher nicht auf die Geschichte und Theorie des Computers beschränkt, sondern zum Beispiel auf der epistemischen oder ästhetischen Ebene zu suchen, die im Spannungsfeld von Spiel und Computer zutage treten. Die herkömmliche Kritik an den repräsentierten oft stark gewalthaltigen oder verstörenden *Inhalten* der Computerspiele geht deshalb am

M. Rautzenberg (✉)
Essen, Deutschland
E-Mail: markus.rautzenberg@folkwang-uni.de

© Springer Fachmedien Wiesbaden GmbH 2018
B. Beil et al. (Hrsg.), *Game Studies,* Film, Fernsehen, Neue Medien,
https://doi.org/10.1007/978-3-658-13498-3_14

Eigentlichen immer schon vorbei, ebenso wie, streng nach Freud, die im Traum sich manifestierenden Inhalte nicht ohne die Ihnen zugrunde liegenden Traumgedanken verständlich sind. Im Hinblick auf die Medialität des Spiels geht es daher in erster Linie um *die spezifische Form der Welthabe im Computerspiel,* ihren epistemischen Kern, der hier zum Ausdruck gelangt und durch deren mediale Grundlagen ermöglicht wird: Der Computer ist kein mimetisches, sondern ein generatives Medium, das hat er mit dem „Spiel" von Haus aus gemeinsam; und aus diesem Grund wird im Zusammenspiel von Computer und Spiel etwas wesentliches getroffen, was die mediale Situation des digitalen Zeitalters illuminiert.

Es ist kein Geheimnis, dass das Medium Computer mit dem Phänomen Spiel so eng verzahnt ist, dass man schon am Beginn des digitalen Zeitalters bei John von Neumann und Alan Turing kaum recht entscheiden kann, wo die Simulation beginnt und das Computerspiel endet. Die Theorien, Logiken und Epistemologien, welche der Computersimulation zugrunde liegen, gelten gleichermaßen für das Computerspiel und umgekehrt. Dabei ist die Rolle der Simulation für das Computerspiel noch sehr viel besser erforscht, als die Frage, inwieweit Computerspielen eigene epistemologische Elemente inhärent sind, die auf allgemeine Simulationspraktiken zurückverweisen. Dies ist jedoch ein Aspekt von Medialität, der nicht erst im Computerzeitalter auf die historische Bühne tritt, sondern hier nur verstärkt in den Fokus rückt. Wenn es stimmt, wie John Durham Peters formuliert, dass die Geschichte der Medien eine „Geschichte der produktiven Unmöglichkeit der Aufzeichnung des Gegebenen ist" (Durham Peters 2015, S. 11), so ist diese Unmöglichkeit ihre Tragik und gleichzeitig Bedingung der Möglichkeit ihrer Produktivität. Medien sind Weisen des Weltzugangs, die Form verleihen, wo sonst nur Kontingenz und Entropie herrscht. Entscheidbarkeit zum Beispiel ist dabei nicht einfach nur ein Element des Computers, als Zeichen der Herrschaft des Mathematischen, sondern entspricht dem Grundbegehren der Mediengeschichte, der Unmöglichkeit der adäquaten Aufzeichnung mit unbedingtem Formwillen zu begegnen und sei es um den Preis des Verlusts der Kontinuität des Realen zugunsten digitaler Diskreditierung.

Im Laufe der Ausdifferenzierung des Computerspiels haben sich eigene ästhetische und epistemologische Valenzen entwickelt, die als solche erst einmal überhaupt in den Blick zu bekommen Aufgabe der Game Studies war und ist. Hierbei waren es vor allem Johan Huizinga und Roger Caillois Arbeiten, die hierfür bis heute maßgeblich sind, da sie nicht nur Definitionsmerkmale des Spiels als Form geben, sondern Spiel auch kulturhistorisch sowieso anthropologisch einordnen und dabei dessen primordiale Bedeutung für den Menschen jenseits aller einzelnen Spielformen betonen. Diese klassischen Spieltheorien haben gezeigt, dass eine Analyse einzelner Spiele nicht, oder zumindest nicht nur, über repräsentierte Inhalte geschehen kann, die sich im reichen Fundus der Literatur, Kunst und Filmgeschichte bedienen oder sich auf die Praxis des Designs beschränken. Die Frage ist vielmehr: Welche Theorien, Philosophien, Epistemologien, Affektökonomien sind in Computerspielen sedimentiert? Welche Arten von Weltzugang kommen in Ihnen zum Ausdruck? Welche Fragen werden von ihnen angezogen?

Zum einen ist auffällig, dass Computerspiele Apotheosen der Ungewissheit sind. Aufgrund der Form des Spiels als solchem, seiner spezifischen Medialität, ist Ungewissheit immer schon Konstitutivum von Computerspielen. Es gibt kein Spiel ohne ein Moment des Zufalls, der Ungewissheit und Unsicherheit, um das sich alle Regelwerke herum gruppieren, das ist Bestandteil aller Spieltheorie, egal ob kulturwissenschaftlich oder mathematisch. Dabei ist es wichtig, im Auge zu behalten, dass Computerspiele auf der technischen Ebene auf Computern und Software basieren, die in Form der vorherrschenden Kombination aus von Neumann-Architektur und Turing-Maschinen als solche gerade *nicht* in der Lage sind, realen Zufall und Entropie zu generieren, also kein existenzielles Konzept von Kontingenz von sich aus aufweisen können. Dieses wiederum ‚liefert' oder implementiert das Spiel. Es handelt sich hier also um das zentrale Kriterium, welches Computerspiele von anderen Spielen unterscheidet und ihre spezifische Spannung ausmacht. Die medialen Ermöglichungsgrundlagen des Computerspiels treiben ihre Sujets also geradezu hervor.

Anders formuliert: Nicht die sadistische Lust an Gewalt und Grausamkeit zum Beispiel macht derlei Sujets und Spieldesigns so populär (zumindest nicht nur), sondern die Tatsache, dass der Widerfahrnischarakter von existenzieller Kontingenzerfahrung (Gewalt, Tod), hier, sozusagen, in einem abgesicherten Modus, bewusst, ohne Gefahr für Leib und Leben ähnlich einem Luzidtraum exploriert werden kann, indem Kontingenz zu algorithmisch entscheidungsförmiger Unbestimmtheit reduziert wird. Diese *Exploration* hat als epistemologisches Modell, das die beiden historisch vor Nietzsche als gegenläufig bestimmten Aspekte des *curiositas*-Begriffs – Wille zum Wissen und Lust am Spektakulären – in sich vereint, eben soviel Anteil an der emblematischen Rolle des Computerspiels im digitalen Zeitalter, wie deren voyeuristische beziehungsweise sadistische Seite, die es selbstverständlich hier ebenso gibt wie in allem, was sich an die Sinne wendet.

Während der mediale Charakter des Computers hinlänglich analysiert und theoretisiert worden ist, ist der mediale Status des Spiels weit weniger breit diskutiert. Kann man überhaupt vom Spiel als Medium sprechen und wenn ja, welcher Medienbegriff würde hier zum Tragen kommen?

14.1 Spiel als Medium

14.1.1 Hans-Georg Gadamer

In *Wahrheit und Methode* steht das Spiel im Zentrum von Hans-Georg Gadamers phänomenologisch-hermeneutischer Exploration des Kunstwerks. Im Anschluss aber auch in entscheidender Abgrenzung zu ähnlichen Motiven bei Immanuel Kant (Kant 1790) und Friedrich Schiller (Schiller 2008) bildet das Spiel bei ihm den Fokus, oder besser das Prisma, mit dem die hermeneutische Bedeutung des Kunstwerks einer „ontologischen Explikation" (Gadamer 1990, S. 107) unterzogen werden kann. Im Zuge dessen arbeitet Gadamer eine Theorie des Spiels heraus, die nicht etwa deshalb für die Theorie des Computerspiels von Bedeutung ist, weil sie es erlaubt, das Computerspiel per philosophischer Nobilitierung quasi durch die Hintertür zur Kunst zu erheben, sondern weil hier Spiel konsequent als *Medium* gedacht wird, dessen ‚Substanz' die Relation ist. Im Spiel findet statt, was Gadamer eine „totale Vermittlung" (Gadamer 1990, S. 125) nennt, eine Transformation, welche das Mediatisierte im Akt der Mediatisierung grundlegend verwandelt. Spiel ist nicht einfach Handlungsanweisung oder kybernetischer Regelkreis, sondern ein Modus des Weltbezugs, der in der *Darstellung* zu sich kommt.

Entscheidend ist zunächst, dass für Gadamer das Spiel konsequent unabhängig von den beteiligten Aktanten konzipiert ist; ein Gedanke, der einer Theorie, die bei Spielen vor allem an Interaktion denkt, diametral gegenübersteht. Spiel ist eine Seinsweise, ein Modus des In-der-Welt-Seins, der nicht als Produkt der Handlungen von Spielern gedacht werden darf:

> Wenn wir im Zusammenhang der Erfahrung der Kunst von Spiel sprechen, so meint Spiel nicht das Verhältnis oder gar die Gemütsverfassung des Schaffenden oder Genießenden und überhaupt nicht die Freiheit einer Subjektivität, die sich im Spiel betätigt, sondern die Seinsweise des Kunstwerks selbst (Gadamer 1990, S. 107).

Sowohl gegen psychologisierende Argumente als auch gegen zentrale Grundthesen Kants und Schillers gerichtet, wird hier eine Eigengesetzlichkeit oder Gegenwendigkeit des Spiels behauptet, die unabhängig von der Produzenten- oder Rezipientenebene vorgestellt werden soll. Subjekt des Spiels „sind nicht die Spieler, sondern das Spiel kommt durch die Spielenden lediglich zur Darstellung" (Gadamer 1990, S. 108). Gadamer wird im Folgenden den „medialen Sinn" (Gadamer 1990, S. 110) des Spiels zunächst auf diese Weise beschreiben, und es wird ersichtlich, wie der Begriff „Medium" an dieser Stelle ausgestaltet ist. Es gehört zur intrinsischen Motivation von „Wahrheit und Methode", eine Alternative zur naturwissenschaftlichen Welt der „Methoden" anzubieten, was eine Aversion gegen Definitionen mit einschließt. Der Medienbegriff Gadamers muss an dieser Stelle also zuallererst einmal aus dem Gang der Argumentation erschlossen werden.

Mit der Verschiebung des Beobachtungsakzents von der Ebene des Subjekts (sowohl Produzent als auch Rezipient) auf die des Spiels als Medium und Seinsweise geht eine Betonung jener Aspekte des Spiels einher, welche eine ziellos dynamisch-prozessuale Gegenwendigkeit ins Zentrum stellen. Das heißt für Gadamer sind zunächst nicht jene Spiele von Belang, an die üblicherweise zuerst gedacht wird, wenn vom Spiel gesprochen wird (Sport, Wettkampf, Brettspiele etc.), sondern jene Phänomene, in denen bereits die Sprache ein Moment des selbstgenügsam Ephemeren aufzudecken scheint:

> Wir reden vom Spiel des Lichtes, vom Spiel der Wellen, vom Spiel des Maschinenteils in einem Kugellager, vom Zusammenspiel der Glieder, vom Spiel der Kräfte, vom Spiel der Mücken, ja sogar vom Wortspiel. Immer ist das Hin und Her einer Bewegung gemeint, die an keinem Ziele festgemacht ist, an dem sie endet (Gadamer 1990, S. 109).

Nicht nur das dem Spiel kein *telos* unterstellt werden kann – das Spielziel ist für das Spiel selbst irrelevant – auch spielen Regel und Handlung hier kaum eine Rolle. Vielmehr scheint Spiel etwas zu sein, dass sich darstellt, ja Spiel ist selbst Darstellung. Die Formulierung des „Hin und Her" ist von maximaler Abstraktheit, es gibt hier keine Regeln, keinen ‚Sinn', eben kein Ziel, nur eine Bewegung an und für sich: „Das Spiel ist Vollzug der Bewegung als solcher" (Gadamer 1990, S. 109). Selbst das „Spiel des Maschinenteils im Kugellager" verweist auf ein räumliches Widerspiel zweier Elemente, oder genauer, deren *Möglichkeit* im Sinne von Potenzialität.

Wenn Gadamer nun postuliert, dass „der ursprüngliche Sinn von Spiel der mediale Sinn" (Gadamer 1990 S. 109) ist, so ist hiermit vor allem das Spiel als dieser Möglichkeitsraum in den Blick gerückt, der in sich die Möglichkeit zu Figuration oder Formgenese immer je neu aus sich selbst heraus entlässt: „Das Spiel stellt offenbar eine Ordnung dar, in der sich das Hin und Her der Spielbewegung wie von selbst ergibt" (Gadamer 1990, S. 110). Eine zweite Ebene des Medialen ist jedoch ebenso wichtig. Dass sich Spiel unabhängig von spielenden Subjekten ereignet, bedeutet für Gadamer konsequenterweise auch ein „Primat des Spieles gegenüber dem Bewußtsein des Spielenden" (Gadamer 1990, S. 110), das heißt dass nicht der Spieler es ist, der (inter-) aktiv eine spielende Tätigkeit ausübt, sondern umgekehrt: *der Spieler wird vom Spiel gespielt,* er dient dem Spiel als Medium für die Darstellung seiner selbst. Diesbezügliche Beschreibungen wie die Folgende haben vielleicht auch und gerade angesichts des Computerspiels erst ihre volle Evidenzkraft gewonnen:

> *Alles Spielen ist ein Gespieltwerden.* Der Reiz des Spiels, die Faszination, die es ausübt, besteht eben darin, daß das Spiel über den Spielenden Herr wird. Auch wenn es sich um Spiele handelt, in denen man selbst gestellte Aufgaben zu erfüllen sucht, ist es das Risiko, ob es ‚geht', ob es ‚gelingt' und ob es ‚wieder gelingt', was den Reiz des Spieles ausübt. Wer so versucht, ist in Wahrheit der Versuchte. Das eigentliche Subjekt des Spiels (das machen gerade solche Erfahrungen evident, in denen es nur einen einzelnen Spielenden gibt) ist nicht der Spieler, sondern das Spiel selbst. Das Spiel ist es, was den Spieler in seinen Bann schlägt, was ihn ins Spiel verstrickt, im Spiele hält (Gadamer 1990, S. 112).

Der „mediale Sinn" des Spiels besteht demnach sowohl in dem Umstand, dass Spiel sich zwischen alle Aktanten als ein gegenüber diesen autonomes Reich der Möglichkeiten entpuppt, in das letztere wie in eine Art Milieu eingelassen sind, sondern auch, weil (jetzt auch in einem Sinne, der an den Gebrauch des Medienbegriffs in okkulten und divinatorischen Praktiken denken lässt) das Spiel von seinen Spielern wie von spiritistischen Medien Besitz ergreift.

Was bei Gadamer noch im Hinblick auf die Kunst (seinem eigentlichen Gegenstand) in Metaphern der Verzauberung gehüllt ist, zeigt seine diabolische Seite folglich immer dann, wenn aus Verzauberung Besessenheit wird: Die Sucht, der Wirklichkeitsverlust, das Aus-der-Welt-Fallen. Aber dieses ekstatische Außer-Sich-Sein ist ein wichtiger Bestandteil des Spiels als Medium (jetzt im doppelten Sinne), dass dann vor allem im Hinblick auf digitale Medien und Computerspiele immer wieder mit dem Namen

„Immersion" versehen wird, dem Ein- und Abtauchen in die Möglichkeitswelten des Spiels: „Das ist der Punkt, an dem sich die Bestimmung des Spiels als eines medialen Vorgangs in seiner Wichtigkeit erweist. Wir hatten gesehen, daß das Spiel nicht im Bewußtsein oder Verhalten des Spielenden sein Sein hat, sondern diesen im Gegenteil in seinen Bereich zieht und mit seinem Geiste erfüllt. Der Spielende erfährt das Spiel als eine ihn übertreffende Wirklichkeit" (Gadamer 1990, S. 115).

Dieser Charakter der Überwältigung oder Verzauberung, den das Spiel dadurch erzeugt, dass das Individuum im Spiel sich als Gespieltes erlebt, hat laut Gadamer eine Funktion, welche mit dem Begriff der Entlastung weiter oben schon einmal angeklungen ist:

> Die Leichtigkeit des Spiels, die natürlich kein wirkliches Fehlen von Anstrengung zu sein braucht, sondern phänomenologisch allein das Fehlen der Angestrengtheit meint, wird subjektiv als Entlastung erfahren. Das Ordnungsgefüge des Spiels läßt den Spieler gleichsam in sich aufgehen und nimmt ihm damit die Aufgabe der Initiative ab, die die eigentliche Anstrengung des Daseins ausmacht (Gadamer 1990, S. 110).

Bemerkenswert an dieser Stelle ist die existenzialistisch-anthropologische Pointe, dass die Entlastung die im Spiel stattfindet nicht einfach nur ein Delegieren von Tätigkeiten beinhaltet, sondern grundsätzliche Eigenschaft des „medialen Sinns" des Spiels ist. Spiel ist also nicht nur „delegiertes Genießen", wie es die Theorie der Interpassivität postuliert, sondern sogar delegiertes *Sein*. Dass das Spiel den Spieler „in sich aufgehen lässt" ist dabei doppeldeutig: Zum einen ist dabei jenes Element angesprochen, das – mit Begriffen wie Immersion oder Verzauberung versehen – die lustvolle Ohnmacht des Spielers beschreibt, der sich im Versuchen als Versuchter wiederfindet, zum anderen jedoch auch ein Aufgehen im Sinne eines *Sich-Öffnens* in dem ein Moment von Freiheit liegt. Indem der Spieler als gespielter seine Subjektivität hinter sich lässt, erlangt er eine *Freiheit zur Welt*. Der hier aufscheinende Freiheitsbegriff ist somit abseits eines aufgeklärten selbsttransparenten Subjekts gedacht und meint den Spieler als Medium des Spiels, das im Spieler und im Akt des Spielens zur Darstellung gelangt.

14.1.2 Gregory Bateson

Auch für Gregory Bateson besteht die Faszination am Phänomen Spiel in dessen Fähigkeit zur Transgression von Grenzen. Bateson analysiert Spiel zunächst als Psychologe unter Einbeziehung der Freud'schen Begriffe der Primär- und Sekundärprozesse als ein soziales Kommunikationsphänomen, das die Grenzen ansonsten inkompatibler Ebenen zu transzendieren erlaubt. Diese Momente der Überschreitung definieren die Medialität des Spiels. Während die Mechanismen des unbewussten Primär-, sowie des diskursiv verfassten Sekundärprozesses normalerweise füreinander uneinsehbare *black-boxes* sind, ist das Spiel in der Lage, diese Barrieren zu überbrücken, indem es die aus der Konfrontation dieser Ebenen resultieren Paradoxien *zu vermitteln* erlaubt: „It therefore follows that the play frame as here used as an explanatory principle implies a special combination of primary and secondary processes" (Bateson 1972, S. 191). Es ist dabei entscheidend, dass Bateson Spiel als ein Medium beschreibt, das zwischen den verschiedenen logischen und epistemischen Ebenen angesiedelt ist und diese in Beziehung setzt, ohne sie allerdings in einem dialektischen Sinne zur Synthese zu bringen. Die entstehenden Paradoxien werden nicht „aufgehoben", sondern in Bewegung versetzt.

Die Dynamiken ludischer Medialität erzeugen somit für Bateson eine Art logisch-epistemisches Zwielicht, ähnlich dem Luzidtraum, innerhalb dessen der Träumer plötzlich gewahr wird, *dass* er träumt. Diese spezifische Art des Traums ereignet sich gewöhnlich in kurzen Momenten zwischen Schlaf und Erwachen. Solange der Träumer ohne das Wissen um die eigene Traumexistenz träumt, funktioniert der Traum innerhalb seiner normalen operationalen Rahmung. Nicht nur, dass die Grenze zum Sekundärprozess nicht überschritten werden kann, sie kann innerhalb des Traums noch nicht einmal als solche erkannt werden. Der Zustand des Luzidtraums hingegen, erlaubt es dem Träumer, Bateson zufolge, nicht nur diese Grenzen wahrzunehmen, sondern aufgrund dieser Erkenntnis auch Metaaussagen zu treffen, welche *Rahmungen* sichtbar machen. Es handelt sich hierbei um jenen Kern von Batesons Spieltheorie, auf den sein Schüler Erving Goffman dann die bekannte soziologische Theorie der „Rahmenanalyse" aufgebaut hat. Von hier aus, war es dem Kybernetiker Bateson dann auch möglich, Theorien des *second- und third order observers* zu entwickeln, was wiederum von entscheidender Bedeutung sowohl für den radikalen Konstruktivismus als auch schließlich für die Systemtheorie Niklas Luhmanns wurde. In diesem Sinne ist es legitim, das Medium Spiel vor allem im Hinblick auf Computerspiele als *gerahmte Ungewissheit (framed uncertainty)* zu definieren. Gerahmt im Hinblick auf die Doppeldeutigkeit des englischen „framed", erstens im Sinne des Bilderrahmens oder der Rahmung bei Bateson und Goffman, alsdann aber auch als „framed" im Sinne von „hereingelegt", „in die Falle gelockt", „eingefangen".

Es gibt viele Formen gerahmter Ungewissheit, jedoch bekommt diese Bezeichnung in Bezug auf den Computer und seiner auf Entscheidbarkeit angewiesenen technischen Ontologie eine besondere Komponente, die in der Doppeldeutigkeit des englischen „framed" anklingt. Es scheint fast, als gäbe es hier eine Art Begehren nach Zufall, Entropie und Kontingenz, dass sich in den albtraumhaften und apokalyptischen Szenarien vieler Computerspiele Bahn bricht. Exploriert werden kann diese doppelte Rahmung des Computerspiels in dem Maße, wie es seine eigene Medialität beobachtbar macht. Durch die Dichte an Rahmungsproblemen und Paradoxien, die sich im Computerspiel immer wieder ereignen, sind Momente der Selbstreferenz im Sinne selbstbezüglicher Metaaussagen allgegenwärtig.

Die Frage „Ist das Spiel?" verweist auf eine solche Metaaussage, die sich aus dem liminalen Status des luziden Träumers ergibt, der sich sowohl innerhalb als auch außerhalb des Traums befindet: „He cannot, unless close to waking, dream a statement referring to (i.e., framing) his dream" (Bateson 1972, S. 191). Die Dynamik ludischer Medialität im Sinne eines Liminalphänomens muss als ein Prozess beschrieben werden, in dem Plötzlichkeit ein wichtiges Element darstellt, in dem sich die spielspezifische

Medialität zeigt. Es ist kein Zufall, dass hier mannigfaltige Verbindungen zur ästhetischen Moderne bestehen, die im Zufall und der Kontingenzerfahrung von Stephane Mallarmé über den Surrealismus bis zu Marcel Duchamp ein zentrales Element des Ludischen aufnimmt. Es ist dieser diabolische Aspekt, der die Verführungskraft des Spiels ausmacht. Aus diesem Grund ist diese Prozessierung von Paradoxien im Kern ludischer Medialität immer nur für kurze Momente erfassbar. Kurz danach sind die Grenzen zwischen Realität und Fiktion, Aktualität und Virtualität wieder stabil. Ebenso existiert das Phänomen des Luzidtraums nur für Sekunden zwischen Schlafen und Wachen.

Bateson nutzt die Traumanalogie, weil es sein Ziel ist, Spiel als einen Modus von Liminalität zu beschreiben, der zwischen Primär- und Sekundärprozess vermittelt und hier sein volles, transgressives Potenzial entfaltet. An diesem Punkt sind dann Verbindungen zwischen verschiedenen Kategorien hergestellt, die jedoch nie vollends kompatibel werden: „The message ‚This is play' thus sets a frame of the sort which is likely to precipitate paradox: it is an attempt to discriminate between, or to draw a line between, categories of different logical types" (Bateson 1972, S. 195). Bateson unterscheidet den Spielbegriff gemäß den Vorgaben der englischsprachigen Unterscheidung in das regelgeleitete „game" und die offenere Form des „play". Das *game* ist dadurch gekennzeichnet, dass in ihm das Problem der Rahmung und die resultierenden Paradoxien innerhalb des Spiels reflektiert werden. Spiel im Sinne des *play* hingegen wird bereits durch die Performativität der Aussagen „Das ist Spiel" hervorgebracht. Im *game* wird die logisch-epistemische Ungewissheit durch die Frage „Ist dies Spiel?" gespeist und gleichzeitig im Akt des Spielens reflektiert. Ebenso wie später bei Niklas Luhmann geht es bei Bateson darum, dass Sinn ein Effekt der Prozessierung von Paradoxien ist. Das berühmte Russel'sche beziehungsweise Epimenidische Paradox, das auch Bateson zitiert, ist ein Paradebeispiel für die hier infrage stehenden Paradoxien.

Dieses Paradox resultiert in einem ‚double-bind', einer epistemischen Struktur, an der Bateson als Teil einer Theorie der Schizophrenie interessiert war. Über diesen ‚Umweg' kommt er zu seiner Theorie des Spiels, denn für ihn ist die Unfähigkeit mit zwei Aussagen gleichzeitig umzugehen, die logisch inkompatibel sind, ein zentrales Definitionskriterium der Schizophrenie. Der Schizophrene verliert seinen Kontakt zur Wirklichkeit, da er nicht zwischen real und irreal unterscheiden kann und damit in einer logischen Schleife sich wiederholender (Un-)Möglichkeiten gefangen ist. Im Spiel jedoch entdeckt Bateson eine Dynamik, die den *double-bind* zwar nicht auflösen, aber immerhin mittels temporaler Prozessierung verarbeiten kann. An dieser Stelle zeigt sich der britische Philosoph geneigt, im Spiel einen evolutionären Sprung in der Entwicklung menschlicher Kommunikation zu vermuten, denn die Prozessierung von Paradoxien ist fundamental für Formen der Kommunikation, die über das Erkennen von Signalen hinausgeht. Bateson sieht in diesem ‚spielerischen' Austausch eine Form der Metakommunikation, die Paradoxien nicht nur verarbeiten, sondern aus ihnen Sinn generieren kann. Dabei ist es bei aller Abstraktion nicht schwer zu erkennen, was dabei in den Blick kommt, denn ohne die Möglichkeit zwischen Paradoxien zu vermitteln, wäre der Mensch nicht in der Lage, sich Zeichen auf eine Weise zu bedienen, die über das Erkennen strikter Denotation hinausgeht. Ohne zu verstehen, wie etwas gleichzeitig wahr und falsch sein kann, gäbe es keine Grundlage für uneigentliche Rede; Witze, Ironie, Metaphern oder Sarkasmus wären unverständlich. Dies ist der Grund, warum die Idee einer Ideal-Sprache von Leibniz bis Frege außerhalb strikt denotativer Formalsprachen zum Scheitern verurteilt war; und es ist kein Zufall, dass Bateson stark von Wittgenstein beeinflusst ist, der mit einem Entwurf einer idealen Sprache begann und diesen Versuch verwarf, um letztlich bei einer Theorie des Spiels anzukommen.

Bateson verwendet die Metapher von „Karte und Territorium", um diesen Komplex mittels einer klassisch semiotischen Denkfigur zu illustrieren. Wie zu sehen war, resultieren die Paradoxien, um die es hier geht, aus der Konfrontation von Primär- und Sekundärprozess. Spiel in Form der Frage „Ist das Spiel?" transzendiert die Grenze zwischen diesen beiden primordialen psychischen Kräften: „In primary process, map and territory are equated; in secondary process, they can be discriminated. In play, they are both equated and discriminated" (Bateson 1972, S. 191). Eben diese *coincidentia oppositorum* ist es, die in den oben skizzierten Momenten logisch-epistemischer Ungewissheit beobachtbar ist. Innerhalb des Rahmens des Spiels werden diese Ebenen jedoch nicht im Sinne einer potenziellen Synthese vermittelt, vielmehr wird der *double-bind* mittels Zeit in Bewegung versetzt und damit prozessiert. Diese fluktuierende Dynamik steht im Zentrum ludischer Medialität, da deren temporale Prozessierung nicht linear, sondern rekursiv ist. Innerhalb des Spiels wird ständig von einer Ebene zu nächsten gesprungen, wodurch fixe Momente eines ‚davor' und ‚danach' etabliert werden: Paradoxien werden dadurch nicht aufgelöst, aber zum Tanzen gebracht. Auf diese Weise bleibt ludische Medialität stets diskret und generiert ‚Sinn' aus der kontinuierlichen Prozessierung ansonsten inkompatibler logischer, epistemischer oder auch ontologischer Ebenen. Pathologisch werden diese Vorgänge – wie in der Schizophrenie – genau in dem Moment, wenn psychische oder soziale Systeme der Gradwanderung ludischer Medialität nicht mehr folgen, wenn Paradoxien nicht mehr prozessiert werden können.

Noch vor jeder Genreeinteilung ist daher Selbstreferenz ein für Computerspiele konstitutives Merkmal, das durch deren ludische Medialität hervorgetrieben wird. Es scheint, dass eine gewisse Spannung besteht, zwischen dem Bestreben der Entwickler, möglichst realistische Spielwelten mittels elaborierten Immersionstrategien zu erstellen und der Tendenz des Computerspiels zur Selbstreferenz, welche wiederum auf die Gemachtheit und Künstlichkeit der Spielwelt verweist. Diese Spannung ist typisch für Computerspiele. Auf der einen Seite zielen große *big-budget*-Titel nach wie vor darauf ab, durch hyperrealistische Grafik und immersive Spielerfahrungen die beträchtliche Artifizialität der Spielwelt so weit wie möglich zu verschleiern, andererseits dürfen Computerspiele wiederum auch nicht zu realistisch sein, um noch als Spiele funktionieren zu können. Ein Spiel, das vom übrigen Leben nicht mehr unterschieden werden kann, keine Rahmung aufweist, ist kein Spiel mehr. Diese fragile Spannung innerhalb ludischer Medialität wird stets aufrechterhalten; ‚totale Immersion' im Sinne vollständiger

Wahrnehmungsillusion hingegen ist nichts weiter als ein Phantasma der Design-Theorie. In Bezug auf die Spielwelt gibt es stets eine Gleichzeitigkeit von Nähe und Distanz, weil Spiel nur aufgrund von Distanznahme durch Rahmung stattfinden kann, während gleichzeitig die Spielwelt immersiv genug sein muss, um glaubhaft zu sein.

Diese Simultanität von externer Beobachter- und intrinsischer Teilnehmerperspektive ist ein distinktes Charakteristikum von Computerspielen, das leicht übersehen werden kann, sobald eine der beiden Ebenen in der Analyse bevorzugt wird. Aus diesem Grund betont etwa Sybille Krämer, dass diese Gleichzeitigkeit von verschiedenen Wahrnehmungsebenen und Beobachterstandpunkten für Simulations-Phänomene spezifisch ist, eine Hypothese, die auch gegen die kulturpessimistisch aufgeladene These von der ‚Agonie des Realen‘ gerichtet ist: „Doch gegen die Verabsolutierung jeweils nur einer Perspektive sei daran erinnert, daß die Simulationstechnik virtueller Realitäten voraussetzt, daß der faktische Ort des Leibes und der virtuelle Ort der Interaktion divergieren. ‚Cyberspace‘ setzt also die Differenz von virtueller Realität und leibsituierter Außenwelt voraus" (Krämer 1998, S. 36).

14.2 Anwendung

Diablo III (2012) der Firma Blizzard ist ein typischer Vertreter des sogenannten Dungeoncrawlers, ein Untergenre des Rollenspiels, welches sich großer Beliebtheit erfreut. Ziel des Spiels ist es, mit einem vorgefertigten Charakter sich durch die verschiedenen infernalischen Umgebungen des Spiels zu kämpfen, um am Ende den finalen Endboss zu besiegen. Tatsächlich ist es aber eher eine Form von Warenfetischismus, die im Zentrum des Gameplays steht. Denn die Langzeitmotivation dieser Art von Spiel ist es, immer bessere Gegenstände zu finden, um damit höhere Schwierigkeitsgrade bewältigen zu können, die dann wieder bessere Gegenstände beinhalten und so weiter. Nucleus des Gamedesigns ist dabei die sogenannte *Itemisation,* also die Distribution von Gegenständen gemäß eines Zufallsgenerators über die verschiedenen Schwierigkeitsgrade hinweg und hier gilt es eine Balance zwischen Begehren und Belohnung zu finden, die stetig zum Weiterspielen motiviert (Abb. 14.1).

Dies ist insofern schwierig als der eigentliche *content* des Spiels, also die verschiedenen Spielabschnitte und Gegner, sowie die Geschichte nach wenigen Stunden durchgespielt sind. Danach geht es allein um die Akquisition neuer Gegenstände um der Gegenstände willen, Thema des Spiels ist also eigentlich ‚Die Hölle als Warenwelt‘ beziehungsweise ‚Die Warenwelt als Hölle‘. Da die Verteilung der Gegenstände vom Zufall abhängt beziehungsweise von Zufall simulierenden Algorithmen ist es stets ungewiss, wann und wie man die Waffe oder den Rüstungsgegenstand erhält, der einem ermöglicht, den nächsten Schwierigkeitsgrad zu erreichen. Das Gameplay besteht also im ewigen Wiederholen derselben Aktivitäten, was durchaus in vielen Fällen nicht nur an Arbeit erinnert, sondern tatsächlich Arbeit ist.

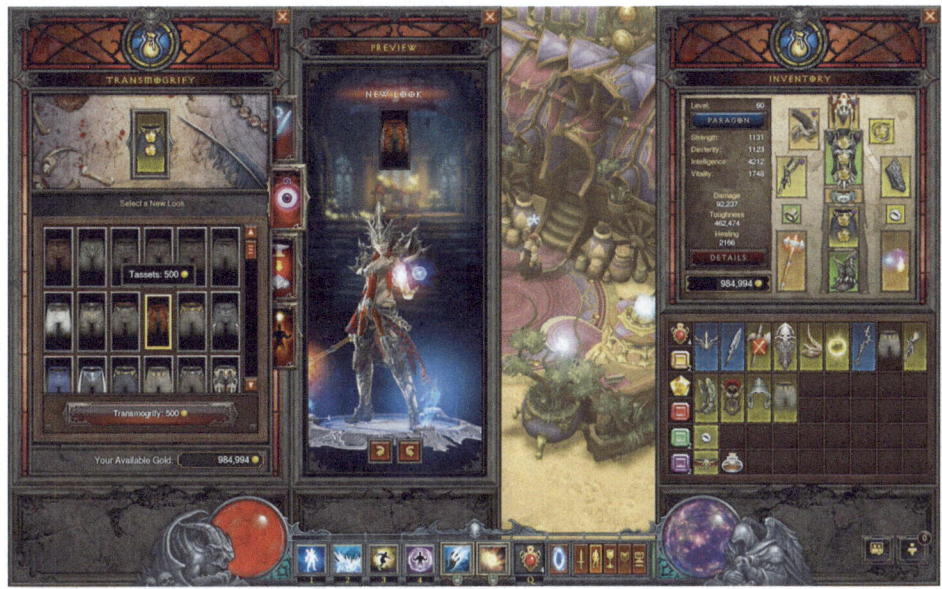

Abb. 14.1 Charakter-Inventar in *Diablo III* (2012, Blizzard/Blizzard)

Konsequenterweise war zum Erscheinungstermin von *Diablo III* ein virtuelles Auktionshaus implementiert, dass es den Spielern nicht nur erlaubte, online mit den virtuellen Gegenständen zu handeln, sondern diese auch mit realer Währung bezahlen zu können. Die Entwickler hatten allerdings die fetischistische Eigenlogik ihres Spiels unterschätzt, sie konnten sich nicht vorstellen, dass Spieler anstatt das eigentliche Spiel zu spielen, lieber mit echtem Geld virtuelle Waren erstehen würden; im Ergebnis war das eigentliche Spiel überflüssig geworden und die Spekulation im Auktionshaus der effektivste Weg an bessere Gegenstände zu gelangen. Das Spiel selbst wurde zum großen Teil von *Bots* gespielt, also illegalen Programmen, die selbstständig 24 h lang als virtuelle Sklaven das Spiel ‚spielten‘. Diese Aktivität des arbeitsmäßigen Erspielens von Gegenständen wird dann auch nicht umsonst *farming* genannt und oft an *bots* delegiert (Abb. 14.2).

Der fetischistische Charakter dieser Spiellogik wird an der ästhetischen ‚Itemprogression‘ ebenfalls deutlich. Ein Hauptteil der Entwicklungsarbeit steckt im Erstellen immer neuer Gegenstände, die nicht nur immer bessere Werte haben, sondern auch immer prächtiger aussehen müssen. Besonders seltene Gegenstände werden so zu regelrechten Statussymbolen. Während bei Karl Marx (2005) sich die irrationalen Kräfte des Fetischismus unter der Oberfläche des scheinbar rationalen Kapitalismus befinden, ist es in Computerspielen wie *Diablo III* also genau umgekehrt: Hier verbirgt eine magisch-mythische Welt der Dämonen, Monstren und Zaubersprüche den instrumentellen Rationalismus des Kapitalismus, dessen Motor Warenfetischismus in Reinkultur ist. Denn weder gehören dem Spieler die Gegenstände, die er vermeint erbeutet oder gekauft zu

Abb. 14.2   Item-Progression in *Diablo III* (2012, Blizzard/Blizzard)

Abb. 14.3   Charakter-Progression in *Diablo III* (2012, Blizzard/Blizzard)

haben, noch sind diese in irgendeiner Weise materiell vorhanden. Sie sind Phantasmen, ganz im platonischen Sinne, deren Wert allein im Imaginären existiert, was allerdings nicht heißt, dass diese weniger real sind als andere Waren oder Dienstleistungen. Interessant ist, dass Widerstand der Spieler_innen sich nur selten gegen diesen phantasmatischen Charakter der Gegenstände oder die Arbeitsförmigkeit des Gameplays richtet, sondern allein gegen die oft als zu niedrig empfundene Frequenz der Ausschüttung dieser Gegenstände (Abb. 14.3). *Diablo III* hat seit Erscheinen einige dramatische Veränderungen durchgemacht, deren alleiniger Zweck es war, den Spieler_innen mehr Möglichkeiten zur Akquisition von Gegenständen gewähren zu können und dabei deren phantasmatischen Wert trotzdem zu erhalten. Es ging also vor allem darum, Blizzard dazu zu bewegen, den Grad an Ungewissheit (nämlich, wann und unter welchen Umständen bekomme ich diesen oder jenen Gegenstand) zu reduzieren.

Die seit einigen Jahren äußerst erfolgreiche *Dark Souls*-Reihe des japanischen Entwicklers From-Soft, unterscheidet sich auf den ersten Blick kaum von *Diablo III,* und doch haben beide Spiele außer ästhetischen Ähnlichkeiten nur das Element der Ungewissheit beziehungsweise die Effektivität gemeinsam, mit dem beide Spiele mit diesem Element umgehen, es prononcieren. Während in *Diablo III* die Antagonismen des realen Kapitalismus zur Designfrage der *Itemisation* werden, ist in den Spielen der *Dark Souls*-Reihe die Simulation existenzieller „Geworfenheit" Kern des Spieldesigns. In *Bloodborne* (2015) etwa, dem jüngsten Ableger dieser Spielreihe, die für ihren hohen Schwierigkeitsgrad berüchtigt ist, gleicht das Spielerlebnis in jeder Beziehung einem existenzialistischen Albtraum. Nicht nur, dass die Atmosphäre der Spielwelt, die ästhetisch an die viktorianische Version eines Hieronymus Bosch-Gemäldes erinnert, so düster und bedrückend wie nur möglich gestaltet ist. Auch die Spielmechaniken sind keineswegs auf eine ständige Reizung des Belohnungszentrums aus, sondern durch ihren hohen Schwierigkeitsgrad geradezu frustrierend, da der Spieler ohne Anleitung, was zu tun sein, komplett allein gelassen wird. Durch das Fehlen von Hinweisen und Anleitungen gepaart mit dem hohen Schwierigkeitsgrad und der eigenwillig melancholischen Grundstimmung des Spiels wird ein Eindruck von Verlassenheit und Ausgesetz-Sein erzeugt, welcher bei längerem Spielen durchaus psychisch spürbar ist. Es ist jedoch gleichzeitig offensichtlich, dass in digitalen, auf Software basierenden Spielen dieser Art kein Platz ist für echte Ungewissheit im Sinne von Kontingenz, denn hier müssen alle Komponenten sehr genau miteinander koordiniert sein, damit das Spiel als Spiel überhaupt funktionieren kann. Spiele wie *Bloodborne* inszenieren Kontingenz somit in Form von *Unbestimmtheits-Stimmungen,* während sie eigentlich natürlich (gleichsam unter der Oberfläche) pansemiotische Maschinen sind, in denen alles ‚Sinn hat', die Spielelemente wie Rädchen eines Uhrwerks ineinandergreifen.

Literatur

Bateson, Gregory. 1972. A Theory of Game and Fantasy. In *Steps to an Ecology of the* Mind, Gregory Bateson, 138–148. San Francisco: Chandler Publ.

Gadamer, Hans-Georg. 1990. *Wahrheit und Methode. Grundzüge einer philosophischen Hermeneutik*, Tübingen: Mohr.

Kant, Immanuel. 1790. *Kritik der Urteilskraft.* Div. Ausgaben.

Krämer, Sybille. 1998. Zentralperspektive, Kalkül, Virtuelle Realität. In *Medien – Welten – Wirklichkeiten*, hrsg. G. Vattimo und W. Welsch, 27–39. München: Fink.

Marx, Karl. 2005. Das Kapital. Kritik der politischen Ökonomie, Bd. 1. In *Marx-Engels-Werke*, Bd. 23. Berlin: Dietz Verlag.

Peters, John Durham. 2015. *The Marvelous Clouds: Toward a Philosophy of Elemental Media.* Chicago: Univ. of Chicago Press.

Schiller, Friedrich. Über die ästhetische Erziehung des Menschen in einer Reihe von Briefen. In *Theoretische Schriften*, F. Schiller. Frankfurt am Main. 2008.

Weiterführende Literatur

Beil, Benjamin, Gundolf S. Freyermuth und Lisa Gotto, Hrsg. 2015. *New Game Plus. Perspektiven der Game Studies. Genres — Künste — Diskurse*, Bielefeld: transcript.

Bellmer, Hans. 1962. *Die Puppe: 1. Die Puppe; 2. Die Spiele d. Puppe; 3. Die Anatomie d. Bildes*, Berlin: Gerhardt.

Benjamin, Walter. 2007. Spielzeug und Spielen. Randbemerkungen zu einem Monumentalwerk. In *Aura und Reflexion. Schriften zur Ästhetik und Kunstphilosophie*, W. Benjamin, 208–212. Frankfurt/M.: Suhrkamp.

Buschkühle, Carl-Peter. 2007. *Die Welt als Spiel. Bd 1. Kulturtheorie: digitale Spiele und künstlerische Existenz*, Oberhausen: Athena Verlag.

Butler, Judith. 2009. *Frames of War: When is Life Grievable?* London/New York: Verso.

Caillois, Roger. 1982. *Die Spiele und die Menschen. Maske und Rausch*, Berlin: Ullstein.

Daumal, Rene und Roger Gilbert-Lecomte. 2015. *Theory of the Great Game. Writings from „Le Grand Jeu"*. London: Atlas Press.

Diem, Liselott: *Das Spiel. Spiegel des Menschlichen*, Frankfurt/M.: Limpert.

Manfred Eigen und Winkler Ruthild. 1975. *Das Spiel – Naturgesetze steuern den Zufall*. München: Piper.

Manfred Eigen und Winkler Ruthild. 1981. *Laws of the Game. How the Principles of Nature Govern Chance*. New York: Princeton Science Library.

Markku Eskelinen. 2001. The Gaming Situation. http://www.gamestudies.org/0101/eskelinen/. Zugegriffen: 12. Februar 2017.

Fabeck, Hans von. 2015. *Vom Sinn zum Spiel. Ein Leitfaden in die Postmoderne*. Wien: Passagen.

Daniel Martin Feige. 2015. *Computerspiele. Eine Ästhetik*, Berlin: Suhrkamp.

Flatscher, Matthias. 2003. Das Spiel der Kunst als die Kunst des Spiels. Bemerkungen zum Spiel bei Gadamer und Wittgenstein. In *Orte des Schönen. Phänomenologische* Annäherungen, hrsg. R. Esterbauer, 125–154. Würzburg: Königshausen & Neumann.

Fuchs, Matthias und Ernst Strouthal, Hrsg. 2010. *Das Spiel und seine Grenzen. Passagen des Spiels II*. Wien/New York: Springer.

Gadamer, Hans-Georg. 1977. *Die Aktualität des Schönen. Kunst als Spiel, Symbol und Fest*. Stuttgart: Reclam.

Galloway, Alexander R. 2006. *Gaming. Essays on Algorithmic Culture*. Minneapolis: Univ. of Minnesota Press.

GamesCoop, Hrsg. 2012. *Theorien des Computerspiels. Zur Einführung*. Hamburg: Junius.

Goffman, Erving. 2010. *Wir alle spielen Theater. Die Selbstdarstellung im Alltag*. München: Piper.

Günzel, Stephan. 2014. *Push Start: The Art of Video Games*. Hamburg: earBOOKS.

Hensel, Thomas, Britta Neitzel und Rolf F. Nohr, Hrsg. 2015. *„The cake is a lie!". Polyperspektivische Betrachtungen des Computerspiels am Beispiel von Portal*. Münster: Lit.

Hensel, Thomas. 2011. *Nature morte im Fadenkreuz. Bilderspiele mit dem Computerspiel*. Trier: Intermedia Design Books.

Huizinga, Johan. 2013. *Homo Ludens. Vom Ursprung der Kultur im Spiel*. Hamburg: rororo.

Walther, Bo Kampmann. 2003. Playing and Gaming. Reflections on Classifications. *The International Journal of Computer Game Research* 3.1.

Kowalewicz, Michel Henri, Hrsg. 2013. *Spiel. Facetten seiner Ideengeschichte*. Münster: mentis.

Luhmann, Niklas. 1987. *Soziale Systeme. Grundriß einer allgemeinen Theorie*. Frankfurt/M.: Suhrkamp.

Myers, David. 2009. The Video Game Aesthetic. Play as Form. In *The Video Game Theory Reader 2*, hrsg. B. Perron und M.J.P. Wolf, 45–63, New York: Routledge.

Pfaller, Robert. 2002. *Die Illusion des Anderen. Über das Lustprinzip in der Kultur*, Frankfurt/M.: Suhrkamp.

Pias, Claus. 2002. *Computer Spiel Welten*, München: sequenzia 2002.

Rora, Constanze. 2009. Spiel und Kunst. Zur Einleitung. *Zeitschrift Ästhetische Bildung* 1.1: 1–12.

Horn, Roni. 2011. *Photographien*. Ausstellungskatalog, Hamburger Kunsthalle, 15. April bis 14. August 2011, Hamburg.

Rosner, Martina. 2003. *Metaphysica ludens. Das Spiel als phänomenologische Grundfigur Martin Heideggers*. Dordrecht: Springer.

Salen, Katie, Eric Zimmerman. 2004. *Rules of Play. Game Design Fundamentals*. Cambridge/MA: MIT Press.

Strätling, Regine, Hrsg. 2012. *Spielformen des Selbst. Das Spiel zwischen Subjektivität, Kunst und Alltagspraxis*. Bielefeld: transcript.

Thimm, Caja, Hrsg. 2010. *Das Spiel. Muster und Metapher der Mediengesellschaft*. Wiesbaden: VS Verlag.

Über den Autor

Prof. Dr. Markus Rautzenberg ist Philosoph und Medientheoretiker und promovierte 2007 nach einem Studium der Germanistik, Philosophie und Theaterwissenschaften im Fach Philosophie mit einer medientheoretischen Arbeit zur „Gegenwendigkeit der Störung". Seit 2016 ist er Professor für Philosophie an der Folkwang Universität der Künste in Essen. Forschungsschwerpunkte: Medientheorie, Bildtheorie, Ästhetik, Epistemologie, Philosophie des Computerspiels. Publikationen (Auswahl): (zus. mit Juliane Schiffers): *Ungründe. Perspektiven prekärer Fundierung*, Paderborn 2016; (zus. mit Andreas Wolfsteiner): *Trial and Error. Szenarien medialen Handelns*, Paderborn 2014 und *Hide and Seek. Das Spiel von Transparenz und Opazität*, München 2010; *Die Gegenwendigkeit der Störung. Aspekte einer postmetaphysischer Präsenztheorie*, Berlin-Zürich 2009. markus.rautzenberg@folkwang-uni.de Folkwang Universität der Künste, Campus Universität Duisburg-Essen, Fachbereich Gestaltung / Philosophie, Universitätsstr. 12, 45141 Essen.

Partizipation

15

Benjamin Beil

15.1 Theorieüberblick: Partizipative Medienkulturen

Ein viel diskutierter Aspekt digitaler Medienkulturen ist das Versprechen der ‚interaktiven Teilhabe', eine Participatory Culture (Jenkins 2006), deren Grundlage neue Technologien bilden, die den Mediennutzer in die Lage versetzen, mediale Inhalte zu archivieren,
zu annotieren, zu bearbeiten und zu verändern, selbst zu produzieren und in Umlauf zu
bringen (Biermann et al. 2013). Natürlich sind partizipative Praktiken lange vor der Entwicklung digitaler Medienkulturen zu beobachten (Jenkins 1992), jedoch zeigt sich, dass
durch die zunehmende Mediatisierung von Alltag und Kultur die Möglichkeiten einer
Partizipation in und an Medienangeboten sprunghaft zugenommen haben – sowohl quantitativ wie auch hinsichtlich ihrer kulturellen, sozialen und ökonomischen Bedeutung.

    Die technologische Basis digitaler Medien bietet neue (oder zumindest einfachere
und komfortablere) Möglichkeiten der technischen Implementierung einer ‚Teilhabe'
beziehungsweise Interaktion des Rezipienten oder vielmehr des Users (Manovich 2001).
Zentral ist hierbei gleichermaßen der mediale Wandel auf der Produktions- wie auf der
Distributionsebene – anders formuliert: der ‚Boom' der Participatory Culture ist eng
an die Entstehung einer Network Culture (Terranova 2004) gekoppelt. Untersuchungen
zu partizipativen Praktiken digitaler Medienwelten finden sich in einer Vielzahl ganz
unterschiedlicher Forschungsrichtungen, die in ihrer ganzen Breite an dieser Stelle nicht
wiedergegeben werden können: von kultur- (Abresch et al. 2009) und sozialwissen-
schaftlichen Ansätzen (Blättel-Mink und Hellmann 2010) über ökonomische (Reichwald
und Piller 2009) und politische (Bieber und Leggewie 2012) bis hin zu informatorischen

B. Beil (✉)
Köln, Deutschland
E-Mail: benjamin.beil@uni-koeln.de

© Springer Fachmedien Wiesbaden GmbH 2018
B. Beil et al. (Hrsg.), *Game Studies,* Film, Fernsehen, Neue Medien,
https://doi.org/10.1007/978-3-658-13498-3_15

(Pipek et al. 2009) sowie pädagogischen (Hugger 2010) Perspektiven. Hervorzuheben ist jedoch ein charakteristischer wie kritischer Punkt der meisten dieser Ansätze: Denn so verschieden die jeweiligen Forschungsdesigns und leitenden Erkenntnisinteressen auch sein mögen, sie alle teilen eine Tendenz zu einer entweder sehr engen oder aber sehr weiten Definition von Partizipation.

Dies lässt sich etwa anschaulich an einer (hier heuristisch zugespitzten) Gegenüberstellung von ökonomischen Modellen und sozial- wie kulturwissenschaftlichen Arbeiten darlegen. Die ökonomischen Ansätze gehen in der Mehrzahl von einem Partizipationsbegriff aus, der die Tätigkeit des Rezipienten (beziehungsweise Kunden) bei der Fertigstellung eines Produkts beschreibt. Ein solches Modell hat zwar den Vorzug eines (vergleichsweise) klaren Partizipationsbegriffs, allerdings auf Kosten einer Zuspitzung (oder wenn man so will: Verengung) des Partizipationskonzepts auf sein Potenzial in Wertschöpfungsketten (vgl. kritisch Thrift 2006; Coté und Pybus 2011). Dies wird zum Beispiel besonders deutlich, wenn bei Voß und Rieder vom „arbeitenden Kunden" (Voß und Rieder 2005) oder bei Reichwald und Piller vom „partizipativen Konsumenten" (Piller 2006) oder auch von „interaktiver Wertschöpfung" (Reichwald und Piller 2009) die Rede ist. Im Vergleich hierzu sind die sozial- und kulturwissenschaftlichen Ansätze erheblich offener, indem sie in der Regel auch nicht kommerzielle Praktiken, insbesondere innerhalb von Fankulturen (Jenkins 2006) berücksichtigen und häufig nicht die Wertschöpfung, sondern die Motivationen einzelner Rezipienten beziehungsweise User – unter anderem Faktoren wie Kreativität, Selbstverwirklichung, Individualisierung, Status in Communitys – in den Mittelpunkt stellen (Behr 2010). Doch obgleich diese Studien einen weiteren wie differenzierteren Blick auf partizipative Praktiken ermöglichen, weisen sie vor allem zwei Schieflagen auf: Erstens geht die Ausweitung des Untersuchungsbereichs mit einer größeren Unschärfe des Partizipationskonzepts einher; so reichen die Fallbeispiele von trivialen Tätigkeiten wie einer Selbstbedienung an der Tankstelle bis hin zu komplexen Online-Communitys (Hellmann 2010). Damit zusammenhängend wird zweitens durch eine historische wie thematische Ausdehnung des Partizipationskonzepts eine Spezifik digitaler Medienangebote häufig verkannt.

Innerhalb der verschiedenen Ansätze zu partizipativen Praktiken hat insbesondere das Konzept des Prosumings, das auf Alvin Tofflers Glücksgriff der Wortprägung in seinem Buch *The Third Wave* (1980) zurückgeht, in den letzten Jahren weitreichende Aufmerksamkeit erfahren (Blättel-Mink und Hellmann 2010). Obwohl Toffler mit seiner prophetischen These von der Verschmelzung von Konsumenten- und Produzenten-Tätigkeiten ganz unterschiedliche Phänomene wie Selbstbedienung, Do-It-Yourself-Aktivitäten oder auch Selbsthilfegruppen thematisiert, richtet sich auch hier der Fokus der aktuellen Debatte vor allem auf die aktivere Rolle des Konsumenten/Prosumenten im Internet, oder genauer: im Web 2.0 (O'Reilly 2005). Der Umstand, dass das Konzept des Prosumings schon bei Toffler durch eine nicht unwesentliche Definitionsunschärfe geprägt ist, die durch die Integration immer neuer Phänomene weiter zunimmt, scheint dabei weniger zur einer Problematisierung zu führen, sondern vielmehr zum Erfolg und zur fortwährenden Faszination des Begriffs beizutragen (Hellmann 2010). Eine einflussreiche Weiterentwicklung beziehungsweise Ausdifferenzierung von Tofflers Konzept ist durch

Axel Bruns (2008) geleistet worden, der in seinen Untersuchungen (unter anderem von Do-It-Yourself-Kulturen und User-Generated-Content) die sozialen und kreativen Interaktionen auf Konsumentenseite stärker in den Analysefokus rückt, was sich bereits in der wortschöpferischen Bezeichnung seines Ansatzes – Produser – zeigt.

15.2 Game Studies: Computerspiel-Modding als partizipative Medienkultur

15.2.1 Was ist ein Mod?

Als Mod (Modification) kann im Grunde jede Veränderung oder Erweiterung von Levelstrukturen, Figuren, Items, Sounds oder auch Regelwerken eines Computerspiels gelten, die von Hobbyentwicklern (oder selten auch von professionellen Spieledesignern) erstellt und üblicherweise über das Internet kostenlos verbreitet wird. Mods, die dem Spiel in erster Linie neue Inhalte hinzufügen (Mappacks, Skinpacks), den ‚Charakter' des Originalprogramms aber weitgehend intakt lassen, werden als Partial Conversions bezeichnet. Im Gegensatz dazu stellen Total Conversions größere Eingriffe dar, die das komplette Szenario eines Spiels und gegebenenfalls auch die zentralen Gameplay-Aspekte grundlegend verändern. Partial Conversions verändern/ergänzen häufig nur die statischen Daten eines Spiels (zum Beispiel neue Texturen für Objekte). Dieser Prozess kann meist mit gängigen Bildbearbeitungsprogrammen oder 3-D-Editoren erfolgen. Für Total Conversions hingegen sind größere Eingriffe in die Programmstrukturen notwendig.

Mods werden normalerweise kostenlos angeboten, allerdings wird zum Spielen in der Regel das Hauptprogramm benötigt. Sie werden typischerweise in kleinen Gruppen von einem bis fünf Mitgliedern entwickelt, die die Planung, Koordination und die wesentlichen Programmierarbeiten übernehmen. Dieser Kerngruppe sind häufig kleinere und größere Teams angegliedert, die zusätzliche Inhalte und Ergänzungen beisteuern (vgl. u. a. Jeppesen 2004, S. 9; Postigo 2007, S. 308–310; Behr 2010, S. 63–75). Gerade die aufwendiger und komplexer werdenden Programmstrukturen aktueller Computerspiele verlangen dabei einen immer größeren Arbeitsaufwand und damit auch größere Mod-Teams, innerhalb derer es zu einer Ausdifferenzierung verschiedener Tätigkeiten (Leveldesign, 2-D/3-D-Artwork, Coding, Scripting) kommt. Auf diese Weise tendieren viele Mod-Projekte zu einer zunehmenden Professionalisierung, da sich ihr Aufbau mehr und mehr an der Arbeitsteilung von großen kommerziellen Teams orientiert (Sotamaa 2003, S. 16).

15.2.2 Modding Cultures

Werden die kleinen und großen Unebenheiten der im ersten Abschnitt dieses Beitrags beschriebenen Forschungsrichtungen zunächst einmal hin- aber auch ernst genommen, stellt die Game Modding-Szene zweifelsohne eine der aktivsten zeitgenössischen partizipativen Medienkulturen dar. Dabei erscheinen die Arbeiten zum Game Modding ebenso vielfältig wie die bereits benannten Forschungsströmungen: So gibt es unter anderem kulturwissenschaftliche (Morris 2003; Sotamaa 2003; Sihvonen 2011), empirisch-sozialwissenschaftliche (Behr 2010), ethnologische (Knorr 2011), pädagogische (Biermann et al. 2010) und ökonomische Ansätze (Jeppesen 2004; Postigo 2007; Nieborg und van der Graaf 2008). Eine große Rolle spielen zudem produktionsästhetische Perspektiven (Au 2002; Kushner 2002).

Was angesichts der Vielfalt der Ansätze jedoch auffällt, ist eine Tendenz, Modding vor allem als subkulturelles Phänomen zu betrachten, als eine Expertenkultur, die sich deutlich vom Gaming Mainstream abhebt (Botz 2011). Dementsprechend dominieren innerhalb des Forschungsfeldes kulturkritische Beiträge, die zum Beispiel den ökonomischen Aspekt von Modding als ‚freiwillige' Arbeit des Spielers hinterfragen (die sogenannte Playbour-Diskussion; Kücklich 2004; Kücklich 2005).

Die Relevanz solcher Ansätze soll hier keineswegs infrage gestellt werden – im Gegenteil. Doch während eine solche Diskussion im Wesentlichen an ähnliche, breiter gefasste kulturkritische Ansätze zu partizipativen Medienkulturen anschließt, fällt auf, dass populäre – man könnte auch sagen: massenkompatible – Variationen von Modding-Praktiken so gut wie keine Rolle spielen.

Dabei sind es gerade Spiele wie zum Beispiel *Minecraft* (2011), die in den letzten Jahren die Computerspielkultur entscheidend geprägt haben und die einerseits zwar an bekannte Modding-Praktiken anschließen, andererseits jedoch durch ihre einfach zu erlernenden Editoren-Werkzeuge sich auch an technisch weniger versierte Spieler richten. Das entscheidende Merkmal von *Minecraft* ist somit gerade die Öffnung für eine größere, heterogenere Spielerschaft. Wobei es gar nicht in erster Linie um eine (vermeintlich) geringere Komplexität dieser Spiele geht – denn auch *Minecraft* tendiert durchaus dazu, Expertenkulturen hervorzubringen und unterliegt selbst einer steten ‚Komplexitätssteigerung' durch Modding in Form von Erweiterungen, die dem Basisprogramm neue Funktionen hinzufügen. Zentral sind vielmehr der Aspekt der Zugänglichkeit und vor allem eine Art Umwidmung des Moddings als ‚spielerische Form'. Modding findet bei *Minecraft* nicht mehr in einem separaten Editor-Programm statt, sondern in der Spielwelt selbst. Modding bildet gar – so könnte man zuspitzen – das eigentliche Spielprinzip. Um diese Differenzierung zu verdeutlichen sollen *Minecraft* und andere Spiele, wie die *LittleBigPlanet*-Reihe (seit 2008), *Disney Infinity* (2013), *Garry's Mod* (2004) oder *Project Spark* (2014), das heißt Spiele, die einen Schwerpunkt auf ein Verändern oder Ergänzen – ein Editieren – der Spielwelt legen, im Folgenden als *Editor-Games* (Abend und Beil 2014) bezeichnet werden.

15.2.3 Vom Game Modding zum Editor-Game

„Theoretically speaking, every little alteration made to the program code of any commercial entertainment software, can be treated as a mod and therefore it is not easy to determine who made the first mod and what was it like" (Sotamaa 2003, S. 5) – und so kann im Grunde bereits eines der ersten Computerspiele überhaupt, *Spacewar!* (1962), als eine Mod gesehen werden, da das Programm, das vor allem als Demo-Software auf Großrechnern von Universitäten Verbreitung fand, an praktisch jedem Campus begeistert umprogrammiert wurde.

> While it would be quite a stretch to call the handful of *Spacewar!* hackers on selec-ted research facilities a modding culture, they nevertheless were doing the same thing that modders do today: modifying a game someone else has created to their own perso-nal likings. Furthermore, the pioneering hackers exhibited certain qualities, which would become crucial not only in the development of modding culture, but also in the ove-rall advancement of information technology. These qualities are often summed up as the ‚hacker ethic‘ (Laukkanen 2005, S. 7 f.).

Eine Art „hacker ethic" oder auch „hacker spirit" (Sotamaa 2003, S. 17) scheint sich dabei bis heute als ein integraler Bestandteil der Modding Culture erhalten zu haben, obwohl – oder vielleicht gerade weil – sich mittlerweile eine rege Zusammenarbeit zwischen Mod-Communitys und Herstellern etabliert hat. Dieses im Grund paradoxe Phänomen eines „popular hackerism" (Sotamaa 2003, S. 17) droht dabei einerseits zwar stetig an den gegensätzlichen Interessen von Produzenten und Moddern/Hackern (kommerzielle versus freie Software) zu zerbrechen, mag aber anderseits durchaus zur „vexierbildhafte[n] Gestalt" (Pias 2002) des Hackers durchaus passen.

Die Geschichte von Mods soll hier (sehr verkürzend) in drei Phasen unterteilt werden: die (in der Regel unautorisierten) Mod-Projekte der 1980er Jahre, die ersten Formen der Zusammenarbeit von Entwicklern und Mod-Communitys Mitte der 1990er Jahre und die Entwicklung des Moddings zu einem Business-Modell in den späteren 1990er Jahren.

Lars Bo Jeppesen betitelt die erste Phase des Moddings in den 1980er Jahren mit „when modding was hacking" (2004, S. 10), denn in dieser Zeit waren praktisch sämt-liche Mods kommerzieller Spiele unautorisiert und somit in der Regel illegal. Eine ent-scheidende Veränderung fand Mitte der 1990er Jahre statt. 1993 erschien das Spiel *Doom*, das nicht nur den Siegeszug des First-Person-Shooter-Genres einleitete, sondern zugleich eine sehr aktive Mod-Community hervorbrachte. Inspiriert durch die zahlreichen inno-vativen Mods des Vorgängers *Wolfenstein 3D* (1992), führte das Entwicklerstudio id Software mit *Doom* zwei grundlegende Neuerungen ein, die die Mod-Szene nachhaltig prägen sollten (Kushner 2002). Erstens wurden Modifikationen des Originalprogamms von id Software – mit einigen Einschränkungen, wie der Nutzung einer registrierten Ver-sion von *Doom* – ausdrücklich erlaubt (Au 2002); zweitens gestaltete sich die Programm-struktur von *Doom* im Vergleich zu anderen Titeln Anfang der 1990er Jahre besonders „mod-friendly" (Laukkanen 2005, S. 12). Während bei den meisten Titeln, die vor *Doom* erschienen, die Modifikation der Media-Dateien eine Löschung von Original-Code ver-langte, wurden bei ids First-Person-Shooter die Grafik- und Sounddateien in einer vom Hauptprogramm beziehungsweise von der Game-Engine separaten Ordnerstruktur abge-speichert. Auf diese Weise wurde die Erstellung wesentlich vereinfacht. Der Erfolg von *Doom* kann allerdings nicht ausschließlich auf die Zusammenarbeit von Hersteller und Community zurückgeführt werden, sondern wurde auch maßgeblich von einer anderen historischen Entwicklung Anfang der 1990er Jahre begünstigt – dem kommerziellen Durchbruch des World Wide Web und eine damit einhergehende deutliche Vereinfachung der digitalen Distribution von Mods sowie der Vernetzung von Modding-Communitys.

Was in den 1980er Jahren als eine „bottom-up modularization by users" (Jeppesen 2004, S. 10) begann, wurde Ende der 1990er mit *Counter-Strike* (2000) zu einem Business-Modell. *Counter-Strike* ist eine Multiplayer Mod des First-Person-Shooters *Half-Life* (1998) und verändert sowohl das Szenario als auch die grundlegende Spielmechanik des Hauptprogramms. Der enorme Erfolg der 1999 von Hobbyprogrammierern entwickelten Mod veranlasste den *Half-Life*-Entwickler Valve dazu, das *Counter-Strike*-Mod-Team unter Vertrag zu nehmen (vgl. Kücklich 2004). Seit dem Jahr 2000 wird *Counter-Strike* als offizielle Erweiterung (Add-on) vertrieben. Valve übernahm somit nicht nur die von id Software erfolgreich erprobte Kooperationsstrategie von Entwickler und Community, sondern nutzte das Phänomen Modding Culture auch zur Rekrutierung neuer Talente. So startete *Counter-Strike* zwar als typisches Mod-Projekt, entwickelte sich aber letztlich zu einem kommerziellen Produkt.

Die Strategie einer solchen Kommerzialisierung von Modding-Praktiken lässt somit fraglich erscheinen, inwieweit bei einem Projekt wie *Counter-Strike* (und seinen Weiterentwicklungen beziehungsweise Nachfolgern) überhaupt noch von Modding – oder nicht vielmehr von einer „Economy of Modding" (Kücklich 2005) gesprochen werden sollte (vgl. hierzu auch Jeppesen 2004; Postigo 2007; Nieborg und van der Graaf 2008). So mag den ‚freien' Mod-Projekten zwar häufig eine große Anerkennung für das Engagement ihrer Schöpfer (und für deren Innovationsfreudigkeit und Kreativität) gebühren, ihr tatsächlicher Einfluss fällt zahlenmäßig letztlich jedoch sehr gering aus. Zwar nehmen Modding-Praktiken insgesamt stetig zu – was aber schlicht auch ein Effekt der wachsenden Verbreitung von Computerspielen sein dürfte. Daneben werden die Distribution von Mods und die Vernetzung von Modding-Communitys durch Web 2.0-Technologien fortwährend erleichtert. Doch sorgen gerade diese Techniken durch Auswahlmechanismen und Rankings auch dafür, dass sich nur einige wenige Mods wirklich durchsetzen. Wird Modding also einfach nur professioneller? Sind Konzepte wie ein *Gaming 2.0* (Tolino 2010) oder eine *digitale Spielkultur 2.0* (Biermann et al. 2010) nur ein ‚Anhängsel' oder vielmehr noch ein Werbeslogan einer zunehmend kommerzialisierten partizipativen Gaming Culture?

An dieser Stelle soll der Fokus der Argumentation verschoben werden: von den Modding-Scenes im engeren Sinne hin zu ‚populären' Formen der Erstellung oder Veränderung von Computerspielinhalten. Es soll um Leveleditoren gehen, das heißt Programme, die zur Erstellung neuer oder Bearbeitung bestehender Level, Karten, Missionen, Figuren oder Items eines Computerspiels genutzt werden. Es ließe sich an dieser Stelle freilich einwenden, dass auch die (semi-)professionellen Modding-Communitys (spezialisierte) Editoren nutzen – doch obgleich die Übergänge fließend sind, soll es im Folgenden vor allem um diejenigen Editoren gehen, die auch den ‚normalen' Spieler ansprechen, das heißt Programme, die keine oder nur rudimentäre Vorkenntnisse im

Bereich des Game-Designs voraussetzen und die üblicherweise bereits einem Spiel bei-
gefügt sind oder kurz nach der Veröffentlichung als Download angeboten werden – mehr
noch: Programme, die den Spieler durch ihre Zugänglichkeit sozusagen zu Modding-
Praktiken animieren.

Als Vater dieser Art von Leveleditoren darf Bill Budge gelten, der 1983 das *Pinball
Construction Set* entwickelte. Das Programm erlaubt das einfache Erstellen von Flipper-
tischen aus einer Auswahl verschiedener Bausteine, die per Drag&Drop auf der Spiel-
fläche platziert werden (Abb. 15.1). Das *Pinball Construction Set* wird im Handbuch
wie folgt angepriesen: „No programming or typing is necessary. Just take parts from the
set and put them on the game board. Press a button to play!" (zit. n. Barton und Loguidice
2009). Die Betonung der Zugänglichkeit setzt sich dabei auch in der Gestaltung des
Covers fort, das eine Art Bastel-Set zeigt und damit den virtuellen beziehungsweise digitalen Charakter des Programms zu überdecken versucht.

Das *Pinball Construction Set* erwies sich als ein enormer kommerzieller Erfolg und
zog eine ganze Reihe von Fortsetzungen nach sich – unter anderem das *Racing Destruction Set* (1985), aber auch weniger an klassischen Spielgenres orientierte Programme,
wie das *Music Construction Set* (1984), das als einer der Vorläufer für Education-Soft-
ware gelten darf.

Ende der 1980er Jahre verliert sich diese Spur der Vorläufer von Editor-Games.
Leveleditoren finden sich zwar nach wie vor, zum Beispiel als Karteneditoren vor allem
im Strategiespielbereich Verwendung. Sie sind aber häufig eher ein Bonusfeature, das
weit hinter der Beliebtheit früherer Construction Sets zurückbleibt. Dies ändert sich 2008
mit dem Erscheinen des Spiels *LittleBigPlanet* für die Playstation 3 – dem bis heute wohl

Abb. 15.1 Anfänge der Leveleditoren – *Pinball Construction Set* (1982, BudgeCo/BudgeCo)

prominentesten Beispiel für die wachsende Bedeutung von User Generated Content insbesondere im Bereich der Konsolenspiele. Von Kritikern hoch gelobt gilt Media Molecules Jump ‚n' Run-Baukasten als ein Meilenstein des *Gaming 2.0* (Carless 2008), was insbesondere durch die Gestaltung und Einbindung des Leveleditors in das Spiel begründet ist.

15.3 Fallbeispiele: *LittleBigPlanet* und *Minecraft*

15.3.1 LittleBigPlanet

Die Story-Kampagne von *LittleBigPlanet* umfasst etwa sechs bis acht Spielstunden und kann mit bis zu vier Spielern bestritten werden. Als eigentliches Kernstück von Sonys Vorzeigetitel wird jedoch der Leveleditor des Spiels angepriesen, der eine – zumindest für Konsolenspiele – einzigartige Fülle an Funktionalitäten bietet. Zudem können die selbst erstellten Level über ein integriertes Sharing-System über das *Playstation Network* veröffentlicht und so der *LittleBigPlanet*-Community zugänglich gemacht werden. Das Computerspiel-Fachportal Gamasutra sieht den *LittleBigPlanet*-Leveleditor als eine der wichtigsten Innovationen des Jahres 2008:

> *LittleBigPlanet* is as much about enabling gamers to participate in level design as anything else, which means its user design experience needed to at least approach the level of accessibility seen in more traditional gameplay. Certainly, creating a *LittleBigPlanet* level requires more investment of time and creativity than playing a *LittleBigPlanet* level, but it is telling that the lines between the two can be somewhat blurred. It is perhaps even more telling that, thanks to the game's intuitive, real-time nature of level editing, Media Molecule has shipped a creation mechanic that has proved enormously usable for end users while remaining standard issue for the studio's professional designers (Remo 2008).

Es kann und soll hier nicht detailliert auf die Funktionsweise des Leveleditors von *LittleBigPlanet* eingegangen werden. Hervorzuheben ist an dieser Stelle vielmehr die *Einbindung* des Editors durch eine insbesondere für Einsteiger sehr zugängliche Benutzeroberfläche und über eine Art ‚Editor-Ästhetik', die geschickt in die *LittleBigPlanet*-(Spiel-)Welt integriert wurde.

Obwohl der Leveleditor letztlich ein recht komplexes Werkzeug darstellt, ist dieses Tool in *LittleBigPlanet* keinesfalls als ein Bonus für besonders versierte Spieler gedacht, sondern soll gezielt auch Gelegenheitsspieler als neue Zielgruppe erschließen. Jede Funktionalität des Editors wird durch Videotutorials begleitet. Zudem unterscheidet sich die Darstellung des Editors nur minimal von der Ansicht im eigentlichen Spielmodus (Abb. 15.2). *LittleBigPlanet* verzichtet auf eine abstrakte Werkzeugpalette, stattdessen wird die Avatarfigur zum ‚Baumeister'. Durch einige übersichtliche Menüs, die in ähnlicher Form auch im Hauptspiel vorkommen, werden Levelbausteine ausgewählt, die mit dem ‚Universalwerkzeug Sackboy' angepasst und platziert werden. Dieses von Gamasutra

Abb. 15.2 ‚Editor-Ästhetik' in *LittleBigPlanet* (2008, Media Molecule/Sony)

angepriesene „real-time level editing" markiert durch die gezielte Annäherung von Spiel-welt- und Editor-Darstellung somit eine entscheidende Strategie bei der spielerischen Integration von Modding-Features.

Diese Annäherung wird zudem dadurch begünstigt, dass sich eine Art ‚Editor-Ästhetik' durch das komplette Design von *LittleBigPlanet* zieht. Dies beginnt mit dem Avatar Sackboy – einer Stoffpuppe, die vom Spieler individuell verändert und mit hunderten unterschiedlicher Kleidungsstücke und Items versehen werden kann – und setzt sich im Leveldesign fort. Denn *LittleBigPlanet* besteht nicht aus einer geschlossenen, kohä-renten (Spiel-)Welt, sondern ist vielmehr als Bricolage zu sehen. Als Quelle dienen die verschiedensten Themen und Motive – von der antiken Mythologie bis hin zur postmo-dernen Popkultur –, und somit ist *LittleBigPlanet* besonders offen für eine bestimmte Vorliebe der Mod-Szene, Versatzstücke aus verschiedenen Fan-Kulturen zu verarbeiten.

LittleBigPlanet hat neben einer Reihe von Portierungen (*LittleBigPlanet PSP*, 2009; *LittleBigPlanet PS Vita*, 2012) und Spin-offs (*Sackboy's Prehistoric Moves*, 2010; *Little-BigPlanet Karting*, 2012) in den Jahren 2011 und 2014 mit *LittleBigPlanet 2* und *Little-BigPlanet 3* zwei erfolgreiche Nachfolger gefunden, die das zugängliche Editor-Prinzip aufgreifen und mit zusätzlichen Funktionen anreichern, etwa der Möglichkeit nicht mehr nur Jump ‚n' Run-Level zu erstellen, sondern weitere (einfache) Arcade-Spielmechanis-men umzusetzen. Als Gaming 2.0-Flagschiff ist LittleBigPlanet allerdings mittlerweile durch *Minecraft* abgelöst worden, das einige Features und Charakteristiken von *Little-BigPlanet* aufgreift, insbesondere eine – wenn auch grafisch gänzlich anders umgesetzte – ‚Editor-Ästhetik', die ebenfalls die Bearbeitung das Editieren durch einen Avatar direkt in der Spielwelt erlaubt. Allerdings geht *Minecraft* noch einen entscheidenden Schritt weiter, indem es die Grenze zwischen Editor und Spiel – die bei *LittleBigPlanet* zwar zunehmend unscharf wird, aber durch die separaten Spiel- und Editormodi durchaus noch präsent ist – vollständig aufhebt und das stetige Editieren der Spielwelt zum eigentlichen Spielprinzip erhebt.

15.3.2 Minecraft

Minecraft wurde 2009 von dem kleinen schwedischen Independent-Entwickler Studio Mojang für den PC veröffentlicht und entwickelte sich innerhalb von wenigen Monaten von einem Geheimtipp der Spielerszene zum weltweiten Bestseller. Inzwischen hat sich *Minecraft* über 120 Mio. Mal verkauft und ist auf nahezu allen gängigen Spielplattformen zu finden, von aktuellen High-End Spielekonsolen, wie der Xbox One, bis hin zu Smartphones.

   Minecraft ist eine Art Open-World-Lego-Baukasten. Im Spiel können Rohstoffe abgebaut („Mine") und zu anderen Gegenständen weiterverarbeitet („Craft") werden. Das Spiel ist dabei grundlegend durch einen ‚Editoren-Stil' geprägt: Es gibt (praktisch) keine konkreten Spielziele, vielmehr verlässt sich *Minecraft* fast ausschließlich auf die Kreativität der Spieler. *Minecraft* erlaubt zwei verschiedene Spielvarianten: den *Creative-Mode,* der vor allem zur Erstellung großer und komplizierter Bauwerke dient, da der Spieler unbegrenzte Mengen an Blöcken (Ressourcen) zur Verfügung hat; der *Survival-Mode* hingegen simuliert einen Tag-/Nachtwechsel und zwingt den Spieler zum Ressourcenmanagement beziehungsweise zum Bauen eines Verstecks, das ihn vor Monstern schützt, die in der Nacht die Spielwelt bevölkern – allerdings bleibt auch in diesem vermeintlich eher ‚klassischen' Spielmodus der Editor-Aspekt das dominierende Spielprinzip. „*Minecraft* never tells the players what to do. They do not have a story objective, whether short-term or long term. How come *Minecraft* is not a mere level editor?" (Léja-Six 2012).

   Ein erster Impuls wäre, *Minecraft* in die ‚Peripherie' der Game Studies zu rücken, wirkt das Spiel doch in vielen Punkten geradezu wie ein Gegenentwurf zu aktuellen Tendenzen der Computerspielindustrie. Nicht nur hebt sich die aus großen Würfeln zusammengesetzte ‚pixelige' Spielwelt deutlich von zeitgenössischen, oftmals geradezu fotorealistischen Spielgrafiken ab (Abb. 15.3). Auch das offene, eher rudimentäre Spielprinzip erscheint in seiner ‚Dramaturgie' seltsam fremdartig im Vergleich zu (erzählerisch) aufwendig inszenierten Vertretern anderer Spielgenres. Gegen eine solche ‚Marginalisierung' spricht aber nicht nur der außerordentliche kommerzielle Erfolg des Spiels, sondern auch die enorme Wirkung, die das Phänomen *Minecraft* mittlerweile innerhalb (und auch außerhalb) der Gaming Culture hat. Die Faszination, die *Minecraft* ausmacht, findet sich somit – ähnlich wie im Fall von *LittleBigPlanet* – nicht mehr nur ‚im Spiel', sondern einerseits in kreativen spielerischen Praktiken und andererseits in den Paratexten, denn ebenso wichtig wie das Spiel selbst, sind die zahlreichen Foren und YouTube-Channels, in denen die *Minecraft*-Spieler in Let's Play-Videos ihre Spiel-Erlebnisse und -Ergebnisse präsentieren und kommentieren.

Abb. 15.3 Phänomen auch außerhalb der Gaming Culture – *Minecraft* (2011, Mojang/Microsoft)

15.3.3 Skripte der Partizipation

Moderne Mainstream-Computerspiele zeichnen sich häufig durch audiovisuell opulente, narrativ (mehr oder weniger) tiefgründige Spielwelten und eine Fülle an intermedialen Versatzstücken aus, für deren Analyse eine Reihe von medienwissenschaftlich etablierten Beschreibungskategorien existieren. Doch wie erforscht man Spiele wie *LittleBigPlanet* und *Minecraft*, die sich gerade durch ihre spielerische Offenheit und Undefiniertheit auszeichnen? In einer ersten Annäherung lassen sich hier (heuristisch) drei Ansätze unterscheiden:

- erstens eine *medienhistorische Perspektive,* die die Entstehung von Editor-Games vor dem Hintergrund der Geschichte des Game Moddings nachzeichnet und zudem die Ausdifferenzierung von Expertenkulturen und populären partizipativen Spielpraktiken kritisch hinterfragt;
- zweitens eine *medienästhetische Perspektive,* die einerseits die von den Spielern gebauten Welten in den Mittelpunkt rückt, andererseits – und vielleicht entscheidender – die ‚Programm-Ästhetiken' der Editor-Games selbst analysiert, insbesondere eine ‚Verschmelzung' von Editor und Spielwelt;
- drittens eine *medienethnografische Perspektive,* die einzelne Spieler und deren (partizipative) Spielpraktiken sowie Modding- beziehungsweise Editor-Games-Communitys in den Blick nimmt.

Die erste und zweite Perspektive wurden mit Blick auf die Mediengeschichte des Moddings sowie der Editor-Games und in Form der Fallbeispiele *LittleBigPlanet* und *Minecraft* an dieser Stelle – in aller gebotenen Knappheit – bereits diskutiert. Abschließend bleiben somit einige – ebenso knappe – Bemerkungen zu einer medienethnografischen Perspektive.

Um die Brücke zwischen Nutzerpraxen und Technikanalyse zu schlagen (Hillgärtner 2009; Knorr 2011), ließe sich an die Analyse von *LittleBigPlanet* und *Minecraft* die Frage anzuschließen, welche – mit Madeleine Akrich (1992) gesprochen – *Skripte der Partizipation* einer Modding-Software eingeschrieben sind. Aufgrund der Offenheit von Editor-Games bedarf es Methoden der Computerspielanalyse, um die Spielhandlungen ,in situ' (Suchman 1999) erfahrbar zu machen. Es geht also darum, sich nicht mit der Betrachtung einer Seite zufrieden zu geben, sondern permanent zwischen den eingeschriebenen artefaktseitigen Handlungsinitiativen und den nutzerseitigen Verschiebungen zu wechseln. Die theoretischen und methodologischen Leitkonzepte einer solchen Form der Analyse bietet die Techniksoziologie. Ein Editieren der Spielwelt muss vor diesem Hintergrund als ein Handlungsprogramm verstanden werden, das sich aus einem historisch gewachsenen Kollektiv von Nutzern und Nutzergemeinschaften, Techniken, Zeichen und Wahrnehmungen speist. Diese Elemente bilden gemeinsam ein heterogenes Netzwerk – wobei Netzwerk hier keinesfalls strukturell gedacht werden soll, sondern als Verknüpfung von sozio-technischen Handlungsprogrammen.

Für die Game Studies haben Autoren wie Alexander Knorr (2011), T.L. Taylor (2006) und Thomas Malaby (2007) mittels qualitativer Forschungsdesigns gezeigt, dass eine räumliche und zeitliche Trennung von Spiel und Alltagswelt nicht länger aufrechterhalten werden kann, wie dies Johan Huizinga in seiner historischen Betrachtung des Homo ludens (2004) in Rekurs auf die Ritualforschung forderte. Zudem sind in Bezug auf die nutzerseitige Veränderung von Computerspielen neben der genannten Historiografie von Editoren-Werkzeugen gerade solche kommunikativen Ereignisse von Interesse, die nicht getrennt von ihrer Einbettung in Alltagspraktiken und deren mediatisierte Handlungsökologien betrachtet werden können und folglich nicht auf ihre reine Rezeptionspraktik zu reduzieren sind. So kann das Editieren von virtuellen Spielwelten nicht von den materiellen Umgebungen getrennt werden; ebenso können akteurseitige Vergemeinschaftungsprozesse nicht außer Acht gelassen werden, die weit über die häufig anonymen, meist losen und zeitlich begrenzten Zusammenschlüsse in Fankulturen hinausgehen. Für eine Analyse des Game-Moddings sowie von Editor-Games ist daher ein ethnografisch informiertes Forschungsdesign im Sinne einer *virtuellen Ethnographie* (Hine 2000) als Ergänzung und Erweiterung einer kulturhistorischen Perspektive sinnvoll.

Computerspiele – nicht nur Editor-Games – sind keine abgeschlossenen Artefakte. Sie sind flüchtige Medien, deren Wesen sich erst im Akt der Nutzung – in der Partizipation durch den Spieler – vollständig erschließt. Für die Game Studies folgt daraus, dass ihre Gegenstände weder auf ihr Regelwerk, noch auf ihre narrativ vorgegebenen Pfade vollständig reduzierbar sind. Denn das Computerspiel produziert eine wechselseitige Rekursion, die sich naturgemäß erst in der Prozesshaftigkeit des Spielens zeigt. Es bleibt abzuwarten, wie Phänomene wie Editor-Games, die deutlich über etablierte Computerspielpraktiken hinausweisen, auf lange Sicht die Gaming Culture wie auch die Game

Studies prägen werden. In jedem Fall verdeutlichen solche Variationen die stetig wachsende massenkulturelle Entwicklung des Computerspiels und veranschaulichen, welch langen, ereignisreichen Weg dieses ‚neue' Medium bereits zurückgelegt hat.

Literatur

Abend, Pablo, und Benjamin Beil. 2014. Editor-Games. Das Spiel mit dem Spiel als methodische Herausforderung der Game Studies. In *New Game Plus. Perspektiven der Game Studies. Genres – Künste – Diskurse*, hrsg. B. Beil, G. S. Freyermuth und L. Gotto, 27–61. Bielefeld: transcript.

Abresch, Sebastian et al., Hrsg. 2009. *Prosumenten-Kulturen*. Siegen: universi.

Akrich, Madeleine. 1992. The De-Scription of Technical Objects. In *Shaping Technology/Building Society. Studies in Sociotechnical Change*, hrsg. W. E. Bijker und J. Law, 205–224. Cambridge/MA: MIT Press.

Au, Wagner James. 2002. Triumph of the Mod. http://dir.salon.com/tech/feature/2002/04/16/modding/index.html. Zugegriffen: 31. Januar 2016.

Barton Matt und Bill Loguidice. 2009. The History of the Pinball Construction Set: Launching Millions of Creative Possibilities. http://www.gamasutra.com/view/feature/3923/the_history_of_the_pinball_.php. Zugegriffen: 31. Januar 2016.

Behr, Katharina-Maria. 2010. *Kreativer Umgang mit Computerspielen. Die Entwicklung von Spielmodifikationen aus aneignungstheoretischer Sicht*. Boizenburg: vwh.

Bieber, Christoph und Claus Leggewie, Hrsg. 2012. *Unter Piraten: Erkundungen in einer neuen politischen Arena*. Bielefeld: transcript.

Biermann, Ralf et al. 2010. Digitale Spiele und Spielkulturen im Wandel. Zur Entstehung und Entwicklung partizipativer und kreativ-produktiver Nutzungsformen. In *Digitale Spielkultur*, hrsg. S. Ganguin und B. Hoffmann, 61–78. München: kopaed.

Biermann, Ralf, Dan Verständig und Johannes Fromme, Hrsg. 2013. *Partizipative Medienkulturen*. Wiesbaden: VS Verlag.

Blättel-Mink, Birgit und Kai-Uwe Hellmann, Hrsg. 2010. *Prosumer Revisited. Zur Aktualität einer Debatte*, Wiesbaden: VS Verlag.

Botz, Daniel. 2011. *Kunst, Code und Maschine. Die Ästhetik der Computer-Demoszene*. Bielefeld: transcript.

Bruns, Axel. 2008. *Blogs, Wikipedia, Second Life, and Beyond. From Production to Produsage*. New York: Lang.

Carless, Simon. 2008. Why LittleBigPlanet is Web 2.0 for Games, Fulfilled. http://www.gamesetwatch.com/2008/10/opinion_why_littlebigplanet_is.php. Zugegriffen: 31. Januar 2016.

Coté, Mark, und Jennifer Pybus. 2011. Learning to Immaterial Labour 2.0: Facebook and Social Networks. In *Cognitive Capitalism, Education, and Digital Labor*, hrsg. M. A. Peters und E. Bulut, 169–194. New York: Lang.

Hellmann, Kai-Uwe. 2010. Prosumer Revisited: Zur Aktualität einer Debatte. Eine Einführung. In *Prosumer Revisited. Zur Aktualität einer Debatte*, hrsg. B. Blättel-Mink, K. Hellmann, 13–48. Wiesbaden: VS Verlag.

Hillgärtner, Harald. 2009. Sauerbraten! Jawohl! Eine Game-Engine als Kollaborationsplattform. In *Shooter. Eine multidisziplinäre Einführung*, hrsg. M. Bopp, S. Wiemer und R. F. Nohr, 267–284. Münster: Lit.

Hine, Christine. 2000. *Virtual Ethnography*. London: SAGE Publ.

Hugger, Kai-Uwe, Hrsg. 2010. *Digitale Jugendkulturen*. Wiesbaden: VS Verlag.

Huizinga, Johan. 2004. *Homo ludens: vom Ursprung der Kultur im Spiel*. Reinbek bei Hamburg: Rowohlt.

Jenkins, Henry. 1992. *Textual Poachers. Television Fans & Participatory Culture. Studies in Culture and Communication*. New York: Routledge.

Jenkins, Henry. 2006. *Fans, Bloggers, and Gamers: Exploring Participatory Culture*. New York: NYU Press.

Jeppesen, Lars Bo. 2004. Profiting from Innovative User Communities. How Firms Organize the Production of User Modifications in the Computer Games Industry. http://openarchive.cbs.dk/bitstream/handle/10398/7227/wp%202004-03_main%20doc.pdf. Zugegriffen: 31. Januar 2016.

Knorr, Alexander. 2011. *Cyberanthropology*. Wuppertal: Hammer.

Kücklich, Julian. 2004. Modding, Cheating und Skinning. Konfigurative Praktiken in Computer- und Videospielen. http://www.dichtung-digital.org/2004/2-Kuecklich-b.htm. Zugegriffen: 31. Januar 2016.

Kücklich, Julian. 2005. Precarious Playbour. Modders and the Digital Games Industry. http://www.journal.fibreculture.org/issue5/kucklich_print.html. Zugegriffen: 31. Januar 2016.

Kushner, David. 2002. The Mod Squad. http://www.popsci.com/gear-gadgets/article/2002-07/mod-squad. Zugegriffen: 31. Januar 2016.

Laukkanen, Tero. 2005. *Modding Scenes – Introduction to User-created Content in Computer Gaming*. Tampere: Univ. of Tampere Hypermedia Laboratory.

Léja-Six, Eddy. 2012. How Can Gameplay Allow Players to Get Creative? http://www.gamasutra.com/view/feature/181915/how_can_gameplay_allow_players_to_.php. Zugegriffen: 31. Januar 2016.

Malaby, Thomas. 2007. Beyond Play. A New Approach to Games. In *Games and Culture* 2(2): 95–113.

Manovich, Lev. 2001. *The Language of New Media*. Cambridge/MA: MIT Press.

Morris, Sue. 2003. WADs, Bots and Mods: Multiplayer FPS Games as Co-creative Media. http://www.digra.org/dl/db/05150.21522.pdf. Zugegriffen: 31. Januar 2016.

Nieborg, David B., und Shenja van der Graaf. 2008. The Mod Industries? The Industrial Logic of Non-Market Game Production. In *European Journal of Cultural Studies* 11(2): 177–195.

O'Reilly, Tim. 2005. What Is Web 2.0? Design Patterns and Business Models for the Next Generation of Software. http://www.oreillynet.com/pub/a/oreilly/tim/news/2005/09/30/what-is-web-20.html. Zugegriffen: 31. Januar 2016.

Pias, Claus. 2002. Der Hacker. http://www.xcult.org/texte/pias/hacker.html. Zugegriffen: 31. Januar 2016.

Piller, Frank. 2006. *Mass Customization: Ein wettbewerbsstrategisches Konzept im Informationszeitalter*. Wiesbaden: VS Verlag.

Pipek, Volkmar et al., Hrsg. 2009. *End-User Development*. Berlin: Springer.

Postigo, Hector. 2007. Of Mods and Modders. Chasing Down the Value of Fan-Based Digital Game Modifications. In *Games and Culture* 2(4): 300–313.

Reichwald, Ralf, und Frank Thomas Piller. 2009. *Interaktive Wertschöpfung*. Berlin: Springer.

Remo, Chris. 2008. Gamasutra's Best Of 2008: Top 5 Gameplay Mechanics. http://www.gamasutra.com/php-bin/news_index.php?story=21380#.UTsXChx-c-8. Zugegriffen: 31. Januar 2016.

Sihvonen, Tanja. 2011. *Players Unleashed! Modding the Sims and the Culture of Gaming*. Amsterdam: Amsterdam Univ. Press.

Sotamaa, Olli. 2003. Computer Game Modding, Intermediality and Participatory Culture. http://people.uta.fi/~olli.sotamaa/documents/sotamaa_ participatory_culture.pdf. Zugegriffen: 31. Januar 2016.

Suchman, Lucy A. 1999. *Plans and Situated Actions. The Problem of Human-Machine Communication*. Cambridge: Cambridge Univ. Press.

Taylor, T.L. 2006. *Play Between Worlds. Exploring Online Game Culture*. Cambridge/MA: MIT Press.

Terranova, Tiziana. 2004. *Network Culture. Politics for the Information Age*. London: Pluto Press.

Thrift, Nigel. 2006. Re-inventing Invention: New Tendencies in Capitalist Commodification. In *Economy and Society* 35: 279–306.

Toffler, Alvin. 1980. *The Third Wave. The Classic Study of Tomorrow*. New York: Morrow.

Tolino, Aldo. 2010. *Gaming 2.0 – Computerspiele und Kulturproduktion*. Boizenburg: vwh.

Voß, G. Günter, und Kerstin Rieder. 2005. *Der arbeitende Kunde. Wenn Konsumenten zu unbezahlten Mitarbeitern werden*. Frankfurt/M.: Campus.

Über den Autor

Jun.-Prof. Dr. Benjamin Beil ist Junior-Professor für Medienwissenschaft mit dem Schwerpunkt Digitalkulturen am Institut für Medienkultur und Theater an der Universität zu Köln. Arbeitsschwerpunkte sind Game Studies, Fernsehserien, Partizipative Medienkulturen, Inter- und Transmedialität. Veröffentlichungen (Auswahl): *New Game Plus. Perspektiven der Game Studies*. hrsg. mit Gundolf S. Freyermuth und Lisa Gotto (Bielefeld 2014), *Avatarbilder. Zur Bildlichkeit des zeitgenössischen Computerspiels* (Bielefeld 2012). *First Person Perspectives – Point of View und figurenzentrierte Erzählformen im Film und im Computerspiel* (Münster 2010). benjamin.beil@uni-koeln.de Institut für Medienkultur und Theater, Meister-Ekkehart-Str. 11, 50937 Köln.

Gemeinschaft

16

Judith Ackermann

> My seven-year-old daughter knows that her father congregates with a family of invisible friends who seem to gather in his computer. Sometimes he talks to them, even if nobody else can see them. And she knows that these invisible friends sometimes show up in the flesh, materializing from the next block or the other side of the planet (Howard Rheingold 1993).

16.1 Allgemeiner Überblick

Der Begriff der Gemeinschaft wird von verschiedensten wissenschaftlichen Disziplinen zum Teil ganz unterschiedlich aufgefasst. Eine häufige Verfahrensweise ist seine Abgrenzung gegenüber dem Konzept der Gesellschaft. Ferdinand Tönnies, der mit seinem Buch „Gemeinschaft und Gesellschaft" 1887 eine für die Soziologie grundlegende Betrachtung und Konkretisierung lieferte, beschreibt zwar beide als Formen sozialer Ordnung. Als Hauptunterscheidungsmerkmal identifiziert er aber ihr Einhergehen mit zwei verschiedenen Willensformen des Menschen: dem Wesenswillen, der auf die Bildung von Gemeinschaft zielt und dem Kürwillen (zunächst noch Willkür genannt), der in Verbindung mit Gesellschaft steht. „Gemeinschaft ist das dauernde und echte Zusammenleben, Gesellschaft nur ein vorübergehendes und scheinbares. Und dem ist es gemäß, dass Gemeinschaft selber als ein lebendiger Organismus, Gesellschaft als ein mechanisches Aggregat und Artefact verstanden werden soll" (Tönnies 1887, S. 5).

J. Ackermann (✉)
Potsdam, Deutschland
E-Mail: j.ackermann@fh-potsdam.de

© Springer Fachmedien Wiesbaden GmbH 2018
B. Beil et al. (Hrsg.), *Game Studies,* Film, Fernsehen, Neue Medien,
https://doi.org/10.1007/978-3-658-13498-3_16

Im Bereich der Gemeinschaft unterscheidet Tönnies (1887, S. 16) drei Formen: Die des Blutes (Verwandtschaft), die des Ortes (Nachbarschaft) und die des Geistes (Freundschaft). Dabei sieht er diese als miteinander verbunden und zum Teil ineinander übergehend an: „[D]ie Gemeinschaft des Blutes, als Einheit des Wesens, entwickelt und besondert sich zur Gemeinschaft des Ortes, […] welche im Zusammen-Wohnen ihren Ausdruck hat, und diese wiederum zur Gemeinschaft des Geistes, als dem blossen Miteinander-Wirken und Walten in der gleichen Richtung, im gleichen Sinne" (Tönnies 1887, S. 16). Für Tönnies ist das Phänomen der Gemeinschaft omnipräsent: „Wo immer Menschen in organischer Weise durch ihren Willen mit einander verbunden sind und einander bejahen, da ist Gemeinschaft von der einen oder anderen Art vorhanden" (Tönnies 1887, S. 16). Hitzler et al. (2008) merken dazu an, dass bereits bei Tönnies die Gemeinschaft als kulturell produziert eingestuft werde – und beispielsweise selbst die Gemeinschaft des Blutes als stärkste Form der Verbundenheit nicht zwingend mit einem Verwandtschaftsverhältnis einhergehen müsse. Sie erwachse vielmehr aus dem „menschlichen ‚Wesenswillen' beziehungsweise durch eine – anthropologisch verstandene – ‚Sympathie' typischerweise aus den ‚Blutsbanden'" (Hitzler et al. 2008, S. 10). Max Weber (1980, S. 21) beschreibt mit dem Begriff der „Vergemeinschaftung" soziale Beziehungen, „wenn und soweit die Einstellung des sozialen Handelns […] auf subjektiv gefühlter (affektueller oder traditionaler) Zusammengehörigkeit der Beteiligten beruht". Dies unterscheide sie von dem Prinzip einer „Vergesellschaftung", bei der rationale Gründe vordergründig seien. Als Kennzeichen jedweder Form von Gemeinschaft benennen Hitzler et al. (2008, S. 10) die folgenden:

„a) die Abgrenzung gegenüber einem wie auch immer gearteten ‚Nicht-Wir',

b) ein wodurch auch immer entstandenes *Zu(sammen)gehörigkeitsgefühl*,

c) ein wie auch immer geartetes, von den Mitgliedern der Gemeinschaft geteiltes *Interesse* beziehungsweise *Anliegen*,

d) eine wie auch immer geartete, von den Mitgliedern der Gemeinschaft anerkannte *Wertsetzung* und schließlich

e) irgendwelche, wie auch immer geartete, den Mitgliedern zugängliche Interaktions(zeit) räume."

Im Zusammenhang mit der zunehmenden Individualisierung in Moderne und Post-Moderne tauchen neben den von Tönnies eingeführten Kategorien weitere Gemeinschaftskonzepte auf, so etwa der Begriff der „posttraditionalen Gemeinschaft" (Hitzler 1998) oder der der „reflexiven Gemeinschaft" (reflexive community; Lash 1994). Beide Konzepte eint, dass sie sich von einer klassischen traditionalen Verankerung von Gemeinschaft lossagen und stattdessen auf eine bewusste Gemeinschaftsbildung, auf Basis des Wissens um die eigene Individualität fokussieren. Zentral sei „die Suche nach biografischen Optionen zur *Wiedervergemeinschaftung* jenseits quasi-natürlicher sozial-moralischer Milieus" (Hitzler und Pfadenhauer 1998, S. 88).

Lash (1994, S. 161) identifiziert vier Besonderheiten reflexiver Gemeinschaften. Zum ersten die Tatsache, dass man nicht in sie hineingeboren werde, zum zweiten, dass sie sich über Orte und Zeit hinweg erstrecken können, drittens, dass sie ihr Zustandekommen, ihren Fortbestand und ihre Wiedererfindung deutlich häufiger hinterfragen als traditionale Gemeinschaften und viertens, dass ihre „Werkzeuge" weniger materiell denn abstrakt und kulturell seien. In eine ähnliche Richtung geht die Beschreibung von posttraditionalen Gemeinschaften, die „sich typischerweise dadurch [konstituieren], dass individualisierte Akteure sich aufgrund kontingenter Entscheidungen für eine zeitweilige (was durchaus auch implizieren kann: längerfristige) Zugehörigkeit freiwillig in soziale Agglomerationen und deren Geselligkeiten einbinden, die wesentlich durch ein nicht nur distinktes, sondern durch dezidiert *distinktives* kollektives Selbstverständnis stabilisiert sind" (Hitzler und Pfadenhauer 2010, S. 376). Als wesentliches Differenzierungskriterium im Vergleich zu früheren Gemeinschaftsformen identifiziert Prisching (2008, S. 36), dass „posttraditionale Vergemeinschaftungen [nur solange existieren], solange die Mitglieder an ihre Existenz glauben und daran teilhaben. Mitgliedschaft beruht auf Attraktivität, nicht auf Zwang. Sie wird entschieden, sie ist nicht selbstverständlich. Die Gemeinschaft beruht auf dem Willen der Mitglieder, und er kann jederzeit versagt oder widerrufen werden." Auf diese Weise handelt es sich nicht (zwangsläufig) um überdauernde Konstellationen. Vielmehr sind posttraditionale Gemeinschaften durch Temporalität gekennzeichnet.

16.2 Spezifischer Game Studies-Diskurs

Auch im Kontext digitaler Spiele tauchen Phänomene von Gemeinschaft und Vergemeinschaftung auf. Digitale Spiele ermöglichen neben der Situation des alleinigen Spiels mit beziehungsweise gegen die Maschine häufig auch eine gemeinschaftliche Nutzung. Die Möglichkeiten und Variationen der Arten des Zusammenspiels sind dabei ungemein vielfältig und auch das Auftreten des digitalen Spiels selbst sowie seine Rolle im Gesamtkontext der Spielsituation lassen sich keineswegs mit einem Begriff umschreiben.

Auf der untersten Ebene der gemeinschaftlichen Nutzung von digitalen Spielen ist das Singleplayer-Game zu sehen, bei dem das gemeinsame Spiel quasi regelwidrig erfolgt und vom Spielsystem nicht erkannt wird. Die Regelungen zum Zusammenspiel werden von den Spielenden selbst gestaltet, wodurch technische Restriktionen umschifft werden (beispielsweise durch Aufteilen der Steuerungsmöglichkeiten, durch Abwechseln, Assistenz etc.) Auf der nächst höheren Ebene sind Multiplayer-Spiele zu verorten. Hier ist das Zusammenspiel von der Software bereits angedacht und das Spiel bietet (meist mehrere) Varianten der Interaktion miteinander und mit dem Computer beziehungsweise der Konsole. Dabei sind Spielformen zu unterscheiden, in denen sich die Spielenden als Team mit der Maschine beziehungsweise der Künstlichen Intelligenz (KI) messen und Formen, in denen sie selbst miteinander in einen Wettstreit treten (gegebenenfalls noch erweitert um das Bezwingen der KI). Typische Verfahren sind der rundenbasierte Wechsel, der spielseitig beispielsweise nach dem Meistern eines Levels oder dem Verlust eines Lebens vollzogen wird oder das parallele Durchlaufen einer Welt mit verschiedenen Charakteren. Häufig koexistieren kooperative und wettbewerbsorientierte Formen, wodurch es den Spielenden frei steht zu entscheiden, auf welche Weise sie sich im Spiel begegnen wollen.

Im Bereich der Multiplayer-Spiele lassen sich von technischer Seite solche unterscheiden, die gemeinschaftlich an einem Gerät gespielt werden, solche die an mehreren lokal vernetzten Geräten gespielt werden und solche, die online über das Internet gespielt werden (Ackermann 2011). Dabei sind Mobilspiele in allen Bereichen gleichermaßen inkludiert wie Spiele an stationären Rechnern oder Spielkonsolen.

Die einzelnen Varianten unterscheiden sich insbesondere in Bezug auf die Anzahl von Spieler_innen, die potenziell am selben Spiel beteiligt sein können. So ist die Teilnehmer_innenanzahl beim Multiplayer-Spiel an einem Gerät in der Regel stark limitiert und umfasst im Durchschnitt zwei bis vier Personen, die im Falle der Spielkonsole typischerweise mittels eines eigenen Controllers Einfluss auf die Spielwelt nehmen können. Neben der Verfügbarkeit entsprechender Eingabegeräte schränkt auch die Verwendung nur eines Visualisierungsgeräts (Fernseher, Beamer etc.) die Teilnehmendenzahl deutlich ein, da Partizipation nur dann erfolgen kann, wenn die Spielhandlung auf dem Bildschirm mit verfolgt werden kann. Lokal vernetztes Spielen – beispielsweise auf LAN-Partys – erweitert den Teilnehmendenkreis und die Interaktionsformen deutlich: Grund hierfür ist, dass jede/r Teilnehmer_in mit einem eigenen Steuerungs- und Visualisierungsgerät ausgestattet ist; somit können potenziell beliebig viele Personen miteinander verbunden werden – einzige Voraussetzung ist die Verlinkung via Kabel. Eine Besonderheit der LAN-Party ist die Aufrechterhaltung der raumzeitlichen Kopräsenz der Beteiligten, so befinden sich während einer festgelegten Dauer selbst tausende Personen nach Möglichkeit gar in einem entsprechend großen Raum. Die größte LAN-Party der Welt ist die Dreamhack in Schweden, die im Jahr 2015 auf mehr als 23.000 Teilnehmende kam. Im Onlinespiel fällt schließlich die raumzeitliche Kopräsenz weg. Die Spielenden können sich an unterschiedlichsten Orten und Ländern befinden, verbunden durch das Spiel. Der im Zusammenhang mit Internetspielen auftauchende Begriff der Massively Multiplayer Online Games (MMOG) deutet schon darauf hin, dass die Teilnehmendenzahlen in diesem Bereich bis ins Unendliche anwachsen können. Das wohl bekannteste Beispiel ist der Blockbuster *World of Warcraft* (seit 2004) des Spieleherstellers Blizzard, der lange Zeit mit Abstand die meisten Abonnements verzeichnete. Mittlerweile sind Abonnentenzahlen im siebenstelligen Bereich keine Seltenheit mehr, so erreichen auch *Hearthstone* (2014) oder *League of Legends* (2009) ähnlich hohe Anmeldezahlen. Die nahezu flächendeckende Verfügbarkeit von Breitbandinternet und Tarifen ohne Datenlimit ermöglichen Spiele, die unglaubliche Weiten und Personenmengen umfassen. Bei sogenannten persistenten Spielen, in denen die Spielwelt unabhängig von der eigenen Einwahl in das Spiel weiterexistiert, werden zudem auch zeitliche Grenzen umgangen, sodass die Mitspieler_innen nicht zeitgleich aktiv werden müssen.

Die Möglichkeit, durch das Spiel in einen sozialen Austausch mit Gleichgesinnten zu treten, stellt einen besonderen Reiz computerspielerischer Aktivität dar, und nicht selten reichen die im Spiel vorherrschenden beziehungsweise geknüpften Beziehungen über dieses hinaus (Fritz 2009, S. 137). Spielen (auch digitales) wird nicht nur im Rahmen bestehender sozialer und kultureller Netzwerke ausgeübt, sondern ermöglicht zugleich das Entstehen neuer Konstellationen (Hand und Moore 2006, S. 166). Die Rolle des sozialen Miteinanders untereinander, bewerten die Spieler_innen besonders hoch (Kuhn 2009, S. 293 f.). Ein Beispiel hierfür sind die insbesondere im Kontext von MMORPGS auftretenden sogenannten Gilden. Die sich um eine geteilte Aktivität bildende Gemeinschaft lässt sich dabei mit Tönnies zunächst als Gemeinschaft des Geistes einordnen. Zusätzlich finden sich aber auch Schnittmengen mit posttraditionalen und reflexiven Gemeinschaftsphänomenen, ebenso wie mit den Gemeinschaften des Blutes und des Ortes.

Hand und Moore (2006) greifen in Bezug auf digitale Spielgemeinschaften auf die Unterscheidung in *communities of presence, imagined communities* und *virtual communities* zurück. Der Begriff der *communities of presence* orientiert sich dabei an den Ausführungen Tönnies, die im vorangegangen Abschnitt bereits näher erläutert wurden, und stellt vor allem die Komponente der raumzeitlichen Nähe in den Vordergrund. Aus dem Feld der Konstellationen gemeinschaftlicher Nutzung digitaler Spiele lassen sich somit insbesondere solche Formen hier einordnen, in denen sich die Spielenden gemeinschaftlich an einem Ort versammeln. Dies betrifft etwa die oben erwähnte gemeinschaftliche Nutzung von Singleplayer-Games, sowie natürlich ebenso Multiplayer-Games, die gemeinsam an einem technischen Gerät verwendet und solche, die über lokal vernetzte Geräte gespielt werden.

Da die Teilnahmezahlen zwischen den einzelnen Varianten sehr stark differieren, muss entsprechend auch in den Gemeinschaftsvarianten unterschieden werden. So ist die persönliche Bekanntheit für das gemeinschaftliche Spiel an einem Gerät zwar der Regelfall. Im Falle von vernetztem Spielen fällt diese Prämisse allerdings weg, und es treffen sowohl befreundete als auch einander nicht bekannte Personen aufeinander. Auch in Bezug auf die zeitliche Dimensionierung finden sich Unterschiede. So obliegt dem gemeinschaftlichen Spiel an einem Gerät kaum die Einhaltung eines bestimmten Zeitraums, während das Phänomen LAN-Party meist die Dauer eines im Vorfeld festgelegten Wochenendes umfasst. Die Anlage des Veranstaltungsformats, die eine sehr intensive Gemeinschaftszeit für eine auf ihre spätere Auflösung ausgerichtete Dauer beinhaltet, lässt dabei insbesondere die Einordnung des Formats in die erwähnten posttraditionalen Gemeinschaften zu.

Der Begriff der *imagined community* orientiert sich an den Ausführungen Benedict Andersons (2006, S. 6), der im Zusammenhang mit Nationen von imaginierten Gemeinschaften spricht, die dadurch gekennzeichnet seien, dass ihre Mitglieder die meisten weiteren Mitglieder zwar niemals kennenlernen würden, in ihrer Vorstellung aber das Bild einer Gemeinschaft vorhanden sei. Dies beinhaltet auch das Bewusstsein, dass nicht alle Menschen Teil dieser Gemeinschaft sind (Anderson 2006, S. 7). Dies trifft insbesondere auf die Gegenüberstellung der Konstrukte Spieler_innen und Nicht-Spieler_innen zu, kann aber auch LAN-Partys ab einer bestimmten Größenordnung, sowie Online-Spiele und Multiplayer Mobile Games betreffen, wenngleich dort der Begriff der *virtual community* stärkere Verwendung findet.

Der Ausdruck *virtual community* ist auf Howard Rheingold (1993, S. 3) zurückzuführen, der damit „computer-mediated social groups" bezeichnet und betont, dass die Mitglieder der entsprechenden Gemeinschaften – zu denen er sich selbst ebenfalls zählt – im Prinzip alles identisch wie Personen aus dem „real life" machen würden, aber ihre Körper zurückließen („leave our bodies behind") (Rheingold 1993, S. 5). Auch hier treten die Kennzeichen der posttraditionalen Gemeinschaft in den Vordergrund. So schreibt Rheingold: „In virtual communities, you can get to know people and then choose to meet them" (Rheingold 1993, S. 24), wodurch der Aspekt der Freiwilligkeit betont wird. Im Bereich der virtuellen Gemeinschaften sind insbesondere Spiele zu finden, die gemeinschaftlich über das Internet gespielt werden. Sie ermöglichen geteilte Spielerlebnisse über raumzeitliche Grenzen hinweg und inkludieren dabei die Vielfalt der vorhandenen Möglichkeiten der computervermittelten Kommunikation.

Fritz (2009, S. 140) bildet am Beispiel von MMORPGs spezifischere Gemeinschaftsformen: Auf der obersten Ebene lokalisiert er die „Gemeinschaft aller Spieler", darunter folgt die „Gemeinschaft all jener Spieler, die gemeinsam in einem Universum spielen" und darunter wiederum identifiziert er die „Allianzen", in denen sich Spielende innerhalb eines Universums (temporär) zusammenschließen. Übertragen auf weniger komplexe Multiplayer-Games ließen sich die beiden enger gefassten Gemeinschaftsformen in die „Gemeinschaft der Spieler_innen, die das gleiche Spiel spielen", die „Gemeinschaft der Spieler_innen, die dasselbe Spiel spielen" und ggf. noch die „Gemeinschaft der Spieler_innen, die im selben Spiel dasselbe Team (oder dergleichen) spielen" abwandeln. Letzteres ließe sich etwa am Beispiel *Counter-Strike* (2000) illustrieren: hier könnte man einerseits die Gemeinschaft der Personen fassen, die sich generell als Spieler_innen des Spiels *Counter-Strike* bezeichnen würden. Diese Personen verbindet somit mehr als *Counter-Strike*-Spieler_innen mit *NeedForSpeed*-Fans. Auf der nächst darunterliegenden Ebene ließen sich die Personen einstufen, die gemeinsam in eine oder mehrere Runde(n) *Counter-Strike* eintreten. Sie sind also gemeinschaftlich für die Performance des Spiels verantwortlich, indem sie miteinander beziehungsweise gegeneinander spielen. Hier setzt wiederum die nächst kleinere Ebene an, mit der lediglich die Personen bezeichnet würden, die in der jeweiligen Spielrunde im selben Team agieren (Terroristen beziehungsweise Counter-Terroristen). Die einzelnen Gemeinschaftstypen sind dabei von unterschiedlicher Dauer und umfassen unterschiedlich viele Personen.

16.3 Exemplarische Analyse

Die wissenschaftliche Fokussierung auf das Computerspielen in Gemeinschaft ermöglicht es, den Blick von den konkreten Spielhandlungen zu abstrahieren und stattdessen den Umgang der Spielenden mit dem Medium näher zu betrachten und damit seine Rolle für die Ausbildung und Aufrechterhaltung der diversen sich um es herum bildenden Gemeinschaften näher zu bestimmen. Kein Spiel kann unabhängig von den Personen, die es spielen, und der Situation, in der es stattfindet, gedacht werden. Das Multiplayer-Game erfordert den Eintritt in eine Gemeinschaft, noch bevor es überhaupt realisiert werden kann. Die gemeinschaftliche Verwendung des Mediums durch eine Gruppe von zwei oder mehr Personen eröffnet dabei eine Bandbreite von Handlungsoptionen mit und um das Spiel herum. Spiele sind performative Medien in dem Sinne, dass ihre Bedeutung im Vollzug durch die Beteiligung der einzelnen Spieler_innen entsteht (Koubek 2013).

Je mehr Personen sich zeitgleich an einem Spiel beteiligen, desto stärker treten narrative Elemente zugunsten von Kommunikation und sozialer Interaktion in den Hintergrund (Thon 2009, S. 31). Verbale Kommunikation nimmt eine zentrale Rolle ein: „To play a game like the team-based shooter *Counter-Strike* is to engage in a multi-layered system of collaboration" (Smith 2006). Der Kommunikation kommt dabei eine Doppelfunktion zu: So sichert sie einerseits den erfolgreichen Fortgang der Spielhandlungen und andererseits die Aufrechterhaltung der Gemeinschaft. Beide Tendenzen können dabei mitunter in Widerspruch zueinander stehen. Beispielsweise indem die Spielenden zwar alle zur Gemeinschaft der Spieler_innen desselben Spiels gehören, aber nicht zur Gemeinschaft desselben Teams. Während es ihnen das Spielziel in diesem Fall abverlangt spielimmanent gegeneinander zu arbeiten, bemühen sich die Teilnehmenden andererseits darum, dass aus dieser spielinternen Kommunikation kein Konflikt für die nächst höhere Gemeinschaftsebene entsteht. So zeichnet sich die Interaktion bei Onlinespielen, in denen den Teilnehmenden lediglich computervermittelte Austauschmöglichkeiten zur Verfügung stehen, durch einen sehr höflichen und zuvorkommenden Ton aus, der zum Teil in starkem Widerspruch zu gewalthaltigen Spielinhalten zu stehen scheint. Höschen (2006, S. 140) sieht dies bedingt durch „die mitunter sehr ernste martialische Situation im Spiel, die keinen Einfluss auf das Gespräch haben darf, und zum anderen die fehlende Sinnlichkeit. Da der Spieler sein Gegenüber nicht sieht […], weiß er nicht, ob eine Äußerung kränkend oder verletzend gemeint ist". Diese Integration teilweise widersprüchlicher Richtungen/Empfindungen zieht sich auch durch weitere spielbasierte Gemeinschaften. Für das Phänomen LAN-Party konnten eine Vielzahl von Themen und Funktionen der Kommunikation zwischen den Teilnehmer_innen herausgearbeitet werden (vgl. dazu detailliert Ackermann 2011), die sich wie folgt in Bezug auf ihre Spielbeziehungsweise Gemeinschaftserhaltende Funktion gruppieren lassen:

- rein gemeinschaftsbezogen: 16 %,
- rein spielbezogen: 12 %;

- Mischformen Spiel/Gemeinschaft: 43 %;
- Mischformen Technik/Gemeinschaft: 18 %;
- Sonstiges: 11 %.

Rechnet man den der Untersuchungsmethode geschuldeten Bereich Sonstiges und den Bereich Technik/Gemeinschaft (der dezidiert aus der Notwendigkeit der technischen Realisierung eines lokalen Netzwerkes hervorgeht) aus der Gesamtzahl der Kommunikationsereignisse heraus, ergibt sich folgende veränderte prozentuale Verteilung, die prinzipiell auch auf weitere Gemeinschaftsformen im Bereich digitaler Spiele übertragen werden kann:

- rein gemeinschaftsbezogen: 22,54 %,
- rein spielbezogen: 16,9 %
- Mischformen Spiel/Gemeinschaft: 60,56 %.

Dies zeigt deutlich, welche Rolle der Gemeinschaft innerhalb der Spielsituation zukommt. Während die rein spielbezogene Kommunikation einen relativ geringen Anteil an der Gesamtkommunikation einnimmt, kommt der Aufrechterhaltung der Gemeinschaft (in Rein- sowie in Mischform) ein wesentlich höherer Anteil zu. Gleichzeitig macht das immense Vorkommen an Mischformen deutlich, dass die gemeinschaftserhaltende beziehungsweise -etablierende Kommunikation in hohem Maße an das für die Gemeinschaftsentstehung als entscheidend eingestufte *geteilte Interesse* gekoppelt ist, wodurch sich die reflexive Gemeinschaft zu erkennen gibt. Inwiefern eine solche Anbindung notwendig ist, ist in Abhängigkeit von der jeweils vorliegenden Gemeinschaft zu betrachten: Beispielsweise ist davon auszugehen, dass das gemeinschaftliche Konsolenspiel unter Geschwistern oder sehr engen Freund_innen, die auch unabhängig von dem Vorhandensein des Spiels Gemeinschaften des Blutes, Ortes und/oder Geistes bilden, eines wesentlich geringeren Anteils an Mischformen bedarf. Selbiges ist für Teams zu erwarten, die bereits auf eine lang(jährig)e gemeinschaftliche Spielhistorie in einem Spiel zurückblicken können. Die Persistenz einer Vielzahl von Onlinespielen ermöglicht die Aufrechterhaltung der Gemeinschaft über einen sehr langen Zeitraum hinweg und die bewusste Bindung an diese, wie sie von Hitzler für die posttraditionale Gemeinschaft beschrieben wird. Dies schlägt sich beispielsweise in den regelmäßigen Gildentreffen der im Kontext von MMOGs entstandenen *virtual communities* nieder, die sich somit zumindest temporär in *communities of presence* verwandeln. Das gemeinschaftliche Spiel kann in diesem Zusammenhang Gruppenerlebnisse schaffen, die nachhaltigen Einfluss auf die Struktur sozialer Gruppen haben (Ackermann 2011, S. 320). Bereits 2005 konnte Cypra (S. 92 f.) zeigen, dass Spielende, die den virtuellen Kontakten innerhalb ihrer Gilde eine starke Qualität beimessen, deutlich mehr Zeit pro Woche in ihrem Onlinespiel verbringen, als solche, die dies nicht so empfinden (32 h/Woche im Vergleich zu 19 h/Woche). Die Aufgaben in Online-Rollenspielen sind so angelegt, dass sie häufig nur in Gruppen von Avataren/Personen mit unterschiedlichen Fertigkeiten gemeinsam bewältigt werden können. Auf diese Weise wird die Anbahnung von Kontakten und deren Aufrechterhaltung spielseitig gefördert und gefordert. Hat man sich einer Gilde angeschlossen, werden „ein bestimmtes Zeitinvestment in das Spiel und eine Beteiligung an Gruppenaktivitäten" (Wenz 2006, S. 153) vorausgesetzt. Daraus resultieren „Vergemeinschaftungsprozesse, die die Motivation zur Teilnahme am Online-Spiel weiter erhöhen: gespeist einerseits aus der Anerkennung und Unterstützung, die die sozialen Kontakte vermitteln, anderseits bedingt durch ein Gefühl der Verpflichtung gegenüber der Gruppe, die auf das spielerische Engagement aller Mitglieder angewiesen ist" (Fritz und Witting 2009, S. 311). Innerhalb des Zusammenschlusses kommt jedem Spieler beziehungsweise jeder Spielerin eine bestimmte Rolle zu. Die Spielcharaktere sind unterschiedlich angelegt und steuern entsprechend verschiedene – gleichermaßen benötigte – Qualitäten für den Spielfortschritt bei. Auf diese Weise erfahren sich die Spielenden nicht nur in der Gruppe, sondern auch als individueller Teil derselben als selbstwirksam und erleben gleichzeitig ein Gefühl von gegenseitiger Unterstützung, wodurch das Gemeinschaftsgefühl gestärkt wird.

In entgegengesetzter Form experimentieren aktuelle Varianten von alternativen MMOs, die mit Verfahren der Shared Character Control arbeiten. Hierbei werden die einzelnen Bestandteile der Spielsteuerung zwischen den beteiligten Spieler_innen aufgeteilt. Das klassische Einzelspieler-Spiel *Pokémon – Red Version* (seit 1996) wurde 2014 auf der Online-Streaming Plattform Twitch.tv als *massively multiplayer online game* mit dem Namen *Twitch plays Pokémon* angelegt, wobei eine gleichermaßen komplexe wie chaotische Form der Shared Character Control zum Einsatz kam: Alle UserInnen, die den Stream aufriefen, konnten die Spielfigur über Eingaben in den zugehörigen Chatkanal steuern. Dabei wurden (im sogenannten Anarchiemodus) alle einzelnen Kommandos der Reihe ihres Eintreffens nach ausgeführt beziehungsweise (im sogenannten Demokratiemodus) dasjenige Kommando, was von der Mehrzahl der UserInnen eingegeben wurde. Der Chatkanal, dem von seiner Ursprungsfunktion eher gemeinschaftserhaltende Funktion zuzuschreiben wäre, wird umdefiniert zu einem Steuerungsmittel. Die Steuerung des Pokémons vollzieht sich als Gemeinschaftserlebnis, jedoch wird dieses von allen Beteiligten gleichermaßen beeinflusst. Auf diese Weise erfährt sich das Individuum zwar als wirksam, allerdings nur in Form eines austauschbaren Teils der Gruppe. Ein Ein- und Ausstieg ist jederzeit möglich ohne sichtbare Folgen für den Spielverlauf als solchen. Das Beispiel *Twitch plays Pokémon* lässt sich – obwohl es auf den ersten Blick unproblematisch in die *virtual community* eingeordnet werden könnte – eher als *imagined community* beschreiben. Somit ist es wenig verwunderlich, dass der Großteil der User_innen sich der Beteiligung an dem Spiel nur kurzzeitig widmete, um sich dann wieder anderen Gemeinschaftskontexten zuzuwenden oder aber gemeinschaftlich spielbezogene Narrationen und SocialMedia-Inhalte zu generieren, die die Wahrnehmung und Sichtbarkeit der individuellen Teilhabe am Gesamtprozess/-produkt verstärken und die Gemeinschaft weiter in den Bereich der *virtual community* hinein verschieben.

Literatur

Ackermann, Judith. 2011. *Gemeinschaftliches Computerspielen auf LAN Partys. Kommunikation, Medienaneignung, Gruppendynamiken.* Münster: Lit.

Anderson, Benedict. 2006. *Imagined Communities: Reflections on the Origin and Spread of Nationalism.* London: Verso.

Cypra, Olgierd. 2005. *Warum spielen Menschen in virtuellen Welten? Eine empirische Untersuchung zu Online-Rollenspielen und ihren Nutzern.* Diplomarbeit, Johannes Gutenberg Universität Mainz.

Fritz, Jürgen. 2009. Spielen in virtuellen Gemeinschaften. In *Die Computerspieler. Studien zur Nutzung von Computergames,* hrsg. T. Quandt, J. Wimmer und J. Wolling, 135–147. Wiesbaden: VS Verlag.

Fritz, Jürgen und Tanja Witting. 2009. Suche, Sog, Sucht: Was Online-Gaming problematisch machen kann. In *Rausch ohne Drogen. Substanzungebundene Süchte,* hrsg. D. Batthyány und A. Pritz, 309–323. Wien: Springer.

Hand, Martin und Karnza Moore. 2006. Community, Identity and Digital Games. In *Understanding Digital Games,* hrsg. J. Rutter und J. Bryce, 166–182. London: Sage Publications.

Hitzler, Ronald. 1998. Posttraditionale Vergemeinschaftung. Über neue Formen der Sozialbindung. *Berliner Debatte INITIAL* 9(1): 81–89.

Hitzler, Ronald, Honer, Anne und Michaela Pfadenhauer. 2008. Zur Einleitung: „Ärgerliche" Gesellungsgebilde? In *Posttraditionale Gemeinschaften. Theoretische und ethnografische Erkundungen,* hrsg. R. Hitzler, A. Honer und M. Pfadenhauer, 9–31. Wiesbaden: VS.

Hitzler, Ronald und Michaela Pfadenhauer. 1998. Eine posttraditionale Gemeinschaft. Integration und Distinktion in der Techno-Szene. In *Verlust der Sicherheit?,* hrsg. F. Hillebrandt, G. Kneer und K. Kraemer, 83–102. Opladen: Westdeutscher Verlag.

Hitzler, Ronald und Michaela Pfadenhauer. 2010. Posttraditionale Vergemeinschaftung: Eine ‚Antwort' auf die allgemeine gesellschaftliche Verunsicherung. In *Unsichere Zeiten. Verhandlungen des 34. Kongresses der Deutschen Gesellschaft für Soziologie in Jena 2008. Band 1,* hrsg. H.-G. Soeffner Wiesbaden: VS, S. 371–382.

Höschen, Dirk. 2006. In jedem steckt ein Held – oder MMORPGs. In *Clash of Realities. Computerspiele und soziale* Wirklichkeit, hrsg. W. Kaminski und M. Lorber, 133–145. München: Kopaed.

Koubek, Jochen. 2013. Zur Medialität des Computerspiels. In *Spielkulturen. Computerspiele in der Gegenwartskultur und im Alltagsdiskurs,* hrsg. J. Koubek, M. Mosel und S. Werning, 17–32. Glückstadt: vwh.

Kuhn, Axel. 2009. *Vernetzte Medien. Nutzung und Rezeption am Beispiel von World of Warcraft.* Konstanz: UVK.

Lash, Scott. 1994. Reflexity and its Doubles: Structure, Aesthetics, Community. In *Reflexive Modernization. Politics, Tradition and Aesthetics in the modern Social Order,* hrsg. U. Beck, A. Giddens und S. Lash, 110–174. Stanford: Standford Univ. Press.

Rheingold, Howard. 1993. *The Virtual Community. Homesteading on the Electronic Frontier.* Reading/MA: Addison-Wesley Publishing Company.

Prisching, Manfred. 2008. Paradoxien der Vergemeinschaftung. In *Posttraditionale Gemeinschaften. Theoretische und ethnografische Erkundungen,* hrsg. R. Hitzler, A. Honer und M. Pfadenhauer, 36–54. Wiesbaden: VS Verlag.

Smith, Jonas Heide. 2006. Tragedies of the Ludic Commons – Understanding Cooperation in Multiplayer Games. *The International Journal of Computer Game Research* 7(1).

Thon, Jan-Noel. 2009. Zur Struktur des Egoshooters. In *Shooter. Eine multidisziplinäre* Einführung, hrsg. M. Bopp, R.F. Nohr und S. Wiemer. 21–41. Münster: Lit.

Tönnies, Ferdinand. 1887. *Gemeinschaft und Gesellschaft. Abhandlung des Communismus und des Socialismus als empirischer Culturformen.* Leipzig: Fues's Verlag.

Weber, Max. 1980. *Wirtschaft und Gesellschaft Grundriss der verstehenden Soziologie.* Tübingen: Mohr.

Wenz, Karin. 2006. Computerspiele als jugendkulturelles Referenzmedium? In *Clash of Realities. Computerspiele und soziale* Wirklichkeit, hrsg. W. Kaminski und M. Lorber, 147–159. München: Kopaed.

Über die Autorin

Prof. Dr. Judith Ackermann ist Professorin für Digitale und Vernetzte Medien in der Sozialen Arbeit an der FH Potsdam und regelmäßig Gastprofessorin an der School of Design des Politecnico di Milano. Sie hat an den Universitäten Bonn, Siegen und Potsdam (Filmuniversität) gelehrt und ist Initiatorin des internationalen Urban-Games-Festivals playin'siegen. Seit Wintersemester 17/18 unterrichtet sie zusätzlich im Master Spiel- und Medienpädagogik an der EAH Jena. Ihre Forschungsschwerpunkte sind Hybride Realitäten, (ortsbasiertes) Gaming, Performance, Design as Research, Medienkommunikation, Medienbildung. Aktuelle Veröffentlichung: *Phänomen Let's Play-Video* (Wiesbaden 2017). – j.ackermann@fh-potsdam.de Fachhochschule Potsdam, FB 1 Sozial- und Bildungswissenschaften, Kiepenheuerallee 5, 14469 Potsdam.

Gamification

Felix Raczkowski und Niklas Schrape

17.1 Bedeutungsdimensionen der Gamification

Gamification – was ist das? Eine vielversprechende Möglichkeit, sich einem unklaren Begriff einer fremden Sprache anzunähern, ist ihn zu übersetzen – was in diesem Falle überraschend selten geschieht. Wo es der Fall ist, wird meist von „Gamifizierung" geschrieben, gerade so als wolle man sich vor der Bedeutungsfülle des deutschen „Spiel" hinter dem scheinbar präziseren englischen „game" verstecken. Deutlich seltener liest man „Spielifizierung" – wohl, weil es nach einer ansteckenden Krankheit klingt. Letztlich sind beide Eindeutschungen unbefriedigend, da sie die Bedeutung des Begriffs kaum erhellen.

Bei Sichtung des Diskurses fällt ins Auge, dass der Begriff „Gamification" in zwei sehr verschiedenen Weisen verwendet wird: In Schriften von Marketingexpertinnen, Designerinnen und anderen Praktikerinnen wird meist eine konkrete Technik beschrieben, durch die Tätigkeiten spielerisch gestaltet werden sollen, um Motivationseffekte zu erzielen – sie werden also *spielbar* gemacht (zum Beispiel Zicherman und Cunningham 2011; Bunchball 2010). Gamification in diesem Sinne kann somit als *Spielbarmachung* übersetzt werden. Diese Bedeutungsdimension herrscht in der anwendungsbezogenen Handbuchliteratur vor, deren Leserinnen vor allem erfahren wollen, wie man Gamification „macht".

F. Raczkowski (✉)
Bayreuth, Deutschland
E-Mail: felix.raczkowski@uni-bayreuth.de

N. Schrape
Berlin, Deutschland
E-Mail: nschrape@web.de

© Springer Fachmedien Wiesbaden GmbH 2018
B. Beil et al. (Hrsg.), *Game Studies,* Film, Fernsehen, Neue Medien,
https://doi.org/10.1007/978-3-658-13498-3_17

Die zweite Verwendungsweise von „Gamification" findet sich in einer ganz anderen Textgattung, nämlich in akademischen Artikeln aus dem Bereich der Game Studies sowie in Ted Talks und Büchern selbst ernannter Visionärinnen wie beispielsweise Jane McGonigal (2011): Gamification bezeichnet hier eine Art gesellschaftlichen Trend, nämlich eine Durchdringung der ganzen Gesellschaft mit Elementen des Spiels – einer *Verspielung* der Gesellschaft. Dieses Verständnis von Gamfcation existiert dabei in zwei Varianten: utopisch und dystopisch. Auf der einen Seite versprechen Visionäre wie McGonigal eine bessere Gesellschaft durch Gamification, auf der anderen attestieren kritische Akademikerinnen wie Fuchs (2015), Raessens (2014) und Dragona (2014) eine bereits erfolgte Verspielung (auch Ludifizierung) der Gesellschaft und warnen vor ihren Gefahren. Gamification wird also von der einen Gruppe als zukünftiges Potenzial und von der anderen als gegenwärtige Gefahr beschrieben.

Bereits dieser kurze Anriss verdeutlicht sehr unterschiedliche Bedeutungsdimensionen und Verwendungsweisen des Begriffs. Dabei ist jedoch zu beachten, dass „Gamification" kein in der Sprachtradition verankertes Wort, sondern eine Neuschöpfung darstellt, deren Bedeutung nicht durch Konventionen fixiert ist. Die unterschiedlichen Verwendungsweisen deuten also auf den Versuch ganz unterschiedlicher Parteien hin, sich den Begriff anzueignen, im eigenen Sinne zu interpretieren und die Bedeutungshoheit zu erlangen. Niemand ist sich einig, was Gamification ist, aber dennoch will jeder das Wort besitzen. Hinter diesem Anspruch stehen dabei oftmals Partikularinteressen: Die Autorinnen von Handbuchliteratur wollen Dienstleistungen verkaufen, visionäre Ted Talker streben mediale Aufmerksamkeit an und Akademikerinnen müssen ihre Relevanz demonstrieren, um Forschungsgelder und ihre befristeten Stellen zu sichern. Obwohl es also unmöglich ist, eindeutig zu klären, was Gamfcation ist, sollen im Folgenden die genannten Bedeutungsdimensionen beleuchtet werden.

17.2 Gamification als Spielbarmachung

In der Handbuchliteratur wird Gamification oft im Sinne einer Spielbarmachung von Tätigkeiten beschrieben, die bisher nicht als spielerisch gegolten hatten. Diese Perspektive wurde von Deterding et al. (2011, S. 2) auf eine treffende Definition gebracht: „gamification is the use of game design elements in non-game contexts".

Gamification ist eine gestaltende Handlung: In ihr wird etwas verwendet und auf etwas anderes bezogen. Was verwendet wird, das sind Elemente des Spieldesigns. Das, worauf diese angewandt werden, sind spielfremde Kontexte – von Zahnhygiene und Mülltrennung bis zum Autofahren. Die gestaltende Handlung ist dabei nicht willkürlich, sondern folgt einem bestimmten Schema, wodurch sie verallgemeinerbar und wiederholbar wird. Gamification ist eine Technik, die man lernen kann (Abb. 17.1).

Dabei können ganz unterschiedliche Sachverhalte spielbar gemacht werden. Meist handelt es sich um Tätigkeiten, die auch ohne Spielstrukturen ausgeübt werden, nun jedoch eine zusätzliche motivierende Dimension erhalten. Klassische Beispiele sind

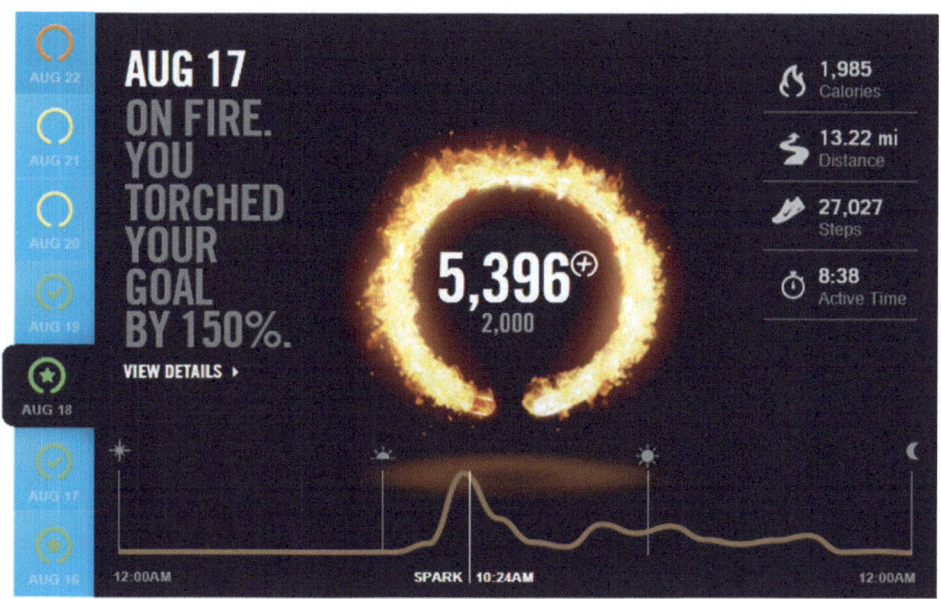

Abb. 17.1 *Nike Fuel*-App zur Messung der Laufparameter. (http://www.dcrainmaker.com/2012/08/nike-fuelband-in-depth-review.html)

Nike+ und die zugehörige Maßeinheit *Nike Fuel:* Der bekannte Sportartikelhersteller entwickelte eine App beziehungsweise ein Armband, mit dem Joggerinnen ihre Laufparameter aufzeichnen und online vergleichen können, womit zeit- und ortsunabhängige Wettkämpfe möglich werden. Laufen generiert Werte, die mit Freundinnen, Joggerinnen derselben Strecke oder anderen Gruppen verglichen werden können – in Ligen und Tabellen können Läufer so gegeneinander antreten, auch wenn sie sich physisch niemals begegnet sind.

Der Kontext, der durch die *Nike+* Anwendung spielbar gemacht wird, ist das Joggen – eine Sportart, die außerhalb von organisierten, zeitlich und räumlich begrenzten Laufveranstaltungen nur selten Wettkampfcharakter annimmt. Durch das Messen von Distanz, Kalorienverbrauch und Schritten wird Joggen quantifiziert, objektiviert und vergleichbar gemacht. Diese Verdatung beziehungsweise Verpunktung gibt der Joggerin ein Feedback über ihre Leistung und erlaubt sowohl den Vergleich mit vergangenen eigenen Läufen, als auch den mit Konkurrentinnen. Die Möglichkeiten, sich Zielvorgaben zu setzen und zu erreichen sowie vom Programm Auszeichnungen für besondere Leistungen zu erlangen, motivieren zusätzlich. *Nike Fuel* führt den abstrakten, rein quantitativen Leistungsvergleich noch einen Schritt weiter: Es handelt sich um einen virtuellen Leistungsindikator, durch den ganz unterschiedliche Sportarten miteinander vergleichbar werden. So kann sich die Joggerin beispielsweise mit der Radfahrerin messen, obwohl ein echter Wettkampf zwischen ihnen vollkommen unmöglich wäre.

Im Falle von *Nike+* und *Nike Fuel* bilden also Sportarten den Kontext, der spielbar gemacht wird. Die Elemente des Game Designs, die hierfür herangezogen werden, sind Punktwerte (points), Auszeichnungen (badges) und Ranglisten (leaderboards). Die große Mehrzahl der Gamification-Anwendungen bedient sich derselben Elemente, teilweise ergänzt um bestimmte spielspezifische Interfacemetaphern (zum Beispiel Monster, Helden) und übersteigerte Feedbackmechanismen. Fizek (2014, S. 282 ff.) beschreibt beispielsweise die Anwendung von Gamificationdesigns auf Zahnbürsten im Crowdfunding Projekt *Kolibree:* Die elektrische Zahnbürste sammelt Daten zum Putzverhalten und speist diese in eine Smartphone-App, die dem Nutzer Feedback gibt, den Vergleich mit vergangenen Putzleistungen ermöglicht, mit Auszeichnungen belohnt und es sogar erlaubt, sich mit Freunden zu messen. Der Kontext, der spielbar gemacht wird, ist in diesem Beispiel also die Zahnhygiene, doch die Elemente, die für die Spielbarmachung genutzt werden, sind dieselben: Punkte, Auszeichnungen und Ranglisten. Andere Gamification-Anwendungen fügen weitere Elemente wie spieltypische Handlungsrollen (zum Beispiel *Habit RPG*) hinzu oder verfügen über Social Media Schnittstellen (Abb. 17.2).

Einer der führenden Vertreter von Gamification-Designs, der Marketingexperte Gabe Zicherman, hat sieben für die Gamification primären Designelemente identifiziert: „points, levels, leaderboards, badges, challenges/quests, onboarding, and engagement loops" (Zicherman und Cunningham 2011, S. 36). Neben Punkten, Leveln, Ranglisten und Auszeichnungen treten also herausfordernde Aufgaben (challenges/quests) und das

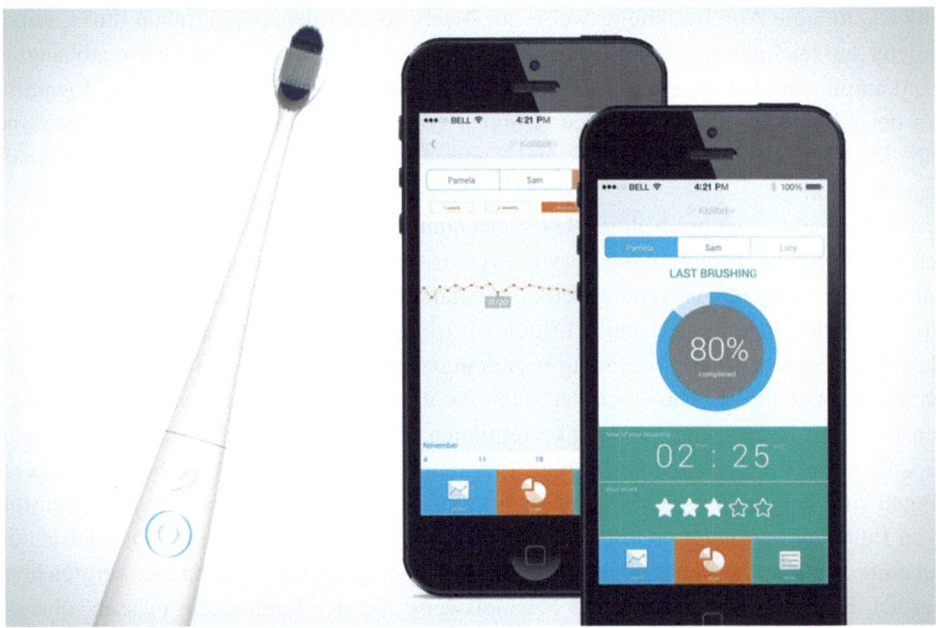

Abb. 17.2 *Kolibree Smart Toothbrush.* (http://uncrate.com/stuff/kolibree-smart-toothbrush/)

motivierende Hinführen zur Interaktion mit dem System (onboarding) sowie ihre Aufrecherhaltung in einer Feedbackschleife (engagement loop).

Wie deutlich wird, handelt es sich bei den in der Gamification genutzten Elementen des Game Designs überwiegend um formale Charakteristika von Computerspielen. In fast allen Gamification-Anwendungen steht das Punktesystem im Mittelpunkt. Die quantitative Messung, die Verdatung der jeweiligen Tätigkeit ist die Vorbedingung ihrer computerisierten Prozessierung und damit ihrer Spielbarmachung.

Natürlich gibt es Ausnahmen: *The World's Deepest Bin* beispielsweise ist eine experimentelle Mülltonne: Das Hineinwerfen von Abfall löst einen comic-artigen Soundeffekt aus, der den Eindruck erweckt, als ob die Tonne Duzende von Metern tief wäre – zur Belustigung aller Passantinnen, die daraufhin deutlich motivierter ihren Abfall beseitigen. Hier wird nur ein einziges Designelement genutzt, nämlich das in Computerspielen übliche überhöhte Feedback. Eine Vermessung des Wegwerfverhaltens findet nicht statt; und da keine Daten gespeichert werden, erübrigen sich auch Ranglisten, Auszeichnungen und alle weiteren zeitbezogenen Designelemente.

Das Beispiel führt deutlich ein grundlegendes Problem des Gamification-Konzepts vor Augen: Da sich nicht definieren lässt, welche Design-Elemente notwendig sind, damit etwas als Spiel gelten kann, und da eine eindeutige Definition des Spiels nach Wittgensteins Sprachspieltheorie (2004) ohnehin nicht möglich ist, ist Gamification zum Gutteil eine willkürliche Zuschreibung. *The World's Deepest Bin* könnte ebenso gut als Beispiel einer „Cartoonification" oder einer „Feedbackification" angesehen werden – überhöhtes Feedback mag in Computerspielen eine Designkonvention sein, aber sie definieren sich nicht darüber.

Diesem Einwand könnte durch eine Differenzierung des Spielbegriffs begegnet werden. In Rückgriff auf Roger Caillois (1966) könnte *The World's Deepest Bin* als gamifizierter Ausdruck des informellen Spiels, der *paidia,* gelten. *Nike+* und *Kolibree* dagegen wären Beispiele des formellen, geregelten Spiels, des *ludus.* Eine solche Klassifikation birgt jedoch die Gefahr der Verschleierung, denn sie erweckt den Eindruck einer Gleichwertigkeit beider Ausprägungen. Die jedoch ist nicht gegeben: Gamification-Anwendungen orientieren sich fast immer am geregelten Spiel. Das Punktesystem ist dabei nicht ein Designelement unter vielen, sondern geradezu die Voraussetzung jeglicher Spielbarmachung. Im Herzen der Gamification liegt die Verdatung – in den Worten von Rajat Paharia, dem CEO des Gamification Dienstleisters Bunchball: „gamification, is motivating people through data" (Paharia 2013, S. 68).

Erst die quantitative Vermessung einer Tätigkeit erlaubt es, Erfolg in Form von Punkten zu repräsentieren. Erst hierdurch wird es möglich, Leistungen verschiedener Personen und sogar unterschiedlicher Tätigkeiten – wie im Falle von *Nike Fuel* – miteinander zu vergleichen. Erst auf Grundlage einer solchen Formalisierung können Gamification-Anwendungen über Social-Media-Schnittstellen Tausende von Nutzern prozessieren.

Datengetriebene Gamification-Designs bilden eine vorbestehende Tätigkeit auf einer rein formalen Datenebene ab und fügen ihr so eine zusätzliche, nicht notwendige Ebene hinzu – meist mit dem Ziel, ein gewünschtes Verhalten zu motivieren, wie die Firma

Bunchball auch ganz offen in einem White Paper schreibt: „At its root, gamification applies the mechanics of gaming to non-game activities to change people's behavior" (Bunchball 2010, S. 2; Abb. 17.3).

Ein besonders einleuchtendes Beispiel ist die Anwendung *EcoScore* von Car2go. Nutzerinnen dieses Carsharing Anbieters können das Programm während ihrer Fahrt hinzuschalten, um ihren Fahrstil umweltbewuss zu optimieren. Es vermisst die Variablen „Beschleunigung", „Beständigkeit" und „Bremsen", die entscheidenden Einfluss auf den Benzinverbrauch haben, und bewertet sie jeweils auf einer Skala von 0 bis 100. Jede der drei Skalen wird im Bordcomputer nun visuell durch einen wachsenden oder schrumpfenden Baum repräsentiert, auf dem sich, bei besonders sparsamen Fahren, zudem noch Eichhörnchen und Vögel tummeln. Das visuelle Feedback soll den Ehrgeiz der Fahrerin zum Spritsparen fördern, die getrennte Repräsentation der drei Parameter erlaubt eine gezielte Verbesserung einzelner Fahrhandlungen. Bedingung dieses Feedbacks jedoch ist die automatische Datenerhebung.

Aus Sicht der Game Studies führt das Beispiel besonders deutlich vor Augen, wie in der Gamification eine vorbestehende Tätigkeit durch das Einziehen einer formalen Datenebene spielbar gemacht wird: Nach Juul (2005, S. 43) treffen für den Straßenverkehr nämlich viele formale Kennzeichen von Spielen zu: Es gibt ein Regelsystem (Straßenverkehrsordnung), innerhalb dessen die Akteurinnen (Fahrerinnen) handeln, um ein Ziel zu erreichen (Ankommen) – allerdings sind die Konsequenzen der Tätigkeit nicht verhandelbar und sie wird auch nicht immer freiwillig ausgeübt. *EcoScore* fügt der formalen Struktur des Straßenverkehrs

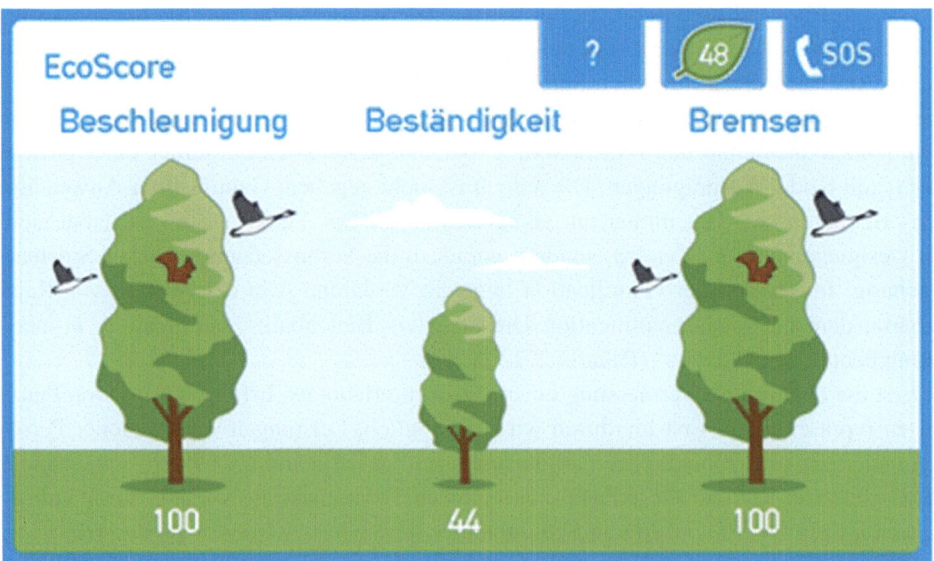

Abb. 17.3 *EcoScore* zur Förderung eines umweltbewussten Fahrstils. (http://blog.mercedes-benz-passion.com/2012/06/car2go-lasst-mit-ecoscore-baume-wachsen/)

eine optionale Ebene hinzu. Momentan können Fahrerinnen dabei noch nicht miteinander in Konkurrenz treten, aber eine solche Erweiterung wäre nach dem Vorbild von *Nike+* durchaus denkbar – der Straßenverkehr würde zum Gesellschaftsspiel.

Aus Sicht von Car2go hat *EcoScore* ganz andere Vorteile: die Anwendung ermöglicht es, Daten über das Fahrverhalten zu erheben, die beispielsweise zur Optimierung des Preissystems verwendet werden können. Vor allem aber liegt die Reduzierung des individuellen Spritverbrauchs im ökonomischen Interesse der Firma, da das Benzin im Tarif eingeschlossen ist – je weniger bei gleichbleibender Fahrzeit verbraucht wird, desto höher ist der Gewinn des Konzerns. Denkbar wäre es zudem, die Preisberechnung mit *EcoScore* zu verknüpfen. Die Anwendung zielt also auf eine Verhaltensoptimierung im Sinne des Konzerns ab, auch wenn sie vordergründig an das ökologische Gewissen der Fahrerinnen appelliert. Bedingung hierfür ist die Einführung quantitativer Indikatoren umweltbewussten Fahrens, die wiederum nur durch eine konsequente Vermessung und Verdatung des Fahrstils erlangt werden können.

Aus Sicht der Fahrerin schließlich macht *EcoScore* schlicht Spaß. Spritsparen wird zur herausfordernden Aufgabe – und zwar vollkommen unabhängig davon, ob die jeweilige Fahrerin überhaupt über ein ökologisches Bewusstsein verfügt. Umweltbewusstes Fahren ist vom Umweltbewusstsein entkoppelt.

Diese Beobachtung kann verallgemeinert werden: Die Verhaltensoptimierung, auf die Gamification-Anwendungen zielen, orientiert sich meist nicht auf den intrinsischen Wert der jeweiligen Tätigkeit, sondern auf den durch die Verpunktung zugemessenen extrinsischen Wert. Die Punkte in der Gamification erfüllen im Prinzip dieselbe Funktion wie der Preis in der Marktwirtschaft – die Handelnde tut etwas für einen formalen, zugemessenen Wert, der innerhalb eines gegebenes Systems (Geld- und Warenmarkt beziehungsweise Gamification-System) nutzbar ist, jedoch nicht außerhalb davon. Gamification-Designs schaffen in diesem Sinne Ersatzökonomien, deren Werte allerdings meist nur sehr begrenzt tauschbar sind: Die Verpunktung einer Tätigkeit bedingt in dem Sinne ihre Vermarktung, als dass Handlungen quantitative Werte gewinnen, die sie sonst nicht hätten – ganz ähnlich wie Externalitäten in der Ökonomie (zum Beispiel Luftverschmutzung), die durch die Schaffung von Zertifikaten eingepreist werden (zum Beispiel International handelbare Verschmutzungszertifikate).

Die extrinsischen Motivatoren in der Gamification können unterschiedlich bewertet werden: Die Spielebene kann eine zusätzliche Motivation bieten oder sie kann die intrinsische ersetzen – beurteilt werden kann das nur im Einzelfall. Aus Sicht der Game Studies wurde der Fokus der meisten Gamification-Designs auf Punktesysteme und damit auf extrinsische Motivationseffekte vielfach kritisiert (siehe unten). Fizek (2014) gibt zudem zu bedenken, dass eine Tätigkeit nicht wirklich spielerisch (playful) wird, wenn man sie nur irgendwie spielbar (playable) macht. Oft verbindet sich die Kritik mit normativ orientierten Vorschlägen für weniger formale, spielerischere Designs (zum Beispiel Deterding 2014).

Alle diese Vorschläge haben eines gemeinsam: Sie basieren auf der Annahme, dass der Gamification tatsächlich das Spiel zugrunde liegt, dass Gamificationdesigns Ableitungen von Spielen seien – und es folglich darum ginge, das Spielerische in ihnen zu stärken. Dieser Annahme soll im Folgenden explizit widersprochen und eine alternative Genealogie entgegengehalten werden.

17.3   (Wissens)Geschichte der Gamification

Vor dem Hintergrund des stark aufgeladenen Diskurses um die Nutzung von Spielelementen in außerspielerischen Kontexten (vgl. Deterding et al. 2011), die besonders im Umfeld von Ratgeberliteratur, Unternehmensberatung oder Marketingkonzepten als innovative Idee herausgestellt wird, ist die Frage zu klären, inwiefern die von der Gamification aufgerufenen Verfahren und Strategien tatsächlich eine neue Möglichkeit zur zweckorientierten Nutzung digitaler Spiele sind. Dazu ist es notwendig, das ‚Buzzword' Gamification in die wissensgeschichtlichen Zusammenhänge einzubetten, die seine Theorien und Anwendungen informieren. Ein Blick in einschlägige, populäre Literatur zum Thema macht deutlich, dass die Befürworterinnen der Gamification trotz der großen Vielfalt ihrer jeweiligen Ziele (von Unternehmensberatung über Selbstoptimierung bis hin zur ludischen Revolution der Gesellschaft ist alles vertreten) sehr ähnliche Vorstellungen von den Eigenschaften digitaler Spiele haben, die sie zum Erreichen dieser Ziele nutzen wollen.

Spiele machen Spaß und sind motivierend und fesselnd (engaging; vgl. McGonigal 2011; Werbach und Hunter 2012; Dignan 2011; Reeves und Read 2009; Radoff 2011). Sie befördern Wettbewerb (Reeves und Read 2009; Zichermann und Linder 2010), Teamfähigkeit (Edery und Mollick 2009; Chatfield 2010) und eignen sich als konsequenzverminderte Trainings- und Ausbildungsumgebungen (Edery und Mollick 2009; Beck und Wade 2004). Dies sind nur einige der häufiger in Zusammenhang mit digitalen Spielen aufgerufenen Merkmalen, von denen in der Gamification-Literatur vermutet wird, sie seien aus dem Spiel in außerspielerische Kontexte gewissermaßen zu transplantieren. Die „Game Elements" (Deterding et al. 2011, S. 9), über die der Transfer der positiven Qualitäten der Spiele stattfinden soll, werden in der klassischen Gamification-Literatur häufig auf den Dreiklang von Badges, Leaderboards/Levels, Achievements und Points (vgl. zum Beispiel Nicholson 2012) reduziert.

Die Spielelemente dienen dabei etwa als Belohnung (Points und Badges) für erbrachte Leistungen oder für erbrachte Leistungen und die Auseinandersetzung mit dem gamifizierten System oder sie zielen darauf, den Wettbewerb unter den Nutzerinnen der jeweiligen Anwendung zu fördern, indem sie Punktestände und Errungenschaften vergleichbar machen (Leaderboards, Achievements). Schließlich wird der eigene Fortschritt innerhalb des gamifizierten Systems durch Level indiziert und die Institution beziehungsweise das Unternehmen/Produkt ludisch strukturiert. Anders als es der Name vermuten lässt, geht es jedoch bei der Gamifizierung etwa einer Marketingkampagne oder einer Abteilung in einem Unternehmen nicht darum, die vorliegenden Strukturen in ein Spiel zu überführen oder umfassend spielerisch zu machen, sondern darum, die Umgebung der Nutzerin oder

Arbeiterin durch die Nutzung von Spielen motivierend zu gestalten. Es gilt zu verhindern, dass gespielt statt gearbeitet oder konsumiert wird – diese Sorge findet sich in der beratenden Literatur zur Gamification in der häufig aufgerufenen Differenzierung zwischen erwünschtem (produktivem, zielgerichtetem, den Erwartungen der Designerin entsprechendem) Spielen und problematischem Spielen (Powergaming, Spielen mit dem System, Cheating, Manipulation; vgl. zum Beispiel Werbach und Hunter 2012, S. 118; Zichermann und Linder 2010, S. 105; Edery und Mollick 2009, S. 168).

Das Bestreben zu motivieren steht im Zentrum der Gamification. Alle unterschiedlichen Ziele und Anwendungen stellen den Motivationsaspekt von Spielen heraus und plädieren dafür, ihn zu nutzen. Gamification ist damit wissensgeschichtlich der Motivationspsychologie und besonders dem Behaviorismus als dominanter Schule der Psychologie in den USA im 20. Jahrhundert verpflichtet. Während nur Gabe Zicherman sich explizit auf B.F. Skinners Forschungen und damit auf behavioristische Erkenntnisse bezieht (Zichermann und Cunningham 2011, S. 18), ist der Rückgriff auf die Experimentalanordnungen der behavioristischen Psychologie in den meisten gamifizierten Systemen implizit.

Die Elemente digitaler Spiele (wie High-Scores oder Punkte) dienen dazu, Motivationsumgebungen zu schaffen, die den *motivational environments* ähneln, die als behavioristische Experimente in den 1960er und 1970er Jahren zum Beispiel in Psychiatrien und Gefängnissen in den USA eingerichtet worden waren. Es geht jeweils darum, das Verhalten der Insassen oder Nutzerinnen zu modifizieren *(behavior modification)* und erwünschtes Verhalten zu verstärken *(reinforcement),* während unerwünschtes Verhalten zum Verschwinden gebracht wird *(extinction).* Sowohl die Vertreterinnen des klassischen Behaviorismus wie auch die Befürworterinnen der Gamification wollen auf diese Weise Institutionen optimieren – indem etwa geschlossene Psychiatrien höhere Entlassungsquoten bekommen oder Websites eine größere Zahl wiederkehrender beziehungsweise regelmäßiger Nutzerinnen.

Das Selbstverständnis des Behaviorismus als angewandte Wissenschaft, die antritt, um gesellschaftliche Probleme zu lösen (vgl. Mills 1998), spiegelt sich heute in dem Wunsch Jane McGonigals, in naher Zukunft eine Game-Designerin als Friedensnobelpreisträgerin zu erleben (McGonigal 2011, S. 10). Die jeweils eingesetzten Verfahrensweisen ähneln sich dabei nicht nur oberflächlich: ein Pilotprojekt für behavioristische *motivating environments* ist die sogenannte *token economy,* die Nathan Azrin und Teodoro Ayllon 1961 im Anna State Hospital Illinois einrichten und über mehr als 6 Jahre (Ayllon und Azrin 1968, S. 16) als Experiment betreiben.

Das Ziel besteht darin, das Verhalten von Langzeit-Insassinnen der geschlossenen Psychiatrie des Krankenhauses derart zu modifizieren, dass sie entlassen werden können. Dazu werden der gesamte Flügel des Krankenhauses und alle Regeln, die innerhalb der Institution gelten, einer behavioristischen Motivationsökonomie unterworfen, in der Tokens (also quasi physische Punkte) für erwünschtes Verhalten an die Patientinnen ausgegeben werden. Sämtliche Vorzüge und Privilegien innerhalb der Psychiatrie bekommen zugleich einen Preis zugewiesen, sodass die Patientinnen ihren bevorzugten

Beschäftigungen (Fernsehen, Zeitschriften lesen, sich im Gemeinschaftsraum aufhalten etc.) nur noch dann nachgehen können, wenn sie den entsprechenden Preis in Tokens entrichten. Für Azrin und Ayllon geht es nun besonders darum, den Fluss der Tokens und den ‚Punktestand' einzelner Patientinnen nachhalten zu können, um Modifikationen an der Token Economy vornehmen zu können. Außerdem werden bei der Ausgabe einiger Belohnungen Pflegerinnen gezielt durch Automaten ersetzt, um höhere Objektivität und bessere Messbarkeit zu gewährleisten.

Bereits in den 1960er Jahren herrscht dabei unter den Behavioristinnen die Hoffnung, mittel- oder langfristig die physischen Tokens durch immaterielle Scores zu ersetzen, die zentral gespeichert und für jedes Individuum aufgezeichnet werden können (Ayllon und Azrin 1968, S. 78 f.). Auch die Reinforcer (beziehungsweise die Belohnungen) sollen letztlich die Form positiven Feedbacks annehmen, sodass das Wissen darüber, ‚gut' oder ‚richtig' gehandelt zu haben, als Anreiz für eine Verhaltensänderung ausreicht. Aus der Psychiatrie der 1960er Jahre findet die Token Economy, die von Beginn an als Konzept entwickelt worden ist, das für die unterschiedlichsten Anwendungsgebiete anpassbar sein sollte, ihren Weg in Gefängnisse, aber auch in Studentenwohnheime und Vororte, in denen zum Beispiel das Recyclingverhalten der Bewohnerinnen modifiziert werden sollte (Geller et al. 1973, S. 370). Die medientechnischen Voraussetzungen für eine umfassende Nutzung von Scoring-Systemen sind jedoch erst mit der Verbreitung von Computern erfüllt, da zuvor das Zuweisen und Aufzeichnen von Punkten in größeren Token Economies mit erheblichem Aufwand verbunden ist. Die Rolle des digitalen Spiels ist in der Gamification-Literatur demnach mit der einer idealen Motivationsumgebung zu vergleichen, in der die Spielerinnen ihr Verhalten den Vorgaben des Systems nicht nur bereitwillig anpassen, sondern daran auch Freude haben. Mit den Worten Tom Chatfields: „[G]ame technologies excel at nothing so much as scoring, comparing and rewarding progress" (Chatfield 2010, S. 199).

17.4 Gamification und Game Studies

Die zunehmende Verbreitung einer Rhetorik vom Nutzen und Potenzial digitaler Spiele als Motivationshilfen in spielfernen Kontexten wird in der Computerspielforschung kritisch betrachtet. So spricht Juul der Gamification ihren Innovationscharakter ab: „[…] many organizations and companies are already using goals and feedback, known not as elements of ‚games', but as *performance measures*: the organization describes general measures of the performance of employees, collects and compares these data to performance goals, and then perhaps uses the data for promotions, layoffs, and bonuses" (Juul 2013, S. 119). Die Elemente digitaler Spiele würden so den ohnehin üblichen Leistungserhebungen nur eine andere Fassade verleihen, außerdem seien gerade die spielähnlichen Leistungsmessungen in einigen Unternehmen Anreiz für Missmanagement, wie es etwa im Bankensektor zur Finanzkrise 2008 beigetragen habe (Juul 2013, S. 120).

Die Game-Designerin Margaret Robinson und der Spieleforscher Scott Nicholson kritisieren die reduktionistische Auffassung von digitalen Spielen, die vielen Gamification-Ansätzen zugrunde liegt: Robinson (2010) spricht angesichts der einseitigen Fokussierung auf Scoring-Systeme als Motivationsanreiz von „Pointsification", Nicholson von „BLAP"-Gamification (für Badges, Leaderboards, Achievements, Points) und von einer belohnungsbasierten Gamification (Nicholson 2012). Sebastian Deterding weist darauf hin, dass allein die von außen zugefügte Anmutung von Spiel, wie sie in vielen Ratgebern empfohlen wird, unmotivierende und langweilige Tätigkeiten nicht dauerhaft aufwerten oder gar in Spiele verwandeln könne, da das gesamte Design erfolgreicher Spiele entscheidend sei, nicht ihre einzelnen Elemente.

Der Medientheoretiker und Designer Ian Bogost bringt seine Position gegenüber Gamification schließlich polemisch auf den Punkt: „Gamification is bullshit" (Bogost 2011b). Bogost verweist auf den Bullshit-Begriff des Philosophen Harry Frankfurt (Frankfurt 2005), demzufolge Gamification, als eine Erscheinungsform der (Unternehmens)Beratung, eine besondere Strategie des selbstbezogenen, inhaltsleeren Nichts-Sagens sei (vgl. Bogost 2014). Digitale Spiele seien nur deshalb in den Fokus von Beraterinnen und Marketingexpertinnen geraten, weil sie als neues, einflussreiches und mysteriöses Medium erschienen, das die Aufmerksamkeit von Millionen von Menschen binde (Bogost 2011b). Bogost schlägt vor, Praktiken der Gamification alternativ als „Exploitationware" zu bezeichnen, um sie statt an Spiele an (Betrugs)Software wie Adware, Malware oder Spyware rückzubinden und deutlich zu machen, dass sie nicht den Interessen der Spielenden dienen (Bogost 2011a, S. 4).

Der umfassenden Ablehnung des Gamification-Begriffs in der Computerspielforschung steht allerdings eine Rhetorik der Relevanz und des Potenzials digitaler Spiele gegenüber, die teils von den Designerinnen und Wissenschaftlerinnen betrieben wird, die Gamification besonders entschieden zurückweisen. In diesen Äußerungen stehen nicht Spielelemente, ihr Motivationspotenzial oder ihr Nutzen für Firmen und Werbeagenturen im Mittelpunkt, sondern das Potenzial einer spezifischen Medialität digitaler Spiele und die Rolle der Game-Designerin für dessen Entfaltung. Diese Selbstvergewisserung trägt bisweilen die Züge, die Bogost den Befürworterinnen der Gamification attestiert hat: Digitale Spiele sind neue, aufregende Medien und die Spielforschung behauptet ihre Relevanz und ihre Legitimation gegenüber Universitätsverwaltungen, Wissenschaftsförderung und Politik in Postulaten wie dem Manifest für ein ludisches Jahrhundert, das 2013 vom Game-Design Professor Eric Zimmerman veröffentlicht worden ist (Zimmerman 2013).

In insgesamt 13 Thesen führt Zimmerman aus, dass digitale Spiele in einer zunehmend von computerisierten Systemen bestimmten Welt unerlässlich seien, um sich auf die Anforderungen ebendieser Welt vorzubereiten und sich in ihr zurecht zu finden. Spiele bringen eine spezifische Lesekompetenz *(literacy)* mit sich, mit deren Hilfe sich die systemischen Probleme des 21. Jahrhunderts lösen ließen (Zimmerman 2013). Kurz: Die Systeme digitaler Spiele und die von ihnen vermittelten Denk- und Handlungsweisen stehen in einem produktiven Verhältnis zur Realität jenseits des Spiels und ihren Systemen.

Unter diesen Umständen wird das Wissen um Game-Design zu einer zentralen Kompetenz, womit schließlich gilt: „everyone will be a game designer" (Zimmerman 2013).
Diese emphatische Aufwertung der Funktion der Designerin zeigt, worin für Zimmerman
die Aufgaben der Spieleforschung des 21. Jahrhunderts bestehen: In der Ausbildung von
Game-Designerinnen und der Vermittlung von ludischer Literarizität *(ludic literacy)*.

Sehr ähnlich, aber weniger prophetisch, argumentiert auch Bogost, der sich für eine
Wahrnehmung und Nutzung von digitalen Spielen als regelbasierten, prozeduralen
Medien ausspricht. Spielen wohnt nach Bogosts Auffassung rhetorisches Potenzial inne,
da sie über subjektiv erstellte Regelsysteme funktionieren, deren Verhalten von deren
Verhalten von der Spielerin als Kommentar zu realen Systemen aufgefasst werden kann.
Wenn also in *Sim City* (1989), so ein von Bogost zitiertes Beispiel, das Senken der Steu-
ern zur Ansiedlung von Unternehmen führe, Steuererhöhungen aber Proteste nach sich
zögen, dann umfasse das Regelsystem von Sim City Annahmen über Wirtschafts- und
Steuerpolitik, die sich mit den Ansicht der Spielerin deckten oder sie herausforderten
(Starr 1994 zit. nach Bogost 2006, S. 103). In jedem Fall ist es nicht möglich, *Sim City*
zu spielen und sich diesen Prozessen zu entziehen, da sie in die Regeln des Spiels codiert
sind. Das rhetorische Potenzial digitaler Spiele könnte laut Bogost beispielsweise in der
Politik, in der Werbung oder im Bildungswesen von Nutzen sein (Abb. 17.4).

Abb. 17.4 Rhetorik der Stadtsimulation *„Sim City 2000"* (1994, Maxis/Maxis)

Die Beispiele Zimmermans und Bogosts zeigen, dass auch in den Game Studies und unter Game-Designerinnen das digitale Spiel als nützliches, für die Zukunft gar unerlässliches Medium stark gemacht wird. Anders als in der Gamification wird es nicht auf seine Bestandteile reduziert oder in die diskursiven Zusammenhänge von Ratgeberliteratur eingebettet; aber es geht dennoch darum, den Nutzen digitaler Spiele auf zwei Ebenen zu betonen: Erstens können Spiele nicht nur als Unterhaltungssoftware gesehen werden, sondern auch als Programme, die die Realität jenseits des Spiels kommentieren, zu verstehen helfen oder ihre Spielerinnen zum Nachdenken anregen. Zweitens ist die Feststellung dieser gesellschaftlichen, über einzelne Spiele hinausweisenden Relevanz eine Legitimationsstrategie der Game Studies, um als Disziplin oder disziplinübergreifendes Forschungsfeld ernst genommen zu werden und eine Institutionalisierung zu erreichen. Dem digitalen Spiel wird zugleich der Charakter eines Mediums attestiert wie diese Medialität bereits wieder eingeschränkt und auf das Potenzial konkreter Äußerungen hin zugespitzt wird, die in einem bestimmten Verhältnis zur außerspielerischen Realität stehen. Unter den Bedingungen eines ludischen Jahrhunderts, wie Zimmerman es formuliert, sind digitale Spiele die zentralen, sinnstiftenden Medien moderner Gesellschaften, und Spieldesignerinnen und -forscherinnen sind die Instanzen, die diese Medien hervorbringen und kontextualisieren.

17.5 Gamification als Strategie und Perspektive

„Gamification" wird in sehr unterschiedlichen Bedeutungen verwendet, geprägt durch die jeweiligen Interessensgruppen. Als Marketing-Buzzword bezeichnet es die Übertragung von Elementen des Spieldesigns auf Nicht-Spiel-Kontexte, um intendiertes Verhalten hervorzurufen. Doch wie sich zeigt, haben die typischen Motivationsmechanismen historische Vorläufer, die nicht auf Spieldesigns rekurrieren – Gamification hat nicht notwendigerweise etwas mit Spielen zu tun. Hinter der Propagierung des Schlagworts scheinen somit vor allem die Interessen von Buchautorinnen und selbsternannten Expertinnen zu stehen. Die Ausweitung der Anwendbarkeit von Spieldesigntechniken verspricht schließlich die Aufwertung ganzer Berufsgruppen.

Die in den Game Studies vorherrschende Kritik am marketinggetriebenen Konzept von Gamification erweist sich somit durchaus als berechtigt. Doch die Diagnose der primär durch Partikularinteressen motivierten Überhöhung eines Schlagworts lässt sich mit der gleichen Berechtigung den akademischen Kritikerinnen der Gamification stellen: Sowohl die kulturpessimistische als auch die utopische Diagnose einer allgemeinen Verspielung der Gesellschaft offenbaren sich letztlich als relativ willkürliche Zuschreibung, da sämtliche Symptome nicht zwingend spezifisch für Spiele sind. Die Diagnose ist also nicht nur dem Zustand der Gesellschaft, sondern ebenso den Interessen der Diagnostikerinnen geschuldet – schließlich müssen Forscherinnen die Relevanz ihrer Drittmittelanträge begründen. Wie im Marketing zielt auch der akademische Gamification-Diskurs auf eine Relevanzerhöhung des Spiels und damit auch all derjenigen, die zu Spielen arbeiten.

Gamification ist also nicht nur eine Technik und eine Symptomatik, sondern vor allem auch eine Strategie, hinter der gleichermaßen ökonomische wie forschungspolitische Interessen stehen. Es stellt sich somit die Frage, ob das gesamte Konzept überhaupt einen epistemischen Mehrwert besitzt. Mit gebührender Vorsicht lässt sich dieser dem überstrapazierten Schlagwort durchaus abtrotzen – und zwar dann, wenn Gamification nicht als Diagnose, sondern als Perspektive betrachtet wird. Mit der Attestierung einer unscharfen Verspielung der Gesellschaft ist nicht viel gewonnen – es kann jedoch überaus produktiv sein, bestimmte Phänomene neu *als* Spiel zu perspektivieren, um Aspekte sichtbar zu machen, die bisher verborgen blieben.

Unter diesen Umständen können beispielsweise das Studium an deutschen Universitäten nach der Bologna-Reform und der akademische Karriereweg als Instanzen interpretiert werden, in denen jeweils auch Spielelemente im Sinne der Gamification aufscheinen. Die offensichtlichste Parallele besteht in allgegenwärtigen Punktsystemen, die sowohl im Studium wie auch in Graduiertenschulen eine (internationale) Vergleichbarkeit von Leistungen gewährleisten sollen und damit durchaus im Sinne der Highscorelisten am Arbeitsplatz Anwendung finden, wie sie von Vertreterinnen der Gamification befürwortet werden. Zwar ist ein direkter Wettbewerb unter Studierenden und Promovierenden (noch) durch die Intransparenz des CP-Systems ausgeschlossen, mittelbar geht es aber spätestens bei den Bewerbungen um Masterstudienplätze, Promotionsstipendien oder ähnliche Förderungen darum, wer mehr Punkte (in Relation zur Regelstudienzeit) gesammelt hat. Björn Hedin, dem vergleichbare Parallelen im skandinavischen Hochschulsystem nicht entgangen sind, weist noch darauf hin, dass auch der in der internationalen Forschung und den Naturwissenschaften verbreitete Zitationsindex eigener Publikationen als eine Form des Scorings aufgefasst werden kann (Hedin 2015). In den Geisteswissenschaften ist dagegen häufig die bloße Zahl von Veröffentlichungen oder Konferenzpräsentationen für erfolgreiche Bewerbungen um Stellen oder Fördermittel entscheidend.

Auch Badges oder Abzeichen finden im akademischen Umfeld ihre Entsprechung: Nicht nur tatsächliche Preise für besonders gelungene Abschlussarbeiten, Veröffentlichungen oder Dissertationen, auch einzelne, notwendige Karriereschritte wie etwa das Organisieren eigener Veranstaltungen, das Einwerben von Drittmitteln, Herausgeberschaften oder gar die Konzeption eines Studiengangs gelten als implizite Errungenschaften in akademischen Systemen. Zuletzt ähneln sich Gamification-Anwendungen und Hochschulen besonders darin, dass in ihnen all die oben aufgeführten Maßnahmen zu einer selbstbezogenen Motivationsumgebung verknüpft werden. Damit soll nicht etwa in zynischer Weise das Bild vom Elfenbeinturm ohne Realitätsbezug beschworen und mit Spielelementen ohne Spielbezug verglichen werden, sondern es geht um den in der Gamification-Literatur artikulierten Wunsch, Angestellte oder Kundinnen durch die bloßen Eigenschaften der Institutionen zu motivieren, mit denen sie interagieren. Auf diese Weise entfällt die Notwendigkeit, den Spielfortschritt an außerspielerische Anerkennung zu koppeln. Ebensowenig wie ein High-Score im gamifizierten Büro also eine Gehaltserhöhung nach sich zieht, sind die gesammelten CP während des Studiums über das universitäre Umfeld hinaus von Bedeutung oder eröffnet sich der Inhaberin vieler ‚Abzeichen' oder eines hohen Punktestandes eine planbare akademische Laufbahn.

Eine derartige Kritik ist polemisch und sie stellt eine Verallgemeinerung des Prinzips von Gamification dar, demonstriert aber zugleich auch dessen Beliebigkeit und seinen Rückgriff auf Strukturen und Funktionen, die dem digitalen Spiel vorausgehen. Eine Kritik der ‚klassischen', auf Marketinganwendungen oder Unternehmensberatung ausgerichteten Gamification kann also dazu genutzt werden, die Probleme des Designs anderer, spielferner Systeme herauszustellen. Wenn etwas wie gamifiziert erscheint, auch ohne tatsächlich mit Spielelementen versehen worden zu sein, so liegt die Vermutung nahe, dass es ähnliche Schwierigkeiten haben wird und in einem ähnlichen Kontext interpretiert werden kann wie originär gamifizierte Systeme und Institutionen. Die Gamification ist also produktiv, nicht weil sie die Versprechen ihrer Befürworterinnen erfüllen würde oder könnte, sondern weil sie zum Nachdenken über Motivationsumgebungen und ihre systemischen Herausforderungen anhält.

Literatur

Ayllon, Teodoro und Azrin, Nathan. 1968. *The Token Economy. A Motivational System for Therapy and Rehabilitation*. New York: Appleton Century-Crofts.

Beck, John C. und Wade, Mitchell. 2004. *Got Game: How the Gamer Generation is Reshaping Business Forever*. Boston: Harvard Business School Press.

Bogost, Ian. 2011a. Gamification is Bullshit. http://bogost.com/writing/blog/gamification_is_bullshit/. Zugegriffen: 07. Januar 2016.

Bogost, Ian. 2011b. Persuasive Games: Exploitationware. http://www.gamasutra.com/view/feature/134735/persuasive_games_exploitationware.php?print=1. Zugegriffen: 07. Januar 2016.

Bogost, Ian. 2014. Why Gamification is Bullshit. In *The Gameful World. Approaches, Issues, Applications*, hrsg. S. P. Walz und S. Deterding, 65–79. Cambridge/MA: MIT Press.

Bunchball. 2010. Gamification 101. An Introduction to the Use of Game Mechanics to Influence Behavior. http://www.bunchball.com/sites/default/files/downloads/gamification101.pdf. Zugegriffen: 07. Januar 2016.

Caillois, Roger. 1966. *Die Spiele und die Menschen. Maske und Rausch*. München: Langen-Müller.

Chatfield, Tom. 2010. *Fun INC. Why Games are the 21st Century's Most Serious Business*. London: Virgin Books.

Deterding, Sebastian et al. 2011. Gamification. In *CHI 2011 Workshop Gamification: Using Game Design Elements in Non-Game Contexts*.

Deterding, Sebastian (2014): Eudamonic Design, or: Six Invitations to Rethink Gamification. In: Mathias Fuchs, Sonia Fizek, Paolo Ruffino, Niklas Schrape: Rethinking Gamification. Lüneburg: Meson Press.

Dignan, Aaron (2011): Game Frame: Using Games as a Strategy for Success. New York, Free Press.

Dragona, Daphne. 2014. Counter Gamification. Emergent Tactics and Practices Against the Rule of Numbers. In *Rethinking Gamification*, hrsg. M. Fuchs et al., 227–250. Lüneburg: Meson Press.

Edery, David und Ethan Mollick. 2009. *Changing the Game: How Video Games are Transforming the Future of Business*. New Jersey: FT Press.

Fizek, Sonia. 2014. Why Fun Matters. In Search of Emergent Playful Experiences. In *Rethinking Gamification*, hrsg. M. Fuchs et al., 273–288. Lüneburg: Meson Press.

Frankfurt, Harry G. 2005. *On Bullshit*. Princeton: Princeton Univ. Press.

Fuchs, Mathias. 2015. Total Gamification: Introduction. In *Diversity of Play*, hrsg. M. Fuchs, Lüneburg: Meson Press.

Geller, E. Scott et al. 1973. Prompting a Consumer Behavior for Pollution Control. In *Journal of Applied Behavior Analysis* Vol. 6, No. 3: 367–376.

Hedin, Björn. 2015. The Academic Career System – An Example of Gamification Gone Wrong. Paper presented at the Gamification of Work Conference, Paris.

Juul, Jesper. 2005. *Half-Real. Video Games Between Real Rules and Fictional Worlds.* Cambridge/MA: MIT Press.

Juul, Jesper. 2013. *The Art of Failure. An Essay on the Pain of Playing Videogames.* Cambridge/MA: MIT Press.

McGonigal, Jane. 2011. *Reality is Broken. Why Games Make Us Better and How They Can Change the World.* London: Jonathan Cape.

Mills, John A. 1998. *Control. A History of Behavioral Psychology.* New York: New York Univ. Press.

Nicholson, Scott. 2012. Strategies for Meaningful Gamification: Concepts behind Transformative Play and Participatory Museums. http://scottnicholson.com/pubs/meaningfulstrategies.pdf. Zugegriffen: 07. Januar 2016.

Paharia, Rajat. 2013. *Loyalty 3.0. How to Revolutionize Customer and Employee Engagement with Big Data and Gamification.* New York: McGraw Hill.

Radoff, Jon. 2011. *Game On: Energize Your Business With Social Media Games.* Indianapolis: Wiley.

Raessens, Joost. 2014. The Ludification of Culture. In *Rethinking Gamification*, hrsg. M. Fuchs et al., 91–118. Lüneburg: Meson Press.

Reeves, Byron und J. Leighton Read. 2009. *Total Engagement: Using Games and Virtual Worlds to Change the Way People Work and Businesses Compete.* Boston: Harvard Business Press.

Robinson, Margaret. 2010. Can't Play, Won't Play. http://hideandseek.net/2010/10/06/cant-play-wont-play/. Zugegriffen: 07. Januar 2016.

Starr, Paul. 1994. Policy as a Simulation Game. Zit. nach Ian Bogost. 2006. *Unit Operations. An Approach to Videogame Criticism.* Cambridge/MA: MIT Press.

Werbach, Kevin und Dan Hunter. 2012. *For the Win: How Game Thinking Can Revolutionize Your Business.* Philadelphia: Warton Digital Press.

Wittgenstein, Ludwig. 2004. *Philosophische Untersuchungen. In: ders.: Werksausgabe Bd. 1. Tractatus logico-philosophicus. Tagebücher 1914-1916. Philosophische Untersuchungen.* Frankfurt/M.: Suhrkamp.

Zichermann, Gabe und Christopher Cunningham. 2011. *Gamification by Design. Implementing Game Mechanics in Web and Mobile Apps.* Sebastopol: O'Reilly Press.

Zichermann, Gabe und Joselin Linder. 2010. *Game-Based Marketing.* New Jersey, Wiley.

Zimmerman, Eric. 2013. Manifesto for a Ludic Century. Kotaku. http://kotaku.com/manifesto-the-21st-century-will-be-defined-by-games-1275355204. Zugegriffen: 07. Januar 2016.

Über die Autoren

Felix Raczkowski ist wissenschaftlicher Mitarbeiter am Lehrstuhl für digitale und audiovisuelle Medien an der Fachgruppe für Medienwissenschaft der Universität Bayreuth. Er promovierte an der Ruhr-Universität Bochum mit einer Arbeit zur Digitalisierung und Instrumentalisierung des Spiels. Seine Forschungsschwerpunkte sind Theorie und Geschichte digitaler Medien sowie die Wandlung des kulturwissenschaftlichen Spielbegriffs unter den Bedingungen digitaler Spiele. Darüber hinaus beschäftigt er sich mit Medien der Regierung und der Motivation.

Veröffentlichungen (Auswahl): 2017: „Spielgrenzen und ihre Denkweisen" In Denkweisen des Spiels. Medienphilosophische Annäherungen, hrsg. A. Deuber-Mankowsky, R. Görling, 119–135. Wien: Turia & Kant. 2015: „Thinking with Portals – das Aperture Science Handheld Portal Device zwischen Unit Operation und Spielzeug" In „The cake is a lie": Polyperspektivische Betrachtungen des Computerspiels am Beispiel von Portal, hrsg. B. Neitzel, R. Nohr, T. Hensel, 349–367. Münster: LIT Verlag. 2014: „Making Points the Point: Towards a History of Ideas of Gamification" In Rethinking Gamification, hrsg. M. Fuchs, S. Fizek, P. Ruffinio, N. Schrape, 141–160. Lüneburg: Meson Press.

Dr. Niklas Schrape war bis März 2016 wissenschaftlicher Mitarbeiter an der Leuphana Universität Lüneburg am DFG-Forscherkolleg *Medienkulturen der Computersimulation* (MECS) sowie bis Juli 2015 im Gamification Lab des Centers for Digital Cultures im Rahmen des Innovations-Inkubators Digitale Medien. Seine Arbeitsschwerpunkte sind die Erforschung des Verhältnisses von Computersimulationen und Computerspielen sowie die theoretische Reflexion des Phänomens der Gamification. Er promovierte 2012 an der Filmakademie Potsdam-Babelsberg mit der Dissertation *Die Rhetorik von Computerspielen* (Campus). Derzeit arbeitet er als Senior Strategist in der Social Media Agentur Granny GmbH. Veröffentlichungen (Auswahl): „Spielwelt. Das Weltbild der Simulation im Computerspiel". In: J. Fromme, F. Kiefer, J. Holze: *Mediale Diskurse, Kampagnen, Öffentlichkeiten,* (Wiesbaden 2016). – „Portal als Experimentalsystem". In: B. Neitzel, R. Nohr & T. Hensel (Hrsg.): *„The cake is a lie": Polyperspektivische Betrachtungen des Computerspiels am Beispiel von Portal.* (Münster 2015). – „Dani Bunten wants to play. Eine biographische Notiz zur Genese des Computerspiels". In: *Texturen.* (Berlin 2015) – „Gamification and Governmentality". In: Fuchs, Mathias/Fizek, Sonia /Ruffino, Paolo/Schrape, Niklas: *Rethinking Gamification* (Lüneburg 2014).

Gewalt

18

Jochen Venus

18.1 Allgemeiner Überblick

Kaum ein Thema wird in der Diskussion um Computerspiele so intensiv debattiert wie die Frage nach den psychischen und sozialen Gefahren, die von Gewalt darstellenden Computerspielen ausgehen. In Zeitungsartikeln und auf Online-Foren, in parlamentarischen Anhörungen und vor Gericht werden die Gefahren dieser Spiele beschworen und bestritten. Insbesondere wird diskutiert, ob und in welchem Ausmaß Computerspiele, in denen Tötungshandlungen gegen Menschen und menschenähnliche Fantasiewesen simuliert werden können, zur sozialen Desorientierung junger Menschen beitragen und mitschuldig sind an jugendlicher Gewaltkriminalität. Besorgte Eltern und Pädagogen auf der einen, Computerspielfans und Spielehersteller auf der anderen Seite bemühen sich um eine möglichst stichhaltige Begründung ihrer warnenden beziehungsweise entwarnenden Urteile und verweisen dabei auf empirische Studien der Medienwirkungsforschung, die auf der Basis unterschiedlicher Modelle und Untersuchungsmethoden die Möglichkeit einer Gefährdung durch Computerspiele mehr oder weniger wahrscheinlich erscheinen lassen. Dabei stützen sich die warnenden Stimmen vor allem auf lerntheoretische Überlegungen: Demnach können die gewalttätigen Handlungsmodelle, die zur spielerischen Probehandlung angeboten werden, nach Maßgabe kontextueller Faktoren (kulturelle Deutungsschemata, Persönlichkeitsmerkmale, soziales Umfeld unter anderem) die individuellen Überzeugungen und Handlungsbereitschaften prägen (vgl. Kunczik und Zipfel 2006; Kunczik 2013). Die Verteidigung Gewalt darstellender Computerspiele argumentiert dagegen mit der fehlenden statistischen Korrelation zwischen der Häufigkeit des

J. Venus (✉)
Siegen, Deutschland
E-Mail: venus@medienwissenschaft.uni-siegen.de

© Springer Fachmedien Wiesbaden GmbH 2018
B. Beil et al. (Hrsg.), *Game Studies,* Film, Fernsehen, Neue Medien,
https://doi.org/10.1007/978-3-658-13498-3_18

Computerspielkonsums und der Häufigkeit von Gewalttaten. Bei ‚normal' sozialisierten Jugendlichen führen Gewalt darstellende Computerspiele offenbar nicht zur befürchteten Stimulation und Habitualisierung gewalttätiger Handlungsmuster.

Jede Stellungnahme zu diesem Thema provoziert eine Gegenrede, jede wissenschaftliche Studie eine Gegenstudie. Die öffentliche und wissenschaftliche Diskussion hat sich auf diese Weise in einen Zustand unfruchtbarer Wiederholung manövriert: „Obwohl es keinen Bereich der Medienwirkungsforschung gibt, zu dem mehr Studien vorliegen, ist die Publikationsflut zur Thematik ‚Medien und Gewalt' ungebrochen" (Kunczik und Zipfel 2002, S. 29). Zwar hat die *American Psychological Association* im Jahr 2015 eine Metastudie veröffentlicht, die zu einem eindeutigen Schluss zu kommen scheint: „The research demonstrates a consistent relation between violent video game use and heightened aggressive behavior, aggressive cognitions, and aggressive affect and reduced prosocial behavior empathy and sensitivity to aggression" (American Psychological Association 2015). Aber schon während der Erarbeitung dieser Metastudie veröffentlichten über zweihundert Vertreterinnen und Vertreter der Medienwissenschaft, Psychologie und Kriminologie einen offenen Brief an die *APA,* in dem sie die Aussagekraft dieser Metastudie in Zweifel zogen (Scholars' Open Statement 2013). Ein Ende des Streits um die psychischen und sozialen Gefahren, die von Gewalt darstellenden Computerspielen ausgehen, ist nicht in Sicht, und der medientechnologische Fortschritt im Bereich bewegungssensitiver Spielcontroller und Virtual-Reality-Brillen wird dem Streit voraussichtlich noch viele neue Gegenstände zuführen, an denen er sich neu entzünden kann.

Neben der Parteinahme in diesem Streit und der wissenschaftlichen Konstruktion belastbarer Indizien für die Legitimität der einen oder anderen Position besteht die Möglichkeit einer kulturwissenschaftlichen Analyse der medienkulturellen und medienästhetischen Umstände, die diesen Streit hervorbringen und auf Dauer stellen. Ein derart medienkulturwissenschaftlicher Ansatz, der für die Game Studies in einem engeren, nicht-kommunikationswissenschaftlichen, nicht-medienpsychologischen Sinn kennzeichnend ist, kann und will die Streitfrage nicht beantworten. Er zielt vielmehr darauf, Perspektiven auf Gewalt darstellende Computerspiele zu eröffnen, die jenseits ihrer normativen Verurteilung und ihrer normalistischen Verharmlosung die spezifischen ästhetischen Qualitäten und ideologischen Implikationen konkreter Spieltitel und -genres zur Sprache bringen.

Zunächst lassen sich drei wichtige medienkulturelle Kontexte benennen, die den Streit um die Computerspielgewalt begründen und verstetigen:

1. In funktional differenzierten Gesellschaften spielt das organisierte Handeln von Personen eine derart zentrale Rolle, dass die kooperative Einstellung, also die Bereitschaft, geltende Regeln auszuhandeln und sich an sie zu halten, zur alles fundierenden Metaregel avanciert. In gleichem Zug wird das anthropologische Potenzial spontaner Gewalttätigkeit immer problematischer. Je differenzierter sich das individuelle Bewusstsein auf Erwartungen einstellen muss, die in den sich vervielfältigenden Organisationsbezügen an die Einzelperson gerichtet werden, desto deutlicher treten auch der Schrecken und das Faszinosum unberechenbarer Gewalt ins Bewusstsein. Besonders eindringlich hat

Heinrich Popitz das anthropologische Gewaltpotenzial beschrieben, das im Verlauf der
Modernisierung immer irritierender und verstörender im Hintergrund der sozialen Ordnung droht:

> Der Mensch muss nie, kann aber immer gewaltsam handeln, er muss nie, kann aber immer
> töten – einzeln oder kollektiv – gemeinsam oder arbeitsteilig – in allen Situationen, kämp-
> fend oder Feste feiernd – in verschiedenen Gemütszuständen, im Zorn, ohne Zorn, mit Lust,
> ohne Lust, schreiend oder schweigend (in Todesstille) – für alle denkbaren Zwecke – jeder-
> mann (Popitz 1992, S. 50).

Je unnachgiebiger und universeller die gesellschaftlichen Erwartungen an die Friedfer-
tigkeit des Einzelnen werden, desto stärker lädt sich sich die prinzipielle, unberechenbare Gewaltbereitschaft des Menschen mit Imaginärem auf. Diese imaginäre Ladung,
die im Prozess der Modernisierung zunimmt, begründet ein zunehmendes Interesse an
Gewaltdarstellungen. Dieses Interesse folgt einem Wunsch nach Rationalisierung und
Entlastung. Die namenlose, unberechenbare Gefahr, dass urplötzlich, durch spontane
Gewalt die situativ geltende Ordnung kollabieren könnte, wird durch die fiktionale Inszenierung, wie Gewalt motiviert sein könnte, wie sie sich materialisieren würde, wie sie
aussehen und sich anhören würde, welche Folgen sie hätte, in eine verständliche, fassli-
che, quasi beherrschbare Form gebracht. Allerdings kann keine Gewaltdarstellung vollständig jene Rationalisierung und Entlastung leisten, die sich moderne Personen von ihr
erwarten. Die medial versinnlichten Mythen der Gewalt können die Möglichkeit spontaner Gewaltsamkeit nicht aufheben. Jede Gewaltdarstellung bleibt daher ambivalent.
Die Gefahr der Gewalt kann durch sie ebenso sehr als gebannt wie als heraufbeschworen
erlebt werden. Zumal in der Perspektive des *Third-Person-Effects* -also in der weit verbreiteten, unreflektierten Überzeugung, das andere Personen von medialen Darstellungen
stärker beeinflusst werden als man selber (vgl. Davison 1983; Schenk 2007, S. 550) –
drängt sich die Sorge auf, dass Gewaltdarstellungen eine gefährliche Vorbildfunktion
haben.

2. Der prekäre gesellschaftliche Status medialer Gewaltdarstellungen begründet sich
nicht allein durch den ebenso verstörenden wie faszinierenden Darstellungsinhalt. Wäre
dessen Spielcharakter ganz und gar unzweideutig und fände seine Rezeption im Rahmen traditionell etablierter, reflexiv beherrschter Medienpraktiken statt, dann würde sich
der Rationalisierungs- und Entlastungscharakter der Gewaltmythen unmissverständlich
mitteilen. Entsprechend wurden Praktiken der Gewaltinszenierung in antiken, mittelalterlichen und frühneuzeitlichen Kulturen als solche nicht problematisiert. Im Zuge der
gesellschaftlichen Modernisierung aber, und vor allem seit der Popularisierung der elektronischen Medien im 20. Jahrhundert, entfaltet sich die Zirkulation medialer Darstellungen mit einer ganz neuartigen Wucht, Breite und Vielfalt. Die Horizonte traditioneller
Medienkompetenzen werden unwiederbringlich gesprengt. Die Üblichkeiten und Erwart-
barkeiten des Hörens, der Lektüre, der Bildbetrachtung und damit zusammenhängend die
Vorstellungen aller lebensweltlichen Bezüge haben sich in wenigen Generationen mas-
siv reduziert. Niemand kann heute mehr alle gesellschaftlich relevanten Mediengenres

kennen, nicht einmal alle relevanten Beispiele eines Mediengenres, und schon gar nicht alle relevanten Beiträge zum reflexiven Verständnis der Medien, ihrer Genres und Produkte. Das Selbstverständnis der heute bestehenden Medienkultur lässt sich nicht mehr im Bewusstsein absoluter Validität und Reliabilität darstellen, sondern nur im Sinne vage informierter Spekulation. Die aktuelle Darstellungsmedialität erscheint vor diesem Hintergrund als eine ebenso machtvolle wie eigensinnige und unkontrollierbare Proliferation von Wirklichkeitsinszenierungen, deren Status und soziale Funktion relativ unklar bleiben.

3. Die technologische Rationalisierung der Medienproduktion in der Moderne hat dazu geführt, dass die Anzahl individuell realisierbarer Mediennutzungsgelegenheiten die Anzahl individuell tatsächlich realisierter Mediennutzungen um viele Größenordnungen übersteigt. Dadurch hat sich im Kontext der Medienproduktion ein Bewusstsein der Aufmerksamkeitskonkurrenz entwickelt, das ceteris paribus immer die relativ aufmerksamkeitsträchtigere Produktionsvariante wählt, um die intendierte Rezeption zu gewährleisten. Medienästhetisch und Medientechnologisch begründet dies einen Trend medialer Zudringlichkeit: Die sinnlichen Reize, die von Medienangeboten ausgehen, werden tendenziell stärker, unvermeidlicher, somatischer, motivational packender. Die reflexive Abstandnahme des rezipierenden Subjekts zum Medienangebot wird dagegen tendenziell voraussetzungsreicher. Das Computerspiel erscheint in der aktuellen medienkulturellen Öffentlichkeit als die derzeit avancierteste Form medialer Zudringlichkeit. Seit den späten 1990er Jahren – seitdem Computerspiele ihre spielerischen Herausforderungen durch Bewegungsbilder vermitteln, die nahezu fotografisch wirken und in Echtzeit errechnet und manipuliert werden können – haben sich diese Spiele zu einer Mediengattung entwickelt, die Formen *experimentellen, spielerischen* und *narrativen Probehandelns* mit einer sinnlichen Eindringlichkeit anmuten, wie dies vorher nur dem narrativen Spielfilm in den ersten Jahrzehnten nach der Erfindung der Kinematografie gelungen ist. Schockierte und faszinierte das kinematografische Bewegungsbild dadurch, dass sich in ihm das Leben selbst in seiner ganzen dynamischen Anschaulichkeit zu reproduzieren schien, so überbietet heute das Computerspiel genau diese Faszination, indem es erlaubt, in quasi-filmische Simulakren des Lebens einzugreifen und an ihnen teilzunehmen. In Computerspielen kann die Illusion der Lebendigkeit nicht nur beobachtet werden, man kann sie performativ gestalten. Man kann in den Computerspielen lebendig wirkende Figuren laufen, fahren, suchen und sammeln lassen, man kann ihnen Fragen stellen, man kann sie antworten lassen, man kann ihnen Befehle erteilen, sie mit allerlei Werkzeug umgehen lassen, und man kann sie – töten. Die medienkulturellen Angsteffekte, die dies auslöst, sind daher unvermeidlich und werden in entsprechenden bestsellerträchtigen Angstdiskursen kultiviert, wie dies etwa die populärwissenschaftlichen Erfolgstitel eines Manfred Spitzer dokumentieren:

> Warum sind Videospiele so gefährlich? – Im Gegensatz zum passiven Fernsehen wird beim Videospiel aktiv geübt und aus der Ich-Perspektive erlebt und gehandelt. Der Spieler ist emotional stärker beteiligt und unterliegt ja auch selbst der virtuellen Gefahr […] Solange

nicht jeder Mutter und jedem Vater klar ist, worum es sich bei Gewalt in Video- und Computerspielen wirklich handelt – nämlich um Tötungs-Trainingssoftware zum Einüben von Aggression als der einzig möglichen Konfliktlösung –, wird man zu diesem Thema weiterarbeiten müssen und keine Ruhe geben dürfen (Spitzer 2006, S. 231, 242; vgl. auch Spitzer 2014, 2015).

So unvermeidlich aus medienkulturwissenschaftlicher Perspektive der Streit um Gewalt darstellende Computerspiele ist, so absehbar ist allerdings auch aus dieser Perspektive, dass sich der Streit mit der medientechologischen Entwicklung verlagern wird und die gegenwärtig fokussierten Darstellungs- und Spielformen aus dem Blickfeld geraten werden. So wie der Streit um das Computerspiel den Streit um filmische Gewaltdarstellungen tendenziell verdrängt hat, und so wie ein Jahrhundert zuvor der Streit um die Amoralität des Films den Streit um die Amoralität von Romaninhalten tendenziell verdrängte, so wird vermutlich auch der Streit um die gegenwärtig aktuellen Paradigmen vom Streit um avanciertere Darstellungsformen verdrängt werden. Für eine differenzierte Analyse und Beurteilung spezifischer Gewaltdarstellungen in konkreten Computerspielen ist die Tatsache, dass sie in der medienkulturellen Öffentlichkeit skandalisiert werden, zunächst nicht besonders aufschlussreich. Aus der Perspektive der Game Studies ist stattdessen eine genauere phänomenologische Beschreibung vonnöten, um die Verschiedenartigkeit, in der Gewaltthematiken in Computerspielen dargestellt werden, zur Sprache zu bringen.

18.2   Zur allgemeinen Funktionslogik der Gewaltdarstellung in Computerspielen

Trotz der großen technologischen Entwicklungssprünge im Bereich der Rechnerkapazität und der Computergrafik hat sich das mediale Dispositiv seit William Higinbothams *Tennis for Two* (1958) und Steve Russels *Spacewar!* (1962), die gemeinhin als die ersten Computerspiele angesehen werden (Kent 2001), nicht wesentlich geändert: Die Eingabe- und Ausgabegeräte eines Computers oder eines computerähnlichen Geräts werden algorithmisch derart aufeinander bezogen, dass sich auf dem Display des Ausgabegeräts Spielherausforderungen mitteilen, die durch geschickte Eingaben gemeistert werden müssen. Erfolg und Misserfolg des Eingabeverhaltens zeigt sich auf dem Display und motiviert eine entsprechende Adjustierung des Eingabeverhaltens.

Das spezifisch Neuartige des Computerspiels, das unter anderem die Tötungssimulation ermöglicht, besteht in der *Virtualisierung des Spielfeldes:* Während in konventionellen Spielen das Spielgeschehen sich in Griffnähe der Spielenden vollzieht – weshalb gerade Kampfspiele zumeist nur streng stilisiert und unter schiedsrichterlicher Kontrolle ausagiert werden können –, sind im Computerspiel die Spielenden vom Spielfeld getrennt. Zwar agieren die Spielenden in einem physikalisch-phänomenologischen Hier und Jetzt. Qua Spielherausforderung und Spielerfolg zeigt sich das Spielgeschehen aber, vermittelt durch das Display, auf einer situationsabstrakten, symbolisch konstituierten

Bildebene beziehungsweise in einem symbolisch konstituierten Bildraum, als ein Dort-und-Dann, das der allgemein gültigen Zeitrechnung und Topografie perfekt entzogen ist. Diese konstitutive Modalität bleibt auch in Computerspielen erhalten, die auf Faktisches zu rekurrieren scheinen. Auch wer die vielen Computerspiele spielt, die sich an den medial geläufigen Darstellungen des 2. Weltkriegs orientieren (z. B. *Medal of Honor*, seit 1999 oder *Call of Duty,* seit 2003), ist sich selbstverständlich im Klaren darüber, dass der Spielausgang nicht über die historischen Tatsachen entscheidet.

Das Spielgeschehen ist in Computerspielen also doppelt gegeben: einerseits als *empirische Performanz der Spielenden,* andererseits als *audiovisuell dargestelltes Verhalten virtueller Objekte.* Insofern die Spielenden durch die Bedienung der Eingabegeräte das Geschehen beeinflussen, findet das Spielgeschehen im physischen Bezugssystem der Spielenden statt, insofern es sich aber auf dem virtuellen Spielfeld vollzieht, das auf dem Display erscheint, gleicht das Spielgeschehen ontologisch dem Einhorn; es ist *virtueller Referent* eines komplexen Zusammenspiels bildlicher, klanglicher (z. T. auch haptischer) medialer Formen. Anschaulich, aber irreal.

Hinsichtlich der empirischen Performanz der Spielenden vermitteln Computerspiele keineswegs, wie immer wieder behauptet wird, Konfliktlösungsmodelle, weder in einem humanistischen noch in einem zynischen Sinne, sie fordern und trainieren vielmehr, wie andere Spiele auch, spielspezifische Formen körperlicher und geistiger Geschicklichkeit. Trotz des eindrucksvollen, filmisch anmutenden Illusionismus mancher Computerspiele findet in dem Moment, in dem das Spielen tatsächlich beginnt, unvermeidlich ein Illusionsbruch statt: Die Spielfiguren „warten" auf Steuerungsimpulse, die durch die Bedienung der Eingabegeräte des Computers vermittelt werden; sie erscheinen nicht mehr, wie in den filmisch wirkenden Anfangs- und Zwischenszenen (den sogenannten *cut scenes*), als ‚Personen', mit deren Motiven man sich identifizieren kann, sondern als puppenhaft anmutende Spielfiguren mit regelgeleiteten Zugoptionen, die es beim Spielen zu entdecken und zu trainieren gilt. So wenig wie man die eigenen Fortbewegungskompetenzen trainiert, indem man eine Spielfigur durch dauerndes Drücken der W-Taste auf der Tastatur in der virtuellen Welt nach vorne laufen lässt, so wenig werden in den Szenarien der virtuellen Spiele Konfliktlösungsmodelle trainiert: Die narrative Einbettung der Spielherausforderung in die virtuelle Welt konstruiert zwar einen Konflikt und muss dies auch tun, gehört doch die Formulierung eines Konflikts konstitutiv zur medialen Form der Erzählung. Qua Spiel kann ein solcher Konflikt aber nur den ornamentalen Rahmen abgeben, innerhalb dessen gespielt wird, denn die spielkonstitutiven Regeln vertragen sich systematisch nicht mit der Idee eines Konflikts. Eine *Regel* konstituiert eine *Ordnung des Handelns,* ein *Konflikt* ist der Begriff eines widersprüchlichen Handlungssystems, einer *Unordnung des Handelns.* Erzählung und Spiel schließen sich systematisch aus, sie können sich nicht auf einer gemeinsamen Immanenzebene des Medialen vollziehen, sondern allenfalls für einander als pragmatische oder ornamentale Rahmen funktionieren, zum Beispiel als Dramenwettbewerb in der Antike, der den Drameninhalt agonal rahmt oder umgekehrt als narrativ gerahmte Spielherausforderung im modernen Computerspiel. Erzählspannung drückt sich in den

Fragen aus: *Wie wird sich die Erzählfigur entscheiden, was würde ich tun, was wird geschehen?*, Spielspannung dagegen drückt sich in den Fragen aus: *Schaffe ich es, die Rätselaufgabe zu lösen, die vom Spiel geforderte sensomotorische Leistung zu erbringen, besser als ein anderer abzuschneiden?* Die narrativen Konflikte werden nicht nur außerhalb des Spiels mitgeteilt, sie werden auch außerhalb des Spiels gelöst: Das Happy Ending wird nicht mehr gespielt und kann auch nicht gespielt werden, da in ihm systematisch kein Herausforderungsmotiv steckt, das zum Spiel animieren könnte. Das Happy Ending wird dem Spieler schlicht mitgeteilt (vorzugsweise in Form einer opulenten cut scene), es steht fest, ist vorfabriziert und ergibt sich nicht aus der Spiellogik. Daher wird das narrative Ende des Spiels von den Spielenden zumeist als formästhetisch unbefriedigend erlebt. Ihren ‚wirklichen' Spielerfolg können die Spielenden der tabellarischen Aufstellung im Kontrollmenü des Spiels entnehmen: *Wie viele Ressourcen habe ich verbraucht, habe ich alle Missionen und Nebenmissionen gelöst, habe ich die Eigenschaftswerte der Spielfigur optimiert?* In den meisten Action-Games gibt es darüber hinaus verschiedene Schwierigkeitslevel, die das Happy Ending relativieren. Die Spielenden werden dazu angehalten, das Spiel noch mal von vorne zu beginnen und ihre empirisch-performativen Fähigkeiten am Controller beziehungsweise an Tastatur und Maus zu verbessern.

In *Action-Games* müssen dieselben Spielsequenzen zumeist sehr oft durchgespielt werden, damit das Ziel einer Mission endlich erreicht wird und eine neue Mission begonnen werden kann. Im Sinne des psychologisch gut beschriebenen und empirisch validierten Gesetzes der ‚psychischen Sättigung' findet dabei ein *Gestaltzerfall* der fiktionalen Handlungsmotive statt.

Psychische Sättigung ist ein Zustand der nervös-unruhevollen, stark affektbetonten Ablehnung einer sich wiederholenden Tätigkeit oder Situation, bei der das Erleben des Auf-der-Stelle-Tretens oder des Nicht-Weiterkommens besteht (vgl. DIN EN ISO 10075-1).

Die abstrakten Spielformen des Computerspiels – die Formen des Steuerns und Bedienens virtueller Gegenstände sowie der abstrakte Aufbau des virtuellen Spielfeldes – gewinnen dagegen an Prägnanz, sind sie es doch, die über den Erfolg entscheiden. Das Bewegungsbild verliert seinen erzählerisch-lebensweltlichen Bezug und wird mehr und mehr als Darstellung abstrakter Wegmarken eines Spielparcours und als Signalgeber des Spielstandes wahrgenommen. Der filmisch wirkende Illusionismus steigert das Spielerlebnis nicht, indem er dem Spieler eine realistische Simulation zynischer Handlungsmotive erlaubt, sondern indem er die Orientierung im virtuellen Spielfeld erschwert und damit in leicht fassbarer Form die Spielherausforderung erhöht und variiert.

Eine alltagsnahe Simulation von Handlungen kann durch eine immer illusionistischer wirkende Computergrafik nur versprochen, nicht aber eingelöst werden. Der Aspekt des Künstlichen und Realitätsfernen kann in Computerspielen prinzipiell nicht überwunden werden und teilt sich den Spielern immer und eindeutig mit. Nur wenn die Spielziele eines Computerspiels und die Mittel, sie zu erreichen, eindeutig, überschaubar und klar geordnet sind, kann ein Spieler sich und anderen sein motorisches Geschick, sein geistiges Kombinations- und Konzentrationsvermögen beweisen. Der Spielcharakter des

Computerspiels erzwingt daher eine enge Begrenzung, Systematisierung und Formalisierung des Handlungsspektrums, das in der virtuellen Welt verwirklicht werden kann. Die meisten Handlungen, die in einer virtuellen Welt denkmöglich sind, können vom Spieler nicht vollzogen werden, da die Spiellogik diese Handlungen nicht unterstützt. Diese künstliche Verknappung der Handlungsmöglichkeiten muss ein Spieler immer berücksichtigen, wenn sich ein befriedigendes Spielerlebnis ergeben soll. Versucht der Spieler dagegen, Handlungsmöglichkeiten zu realisieren, die von der illusionistischen Computergrafik scheinbar angeboten werden, macht er die frustrierende Erfahrung, dass die meisten Türen verschlossen bleiben, viele alltägliche Handlungszusammenhänge, die ‚eigentlich‘ funktionieren müssten, von der Spiellogik nicht unterstützt werden und insbesondere die virtuellen Gegenüber, die Nicht-Spieler-Figuren, jegliche Verhaltensplausibilität vermissen lassen und ihren Programmen auf mehr oder weniger störrisch-stupide Weise folgen. Der Eindruck, dass sich Figuren und Gegenstände in Computerspielen realistisch verhalten, vermittelt sich nur im Vergleich mit den abstrakten Mustern konventioneller Spiele beziehungsweise den weniger differenzierten Handlungsmöglichkeiten und stärker linear angeordneten Herausforderungen älterer Computerspiele.

Der gewalttätige Inhalt mancher Computerspiele dient einerseits der Konsistenzanmutung des Computerspiels, andererseits kann die Differenz zwischen dem provokanten Inhalt der Bilder und der spielerischen Beherrschung dieser Provokation vom Spieler als Souveränitätsvorsprung genossen werden. Die spielnotwendige Formalisierung des Handlungsspektrums schränkt den Bereich plausibler Illustrationen der Computerspielwelten deutlich ein. Kriegerische und waffengestützte Auseinandersetzung drängen sich als spielkompatible Fiktion geradezu auf, wenn es darum geht, dem übertriebenen Simulationsversprechen, mit dem viele Computerspiele aus kommerziellen Gründen werben, eine Anfangsplausibilität zu verleihen. Zentrale Spielformen wie Wettkampf, Hindernis, Regelbefolgung, das Ausscheiden von Spielfiguren unter anderem, können in keinem anderen Genre so plausibel illustriert werden wie in den Genres der bewaffneten Auseinandersetzung, in Kriegs- und Banden-Settings.

Die grotesk übersteigerte Gewaltdarstellung mancher Spiele hat in diesem Zusammenhang die Funktion, strukturelle Banalitäten des Medienangebots zu überspielen. Dieser Effekt verbraucht sich beim Mehrfachspielen sehr rasch. Beim jugendlichen Spieler entsteht dann ein lustvoll empfundenes Wahrnehmungsparadox: Der Jugendliche weiß, dass der Inhalt dieser Darstellungen für besorgte Eltern und Lehrer, die keine Spielerfahrung haben, eine ungeheure Zumutung darstellt – eine Zumutung, die im Modus des Spielens ausgeblendet ist. Nicht das moralische Einverständnis mit brutalsten Metzeleien prägt den perzeptiven Akt im Spiel, sondern die pubertäre Identifikation mit einer ‚krassen‘ Ästhetik und das Souveränitätsgefühl, mediale Formen zu beherrschen, die Eltern und Lehrern das Blut gefrieren lassen. Besonders bedrohlich wirkt in diesem Zusammenhang die Praktik des sogenannten *Mappings,* der virtuelle Nachbau authentischer Gebäudeareale, um sie als Szenario zum Beispiel eines Shooters zu verwenden.

18.3   Stilistische Varianten von Tötungssimulationen

Jenseits des allgemeinen Spielsinns, der allgemeinen Phänomene psychischer Sättigung und der allgemeinen schockästhetischen Motivation digitaler Tötungssimulationen lassen sich besondere Darstellungsstile von Tötungssimulationen unterscheiden, die für die Beurteilung ihres medienkulturellen Stellenwerts bedeutsam sind. Man kommt diesen stilistischen Differenzen auf die Spur, wenn man sich den basalen Mechanismus des Darstellens vergegenwärtigt, der in allen medialen Dispositiven der Darstellung identisch ist, egal, ob es sich um theatrale, malerische, literarische, filmische oder simulative Darstellungen handelt. Darstellungen von Gegenständen und Ereignissen sind nur möglich in der Form abstrahierender Andeutungen. Kein Gegenstand und kein Ereignis kann in der Fülle seiner Merkmale repräsentiert werden. Von den allermeisten Merkmalen wird in der Darstellung abgesehen. Es werden nur einzelne, prägnante Eigenschaften herausgegriffen und medial hervorgehoben. Was aber für das Ganze eines Gegenstandes oder eines Ereignisses gilt, gilt auch für die Teile oder Aspekte. Auch bei ihrer Wiedergabe handelt es sich um eine abstrahierende Andeutung. Die Suche nach den Elementen der Ähnlichkeit in der Darstellung führt ins Nichts. Wenn aber auf diese Weise kein Teil eines Gegenstandes und kein Teil des Teils eines Gegenstandes wirklichkeitsgetreu wiedergegeben werden kann, wie kann es dann überhaupt zu dem Eindruck realistischer Darstellung kommen? Das Phänomen, das dies ermöglicht, lässt sich als *ikonische Resonanz* bezeichnen. Durch die ikonische Resonanz verschiedener Darstellungsmittel können ‚unähnliche' Teile durch ihr Verhältnis zueinander ein ‚ähnliches' Ganzes ergeben. Man stelle sich zum Beispiel einen sehr einfach gezeichneten Stuhl in der Seitenansicht vor: zwei Striche stellen die Stuhlbeine dar, ein Strich die Sitzfläche, ein weiterer die Rückenlehne. Die Ähnlichkeit dieser Zeichnung mit einem Stuhl ergibt sich allein durch das Verhältnis der Striche zueinander, nicht aber durch die Striche für sich. Ja, es ist im Grunde falsch zu sagen, dass zwei Striche die Stuhlbeine darstellen. Deckte man den Rest der Zeichnung ab, käme niemand auf die Idee, die beiden Striche als Stuhlbeine aufzufassen. Erst vor dem Hintergrund der gesamten Zeichnung teilt sich die Ähnlichkeit zwischen Strich und Stuhlbein mit. Und wäre etwa die Rückenlehne im Unterschied zur Sitzfläche und den Stuhlbeinen nicht auch als einfacher Strich ausgeführt, sondern als in sich differenzierte Form, die die Ähnlichkeit etwa zum Material zu erkennen gäbe, aus dem der Stuhl besteht, dann würde dies, obwohl dadurch doch weitere Merkmale des Stuhls mitgeteilt würden, keine höhere, sondern eine geringfügigere Ähnlichkeit konstituieren beziehungsweise einen *Isotopiebruch der ikonischen Resonanz.*

Das medienkulturell eigentlich interessante Phänomen darstellender Computerspiele liegt in einem neuen Potenzial ikonischer Resonanzen und ikonischer Isotopiebrüche. Das Bildschirmgeschehen und das Steuerungsverhalten der Spielenden, das empirisch-virtuelle Doppel des Spielenden im Hier-und-Jetzt der Rezeptionssituation und im Dort-und-Dann der virtuellen Welt, verhalten sich zueinander wie die Striche der Zeichnung eines Stuhls. Für sich sind sie, was sie sind: Striche beziehungsweise Knöpfedrücken und Bilder. Im Zusammenhang ergeben sie: die abstrahierende Darstellung eines Stuhls beziehungsweise die abstrahierende Simulation von Handlungen (vgl. Venus 2012).

Und genau wie der Darstellungsstil eines Bildmediums oder die Darstellungskonventionen unterschiedlicher Epochen des Spielfilms Gegenstand kritischer Evaluierung und medienkulturwissenschaftlicher Beschreibungen sind, so ist vorstellbar, die Darstellungsstile digitaler Tötungssimulationen voneinander zu unterscheiden und auf ihre Konsistenz, ihre innovative Kraft und ihr darstellerisches Potenzial zu untersuchen.

So gibt es in den Tötungssimulationen eine sehr differenzierte Formästhetik des virtuellen Schießens. In First-Person Shootern, zumal in Team-basierten Tactical Shootern wie *Counter-Strike* (2000), erscheint der Zielpunkt der Waffe als Fadenkreuz oder Punkt im Bildfeld und ist durch Mausbewegungen analog steuerbar; ein Klick auf die linke Maustaste realisiert einen Trefferversuch. Das schnelle Orientieren im virtuellen Bildraum und das Zielen auf Gegner absorbiert nahezu vollständig die Aufmerksamkeit des Spielers, muss doch die Maus angesichts kleiner und sehr dynamisch sich bewegender Ziele relativ genau positioniert werden, um einen Treffer zu landen. Diese mediale Form raubt dem Spielenden systematisch die perzeptiven Kapazitäten, die virtuelle Welt differenziert wahrzunehmen. Die typische Shooter-Ästhetik des Schießens simuliert auf eindrucksvolle Weise einen Tunnelblick, der nur noch auf spezifische Bewegungsreize reagiert.

Ganz anders die Tötungssimulation in der genrebegründenden Spielreihe *Grand Theft Auto* (seit 1997): Durch einen Tastendruck wird eine Nicht-Spieler-Figur ‚automatisch‘ ins Visier genommen (dargestellt durch eine entsprechende Markierung dieser Figur im Bildfeld). Solange die Taste gedrückt ist, bleibt die Figur im Visier. Weitere Tasten starten Attacken, die je nach der gewählten Waffe als kleine In-Game-Filme ausgeführt sind. Andere Tasten lassen das Visier zur nächsten im Bildfeld sichtbaren Nicht-Spieler-Figur springen. Durch diese Form, die die Tätigkeit des Zielens in der virtuellen Welt nicht, wie der konventionelle First-Person-Shooter, durch eine anspruchsvolle Herausforderung der Hand-Auge-Koordination macht, sondern zum Automatismus eines trivialen Tastendrucks, wird die Aufmerksamkeitsanforderung drastisch herabgesetzt und die Rezeptionskapazitäten werden frei für eine ‚entspanntere‘ Wahrnehmung der Details der virtuellen Welt. Morphologisch resoniert diese Schieß- und Kampfsimulation intensiv mit den weiteren Simulakra, die in dem Spiel realisiert sind: Laufen, Klettern, Fahren, Fliegen, Tauchen etc. Hat man das Gameplay von Titeln der *Grand Theft Auto*-Reihe gelernt, genießt man in der virtuellen Welt eine unerhörte Leichtigkeit des Seins. Im Verein mit der satirischen Comicästhetik stellen sich das Spieltitel als eindrucksvolle, ästhetisch hoch verdichtete Utopie einer lässig-souveränen Beherrschung des eigenen Aktionsradius dar.

Wiederum anders zeigt sich die Tötungssimulation in dem berüchtigten Spiel *Manhunt* (2003), das als zynische Gewaltpornografie rezipiert wurde und in vielen Ländern Gegenstand von Indizierung und Beschlagnahmung geworden ist. In der als *Stealth-Game* ausgeführten virtuellen Welt, in der der Avatar besonders vorsichtig bewegt werden muss, um nicht im Gesichtskreis von Non-Player-Figuren aufzutauchen, werden die Tötungsakte gar nicht gespielt, sondern als *Cut-Scenes* eingespielt. Dabei hat es der Spieler in der Hand, seinen Avatar durch geeignetes Eingabeverhalten das Opfer auf unterschiedlich grausame Weise zu töten. Die Tötungsszene selbst erscheint als ein virtueller Snuff-Movie. Anders als in anderen Tötungssimulationen ist in *Manhunt* explizit die Grausamkeit des Tötens thematisch sowie die Dissoziation des Tötungsaktes von der übrigen Darstellung erlebten Handelns.

Mit diesen unterschiedlichen Formästhetiken des Tötens werden höchst verschiedene, geradezu gegensätzliche Selbsterfahrungen zur Darstellung gebracht: ein hoch konzentriertes, nervöses Agieren unter großer Anspannung, andererseits ein lässig-spielerisches, wie nebenbei vollzogenes Handeln und schließlich die verstörende Möglichkeit psychopathologischer Abspaltung. Solche Attitüden sind ihrer Möglichkeit nach bekannt. Ihre entscheidenden Merkmale so durch ikonische Resonanzen darzustellen, dass ein Eindruck der Wirklichkeitstreue entsteht, ist bisher mit den prädigitalen Darstellungsmitteln kaum möglich gewesen. Grundsätzlich treten Merkmale des Dargestellten durch den verfremdenden Effekt der Darstellungsmittel prägnant hervor. Auf diese Weise besitzen Darstellungsmittel eine ästhetische Erkenntnisfunktion, die in konkreten Darstellungen mehr oder weniger stark zur Geltung gebracht wird und die in der kulturellen Adaption einer neuen Medientechnologie verwirklicht oder unterdrückt werden kann. Die digitalen Tötungssimulationen ermöglichen das erste Mal in der Mediengeschichte die direkte Darstellung von Attitüden tötender Personen, das heißt die Darstellung unterschiedlicher Anmutungsformen performativer Vollzüge für die agierende Person. In philosophischer Terminologie formuliert: Im empirisch-virtuellen Doppel des Computerspielers findet das empirisch-transzendentale Doppel des menschlichen Subjekts seine mediale Darstellungsform. Die Lebens- und Tötungssimulationen neuerer Computerspiele – die Simulationen des Aufbauens und Zerstörens, des Gelingens und Scheiterns – geben gerade dadurch, dass die empirische Steuerungstätigkeit als solche und die auf dem Display erscheinenden Audiovisionen mit dem wirklichen Leben und Sterben so viel zu tun hat wie die Striche eines gezeichneten Stuhls mit einem Stuhl, prägnanten Aufschluss über die innere Gestalt wirklicher Performanzen. Die ikonische Resonanz zwischen der Tätigkeit des Spielenden und dem virtuellen Geschehen bringt Aspekte der inneren Befindlichkeit der Performanz, die Gegenstand der Simulation ist, zur Anschauung.

Literatur

American Psychological Association. 2015. Technical Report on the Review of the Violent Video Game Literature. http://www.apa.org/news/press/releases/2015/08/technical-violent-games.pdf. Zugegriffen: 15. September 2016.

Davison, W. Phillips. 1983. The Third-person Effect in Communication. *Public Opinion Quarterly* 47: 1–15.

Kent, Steven L. 2001. *The Ultimate History of Video Games. From Pong To Pokémon and Beyond.* New York: Three Rivers Press.

Kunczik, Michael und Astrid Zipfel. 2002. Gewalttätig durch Medien? Aus Politik und Zeitge-
schichte. *Beilage zur Wochenzeitung Das Parlament* Bd 44: 29–37.
Kunczik, Michael und Astrid Zipfel. 2006. *Gewalt und Medien. Ein Studienhandbuch.* Köln u.a.:
Böhlau.
Kunczik, Michael. 2013. *Gewalt – Medien – Sucht: Computerspiele.* Bielefeld: Lit.
Popitz, Heinrich. 1992. *Phänomene der Macht. Autorität – Herrschaft – Gewalt – Technik.* Tübin-
gen: Mohr.
Schenk, Michael. 2007. *Medienwirkungsforschung.* Tübingen: Mohr.
Scholars' Open Statement to the APA Task Force on Violent Media, Delivered to the APA Task
Force, 9/26/13. https://de.scribd.com/doc/223284732/Scholar-s-Open-Letter-to-the-APA-Task-
Force-On-Violent-Media-Opposing-APA-Policy-Statements-on-Violent-Media.   Zugegriffen:
15. September 2016.
Spitzer, Manfred. 2006. *Vorsicht Bildschirm! Elektronische Medien, Gehirnentwicklung, Gesund-
heit und Gesellschaft.* München: dtv.
Spitzer, Manfred. 2014. *Digitale Demenz. Wie wir uns und unsere Kinder um den Verstand brin-
gen.* München: Droemer Kanur.
Spitzer, Manfred. 2015. *Cyberkrank. Wie das digitalisierte Leben unsere Gesundheit ruiniert.*
München: Droemer Knaur.
Venus, Jochen. 2012. Erlebtes Handeln in Computerspielen. In *Theorien des Computerspiels. Zur
Einführung*, hrsg. GamesCoop, 104–128. Hamburg: Junius.

Über den Autor

Dr. Jochen Venus ist medienwissenschaftlicher Lecturer an der Universität Siegen. Promotion
über die Begründungsprobleme der Medientheorie und der Medienwissenschaft. Forschungsschwerpunkte: Medien- und Sozialphilosophie, Kategorien der Medienanalyse, Popästhetik.
venus@medienwissenschaft.uni-siegen.de

Genre

19

Andreas Rauscher

19.1 Genres im transmedialen Kontext

Als Verständigungsbegriff zwischen Designern und Spielern (vgl. Hickethier 2002, S. 63) sind Genrekategorien im Alltag und in der Fachliteratur omnipräsent. Die Assoziation der Titel *Super Mario Bros.* (1985) mit einem Jump ‚n' Run-Spiel oder *Doom* (1993) mit einem First-Person-Shooter erfolgt nahezu automatisch. Die systematische Wiederholung und Variation vertrauter Design-Muster, Spielregeln und Levelstrukturen lassen die Spieler vertraute Steuerungsoptionen und Spielaufgaben erwarten. Im Vergleich zu literarischen oder filmischen Genres werden mit einem Game-Genre jedoch nicht ein bestimmter Schauplatz oder ein narratives Muster, sondern vielmehr ein Spielverlauf und Handlungsmöglichkeiten assoziiert. Ein First-Person-Shooter kann sowohl in einem Science-Fiction-Szenario (*Doom; Half-Life*, 1998) als auch vor dem Hintergrund des Zweiten Weltkriegs (*Medal of Honor – Allied Assault*, 2002) oder in Kulissen aus dem zeitgenössischen Actionfilm (*Call of Duty – Modern Warfare*, 2004) angesiedelt sein.

Entgegen der routinierten Beschäftigung mit Genres im spielkulturellen Alltag besteht in der theoretischen Auseinandersetzung mit ihnen nach wie vor ein deutliches Defizit. Dieses Versäumnis ergibt sich aus dem Zusammenspiel zweier Extreme: Entweder werden Genres als gegebene Einheiten mit festen Ausdrucksformen verstanden, die nach ihrer einmaligen Erfassung keiner weiteren Reflexion bedürfen, oder sie werden als derart dynamisch begriffen, dass ihre Analyse zur langwierigen Sisyphos-Arbeit gerät.

Ein ähnlicher Widerstreit findet sich auch in der Frage nach einem abstrakt-analytischen oder einem pragmatisch-empirischen Vorgehen. Für den traditionellen begriffsorientierten

A. Rauscher (✉)
Medienwissenschaft/Medienästhetik, Universität Siegen, Siegen, Deutschland
E-Mail: rauscher@medienwissenschaft.uni-siegen.de

© Springer Fachmedien Wiesbaden GmbH 2018
B. Beil et al. (Hrsg.), *Game Studies,* Film, Fernsehen, Neue Medien,
https://doi.org/10.1007/978-3-658-13498-3_19

akademischen Diskurs weist die Genretheorie häufig zu ungenaue Kriterien für eine exakte Bestimmung der Kategorien auf. Um diese Unschärfe zu umgehen, zieht man sich auf abstraktere Allgemeinplätze zurück, die jedoch immer Gefahr laufen, den Bezug zum praktischen Genrediskurs, aus dem die Begriffe als Kommunikationshilfe entstanden sind, zu verlieren. Lässt man sich umgekehrt pragmatisch auf eine am popkulturellen Alltag orientierte Bestandsaufnahme ein, ist der Erkenntnisgewinn häufig auf einen gewissen zeitlichen Rahmen begrenzt.

Einen möglichen Ausweg aus diesem diskursiven Dilemma bietet die Konzentration auf einen klar benannten Kontext, beispielsweise auf die historische Entwicklungsphase eines einzelnen Genres, die Hintergründe eines stil prägenden Titels oder die Hybridisierungsprozesse zwischen einzelnen Genrekonzepten. In Hinblick auf einen pragmatischen Umgang mit Genretheorien lassen sich für die Game Studies wertvolle Erkenntnisse aus den genretheoretischen Debatten der Filmwissenschaft gewinnen, ohne dass man gleich dem von Eric Zimmerman attestierten „cinema envy" (Zimmerman 2002) erliegen muss, der sich primär auf audiovisuelle Minderwertigkeitskomplexe und nicht auf die abstrakteren Prämissen einer Genredebatte bezieht.

19.2 Vom Essenzialismus zur dynamischen Pragmatik

Die ersten filmwissenschaftlichen Auseinandersetzungen mit Genres in den 1960er und 1970er Jahren gingen noch von einer überzeitlichen abstrakten Struktur eines Genres aus. Dass diese selbst Veränderungen unterworfen sind und neue Mischformen hervorbringen, lässt sich anschaulich an der *Pirates of the Caribbean*-Reihe (*Fluch der Karibik*, seit 2003) erläutern. Der Auftritt von Geister-Piraten wurde von einigen Filmkritikern als Verrat an der Glaubwürdigkeit des auf Seemannsgarn verzichtenden und ganz auf physische Akrobatik angelegten klassischen Piratenfilms gewertet. Die Aufnahme fantastischer Elemente lässt sich im transmedialen Kontext jedoch über die *Monkey Island*-Videospiele (seit 1991) von Ron Gilbert bis hin zu dem Roman *On Stranger Tides* (1987) von Tim Powers zurückverfolgen und stellt daher nur auf einer idealistischen Ebene, die sich an den bodenständigen Paradigmen des Piratenfilms im Classical Hollywood orientiert, einen Verrat am Genre dar (Abb. 19.1 und 19.2). Dass die Disney-Vergnügungspark-Attraktion *Pirates of the Caribbean* sowohl den Filmen, als auch den *Monkey Island*-Spielen als gemeinsame Inspirationsquelle diente, verstärkt den transmedialen Aspekt der Genrevermischung.

Peter Scheinpflug merkt in seiner Einführung in die Genretheorie zu essenzialistischen Konzepten an: „Unter den essentialistischen Genre-Theorien können alle Ansätze gefasst werden, die darum bemüht sind, ein Genre eindeutig zu identifizieren, indem sie dessen Essenz/Wesen/Kern zu bestimmen vorgeben" (Scheinpflug 2014, S. 13). Die Annahme, dass ein Genre kontinuierliche Strukturen und einen festen Kern aufweist, basieren überwiegend auf strukturalistischen Theorien, die Genres als populärkulturelle, für das Selbstverständnis einer Gesellschaft wesentliche Mythen begreifen. Die Hochphase der

Abb. 19.1 Genre-Kontinuität an der Grenze zur Parodie – Piraten-Ältestenrat in *The Secret of Monkey Island* (1991, LucasArts/LucasArts)

Abb. 19.2 Genre-Variation: Erweiterung in den Bereich der Fantastik – Geisterpirat Le Chuck in *The Secret of Monkey Island* (1991, LucasArts/LucasArts)

Genres im Classical Hollywood wird meistens, vergleichbar dem Italien der Renaissance in der Kunstgeschichte, als definierendes Grundmuster für die weitere Filmgeschichte begriffen. In den Produktionen der sechs großen Hollywood-Studios hätten die Stilformen noch in voller Blüte gestanden und eine später nie wieder erzielte Transparenz aufgewiesen. Thomas Schatz zeichnet in *The Genius of the System* (1988) die Entwicklung der klassischen Hollywood-Genres als Prozess der Etablierung, einer Hochphase und des anschließenden Verfalls nach. Die Wiederbelebung bekannter Genremuster der Science-Fiction und des Abenteuerfilms innerhalb der Postmoderne der 1980er Jahre wird aus dieser Perspektive lediglich als ironisches Zitat und unverbindliche Paraphrase verstanden. Dass nach diesem vermeintlichen Ende der Genre-Geschichte durch Filmreihen wie *Star Wars* (seit 1977) und *Indiana Jones* (seit 1981), die ausgiebig auf ihre filmhistorischen Vorgänger Bezug nehmen, wiederum neue Ansätze mit einer ausgeprägten transmedialen Eigendynamik entstanden, weist jedoch darauf hin, dass Genres nicht dauerhaft einer fest vorgegebenen Struktur folgen. Vielmehr bringen Genre-Kombinationen zunehmend ausbaufähige Konzepte eines offen angelegten, verschiedene Geschichten und Figuren umfassenden Worldbuildings hervor (vgl. Jenkins 2006), die wie im Fall des Meta-Genres der Superhelden-Filme diverse Genreformen miteinander verknüpfen können. Eine ironische Haltung kann wie in *Guardians of the Galaxy* (2014) und *Ant-Man* (2015) temporär für einen Film als Modalität angenommen werden, ohne dass sie, wie in den filmhistorischen Betrachtungen zum Classical Hollywood, gleich als Verfallsform eines Genres gedeutet wird. Die Vielfalt der Stilformen in flexibel angelegten Genres ermöglicht eine stärkere Ausdifferenzierung.

Die in den *Avengers*-Filmen (seit 2012) zum regelmäßigen Betriebsausflug versammelten Helden der Marvel-Comicverfilmungen rekurrieren in ihren filmischen Solo-Abenteuern auf Motive des Kriegsfilms (*Captain America – The First Avenger,* 2010), des Polit-Thrillers (*Captain America – The Winter Soldier,* 2014), der Science-Fiction (*Iron Man,* seit 2008) und der Fantasy (*Thor,* seit 2011). Die gleiche diegetische Welt, in diesem Fall die Vorlage der Marvel-Comics, entwirft eine Storyworld als Abenteuerspielplatz, die um thematisch unterschiedliche Genres erweitert werden kann.

Neuere Ansätze der filmwissenschaftlichen Genretheorie wie die Studien von Steven Neale (2000) beziehen die historischen Kontexte und prozessualen Varianten ein, die durch Akzentverschiebungen und Revisionen die stilistischen und dramaturgischen Regeln eines Genres verändern können (vgl. auch Grant 2007). Pragmatisch-pluralistische Genrekonzepte beziehen als Alternative zu einer allumfassenden Genretheorie die Unterschiede zwischen narrativ und motivisch geprägten Genres (Western, Gangsterfilm, Abenteuerfilm), länderspezifische Varianten eines Genres (Polar, Western, Giallo) oder affektorientierte Genreformen (Melodram, Komödie, Horrorfilm) ein. Dynamisch-diskursive und kontextuelle Genreansätze, wie sie in der von Markus Kuhn, Irina Scheidgen und Nicola Valeska Weber herausgegebenen Einführung *Filmwissenschaftliche Genreanalyse* (vgl. Kuhn et al. 2013) vertreten sind, vermeiden nicht nur die Annahme eines statischen Kerns, sie erweisen sich auch als ausbaufähige Ausgangspunkte für Übersetzungsprozesse im Austausch zwischen einzelnen Medien, insbesondere Filmen und Spielen. Je nach theoretischem Fokus ergeben sich auf diese Weise transmediale Annäherungen der Genrekonzepte auf der Basis von Familienähnlichkeiten im Sinne des Philosophen Ludwig Wittgenstein, etwa im Bereich der Ästhetik, der Affekttheorie oder der Raumstrukturen.

19.3 Gameplay und Videospiel-Genres

Für den Umgang mit Genrekonzepten in den Game Studies bedeutet diese pragmatisch-historische Perspektive nicht eine unreflektierte Übernahme filmwissenschaftlicher Ansätze, sondern eine verstärkte Konzentration auf die medienspezifischen Besonderheiten und Transferprozesse, sowie die kontinuierliche Weiterentwicklung der unterschiedlichen Genreformen. Auf den ersten Blick bestehen die offensichtlichsten Anschlussstellen im Bereich der medienübergreifenden Genres.

Vertraute Motive und Figurentypen der Fantasy tauchen in Rollenspielen der *Dragon Age*-Reihe (seit 2009) genauso wie in den J.R.R. Tolkien-Verfilmungen *The Lord of the Rings (Der Herr der Ringe,* 2001–2003) und *The Hobbit* (2012–2014) von Peter Jackson auf (Abb. 19.3). Science-Fiction-Szenarien finden sich in den *Star Wars*-Filmen auf der Leinwand und in den im gleichen Universum angesiedelten Videospielen. Doch ein genauerer Blick auf die *Star Wars*-Videospiele, die nahezu jedes Game-Genre bedienen, verdeutlicht, dass Games trotz ästhetischer Anschlussstellen zu transmedialen Genres wie Science-Fiction und Fantasy auch über ganz eigene Ausprägungen verfügen. Obwohl alle *Star Wars*-Spiele in einem Science-Fiction-Setting angesiedelt sind, gestaltet sich die Interaktion zwischen Spielern und Spiel, und somit auch das jeweilige Game-Genre, denkbar unterschiedlich. In *Star Wars: Dark Forces* (1995) kämpfen die Spieler in der First-Person-Perspektive gegen Imperiale Streitkräfte, in *Star Wars: Battlefront* (seit 2004) werden strategische Gefechte in Echtzeit ausgetragen, in *Tiny Death Star* (2013) wird die Festung des Imperiums zur Touristenattraktion ausgebaut, in *Star Wars Episode I: Racer* (2000) lassen sich die Rennen aus *The Phantom Menace* (1999)

Abb. 19.3 Transmediale Fantasy-Ästhetik in *Dragon Age: Origins* (2009, Bio Ware/Electronic Arts)

zu einer ganzen Saison mit verschiedenen Parcours ausdehnen und in dem Rollenspiel *Knights of the Old Republic* (2004) entscheidet der Spieler oder die Spielerin über die Gesinnung des Avatars. Die Genrezuordnung der genannten *Star Wars*-Spiele erfolgt nicht über den Schauplatz oder die Narration, sondern über die jeweilige Spielmechanik.

Als wesentliche Grundlage für das Genreverständnis im Videospiel gilt die Kategorie des Gameplays. Sie wird als medienspezifische Besonderheit betrachtet, zu der bisher kein Äquivalent in anderen Medien existiert. Theorien, die sich um ein System für allgemeine Game Genre-Klassifikationen bemühen, konzentrieren sich gezielt auf die Bedeutung des Gameplays als Kernelement.

> Der Begriff des **Gameplay** bezeichnet die Beeinflussung der Spielwelt durch den Spieler und die Weise, in der das Spiel tatsächlich gespielt wird (vgl. Juul 2005, S. 83). Auf dieser Grundlage werden Game-Genres in der Regel durch die Form der Interaktion der Spieler mit der Spielmechanik und den zu erreichenden Spielzielen definiert.

Shooter erfordern eine Kombination aus gutem Reaktionsvermögen und soliden taktischen Überlegungen. In Adventures befördern die Lösung von Puzzleaufgaben, die genaue Inspektion der Schauplätze und die richtige Auswahl an Dialogoptionen die Handlung weiter. Strategiespiele, die nicht nur aufgrund ihrer Perspektive häufig an analoge Brettspiele erinnern, verlangen von ihren Spielern, dass diese das gesamte Geschehen im Blick behalten und die Manöver des Gegners mit der richtigen Taktik kontern. Simulationen gestalten mit einem hohen Grad an Detailverliebtheit Prozesse nach, und Rollenspiele kombinieren strategisches Vermögen mit Adventure-Elementen. Zugleich liefert das in den 1970er und 1980er Jahren durch US-amerikanische Spielsysteme wie *Dungeons and Dragons* und hierzulande durch *Das schwarze Auge* geprägte Genre Rollenspiel das stichhaltigste Argument für eine Theorie, die Hybridisierungsprozesse berücksichtigt. Bereits in ihrer analogen Form kombinieren die von einem Spielleiter koordinierten Rollenspiele Elemente eines Würfelspiels und einer kollektiv erspielten Geschichte, deren Entstehungsprozess an Improvisationstheater erinnert. In der Variante der Live-Rollenspiele, die von bis zu mehreren hundert Spielern an einem realen Ort ausgespielt wird, rücken die performativen Elemente sogar in den Mittelpunkt. In der seit Einführung der Speicheroption der Home-Computer in den 1980er Jahren weit verbreiteten Videospiel-Variante können Rollenspiele Elemente aus nahezu allen anderen Game-Genres integrieren und weisen daher die Tendenz zu hybriden Ansätzen bereits in ihrer grundlegenden Struktur auf. Entgegen der puristischen Reduktion auf ein Gameplay kombinieren Rollenspiele Rätselaufgaben und Dialogoptionen mit strategischen und taktischen Herausforderungen, die jederzeit um Passagen mit Gameplay-Mechaniken aus anderen Genres wie einem Shooter erweitert werden können.

Frans Mayra betont in seiner *Introduction to Game Studies* die Parallelen von Genresystemen zu einer Sprache, „genre terminology is like a language. Its practical value is dependent on the genre concepts being recognized, known and being adopted in use by the player communities and in game cultures in general" (Mayra 2008, S. 70). Hinsichtlich des Vokabulars und der Grammatik dieser Sprache bestehen zwar noch einige Verständigungsschwierigkeiten, aber diese Sprachspiele machen nicht zuletzt den Reiz einer differenzierten Genreforschung als Dialog zwischen Theorie und Praxis aus.

19.4 Game-Genre-Typologien

Mark J.P. Wolf gelangt 2002 in *The Medium of the Video Game* in seiner Auflistung potenzieller Game-Genres zu 42 Möglichkeiten. Für deren Bestimmung stellt er den Aspekt der Interaktivität in den Vordergrund (vgl. Wolf 2001, S. 113–134). Deutlich anwendungsfreundlicher als Wolfs positivistische Taxonomie von 42 Genres, sowohl im alltäglichen, als auch im akademischen Gebrauch, gestalten sich die Kategorien von Simon Egenfeldt-Nielsen, Susana Tosca und Jonas Heide Smith, die in ihrer Einführung *Understanding Video Games* in einem historischen Abriss die vier Bereiche Action, Adventure, Strategie und als offene Prozesse angelegte Simulationsspiele ausmachen (vgl. Egenfeldt-Nielsen et al. 2008, S. 41 ff.). Die Reduktion auf vier Genres erscheint zwar für eine erste Annäherung sehr hilfreich, so bald komplexere Genresysteme, wie das von ihnen als Sonderfall zwischen Adventure und Strategiespiel angesiedelte Rollenspiel, hinzukommen, gerät die Taxonomie jedoch zu allgemein. Gerade wenn man bedenkt, dass das Rollenspiel nicht den Ausnahmefall, sondern als eines der populärsten Videospiel-Genres die Regel bildet, reicht die Konzentration auf vier Genre-Kategorien nicht aus.

Eine Ausdifferenzierung der Genrekategorien, die nicht zu allgemein ausfällt, bieten die aus der journalistischen Praxis gewonnenen neun Genres des britischen Autoren Steven Poole (vgl. Poole 2000, S. 21 ff.). Sie umfassen Shooter, Rennspiel, Jump ‚n' Run/Platform Games, Beat'em Up, Strategiespiel, Sportspiele, Simulationen, Adventures, Rollenspiele und Puzzle-Spiele. Angesichts der Entwicklungen der letzten Jahre ließe sich diese Taxonomie noch um die Kategorien Massive-Multiplayer-Role-Playing-Games (MMORPGs), Casual Games, Serious Games und Independent-/Art-Games erweitern (vgl. Rauscher 2012). Anstelle einer festgelegten Systematik gelten diese Kategorien als aussagekräftige Tendenzen innerhalb historischer Entwicklungsprozesse, die neue Kombinationen hervorbringen oder wie das klassische Text-Adventure von einem in den 1980er Jahren bestimmenden Genre zu einer Randerscheinung in den folgenden Jahrzehnten werden können.

Theorien, die auf eine möglichst genaue Definition der Kriterien zur Bestimmung eines Genres abzielen, widmen sich nur am Rande diesen Entwicklungsprozessen. Anstelle von historischen Fallstudien und stilistischen Fragestellungen konzipieren sie Modelle und Begriffs-Cluster als Grundlage für die Genreanalyse. Benjamin Sterbenz betont

beispielsweise in seiner Studie *Genres in Computerspielen – Eine Annäherung* (2011),
dass der Genre-Begriff in Fachzeitschriften und Sachbüchern eine Systematik vermissen
lasse, „so sind einmal die Anforderungen an den Spieler ausschlaggebend, ein andermal die Ästhetik oder die Narration" (Sterbenz 2011, S. 47). Die Entwicklerpraxis habe
mit den Arbeiten von Chris Crawford (Crawford 1984) und Chris Bateman (Bateman
2007) Ansätze hervorgebracht, die tendenziell zwischen zwei Kategorien unterscheiden:
„Spiele, die gutes Reaktionsvermögen verlangen, und Spiele, bei denen mentale Aufgaben dominieren" (Sterbenz 2011, S. 71). Doch auch diese offerierten nach Sterbenz
keine klare Struktur. Für eine abstraktere wissenschaftliche Bestimmung der Genre-
Mechanismen, die von der Trennung zwischen einer ästhetischen Hülle und einem
spielmechanischen Kern ausgeht (vgl. Sterbenz 2011, S. 106), entwirft Sterbenz ein auf
Konzepten von Brenda Laurel (Laurel 1993) und Julian Kücklich (Kücklich 2008) auf-
bauendes Modell. In diesem werden zuerst der Grad der Interaktivität und der Narrati-
vität sowie die Beeinflussbarkeit des Geschehens und die Häufigkeit der erforderlichen
Eingaben durch den Spieler ermittelt. Ausgehend von diesen Kernelementen lassen sich
Aspekte der Repräsentationsebene wie Perspektive, Grafik und Szenario erörtern (vgl.
Sterbenz 2011, S. 110). Für die Analyse der Mechanik eines Game-Genres ist dieser
Ansatz sehr hilfreich, allerdings stellt sich dennoch die Frage, was passiert, wenn die
Wechselspiele zwischen ludischem Kern und ästhetischem Rahmen neue Formen hervor-
bringen, die sich auf die Mechanik und das Gameplay auswirken.

19.5   Ästhetische Ansätze zur Genre-Analyse

Die ästhetische Analyse der Game-Genres bezieht sich zwar auch auf Aspekte wie das
Gameplay, die Regeln und die Mechanik. Doch im Unterschied zu einer rein formalistischen Betrachtungsweise werden insbesondere Elemente wie die Bildgestaltung, die
implizite Konstitution der Spielwelt durch das Setting und das dramaturgische Arrangement durch die Architektur des Spielfelds in die Analyse einbezogen.

   Erste Ansätze zu einer ästhetischen Genre-Analyse bilden die Bereiche: Raum/Pers-
pektive, Narration/Stil und Gameplay (Beil 2013, S. 41), John G. Caweltis Genrebegriff,
der Wiederholungen, Vergleiche und Diskursivierung umfasst (Hensel 2015, S. 145–
148), der Einsatz medienübergreifender Settings, die ästhetische und dramaturgische
Erwartungen befördern (Rauscher 2012), sowie die Anwendung dramaturgischer Standardsituationen (vgl. Klein 2013, S. 346 ff.). Raum und Perspektive dienen im Videospiel nicht nur wie im Film als ästhetische Gestaltungsmittel, sondern können ganze
Subgenres wie den First-Person-Shooter definieren. Stilfragen lassen sich bezüglich
der Narration diskutieren, wären aber auf längere Sicht – vergleichbar den vielfältigen
Stilformen in anderen Kunstformen – noch weiter auszudifferenzieren, beispielsweise
in Hinblick auf gestalterische Aspekte oder Level-Arrangements. Eine stärkere Akzen-
tuierung der diskursiven Praktiken, die durch Wiederholungen und Vergleiche neue

Genreformen konstituieren können, lässt eine verstärkte pragmatische Form der Analyse zu, die zugleich in Hinblick auf genrebezogene Motivwanderungen transmediale Kontexte einbeziehen kann.

Der Begriff des **Settings** wurde durch die kognitionswissenschaftlich orientierten Psychologen Jean Matter Mandler und Nancy Johnson in ihrer Studie *Remembrance of Things Parsed* (1977) geprägt: „Settings set the stage by introducing the protagonist and other characters. They also often include the time and locale of the story as well as information the listener needs to understand the events that follow" (Mandler und Johnson 1977, S. 118). Für die Anwendung auf Videospiele ergänzte der Designer Richard Dansky die Beschaffenheit physikalischer Gesetze, Eigenschaften der Charakterklassen und Sprachen (Dansky 2006, S. 3).

Die Bezeichnung des Genre-Settings gestaltet sich umfassender und variantenreicher als der von Geoff King und Tanya Krzywinska in ihrem Sammelband *ScreenPlay – Cinema/Videogames/Interfaces* (2002) bemühte Begriff des Milieus, da er auch Elemente der Mise-en-scène, die im Gamedesign von tragender Bedeutung ist, einbezieht. Für die räumliche Navigation und das Vermitteln des Spielziels werden Standardsituationen genutzt, die aufgrund des medial geprägten Vorverständnisses den Spielern ermöglichen, sich im Genre-Setting zu recht zu finden und die mit diesem verbundenen Handlungsmöglichkeiten zu erkennen. In einem Science-Fiction-Spiel wie *Elite* (1984) oder *EVE Online* (2003) kann ich davon ausgehen, dass ich ein Raumschiff fliege und mich mit einer entsprechenden Bewaffnung gegen Angreifer zur Wehr setzen kann. Ein Stealth-Spiel wie *Metal Gear Solid* (seit 1998) oder *Splinter Cell* (seit 2002) vermittelt bereits durch die Agenten-Rahmenhandlung, dass ich nicht zu einer Firmenbesichtigung in die gegnerische Kommandozentrale aufgebrochen bin (Abb. 19.4), sondern aus dieser mit meinem Avatar geheime Unterlagen entwenden soll, und in *Tomb Raider* (seit 1996) hält sich Lara Croft nicht lange mit Archäologie-Vorlesungen auf, sondern begibt sich in der nächstgelegenen verborgenen Tempelanlage auf Schatzsuche (Abb. 19.5). Während das Setting die Erwartungshaltungen auf der Makroebene vorgibt, sorgt für die konkrete Orientierung im Spielgeschehen die Gameplay und Ästhetik verbindende Standardsituation.

Als **Standardsituationen** definiert der Filmwissenschaftler Thomas Koebner, „Situationen, die immer wiederkehren, unabhängig vom jeweiligen Film, und ein bestimmtes Ablaufschema zur Kanalisierung des erzählerischen Flusses vorgeben… Der ‚dramaturgische' Vorteil von Standardsituationen liegt auf der Hand. Das Publikum erkennt die Situation wieder und kann kennerhaft auf die spezifische Nuance reagieren" (Koebner 2007, S. 157).

Abb. 19.4   Standardsituation im Stealth-Spiel *Metal Gear Solid* 3 (2004, Konami/Konami)

Abb. 19.5   Genre-Alltag auf Lara Crofts Entdeckungsreisen in *Rise of the Tomb Raider* (2015, Crystal Dynamics/Sqaure Enix)

Im Spiel reagiert der Spieler oder die Spielerin nicht nur kennerhaft auf die Nuancen. Das Wissen um das mit einer Situation wie dem Cliffhanger verbundene Repertoire an Aktionen erweist sich als spielentscheidender Faktor, um das Level zu bewältigen. Wenn der Held zu Beginn des Action-Adventures *Uncharted 2* (2010) sich unmittelbar in einer lebensgefährlichen Situation wiederfindet, hilft die Kenntnis der medienübergreifen-den Standardsituation des Cliffhangers weiter. Der Spieler oder die Spielerin muss den Abenteurer Nathan Drake, der am äußersten Ende eines entgleisten Zuges baumelt, in Sicherheit befördern. Obwohl die rettenden Sprünge auf den ersten Blick sehr spektaku-lär wirken, erweisen sie sich nach der Gewöhnung an die Gameplay-Mechanik als einfa-che und grundlegende Spielzüge. Die Produktion von Schauwerten auf der ästhetischen Ebene korrespondiert mit einer flüssigen, möglichst intuitiv zu erfassenden Spielmecha-nik. Mit dem Erreichen des rettenden Felsvorsprungs wird der Einstiegslevel erfolgreich beendet. Aufgrund der Vorkenntnisse aus Abenteuerfilmen wie der *Indiana Jones*-Reihe (USA seit 1981) kommen die Spieler im Idealfall gar nicht erst auf die Idee abzuwarten, was als nächstes passiert, sondern bemühen sich, die Figur aus der gefährlichen Situa-tion zu befreien. Umgekehrt können Spieler, die im Kontext von *Uncharted 2* erstmals mit einer Cliffhanger-Situation konfrontiert werden, diese später bei der Betrachtung von klassischen Abenteuerfilmen wiederentdecken. Die Wechselspiele zwischen Filmen und Games lassen sich in ihrem Erschließungsprozess daher in beide Richtungen verfolgen. Wie im Kino lädt die Standardsituation zur kennerhaften Beurteilung ein, sie erweist sich aber auch als überlebensnotwendig für die Rettung der virtuellen Existenz.

19.6 Genre-Semantik und Syntax

Aufgrund der zentralen Bedeutung des Gameplays kommt in Videospielen noch deutli-cher als im Film der Verknüpfung von Semantik und Syntax eine tragende Funktion zu. Rick Altman prägte in seinem pragmatischen Modell zur Analyse von Genre-Filmen die Begriffe der Semantik und Syntax,

> we can as a whole distinguish between generic definitions that depend on a list of common traits, attitudes, characters, shots, locations, set, and the like – thus stressing the semantic elements that make up the genre – and definitions that play up certain constitutive relation-ships between undesignated and variable place-holders – relationships that might be called the genre's fundamental syntax (Altman 1999, S. 219).

Die **Semantik** eines Genres bezieht sich auf dessen Ikonografie und ästhetische Zeichen, die **Syntax** referiert hingegen auf Handlungsmuster und Plot-Strukturen. Im Unterschied zur Annahme unveränderlicher Strukturen geht Altmans Modell davon aus, dass jederzeit im Austausch zwischen Produzenten und Rezipienten neue Genres herausgebildet werden können. Im Videospiel wird der Austausch-prozess direkt in der Interaktion zwischen Spielern und Programm realisiert (vgl. Rauscher 2014). Die Semantik des Genre-Settings deutet verschiedene mit die-sem Szenario als Repertoire verbundene Handlungsoptionen an. Über die Anwen-dung der Syntax bringen die Spieler schließlich in Erfahrung, wie sie mithilfe der Regeln das simulierte Geschehen beeinflussen können (Abb. 19.6).

Abb. 19.6 Exemplarische Semantik und Syntax einer Cliffhanger-Situation in *Uncharted 2* (2009, Naughty Dog/Sony)

Das Setting kann beispielsweise wie in den Rollenspielen der *Mass Effect*-Reihe (seit 2008) durchgehend im Bereich der Science-Fiction angesiedelt bleiben, während das Gameplay zwischen der für ein Adventure typischen Auswahl an Dialogen, den für Rollenspiele charakteristischen Verteilung von Talentpunkten und wiederkehrenden an Arcade-Automatenspiele wie den Klassiker *Moon Patrol* (1982) angelehnte Geschicklichkeitspassagen wechselt (Abb. 19.7 und 19.8). Die Semantik bereitet auf die entsprechende anwendbare Syntax vor. Die Action-Passagen lassen sich am Blick einer Following Camera auf einen vom Spieler oder der Spielerin gesteuerten Moon Buggie erkennen. Die Dialogpassagen konfrontieren die Spieler hingegen mit moralischen Problemen, die aus diskursiven Science-Fiction-Serien wie *Star Trek* (seit 1966) vertraut sind. Die Thematik des Spiels des verantwortungsvollen Umgangs mit interplanetarischen Konflikten wird über die Genre-Semantik und Syntax mit den Optionen des Gameplays gekoppelt. Während die Action-Passagen die Standardsituation der riskanten Passage durch feindliches Terrain wie in einer ausgedehnten Plansequenz ausspielen, ermöglichen die Dialogszenen die Beeinflussung der Handlung, indem der Avatar Commander Shepherd zu den Anliegen und Sorgen der Crew Position bezieht. Für die Missionen in Innenräumen lassen sich zwei unterschiedliche Spielweisen auswählen, deren Gameplay ursprünglich mit unterschiedlichen Genres assoziiert war. Die Konfrontationen mit Gegenspielern können als Shooter aus der Third-Person-Perspektive in Echtzeit ausgespielt oder, wenn der Spieler oder die Spielerin eine taktischere Vorgehensweise bevorzugt, in klassischer Rollenspiel-Form als strategische Gefechte ausgetragen werden. Die entsprechenden Wechsel der Spielformen lassen sich über die auf das Gameplay verweisende Syntax und ihr Arrangement aus Standardsituationen erkennen. Die Semantik bleibt hingegen während allen drei *Mass Effect*-Teilen durchgehend der Ästhetik des Science-Fiction-Setting verpflichtet.

Abb. 19.7 Hindernis-Parcours vor Science-Fiction-Kulisse in *Moon Patrol* (1982, Irem/Irem)

Abb. 19.8 Spätere Variation der Spielsituation in *Mass Effect* (2008, Bio Ware/Electronic Arts)

Aus einer ikonografischen Perspektive tragen ambitionierte Videospiele, die sich im Mainstream genauso wie im Independent-Bereich finden können, zur Weiterentwicklung der Bildsprache eines Genres bei. Auf einer tieferen Ebene finden sich in den Games auch Spuren ikonologischer Bildwanderungen, deren potenzieller Gehalt im Code implementiert ist, um von den Spielern in ästhetischer Eigenverantwortung ausgespielt zu werden. Der unkonventionelle Shooter *Spec Ops: The Line* (2012) bezieht sich thematisch und inhaltlich auf die Inspirationsquellen *Heart of Darkness* (1899), eine literarische Abrechnung mit den Verbrechen des Kolonialismus von Joseph Conrad, und *Apocalypse Now* (1979), ein zunehmend ins Surreale wechselndes Vietnamkriegs-Drama von Francis Ford Coppola. Im Unterschied zur von Conrad und Coppola vorgegebenen Narration entscheidet in *Spec Ops: The Line* der Spieler oder die Spielerin selbst, mit welcher moralischen Haltung und aus welcher visuellen Perspektive die Reise in die psychologischen Abgründe des Protagonisten erfolgt. Die ansonsten von der Narration bestimmte Auslegung des Geschehens kann in Spielen wie den Produktionen des Studios Rockstar Games bis zu einem gewissen Grad von den Spielern beeinflusst werden. Im deutlich von den skeptischen Spätwestern Sam Peckinpahs und Sergio Leones geprägten *Red Dead Redemption* (2010) können die Spieler zwar nicht das tragische Ende der Geschichte verhindern. Sie können aber entscheiden, ob der von der Regierung auf seine früheren Gefährten angesetzte ehemalige Outlaw John Marston Reue zeigt und sich als rechtschaffener Hilfssheriff für Gerechtigkeit einsetzt oder ob er als zynischer Kopfgeldjäger nur an das eigene Wohlergehen denkt. Ausgehend von den syntaktischen Implikationen der Semantik des Settings bereiten offener angelegte Spiele den Spielern einen Freiraum für eine performative Auslegung der Spielfigur. Auf diese Weise können erzählerisch hinreichend bekannte Genremuster durch die eigene unmittelbare Beteiligung einen ganz eigenen spielerischen Reiz entfalten (vgl. Rauscher 2015a).

19.7   Exemplarische Genre-Passagen – *Resident Evil*

Auf besonders anschauliche Weise lässt sich die gegenseitige Beeinflussung von Filmen und Videospielen, die nicht nur das ästhetische Erscheinungsbild, sondern auch das Gameplay bestimmt, am Beispiel des Survival Horrors erläutern. Dieses Sub-Genre, zu dem erfolgreiche Reihen wie *Resident Evil* (seit 1996) und *Silent Hill* (seit 1999) zählen, kombiniert Elemente des Actionspiels und des Adventures. Die Bezeichnung Survival Horror geht auf den Slogan „Can you survive the horror?", aus der Werbung für *Resident Evil 2* (1998) zurück. Von Anfang an zeichneten sich die beiden japanischen Videospielreihen durch zahlreiche Anspielungen auf die Geschichte des Horrorfilms aus. *Resident Evil* nahm Bezug auf die modernen *Zombie*-Filme George A. Romeros (Abb. 19.9 und 19.10) und *Silent Hill* (Abb. 19.11) auf die surrealen Albtraumszenarien und das verstörende Sounddesign David Lynchs. Die entsprechenden Assoziationen und das Vorwissen um die Spielregeln des Genres erleichtern den Spielern die Orientierung innerhalb des aus Filmen vertrauten Settings.

In *Resident Evil* wird der Spieler oder die Spielerin in einem entlegenen Landhaus mit lebenden Toten, mutierten Insekten und Kreaturen aus dem Gen-Labor konfrontiert. Dass die Zombies, wenn sie nicht mit einem Kopfschuss überwältigt werden, noch einmal aufstehen, um erneut anzugreifen, sollte den Spielern hinreichend aus Filmen wie *Dawn of*

Abb. 19.9 Hommage an klassische Horrorfilme – Belagerungssituation in *Resident Evil 4* (2005, Capcom/Capcom)

Abb. 19.10 Hommage an klassische Horrorfilme – Belagerungssituation in *Resident Evil 4* (2005, Capcom/Capcom)

Abb. 19.11 Horror mit psychologischen Subtexten in *Silent Hill* (1999)

the Dead (1978) oder der TV-Serie *The Walking Dead* (seit 2010) vertraut sein. Wie in den häufig auf klaustrophobischen Belagerungssituationen aufbauenden Filmen erweist sich die Munition als stark limitiert. Im Unterschied zu einem auf ständige Schusswech-sel angelegten Actionspiel verlangt *Resident Evil* von den Spielern auch taktisches Über-legen, um die Heldin Jill Valentine sicher durch die Geisterbahn der Genre-Referenzen zu navigieren. Das filmische Vorwissen um die Zombie-Folklore und die begrenzte Aus-stattung ergänzt sich unmittelbar sowohl mit der Spielmechanik, als auch mit der ästheti-schen Umsetzung.

Die audiovisuelle Gestaltung des Settings beschränkt sich jedoch nicht einfach auf ein interaktives imaginäres Museum des neueren Horrorfilms. In der 2002 von Paul W.S. Anderson begonnenen Filmreihe wird umgekehrt die Ästhetik des Videospiels aufge-griffen, um auf dessen Basis das filmische Erscheinungsbild des Zombies weiter zu ent-wickeln. Das Videospiel dient in den bisher sechs Filmen der *Resident Evil*-Reihe nicht einfach als lukratives Markenzeichen, sondern wird als wichtiger Schritt in einer assozi-ativen Kette begriffen, die in einer Beschleunigung des modernen Zombies resultierte.

Das zuvor auf enge Korridore begrenzte Setting ließ sich durch die beschleunigten Zombies um offene Räume erweitern, wie Paul W.S. Anderson, der Regisseur der *Resi-dent Evil*-Filme, erläutert: „I'm glad they sped the zombies up in the game, it makes the more exciting gameplay, but it also makes the more exciting filmmaking. After two movies of slow moving zombies we were struggling hard to make them scary. You had to find reasons for the characters to be trapped in dark confined spaces where they couldn't run away. And standing in the middle of a field you could just run away and shoot the zombie in the head" (zit. nach Rauscher 2015b, S. 84).

Die Narration des *Resident Evil*-Franchise folgt den Prinzipien eines Worldbuilding, das die Rezeption einzelner Segmente ermöglicht, ohne dass alle Handlungsfäden der zahlreichen Sequels und Spin-offs den Spielern bekannt sein müssen. Vielmehr entspricht die Erzählung dem organisatorischen Aufbau fortlaufender Comicreihen, die ebenfalls den Einstieg an einem beliebigen Punkt ermöglichen. Die Abfolge der Standardsituationen aus der Geschichte des Horrorfilms lässt sich auf den ersten Blick erschließen. Die narrativen Muster erinnern in ihrer Effizienz und den klaren Etappenzielen, die im Erreichen eines bestimmten Ortes oder in der Überwältigung eines besonderen Gegners bestehen, an Quest-Aufgaben, die als erzählerische Einheiten auf der Mikroebene die Struktur eines Rollenspiels oder Action-Adventures prägen. Der Reiz der Storyworld der *Resident Evil*-Reihe besteht in der Verkettung stilistisch unterschiedlicher Segmente des Horror-Genres. Filme und Spiele lassen sich wie in einer transmedialen Parallelmontage als zwei Passagen durch den gleichen Handlungsraum rezipieren. Die Narration ähnelt hierbei stärker der Schienenführung durch eine Geisterbahn als einer komplexen Erzählung.

Die in den *Resident Evil*-Spielen eingesetzten Perspektiven orientieren sich an Inszenierungsmustern aus dem Repertoire des Horrorfilms. In den ersten drei Spielen der Reihe basiert die Schockwirkung plötzlich auftauchender Gegner auf der gezielten Begrenzung des Sichtfeldes. Der Einsatz vorgegebener Kameraperspektiven greift auf die Konventionen des klassischen Horrorkinos, inklusive verkanteter Blickwinkel zurück. Der Wechsel der Kameraposition lässt sich, obwohl in den einzelnen Einstellungen eine halbwegs übersichtliche Third-Person-Perspektive eingenommen wird, nicht durch die Spieler bestimmen, sondern wird vom Programm vorgegeben. Die effiziente Steuerung des Avatars wird durch die festgelegten Kameraeinstellungen erschwert. Die ausgefallenen Perspektiven tragen entscheidend zur unheimlichen Atmosphäre bei, allerdings auf Kosten der Spielbarkeit. Dass dieses Gamedesign sowohl als raffinierte Übertragung der Verunsicherung der Protagonisten auf die Steuerung des Spiels (vgl. Newman 2007, S. 165–167), wie auch als nicht gänzlich nachvollziehbarer Bruch mit vertrauten Gameplay-Mechanismen (vgl. Bissell 2010, S. 20–21) rezipiert wird, skizziert eine genrespezifische Fragestellung im Kontext der Game Studies. Sie lässt sich sowohl in Bezug zu transmedialen Konventionen des Horror-Genres setzen, als auch im Vergleich zu anderen Vertretern des Game-Genres wie *Silent Hill* oder *Amnesia: The Dark Descent* (2010) diskutieren. Neben der Bildgestaltung bietet die Umsetzung des Tons weitere aufschlussreiche Ansätze für einen Vergleich hinsichtlich der Genre-Stilstik. Das hyperrealistisch gestaltete laute Ticken einer Uhr im Eingangsbereich oder die sich langsam knarzend öffnenden Türen in den Ladepausen bilden eigene markante Einfälle, die gamespezifische Erfordernisse der akustischen Raumgestaltung effektvoll mit transmedialen Tropen des Horror-Genres kombinieren.

Eine besonders häufig als einprägsames unheimliches Spielerlebnis genannte Sequenz aus *Resident Evil* kombiniert beispielhaft Gameplay und Genrekonvention. Am Ende eines langen Ganges bricht plötzlich ein Hund durch ein Fenster herein, obwohl der sich in die Tiefe des Raumes hinein bewegende Avatar den Schauplatz schon beinahe verlassen hat. Das Gamedesign arbeitet in dieser Passage geschickt mit den Erwartungen gegenüber der Spielmechanik und dem Setting. Angesichts des explorativen Charakters eines Adventures verstört der plötzliche Einsatz der Action-Passage und erst recht wenn bei der späteren Rückkehr in den Abschnitt des Hauses plötzlich – als Bruch mit den ungeschriebenen Gesetzen des Action-Adventures – an der bereits erfolgreich absolvierten Stelle neue Gegner warten. Im ersten *Resident Evil*-Film von 2002 findet sich die Szene von Paul W.S. Anderson effektvoll adaptiert. Er übernimmt aus der Spielvorlage den Aufbau der Situation, kreiert aber gemeinsam mit Hauptdarstellerin Milla Jovovich einen gänzlich anderen szenischen Aufbau. Im Unterschied zu den regelgebundenen Bewegungen der Protagonistin Jill Valentine im Spiel akzentuiert die filmische Choreografie die Dynamik und Artistik der für den Film erfundenen Heldin Alice, die auf der Leinwand eine Parallelhandlung zum Spiel erlebt.

Ein möglicher Ansatz für eine Hermeneutik der Simulation, wie sie Espen Aarseth einfordert (vgl. Aarseth 2004), wäre in der Analyse eines Game-Genres nicht ein einzelner hermeneutischer Zirkel. Vielmehr würden sich, wie das Beispiel *Resident Evil* verdeutlicht, die Analyse der Semantik und des Settings, der Syntax und der Standardsituationen sowie das zentrale Element des Gameplays und der Spielmechanik als Verknüpfung zwischen Semantik und Syntax gegenseitig produktiv ergänzen. Die individuelle Spielerfahrung und die performativen Möglichkeiten der Spieler ließen sich im dialektischen Austausch mit den vorgegebenen inszenatorischen Besonderheiten des Spielablaufs darüber hinaus als performativer Prozess der Aushandlung von Genreregeln und deren Bedeutung betrachten.

Ausgehend von dieser Basis wäre die Entwicklung weiterer dynamischer Genremodelle und pragmatischer Fallstudien möglich, die einen Dialog zwischen Theorie und Praxis eröffnen. Die Fallgruben und Essentialismen der Genrediskussion anderer Disziplinen erfahren im Bereich der Game Studies bereits aufgrund der Interaktivität ihre spielerische Auflösung. Diese Dynamik bietet nicht nur die Chance, gamespezifische Genreanalysen in einem historisierenden Kontext zu leisten, sondern auch noch einmal einen neuen Blick auf die transmedialen Zusammenhänge klassischer Genre-Settings und Standardsituationen zu riskieren. In Spielen wie *Mass Effect*, *Red Dead Redemption* und *Resident Evil* entstehen aus dem transmedialen Wechselspiel innovative Perspektiven jenseits der starren Regularien, die ursprünglich einmal mit dem Begriff Genre verbunden waren.

Literatur

Aarseth, Espen. 2004. Genre Trouble. Narrativism and the Art of Simulation. In *First Person. New Media as Story, Performance, and Game*, hrsg. N. Wardip-Fruin und P. Harrigan, 45–55. Cambridge/MA: MIT Press.
Altman, Rick. 1999. *Film / Genre*. London: British Film Institute.
Bateman, Chris. Hrsg. 2007. *Game Writing. Narrative Skills for Video Games*. Boston: Charles River Media.
Beil, Benjamin. 2013. *Game Studies. Eine Einführung*. Münster: LIT Verlag.

Bissell, Tom. 2010. *Extra Lives. Why Video Games Matter.* London: Vintage.

Crawford, Chris. 1984. *The Art of Computer Game Design.* New York: McGraw Hill.

Dansky, Richard. 2006. Introduction to Game Narrative. In *21st Century Game Design*, hrsg. C. Bateman, 1–24. Hingham: Charles River Media.

Egenfeldt-Nielsen, Simon, Susana Pajares Tosca und Jonas Heide Smith, Hrsg. 2008. *Understanding Video Games.* New York: Routledge.

Grant, Barry Keith. 2007. *Film Genre. From Iconography to Ideology.* London: Wallflower Press.

Hensel, Thomas. 2015. „Know your paradoxes!" Das Computerspielbild als multistabiles Bild. Mit einem Postscriptum zur Genretheorie. In *The Cake is a Lie. Polyperspektivische Betrachtungen des Computerspiels am Beispiel von Portal*, hrsg. T. Hensel, Britta N. und R. F. Nohr, 135–156. Münster: Lit.

Hickethier, Knut. 2002. Genretheorie und Genreanalyse. In *Moderne Filmtheorien*, hrsg. J. Felix, 62–96. Mainz: Bender.

Jenkins, Henry. 2006. *Convergence Culture. When Old and New Media Collide.* New York: New York Univ. Press.

Juul, Jesper: 2005. *Half-Real. Video Games between Real Rules and Fictional Worlds.* Cambridge/ MA: MIT Press.

King, Geoff und Tanya Krzywinska. 2002. *Screenplay. Cinema / Videogames / Interfaces.* London: Wallflower Press.

Klein, Thomas. 2013. Genre und Videospiel. In. *Filmwissenschaftliche Genreanalyse. Eine Einführung,* hrsg. M. Kuhn, I. Scheidgen und N. V. Weber, 345–360. Berlin: De Gruyter.

Koebner, Thomas. 2007. Standardsituation. In *Reclam Sachlexikon des Films.* hrsg. T. Koebner. Reclam: Stuttgart.

Kücklich, Julian. 2008. *Playbility. Prolegomena zu einer Computerspielphilologie.* Albershausen: VDM Müller Verlag.

Kuhn, Markus, Irina Scheidgen und Nicola Valeska, Hrsg. 2013. *Filmwissenschaftliche Genreanalyse. Eine Einführung.* Berlin: De Gruyter.

Laurel, Brenda. 1993. *Computers as Theatre.* Reading: Addison-Wesley Publishing.

Mandler, Jean Matter und Nancy Johnson. 1977. Remembrance of Things Parsed. In *Cognitive Psychology* 9: 111–151. San Diego: Univ. of California.

Neale, Steven. 2000. *Genre and Hollywood.* New York: Routledge.

Mayra, Frans. 2008. *Introduction to Game Studies.* London: SAGE Publishing.

Newman, James und Iain Simons. 2007. *100 Video Games. BFI Screen Guides.* London: BFI Publishing.

Poole, Steven. 2000. *Trigger Happy. The Inner Life of Video Games.* London: Fourth Estate.

Rauscher, Andreas. 2012. *Spielerische Fiktionen. Transmediale Genrekonzepte in Videospielen.* Marburg: Schüren Verlag.

Rauscher, Andreas. 2014. Filmische Spielräume. Genre-Settings in Videospielen. In *Computer / Spiel / Bilder*, hrsg. B. Beil, M. Bonner und T. Hensel, 179–198. Glückstadt: Verlag Werner Hülsbusch.

Rauscher, Andreas. 2015a. Mise en Game. Die spielerische Aneignung filmischer Räume. In *New Game Plus*, hrsg. B. Beil, G. S. Freyermuth und L. Gotto, 89–114. Bielefeld: transcript.

Rauscher, Andreas. 2015b. Interview with Paul W.S. Anderson. In *Film & Games. Interactions.* hrsg. Deutsches Filminstitut, 76–89. Berlin: Bertz + Fischer.

Schatz, Thomas. 1988. *The Genius of the System.* New York: Pantheon.

Scheinpflug, Peter. 2014. *Genre-Theorie. Eine Einführung.* Münster: Lit.

Sterbenz, Benjamin. 2011. *Genres in Computerspielen. Eine Annäherung.* Glückstadt: Verlag Werner Hülsbusch.

Wolf, Mark J.P. 2001. *The Medium of the Video Game.* Austin: Univ. of Texas Press.

Zimmerman, Eric. 2002. Do Independent Games Exist? http://www.ericzimmerman.com/texts/indiegames.html. Zugegriffen: 18. Juni 2015.

Über den Autor

PD Dr. habil. Andreas Rauscher, Akademischer Rat im Bereich Medienästhetik an der Universität Siegen, Vertretungsprofessoren an den Universitäten Kiel und Freiburg, von 2008 bis 2014 wissenschaftlicher Mitarbeiter für Filmwissenschaft/Mediendramaturgie an der Johannes-Gutenberg-Universität Mainz. Freier Journalist und wissenschaftlicher Kurator für das Frankfurter Filmmuseum (Ausstellung *Film & Games* 2015). Forschungsschwerpunkte: Filmwissenschaft und Game Studies, Comicforschung, Cultural Studies, Film und Popkultur, Genretheorie Veröffentlichungen: *Die Tschechoslowakische Neue Welle der 1960er* (Mainz 2018, zusammen mit Jonas Engelmann und Josef Rauscher). *Navigationen – Playin' the. Artistic and Scientific Approaches to Playful Urban Arts* (Siegen 2016, zusammen mit Judith Ackermann und Daniel Stein). *Film & Games – Ein Wechselspiel* (Berlin 2015, zusammen mit Eva Lenhardt, DIF – Deutsches Filminstitut). *Subversion zur Prime-Time: Die Simpsons und die Mythen der Gesellschaft* (3. Auflage Marburg 2013, zusammen mit Michael Gruteser und Thomas Klein). rauscher@medienwissenschaft.uni-siegen.de Universität Siegen, Fakultät 1 – Medienwissenschaft, Herrengarten 3, 57075 Siegen.

Historiographie

20

Jochen Koubek

20.1 Medienhistoriographie

Die Medienhistoriographie umfasst alle Texte, welche die Geschichte der Medien zum Gegenstand haben, vergleichbar mit Medientheorien (Leschke 2007) lassen sich dabei verschiedene Stufen der Abstraktion, Professionalisierung und Schwerpunktsetzung unterscheiden.

Da ist zunächst das dokumentierte Erfahrungswissen von Zeitzeugen, das meist in Form von Erinnerungen und Anekdoten vorliegt. Autobiografien von Medienschaffenden, Künstlern und Mitarbeitern von Medienanstalten, Erinnerungsbände an berühmte Medienformate, Institutionen und Ereignisse, wichtige Meilensteine der Mediengeschichte – sie beleuchten einzelne Aspekte mit bisweilen großer Aufmerksamkeit für Details, können dabei aber nicht auf übergeordnete Zusammenhänge eingehen, sobald diese mit der Biografie des Autors nicht in direkter Verbindung stehen. Insbesondere bei neueren Medien kann hier der Versuch einer Selbsthistorisierung festgestellt werden, wenn Akteure mit ihren Schriften das Ziel verfolgen, ihren Beitrag zur Mediengeschichte sowohl zu dokumentieren als auch historisch einzuordnen. Diese Texte sind eine Fundgrube für Historiker, ohne selbst historiographisch sein zu wollen, weil die gute Geschichte stets vor der sorgfältigen Quellenarbeit steht.

Ähnlich selektiv aber stärker auf Vollständigkeit der Recherche bedacht sind Technikgeschichten, die von zentralen Techniken der Eingabe (Füllfederhalter, Kameraobjektive, Tastaturen), der Speicherung (Papier, Verstärkerröhren, Lochkarten) und der Ausgabe (Bildröhren, Kopfhörer, Filmprojektoren), von Apparaten (Telefone, Radios, Fernsehgeräte)

J. Koubek (✉)
Medienwissenschaft, Universität Bayreuth, Bayreuth, Deutschland
E-Mail: jochen.koubek@uni-bayreuth.de

© Springer Fachmedien Wiesbaden GmbH 2018
B. Beil et al. (Hrsg.), *Game Studies,* Film, Fernsehen, Neue Medien,
https://doi.org/10.1007/978-3-658-13498-3_20

über weitere Elemente des Dispositiv (Ansichtskarten, Briefmarken, Postkutschen) bis zu Ausstattungen im Kontext reichen (Musiktruhen, Programmzeitschriften, Fotoalben). Diese Zusammenstellungen sind quellendicht und reich bebildert, die ideale Umgebung für ihre Veröffentlichungen sind Webseiten, die häufig von Liebhabern zusammengestellt und regelmäßig um aktualisierte Fundstücke ergänzt werden.

Die Werkgeschichten beschäftigen sich mit einzelnen Werken oder Werkgruppen zum Beispiel mit einem Film, einer Filmreihe oder einer Romanserie. Ein zusammenfassender Überblick kann auch in Form von Biografien oder Institutionengeschichten erfolgen, deren Akteure maßgeblich für die Produktionen verantwortlich waren. Autoren dieser Texte sind entweder Fans, die akribische Zusammenfassungen ihrer Lieblingswerke vornehmen und mit der Öffentlichkeit teilen oder Wissenschaftler, die ästhetische Strömungen aufzeigen und deren Einfluss auf Genreentwicklung und Rezeptionsweisen darstellen. Ausgreifend können hierbei Werkzusammenstellungen entstehen, die sich als möglichst vollständige Liste der bedeutenden Meilensteine einer Mediengattung verstehen und deren Anspruch einer Kanonbildung sich bisweilen im Titel niederschlägt („Die wichtigsten Werke der Filmgeschichte", Schröder 2004; die auf der Website der Zeitschrift *Cinema* kompilierten 100 besten TV-Serien oder „Kanon lesenswerter deutschsprachiger Werke", Reich-Ranicki in Hage 2001).

Auf einem höheren Abstraktionsgrad stehen Einzelmediengeschichten, die von einer diskursiven Zentrumsbildung absehen und eine Mediengattung – Buch, Radio, Presse, Film etc. – in ihrer historischen Genese nachzuzeichnen versuchen. Im Unterschied zu den Werkgeschichten werden die Medienprodukte dabei als Teil einer umfassenderen Medienkonstellation gesehen und im Zusammenhang mit ihren technischen Erfindungen und Apparaten, den Produktionsbedingungen, den Rezeptions- und Wahrnehmungsweisen und ihren soziokulturellen, politischen und ökonomischen Institutionen gestellt (vgl. Hickethier 2002; Thompson und Bordwell 2009). Verschiedene Mediengeschichten können auch als Kapitel zu einem Buch kompiliert und als umfassender historischer Überblick angeboten werden (Böhn 2008; Faßler und Halbach 1998).

Wissenschaftliche Mediengeschichtsschreibung wird von drei Disziplinen betrieben, der Kommunikations-, der Medien- und der Geschichtswissenschaft (vgl. Bösch und Vowinckel 2012). Die Anfänge einer systematischen Mediengeschichtsschreibung finden sich bei der auf Printmedien konzentrierten Zeitungswissenschaft ab 1916, die ab Mitte des 20. Jahrhunderts zur Kommunikationswissenschaft mit sozialwissenschaftlicher Prägung ausgebaut wird. Sie beschäftigt sich vornehmlich mit der Entwicklung und dem Einfluss von Massenmedien und greift auch in ihren historischen Analysen gerne auf quantitative Darstellungen zurück.

Die aus der Literatur- und Theaterwissenschaft ausdifferenzierte Film- und später Medienwissenschaft untersucht einerseits die Entwicklung und Rezeption ästhetischer Formen audiovisueller Medien, bemüht sich andererseits aber auch um Theoriebildung, die medienhistorisch zu begründen ist.

Die Geschichtswissenschaft behandelte Medien lange Zeit lediglich als Quellenlieferant, inzwischen ist sie zumindest in einzelnen Studien daran interessiert, die Rolle von Medien bei der Entwicklung gesellschaftlicher und politischer Strukturen darzustellen.

Die theoriegeleitete Mediengeschichte entwickelt und begründet Thesen entlang historischer Linien als Abfolge der Entwicklung von Einzelmedien, zum Beispiel vom Bild zur Fotografie zum Film, wobei gerade die Medienumbrüche, die sich durch die Entwicklung neuer Medientechnologien ergeben, nicht nur technik-, sondern auch gesellschafts-, kultur- und mentalitätshistorisch kontextualisiert werden. In diese Kategorie gehören die integralen Mediengeschichten, in denen Entwicklungen über mehrere Jahrhunderte oder -tausende nachgezeichnet und als Abfolge und Erweiterung von Basismedien dargestellt werden. Prominente Vertreter sind Werner Faulstichs fünf Bände umfassende Medienkulturgeschichte (Faulstich 1996–2004), die einen Rahmen von den Menschmedien der Vorgeschichte bis zu den digitalen Medien aufspannt und in Anlehnung an den Medienbegriff von Harry Pross (Pross 1972) Mediengeschichte als Teil der Gesellschafts- und Kulturgeschichte schreibt. Weitere Beispiele sind das Projekt der integrativen Mediengeschichte von Helmut Schanze, das als Anthologie vorliegt (Schanze 2001) oder die Medienevolutionsgeschichte von Rudolf Stöber (Stöber 2003), die eine stufenförmige Entwicklung von Medien und Gesellschaft konstatiert.

Die historischen Medienontologien nutzen die Mediengeschichte zur Argumentation in einem größeren theoretischen Rahmen. Hier finden sich auf die eine oder andere Art die medientheoretischen Schwergewichte wie die neomarxistische Gesellschafts- und Öffentlichkeitskritik der Frankfurter Schule und die Analysen der bürgerlichen Öffentlichkeit durch Jürgen Habermas, die archäologischen Befunde zu unter anderem medienvermittelten Machtstrukturen Michel Foucaults, die historisch begründete Universalmedienthorie von Marshall McLuhan, die strukturell-funktionale Systemtheorie von Niklas Luhmann oder die Kulturtechnikanalyse von Friedrich Kittler, der in Speicher-, Verarbeitungs- und Übertragungsmedien die Fundamente von Kultur und Gesellschaft vermutete. Für eine detailliertere Diskussion dieser Ansätze sei exemplarisch verwiesen auf Leschke (2007), Kloock und Spahr (2008) oder Weber (2010). Wenngleich sowohl die gefundenen historischen Muster als auch die Begründungen vielfach von Historikern kritisiert wurden, liefern sie wertvolle Stichworte für weitere Untersuchungen.

20.2 Historiographie der Computerspiele

Während die Mediengeschichtsschreibung sich mit starkem Fokus auf Massenmedien und Film bereits umfangreich ausformuliert hat, steht eine Historiographie der Computerspiele noch am Anfang. Dieser Befund lässt sich durch eine Einordnung der bislang veröffentlichten spielhistorischen Veröffentlichungen in die im ersten Teil erarbeitete Systematik medienhistoriografischer Zugänge belegen.

Da Computerspiele so jung sind, dass zahlreiche der an ihrer historischen Entwicklung beteiligten Akteure noch leben – Gamedesigner, Entwickler und Produzenten aber auch Fans, Berichterstatter und Journalisten –, besteht der größte Teil des spielhistoriografischen Korpus' aus Erfahrungswissen, aus Erinnerungen, Memoiren, nostalgischen Berichten oder Interviews mit eben jenen Akteuren. Neben zahlreichen Fan-Websites zu alten Spielen, Online-Archiven zu historischen Plattformen und Blogs mit regelmäßigen

Notizen gibt es seit einigen Jahren spezialisierte Zeitschriften, darunter in Deutschland *Retro Gamer, Retro, Return* sowie Sonderausgaben nicht-vergangenheitsorientierter Zeitschriften wie *Games History* oder *Games Aktuell,* die sich der Historizität von Computerspielen verschreiben und über alte Konsolen, Homecomputer und Spiele berichten. Als Oral History zeichnen Journalisten der Anfangszeiten der Spielberichterstattung regelmäßig Podcasts auf, darunter *Spieleveteranen* und *Stay Forever,* in denen sie alte Spiele analysieren, alte Magazine kommentieren und Anekdoten und Insiderwissen austauschen. Bei diesen Beiträgen geht es nicht um ein historiographisches Gesamtprojekt, sondern, neben vielen anderen Gründen (vgl. Koubek 2014), um Erinnerungskultur von Teilnehmern, um das Suchen, Sortieren, Darstellen und damit auch Bewahren von Informationen. Es geht um Geschichten und Bilder, um technische Dokumente, Spezifikationen und Datenblätter einer in ihrer Vergänglichkeit als historisch wahrgenommenen Zeit. Sie bilden das dezentrale Archiv, wie exemplarisch www.archive.org; dieses Online-Archiv stellt ganze Spiele und begleitende Dokumente als Public Domain bereit und somit Historikern in der noch zu schreibenden Mediengeschichte des Computerspiels jene Quellen zur Verfügung, die ansonsten bestenfalls in den Beständen größerer Spielefirmen zu finden sind.

Das Internet, dessen aktive Nutzer sich lange Zeit durch eine hohe Affinität zu Computern, Hard- und Software und häufig auch zu Computerspielen auszeichnete, ist eine Wunderkammer der IT-Kultur, die Technikgeschichte von Computerspielen nimmt darin eine prominente Stelle ein. Weithin sichtbar ist das Computerspielportal der wikipedia, dessen historische Sektion die inzwischen etablierte Generationenabfolge von Spielkonsolen als historisches Gliederungsschema und damit als ein zentrales Merkmal von Geschichtsschreibung durchgesetzt hat. Auch findet sich nirgendwo anders eine derart umfassende historische Darstellung von Computerspielgenres, die in der quellengestützten Analyse von Einzeltiteln wurzelt. Gespeist werden die Informationen durch Mobygames (http://www.mobygames.com) und die „Killer List of Video Games" (http://www.klov.net) des International Arcade Museums, ebenfalls Community-Projekte, die im Gegensatz zur Wikipedia privatwirtschaftlich organisiert und abgesichert sind. Insbesondere die drei letztgenannten Projekte, Wikipedia, Mobygames und KLOV, sind Beispiele dafür, dass die wertvolle Arbeit der Quellenaggregation, die in Enzyklopädien, Archiven und Museen geleistet wird, noch keine Geschichtsschreibung ist und auch nicht sein will. Zu umfassend ist die Zugriffsmöglichkeit, zu umfangreich die verfügbaren Informationen, um darin Muster zu erkennen, historische Trends nachzeichnen oder Thesen zur Entwicklung angeben zu können; der Datensammlung fehlt das für eine historische Darstellung essenzielle Narrativ.

Das liefern auch die zahlreichen Werklisten nicht, die computerspielgeschichtliche Übersichten sein wollen und in denen die wichtigsten Spiele der bekanntesten Konsolen (Weiss 2014), die 100 (Newman und Simons 2007), 151 (Parkin 2014), 1001 (Mott 2013) oder ungezählt (Weiss 2012) besten Spiele aller Zeiten aufgezählt werden, deren Darstellung dabei aber selten über eine Synopse der Reviews von Spielezeitschriften hinausgeht, das heißt eine Zusammenfassung der Spielmechaniken und der Spielerzählung liefert, angereichert mit einigen Details zur Produktion oder Rankings zur Rezeption.

Manche Autoren sortieren die Werkliste chronologisch (Kent 2001), alphabetisch (Weiss 2012) oder als Kombination beider Sortierreihenfolge (Eddy 2012). Einige wenige Ausnahmen, wie die umfangreichen Darstellungen von Loguidice und Barton (2009) beziehen für die Darstellung ausgewählter Spiele sowohl die Genreentwicklung als auch die Firmengeschichten und verwandte Werke ein.

Wenngleich in vielen Werklisten kurze Porträts zentraler Entwicklerfirmen eingestreut sind, ist die Institutionengeschichte noch wenig systematisch erschlossen. Historische Einzeldarstellungen gibt es unter anderem zu Nintendo (Sheff und Eddy 1999; Gorges und Yamazaki 2012), Sega (Pettus und Munoz 2012), Atari (Vendel und Goldberg 2012) und Commodore (Kretzinger 2005; Bagnall 2010; Coners et al. 2012). Auch Game Designer werden in vielen Büchern über Game Design und in Zeitschriftenaufsätzen kurz porträtiert; noch seltener als Firmengeschichten aber gibt es biografische Darstellungen wie über John Romero und John Carmack (Kushner 2004) oder über Shigeru Miyamoto (deWinter und Kocurek 2015). Biographische Anthologien der Computer- und Videospielmacher von Forster (2008), Ramsay (2012) oder Szczepaniak (2014) sind weniger detailliert, können aber Gemeinsamkeiten verschiedener Akteure hervortreten lassen.

Eine mediale Besonderheit von Computerspielen liegt in dem Umstand, dass spezifische und hochgradig distinktive Plattformen für ihre Rezeption benötigt werden, die ihrerseits die Wahrnehmung der Werke prägen. Konsolen und Computer sind damit mehr als bloße Wiedergabegeräte, sie haben eine jeweils eigene Dispositivgeschichte. Dank der von Bogost und Montfort herausgegebenen Buchreihe *Platform Studies,* die bislang ein halbes Dutzend historisch ausgerichteter Publikationen hervorgebracht hat, gibt es inzwischen hochwertige Darstellungen einzelner Computer oder Konsolen darunter zum VCS 2600 (Montfort und Bogost 2009), zur Wii (Jones und Thiruvathukal 2012), zum Amiga (Maher 2012; auch Mohr 2007; oder Kukafka 2008, mit allerdings deutlich anekdotischerem Zugang) und zur NES (Altice 2015). Außerhalb dieser Reihe finden sich Dispositivgeschichten zum GameBoy (Parish 2015) oder eine Darstellung des Konkurrenzverhältnisses zwischen Sega und Nintendo (Harris 2014).

Nach dieser schon recht umfangreichen Sammlung computerspielhistorischer Texte verringert sich die Anzahl relevanter Publikationen auf den abstrakteren historiographischen Darstellungsebenen. Ansätze einer Integrativen Technik-, Firmen- und Werkgeschichte findet sich in DeMarias und Wilsons (2003) illustrierter Geschichte der elektronischen Spiele sowie in der von Kalata et al. 2011 im Jahr 2011 herausgegebenen Sammlung, die sich speziell mit Grafikadventures befassen, in Tristan Donovans *Replay* (2010) sowie in den Sammelbänden von Wolf (2007, 2012) zur frühen Computerspielgeschichte. Doch so umfangreich diese Texte auch sind, sie stellen Computerspiele als autonome Medien dar, entstanden als Offspring der Computerentwicklung und anschließend zu einer Industrie ausdifferenziert, die sich primär durch technische Impulse und visionäre Game Designer entwickelt, nahezu unabhängig von kulturellen oder gesellschaftlichen Einflüssen.

Die Geschichte der Computerspiele in Form einer Medienkulturgeschichte zu schreiben, versucht der bislang nur in französischer Sprache vorliegende Ausstellungsband

Game Story: Une histoire des jeux vidéo (2011), in dem die Autoren Jean-Baptiste Clais und Philippe Dubois Computerspiele in Wechselwirkung mit der Geschichte der Populärkultur stellen, mit Literatur-, Film- und Comicgeschichte, deren Themen, Motive und Ausdrucksformen sie adaptieren, transformieren und weiterentwickeln. Derartige Verbindungen wurden auch für Rollenspiele (in Ansätzen Barton 2008; Peterson 2012) vorgelegt, die sich nahtlos in die Kulturgeschichte der Fantastik einreihen. Im deutschsprachigen Raum untersucht Andreas Rauscher (Rauscher 2012) systematisch die Verbindung zwischen Film und Spiel.

Der Versuch einer allgemeinen, historischen Medienontologie des Computerspiels liegt noch nicht vor und es ist fraglich, ob eine derart große Erzählung nach der Postmoderne noch ein lohnenswertes Vorhaben sein kann. Die einzigen erfolgreich generalisierenden Werke, die Spiele zum Zentrum einer Kulturtheorie machen, sind Huizingas *Homo Ludens. Versuch einer Bestimmung des Spielelements der Kultur* von 1939 und, kulturtheoretisch weniger ausgreifend, dafür den Gegenstand weiter umfassend, Caillois' *Les jeux et les hommes* von 1961. In den Game Studies werden beide Autoren zwar gerne aufgerufen, einen dezidierten Beitrag zur Geschichte der Computerspiele konnten sie freilich nicht leisten.

20.3 Desiderata einer Computerspielgeschichte

Eine Geschichtsschreibung des Computerspiels kann unter zahlreichen Aspekten erfolgen. Deutliche Lücken hat sie bei der Einbettung ihrer Werke in die Gesellschafts- und Kulturgeschichte, obwohl deren Einflüsse offensichtlich sind. Computerspielgeschichte wird immer noch primär als Geschichte zentraler Firmen, Geräte, Werke und ihrer Entwickler geschrieben, eine Geschichte, die sich vor allem aus sich selber speist. Dies mag damit zusammenhängen, dass für ein Medium mit wenig gesellschaftlicher und kultureller Anerkennung die Geschichte von Insidern geschrieben wird, seien es Entwickler, Berichterstatter oder Spieler. Ihnen fehlt nicht selten die nötige Distanz aber auch der Wille, ihr Medium in eine Umgebung einzuschreiben, in der es lange Zeit nicht willkommen war. Allein die Medienkulturgeschichte unternimmt den Versuch einer systematischen Einbettung der Computerspiele in Kontexte, die nicht nur auf andere Spiele verweisen. Das allein reicht aber nicht aus.

Computerspielhistoriographie sollte ihr Medium in allen Facetten berücksichtigen, das heißt die Bereiche der Technik, der Präsentation, der Narration, der Ludition, der Performanz und die ihrer Kontexte (vgl. Koubek 2013).

Die Ebene der Technik, die bei Computerspielen nicht nur als Menge von Produktions- und Rezeptionsgerätschaften in Erscheinung tritt, hat, wie bei allen Quartärmedien, auch wesentlichen Anteil an den medialen Darstellungsmöglichkeiten. Die Technikgeschichte der Computerspiele, die eng an die Geschichte des Computers gebunden ist, gerät damit immer auch zu einer Geschichte ihrer medialen Form. Aus verschiedenen Gründen ist diese Dimension in vielen Historiographien am deutlichsten ausgeprägt;

ihre Autoren konzentrieren die Darstellung auf eine Abfolge von Prozessorgenerationen, Konsolen, Interfaces und den darauf laufenden Programmen. Zwar sind Computerspiele als Software immer Teil dieser Technikgeschichte, sie darauf zu beschränken kann ihrer Medialität aber nur teilweise gerecht werden.

Präsentation bezieht sich auf alle Formen der Darstellung des Spiels, allen voran die audiovisuellen Elemente, berücksichtigt aber auch andere Sinnesmodalitäten, zum Beispiel haptisches oder olfaktorisches (Davis et al. 2007) Feedback.

Narration umfasst die Ebene der Erzählung, die auf Grundlage des Erlebnisses mit dem Werk aber auch mit seinen Paratexten im Kopf der Spieler entsteht. Bild, Ton (sowie gegebenenfalls weitere Modalitäten) und Narration sind die Ausdrucksformen der Malerei, der Fotografie, des Films, der Musik, der Comics, der Literatur, kurz: eines erheblichen Teils der Kulturgeschichte. Damit ist zu erwarten, dass Computerspielen mit diesen Medien in enger Beziehung stehen. Präsentation und Narration bilden eine semiotische Schicht von Computerspielen (Aarseth 2009), die es als Sinnangebote wahrzunehmen, zu ergründen, interpretieren und zu verstehen gilt. Darin unterscheiden sie sich nicht von den genannten anderen Medien, die von entsprechenden Bezugsdisziplinen begleitet werden, weil ihre systematische Analyse und historische Darstellung weder beiläufig noch selbstverständlich ist. Aus diesen Disziplinen heraus ist der Blick auf Computerspiele ein vermeintlich kurzer Weg: Die Konzepte und Methoden sind vorhanden, die Anwendung auf einen weiteren Gegenstandsbereich liegt auf der Hand. An narratologischen und audiovisuellen Analysen einzelner Werke ist daher auch kein Mangel, es fehlt aber noch an einer systematisch historischen Einordnung dieser Dimensionen.

Damit nicht genug, erschöpft sich das Computerspiel nicht in seiner Eigenschaft als audiovisuelle Erzählform, vielfach liegen in der Narration sogar seine größten Schwächen.

Die zentrale Dimension, wegen der Computerspiele nicht bloß interaktive Filme sind, ist ihr Regelsystem, die *Ludition*. Dieser Umstand wird zwar niemals angefochten, die mediale Qualität dieser Regeln ist aber bis heute nur unzureichend untersucht. Im Gegensatz zu den semiotischen Dimensionen kann die Ludologie nicht auf eine lange Tradition sorgfältig entwickelter Konzepte und Methoden zurückgreifen, und die Behauptung, Regelsystemen könnten medial wirksam sein, ist bislang nur in Ansätzen begründet. Ungeachtet ihrer Medialität ist Computerspielgeschichte sehr ausführlich als Geschichte ihrer Spielformen geschrieben worden. Insbesondere die (englischsprachige) Wikipedia hat in ihrer konzisen und standardisierten Darstellungsweise inzwischen den Rang einer Primärquelle, die sehr genau auf die historische Entwicklung einzelner ludischer Elemente eingeht und die einzelne Werke präzise in die Spielegeschichte einordnet.

Die Dimension der *Performanz* berücksichtigt die Rolle des Spielers bei der Bedeutungsproduktion eines interaktiven Werks. Die naive Einteilung von Medienakteuren in Produzenten und Rezipienten, die gerne von der Annahme auktorialer Kontrolle über das Werk durch den Produzenten begleitet ist, wird bereits durch die Berücksichtigung der Rezipienten im Sinngebungsprozess infrage gestellt.

Diese Rekalibrierung medialer Wirksamkeit wird von Spielen noch verstärkt, da ein Spielverlauf ohne den Akt des Spielens gar nicht erst in rezipierbarer Form in Erscheinung treten würde. Manche Spiele, die wie MMOs oder *Minecraft* (2011) explizit auf *user genera-ted content* und/oder *player narratives* setzen, sind sogar vorrangig als performative Medien zu betrachten und kulturhistorisch an eine Performanzgeschichte anzudocken; sie haben mehr Gemeinsamkeiten mit Improvisations-Theater als mit Filmen. Nicht nur Spiele, auch Let's-Play-Videos lassen sich mit dieser Dimension in die Mediengeschichte des Performati-ven einordnen.

Die Geschichte der Computerspiele wird regelmäßig als Technik- und Werkge-schichte geschrieben, während die medienwissenschaftlichen Analysen sich bevorzugt an den semiotischen Aspekten abarbeiten. Eine umfassende historische Darstellung sollte jedoch alle Dimensionen gleichermaßen berücksichtigen, wobei in Abhängigkeit des jeweiligen Werks Schwerpunkte gesetzt werden können. Zwar steht das Projekt einer in diesem Sinn umfassenden Historiographie des Computerspiels noch in weiter Ferne, es kann aber exemplarisch an Einzelwerken demonstriert werden. Im folgenden Abschnitt wird das Spiel *Half-Life 2* (2004) unter dem in diesem Teil diskutierten Schema technik-, kultur- und spielhistorisch analysiert und kontextualisiert; aus Platzgründen kann dies lediglich in Ansätzen skizziert werden.

20.4   Historische Analyse von *Half-Life 2*

Als Gabe Newell und Mike Harrington im Jahr 1996 Microsoft verließen, wollten sie mit ihrer Firma Valve neue und vor allem bessere Spiele als ihr alter Arbeitgeber entwickeln. Valve plante angesichts der erfolgreichen PC-Spiele Mitte der 90er-Jahre zwei Projekte: Einen Egoshooter names *Quiver* im Stil von *Doom* (1993) und *Quake* (1996) sowie ein atmosphärisches, narratives Spiel namens *Prospero* im Einfluss von *Myst* (1993). Der Name und die Rahmenhandlung von *Quiver* leitete sich von der Geschichte *Mist* ab, die Stephen King in den 1980er Jahren veröffentlichte, in der eine Kleinstadt von Monstern terrorisiert wird, die über eine Militärbasis durch einem Nebel aus einer anderen Dimen-sion kommen – neben *Half-Life* wurde auch *Silent Hill* (1999) vom Setting dieser Erzäh-lung inspiriert. Nachdem *Quiver* bessere Fortschritte machte, konzentrierte Valve seine Ressourcen und *Quiver* nahm mit dem Team von *Prospero* auch viele der dort entstande-nen narrativen Ideen auf. In als „Cabal" bezeichneten Gruppen arbeiteten Künstler, Auto-ren, Programmierer und Level Designer daran, aus *Quiver* das Spiel *Half-Life* zu machen (Birdwell 1999). Entwickelt wurde das Spiel auf der Grundlage der Goldsrc-Engine, einer von *id Software* lizenzierten und stark modifizierten *Quake*-Engine. Wesentliche technische Erweiterungen waren Animationen auf Skelettbasis sowie die Integration von Microsofts Direct3D.

Die wahre Innovation aber lag darin, dass Valve den Schwerpunkt eines Ego-Shooters vom Gameplay und der Grafik zusätzlich auf die Narration legten. Die Vorgänger *Doom* und *Quake* hatten narrativ nichts zu sagen, oder wie John Carmack es ausdrückte „Story in a game is like story in a porn movie. It's expected to be there, but it's not that impor-tant" (zitiert aus: Kushner 2004, S. 105). *Half-Life* hingegen wollte eine Geschichte erzählen, eine Horror-Geschichte, die zu erleben für den Spieler ebenso wichtig sein sollte wie das Gameplay und die audiovisuelle Präsentation. Sicherlich darf das Resultat unter narratologischer Perspektive nicht überbewertet werden. Der Protagonist Gordon Freeman, ein theoretischer Physiker, der gezwungenermaßen zum Helden und in *Half-Life 2* zum Messias wird, ist als Identifikationsfigur gar zu perfekt und bleibt dabei ebenso frei von Entwicklungsaufgaben wie alle anderen Figuren im *Half-Life*-Universum. Während Kings *Mist* als Locked-Room-Horror-Thriller noch in einer katastrophalen Ausnahmesituation die Abgründe der menschlichen Seele freigelegt, dient das Setting von *Half-Life* mehr zur Motivation einer zu sehr an *Doom* orientierten Spielhandlung. Aus Sicht des Genres und der Computerspiele war der narrative Fortschritt jedoch enorm. Nicht nur gab es mehrere Parteien, darunter auch unschuldige Zivilisten, die es zu beschützen galt, auch entwickelte sich die Geschichte über mehrere Akte, bis sie sich schließlich in einem narrativen und spielerischen Höhepunkt löste.

Die große spielästhetische Neuerung war die konsequente Nutzung von Scripted Sequences zum Voranbringen der Handlung, bei denen dem Spieler die Kontrolle über seine Figur belassen wurde und er selbst entscheiden konnte, ob er einem sich abspulenden Dialog beiwohnen wollte oder nicht. Nahezu alle Spiele haben die narrativen Anteile ihrer Spiele bis dahin über Texteinblendungen oder Cut Scenes gelöst, ohne Einflussmöglichkeiten des Spielers auf filmästhetische Merkmale wie Mise-en-Scène, Kamerasicht und -führung, Einstellung, Schnitte, Dialoge etc. Die geskripteten Zwischensequenzen von *Half-Life* sind frei begehbare Aufführungen, bei denen alle Figuren stets zum Spieler blicken und ihn direkt ansprechen. Nicht nur die Geschichte, auch der Spieler wird auf diese Weise respektiert, indem ihm nicht unterstellt wird, eine sorgfältig vorbereitete Narration kaputt zu machen, wenn ihm während ihres Ablaufs nicht die Kontrolle entzogen wird.

Nicht zuletzt diese Entscheidung setzte *Half-Life* an die Spitze des *narrative turns* der First-Person-Shooter. Damit lösten die Shooter, zusammen mit den Action-Adventures, die grafischen Adventure-Spiele endgültig als wichtigste narrative Spiele ab. Nachdem auch in dem actionhaltigsten Genre Geschichten erzählt werden konnten, versanken die Adventures in eine Nische, aus der sie sich erst seit wenigen Jahren wieder herauszuarbeiten beginnen. Der Preis war, dass actionlastige Shooter nur actionlastige Geschichten erzählen können, von omnipotenten Helden, die große und kleine Konflikte mit Waffengewalt lösen. *Half-Life* und noch viel stärker *Half-Life 2* lockert diese Einschränkung auf, indem regelmäßig kleine Puzzles gestellt werden, die mithilfe der Umgebungsphysik zu lösen sind. Letztlich geraten sie aber zu Hindernissen auf dem Weg des Spielers zu den nächsten Plotereignissen. Die wegweisende Nutzung der Scripted Sequences für die Präsentation dieser Ereignisse fand zunächst wenige Nachfolger, gehört inzwischen aber zum Repertoire narrativer Darstellungsformen in linear erzählenden Spielen.

Half-Life gewann zahlreiche Preise und gilt als eines der einflussreichsten Computerspiele, es war die Grundlage für *Team Fortress Classic* (1999) und *Counter-Strike* (2000), die ihrerseits das Rückgrat von Valves Distributionsplattform Steam bildeten. Mit dieser Messlatte vor Augen begann Valve die Entwicklung des Nachfolgers, *Half-Life 2*.

Hierfür musste eine komplett neue Engine geschrieben werden, die *Source Engine,* die im Anschluss den Grundstock für Valves erfolgreichste Spiele legte, von *Counter-Strike: Source* (2004) über *Portal* (2007) und *Team Fortress 2* (2007) bis zu *Left 4 Dead* (2008). Aus technischer Sicht machte die Source Engine alles besser als die GoldSource Engine, wodurch die glaubhaften Figuren in *Half-Life 2* erst möglich wurden, darunter Inverse Kinematik bei der Figurenanimation, Gesichtsanimation mit dynamischer Lippensynchronisierung, dynamisches Shadow-Mapping, HDR-Rendering, 3-D-Bump-Mapping, Wassereffekte und Physik-Simulation auf Basis der Havok-Engine.

Half-Life 2 greift die Story 20 Jahre nach Abschluss des ersten Teils auf. Die Welt von *Half-Life 2* ist eine dystopische Gesellschaft mit einer panoptisch herrschenden Regierung, in der Individuen körperlich uniformiert, geistig indoktriniert und permanent durch Apparate, fliegende Drohnen, stationäre Kameras und gesichtslose Soldaten überwacht und bedroht werden. In Anschluss an die Ereignisse von *Half-Life* gelang es der außerirdischen Combine, die Erde zu erobern und die Menschen in wenige Städte zu sammeln. Zentraler Handlungsort ist die City 17, eine nicht weiter lokalisierte Stadt und ihre nähere Umgebung, die mit diversen Fahrzeugen entlang einer Küste erreicht werden kann.

Parallelen werden deutlich zu Philipp K. Dicks Roman *The Ganymede Takeover* (1967) aber auch zu Jewgeni Samjatins Roman *Wir* (1920), der seinerseits George Orwells *1984* (1949) geprägt hat, nicht so sehr im Handlungsverlauf als im Setting, im Aufbau und in der Beschreibung der Welt – die Exposition von *1984* liest sich wie eine Beschreibung der City 17. Samjatins *Wir* und die Verfilmung von Vojtěch Jasný aus dem Jahr 1982, dem die Einwohner von City 17 ihre blaugrauen Uniformen verdanken, basiert auf Benthams Panoptikum und Fredrick Taylors Lehre einer rationalen Arbeitsteilung. Im Herzen formen die nummerierten Bürger eine Maschine, die effizient und zielführend arbeitet, ein Motiv, das sich auch in Fritz Langs *Metropolis* (1927), in Huxleys *Brave New World* (1932) oder in Bradburys *Fahrenheit 451* (1953) wiederfindet. Weitere sichtbare Referenzen sind die Tripods, die direkt aus H.G. Wells' *War of the Worlds* (1898) importiert sind und dort wie hier die überlegene und fremde Technologie einer außerirdischen Zivilisation markieren. Die Combine, ein Name aus Ken Keseys Roman *One Flew Over the Cuckoo's Nest* (1962), kämpft gegen einen letzten menschlichen Widerstand, ein Motiv, das seit dem biblischen Buch der Richter die Literatur- und Kulturgeschichte durchzieht, oder, wie die Seite *tvtropes* es treffend und quellenreich zusammenfasst: „Wherever The Empire is, you'll always find La Résistance" (http://tvtropes. org/pmwiki/pmwiki.php/Main/LaResistance).

Visuell ist die City 17 angelehnt an südosteuropäische Architektur, eine Designentscheidung, die der künstlerische Leiter Viktor Antonov mit der großen Bandbreite verschiedener Architekturen in dieser Region begründet:

> In setting a design style for the game's main setting, the fictional City 17, the process was based on actual evolution of some european cities. The art team began with 19th-century architecture, and on this foundation added building styles fron the 1930s, 1940s and eventually 1970s. [...] One of the reasons that we liked Eastern Europe as a setting

was that it represents the collision of the old and the new in a way that is difficult to capture in the United States. You go over there, and you have this collision between all of these things, the new architecture, the old architecture, the fall of communism… there's a sense of this strongly-grounded historical place. We left out the Gothic themes associated with Prague and vampires and looked into a different aspect of the region (Antonov, zitiert in Hodgson 2004, S. 166).

Nicht zu vernachlässigen für die Designentscheidung ist sicherlich der Umstand, dass Antonov Bulgare und in Rumänien aufgewachsen ist:

Within the story, there are reasons why you are in City 17. Outside of what is happening in the story, two factors influenced our inclusion of City 17 – the first was that Viktor Antonov grew up in Romania and without really intending to he got a bunch of the artists excited about an art direction that drew heavily on eastern European source material, and the second was that thematically present day eastern Europe exists at a really interesting crossroad between the past and the future which resonates with what goes on in *Half-Life 2* (Newell 2003).

Im Internet gibt es viele Spekulationen um den tatsächlichen Ort von City 17, bis hin zur tatsächlichen Verortung auf einer Karte der Ukraine. Der Versuch, ein narratives Setting 1:1 in die Welt zu verlagern, damit Spielerfahrung lokalisierbar und touristisch begehbar zu machen, ist zwar eine verständliche Praxis der Fankultur, er übersieht aber die Entstehung fiktiver Welten als Gruppenarbeit. Wie in vielen Spielen wurde die Concept Art in *Half-Life 2* mit Photoshop auf Fotos entworfen, die das künstlerische Team aus Südosteuropa mitbrachte.

Das Ergebnis hat keine eindeutig lokalisierbare Entsprechung in der Welt, sondern ist ein Amalgam aus verschiedensten Einflüssen, die im Einzelnen nachgezeichnet werden könnten. So gibt es erkennbare Anleihen aus Sofia, Riga, Vilnius, St. Petersburg, Odessa, Sevastopol, Constanta und Belgrad, dessen Parlamentsgebäude (Abb. 20.1) offensichtlich

Abb. 20.1 Das serbische Parlament in Belgrad. (Herbert Ortner, https://commons.wikimedia.org/wiki/File:Budapest_nyugati_trams.jpg)

dem Overwatch Nexus (Abb. 20.2) als Vorbild diente. Den Prozess vom kulturhistorischen Einfluss zum Spieleasset beschreibt Antonov am Beispiel des Bahnhofs: „The first version of the train station was very close to a train station by Alexandre-Gustave Eiffel, of Eiffel Tower fame, in Hungary's capital, Budapest. The final iteration was more closely based on a train station near where I lived in Paris." (Antonov, zitiert in: Hodgson 2004, S. 195) Dennoch ist die Fassade des Budapester Bahnhofs (Abb. 20.3) im Modell noch gut zu erkennen (Abb. 20.4).

Eine detailliertere kulturhistorische Analyse müsste auf die zahlreichen kyrillischen Wörter und Poster eingehen, die sowjetische Propaganda und den sozialistischen Realismus referenziert, auf die Parallelen zwischen dem Krankenhaus aus *Half-Life 2: Episode 1* und medizinischen Einrichtungen in Tschernobyl und Prypiat, zwischen dem Gefängnis Nova Prospekt und Alcatraz, zwischen dem Aussehen der Combine als Kombination aus SS-Uniformen und bulgarische Gasmasken vom Typ PMG, zwischen den Autowracks und tschechischen, russischen und ostdeutschen Automarken oder zwischen den Zügen und der russischen Diesellok DR1. Ebenso sind die Einflüsse aus fiktionalen Werken offensichtlich wie die Sturmtruppen von *Star Wars* (1977), die Bugs aus *Starship Troopers* (1997), Robby the Robot aus *Forbidden Planet* (1956), die Kameraaugen aus Terry Gilliams *12 Monkeys* (1995) oder das Labor aus Cronenbergs und Neumanns Filmen *The Fly* (1958/1986). Ganz zu schweigen von den zahllosen Referenzen auf Zombie-Dystopien, die an dieser Stelle nicht ausgeführt werden können.

Die Rekonstruktion der Entstehungsgeschichte des Design Handbooks, das mit dem Buch *Half Life 2 Raising the Bar* (Hodgson 2004) nur in Auszügen und ohne Nennung der jeweiligen Inspirationsquellen zugänglich ist, würde zeigen, wie sehr das Spiel

Abb. 20.2 Der Overwatch Nexus von City 17 in *Half-Life 2* (2004, Valve/Valve)

Abb. 20.3 Der Westbahnhof von Budapest. (Boris Dimitrov, https://commons.wikimedia.org/wiki/File: Дом Народне Скупштине Србије)

Abb. 20.4 Der Bahnhof von City 17 in *Half-Life 2* (2004, Valve/Valve)

sowohl narrativ als auch visuell in der Kulturgeschichte des Dystopischen verankert ist. Im Sinne von Jenkins „narrative architecture" (Jenkins 2004) ruft es damit neben seiner erzählten Story *(enacted narrative)* und den vielen kleinen eingebetteten Geschichten *(embedded narratives)* auch die realen und fiktionalen Diktaturen auf *(evocated narratives)*, die es in seinen Assets referenziert.

Die großartige Leistung von *Half-Life 2* besteht darin, dieses Patchwork stilistischer und narrativer Einflüsse mit der futuristischen Architektur der Combine zu einem atmosphärisch stimmigen Gesamtwerk zusammenzufügen, in dem sich Story und Gameplay gleichermaßen entfalten können. Jedes Modell, jedes Item, jedes Asset verweist auf historisch-reale oder narrativ-fiktionale Systeme politischer, sozialer und kultureller Unterdrückung, was zusammen mit dem für Ego-Shooter typischen Klima permanenter Bedrohung das Spielerlebnis konsistent hält. Nicht nur aus historischer Sicht verdient das Spiel ein Close Reading, wie Brendan Keogh es mit *Spec-Ops: The Line* (2012) gemacht hat (Keogh 2013). Eine solche Aufschlüsselung kultureller Referenzen würde dazu beitragen, ein wegweisendes Werk der Computerspielgeschichte als Ausdrucksform zu würdigen, das seinen Platz in der Technik-, Kultur- und Spielegeschichte zu Recht verdient.

Literatur

Aarseth, Espen. 2009. Define Real, Moron! Some Remarks On Game Ontologies. In *Digarec Keynote Lectures*, hrsg. S. Günzel et al. 50–69. Potsdam: Univ. Press.

Altice, Nathan. 2015. *I Am Error: The Nintendo Family Computer / Entertainment System Platform*. Cambridge/MA: The MIT Press.

Bagnall, Brian. 2010. *Commodore: A Company on the Edge*. Winnipeg: Variant Press.

Barton, Matt. 2008. *Dungeons and Desktops: The History of Computer Role-playing Games*. Wellesley/MA: Taylor & Francis Inc

Birdwell, Ken. 1999. The Cabal: Valve's Design Process For Creating Half-Life. http://www.gamasutra.com/view/feature/131815/the_cabal_valves_design_process_.php. Zugegriffen: 12. Februar 2017.

Böhn, Andreas und Andreas Seidler. 2008. *Mediengeschichte. Eine Einführung*. Gunter Narr Verlag.

Bösch, Frank und Annette Vowinckel. 2012. Mediengeschichte, Version: 2.0. http://docupedia.de/zg/Mediengeschichte_Version_2.0_Frank_B.C3.B6sch_Annette_Vowinckel?oldid=106449. Zugegriffen: 12. Februar 2017.

Caillois, Roger. 1961. *Les Jeux et les hommes: Le masque et le vertige*. Paris: Folio.

Clais, Jean-Baptiste und Philippe Dubois. 2011. *Game Story: Une histoire du jeu vidéo*. Paris: RMN

Coners, Enno et al. 2012. *Die Commodore Story*. Winnenden: CSW-Verlag.

Davis, Stephen Boyd et al. 2007. Smell Me: Engaging with an Interactive Olfactory Game. In *People and Computers XX – Engage*, hrsg. S. Boyd Davis et al. 25–40. Springer: London.

DeMaria, Rusel und Johnny L. Wilson. 2003. *High Score! The Illustrated History of Electronic Games*. New York: McGraw-Hill Osborne Media.

deWinter, Jennifer und Carly A. Kocurek. 2015. *Shigeru Miyamoto: Super Mario Bros., Donkey Kong, The Legend of Zelda*. New York: Bloomsbury Academic.

Donovan, Tristan. 2010. *Replay: The History of Video Games*. Yellow Ant

Eddy, Brian. 2012. *Classic Video Games: The Golden Age, 1971-1984*. Oxford: Shire.

Faßler, Manfred und Wulf Halbach, Wulf. 1998. *Geschichte der Medien*. München: UTB.

Faulstich, Werner. 1996–2004. *Die Geschichte der Medien*. 5. Bde. Göttingen: Vandenhoeck & Ruprecht.

Forster, Winnie. 2008. *Computer- und Video-Spielmacher*. Utting: Gameplan.

Gorges, Florent und Isao Yamazaki. 2012. *The History of Nintendo 1980–1991*. Triel-sur-Seine: Pix N Love Publishing.

Hage, Volker. 2001. Literatur muss Spaß machen. *Der Spiegel* Bd. 25, 18.6.2001, http://www.spiegel.de/spiegel/print/d-19438065.html. Zugegriffen: 12. Februar 2017.

Harris, Blake J. 2014. *Console Wars: Sega, Nintendo, and the Battle that Defined a Generation*. New York, NY: It Books.

Hickethier, Knut. 2002. Mediengeschichte. In *Einführung in die Medienwissenschaft. Konzeptionen, Theorien, Methoden, Anwendungen*, hrsg. G. Rusch, 171–181. Wiesbaden: VS-Verlag.

Hodgson, David. 2004. *Half-Life 2: Raising the Bar*. Roseville, CA: Prima Games.

Huizinga, Johan. 1939. *Homo Ludens: Vom Ursprung der Kultur im Spiel*. Reinbek bei Hamburg: rororo.

Jenkins, Henry. 2004. Game Design as Narrative Architecture. In *FirstPerson. New Media as Story, Performance, and* Game, hrsg. N. Wardrip-Fruin und P. Harrigan, 118–130. Cambridge/MA: MIT Press.

Jones, Steven E. und George K. Thiruvathukal. 2012. *Codename Revolution: The Nintendo Wii Platform*. Cambridge/MA: Mit Press.

Kalata, Kurt et al. 2011. *Hardcoregaming101.net Presents: The Guide to Classic Graphic Adventures*. Independent Publishing Platform.

Kent, Steven. 2001. *The Ultimate History of Video Games: From Pong to Pokémon*. Roseville, Calif: Three Rivers Press.

Keogh, Brendan. 2013. *Killing is Harmless: A Critical Reading of Spec Ops: The Line*. Stolen Projects.

Kloock, Daniela und Angela Spahr. 2008. *Medientheorien: Eine Einführung.*München: UTB.

Koubek, Jochen. 2014. Retro-Gaming – Sieben Gründe, sich mit alten Spielen zu beschäftigen. In *Ringvorlesung Games. Retro-Gaming, Gamification, Augmented Reality*, hrsg. Markus Kaiser, 44–60. München: Hoofacker.

Koubek, Jochen. 2013. Zur Medialität des Computerspiels. In Spielkulturen, hrsg. J. Koubek, M. Mosel und S. Werning, 17–32. Glückstadt: vwh.

Kretzinger, Boris. 2005. *Commodore: Aufstieg und Fall eines Computerriesen*. Morschen: Skriptorium-Verlag.

Kukafka, Michael. 2008. *Amiga - Quo vadis?: Der Werdegang eines Kultcomputers*. Morschen: Skriptorium-Verlag.

Kushner, David. 2004. *Masters of Doom: How Two Guys Created an Empire and Transformed Pop Culture*. New York: Random House Trade Paperbacks.

Leschke, Rainer. 2007. *Einführung in die Medientheorie*. München: UTB

Loguidice, Bill und Matt Barton. 2009. *Vintage Games: An Insider Look at the History of Grand Theft Auto, Super Mario, and the Most Influential Games of All Time*. Boston: Taylor & Francis Ltd.

Maher, Jimmy. 2012. *The Future Was Here: The Commodore Amiga*. Cambridge/MA: The MIT Press.

Mohr, Volker. 2007. *Der Amiga: Die Geschichte einer Computerlegende*. Morschen: Skriptorium-Verlag.

Montfort, Nick und Ian Bogost. 2009. *Racing the Beam: The Atari Video Computer System*. Cambridge/MA: The MIT Press.

Mott, Tony. 2013. *1001: Video Games You Must Play Before You Die*. London: Cassell.

Newell, Gabe. 2003. Half-Life 2 Interview with John Callaham. https://web.archive.org/web/20040604085008/http://www.homelanfed.com/index.php?id=14716 Zugegriffen: 12. Februar 2017.

Newman, James und Iain Simons. 2007. *100 Videogames*. London: British Film Institute.

Parish, Jeremy. 2015. *Game Boy World: 1989: A History of Nintendo Game Boy*. CreateSpace Independent Publishing Platform.

Parkin, Simon. 2014. *An Illustrated History of 151 Video Games*. Lorenz Books.

Peterson, Jon. 2012. *Playing at the World: A History of Simulating Wars, People and Fantastic Adventures, from Chess to Role-Playing Games*. San Diego/CA: Unreason Press.

Pettus, Sam und David Munoz. 2012. *Service Games: The Rise and Fall of SEGA*. CreateSpace Independent Publishing Platform.

Pross, Harry. 1972. *Medienforschung: Film, Funk, Presse, Fernsehen*. Darmstadt: Habel.

Ramsay, Morgan. 2012. *Gamers at Work: Stories Behind the Games People Play*. New York: Apress.

Rauscher, Andreas. 2012. *Spielerische Fiktionen - Transmediale Genrekonzepte in Videospielen*. Marburg: Schüren Verlag.

Schanze, Helmut. 2001. *Handbuch der Mediengeschichte*. Stuttgart: Alfred Kröner Verlag.

Schröder, Nicolaus. 2004. *50 Klassiker, Film. Die wichtigsten Werke der Filmgeschichte*. Hildesheim: Gerstenberg.

Szczepaniak, S. M. G. 2014. *The Untold History of Japanese Game Developers*. SMG Szczepaniak.

Sheff, David und Andy Eddy. 1999. *Game Over Press Start to Continue*. Wilton/CT: Cyberactive Media Group Inc/Game Press.

Stöber, Rudolf. 2003. *Mediengeschichte. Die Evolution „neuer" Medien von Gutenberg bis Gates. Eine kommunikationswissenschaftliche Einführung*, 2 Bde. Wiesbaden: Westdeutscher Verlag.

Thompson, Kristin und David Bordwell. 2009. *Film History: An Introduction*. New York: Mcgraw-Hill Publ.Comp.

Vendel, Curt und Marty Goldberg. 2012. *Atari Inc. Business is Fun*. Syzygy Press.

Weber, Stefan. 2010. *Theorien der Medien*. Konstanz: UTB.

Weiss, Brett. 2012. *Classic Home Video Games, 1972–1984: A Complete Reference Guide*. Jefferson: McFarland.

Weiss, Brett. 2014. *The 100 Greatest Console Video Games: 1977–1987*. Atglen, PA: Schiffer Pub Co.

Wolf, Mark J. P et al. 2007. *The Video Game Explosion: A History from PONG to PlayStation and Beyond*. Westport, Conn: Greenwood.

Wolf, Mark J. P et al. 2012. *Before the Crash: Early Video Game History*. Detroit: Wayne State University Press.

Weiterführende Literatur

Bordwell, David, Janet Staiger und Kristin Thompson. 1988. *The Classical Hollywood Cinema: Film Style and Mode of Production to 1960*. London: Routledge.

Salter, Anastasia und John Murray. 2014. *Flash: Building the Interactive Web*. Cambridge/MA: MIT Press.

Über den Autor

Prof. Dr. Jochen Koubek studierte Mathematik und Philosophie in Darmstadt und Bordeaux. Nach einer Promotion im Fach Kulturwissenschaften arbeitete er als wissenschaftlicher Assistent am Institut für Informatik der Humboldt-Universität zu Berlin. Seit 2009 ist er Professor für Digitale Medien an der Universität Bayreuth, Arbeitsschwerpunkte sind die Geschichte, Ästhetik und Medialität von Computerspielen. jochen.koubek@uni-bayreuth.de Universität Bayreuth, 95440 Bayreuth.

Kunst

21

Thomas Hensel

Dass nicht jedes Computerspiel eo ipso Kunst ist, dass aber jedes Computerspiel Kunst sein kann, sei als Gemeinplatz den folgenden Überlegungen vorangestellt. Die Frage nach dem Kunststatus eines Computerspiels hängt nicht nur vom Verständnis des Begriffs „Computerspiel", sondern maßgeblich auch vom Verständnis des Begriffs „Kunst" ab, und kaum ein Konzept ist in den Geisteswissenschaften mehr umstritten. Wie dispers der Kunstbegriff bezogen auf Computerspiele gebraucht wird, zeigen die immer zahlreicher werdenden Ausstellungen, die seit den 1990er Jahren Computerspiele als eine wie auch immer geartete artistische Praxis denken. So konzentrierte sich etwa, um nur zwei prominente Expositionen zu nennen, „The Art of Video Games" im Smithsonian American Art Museum auf visuelle Effekte und den kreativen Gebrauch neuer Technologien (Melissinos und O'Rourke 2012), während das Museum of Modern Art vor allem das Design des Spielerverhaltens, aber auch die Eleganz des Codes fokussierte (Antonelli 2012). Hand in Hand mit der Herausforderung, den Kunstbegriff einzuhegen, geht die Frage nach dem Gegenstandsbereich, der die Vorstellungen von Kunst und Spiel in mindestens dreierlei Hinsicht paart: als *Artists' Games* (von Künstlern programmierte Spiele), *Artgames* (Spiele, die als Kunstwerke gelten) und *Game Art* (Kunstwerke, die nicht spielbar, aber von Spielen abgeleitet sind) (siehe Bittanti und Quaranta 2006 sowie Sharp 2015; siehe allgemein zum Thema Computerspiel als Kunst Bogost 2011, Clarke und Mitchell 2007, Feige 2012 und 2015, Günzel 2014, Picard 2012, Schrank 2014, Schwingeler 2014, Tavinor 2009 und 2014 sowie Wolf 2012). Kritisieren lässt sich an dieser Typologie vor allem die einseitige Assoziation von Artgames mit Independent Games, die Commercial Games ignoriert, gar diskreditiert und damit nicht nur die Diskussion verflacht,

T. Hensel (✉)
Pforzheim, Deutschland
E-Mail: thomas.hensel@hs-pforzheim.de

© Springer Fachmedien Wiesbaden GmbH 2018
B. Beil et al. (Hrsg.), *Game Studies,* Film, Fernsehen, Neue Medien,
https://doi.org/10.1007/978-3-658-13498-3_21

sondern auch einem Topos der Mediengeschichtsschreibung aufsitzt, der kommerziell orientierte Artefakte wenn auch nicht immer, so doch regelmäßig und in jedem Fall undifferenziert der Trivialität zeiht (siehe Smith 2013 sowie Hensel 2011). Um jenen Herausforderungen, die eine Verknüpfung von Spiel und Kunst mit sich bringen, zu begegnen, sollen im Folgenden zwei Argumente entfaltet werden: im ersten Teil des Aufsatzes ein kunstphilosophisches, im zweiten ein medienästhetisches.

21.1 Theorien der Kunst

Mit Blick auf jene Herausforderungen sei zuerst ein kunstphilosophisches Argument in Anschlag gebracht. Demnach kann ein Computerspiel dann und nur dann als Kunstform adressiert werden, wenn es sich gemäß einer oder mehrerer Kunsttheorien als Kunstform verstehen lässt. Zu diesem Zweck lassen sich wenigstens sieben verschiedene mögliche Positionen hinsichtlich einer Definition von Kunst unterscheiden, wobei es wiederum bezeichnend ist, dass keine dieser Positionen unwidersprochen geblieben ist (siehe zu den folgenden sieben Positionen Piecha 2003 sowie Bertram 2016; mit Blick auf Computerspiele Feige 2015): Die erste Position ist die des *Essentialismus.* Sein Ziel besteht darin, gemeinsame Eigenschaften aller und nur der Objekte zu finden, die Kunst genannt werden. Bezogen auf das Computerspiel könnte etwa versucht werden, die interaktive Echtzeitsimulation als den Kern, der in allen und nur in als Kunst verstandenen Computerspielen zu finden sei, auszumachen. Die analytische Gegenposition bestreitet die Möglichkeit eines solchen Wesenskerns. Angesichts der disparaten Klasse der Gegenstände, die wir als Kunstwerke bezeichnen, sei es aussichtslos, eine allen und nur den Elementen dieser Klasse gemeinsame Eigenschaft zu finden. Ein Kriterium zur Bestimmung von Kunst, welches auf alle Genres und Typen von Computerspielen zutreffe, müsse zwangsläufig so weit gefasst sein, dass es fraglich sei, inwiefern es überhaupt noch als Unterscheidungskriterium funktionieren könne. In der Tat ist nicht ersichtlich, um das obige Beispiel aufzugreifen, wieso nur als Kunst verstandene Computerspiele interaktive Echtzeitsimulationen sein sollen – so erfüllt etwa auch das Simulationsprogramm für den angehenden Chirurgen diese Bedingung.

Den *analytischen* Positionen gemeinsam ist, dass sie sich von den materialen Gegenständen ab- und der Analyse der Verwendungsweise des Begriffs „Kunst" zuwenden. Gemäß den Vertretern dieser Positionen wird der Begriff „Kunstwerk" anhand paradigmatischer Fälle erlernt und nach und nach via Ähnlichkeiten in seinem Anwendungsbereich erweitert. Auch ohne über eine Definition zu verfügen, könne darum der Begriff „Kunst" problemlos verwendet werden, und eine explizite Definition sei genau genommen sogar hinderlich. Aber auch dieser Gegenposition kann widersprochen werden: Das relativ junge Phänomen Computerspiel kennt noch keine gemeinhin und einhellig als „Kunst" kanonisierten paradigmatischen Fälle, anhand derer der Begriff „Kunstwerk" erlernt und erweitert werden könnte. Es gibt, anders gesagt, noch keine Kompetenz für ein Sprechen mittels eines für Computerspiele gültigen Kunstbegriffs.

Der *Funktionalismus* versucht die Schwierigkeiten der beiden erstgenannten Ansätze zu umgehen, indem er sich weder ausschließlich auf das materiale Objekt konzentriert, noch sich nur mit dem Sprechen über Kunst beschäftigt. Stattdessen sucht er die Art und Weise, wie Kunstwerke verwendet werden, zu fassen. Allerdings hat es bislang noch keine funktionalistische Deutung von Kunst vermocht – darin vergleichbar dem Essentialismus –, eine Funktion (wie Zerstreuung oder Aufklärung) oder eine Reihe von Funktionen anzugeben, die allen und nur den als Kunst verstandenen Computerspielen zukommt.

Viertens wäre der *Intentionalismus* zu nennen, der die Definition von Kunst auf spezifische Intentionen entweder des Rezipienten oder des Produzenten gründet. Doch auch diese Position kann kritisiert werden: Wären die Intentionen der Rezipienten konstitutiv für das Kunstsein eines Computerspiels, so müsste erklärt werden, warum nicht jeder Rezipient angesichts desselben Computerspiels ein Kunstwerk erzeugt. Komplementär dazu stellt sich die Frage, wie es sich mit Computerspielen verhält, deren Intentionen nicht eruierbar sind, weil der Produzent schlicht keine Auskunft gibt.

Als weitere Position wird der *Historizismus* diskutiert. Ihn kennzeichnet, dass er sich bei der Definition von Kunst auf einen Bezug zur Kunstgeschichte und insbesondere zu bereits als Kunstwerken anerkannten Gegenständen stützt. So könnte ein Computerspiel als Kunstwerk etwa deswegen identifiziert werden, weil es sich einer als Kunstform anerkannten kinematografischen Ästhetik bedient. Doch wäre hiermit nicht die Spezifik der Kunstform Computerspiel erfasst, die unter die des Films zu subsumieren unbefriedigend ist.

Eine verbreitete Theorie ist die *Institutionstheorie*. Ihr liegt die Überzeugung zugrunde, dass ein Gegenstand durch institutionelle Zuschreibungen zu einem Kunstwerk wird. Zu diesen Institutionen, dem sogenannten Betriebssystem Kunst, sind etwa Museen, Kunstkritiker, Produzenten und Rezipienten zu zählen. Indes bleiben durch eine solche Art von Zuschreibung wichtige Fragen unberücksichtigt, beispielsweise die nach den Gründen der Zuschreibung des eigentümlichen Status Kunst.

Ein letzter, weithin Akzeptanz findender Ansatz zur Definition von Kunst ist die *Clustertheorie*. Ihr zufolge gibt es eine Menge von einzeln weder notwendigen noch hinreichenden Eigenschaften, die aber als Ganzes oder in Form unterschiedlicher Teilmengen doch hinreichende und in Form von Disjunktionen über Teilmengen notwendige Bedingungen bilden können (siehe Piecha 2003, S. 7). Inspiriert ist die Clustertheorie unter anderem durch Ludwig Wittgensteins Konzept der „Familienähnlichkeit" (siehe Reichle, Siegel und Spelten 2007): In seinen *Philosophischen Untersuchungen* definiert Wittgenstein Familienähnlichkeit als „ein kompliziertes Netz von Ähnlichkeiten, die einander übergreifen und kreuzen" (Wittgenstein 2003, § 66). Diese erlaubt, ein Ideal logischer Exaktheit zu überwinden, das notwendige und hinreichende Bedingungen für eine Definition fordert. Anstatt für Kunst eine Eigenschaft anzugeben, die jeder Form von Kunst und nur Kunst gemeinsam ist, lassen sich Sets oder Cluster von Eigenschaften angeben, die je für sich genommen oder in Verbünden hinreichend sein können. In Form von Disjunktionen über Teilmengen dieser Sets können gar notwendige Bedingungen gebildet werden – etwa dergestalt: „Ein Computerspiel ist ein Kunstwerk, wenn und nur wenn es die Eigenschaft A *oder* die Eigenschaft B hat". Nach Wittgenstein lässt sich die Familie der Kunstformen mit einem Faden vergleichen, der aus einzelnen Fasern besteht; „Und die Stärke des Fadens", so Wittgenstein, „liegt nicht darin, daß irgend eine Faser durch seine ganze Länge läuft, sondern darin, daß viele Fasern einander übergreifen" (Wittgenstein 2003, § 67). Das bedeutet zum einen, dass eine Kunstform nicht unabhängig von, sondern nur in ihrem Verwobensein mit anderen verstanden werden kann; und zum anderen, dass die Menge der Kunstformen nicht natürlich begrenzt ist. Das heißt nicht, dass der Begriff der Kunstform leer wäre, weil er nichts ausschlösse – nicht alles ist eine Kunstform. Wenn jedoch der Begriff der Kunstform mit einem Faden vergleichbar ist, der aus einzelnen Fasern gebildet wird, dann ist er wesentlich erweiterbar. So lassen sich an unterschiedlichen Stellen immer neue Phänomene einflechten, die nur dadurch zu Kunstformen werden, dass sie im Zusammenhang mit anderen Kunstformen begriffen werden.

Die einschlägige Literatur listet als Eigenschaften, die im Übrigen diverse Definitionsansätze von Kunst spiegeln, auf: ein sinnliches Vergnügen bereitende ästhetische Eigenschaften wie Schönheit oder Eleganz; emotionale Expressivität; intellektuelle Herausforderung im Sinne eines Infragestellens überkommener Sicht- und Denkweisen; formale Kohärenz und Komplexität; semantische Komplexität oder Polysemie; das Ausstellen eines individuellen Stand- oder Gesichtspunktes; Originalität als Zeugnis von Kreativität; einen hohen Grad an Fertigkeit; die Zugehörigkeit zu einer etablierten Kunstform (Malerei, Theater, Film etc.) und die Intention, Kunst zu schaffen (siehe Tavinor 2009, S. 177 und Tavinor 2014, S. 62). Als Eigenschaft ergänzen lässt sich die „ikonische Differenz" (Boehm 2011), das heißt die „Doppelung der Referenz in einen Außen- und einen Selbstbezug" (Prange 2010, S. 125; zur Selbstreflexivität des Computerspiels siehe auch Neitzel 2008, Rapp 2008 und Hensel 2015).

Natürlich sind auch gegen die Clustertheorie Einwände vorgebracht worden: Da alles allem irgendwie ähnlich sei, so ein Argument, wäre ‚Ähnlichkeit' ein viel zu vages Unterscheidungsmerkmal. Dem aber stehen Vorteile gegenüber wie der, dass die Clustertheorie mehr als eine Möglichkeit erlaubt, ein Objekt als Kunstwerk zu adressieren; fehlt demgemäß einem Objekt ein Kennzeichen, kann es dennoch als Kunstwerk betrachtet werden, wenn es eine (je näher zu bestimmende) hinreichend große Zahl anderer Kennzeichen auf sich vereint.

Aus dem Konzept der Familienähnlichkeit resultiert – so eine These, die aus diesem Abschnitt abgeleitet werden kann –, dass es keine Kunstform Computerspiel gibt, keine solche Kunstform jedenfalls in einem substanziellen und historisch dauerhaften Sinn. Oder, noch allgemeiner gefasst: Das Computerspiel als Kunstform genauso wie der Begriff der Kunst oder auch der des Computerspiels lassen sich nicht auf eine ontologische oder elementare Definition zurückführen (in Anlehnung an Vogl 2001, S. 121–123). Computerspiele, die als Kunstwerke verstanden werden, sind nicht auf bestimmte Gattungen oder Genres (Serious Game oder First Person Shooter), nicht auf ein Subjekt (Designer oder Programmiererin), nicht auf eine Institution (Kunsthochschule oder

Entwicklerstudio), nicht auf eine bestimmte Bildwelt (Museum oder Grand Canyon) oder eine bestimmte Funktion (Reflexion oder Unterhaltung) reduzierbar – und doch in all dem virulent. Alle diese Momente spielen in das Konzept des Computerspiels als Kunstform hinein, reichen aber je für sich genommen nicht hin, den Begriff oder die Funktion des Computerspiels als Kunstform zu definieren. Somit lässt sich ein Computerspiel als Kunstform nur als ein fallweise spezifisches Zusammentreten jener heterogenen Momente begreifen, und dieses Zusammentreffen entscheidet über seine jeweilige Ausprägung, die sich eher in historischen Einzelanalysen als unter der Voraussetzung von Beständigkeit und Allgemeingültigkeit festhalten und beschreiben lässt.

21.2   Das Computerspiel als Spielakt

Der zweite Teil des Aufsatzes geht gleichsam hinter den ersten Teil zurück, argumentiert – im besten Sinne des Wortes – naiver und sucht ein Kennzeichen vorzuschlagen, das im Sinne der Clustertheorie für die Definition eines Computerspiels als Kunstform nicht notwendig ist, das aber für sich genommen sogar hinreichend für eine solche Definition sein könnte. Das in Rede stehende Kennzeichen sei ‚Das Computerspiel als Spielakt‘ genannt. Diese Formulierung bedarf der Begründung, mutet die Charakterisierung eines Computerspiels als Spielakt doch redundant an. So rekurriert das Wort „Akt" als Kopf des Kompositums „Spielakt" auf ein Merkmal des Computerspiels, das in seinen Formulierungen „Inter*akt*ivität" oder „Interre*akt*ivität" als weithin unbestritten gilt; und das Wort „Spiel" als Definiens von Computerspiel heranzuziehen scheint nicht minder tautologisch.

Um den Begriff des „Spielakts" begründen zu können, sei ein Computerspiel genauer in den Blick genommen, namentlich *Brothers: A Tale of Two Sons*. In dem 2013 erschienenen Adventure Game des schwedischen Entwicklerstudios Starbreeze Studios folgt der Spieler zwei Brüdern auf einer tragischen Reise durch eine von nordischer Mythologie inspirierte Welt. Das Spiel ist seitens der Kritik außerordentlich positiv aufgenommen worden, was durch eine mehr oder weniger repräsentative Stimme exemplifiziert sei:

> Es kommt nicht oft vor, dass uns ein Spiel so richtig packt, dass es uns auch nach dem Abspann noch lange beschäftigt und dass wir uns unbedingt mit anderen austauschen wollen, die es ebenfalls erlebt haben. *Brothers: A Tale of Two Sons* […] ist ein stilles, magisches Abenteuer. Es ist mehr eine Erfahrung als eigentliches Spiel. […] [D]as Spiel nahm mich auf eine Reise mit, die ich so nicht habe kommen sehen. Diese Reise hat mich schockiert, gerührt, begeistert und immer wieder staunen lassen – eben weil sie keiner Genre-Regel folgt und weil die Spielmechanik all das Erlebte unterstreicht. Nein, es ist nicht perfekt. Aber wer Lust auf Story hat, wer von einem Spiel so richtig aus der realen Welt entführt werden will und wer sich auf die eigenwillige Steuerung einlassen kann, den wird *Brothers* hoffentlich genauso wie mich voll erwischen! Was für ein Spiel! (Stange 2013).

Als ursächlich für diesen freilich nicht wenig topischen Lobpreis darf die Spielmechanik, die „eigenwillige Steuerung", wie es in der Kritik heißt, adressiert werden. Signifikant ist, dass der Spieler stets beide Brüder gleichzeitig mit ein und demselben Controller steuert. Für sämtliche Steuerungsbefehle und Interaktionen werden allein die beiden Sticks sowie die beiden zugehörigen Schultertasten benötigt. Die linke Hälfte des Controllers dient dabei zur Kontrolle des älteren Bruders, die rechte zur Kontrolle des jüngeren. Für das Bestehen des Spiels ist es erforderlich, die Aktionen beider Charaktere aufeinander abzustimmen und dabei auf deren Eigenheiten zu achten, etwa die größere Körperkraft des älteren Bruders oder die schlankere Gestalt und Aquaphobie des jüngeren. In einem frühen, selbstreferenziellen Abschnitt des Spiels treffen die beiden Brüder auf einen Erfinder, der ein Aerofon, eine Art akustisches Windspiel, konstruiert hat. Um dieses spielen zu können, bedarf es des Einsatzes beider Brüder: Während der eine an einer Kurbel dreht, um das Windrad in Bewegung zu setzen, verschiebt der andere den Schalltrichter über den Pfeifen des Windspiels so, dass ein melodischer Ton erzeugt wird. Gelingt dies, beginnt der Erfinder zu tanzen und ein Achievement mit dem Titel „Windpipe" wird freigeschaltet. Hier gerät die mediale Praxis des Spielens eines Windspiels zu einer Mise en abyme der Spielmechanik selbst – in Anlehnung an den Begriff der „ikonischen Differenz" könnte auch von einer *ludischen Differenz* gesprochen werden –, mit einem Steuerungsmechanismus, zwei Sticks, die der Spieler gebraucht, um in identischer Weise, die Sticks drehend und schiebend, einerseits das Musikinstrument zu spielen und andererseits das Spielinstrument, seinen Controller.

Aber *Brothers* geht noch einen wesentlichen Schritt weiter: Bekanntlich lässt sich in den Auseinandersetzungen über First- und Third-Person-Shooter den Kritikern der von diesen dysphemistisch als Baller- oder Killerspiele denunzierten Spiele zu Recht entgegen halten, dass sie die Funktionslogik des Steuerungsverhaltens verkennen. Denn in der Funktionslogik des Steuerungsverhaltens ‚tötet' der Spieler mitnichten, sondern drückt lediglich eine Maustaste (siehe den Beitrag von Jochen Venus in diesem Band). Greift dieses Argument in den allermeisten Fällen, auch bei Spielen, die keine Shooter sind, verhält es sich bei *Brothers* anders: Hier spielt der Spieler, wie ausgeführt, mit zwei Sticks, um mit zwei Sticks zu spielen (zum einen mit denen des Steuerungsinstruments seines Rechners, des Controllers; zum anderen mit denen des Steuerungsinstruments des Aerofons). Auch wenn diese Verschränkung von Spielmechanik und Bildwelt respektive Narration nicht das ganze Spiel über greift, so ist es doch gerade *Brothers,* das diese Vereinigung in selten wirkungsmächtiger Weise auf die Spitze treibt: Gegen Ende des Spiels stirbt der ältere Bruder. Entscheidend dabei ist, dass die sich mit dem Tod des älteren Bruders auf diegetischer Ebene einstellende körperliche Erlahmung des jüngeren sich in einer gleichermaßen physischen Lahmwerdung des Spielers äußert. Nachdem dieser über Stunden hinweg förmlich konditioniert worden ist, beide Brüder zu spielen und zu diesem Zweck beide Hirn- und Körperhälften, zumindest beide Arme unterschiedlich zu aktivieren und zu koordinieren, nachdem also die Bewegungen beider Brüder dem Spieler gleichsam in dessen eigenes Fleisch und Blut übergegangen sind, führt das Sterben des Bruders und damit das Wegfallen der mit ihm verknüpften Steuerungshandlungen qua linker Controllerhälfte zu einem tatsächlichen oder eingebildeten, jedenfalls zu einem merklichen Lahmwerden der linken Körperhälfte des Spielers. Das heißt, die physische und mentale Erlahmung des Spieler-Stellvertreters und das physisch-mentale Lahmwerden des Spielers selbst fallen ineins.

Diese Passung, die mit dem Begriff „Prozeduralismus" oder auch „Mechanics as Metaphor" nur äußerst ungenügend, weil viel zu allgemein, umschrieben ist (siehe Bogost 2007 sowie den Beitrag von Philipp Bojahr und Michelle Huerte in diesem Band), kann als der Kern einer Ästhetik verstanden werden, die das Computerspiel als Kunstform in seiner medialen Spezifik, mithin dessen differentia specifica zu fassen vermag. Wenn für das Begreifen dieses Ineinsfallens von Spielmechanik und Bildwelt respektive Narration der Begriff „Spielakt" vorgeschlagen wird, soll dieser Begriff sensu stricto mit John Langshaw Austin verstanden werden. Gemäß Austin wird bekanntermaßen zwischen konstativen und performativen Äußerungen unterschieden, die er „Sprechakte" nennt (Austin 2002; siehe auch Seja 2009 sowie Bredekamp 2015; zur Übertragung auf das Computerspiel Hensel 2015). Eine konstative Äußerung ist eine deskriptive Aussage, mit der eine Feststellung getroffen wird; eine performative Äußerung hingegen stellt nichts fest, sondern ist der faktische Vollzug eben jener Objekte und Handlungen, die sie bezeichnet – sie „konstituiert, was sie konstatiert" (Krämer und Stahlhut 2001, S. 37). In der performativen Äußerung – einem Versprechen, einer Wette oder einer Schiffstaufe beispielsweise – wird somit die vertraute Unterscheidung zwischen Darstellungsmittel und Dargestelltem, zwischen Wort und Sache außer Kraft gesetzt.

Auf dieser Basis lässt sich schlussendlich das hier vorgeschlagene Konzept des „Spielakts" begründen. Ein Spielakt unterläuft die Trennung von Darstellung (Repräsentation) und Ausführung (Aktion) und *konstituiert* qua Spielmechanik das, was auf der Ebene der Bildwelt respektive der Narration *konstatiert* wird. Die Spielmechanik *performiert* mithin das Spielgeschehen, vollzieht es *in actu*. Somit auch „unterstreicht" die Spielmechanik das Erlebte nicht nur, wie eingangs in der Spielkritik insinuiert, sondern generiert es vielmehr. Ein Computerspiel, das es vermag, Spielakte zu generieren, darf, so der Vorschlag, als ein Kunstwerk gelten. Ob es sich bei dieser Eigenschaft freilich um eine hinreichende handelt, sei der kommenden Diskussion anheimgegeben.

Literatur

Antonelli, Paola. 2012. Video Games. 14 in the Collection, for Starters. Inside/Out. A MoMA/ MoMA PS1 Blog. https://www.moma.org/explore/inside_out/2012/11/29/video-games-14-in-the-collection-for-starters/. Zugegriffen: 15. Dezember 2016.

Austin, John Langshaw. 2002. *Zur Theorie der Sprechakte (How to do things with Words)* (1962). Stuttgart: Reclam.

Bertram, Georg W. 2016. *Kunst. Eine philosophische Einführung* (2. Aufl.). Stuttgart: Reclam.

Bittanti, Matteo und Domenico Quaranta (Hrsg.). 2006. *Gamescenes. Art in the Age of Videogames.* Mailand: Johan & Levi Editore.

Boehm, Gottfried. 2011. Ikonische Differenz. *Rheinsprung 11. Zeitschrift für Bildkritik* 01 („Der Anfang. Aporien der Bildkritik", hrsg. Iris Laner und Sophie Schweinfurth): 170–176.

Bogost, Ian. 2011. *How to do things with videogames.* Minneapolis und London: University of Minnesota Press.

Bogost, Ian. 2007. *Persuasive Games. The Expressive Power of Videogames.* Cambridge (Mass.) und London: MIT Press.

Bredekamp, Horst. 2015. *Der Bildakt.* Berlin: Wagenbach.

Clarke, Andy und Grethe Mitchell (Hrsg.). 2007. *Videogames and Art.* Bristol und Chicago: Intellect.

Feige, Daniel Martin. 2015. *Computerspiele. Eine Ästhetik.* Berlin: Suhrkamp.

Feige, Daniel Martin. 2012. Computer Games as Works of Art. In *Computer Games and New Media Cultures. A Handbook of Digital Games Studies*, hrsg. Johannes Fromme und Alexander Unger, 93–106. Dordrecht, Heidelberg, New York und London: Springer.

Günzel, Stephan. 2014. The Art of Video Games. In *Push > Start. The Art of Video Games*, 370–379. Röbel: earBOOKS.

Hensel, Thomas. 2015. „Resident Evil 4". Über ästhetische Grenzen. In *Kanon Kunstgeschichte. Einführung in Werke und Methoden. Bd. IV: Gegenwart*, hrsg. Kristin Marek und Martin Schulz, 312–345. München: Fink.

Hensel, Thomas. 2011. Bildende Kunst. *Navigationen. Zeitschrift für Medien- und Kulturwissenschaften* 2011 (2: „Game Laboratory Studies", hrsg. Benjamin Beil und Thomas Hensel): 29–34 (mit Gisa Hofmann und Marlene Schleicher).

Krämer, Sybille und Marco Stahlhut. 2001. Das ‚Performative' als Thema der Sprach- und Kulturphilosophie. *Paragrana. Internationale Zeitschrift für Historische Anthropologie* 10 (1: „Theorien des Performativen", hrsg. Erika Fischer-Lichte und Christoph Wulf): 35–64.

Melissinos, Chris und Patrick O'Rourke. 2012. *The Art of Video Games. From Pac-Man to Mass Effect.* New York: Welcome Books.

Neitzel, Britta. 2008. Selbstreferenz im Computerspiel. In *Mediale Selbstreferenz: Grundlagen und Fallstudien zu Werbung, Computerspiel und Comics*, hrsg. Winfried Nöth, Nina Bishara und Britta Neitzel, 119–196. Köln: Herbert von Halem.

Picard, Martin. 2012. Art. In *Encyclopedia of Video Games. The Culture, Technology, and Art of Gaming. Volume One. A–L*, hrsg. Mark J. P. Wolf, 38f. Santa Barbara, Denver und Oxford: Greenwood.

Piecha, Alexander. 2003. Was ist Kunst? Grundlegung einer analytischen Theorie des Kunstwerkes. Philosophie und/als Wissenschaft. Proceedings der GAP.5, Bielefeld 22.–26.09.2003. http://www.apiecha.de/philosophy/gap5.pdf. Zugegriffen: 7. Januar 2017.

Prange, Regine. 2010. Sinnoffenheit und Sinnverneinung als metappicturale Prinzipien. Zur Historizität bildlicher Selbstreferenz am Beispiel der Rückenfigur. In *Ambiguität in der Kunst. Typen und Funktionen eines ästhetischen Paradigmas*, hrsg. Verena Krieger und Rachel Mader, 125–167. Köln, Weimar und Wien: Böhlau.

Rapp, Bernhard. 2008. *Selbstreflexivität im Computerspiel. Theoretische, analytische und funktionale Zugänge zum Phänomen autothematischer Strategien in Games.* Boizenburg: vwh Verlag Werner Hülsbusch.

Reichle, Ingeborg, Steffen Siegel und Achim Spelten. 2007. Die Familienähnlichkeit der Bilder. In *Verwandte Bilder. Die Fragen der Bildwissenschaft*, hrsg. Ingeborg Reichle, Steffen Siegel und Achim Spelten, 7–11. Berlin: Kulturverlag Kadmos.

Schrank, Brian. 2014. *Avant-garde Videogames. Playing with Technoculture.* Cambridge (Mass.) und London: MIT Press.

Schwingeler, Stephan. 2014. *Kunstwerk Computerspiel – Digitale Spiele als künstlerisches Material. Eine bildwissenschaftliche und medientheoretische Analyse.* Bielefeld: transcript.

Seja, Silvia. 2009. *Handlungstheorien des Bildes.* Köln: Herbert von Halem.

Sharp, John. 2015. *Works of Game. On the Aesthetics of Games and Art*. Cambridge (Mass.) und London: MIT Press.

Smith, Edward. 2013. Indie Games Aren't Art Games – We've conflated ‚indie game' to mean ‚art game'. Why Games Matter Blog. http://www.ibtimes.co.uk/why-games-matter-indie-movie-fez-meat-427544. Zugegriffen: 7. Januar 2017.

Stange, Sebastian. 2013. Brothers: A Tale of Two Sons im Test – Bewegendes Fantasy-Abenteuer mit kurioser Steuerung. PC Games. http://www.pcgames.de/Brothers-A-Tale-of-Two-Sons-Spiel-19388/Tests/Brothers-A-Tale-of-Two-Sons-im-Test-1087909/. Zugegriffen: 7. Januar 2017.

Tavinor, Grant. 2009. *The Art of Videogames*. Malden (Mass.): Wiley-Blackwell.

Tavinor, Grant. 2014. Art and Aesthetics. In *The Routledge Companion to Video Game Studies*, hrsg. Mark J. P. Wolf und Bernard Perron, 59–66. New York und London: Routledge.

Vogl, Joseph. 2001. Medien-Werden: Galileis Fernrohr. *Archiv für Mediengeschichte* 2001 (1: „Mediale Historiographien"): 115–123.

Wittgenstein, Ludwig. 2003. *Philosophische Untersuchungen*. Frankfurt am Main: Suhrkamp.

Wolf, Mark J. P. 2012. Art, Video Games as. In *Encyclopedia of Video Games. The Culture, Technology, and Art of Gaming. Volume One. A–L*, hrsg. Mark J. P. Wolf, 39–42. Santa Barbara, Denver und Oxford: Greenwood.

Über den Autor

Prof. Dr. Thomas Hensel ist Professor für Kunst- und Designtheorie an der Fakultät für Gestaltung der Hochschule Pforzheim. Arbeitsschwerpunkte sind Medien- und Wissen(schafts)geschichte der Kunst- und Bildwissenschaft, Game Studies (insbesondere Bildlichkeit des Computerspiels), Altdeutsche Malerei/Zeichnung. Veröffentlichungen (Auswahl): „*The cake is a lie!*" *Polyperspektivische Betrachtungen des Computerspiels am Beispiel von ‚Portal'*, Münster 2015, hrsg. mit Britta Neitzel und Rolf F. Nohr; *Computer|Spiel|Bilder*, Glückstadt 2014, hrsg. mit Benjamin Beil und Marc Bonner; *Theorien des Computerspiels zur Einführung*, Hamburg 2012, hrsg., mit Benjamin Beil, Philipp Bojahr, Britta Neitzel, Timo Schemer-Reinhard, Jochen Venus. thomas.hensel@hs-pforzheim.de Hochschule Pforzheim, Holzgartenstr. 36, 75175 Pforzheim.

Nachwort/Ausblick

In seiner ersten Ausgabe deklarierte das Kopenhagener Journal *Game Studies* das Jahr 2001 als Beginn der institutionalisierten Videospielforschung. In Hinblick auf die akademische Organisation und Verdichtung hin zu einer eigenständigen Disziplin der Ludologie erscheint diese Einschätzung durchaus plausibel. Allerdings zeigt sich sechzehn Jahre später auch: Es haben sich nicht nur eine Vielzahl an Ansätzen innerhalb der Game Studies und Anschlussstellen zur Praxis herausgebildet, sondern ebenso zahlreiche Brückenschläge zu weiter zurückreichenden wissenschaftlichen Diskursen und Forschungsfragen ergeben.

Die akademische Relevanz der Game Studies wird an den unterschiedlichsten Entwicklungen deutlich: an der Wiederentdeckung der Schriften von Roger Caillois und Johan Huizinga als soziologische und kulturwissenschaftliche Vorläufer, an der Verknüpfung von Fragen der Game Studies mit Traditionen der Philosophie von Hegel und Schiller bis hin zu Wittgenstein und Gadamer, an den Schnittstellen zwischen Film-, Theater- und Spielanalyse im performativen Bereich und der Delegation ästhetischer Eigenverantwortung an die Spieler, an der Spielerfahrung selbst über die Modifikationen des Modding bis hin zu selbst produzierten Let's Play-Videos, sowie an der Aktualisierung und Anwendung phänomenologischer und kognitionswissenschaftlicher Methoden auf die Analyse von Videospielen. Dass eine medienhistorische Aufbereitung der Spielgeschichte und eine sorgfältige Betrachtung ihrer Ästhetik inzwischen als relevante kulturelle Aufgabe und Herausforderung verstanden werden, zeigt sich an zahlreichen Ausstellungen, Förderprogrammen, Festivals und Fortbildungen – und insbesondere auch an der im Herbst 2016 beschlossenen Unterstützung der weltweit größten Sammlung für Computerspiele zur Bewahrung des kulturellen Erbes durch den Bundestag. Dieses Umdenken deutet an, dass Idiosynkrasien wie die sogenannte „Killerspiel"-Debatte weitgehend der Vergangenheit angehören dürften.

Games sind in der Mitte der Gesellschaft angekommen, und gerade deshalb erscheint eine ausdifferenzierte akademische Auseinandersetzung mit sämtlichen Facetten der Spielkultur ebenso ergiebig wie notwendig: vom hyperrealistischen Performance Capturing der AAA-Titel bis zum subversiven Minimalismus diverser Independent-Titel, von

© Springer Fachmedien Wiesbaden GmbH 2018
B. Beil et al. (Hrsg.), *Game Studies,* Film, Fernsehen, Neue Medien,
https://doi.org/10.1007/978-3-658-13498-3

den verführerischen prometheischen Impulsen interaktiver Genre-Settings bis hin zur Ethik des E-Sports, von den pädagogischen Möglichkeiten des spielerischen Lernens bis hin zur kritischen Betrachtung der Gamification und ihrer Naturalisierungseffekte.

Wie in der Film- und der Medienwissenschaft haben sich für die Game Studies Forschungsfelder mit eigenen Schwerpunkten ergeben. Unabdingbar erscheint daher eine Game-Historiografie, die sorgfältig auf Fallstudien und Recherchen der Produktions- und Rezeptionskontexte aufbaut, vor allem angesichts des stilistischen Rückgriffs auf Spiele vergangener Epochen im Retro-Gaming oder der Wiederbelebung von lange brachliegenden Phänomenen der Neuen Medien wie der Virtual Reality durch Oculus Rift und Sony Playstation VR. Durch den Vergleich zwischen Videospielen mit Brettspielen und Rollenspielen ergeben sich spielspezifische Entwicklungslinien und kulturwissenschaftlich aussagekräftige Kontexte, die erst im Zuge der Ludologie umfassender bemerkt wurden.

Die Frage nach der konkreten Spielerfahrung sowie den damit verbundenen Spielformen, Regeln und Mechaniken führt in den Bereich der Game-Ästhetik. Diese ermöglicht die Diskussion spielspezifischer Gestaltungsmittel und den Dialog zwischen Produktions- und Rezeptionsästhetik, ermöglicht aber auch die Betrachtung von Individual- und Epochalstilen sowie Genretraditionen, die in Austausch mit bild-, kunst- und filmwissenschaftlichen Diskursen treten können. Die Frage nach den Bedingungen, die ästhetische Phänomene im Spiel überhaupt erst zustande bringen, generiert wiederum einen Diskurs, der von den Hardware-orientierten Plattform Studies und den Ausgrabungen der Medienarchäologie bis hin zu Fragen der Performance Studies in der Gestaltung hybrider Realitäten und den mit diesen verbundenen kulturellen Praktiken reicht. Nicht zuletzt wird die kulturelle Bedeutung spielerischer Erfahrung im Dialog mit anderen Medientheorien immer wieder neu verhandelt, nicht nur die Bedeutung von Ludus und Paidia, sondern auch die Dialektik von Gamification und Playfulness.

Eine prägende Auswahl von Themenfeldern und Methoden wurde in dieser Einführung vorgestellt, allerdings mit offenem Ausgang: Die Game Studies sind als multidisziplinäres Projekt und nicht als Single-Player-Partie oder *Pong*-Match zwischen klar abgegrenzten Fraktionen zu verstehen. An dem eigenständigen Terrain der Game Studies besteht entgegen anfänglicher Befürchtungen hinsichtlich einer Okkupation durch andere Disziplinen längst kein Zweifel mehr – und das akademische Multi-Player-Spiel hat gerade erst begonnen.

Filmverzeichnis

12 *Monkeys* (USA 1995, R: Terry Gilliam)

28 *Days Later* (GB 2001, R: Danny Boyle)

Alien (*Alien – Das unheimliche Wesen aus einer fremden Welt*, UK/USA 1979, R: Ridley Scott)

Ant-Man (USA 2015, R: Peyton Reed)

Apocalpyse Now (USA 1979, R: Francis Ford Coppola)

Back to the Future (Zurück in die Zukunft 1985, R: Robert Zemeckis)

Batman (USA 1989, R: Tim Burton)

Batman Begins (USA 2005, R: Christopher Nolan)

Batman Returns (*Batmans Rückkehr*, USA/UK 1992, R: Tim Burton)

Beverly Hills Cop (*Beverly Hills Cop – Ich lös' den Fall auf jeden Fall*, USA 1984, R: Martin Brest)

Captain America: The First Avenger (USA 2010, R: Joe Johnston)

Citizen Kane (USA 1941, R: Orson Welles)

Dawn of the Dead (*Zombie*, USA/ITA 1978, R: George A. Romero)

eXistenZ (CA/UK 1999, R: David Cronenberg)

Forbitten Planet (*Alarm im Weltall*, USA 1956, R: Fred M. Wilcox)

Game of Thrones (USA seit 2011, R: Diverse)

Guardians of the Galaxy (USA 2014, R: James Gunn)

Indiana Jones: Raiders of the Lost Ark (USA 1981, R: Steven Spielberg)

Iron Man (USA 2008, R: Jon Favreau)

Jaws (*Der weiße Hai*, USA 1975, R: Steven Spielberg)

Jurassic Park (USA 1993, R: Steven Spielberg)

Lethal Weapon (*Lethal Weapon – Zwei stahlharte Profis*, USA 1987, R: Richard Donner)

Lost Highway (USA 1997, R: David Lynch)

Memento (USA 2000, R: Christopher Nolans)

Metropolis (D 1927, R: Fritz Lang)

Pirates of the Caribbean: The Curse of the Black Pearl (*Fluch der Karibik*, USA 2003, R: Gore Verbinski)

Resident Evil (D/GB/F 2002, R: Paul W.S. Anderson)

Spider-Man 2 (USA 2004, R: Sam Raimi)

Starship Troopers (USA 1997, R: Paul Verhoeven)

Star Trek (*Raumschiff Enterprise*, USA 1966-1969, R: Diverse)

Star Trek – The Next Generation (*Raumschiff Enterprise – Das nächste Jahrhundert*, USA 1987–1994, R: Diverse)

© Springer Fachmedien Wiesbaden GmbH 2018
B. Beil et al. (Hrsg.), *Game Studies*, Film, Fernsehen, Neue Medien,
https://doi.org/10.1007/978-3-658-13498-3

Star Wars: Episode I – The Phantom Menace (Star Wars: Episode I – Die dunkle Bedrohung, USA 1999, R: George Lucas)

Star Wars (*Krieg der Sterne*, USA 1977, R: George Lucas)

Star Wars IV – A New Hope (Star Wars: Episode IV – Eine neue Hoffnung, USA 1977, R: George Lucas)

Star Wars Episode V – The Empire Strikes Back (*Star Wars: Episode V – Das Imperium schlägt zurück*, USA 1980, R: Irvin Kershner)

Star Wars Episode VII – The Force Awakens (*Star Wars: Das Erwachen der Macht*, USA 2015, R: J.J. Abrams)

Suicide Squad (USA 2016, R: David Ayer)

Summer of Sam (USA 1999, R: Spike Lee)

Terminator 2 – Judgment Day (*Terminator 2 – Tag der Abrechnung*, USA/FRA 1991, R: James Cameron)

The Dark Knight (USA/UK 2008, R: Christopher Nolan)

The Enchanted Drawing (USA 1900, R: James Stuart Blackton)

The Fly (*Die Fliege*, USA 1958, R: Kurt Neumann)

The Fly (*Die Fliege*, CAN/USA 1986, R: David Cronenberg)

The Get Down (USA 2016-, R: Diverse)

The Lego Movie (USA/AUS 2014, R: Phil Lord, Chris Miller)

The Matrix (*Matrix*, USA/AU 1999, R: Lana und Lilly Wachowski)

The Matrix Reloaded (USA 2003, R: Lana und Lilly Wachowski)

The Return of the First Avenger (*Captain America: The Winter Soldier*, USA 2014, R: Anthony Russo, Joe Russo)

The Sixth Sense (USA 1999, R: M. Night Shyamalan)

The Usual Suspect (USA 1995, R: Bryan Singer)

The Walking Dead (USA 2010-, R: Diverse)

Thor (USA 2011, R: Kenneth Branagh)

Total Recall (*Die totale Erinnerung – Total Recall*, USA 1990, Paul Verhoeven)

Spielverzeichnis

1942 (1984, Capcom/Capcom)

Adventure Island (1988, Hudson Soft/Hudson Soft)

Alien: Isolation (2014, Creative Assembly/Sega)

Aliens vs. Predator (2010, Rebellion/Sega)

Aliens: Colonial Marines (2013, Gearbox Software/Sega)

Amnesia: The Dark Descent (2010, Frictional Games/Frictional Games)

Anno 1404 (2009, Related Designs/Blue Byte Software/Ubisoft)

Arkanoid (1986, Taito/Taito)

Assassin's Creed (seit 2007; Ubisoft/Ubisoft)

Assassin's Creed III (2012, Ubisoft/Ubisoft)

Assassin's Creed Unity (2014, Ubisoft/Ubisoft)

Asteroids (1979, Atari/Atari)

Ballblazer (1984, Lucasfilm Games/Atari)

Baldur's Gate (seit 1998, BioWare/Interplay)

Baldur's Gate II: Shadows of Amn (seit 2000, BioWare/Interplay)

Batman (1986, Jon Ritman/Ocean Software)

Batman: Arkham Asylum (2009, Rocksteady Studios/ Warner Bros. Interactive)
Batman: Arkham City (2011, Rocksteady Studios/ Warner Bros. Interactive)
Batman: Arkham Origins (2013, WB Games Montréal/ Warner Bros. Interactive)
Batman: Arkham Knight (2015, Rocksteady Studios/Warner Bros. Interactive)
Batman: Arkham VR (2016, Rocksteady Studios/Warner Bros. Interactive)
Batman – The Telltale Series (2016, Telltale Games/Telltale Games)
Battlefield (seit 2002, DICE/Electronic Arts)
Beatmania (seit 1997, Konami/Konami)
BioShock (2007, Irrational Games/2K Games)
Bioshock Infinite (2013, Irrational Games/2K Games)
Blinx: The Time Sweeper (2002, Artoon/Microsoft Game Studios)
Bloodborne (2015, From Software/Namco Bandai Games)
Bomb Jack (1984, Tehkan/Tehkan)
Braid (2008, Number None/Number None)
Breakout (1976, Atari/Atari)
Brothers: A Tale of Two Sons (2013, Starbreeze/Starbreeze)
Brütal Legend (2009, Double Fine Productions/Electronic Arts)
Call of Duty (seit 2003, Infinity Ward/Treyard/Activision)
Call of Duty: Ghosts (2013, Infinity Ward/Activision)
Call of Duty: Modern Warfare (2004, Infinity Ward/Activision)
Call of Duty: Modern Warfare 2 (2009, Infinity Ward/Activision)
Candy Crush Saga (2012, King/King)
Centipede (1980, Atari/Atari)
Civilization (1991, KOEI Corporation)
Counter-Strike (1999, Valve/Sierra Studios)
Counter Strike: Source (2004, Valve/Valve)
Crush (2007, Zoë Mode/Sega)
Cryostasis: Sleep of Reason (2008, Action Forms/505 Games)
Dark Souls (seit 2011, From Software/Namco Bandai Games)
DanceDanceRevolution (1998, Konami/Konami)
Day of the Tentacle (1993, LucasArts/LucasArts)
Dead Space (2008, EA Redwood Shores/Electronic Arts)
Dead Space 3 (2013, Visceral Games/Electronic Arts)
Dear Esther (2012, The Chinese Room/The Chinese Room)
Defender (1981, Williams Electronics/Williams Electronics)
Déjà vu (1985, ICOM Simulations/Mindscape)
Déjà Vu II: Lost in Las Vegas (1988, ICOM Simulations/Mindscape)
Diablo III (2012, Blizzard/Blizzard)
Disney Infinity (2013, Avalanche Software/Disney Interactive Studios)
Doom (1993, id Software/GT Interactive)
Donkey Kong (1981, Nintendo/Nintendo)
Donkey Konga (2003, Namco/Nintendo)
Donkey Kong Country (1994, Rare/Nintendo)
Dragon Age: Origins (2009, BioWare/Electronic Arts)
Dragon Quest (1986, Square Enix/ Square Enix)
Dragon Warrior (1986, Chunsoft/Nintendo)
Echochrome (2008, Japan Studio/Sony)
Elite (1984, David Braben/Ian Bell/Arconsoft)
El Shaddai: Ascension of the Metatron (2011, Ignition/Ignition)

Enter the Matrix (2003, Shiny Entertainment/Atari)
Eternal Sonata (2007, tri-Crescendo/Namco)
Eve Online (2003, CCP Games/CCP Games)
Evoland (2013, Shiro Games/Shiro Games)
Fable (2004, Lionhead Studios/Microsoft Game Studios)
Fallout (seit 1997, Interplay/Bethesda)
Far Cry 3 (2012, Massive Entertainment/Ubisoft)
FarmVille (2009, Zynga/Zynga)
Final Fantasy (seit 1987, Square Enix/Square Enix)
Final Furlong (1997, Namco/Namco)
Flight Simulator (seit 1982, subLOGIC/Microsoft)
Frankie Goes to Hollywood (1985, Ocean/Ocean)
Gargoyle's Quest II (1992, Capcom/Capcom)
Garry's Mod (2004, Facepunch Studios/Valve Corporation)
Gears of War 3 (2011, Epic Games/Microsoft)
Ghosts ‚n‘ Goblins (1985, Capcom/Capcom)
Gish (2004, Chronic Logic LLC)
God of War (2005, SCE Santa Monica Studio/Sony)
Goldeneye: Rogue Agent (2004, EA Los Angeles/Electronic Arts)
Grand Theft Auto (seit 1997, Rockstar/Rockstar)
Grand Theft Auto III (2001, Rockstar/Rockstar)
Grand Theft Auto: Vice City (2002, Rockstar/Rockstar)
Grand Theft Auto: San Andreas (2004, Rockstar/Rockstar)
Grand Theft Auto IV (2008, Rockstar/Rockstar)
Gran Turismo (2013, Polyphony Digital/Sony)
Guitar Hero (seit 2005, Harmonix/Neversoft/Activision)
Guitar Hero III: Legends of Rock (2007, Neversoft/Activision)
Grand Theft Auto III (Rockstar North 2001)
Half-Life (1998, Valve/Sierra Studios)
Half Life 2 (2004, Valve/Valve)
Hearthstone (2014, Blizzard Entertainment, Activision Blizzard)
Heavy Rain (2010, Quantic Dream/Sony)
Impossible Mission (1984, Epix/Epyx)
Ingress (2012, Niantic/Niantic)
Jade Empire (2005, BioWare/Microsoft)
Journey (2012, thatgamecompany/Sony)
Jurassic Park (1993, Ocean/Ocean)
Katakis (1988, Factor 5/Rainbow Arts)
Kingdom Hearts (seit 2002, Square Enix/Square Enix)
Kirby's Epic Yarn (2011, Good-Feel/Nintendo)
League of Legends (2009, Riot/Riot)
Left 4 Dead (2008, Valve/Valve)
Legend of Grimrock (2012, Almost Human/Almost Human)
Lego Batman: The Videogame (2008, Traveller's Tales/Warner Bros. Interactive)
Lego Dimensions (seit 2015, TT Games/Warner Bros. Interactive)
Lego Lord of the Rings (2012, Traveller's Tales/Warner Bros. Interactive)
Lego The Hobbit (2014, Traveller's Tales/Warner Bros. Interactive)
LittleBigPlanet (2008, Media Molecule/Sony)
LittleBigPlanet 2 (2011, Media Molecule/Sony)

LittleBigPlanet 3 (2014, Sumo Digital/Sony)
LittleBigPlanet Karting (2012, United Front Games/Sony)
LittleBigPlanet PSP (2009, Media Molecule/Sony)
LittleBigPlanet PS Vita (2012, Double Eleven/Sony)
Maniac Mansion (1987, Lucasfilm Games/Lucasfilm Games)
Mass Effect (seit 2007, BioWare/Electronic Arts)
Max Payne (2001, Remedy/Rockstar)
Medal of Honor (seit 1999, DreamWorks Interactive/Electronic Arts)
Medal of Honor – Allied Assault (2002, 2015, Inc./EA Games)
Mega Man (seit 1987, Capcom/Capcom)
Metal Gear Solid (seit 1998, Konami/Konami)
Metal Gear Solid 3 (2004, Konami/Konami)
Metroid II: Return of Samus (1991, Nintendo/Nintendo)
Michael Jackson's Moonwalker (1990, Emerald Software/U.S. Gold)
Minecraft (2011, Mojang/Microsoft)
Mirror's Edge (2008, Dice/Electronic Arts)
Missile Command (1980, Atari/Atari)
Moon Patrol (1982, Irem/Irem)
Music Construction Set (1984, Will Harvey Electronic Arts)
Myst (1993, Cyan Worlds/Brøderbund)
Pac-Man (1980, Namco/Namco)
PaRappa the Rapper (1996, NanaOn-Sha/Sony)
Patapon (2007, SCE Japan Studio/Sony)
Phantasy Star (1987, Sega/Sega)
Pilotwings (1996, Nintendo/Nintendo)
Pinball Construction Set (1982, BudgeCo/BudgeCo)
Planescape Torment (1999, Black Isle Studios/Interplay)
Pokemon Go (2016, Niantic/Niantic)
Pokémon – Red Version (seit 1996, Game Freak/Nintendo)
Pong (1972, Atari/Atari)
Portal (2007, Valve/Valve)
Portal 2 (2011, Valve/Valve)
Prince of Persia (seit 1989, Brøderbund/Avalance/Ubisoft)
Prince of Persia: The Sands of Time (2003, Ubisoft/Ubisoft)
Prince of Persia: Warrior Within (2004, Ubisoft/Ubisoft)
Project Spark (2014, Team Dakota/SkyBox Labs Microsoft Studios)
Q*bert (1982, Gottlieb/Gottlieb)
Quake (1996, id Software/id Software)
Racing Destruction Set (1985, Rick Koenig/Electronic Arts)
Rally-X (1980, Namco/Namco)
Red Dead Redemption (2010, Rockstar/Rockstar)
Resident Evil (seit 1996, Capcom/Capcom)
Resident Evil 2 (1998, Capcom/Capcom)
Resident Evil 4 (2005, Capcom/Capcom)
Rez (2001, United Game Artists/Sega)
Rise of the Tomb Raider (2015, Crystal Dynamics/Square Enix)
Rocksmith (2011, Ubisoft/Ubisoft)
R-Type (1987, Irem/Irem)
Sackboy's Prehistoric Moves (2010, Xdev/Sony)

Sacred 2: Fallen Angel (2008, Ascaron/Deep Silver)
Sam & Max (seit 1993, LucasArts/LucasArts)
Samba de Amigo (1999, Sonic/Sega)
Seaman (1999, Vivarium/Sega)
SEGA Bass Fishing (1997, AM1/Sega)
SEGA Mega Drive Classics (2016, Sega/Sega)
Silent Hill (seit 1999, Konami/Konami)
Sim City (1989, Maxis/Maxis)
Sim City 2000 (1994, Maxis/Maxis)
Shadowgate (1987, ICOM Simulations/Mindscape)
Shadow of Mordor (2014, Monolith/Warner Bros. Interactive)
Sid Meier's Civilization (seit 1991, MicroProse/Firaxis Games/2K Games)
Sid Meier's Civilization IV (2005, Firaxis Games/2K Games)
Sid Meier's Civilzation V (2010, Firaxis Games/2K Games)
Silent Hill (1999, Konami)
SingStar (seit 2004, London Studio/Sony)
Skylanders (seit 2011, Toys For Bob/Activision)
Skyrim (2011, Bethesda)
Slaves to Armok: God of Blood Chapter II: Dwarf Fortress (2006, Tarn Adams/Bay 12 Games)
Sonic the Hedgehog (1991, Sonic/Sega)
Space Invaders (1978, Taito/Midway)
Spec Ops: The Line (2012, Yager/2K Games)
Splinter Cell (seit 2002, Ubisoft/Ubisoft)
Starcraft (1998, Blizzard/Blizzard)
Starcraft II (2010, Blizzard/Blizzard)
Star Wars (1982, Parker Brothers/Parker Brothers)
Star Wars: Battlefront (seit 2004, Pandemic Studios/DICE/Electronic Arts)
Star Wars: Dark Forces (1995, LucasArts/LucasArts)
Star Wars: Empire at War (2006, Petroglyph Games, LucasArts)
Star Wars Episode I: Racer (1999, LucasArts/LucasArts)
Star Wars: Jedi Knight (1997, LucasArts/LucasArts)
Star Wars: Knights of the Old Republic (2003, BioWare/LucasArts)
Star Wars: Rebellion (1998, Coolhand Interactive/LucasArts)
Star Wars: The Old Republic (2011, BioWare/Electronic Arts)
Star Wars: Tie Fighter (1994, LucasArts/LucasArts)
Star Wars: X-Wing (1993, LucasArts/LucasArts)
Super Mario Bros. (1985, Nintendo/Nintendo)
Super Mario Bros. 3 (1988, Nintendo/Nintendo)
Super Mario World (1990, Nintendo/Nintendo)
Super Mario Maker (2015, Nintendo/Nintendo)
Super Meat Boy (2010, Team Meat/Team Meat)
Taiko Drum Master (2004, Namco/Namco)
Team Fortress Classic (1999, Valve/Valve)
Team Fortress 2 (2007, Valve/Valve)
The Bard's Tale (seit 1985, Interplay/Electronic Arts)
The Elder Scrolls (seit 1994, Bethesda/Bethesda)
The Elder Scrolls V: Skyrim (2011, Bethesda/Bethesda)
The Graveyard (2009, Tale of Tales/Valve)
The Great Giana Sisters (1987, Timewarp/Rainbow Arts)

The Hobbit (1982, Beam Software/Melbourne House)
The Last of Us (2013, Naughty Dog/Sony)
The Legend of Zelda (seit 1986, Nintendo/Nintendo)
The Legends of Zelda: Ocarina of Time (1998, Nintendo/Nintendo)
The Order: 1866 (2015, Ready at Dawn/Sony)
The Secret of Monkey Island (1990, LucasArts/LucasArts)
The Secret of Monkey Island 2: LeChuck's Revenge (1991, LucasArts/LucasArts)
The Sims (2000, Maxis/Electronic Arts)
The Sims 4 (2014, Maxis/Electronic Arts)
The Stanley Parable (2011, Galactic Cafe/Galactic Cafe)
The Unfinished Swan (2012, Giant Sparrow/Sony)
The Walking Dead (seit 2012, Telltale Games/Telltale Games)
The Warriors (2005, Rockstar/Rockstar)
The Wolf Among Us (seit 2013, Telltale Games/Telltale Games)
Tekken (1994, Namco/Namco)
Tempest (1981, Atari/Atari)
Tetris (1984, Alexey Pajitnov)
Thimbleweed Park (2017, Terrible Toybox/Terrible Toybox)
Time Shift (2007, Saber Interactive/Sierra)
Tiny Death Star (2013, Disney Mobile/Lucas Arts)
Titanfall (2014, Respawn Entertainment/Electronic Arts)
Torment: Tides of Numenera (2017, inXile/Techland)
Turican (1990, Amiga/Amiga)
Turok: Dinosaur Hunter (1996, Iguana Entertainment/Nintendo)
Tomb Raider (seit 1996, Core Design/Crystal Dynamics/Eidos Interactive/Square Enix)
Tomb Raider (1996, Core Design/Eidos Interactive)
Ultima (seit 1981, Origin Systems/Electronic Arts)
Uncharted: Drake's Fortune (2007, Naughty Dog/Sony)
Uncharted 2 (2009, Naughty Dog/Sony)
Uncharted 3: Drakes's Deception (2011, Naughty Dog/Sony)
Uncharted 4 (2016, Naughty Dog/Sony)
Uninvited (1986, ICOM Simulations/Mindscape)
Vib-Ribbon (2000, NanaOn-Sha/Sony)
Virtua Fighter (1993, Sega/Sega)
Wasteland 2 (2014, inXile/inXile)
WatchDogs 2 (2016, Ubisoft/Ubisoft)
Wipeout (1995, Psygnosis/Psygnosis)
Wolfenstein 3D (1992, id Softwar/Apogee Software)
Wonder Boy (1986, Sega/Sega)
World of Tanks (2010, Wargaming/Wargaming)
World of Warcraft (2004, Blizzard/Blizzard)
XCOM 2 (2016, Firaxis Games/2K Games)
Zelda II – The Adventure of Link (1987, Nintendo/Nintendo)
Zork (1979, Infocom/Infocom)

Stichwortverzeichnis

© Springer Fachmedien Wiesbaden GmbH 2018
B. Beil et al. (Hrsg.), *Game Studies,* Film, Fernsehen, Neue Medien,
https://doi.org/10.1007/978-3-658-13498-3

The manufacturer's authorised representative in the EU is Springer
Nature Customer Service Centre GmbH, Europaplatz 3, 69115 Heidelberg,
Germany. If you have any concerns regarding our products, please
contact ProductSafety@springernature.com

Printed and bound by CPI Group (UK) Ltd, Croydon, CR0 4YY
27/04/2026
02097560-0016